Sarah Schmidt

Archivarbeit im Wandel

Veröffentlichungen des Landesarchivs Schleswig-Holstein
Band 121

Sarah Schmidt

Archivarbeit im Wandel

Das Beispiel des preußischen Staatsarchivs in Schleswig-Holstein 1870–1947

Hamburg University Press
Verlag der Staats- und Universitätsbibliothek Hamburg
Carl von Ossietzky

Impressum

Bibliographische Information der Deutschen Nationalbibliothek

Die Deutsche Nationalbibliothek verzeichnet diese Publikation in der Deutschen Nationalbibliografie; detaillierte bibliografische Daten sind im Internet über https://portal.dnb.de abrufbar.

Online-Ausgabe

Die Online-Ausgabe dieses Werkes ist eine Open-Access-Publikation und ist auf den Verlagswebseiten frei verfügbar. Die Deutsche Nationalbibliothek hat die Online-Ausgabe archiviert. Diese ist dauerhaft auf dem Archivserver der Deutschen Nationalbibliothek (https://portal.dnb.de) verfügbar.

ISSN 2627-9002
DOI https://doi.org/10.15460/HUP.LASH.121.213

Printausgabe

ISSN 1864-9912
ISBN 978-3-943423-82-2

Satz Hamburg University Press
Druck und Bindung Books on Demand – Norderstedt

Verlag

Hamburg University Press, Verlag der Staats- und Universitätsbibliothek
Hamburg Carl von Ossietzky, Hamburg (Deutschland), 2021
http://hup.sub.uni-hamburg.de

Inhalt

1 Einleitung

In Archiven wird Geschichte geschrieben. Und dies ist ganz wörtlich zu nehmen: Historikerinnen und Historiker gehen in Archive, um sich der Quellen zu bedienen und mit ihrer Hilfe historische Ereignisse zu rekonstruieren und aufzuschreiben. Die großen Standardwerke der mittelalterlichen und neuzeitlichen Geschichtswissenschaft beruhen auf Archivquellen und damit auch jede andere geschichtswissenschaftliche Arbeit, die darauf aufbaut. Es ist also nicht die Vergangenheit selbst, die Ausgangspunkt für die Geschichte ist, es ist die Überlieferung in den Archiven.

Diese Überlieferung beinhaltet nicht alles, was jemals aufgeschrieben wurde. Noch bevor das Material in die Archive kam, aber auch in den Archiven, ging es zum Teil verloren. Vor allem Kriege, Naturkatastrophen, Unachtsamkeit sowie gezielte Vernichtungen führten zu enormen Verlusten. Zudem war es wohl nie das Ziel, alles aufzubewahren, und es wurde ausgewählt, was in die Archive kommen sollte. Seit der Wende zum 20. Jahrhundert wird über systematische Auswahlkriterien diskutiert, und diese Diskussion hält bis heute an.

Historikerinnen und Historiker nutzen also Archive, um Geschichte zu schreiben, und Archivarinnen und Archivare entscheiden in der Regel, was in diesen Archiven zur Verfügung steht. Dies sind zwei Kernbereiche der Archivarbeit – die Nutzung und die Bewertung beziehungsweise Überlieferungsbildung –, die Aufgaben gehen aber noch darüber hinaus. Die Unterlagen, die in das Archiv gelangen, müssen geordnet und inhaltlich erfasst, also verzeichnet werden. Dafür wird ein Findbuch angelegt, in dem alle Archivalientitel mit einer Signatur und mindestens mit Laufzeiten aufgeführt sind. Zudem muss dafür gesorgt werden, dass die Umstände eine dauerhafte Aufbewahrung möglich machen, dass die Dokumente also nicht von Feuchtigkeit, Feuer, Diebstahl oder Ähnlichem bedroht werden. Um Lücken in der Überlieferung zu schließen, wird auch außerhalb des eigentlichen Zuständigkeitsbereichs nach Archivgut gesucht und dieses im Zweifelsfall archiviert.

Staatliche Archive übernehmen per Definition Dokumente, die im staatlichen Bereich entstehen, sie kümmern sich jedoch auch um nicht staatliche Archivalien. In dieser Arbeit soll untersucht werden, inwiefern sich die Tätigkeit der Archivare im 19. und in der ersten Hälfte des 20. Jahrhunderts geändert hat – Archivarinnen gab es damals kaum. Bei all dem wird immer wieder in den Fokus gerückt, wie die einzelnen Archivare Ereignisse beeinflussten und wie sie agierten.

Ihre Existenz verdanken die modernen Archive in der Regel pragmatischen Gründen: Die aufbewahrten Dokumente dienten der Rechtssicherung, mit denen Ansprüche geltend gemacht oder Handlungen im Nachhinein gerechtfertigt werden konnten. Archive galten als „Rüstkammern".[1] Dazu gehörte auch, dass sie nicht allgemein zugänglich waren, sondern vor allem dem Archivbesitzer zur Verfügung standen, ob das nun ein Landesfürst, ein kirchlicher Würdenträger oder eine Privatperson war. Aus dieser Zeit stammt auch der noch heute die Archive umgebende Nimbus des Geheimen.

Im Früh- und beginnenden Hochmittelalter gab es kaum stabile politische und gesellschaftliche Strukturen, die jedoch für die Anlegung und Notwendigkeit eines Archivs Voraussetzung sind.[2] Ab dem 11. Jahrhundert verfestigten sich die Herrschaftssitze, und es gab eine zunehmende Schriftlichkeit.[3] Es entstanden mehr Dokumente, es wurde also auch mehr aufbewahrt. Das Aussehen und der Umfang dieser Archive unterschieden sich im Mittelalter noch stark von den späteren Versionen. Es handelte sich dabei meist um eine Sammlung der wichtigsten Dokumente, die häufig in Truhen oder Ähnlichem aufbewahrt und teilweise von den Herrschern mitgeführt wurde.[4]

Im Laufe der Neuzeit wurde die Verwaltung immer weiter ausgebaut, mehr Dokumente entstanden und wurden aufbewahrt. Im 19. Jahrhundert wandelte sich das Wesen der Archive dann extrem durch den Einzug der

---

1 Die Definition geht auf Jacob Fugger zurück, der Archive als „Rüstkammern für Beweismittel" bezeichnete; vgl. Angela Toussaint: Entwicklung und Typologie der Wirtschaftsarchive. In: Evelyn Kroker/Renate Köhne-Lindenlaub/Wilfried Reininghaus/Ulrich S. Soénius (Hrsg.): Handbuch für Wirtschaftsarchive. Theorie und Praxis. München 2005, 9–23, 10.

2 Martial Staub: Mittelalter und Frühe Neuzeit. In: Marcel Lepper/Ulrich Raulff (Hrsg.): Handbuch Archiv. Geschichte, Aufgaben, Perspektiven. Stuttgart 2016, 40–44, 41.

3 Markus Friedrich: Die Geburt des Archivs. Eine Wissensgeschichte. München 2013, 31; Staub, 40.

4 So zum Beispiel in Dänemark; vgl. Axel Linvald: Das Archivwesen Dänemarks. In: Archivalische Zeitschrift 41 (1932), 238–281, 238, oder in Hamburg; vgl. Paul Flamme/Peter Gabrielsson/Klaus-Joachim Lorenzen-Schmidt (Hrsg.): Kommentierte Übersicht über die Bestände des Staatsarchivs der Freien und Hansestadt Hamburg (Veröffentlichungen aus dem Staatsarchiv der Freien und Hansestadt Hamburg 14). 2. erw. Aufl. Hamburg 1999, 13.

Geschichtswissenschaft. Von den „Rüstkammern" des Staates wurden die Archive zum schützenswerten Fundus an historischem Material, das für die Aufarbeitung vergangener Ereignisse herangezogen werden sollte. Von den geheimen Institutionen, die praktisch unzugänglich waren, wurden sie seit der ersten Hälfte des 19. Jahrhunderts allmählich zu Einrichtungen, die zur wissenschaftlichen Arbeit genutzt werden durften und sollten. Hatten die Archivare zuvor vor allem eine juristische Vorbildung, waren es nun meist studierte Historiker, die in dieser Funktion tätig waren. Sie nutzten dementsprechend selbst die Quellen für ihre eigene Forschung und gingen so auch Verbindungen zu Geschichtsvereinen und Universitäten ein.

Untersuchungsobjekt ist in dieser Arbeit das Staatsarchiv in Schleswig-Holstein. An ihm soll von seiner Gründung in Schleswig 1870 bis in die Nachkriegszeit des Zweiten Weltkrieges und dem Ende des preußischen Staates 1947 beispielhaft dargestellt werden, welche Veränderungen und Konstanten die Archivarbeit über mehrere Jahrzehnte prägten. Es wird gezeigt, inwiefern die verschiedenen Aufgaben der Archivare in diesem Zeitraum einem Wandel unterlagen. Dieses Archiv bietet sich an, da es aufgrund der Besonderheiten der schleswig-holsteinischen Geschichte keinen Vorgänger für ein staatliches Archiv gab und es erst infolge der Inbesitznahme durch Preußen nach dem Deutsch-Dänischen Krieg von 1866 zu dessen Einrichtung kam. Daher kann der Wandel der Archivarbeit genau von den Anfängen eines Archivs an betrachtet werden. Der große Zeitraum erlaubt es außerdem, langfristige Entwicklungen zu verfolgen. Darüber hinaus werden auch die Vorgeschichte und das Nachspiel der Entwicklungsstränge mit einbezogen.

Damit ist die Arbeit klar im Bereich der Archivgeschichte einzuordnen. In den letzten beiden Jahrzehnten wurde sich vermehrt mit dem Thema Archiv auseinandergesetzt, und es kam zur Ausdifferenzierung und zu einem neuen Denken über Archive.[5] In der Forschung wird dies als „archival turn" bezeichnet.[6] Es wurde sich mit den sehr weit gefassten Definitionen der Kulturwissenschaft beschäftigt, wie sie Jacques Derrida oder Michel Foucault ver-

---

5 Siehe beispielsweise: Rainer Hering/Dietmar Schenk (Hrsg.): Wie mächtig sind Archive? Perspektiven der Archivwissenschaft (Veröffentlichungen des Landesarchivs Schleswig-Holstein 104). Hamburg 2013; Lepper/Raulff (Anm. 2); Dietmar Schenk: „Aufheben, was nicht vergessen werden darf". Archive vom alten Europa bis zur digitalen Welt. Stuttgart 2013; Ders.: Kleine Theorie des Archivs. 2. überarb. Aufl. Stuttgart 2014; Mario Wimmer: Archivkörper. Eine Geschichte historischer Einbildungskraft. Konstanz 2012.

6 Mit der Begrifflichkeit setzt sich vor allem auseinander: Dietmar Schenk: Das „neue" Archivdenken und die geisteswissenschaftlichen Grundlagen der Archivwissenschaft. In: Elisabeth

treten. Foucault sieht Archive als „Aussagesysteme (*systèmes d'énoncés*)"[7], die das umschreiben, was zu einer bestimmten Zeit gesagt und gedacht wurde.

Gleichzeitig führte dies aber auch zu einer verstärkten Ungenauigkeit des Begriffes „Archiv".[8] Deswegen wird in der vorliegenden Arbeit ein engeres, klassisches Archivverständnis verwendet. Unter dem historischen Archiv wird eine Institution verstanden, in der historisch bedeutsame, authentische Dokumente in einer systematischen Ordnung und in einer institutionalisierten Form auf Dauer verwahrt werden.[9] Der Begriff bezeichnet das Archiv dabei einerseits im Sinne der Institution „Archiv" als Behörde, in der vorliegenden Arbeit als Teil der preußischen Verwaltung, und andererseits das dort vorhandene Material, also die Gesamtheit der Archivalien. Der Fokus liegt auf den staatlichen Archiven, also den Institutionen, die das Material betreuen, das in staatlichen Einrichtungen entsteht. Es werden aber auch die nicht staatlichen Archive und Archivalien berücksichtigt, unter anderem städtische, kirchliche sowie Adels- und Gutsarchive.

Bei der Untersuchung des Wandels der Archivarbeit im preußischen Staatsarchiv in Schleswig-Holstein wird ein klar institutionsgeschichtlicher Ansatz verfolgt. Es sollen Struktur und Organisation des Archivs sowie Interaktionen der Akteure im Mittelpunkt stehen. Dabei werden biografische Ansätze mit einbezogen, da Institutionen durch die Handlungsweise der dort Beschäftigten geprägt sind. Deswegen sollen auch einzelne Biografien und die Auswirkungen der Zeitumstände auf die Individuen berücksichtigt werden.[10]

Zudem handelt es sich bei der vorliegenden Arbeit um einen Beitrag zur Landesgeschichte Schleswig-Holsteins. Die Geschichte des Archivs ist eng mit den Ereignissen in der Provinz verbunden. Von der antipreußischen Einstellung zu Beginn der Preußenwerdung hin zu den Folgen der Bombardierungen im Zweiten Weltkrieg hatten derartige Ereignisse auch Einfluss auf das Staats-

---

Schöggl-Ernst/Thomas Stockinger/Jakob Wührer (Hrsg.): Die Zukunft der Vergangenheit in der Gegenwart. Archive als Leuchtfeuer im Informationszeitalter (Veröffentlichungen des Instituts für Österreichische Geschichtsforschung 71). Wien 2019, 225–246.

7 Michel Foucault: Archäologie des Wissens. Frankfurt/Main 1973, zitiert nach: Stephan Rebenich: Altertum. In: Lepper/Raulff (Anm. 2): 29–40, 29.

8 Schenk (Anm. 5): Theorie, 13–14.

9 Lepper/Raulff (Anm. 2); Schenk: Theorie (Anm. 5).

10 Weiterführend Giovanni Levi: The Uses of Biography. In: Hans Renders/Binne de Haan (Hrsg.): Theoretical Discussions of Biography. Approaches from History, Microhistory, and Life Writing (Egodocuments and History Series 7). Leiden 2014, 61–74; Christian Klein (Hrsg.): Handbuch Biographie. Methoden, Traditionen, Theorien. Stuttgart 2009.

archiv. Im Besonderen handelt es sich um einen Beitrag zur schleswig-holsteinischen Historiografiegeschichte, da auch die Verbindungen zu den wichtigen forschenden Institutionen – wie der Kieler Universität und dem regionalen Geschichtsverein, der Gesellschaft für Schleswig-Holsteinischen Geschichte (GSHG) –, Berücksichtigung finden und gemeinsame Forschungsvorhaben mit dem Archiv beleuchtet werden.

Dabei wird nicht auf einer landesgeschichtlichen Ebene verharrt. Es wird vielmehr dargestellt, inwiefern Ereignisse vergleichbare Pendants in anderen Archiven, besonders innerhalb Preußens, hatten. Es geht weniger darum, eine wie auch immer geartete Einzigartigkeit des schleswig-holsteinischen Staatsarchivs herauszustellen, sondern vielmehr darum, das Übliche und das Besondere sowie Veränderungen der Archivarbeit herauszuarbeiten. Ein vollständig vergleichender Ansatz konnte hierbei nicht verfolgt werden, da es an Forschungsliteratur mangelt, die in der Breite einen Überblick über einzelne Archive geben würde, wie er in der vorliegenden Arbeit für das schleswig-holsteinische Staatsarchiv gegeben werden soll.

Archivgeschichte gehört laut dem Archivar Wolfgang Leesch zu einer der vier Teildisziplinen der Archivwissenschaft, neben Archivtheorie, -recht und -technik.[11] Dementsprechend wurde sie lange Zeit nahezu ausschließlich von Archivarinnen und Archivaren geschrieben, und, wie Wilfried Reininghaus in seiner Darstellung über den Forschungsstand 2008 feststellte: Die Aufarbeitung der eigenen Geschichte „dient im Hochglanzformat der PR-Arbeit, befriedigt aber im Regelfall nicht Interessen professioneller Historiker".[12] Ähnlich fordert auch Markus Friedrich, dass die Archivgeschichte aus ihrer „bisherige[n] Isolation" gelöst werden und Anschluss an die aktuelle Geschichtswissenschaft finden müsse.[13] Gewiss trifft dies nicht auf alle von Archivarinnen und Archivaren verfassten Arbeiten zur Archivgeschichte zu; dennoch ist eine bedeutende Anzahl – insbesondere Darstellungen der Geschichte einzelner

---

11 Wolfgang Leesch: Methodik, Gliederung und Bedeutung der Archivwissenschaft. In: Staatliche Archivverwaltung (Hrsg.): Archivar und Historiker. Studien zur Archiv- und Geschichtswissenschaft (Schriftenreihe der Staatlichen Archivverwaltung 7). Berlin 1956, 13–26, zitiert nach: Schenk: „Aufheben" (Anm. 5), 16.

12 Wilfried Reininghaus: Archivgeschichte. Umrisse einer untergründigen Subdisziplin. In: Der Archivar 61 (2008), 352–360, 353.

13 Friedrich (Anm. 3), 21.

Archive – mit kritischem Blick auf ihren jeweiligen Entstehungsgrund zu betrachten.[14]

Ausführlichere Aufarbeitungen wurden meist in Form von Aufsätzen veröffentlicht. Nur selten gibt es Publikationen zur Geschichte einzelner Archive in Form von Monografien. Nennenswerte Ausnahme ist Johanna Weisers Darstellung der preußischen Archivverwaltung und ihrer Leiter von ihrer Entstehung unter dem Staatskanzler Karl August von Hardenberg (1750–1822) bis zum Ende des Zweiten Weltkrieges, die 2001 erschien.[15] Auch wenn diese Monografie an einer zu unkritischen Aufarbeitung der NS-Vergangenheit krankt, bietet sie doch ein wichtiges Fundament für die vorliegende Arbeit, nicht zuletzt aufgrund der Veröffentlichung wichtiger Quellen im Anhang.

Über einzelne Themen zur Archivarbeit, die die Archive in der Vergangenheit bewegt haben, gibt es ebenfalls vor allem Aufsätze. Besonders für die Aufarbeitung der Entwicklung im 19. Jahrhundert ist dabei ein beklagenswerter Mangel festzustellen. Eine der wenigen Ausnahmen bildet Philipp Müller, der sich in vergleichender Perspektive den Ereignissen um die Öffnung der Archive für die Geschichtswissenschaft in der ersten Hälfte des 19. Jahrhunderts widmete.[16] Nennenswert ist in dieser Hinsicht auch der Sammelband *Archivische Facharbeit in historischer Perspektive*, der 2010 vom Sächsischen Staatsarchiv herausgegeben wurde und aus einer gleichnamigen Tagung hervorging.[17] Dort werden wichtige Themen wie die Ausbildung der Archivare oder die Übernahme von Archivalien im 18. und 19. Jahrhundert behandelt.[18]

---

14 Beispielsweise wurde die Vergangenheit der einzelnen niedersächsischen Staatsarchive aufgearbeitet zur Informierung der Nutzerinnen und Nutzer, und deren Veröffentlichung war häufig mit der einer Beständeübersicht gekoppelt. Der Schwerpunkt lag hier entsprechend darin, die Verwaltungsgeschichte nachzuvollziehen, zum Beispiel: Günther Möhlmann/Joseph König: Geschichte und Bestände des Niedersächsischen Staatsarchivs in Aurich (Veröffentlichungen der Niedersächsischen Archivverwaltung 5). Göttingen 1955.

15 Johanna Weiser: Geschichte der preußischen Archivverwaltung und ihrer Leiter. Von den Anfängen unter Staatskanzler von Hardenberg bis zur Auflösung im Jahre 1945 (Veröffentlichungen aus den Archiven Preußischer Kulturbesitz, Beihefte 7). Köln 2000.

16 Philipp Müller: Using the Archives. Exclusive Clues about the Past and the Politics of the Archive in Nineteenth Century Bavaria. In: Storia della Storiografia 62 (2012), 27–53; Ders.: Die neue Geschichte aus dem alten Archiv. Geschichtsforschung und Arkanpolitik in Mitteleuropa ca. 1800–ca. 1850. In: Historische Zeitschrift 299 (2014), 36–69; Ders.: Geschichte machen. Historisches Forschen und die Politik der Archive. Göttingen 2019.

17 Sächsisches Staatsarchiv (Hrsg.): Archivische Facharbeit in historischer Perspektive. Dresden 2010.

18 Frank M. Bischoff: Professionalisierung des Archivars – Anforderungen und Bildungswege vom Ancien Régime bis zur Gegenwart. In: Ebd., 72–79.

Dazu gibt es vereinzelt noch weitere Aufsätze, wie etwa von Bodo Uhl über die Geschichte der Bewertungsdiskussion oder von Berent Schwineköper zu Ordnungsprinzipien der Archive.[19] Das 2016 erschienene *Handbuch Archiv* bietet zudem einen kompakten Überblick zur Archivgeschichte, auch wenn der Fokus auf der kulturwissenschaftlichen Bedeutung des Begriffs Archivs liegt und weniger auf der Aufarbeitung der unerforschten Gebiete der Archivgeschichte.[20] Zu bemerken ist, dass Adolf Brennekes *Archivkunde*, 1953 herausgegeben von Wolfgang Leesch, nach wie vor als Standardwerk anzusehen ist.[21] Auch mussten einzelne Aufsätze aus dem Sammelband *Archivstudien* von 1931 herangezogen werden.[22]

Vermehrt wurde in der Forschung über Archive zuletzt bemängelt, dass es an übergeordneten Aufarbeitungen fehle.[23] Diese sind aufgrund des derzeitigen Forschungsstandes aber nur schwer zu erstellen, da die nötige Grundlagenforschung fehlt. Hier möchte die vorliegende Arbeit ansetzen und einen Ausgangspunkt für solch eine Aufarbeitung liefern.

Bei all dem Mangel an wissenschaftlichen Publikationen und Überblickswerken zur Archivgeschichte bildet ein Themenbereich eine nennenswerte Ausnahme: die Zeit des Nationalsozialismus. Vorreiter bei deren Aufarbeitung waren Matthias Herrmann und Torsten Musial in den 1990er-Jahren,[24] und

---

19 Bodo Uhl: Die Geschichte der Bewertungsdiskussion: Wann gab es neue Fragestellungen und warum? In: Andrea Wettmann (Hrsg.): Bilanz und Perspektiven archivischer Bewertung. Beiträge eines Archivwissenschaftlichen Kolloquiums (Veröffentlichungen der Archivschule Marburg 21). Marburg 1994; Berent Schwineköper: Zur Geschichte des Provenienzprinzips. In: Forschungen aus mitteldeutschen Archiven. Zum 60. Geburtstag von Hellmut Kretzschmar (Schriftenreihe der Staatlichen Archivverwaltung 3). Hrsg. von der Staatlichen Archivverwaltung [DDR]. Berlin 1953, 48–65.

20 Lepper/Raulff (Anm. 2); zu einem ähnlichen Schluss kommt auch: Tobias Winter: Die deutsche Archivwissenschaft und das „Dritte Reich". Disziplingeschichtliche Betrachtungen von den 1920ern bis in die 1950er Jahre (Veröffentlichungen aus den Archiven Preußischer Kulturbesitz, Forschungen 17). Berlin 2018, 31, vor allem bezogen auf die Aufarbeitung des 20. Jahrhunderts.

21 Adolf Brenneke: Archivkunde. Ein Beitrag zur Theorie und Geschichte des europäischen Archivwesens. Leipzig 1953; ergänzend dazu: Dietmar Schenk (Hrsg.): Gestalten des Archivs. Nachgelassene Schriften zur Archivwissenschaft (Veröffentlichungen des Landesarchivs Schleswig-Holstein 113). Hamburg 2018.

22 Hans Beschorner (Hrsg.): Archivstudien. Zum 70. Geburtstag von Woldemar Lippert. Dresden 1931.

23 Winter (Anm. 20), 27; Friedrich (Anm. 3), 21; Reininghaus (Anm. 12), 352.

24 Matthias Herrmann: Das Reichsarchiv (1919–1945). Eine archivische Institution im Spannungsfeld der deutschen Politik. Bd. 2. Berlin 1994; Torsten Musial: Staatsarchive im Dritten Reich. Zur Geschichte des staatlichen Archivwesens in Deutschland 1933–1945 (Potsdamer Studien 2). Potsdam 1996.

einen Aufschwung erfuhr die Forschung mit dem 75. Deutschen Archivtag in Stuttgart, der sich mit dem Thema auseinandersetzte.[25] Der daraus hervorgegangene Tagungsband stellte bei seinem Erscheinen 2007 noch eine maßgebliche Erweiterung des Forschungsstandes dar. Seitdem sind weitere Arbeiten zu dem Thema veröffentlicht worden.[26] Nennenswert ist hier besonders ein Sammelband von Sven Kriese zur *Archivarbeit im und für den Nationalsozialismus*.[27] Als neueste Publikation erschien 2018 von Tobias Winter eine überblicksartige Betrachtung der Veränderung der Archivwissenschaft im „Dritten Reich".[28]

Winter machte zuletzt auf die Gefahr aufmerksam, die durch die übermäßige Beschäftigung der Archivgeschichte zwischen den Zäsuren von 1933 bis 1945 besteht: Dass nämlich ein verzerrtes Bild der Arbeit der Archivare gezeichnet werde, indem nur die Extreme betrachtet würden.[29] Dies wird im vorliegenden Werk insofern vermieden, da die NS-Zeit nicht im Vordergrund steht, sondern in die Entwicklung davor und danach eingebunden wird.

Die Aufarbeitung der NS-Vergangenheit Schleswig-Holsteins weist hingegen noch fundamentale Lücken auf. Wichtige Werke waren hier ein Aufsatz von Christoph Cornelißen zur schleswig-holsteinischen Historiografiegeschichte[30] sowie Beiträge von Manfred Gailus und Stephan Linck zur Rolle der Kirchenbücher bei der Judenverfolgung.[31] Carmen Smiatacz gab Aufschluss

---

25 Robert Kretzschmar (Hrsg.): Das deutsche Archivwesen und der Nationalsozialismus. 75. Deutscher Archivtag 2005 in Stuttgart (Tagungsdokumentation zum Deutschen Archivtag 10). Essen 2007.

26 Beispielsweise: Sarah Schmidt: Das Staatsarchiv Hamburg im Nationalsozialismus (Veröffentlichungen aus dem Staatsarchiv der Freien und Hansestadt Hamburg 24). Hamburg 2016, 68f, sowie das Schwerpunktthema „Archive und der Nationalsozialismus". In: Archivar 4 (2017), 362–411.

27 Sven Kriese (Hrsg.): Archivarbeit im und für den Nationalsozialismus. Die preußischen Staatsarchive vor und nach dem Machtwechsel von 1933 (Veröffentlichungen aus den Archiven Preußischer Kulturbesitz, Forschungen 12). Berlin 2015.

28 Winter (Anm. 20).

29 Ebd., 21–22.

30 Christoph Cornelißen: Das Kieler Historische Seminar in den NS-Jahren. In: Ders./Carsten Mish (Hrsg.): Wissenschaft an der Grenze. Die Universität im Nationalsozialismus (Zeit + Geschichte 14). Essen 2009, 229–252.

31 Manfred Gailus: Kirchenbücher, Ariernachweise und kirchliche Beihilfe zur Judenverfolgung. Einführung. In: Ders. (Hrsg.): Kirchliche Amtshilfe. Die Kirche und die Judenverfolgung im „Dritten Reich". Göttingen 2008, 7–26; Stephan Linck: „... restlose Ausscheidung dieses Fremdkörpers". Das schleswig-holsteinische Kirchenbuchwesen und die „Judenfragen". In: Manfred Gailus (Hrsg.): Kirchliche Amtshilfe. Die Kirchen und die Judenverfolgung im „Dritten Reich". Göttingen 2008, 27–47.

über die Durchführung der Entnazifizierung in Schleswig-Holstein.[32] Für den historischen Kontext waren Kurt Jürgensen in Bezug auf die Eingliederung der Herzogtümer in den preußischen Staat und Jürgen Jensen mit seinem Sammelband zur Geschichte der Stadt Kiel hilfreich.[33]

Die Geschichte eines Archivs in Schleswig-Holstein kann nicht ohne Kenntnis der dänischen Geschichte geschrieben werden. Besonders wichtig sind die Beiträge von Hans Kargaard Thomsen zu den Interaktionen des Kopenhagener Reichsarchivs mit dem schleswig-holsteinischen Staatsarchiv im Rahmen von Verhandlungen zur Abgabe bzw. zum Austausch von Archivalien in den 1860/70er- und 1920/30er-Jahren.[34] Außerdem gibt ein Sammelband, 2008 herausgegeben von Hans Schultz Hansen, Aufschluss über die Entwicklung eines eigenen Archivs für das ehemalige nordschleswigsche Gebiet in den 1920er- und 1930er-Jahren.[35]

Als Quellenbasis für die vorliegende Arbeit dienten vor allem die Geschäftsakten des Staatsarchivs in Schleswig-Holstein, die nahezu vollständig im Landesarchiv Schleswig-Holstein (LASH) überliefert sind.[36] Neben Berichten und Schreiben an die vorgesetzten Stellen sind hier auch archivinterne Angelegenheiten überliefert, wie die Frage nach Ablieferungen aus der Verwaltung und semiprivate Korrespondenzen zwischen Archivmitarbeitern. Dazu wurden die persönlichen Nachlässe von Archivmitarbeitern – soweit vorhanden – hinzugezogen.

Als Ergänzung und Parallelüberlieferung wurden außerdem die überlieferten Akten der dem Staatsarchiv vorgesetzten Stellen gesichtet. In der Provinz war dies das Oberpräsidium, dessen Akten ebenfalls im Landesarchiv

---

32 Carmen Smiatacz: Ein gesetzlicher „Schlussstrich"? Der juristische Umgang mit der nationalsozialistischen Vergangenheit in Hamburg und Schleswig-Holstein 1945–1960. Hamburg 2015.

33 Kurt Jürgensen: Die Eingliederung der Herzogtümer Schleswig, Holstein und Lauenburg in das preußische Königreich. In: Peter Baumgart (Hrsg.): Expansion und Integration. Zur Eingliederung neugewonnener Gebiete in den preußischen Staat (Neue Forschungen zur brandenburg-preußischen Geschichte 5). Köln 1984, 327–356; Jürgen Jensen/Peter Wulf (Hrsg.): Geschichte der Stadt Kiel. Neumünster 1991.

34 Hans Kargaard Thomsen: Arkivforhandlingerne med Preussen 1864–75. De danske synspunkter. In: ARKIV 11 (1987), 167–200; Ders.: Das Archivabkommen mit Deutschland 1933 und seine Vorgeschichte. In: Rainer Hering/Johan Peter Noack/Steen Ousager/Hans Schultz Hansen (Hrsg.): Archive zwischen Konflikt und Kooperation. 75 Jahre deutsch-dänisches Archivabkommen von 1933 (Veröffentlichungen des Landesarchivs Schleswig-Holstein 95). Hamburg 2008, 59–100.

35 Hans Schultz Hansen/Leif Hansen Nielsen/Steen Ousager (Hrsg.): „Et centralsted for udforskning af Sønderjyllands historie". Landsarkivet for Sønderjylland gennem 75 år 1933–2008. Apenrade 2008.

36 Landesarchiv Schleswig-Holstein (LASH) Abt. 304 (Landesarchiv/Staatsarchiv).

Schleswig-Holstein aufbewahrt werden.[37] Innerhalb des Deutschen Reichs unterstand das Staatsarchiv der preußischen Archivverwaltung. Diese war von Staatskanzler von Hardenberg eingerichtet worden. 1831 war erstmals ein Direktor der Staatsarchive bestimmt worden, der ab 1899 als Generaldirektor bezeichnet wurde.[38] Ihm waren die preußischen Staatsarchive unterstellt. Der Bestand der preußischen Archivverwaltung liegt im Geheimen Staatsarchiv Preußischer Kulturbesitz (GStA PK).[39] Besondere Bedeutung kam den hier überlieferten Jahresberichten sowie den allgemeinen Verfügungen für die preußischen Staatsarchive zu. Der Bestand ist nicht vollständig erhalten und hat im Zweiten Weltkrieg Schäden erlitten, die vor allem die Zeit des Krieges betreffen.[40] Um etwaige Lücken zu schließen und die Verstrickung der Archivare besonders während der NS-Zeit zu untersuchen, wurden Bestände des Bundesarchivs in Berlin-Lichterfelde hinzugezogen.[41]

Aufgrund der engen Verknüpfung der Geschichte Schleswig-Holsteins mit der Dänemarks, die auch die Zeit der preußischen Provinz Schleswig-Holstein prägte, war die Einsichtnahme in Archivalien des dänischen Reichsarchivs (Rigsarkivet) nötig.[42] Im Fokus der Untersuchungen standen hier besonders die Verhandlungen um die Abgabe bzw. den Austausch von Archivalien infolge des Wiener Vertrages von 1864 und des Versailler Vertrages von 1919.

Das preußische Staatsarchiv in Schleswig-Holstein war von 1870 bis 1923 in Schleswig untergebracht und zog dann nach Kiel. Mit dem Umzug in die Hauptstadt ging ein lang ersehnter Wunsch der preußischen Archivare in Erfüllung. Maßgeblich für diesen Schritt war die Initiative des Kieler Magistrats und des dort ansässigen regionalen Geschichtsvereins, der GSHG. Akten zu Ersterem sind im Stadtarchiv Kiel überliefert,[43] während die Tätigkeit der GSHG in deren Bestand im Landesarchiv Schleswig-Holstein nachvollziehbar

[37] LASH Abt. 301 (Oberpräsidium).

[38] Für die Geschichte des Staatsarchivs in Schleswig-Holstein waren in dieser Position besonders Maximilian Duncker, 1867–1874, Paul F. Kehr, 1915–1929, und Ernst Zipfel, 1936–1945, maßgeblich.

[39] GStA PK (Geheimes Staatsarchiv Preußischer Kulturbesitz), I. HA (Hauptabteilung) Rep. (Repertorium) 178: Generaldirektion der Staatsarchive.

[40] Weiterführend dazu Sven Kriese: Der Bestand „I. HA Rep. 178 Generaldirektion der Staatsarchive“ im Geheimen Staatsarchiv Preußischer Kulturbesitz als Quelle für die Deutsche Archivgeschichte. In: Archivar 66 (2013), 447–451.

[41] BArch (Bundesarchiv Berlin-Lichterfelde), NS 26: Hauptarchiv der NSDAP; R 1506: Reichsarchiv; R 153: Publikationsstelle Berlin-Dahlem.

[42] Rigsarkivet, 714: Papirer vedr. aflevering af slesvig-holstenske arkivalier.

[43] Stadtarchiv (StadtA) Kiel 36058 (Magistrat).

wird.[44] Nach dem Ende des Zweiten Weltkrieges wurde die preußische Archivverwaltung aufgelöst, und die Archive unterstanden, wie alle Bereiche der schleswig-holsteinischen Verwaltung, den britischen Besatzern. Deren Akten in den National Archives in London wurden ebenfalls gesichtet.[45]

Dazu kommt noch eine Vielzahl von gedruckten Quellen. Besonders hilfreich waren die Aufsätze der Archivare über die Geschichte des schleswig-holsteinischen Staatsarchivs, vor allem von Paul Richter (1866–1939) und Heinrich Kochendörffer (1880–1936) aus den 1920er- sowie von Gottfried Ernst Hoffmann (1898–1978) aus den 1960er-Jahren.[46] Über zeitgenössische archivfachliche Debatten gaben Aufsätze im *Korrespondenzblatt des Gesamtvereins der deutschen Geschichts- und Altertumsvereine* (seit 1937: *Blätter für deutsche Landesgeschichte*), in der *Archivalischen Zeitschrift* und zu einem geringeren Teil in der Zeitschrift *Der Archivar* Aufschluss. Besonders die ab 1899 abgehaltenen Archivtage, über die im *Korrespondenzblatt* berichtet wurde, geben wertvolle Hinweise auf die aktuellen Themen der Archivare in ihrer jeweiligen Zeit.

Die Arbeit selbst ist chronologisch in drei Abschnitte gegliedert. Der erste Teil beschäftigt sich mit dem Staatsarchiv Schleswig von der Vorgeschichte der Gründung bis zum Ende des Deutschen Kaiserreichs. Die Zeit ist besonders geprägt von der langsamen Etablierung des Archivs in der neuen preußischen Provinz. Nicht nur der langwierige Gründungsprozess, auch das komplizierte Verhältnis zu Dänemark prägte gerade am Anfang die Arbeit. Zudem wird die zweigeteilte Stellung der Archive zwischen ihrem Nutzen für die Verwaltung und für die Geschichtswissenschaft näher untersucht, genau wie die archivfachlichen Neuerungen, bei denen das Staatsarchiv Schleswig eine Vorreiterrolle einnahm.

Der zweite Abschnitt beschäftigt sich mit dem Staatsarchiv Kiel in der Zeit der Weimarer Republik. Ganz Schleswig-Holstein war in dieser Zeit geprägt von den Folgen des Versailler Vertrages. Durch diesen wurde das Deutsche Reich unter anderem verpflichtet, den nördlichen Teil von Schleswig-Holstein an Dänemark abzutreten, woraus langwierige Verhandlungen

44 LASH Abt. 397 (Gesellschaft für Schleswig-Holsteinische Geschichte).

45 The National Archives (TNA), Kew/UK, PRO (Public Record Office) 30/90 Cecil Anthony Francis Meekings: Papers.

46 Heinrich Kochendörffer: Das Archivwesen Schleswig-Holsteins. In: Nordelbingen 2 (1923), 168–207; Paul Richter: Die Entwicklung des Kieler Staatsarchivs und seine Bestände. In: Korrespondenzblatt des Gesamtvereins der deutschen Geschichts- und Altertumsvereine 75 (1926), 251–263; Gottfried Ernst Hoffmann: Aufbau und Ausbau des Schleswig-Holsteinischen Landesarchivs. Ein Bericht über die Jahre 1948 bis 1962. In: ZSHG 89 (1964), 195–222.

mit dem dänischen Reichsarchiv um die Rückgabe schleswig-holsteinischer Archivalien resultierten. Zudem bedeutete der vertragsbedingte Abbau der Marine, dass Gebäude in Kiel frei wurden, die vom Archiv belegt werden konnten. Damit konnte der lang ersehnte Umzug in die Hauptstadt durchgeführt werden. Das hatte wiederum Auswirkungen auf die Beziehungen zu geschichtswissenschaftlichen Institutionen, besonders zur GSHG.

Der dritte und letzte Abschnitt befasst sich mit den Ereignissen in der NS-Zeit. Die Schwerpunktsetzung auf die Genealogie, zeitgenössisch als „Sippenkunde" bezeichnet, bestimmte alle Bereiche der Arbeit im Archiv, bis der Zweite Weltkrieg diese verdrängte und die Sicherung der Archivalien zur Priorität machte. Die unmittelbare Nachkriegszeit wird hier zu diesem Kapitel gezählt, da nahezu alle Bereiche der Archivarbeit weiterhin von den Ereignissen der NS-Zeit geprägt waren.

Dabei gibt es mehrere rote Fäden, die sich – neben der Frage nach dem Wandel der Archivarbeit – durch die Arbeit ziehen. Zum einen ist immer wieder das Verhältnis zu Dänemark bzw. zum dänischen Reichsarchiv entscheidend, das in all den Jahren der Existenz des preußischen Staatsarchivs die Archivarbeit mitbestimmte. Zudem soll dargestellt werden, welche Wertschätzung den Archiven im Allgemeinen und dem Staatsarchiv in Schleswig-Holstein im Speziellen entgegengebracht wurde. Angesichts der Wichtigkeit von Archiven für die Geschichtsschreibung ist zu untersuchen, ob diese auch von außen wahrgenommen wurde.

2 Das Staatsarchiv Schleswig bis zum Ende des Deutschen Kaiserreichs

2.1 Die Gründung eines preußischen Staatsarchivs

Das Gebiet, aus dem später Schleswig-Holstein hervorging, war bis weit ins 19. Jahrhundert hinein geteilt in Schleswig und Holstein. Erst mit Errichtung der preußischen Provinz wurden die Bedingungen für die Gründung eines zentralen staatlichen Archivs in Schleswig-Holstein geschaffen. Die Gründe dafür liegen in der engen Verknüpfung mit Dänemark.

Seit dem 12. Jahrhundert hatten in der Grafschaft Holstein die Schauenburger geherrscht, knapp 200 Jahre später war auch das Herzogtum Schleswig an die Grafen übergegangen. Das Geschlecht der Schauenburger starb jedoch 1459 aus, und die Lehen gingen an das Haus Oldenburg über. Gleichzeitig stellten diese die Könige von Dänemark. Christian I. (1426–1482), der bereits seit 1446 König von Dänemark war, wurde so in Personalunion auch Herzog von Schleswig und von Holstein.

Bereits die Schauenburger hatten wahrscheinlich ein eigenes Archiv, über das jedoch nur wenig bekannt ist.[47] Dieses Archiv wechselte mit der Herrschaft über Schleswig und Holstein ebenfalls auf die Oldenburger über. Als Aufbewahrungsort wird zu dieser Zeit der „Blaue Turm" in Segeberg angegeben.

Im 15. und 16. Jahrhundert kam es zu einer Reihe von Teilungen des Gebietes, das heute Schleswig-Holstein ist. Archivisch war besonders die Herrschaftsteilung von 1544 von großer Bedeutung. Der dänische König und gleichzeitige Herzog von Schleswig und Holstein Christian III. (1503–1559) teilte die Herzogtümer unter sich und zweien seiner Brüdern auf: Johann bekam den Haderslebener Anteil, der vor allem Gebiete um Hadersleben und Rendsburg sowie in Dithmarschen umfasste, und Adolf den Gottorfer Anteil

47 Kochendörffer (Anm. 46), 175.

mit Kontrolle über die Ämter Kiel, Neumünster und Reinbek. Christian selbst behielt den königlichen Anteil. Nach Johanns Tod wurde dessen Anteil zwischen dem König und dem Gottorfer Herzog aufgeteilt. Dazu gab es noch gemeinsam verwaltete Gebiete wie die der Ritterschaft und der adeligen Klöster.

Es entstanden infolgedessen vier verschiedene Archive: je eins für den königlichen, den gottorfischen und den Haderslebener Anteil sowie das Gemeinschaftliche Archiv für die gemeinsam verwalteten Gebiete. In Letzteres wurden wohl auch die Archivalien der Schauenburger überführt und die des Haderslebener Anteils.[48] Es enthielt außerdem die Überlieferung des Landtags und des Landgerichts sowie der Maßnahmen der gemeinsamen Herrscher zur Landesverteidigung.[49] Untergebracht war es bis ins 16. Jahrhundert weiterhin im „Blauen Turm" in Segeberg, bevor es unter Friedrich I. (1471–1533) nach Schloss Gottorf überführt wurde.[50] Dort wurde es im 17. Jahrhundert erstmals geordnet.[51] Da das Gemeinschaftliche Archiv Material über die gemeinsamen Besitzungen der dänischen Könige und der Gottorfer Herzöge enthielt, hatten beide Zugang zum Archiv, jedoch nur unter Anwesenheit des jeweils anderen. Beide mitregierende Parteien hatten einen Schlüssel, und für den Zugriff zum Archiv bedurfte es beider Schlüssel.

Im 18. Jahrhundert brachte der Nordische Krieg erneut Veränderungen. Die Gottorfer Herzöge verloren an Macht, und die vormals gottorfischen Gebiete wurden dem dänischen König unterstellt: Der dänische Gesamtstaat war konstituiert. Die Archivalien des Gemeinschaftlichen Archivs wurden 1733 nach Kopenhagen überführt, wo sie dem Geheimarchiv, dem späteren Reichsarchiv, einverleibt wurden.

Als dann 1834 auf Schloss Gottorf eine einheitliche schleswig-holsteinische Regierung eingerichtet wurde, wurde die Gelegenheit genutzt, alle älteren Akten, die nicht mehr für die Verwaltung gebraucht wurden, nach Kopenhagen zu übersenden. Darunter befanden sich auch die auf Schloss Gottorf verbliebenen Archi-

48 Wilhelm Junghans: Die älteren Landesarchive Schleswig-Holsteins und deren Rücklieferung von Seiten Dänemarks. In: Jahrbücher für Landeskunde der Herzogtümer Schleswig, Holstein und Lauenburg 8 (1866), 1–23, 5. Das Archiv des Haderslebener Anteils wurde als „Hansborgarkiv" in den 1920er-Jahren wieder aus dem Gemeinschaftlichen Archiv herausgelöst und bis auf wenige Stücke, die noch in Kopenhagen verblieben, mit dem Archivabkommen vom 15.12.1933 nach Schleswig-Holstein abgegeben; s. weiterführend Kapitel 3.1.

49 Kochendörffer (Anm. 46), 184.

50 Junghans (Anm. 48), 3.

51 Kochendörffer (Anm. 46), 185.

valien der Gottorfer Herzöge, die ebenfalls ins Geheimarchiv kamen.[52] Für die Dokumente, die noch gebraucht wurden, wurde auf dem Schloss ein Archivbüro eingerichtet, also letztlich eine Altregistratur, die diejenigen Akten aufnahm, die nicht mehr für die laufenden Geschäfte benötigt wurden, aber in Zweifelsfällen gegebenenfalls noch zur Verfügung stehen mussten. Das Archivbüro der Regierung wurde auch als Regierungsarchiv bezeichnet.

1848 kam es zur Schleswig-Holsteinischen Erhebung. Die schleswig-holsteinische Ständeversammlung hatte unter den Eindrücken der Märzrevolution eine Verfassung formuliert, die vom dänischen König abgelehnt wurde. Es kam zur Bildung einer provisorischen schleswig-holsteinischen Regierung, die jedoch keinen Bestand hatte. 1852 wurde mit dem Londoner Vertrag der dänische Gesamtstaat wiederhergestellt.[53] Diese politischen Ereignisse hatten auch Folgen für die Archivgeschichte. 1853 wurden die jüngeren Bestände des Regierungsarchivs nach Kopenhagen überführt, auch eine Folge davon, dass es keine Landesbehörden auf schleswig-holsteinischen Boden mehr gab und alles in Kopenhagen zentralisiert worden war.[54]

Die Abhängigkeit der Herzogtümer Schleswig und Holstein von der dänischen Krone endete mit dem Deutsch-Dänischen Krieg 1864. Zu diesem Zeitpunkt waren nahezu alle Archivalien, die die beiden Herzogtümer betrafen, in Kopenhagen. In den Verwaltungsinstanzen vor Ort verblieb lediglich neueres Material. In den Herzogtümern selbst waren also kaum Dokumente vorhanden, die ein eigenes staatliches Archiv füllen konnten.

Der Prozess der Gründung eines Staatsarchivs begann also erst mit den Ereignissen, die für die deutsche Geschichte maßgeblich waren: den deutschen Einigungskriegen im 19. Jahrhundert. Nach dem ersten Einigungskrieg zwischen Dänemark auf der einen und Österreich und Preußen auf der anderen Seite wurden die Herzogtümer Schleswig und Holstein unter den Siegern aufgeteilt. Während Schleswig von Preußen annektiert wurde, verwaltete Österreich das ehemalige Herzogtum Holstein. Verwaltungskonflikte in den Herzogtümern zum Anlass nehmend, äußerten sich der deutsche Dualismus und der Kampf um die Vormachtstellung im Deutschen Bund im zweiten Einigungskrieg zwischen Preußen und Österreich, aus dem Preußen siegreich hervorging. Dieser Krieg endete damit, dass neben anderen Gebietsteilen – wie dem ehemaligen Königreich Hannover, dem Kurfürstentum Hessen und

52 Richter: Entwicklung (Anm. 46), 255.

53 Robert Bohn: Geschichte Schleswig-Holsteins. München 2006, 92.

54 Richter: Entwicklung (Anm. 46), 256.

der freien Stadt Frankfurt – auch das Herzogtum Holstein an Preußen fiel. Damit waren nun beide nördlichen Herzogtümer in preußischem Besitz. Am 12. Januar 1867 wurde die preußische Provinz Schleswig-Holstein begründet.[55]

Erst durch diese Ereignisse wurden die Bedingungen für die Gründung eines zentralen staatlichen Archivs in Schleswig-Holstein geschaffen. Vorher hatte es, im Gegensatz zu den anderen neu zu Preußen gekommenen Gebieten, keine Strukturen eines staatlichen Archivwesens gegeben und auch kein Interesse entscheidender Seiten daran. Während also beispielsweise in Hannover das Königliche Archiv in ein preußisches Staatsarchiv umgeformt werden konnte, fehlte solch eine Einrichtung als Ausgangspunkt in Schleswig-Holstein. Erst durch die Übernahme der Verwaltung durch Preußen war dort die Initiative vorhanden, die auch genügend politisches Gewicht besaß, die Gründung eines staatlichen Archivs umzusetzen.

Solch ein Archiv wurde außerdem notwendig durch die Bestimmungen des Wiener Friedens vom 30. Oktober 1864, der den ersten Einigungskrieg mit Dänemark beendet hatte. In diesem Vertrag wurde vor allem bestimmt, dass der dänische König auf seine Rechte an den Herzogtümern Schleswig, Holstein und Lauenburg[56] verzichtete. Artikel 20 des Vertrages regelte die archivalische Flurbereinigung: Dokumente, welche sich in dänischen Archiven befanden und die Herzogtümer betrafen, sollten ausgeliefert werden. Dieser Artikel zielte besonders auf die Auslieferung der historischen Dokumente, die aus Schleswig und Holstein im Laufe der vorangegangenen Jahrhunderte in das Geheimarchiv nach Kopenhagen überführt worden waren.

Nachdem der Krieg gegen Österreich gewonnen und auch Holstein in preußischen Besitz übergegangen war, gepaart mit der Erwartung, dass man die Archivalien aus Dänemark erhalten würde, wurde in den Augen der Preußen die Einrichtung eines Staatsarchivs notwendig. Die Erwartung in Bezug auf Dänemark erfüllte sich jedoch nicht, und so verzögerte sich auch die Gründung eines Archivs, da ohne die dänischen Ablieferungen kein Bestand vorhanden war, aus dem ein preußisches Staatsarchiv, wie es in anderen Provinzen bestand, aufgebaut werden konnte.

---

55 Patent wegen Besitznahme der Herzogthümer Schleswig und Holstein von Wilhelm I. vom 12.1.1867, Preußischen Gesetzessammlung 1867, 129–130.

56 Das Herzogtum Lauenburg wurde erst am 1.7.1876 als Landkreis Herzogtum Lauenburg in die Provinz Schleswig-Holstein eingegliedert und unterstand vorher direkt dem preußischen König, der Herzog von Lauenburg war.

Angesichts des fehlenden Entgegenkommens Dänemarks wurde innerhalb Preußens versucht, Druck auszuüben. Die Abgeordneten des preußischen Abgeordnetenhauses stellten 1867 die Forderung an die Staatsregierung, entsprechende Maßnahmen zu ergreifen, um Dänemark dazu zu bringen, die schleswig-holsteinischen Archivalien auszuliefern. Diese Aufforderung blieb jedoch ohne die erwünschten Folgen. Als sie im März 1868 noch einmal wiederholt wurde, wurde darüber hinaus der Entschluss gefasst, dass „demnächst auf die Einrichtung des Schleswig-Holsteinischen Landes-Archivs in den Herzogthümern Bedacht zu nehmen" sei.[57] Doch fehlte es weiter an einem Bestand für ein Archiv.

Da aus Dänemark vorerst keine Ablieferungen zu erwarten waren, musste anderweitig versucht werden, eine Basis an Archivalien für ein staatliches Archiv zu schaffen. Dies war auch Maximilian Duncker (1811–1886) klar, der nicht nur Direktor der Staatsarchive und Chef der preußischen Archivverwaltung, sondern auch preußischer Abgeordneter war. Er hatte wenige Tage vor dem Beschluss bereits in Zusammenarbeit mit dem Oberpräsidenten von Schleswig-Holstein Carl von Scheel-Plessen (1811–1892) erste Maßnahmen zur Gründung eines Staatsarchivs ergriffen. Im Dienstgebäude des Appellationsgerichts in Kiel waren Dokumente gefunden worden, die von historischem Wert waren. Es handelte sich um Akten des Reichskammergerichts, bezogen auf das Herzogtum Holstein, und weniger wichtige Bestandteile des Archivs der Plöner Herrschaftslinie, die 1761 ausgestorben war.[58] In Vereinbarung zwischen Duncker und von Scheel-Plessen wurden diese Archivalien an das Schloss Gottorf in Schleswig übersandt, um dort „den Anfang der Gründung eines Staatsarchivs für die Provinz" zu machen.

Schloss Gottorf war vor allem aus zwei Gründen gewählt worden. Dunckers Ziel war es auf der einen Seite, damit den Anschein einer Kontinuität zu erwecken. Der Barockbau stammte aus dem 17. Jahrhundert mit Vorläufern aus dem 12. Jahrhundert und war bis ins 18. Jahrhundert Sitz der Gottorfer Herzöge gewesen, die dort ihr Archiv und das Gemeinschaftliche Archiv verwahrt hatten. Im 19. Jahrhundert war im Schloss eine Kaserne eingerichtet und zugleich auch die Regierung für Schleswig und Holstein untergebracht

---

57 GStA PK, I. HA Rep. 178, 2336, Bl. 37, Abschrift: der Präsident des Staatsministeriums, gez. Costenoble, an das Ministerium für Auswärtige Angelegenheiten vom 13.3.1868.

58 Duncker hielt diese Akten für unbedingt archivwürdig und meinte, dass sie in ein Staatsarchiv gehörten und nicht etwa in die Universitätsbibliothek, weil sie Staatseigentum seien; hier und im Folgenden: ebd., Bl. 34–35, Duncker an von Scheel-Plessen vom 10.3.1868.

worden. Laut Duncker bot die Überführung die Gelegenheit, das Staatsarchiv an dem Ort zu beginnen, „an welchem die Urkunden des Landes seit dem sechzehnten Jahrhundert ihre Aufbewahrungsstube gefunden haben". Hier wurde also bewusst auf einen alten, archivisch bedeutungsvollen Ort zurückgegriffen. Indem schon fast zwanghaft ein historischer Vorläufer für das Staatsarchiv konstruiert wurde, sollte dessen Position gestärkt werden.

Der weitaus wichtigere Grund war auf der anderen Seite die Praktikabilität. Die Archivalien kamen in die Obhut des Archivbüros der Regierung, des Regierungsarchivs, das sich im Keller des Schlosses befand. Der Name Regierungsarchiv suggerierte, dass es sich um eine Art Vorgängerinstitution handeln konnte – was jedoch nicht der Fall war, da man darunter die Altregistratur der Regierung verstand. Zur Zeit der Ereignisse um die Gründung des Staatsarchivs waren dort zwei Personen beschäftigt, der Assistent Th. Zimmermann (?–1872), der mit der stellvertretenden Leitung betraut war, und der Kopist Johann Heinrich Christian Meyer (1805–1875). Die staatlichen Archivalien wurden dorthin gesandt, damit sich das Personal darum kümmern konnte. Beide Männer wurden jedoch aus dem Etat der Regierung bezahlt und waren dementsprechend für die Regierung und deren „Archiv" und nicht für ein preußisches Staatsarchiv zuständig. Vor allem bestand ihre Aufgabe darin, die Requisitionen der Beamten zu erledigen; es ging also weniger um die Ordnung und Betreuung der Dokumente selbst.

Eigenes Personal für ein Staatsarchiv konnte lange nicht eingestellt werden, da keine ausreichenden Mittel bewilligt wurden, und damit zog sich auch die Gründung eines Staatsarchivs hin. In den Augen einiger preußischer Abgeordneter war ohne die Ablieferungen aus Dänemark kein ausreichender Bestand vorhanden, um eigenes Personal zu rechtfertigen. So lautete die Argumentation gegen die mögliche Bewilligung der Personalkosten des fraktionslosen Abgeordneten Karl Philipp Francke (1805–1870) salopp: „Wo kein Archiv ist, da bedarf es auch keines Archivsekretairs."[59] Da also nicht genügend Bestände vorhanden waren und mit der Auslieferung aus Dänemark in absehbarer Zeit nicht gerechnet werden konnte, wurde die Finanzierung von Personal abgelehnt.

Hier spielte auch die antipreußische Einstellung vieler Schleswig-Holsteiner eine Rolle. Francke selbst stammte aus der Stadt Schleswig. Er war be-

---

59 Ebd., Bl. 56–78, Protokoll der 6. Sitzung vom 17.11.1868 des Hauses der Abgeordneten, Aussage des Abgeordneten [Karl Philipp] Francke, 108.

reits bei der ersten Schleswig-Holsteinischen Erhebung an der Provisorischen Regierung in Kiel beteiligt gewesen und hatte sich für den Eintritt des Herzogtums Schleswig in den Deutschen Bund eingesetzt. Nach dem Scheitern der Erhebung hatte er sich der Sache der Augustenburger angeschlossen. Friedrich von Schleswig-Holstein-Sonderburg-Augustenburg hatte sich im November 1863 zum Herzog von Schleswig-Holstein erklärt, da er durch die Abstammung vom dänischen Königshaus einen Anspruch auf diese Position hatte.[60] Francke übernahm in dessen Kabinett die Verantwortung für die Finanzen.[61] Die Pläne der Augustenburger für ein unabhängiges Schleswig-Holstein scheiterten jedoch, auch weil sie von den Preußen unterdrückt wurden, und endeten spätestens mit der Flucht Friedrichs nach dem zweiten Einigungskrieg. Die Treue für die Sache der Augustenburger hielt sich jedoch vielerorts, unter anderem wurden in den Wahlen zum konstituierenden Reichstag des Norddeutschen Bundes von den Schleswig-Holsteinern überwiegend augustenburgische Politiker gewählt.[62] Auch bei Francke herrschte diese Einstellung weiter vor, einhergehend mit einer starken antipreußischen Haltung. Dementsprechend versuchte er, die Errichtung einer genuin preußischen Einrichtung wie das Staatsarchiv zu verhindern.

Trotz dieser kritischen Stimmen wurde im Staatsetat für das Jahr 1869 die Besoldung eines Archivbeamten mit 600 Reichstalern bewilligt. Duncker hielt dies aber für zu wenig, da die Besoldung normalerweise um 200 bis 400 Reichstaler darüber lag.[63] Zudem hatte das preußische Finanzministerium die Übernahme der Bürokosten für ein Staatsarchiv in Schleswig-Holstein abgelehnt, und auch Dunckers Plan, für die Besetzung der Stelle die Beamten des Regierungsarchivs Zimmermann und Meyer zu übernehmen, war abgewiesen worden.[64] Es kam im Jahr 1869 folglich nicht zur Anstellung von Personal und damit auch nicht zur Gründung eines staatlichen Archivs, obwohl bereits eine Sammlung staatlicher Archivalien vorhanden war.

Duncker wollte diesen Bestand weiter ausbauen. Die Verhandlungen mit Dänemark wurden zwischen den Außenministerien, den Gesandten und

---

60 Mikkel Venborg Pedersen: Die Herzöge von Augustenburg. In: Carsten Porskrog Rasmussen/Elke Imberger/Dieter Lohmeier/Ingwer Momsen (Hrsg.): Die Fürsten des Landes. Herzöge und Grafen von Schleswig, Holstein und Lauenburg. Neumünster 2008, 311–341, 335.

61 Hans Harald Hennings: [Art.] Francke, Karl. In: Neue Deutsche Biographie. Bd. 5. Berlin 1961, 326–327.

62 Venborg Pedersen (Anm. 60), 340.

63 GStA PK, I. HA Rep. 178, 2336, Bl. 49a–b, Duncker an von Scheel-Plessen vom 28.8.1868.

64 Ebd.

eigens dafür bestimmten Kommissaren geführt; die preußische Archivverwaltung konnte kaum Einfluss darauf nehmen. Da sich die Gespräche weiter hinzogen, wurde sich darauf konzentriert, weiteres Archivmaterial innerhalb der Provinz zu beschaffen.

Ein Blick in andere preußische Provinzen zeigt, dass sich eine ähnliche Problematik bereits bei der Gründung des Staatsarchivs in Posen ergeben hatte. Schon nach der Gründung der Provinz Posen 1815 hatte es dort Bestrebungen zur Errichtung eines Staatsarchivs gegeben, doch auch hier fehlte eine Vorgängerinstitution. Um die Basis für die Bestände eines solchen Archivs zu schaffen, wurde von Staatskanzler von Hardenberg, dem auch die Aufsicht über die Archive unterstand, beschlossen, dass andere Archive wie Klosterarchive mit dem Posener Stadtarchiv zu vereinigen seien. Die Grundlage bildeten also nicht staatliche Archivalien. Der Gymnasiallehrer Julius Maximilian Schottky (1797–1849)[65] wurde damit beauftragt, durch die Provinz Posen zu reisen und Archivalien zu übernehmen.[66] Erst 1857 wurde vom Abgeordnetenhaus beschlossen, ein Staatsarchiv in Posen zu errichten. Ähnlich wie beim Staatsarchiv in Schleswig-Holstein kam es dazu jedoch nicht. In einer vergleichbaren Argumentation verwies der damalige Direktor der Staatsarchive Carl Wilhelm von Lancizolle (1796–1871) auf den geringen Urkundenbestand, der nicht geeignet sei, „die Grundlage und, sei es auch nur vorläufig, den Hauptinhalt eines zu errichtenden Provinzialarchivs zu bilden".[67] Es herrschte in der Regel die Auffassung vor, dass Verwaltungsakten einen nur geringen archivischen Wert besaßen, der Fokus lag vor allem auf mittelalterlichen Quellen.[68] Von Lancizolle galt zudem als strikt konservativ und wenig initiativ.[69] Erst unter Duncker, von Lancizolles Nachfolger, kam es letztendlich zur Gründung des Posener Staatsarchivs, die am 27. Juni 1868 vom Staatsministerium beschlossen wurde.

Für die Provinz Schleswig-Holstein griff Duncker nun Hardenbergs Vorgehensweise in Grundzügen auf. Im August 1868 schlug er vor, dass jemand

65 Schottky (1797–1849) war außerdem Schriftsteller und Volkskundler; vgl. E. Lebensaft/M. Martischnig: [Art.] Schottky, Julius Max(imilian). In: Österreichisches Biographisches Lexikon 1815–1950. Bd. 11. Wien 1999, 153f.

66 Adolf Warschauer: Zur Geschichte des preußischen Staatsarchivs zu Posen. In: Korrespondenzblatt des Gesamtvereins der deutschen Geschichts- und Altertumsvereine 67, 9/10 (1919), 177–206.

67 Ebd., 181; 1860 waren bereits 464 Urkunden für ein zukünftiges Staatsarchiv verzeichnet und gesammelt.

68 Ebd., 194f; Robert Kretzschmar: Überlieferungsbildung vom ausgehenden 18. Jahrhundert bis in die Gegenwart. In: Sächsisches Staatsarchiv (Hrsg.): Archivische Facharbeit (Anm. 17), 72–79, 74.

69 Warschauer (Anm. 66), 180f.

wie Schottky beauftragt werden sollte, innerhalb der Behörden der ehemaligen Herzogtümer nach archivwürdigem Material zu suchen.[70] Es ging ihm darum, die Position des zu gründenden Staatsarchivs zu stärken und dessen Grundlage an Archivalien weiter auszubauen. Es wurde ein Kommissar vonseiten der preußischen Archivverwaltung ernannt, der die Reisen unternehmen sollte.

Die Entscheidung, wer das Kommissariat übernehmen sollte, wurde in Beratung mit dem Sekretär der GSHG Rudolf Usinger (1835–1874) getroffen.[71] Aus der Korrespondenz zwischen Duncker und Usinger geht hervor, dass es Duncker vor allem darum ging, eine wissenschaftlich vorgebildete Person zu gewinnen, die Kenntnisse der Landesgeschichte besaß, wohingegen Usinger meinte, dass ein allgemeines historisches Interesse und die Fähigkeit, den Behörden mit Autorität entgegenzutreten, viel höher zu schätzen seien, da man sich die Landesgeschichte verhältnismäßig schnell aneignen könne. Als eine der Personen war Andreas Ludwig Jacob Michelsen (1801–1881) im Gespräch. Michelsen hatte lange Zeit die Professur für Geschichte an der Christian-Albrechts-Universität zu Kiel (CAU) innegehabt und wurde von Duncker dementsprechend als der beste Kenner der schleswig-holsteinischen Geschichte bezeichnet.[72] Allerdings hatte auch Michelsen 1863/64 die Ansprüche der Augustenburger auf ein unabhängiges Schleswig-Holstein unterstützt, die von Preußen nicht anerkannt worden waren. Daher lehnte er die Übernahme des Kommissariats mit der harschen Bemerkung ab:

> „Unter den jetzigen Verhältnissen eine staatsdienstliche Stellung einzunehmen, widerspricht durchaus meiner politischen Stimmung und Gesinnung; ich danke Gott, daß ich unter der Herrschaft des barbarischen Staatsprincips, wonach Gewalt vor Recht geht, das nicht nöthig habe."[73]

Auch hier spielten also antipreußische Ressentiments eine Rolle.

Aus Mangel an Alternativen und da kein Fachmann für schleswig-holsteinische Geschichte zur Verfügung stand, wurde der Freiherr Karl Chlodwig von Reitzenstein (1823–1874) mit dem Kommissariat beauftragt. Von Reitzenstein stammte aus einem alten Adelsgeschlecht, hatte Staats- und

70 GStA PK, I. HA Rep. 178, 2337, Bl. 49a–b, Duncker an von Scheel-Plessen vom 28.8.1868.

71 Hier und im Folgenden: GStA PK, I. HA Rep. 178, 2336, Bl. 86, Usinger an Duncker vom 2./4.2.1869.

72 Ebd., Bl. 79, Abschrift: Duncker an Michelsen in Schleswig vom 30.11.1868.

73 Ebd., Bl. 80–81, Michelsen an Duncker vom 16.12.1868; Michelsen erklärte sich aber bereit, dem zukünftigen preußischen Archivar für Auskünfte zur Verfügung zu stehen; vgl. Volquart Pauls: Hundert Jahre Gesellschaft für Schleswig-Holsteinische Geschichte. 1833 – 13. März – 1933. Neumünster 1933, 156.

Rechtswissenschaft in Berlin und Breslau studiert und war an Stadtgerichten in Schlesien tätig gewesen.[74] Aus familiären Gründen hatte er diese Ausbildung für den Staatsdienst aufgeben müssen und sich seinen archivischen und genealogischen Studien gewidmet. Unter anderem ordnete er die Stadtarchive Gera und Greiz und verzeichnete Urkunden der Grafen zu Orlamünde. Den Höhepunkt seines beruflichen Werdegangs erreichte von Reitzenstein 1872, als er bei der Universitäts- und Landesbibliothek in Straßburg angestellt wurde, bevor er zwei Jahre später starb.

Von Reitzenstein erhielt im April 1869 den Auftrag, in den Behörden der Provinz „Registraturen genau zu durchforschen", die auszusondernden Stücke aufzuzeichnen und sie an das Schloss Gottorf zu übersenden.[75] Bereits im Vorfeld waren von verschiedener Seite Erkundigungen über Archivalien eingeholt worden, die sich möglicherweise noch im Land befinden könnten. Wichtige Hinweise boten Veröffentlichungen von Wilhelm Junghans (1834–1865) und Georg Waitz (1813–1886).[76] Vorbereitet wurde von Reitzensteins Reise durch die Provinz außerdem durch ein Schreiben des Oberpräsidenten von Scheel-Plessen an die entsprechenden Behörden, welches deren Entgegenkommen sichern sollte.[77]

Von Reitzensteins Arbeit wurde gerade bei den Behörden äußerst kritisch gesehen. Die Antwort des Oberappellationsgerichts in Kiel an den Oberpräsidenten gibt anschaulich wieder, welcher Stellenwert einem staatlichen Archiv in Schleswig-Holstein beigemessen und wie die Arbeit von Reitzensteins eingeschätzt wurde. Darin heißt es, dass es „dem alleinigen Ermessen des Herrn Freiherrn v. Reitzenstein nicht überlassen werden [kann], die für das Staatsarchiv geeignet befundenen nicht kurranten Akten auszuscheiden".[78] Von Reitzenstein solle vielmehr die auszusondernden Akten bezeichnen, und dann werde das Gericht darüber entscheiden, ob die Akten entbehrlich seien und abgegeben wer-

---

74 Hier und im Folgenden: H. v. R.: [Art.] Reitzenstein, Karl Heinrich Friedrich Chlodwig Freiherr von. In: Allgemeine Deutsche Biographie. Bd. 28. Leipzig 1889, 175–177.

75 LASH Abt. 301 Nr. 3105, Protokoll zwischen Duncker und Reitzenstein vom 15.4.1869.

76 GStA PK, I. HA Rep. 178, 2336, Bl. 73–78, von Scheel-Plessen an Duncker vom 7.12.1868; Wilhelm Junghans: Die älteren Landesarchive und deren Rücklieferung von Seiten Dänemarks. Eine Denkschrift. Kiel 1865; Georg Waitz: Aus dem Jahresbericht von 1845/46. In: Nordalbingische Studien. Neues Archiv der Schleswig-Holstein-Lauenburgischen Gesellschaft für vaterländische Geschichte 3 (1858), III–XXIV.

77 Beispielsweise im Schreiben vom 7.6.1869 an das Oberappellationsgericht in Kiel, LASH Abt. 301 Nr. 3105, erwähnt im Schreiben vom Oberappellationsgericht an von Scheel-Plessen vom 11.6.1869.

78 LASH Abt. 301 Nr. 3105, Oberappellationsgericht an von Scheel-Plessen vom 11.6.1869.

den könnten. Es wurde dem Kommissar der preußischen Archivverwaltung also nicht die Befugnis eingeräumt, jede nicht mehr benötigte Akte für das Archiv auszusondern, sondern es wurde ein Mitspracherecht der Behörde gefordert.

Ein Grund für diese Weigerung liegt in der Besonderheit der vorpreußischen Verwaltung der ehemaligen Herzogtümer. In der dänischen Praxis wurde häufig auf weit zurückliegende lokale Regelungen zurückgegriffen, sodass Akten länger einen Wert für die laufende Verwaltung haben konnten.[79] Es äußerte sich hier aber auch ein Misstrauen gegenüber der unbekannten und dazu preußischen Institution „Staatsarchiv". Es liegt das Bedenken zugrunde, dass diese Akten dann nicht mehr einzusehen wären und für das Oberappellationsgericht als verloren gelten würden.

Die Befugnisse von Reitzensteins gegenüber den Behörden wurden auch vonseiten der Archivverwaltung eingeschränkt. Duncker ermahnte von Reitzenstein zwei Monate nach Beginn des Kommissariats, dass dieser nicht die Ermächtigung zur „Kassation werthlos erscheinender Akten"[80] habe. Vorher schon hatte Duncker dem Oberpräsidenten gegenüber bekräftigt, dass die Beauftragung von Reitzensteins keine Entscheidung über die Besetzung der Stelle des Archivsekretärs für das Staatsarchiv Schleswig beinhalte.[81]

Ein weiteres Problem, das für von Reitzenstein und sein Kommissariat maßgeblich war, waren die unzureichenden Unterbringungsmöglichkeiten für das ausgesonderte Material. Schon kurz nach Beginn der Übersendungen von Dokumenten aus den Behörden reichten die Räume des Regierungsarchivs auf Schloss Gottorf nicht mehr aus, um die Unterlagen aufzunehmen. Duncker forderte den Oberpräsidenten eindringlich auf, dafür zu sorgen, dass genügend Raum zur Verfügung gestellt werde, weil ein Pausieren des Auftrags von Reitzensteins Nachteile für das neue Staatsarchiv haben würde. Daher erhielt die Regierung die Anweisung, Sendungen nicht zurückzuweisen, sondern sich darum zu kümmern, dass „für deren anderweitige provisorische Unterbringung Sorge getragen wird".[82] Durch diese provisorische Unterbringung konnte jedoch wiederum die Sicherheit der Archivalien nicht gewährleistet werden. Einige der von von Reitzenstein überführten Dokumente wurden aus diesem Grund nicht an das Regierungsarchiv,

---

79 LASH Abt. 304 Nr. 1172, Entwurf eines Schreibens von Hoffmann vom 14.5.1957, am 21.7.1959 an Fehling vom Kultusministerium gesandt.

80 GStA PK, I. HA Rep. 178, 2336, Bl. 209–210, Duncker an Reitzenstein vom 21.6.1869.

81 LASH Abt. 301 Nr. 3105, Duncker an von Scheel-Plessen vom 13.4.1869.

82 Ebd., von Scheel-Plessen an den Regierungspräsidenten Elwanger vom 9.8.1869, Bezug nehmend auf ebd.: Duncker an von Scheel-Plessen vom 2.8.1869.

sondern an den Regierungspräsidenten gesandt, „aus Mangel an verschließbaren Schränken und vergitterten Schränken/Fenstern".[83]

Im Oktober 1869, also nach fünf Monaten, endete von Reitzensteins Kommissariat. Nach eigenen Angaben hatte er die Übersendung „von 77 Kisten und 3 Tonnen mit Archivalien, im Gewicht von etwa 250 Zentnern, von historischem, culturgeschichtlichem, politischem, juristischem und statistischem Werth" veranlasst.[84] Sie waren jedoch aus Platzmangel nicht nur in den Räumen des Regierungsarchivs untergebracht, sondern befanden sich über das gesamte Schloss verteilt, zum Teil auch auf den Korridoren. Akten lagerten außerhalb des Schlosses im Stallgebäude des Prinzenpalais, knapp 700 Meter vom Schloss entfernt, und in einem verlassenen Gebäude, das vorher die Domschule in Schleswig beherbergt hatte.[85] Dieses Gebäude sollte ab 1871 der erste feste Sitz des Staatsarchivs werden und noch eine große Rolle spielen. Vor diesen kommenden Ereignissen lagerten die Archivalien dort jedoch in ungeöffneten Kisten, ohne weitere Sicherungsmaßnahmen.[86]

Von Reitzensteins Auswahl blieb nicht ohne Kritik. Einige der von ihm ausgesonderten Akten mussten später wieder an die Behörden zurückgegeben werden, da sie doch relevant für die Verwaltung waren.[87] Schärfste Kritik erfuhr von Reitzenstein von Albert Hänel (1833–1918), Professor für Rechtsgeschichte der Universität in Kiel mit antipreußischer Einstellung, der die Auswahl für beliebig hielt und die Beamten lobte, die ihre Akten nicht herausgegeben hätten.[88]

Zur Beauftragung von Reitzensteins stellen sich einige Fragen, die sich aufgrund der ungenügenden Quellenlage allerdings kaum beantworten lassen. Ungeklärt bleibt, in welchem Verhältnis von Reitzenstein zur preußischen Archivverwaltung stand und warum er für die Aufgabe ausgewählt wurde. So war er zwar erfahren in der Bearbeitung von Urkunden, jedoch erstreckten sich seine Reisen in der Provinz Schleswig-Holstein auf die staatlichen Behörden, sodass es sich bei seinem Auftrag um die Aussonderung neueren Aktenmaterials und nicht von Urkunden handelte. Zudem war ihm die Provinz

83 Ebd., Bericht von Reitzenstein aus Flensburg vom 28.6.1869.

84 Ebd., Bericht von Reitzenstein aus Glückstadt vom 23.10.1869.

85 GStA PK, I. HA Rep. 178, 2337, Grotefend an Duncker vom 10.7.1870.

86 Ebd.

87 LASH Abt. 304 Nr. 107, Bl. 27, Hille an das Königliche Landratsamt von Reinbek vom 1.3.1871.

88 GStA PK, I. HA Rep. 178, 2337, Abschrift: „Promemoria betreffend das Archivwesen in Schleswig-Holstein" von Hänel an von Scheel-Plessen vom 2.11.1870.

praktisch unbekannt. Duncker begründete seine Entscheidung für die Person von Reitzensteins mit der Tatsache, dass dieser bereits „archivalische Studien" durchgeführt habe, zum Teil auch unter Berücksichtigung der schleswig-holsteinischen Geschichte. Ausschlaggebend wird wohl gewesen sei, dass von Reitzenstein mit Michelsen bekannt war.[89]

Die in das Schloss überführten, durch von Reitzenstein ausgesonderten Dokumente wurden von den Beamten des Regierungsarchivs aufgenommen. Kurze Zeit später konnte dann auch politisch die Schaffung von Stellen für ein Staatsarchiv in Schleswig-Holstein für das Jahr 1870 erreicht werden. Gemäß Dunckers Plan wurden diese Stellen mit den beiden Mitarbeitern des Regierungsarchivs besetzt und dementsprechend Zimmermann und Meyer ab dem 1. Januar 1870 auf den Etat der preußischen Archivverwaltung übernommen. Dafür waren jedoch nicht mehr Gelder bewilligt worden als im Jahr zuvor, und das Gehalt für Zimmermann belief sich auf 600 Taler; er fertigte jedoch nebenbei noch Übersetzungen für die Regierung an und kam so auf ein Gehalt von 800 Talern.

Zu den Personen Zimmermann und Johann Heinrich Christian Meyer ließ sich aufgrund ihrer niedrigen sozialen Stellung und der Häufigkeit ihrer Nachnamen nur relativ wenig in den Quellen ermitteln. Festzustellen war, dass beide schon länger für die Regierung arbeiteten und ab 1865 im Regierungsarchiv beschäftigt waren.[90] Zimmermann hatte als interimistischer Vorstand als Vertretung für den Leiter Vezin (?–?) fungiert.[91] Die genauen Strukturen und der Tätigkeitsbeginn ließen sich aber nicht nachvollziehen.

In seiner Funktion als Vorsteher des Regierungsarchivs war Zimmermann schon 1868 mit der Übernahme des staatlichen Archivguts, welches den Grundstock für das Staatsarchiv bilden sollte, betraut worden, und Duncker plante, dass das Regierungsarchiv im zukünftigen Staatsarchiv aufgehen sollte.[92] Daraus war bereits 1868 der Plan entstanden, dessen Personal mit zu übernehmen. Dennoch waren weitere Personen als Mitarbeiter oder Leiter für das neu zu gründende Staatsarchiv im Gespräch. Anfangs sollte der ehemalige Vorsteher des

89 LASH Abt. 301 Nr. 3105, Duncker an von Scheel-Plessen vom 13.4.1869.

90 Zu Meyer vgl. LASH Abt. 60 (Holsteinische Landesregierung in Kiel 1864-1866) Nr. 655, „Archivar" Goldbeck-Löwe aus Plön an Henrici bei der herzoglichen Regierung in Kiel vom 12.1.1864.

91 GStA PK, I. HA Rep. 178, 2336, Bl. 21–22, von Scheel-Plessen an den stellvertretenden Direktor der preußischen Staatsarchive Friedländer vom 8.6.1867.

92 Ebd., Bl. 34–35, Duncker an von Scheel-Plessen vom 10.3.1868. Da im Regierungsarchiv bereits Strukturen vorhanden waren, „scheint es sich um so mehr zu empfehlen die in Rede stehenden Archivalien mit demselben zu vereinigen und damit zugleich den Anfang der Gründung eines Staatsarchivs" zu machen.

Regierungsarchivs Vezin die Leitung übernehmen. Er war jedoch zu jener Zeit im Rechnungswesen der Regierung beschäftigt, mit einem Gehalt vom 1.800 Talern, was die Archivverwaltung nicht annähernd zahlen konnte.[93] Auf Vermittlung von Usinger wurde noch Karl Koppmann (1839–1905) in die Auswahl für die Besetzung der Archivsekretärsstelle genommen. Koppmann hatte bereits im Stadtarchiv in Hamburg gearbeitet. Im Herbst 1868 war ihm von der Historischen Kommission in München bei der Akademie der Wissenschaften die Edition der „Hanserezesse" übertragen worden. Von 1870 bis 1897 gab er diese bedeutende Quelle in sieben Bänden heraus, ab 1884 arbeitete er als Stadtarchivar in Rostock.[94] Das Angebot, die Tätigkeit in Schleswig zu übernehmen, lehnte er 1869 „unbedingt und fest" ab.[95] Besonders echauffierte er sich über die geringe Bezahlung, die ihm geboten wurde und die noch unter der von Zimmermann gelegen hätte. Usinger gegenüber meinte er:

> „Ihnen liegt wohl daran, möglichst bald die Stellung besetzt zu sehen, sonst würde ich Herrn Geheimrat Duncker die Aufgabe überlassen, für 200 Thlr. Gehalt einen tüchtigen Historiker zu suchen, bis er sich überzeugt hat, daß dieselben seltener sind als Dorfschulmeister."[96]

Ähnlich wie bei der Besetzung des Kommissariats musste Usinger eingestehen, dass er keinen „anderen tüchtigen jungen Mann" aus Schleswig-Holstein kenne, der sich für das Staatsarchiv gewinnen ließe.[97] Vorher war vonseiten Usingers wie auch von Oberpräsident von Scheel-Plessen die Meinung geäußert worden, dass der Aufbau des Archivs eine schwierige Aufgabe sei. So mahnte von Scheel-Plessen, sollte es zur Aussonderung und Ordnung „des historisch Bedeutsamen" kommen, müsse jemand eingestellt werden, der „die Fähigkeit und Bildung [besitze], den archivalischen Werth eines Actenstückes zu würdigen und zu constatiren".[98] Anreize für diesen Posten waren aber kaum vorhanden, da nicht einmal die Bezahlung ausreichend war. Es scheint also eine Verlegenheitslösung gewesen zu sein, Zimmermann mit der kommissarischen Leitung des Archivs zu betrauen.

93 Ebd., Bl. 20, der stellvertretende Direktor der Staatsarchive Friedländer an von Scheel-Plessen vom 25.5.1867.

94 Sebastian Husen: [Art.] Koppmann, Karl. In: Franklin Kopitzsch/Dirk Brietzke (Hrsg.): Hamburgische Biographie. Personenlexikon. Bd. 2. Hamburg 2003, 228–229.

95 GStA PK, I. HA Rep. 178, 2336, Bl. 502, Usinger an Duncker vom 27.11.1869.

96 Koppmann an Usinger am 21.10.1869, zitiert nach: Pauls: Hundert Jahre Gesellschaft (Anm. 73), 157.

97 Ebd., Bl. 502, Usinger an Duncker vom 27.11.1869.

98 Ebd., Bl. 39–41, von Scheel-Plessen an Duncker vom 8.4.1868.

Nachdem der Etat für das Jahr 1870, und damit die Sekretärsstelle für das Archiv, gesichert war, drängte Duncker auf die Übernahme Zimmermanns. Schon zum 15. November 1869 sollte er mit der Aufsicht über das Staatsarchiv betraut werden,[99] letztendlich erging jedoch erst zum 1. Januar 1870 die Anweisung an die Regierungshauptkasse, die Zahlung des Gehalts für Zimmermann einzustellen, da er nun nicht mehr von der Regierung, sondern von der preußischen Archivverwaltung bezahlt wurde.[100] Ab dem 1. Januar 1870 kann das Staatsarchiv also als gegründet gelten. Es war Personal vorhanden, ein Büroetat und eigene Räume auf Schloss Gottorf, auch wenn darin zugleich das Regierungsarchiv untergebracht war und diese unzureichende Trennung in der Folge zu Problemen führte.

Im Laufe des Jahres 1870 stellte sich immer mehr heraus, dass Zimmermann nicht die richtige Wahl für den Vorstand des neuen Staatsarchivs gewesen war. Duncker hatte ihm gleich zu Beginn die grundlegende Aufgabe übertragen, eine Übersicht über die im neuen Staatsarchiv vereinigten Bestände zu erstellen. Zimmermann versäumte es nahezu ein halbes Jahr lang, diesem Auftrag nachzukommen. Er bat immer wieder um Aufschiebung mit nur unzureichenden Entschuldigungen, sei es wegen gesundheitlicher Probleme oder wegen des Mangels an Ordnung der Akten, die von von Reitzenstein ohne Verzeichnisse abgeliefert worden waren.[101]

Nach mehrmaligen Aufforderungen, denen Zimmermann nicht nachkam, entsandte Duncker einen seiner Archivare nach Schleswig, um sich über diesen ein Bild von der Lage vor Ort zu schaffen. An den Archivrat Karl Ludwig Grotefend (1807–1874),[102] dem Leiter des Staatsarchivs Hannover, erging der Auftrag, die Ursachen für Zimmermanns Versäumnisse festzustellen und ob sie „aus üblen Willen, Arbeitsscheu u. Nachläßigkeit“ entstammten. Er sollte einen unangekündigten Besuch des „in der Organisation begriffenen Staatsarchivs“ machen und darüber Bericht erstatten.[103]

Dieser Bericht erfolgte am 10. und 14. Juli 1870. Darin begann Grotefend mit der Aussage, dass er sich die Verhältnisse in Schleswig schon „einigerma-

99 Ebd., Bl. 479, Duncker an den Regierungspräsident Elwanger vom 2.11.1869.

100 LASH Abt. 309 (Regierung zu Schleswig) Nr. 8408, der Regierungspräsident an die Regierungshauptkasse in Schleswig vom 29.12.1869.

101 LASH Abt. 304 Nr. 100, Bl. 107–108, Zimmermann an Duncker vom 13.4.1870 und 6.5.1870.

102 Karl Ludwig Grotefend war seit 1853 am Staatsarchiv Hannover beschäftigt, dem er von 1867 bis 1874 als Leiter vorstand, Wolfgang Leesch: Die deutschen Archivare 1500–1945. Bd. 2: Biographisches Lexikon. München–New York–London–Paris 1992, 201f.

103 GStA PK, I. HA Rep. 178, 2337, Duncker an Grotefend in Hannover vom 1.7.1870.

ßen schlecht" vorgestellt habe, seine Erwartungen aber „noch bei weitem übertroffen worden" seien, weniger im Hinblick auf Zimmermann als vielmehr wegen des Mangels an Mobiliar, der nur unzureichenden Unterbringung und des fehlenden sonstigen Personals.[104] Als Kernproblem sah Grotefend die unzureichende Trennung des Regierungsarchivs – im Sinne der Altregistratur der Regierung – vom Staatsarchiv an. Die von von Reitzenstein als wertvoll bezeichneten Archivalien würden im Arbeitszimmer Zimmermanns „an beliebigen Stellen, wo gerade die Akten des Regierungs-Archivs eine Lücke boten", aufbewahrt. Außerdem zeigte sich Grotefend alarmiert darüber, dass für das Staatsarchiv kein eigenes Journal geführt wurde, sondern dessen Erledigungen mit im Journal des Regierungsarchivs eingetragen wurden. Stark damit verbunden sah Grotefend die Frage nach dem Standort:

> „So lange das Local und Personal des Staats-Archivs in irgend einer Abhängigkeit von der Regierung bleibt, wird die letztere in der Lage sein, durch die persönlichen Einwirkungen das Uebergewicht über das entferntere Ober-Präsidium oder das noch entferntere Directorium der Staats-Archive zu erlangen, zumal den Archiv-Beamten, wie sie jetzt sind, eine gewisse Selbständigkeit nicht zugemuthet werden kann."

Er plädierte für einen Umzug nach Kiel. Dadurch wäre der Anschluss an die Wissenschaft gefunden, mit geografischer Annäherung an die Universität und den historischen Verein.

Dafür sprach auch die schlechte Unterbringung des Archivs. Die Archivalien waren im ganzen Schloss verteilt, ein Großteil der staatlichen Archivalien befand sich im Keller, wo sie laut Grotefend „der Feuchtigkeit und dem Staube erliegen müßen". Der Feuchtigkeit könne nicht entgegengewirkt werden, da ein Öffnen der Fenster nicht möglich sei, weil sich davor die Reitbahn der in der Kaserne stationierten Husaren befinde, wodurch es zu einer großen Staubentwicklung komme. Grotefend bemerkte außerdem, dass das Büro des Archivsekretärs 150 Stufen vom Keller mit dem Hauptteil der staatlichen Archivalien entfernt sei. Dies bezeichnete er als „wirklich eine Last, die, wie ich aufrichtig bekennen muß, mir eine reine Unmöglichkeit wäre und die ich daher auch keinem Anderen zumuthen möchte".

Richtlinien oder Vorgaben für Archivgebäude gab es zur Zeit der Gründung des Staatsarchivs in Schleswig-Holstein nicht. In der „Instruktion für die

104 Hier und im Folgenden: ebd., Grotefend an Duncker vom 10.7.1870.

Beamten der Staats-Archive in den Provinzen" der preußischen Archivverwaltung vom 31. August 1867, die vor allem die Nutzung, aber auch etliche andere Bereiche der Archive regelte, wurden die Archivare lediglich darauf hingewiesen, dass die Unterbringung der Archive vor Feuergefahr zu schützen sei, beispielsweise durch ein Verbot, in den Archivräumen zu rauchen. Weitere Bestimmungen lagen im Ermessen der Archivare beziehungsweise des Direktors der Staatsarchive. Wichtig bei diesem Ermessen war der Schutz vor Diebstahl, der auch im Schloss nicht gegeben war. So beklagte Grotefend bei seiner Besichtigung, dass die Archivalien im Schloss „auch nicht einmal sicher liegen, da die Fenster so bequem zum Einsteigen gemacht sind, als möglich".

Dazu kritisierte Grotefend auch Zimmermann selbst. Es fehle ihm an Selbstständigkeit, und er könne sich höheren Stellen gegenüber nicht durchsetzen. Seine archivalische Erfahrung sei nur unzureichend. Zudem seien Zimmermann und Meyer weiterhin für die Regierung tätig, sei es offiziell wie im Falle Zimmermanns in der Funktion als Übersetzer oder inoffiziell wie bei Meyer für die Betreuung des Regierungsarchivs. Grotefend bemängelte, dass die Arbeit für das Staatsarchiv dabei vernachlässigt würde. Einen möglichen Umzug nach Kiel könnten beide nicht mitmachen, weil Zimmermann als Übersetzer zu wertvoll und Meyers Erfahrung mit dem Regierungsarchiv unentbehrlich sei.

Gleichzeitig mit diesem Bericht von Grotefend wurde von Zimmermann die Übersicht über die Bestände eingereicht, die Duncker seit Februar 1870 gefordert hatte.[105] Im beiliegenden Schreiben entschuldigte Zimmermann seine Nachlässigkeiten in mehrfacher Weise und machte verschiedene Umstände verantwortlich. So habe er beispielsweise erwartet, dass von Reitzenstein dort bleiben werde, da er „als wohlbewandert in Archivangelegenheiten" gelte. Außerdem sei das Wetter zu kalt gewesen, um in den Kellerräumen zu arbeiten, hinzu kämen noch „unzulängliche personelle Assistenz und sonstige lokale Schwierigkeiten". Wenig verwunderlich ist, dass Zimmermann nicht auf eigene Versäumnisse einging.

Als ein weiteres Problem sah Zimmermann – und stimmte damit unwissentlich Grotefend zu –, dass es gerade zu Beginn keine Trennung von Regierungs- und Staatsarchiv gegeben habe. So beklagte er, dass der damalige Regierungspräsident Julius Elwanger (1807–1878) – von dem Grotefend schrieb, er habe nur geringe Sympathien für das Staatsarchiv –[106] ihn nur auf

[105] Hier und im Folgenden: LASH Abt. 304 Nr. 101, Bl. 113–114, Zimmermann an Duncker vom 11.7.1870.

[106] GStA PK, I. HA Rep. 178, 2337, Grotefend an Duncker vom 10.7.1870.

die Instruktion der Archivverwaltung von 1867 vereidigt habe, ihn aber weder in das Amt eingeführt, noch ihm die Verzeichnisse übergeben habe. Es ist verständlich, dass Zimmermann sein neues Aufgabengebiet vom Regierungsarchiv nicht unterschieden sah, da die Räumlichkeiten dieselben blieben und sich auch die staatlichen Archivalien bereits zum Teil seit Jahren dort befanden. Obwohl er nun innerhalb der schleswig-holsteinischen Verwaltung in seiner Funktion als Archivsekretär des Staatsarchivs dem Ressort des Oberpräsidenten zugeordnet war, saß er weiterhin in seinem bisherigen Büro in der Regierung und musste keine seiner bisherigen Funktionen abgeben.

Duncker reagierte auf die Berichte von Zimmermann und Grotefend, indem er ersteren anwies, diverse Maßnahmen zu ergreifen, um vor allem die physische Trennung von Regierungs- und Staatsarchiv voranzutreiben. So sollte Zimmermann ein eigenes Journal für das Staatsarchiv anlegen und sein Büro in die Räume des Kellers, wo die meisten Archivalien waren, verlegen. Für das Problem der fehlenden Heizung sollte er Kostenvoranschläge für Lösungsmöglichkeiten einreichen.[107]

Gleichzeitig wandte sich Duncker an den Oberpräsidenten von Scheel-Plessen, um nach einer alternativen Unterbringung in Kiel zu fragen, „[d]a könne das Archiv direkt vom Oberpräsidenten gefördert und beaufsichtigt werden".[108] Zudem echauffierte er sich, man habe Zimmermann und Meyer nicht auf den knappen Etat der Archivverwaltung übernommen, damit sie weiter für die Regierung arbeiteten. Als Konsequenz meinte er, sei nichts dagegen einzuwenden, wenn beide zum 1. Januar 1871 wieder aus dem Regierungsetat bezahlt würden. Wenn das nicht möglich sei und sie sich nicht für den Archivdienst in Schleswig als geeignet erweisen sollten, würden sie an andere Staatsarchive versetzt werden.

Trotz dieser Ereignisse setzte sich Zimmermanns ungenügende Ausführung seiner Pflichten weiter fort. Dies ging so weit, dass Duncker mit Geldstrafen drohen musste und von Scheel-Plessen sich verpflichtet fühlte, sich bei Duncker zu entschuldigen, „daß dieser Beamte so wenig den Voraussetzungen entsprochen hat"[109] und er auf seine Empfehlung hin eingestellt worden war.[110]

---

107 LASH Abt. 304 Nr. 101, Bl. 139, Duncker an Zimmermann vom 21.7.1870.

108 Ebd., Bl. 139, Duncker an von Scheel-Plessen vom 21.7.1870. Das Oberpräsidium hatte bis 1879 seinen Sitz in Kiel und zog erst dann nach Schleswig um.

109 GStA PK, I. HA Rep. 178, 2337, von Scheel-Plessen an Duncker vom 27.8.1870.

110 Duncker hatte von Scheel-Plessen am 22.6.1869 um seine Meinung zur Übernahme von Zimmermann gefragt, GStA PK, I. HA Rep. 178, 2336.

Die Angelegenheit fand damit ein Ende, dass zum 1. Januar 1871 der junge Archivhilfsarbeiter Georg Hille (1841–1911) mit der Vertretung von Zimmermann betraut wurde.[111] Zimmermann war anscheinend krank und wurde zum 22. Februar 1871 in den Ruhestand versetzt.[112] Hille wurde daraufhin etatmäßig übernommen und ihm wurde offiziell die Leitung übertragen. Unter ihm gedieh das Archiv und nahm seine Arbeit als eigenständiges Staatsarchiv, unabhängig vom Regierungsarchiv, überhaupt erst auf. In Rücksprache mit Duncker trennte er das Regierungsarchiv offiziell vom Staatsarchiv und zog mit ihm in eine neue Unterkunft in Schleswig, den sogenannten Hattenschen Hof, das ehemalige Domschulgebäude, um.[113] Dies alles war lange notwendig gewesen und fand noch im Januar 1871, während er die Vertretung innehatte, schnelle Erledigung durch Hille.

Bereits 1869 war die Domschule innerhalb Schleswigs umgezogen, und das Gebäude stand zur Verfügung. Der Hattensche Hof, benannt nach einem der ersten Besitzer, dem fürstlichen Hofrat Johann von Hatten, war 1720 in kirchlichen Besitz übergangen. Zuerst beherbergte der Bau ein Waisenhaus, dann von 1808 bis 1869 die Domschule.[114] Planungen sahen nun vor, dass das Gebäude zum Frühjahr 1870 neu bezogen werden könne.[115] Es gab Interessenten von verschiedener Seite wie dem Oberlandesgericht, der Militärverwaltung und der Königlichen Regierung. Letztere plante dort die Einquartierung des Fischereimuseums, das vorher in den Kellerräumen des Schlosses neben dem Archiv untergebracht war. Die damit frei werdenden Räume sollten für das Staatsarchiv genutzt werden, auch wenn damit das Problem der Feuchtigkeit nach wie vor bestehen bleibe.[116]

Einen Umzug des Staatsarchivs dorthin hatte Duncker wegen der „Baufälligkeit des Domschulgebäudes" vorerst abgelehnt,[117] und auch der Oberpräsident hatte gewarnt, dass die Herrichtung des Gebäudes mit erheblichen

111 GStA PK, I. HA Rep. 178, 1480, Bl. 40, Duncker an Hille vom 27.12.1870.

112 LASH Abt. 301 Nr. 90, Duncker an von Scheel-Plessen vom 22.2.1871; Ernst Müsebeck: [Nachruf] Georg Hille. In: ZSHG 41 (1911), 188–208, 201.

113 Offiziell geschieht diese Trennung am 31. Januar 1871; vgl. LASH Abt. 304 Nr. 101, Bl. 155, Duncker an von Scheel-Plessen vom 31.1.1871.

114 Joachim Skierka: Die Domschule Schleswig und ihre Direktoren 1864–1964. Ein Jahrhundert Domschulgeschichte (Beiträge zur Schleswiger Stadtgeschichte 32). Schleswig 1987, 13.

115 LASH Abt. 304 Nr. 272, Bl. 3, 5, von Scheel-Plessen, im Namen des Königlichen Provinzial-Schul-Collegiums, an das Oberpräsidium vom 16.8.1869.

116 LASH Abt. 301 Nr. 3105, von Scheel-Plessen an das Königliche Oberpräsidium vom 16.8.1869.

117 GStA PK, I. HA Rep. 178, 2337, Duncker an von Scheel-Plessen vom 19.8.1870.

Kosten verbunden sei.[118] Es fehlten jedoch Alternativen, und Zimmermanns Verhalten zeigte deutlich, dass eine Verlegung des Staatsarchivs weg vom Schloss notwendig war. Duncker änderte seine Meinung, und zum 1. Januar 1871 erhielt die preußische Archivverwaltung den Hattenschen Hof.[119] Bereits am 11. Januar 1871 verlegte Hille, nachdem er nicht einmal zwei Wochen als kommissarischer Vorstand des Staatsarchivs im Amt war, das Büro und einen Teil der Archivbestände dorthin.[120]

Später schrieb Hille, dass es keine Alternativen gegeben habe und der Hattensche Hof „Licht, Raum und leidliche Sicherheit" geboten habe.[121] Gerade den letzten Aspekt bemängelte Hille zur Zeit des Umzugs gegenüber von Scheel-Plessen. Es mussten diverse Baumaßnahmen durchgeführt werden, um das Gebäude archivtauglich zu machen, vor allem, damit die nötige Sicherheit vor Diebstahl gewährleistet werden konnte. Hille weigerte sich, den Hauptteil der Akten aus den Räumen von Schloss Gottorf zu überführen, bevor nicht dieses Problem beseitigt sei.[122] Er beklagte, dass die Fenster von außen geöffnet werden könnten; erst 1872 wurden eiserne Läden vor den Fenstern des Erdgeschosses angebracht.[123] Um die Sicherheit des Archivs zu erhöhen, bestand Duncker auf der Einrichtung von Dienstwohnungen für die Archivare. Obwohl damit die Überwachung des Archivs gewährleistet war, brachte dies den Aspekt der Feuergefährlichkeit mit sich. In einer Zeit, in der mit Feuer geheizt wurde und Flammen die einzige Lichtquelle waren, war es besonders wichtig, dafür zu sorgen, dass es nicht zu Unfällen kam. Anders als heute waren Magazin, Arbeitsräume und Dienstwohnung nicht physisch voneinander getrennt, sondern in einem Gebäude untergebracht. Dementsprechend musste dafür gesorgt werden, dass die Wohnung durch „[m]assives Mauerwerk vom Keller bis zum Dachfirst getrennt" vom Archiv sei. Auch mit Feuchtigkeit hatte Hille zu kämpfen, sodass er sich schon vier Jahre nach Einzug in das Gebäude über Schimmel beklagen musste.[124] Aber dennoch sei der Umzug unerlässlich

---

118 GStA PK, I. HA Rep. 178, 2371, von Scheel-Plessen an Duncker vom 12.8.1870.

119 LASH Abt. 399.1062 (Nachlass Georg Hille) Nr. 1, Privatschreiben von Duncker an Hille vom 29.11.1870.

120 LASH Abt. 304 Nr. 101, Bl. 148, Hille an den Regierungspräsidenten von Ende vom 10.1.1871.

121 LASH Abt. 304 Nr. 3190, Bl. 4, I. Directorium von 1879.

122 LASH Abt. 304 Nr. 272, Bl. 24–25, Hille an Duncker vom 3.7.1871.

123 Ebd., Bl. 84, Hille an Duncker vom 9.10.1872; ebd., Bl. 73, Hille an Duncker vom 11.4.1872.

124 Ebd., Bl. 96, Hille an Duncker vom 4.6.1875.

gewesen, so Hille, „wenn überhaupt mit der Begründung des Staatsarchivs sollte ein Anfang gemacht werden".[125]

Gemäß Grotefends Empfehlung sah der eigentliche Plan vor, das Archiv in Kiel unterzubringen. Noch vor der Übernahme der Leitung des Staatsarchivs war Hille von Duncker damit beauftragt worden, sich nach einem passenden Gebäude in Kiel umzuschauen. Doch weder mit der Unterstützung des dortigen Bürgermeisters noch mit der der GSHG ließ sich eine geeignete Unterkunft für das Staatsarchiv ausfindig machen. Die möglichen Gebäude waren entweder nicht geeignet für ein Archiv oder die Anmietung zu teuer.[126] Wieder äußerte sich der finanzielle Faktor als entscheidend. Es gab jedoch auch danach noch vielfach Pläne für einen Umzug nach Kiel, und die Unterbringung in Schleswig wurde als ein Provisorium angesehen.[127]

Dabei hatte das Verbleiben in Schleswig auch Vorteile. Die Wege zu den verschiedenen Regierungsbeamten waren kurz, was sich unter anderem in einer häufigen Nutzung vonseiten der Verwaltung zeigte.[128] Durch den kleinen gesellschaftlichen Zirkel Schleswigs, in dem sich auch Hille bewegte, kam es zum Austausch mit älteren Beamten, von deren Erfahrungen mit der dänischen Verwaltung Hille bei der Ordnung des Archivs profitieren konnte.

Zudem verfügte Schleswig seit 1858 über einen Anschluss an das Bahnnetz, 1869 war der neue Bahnhof am westlichen Stadtrand eröffnet worden. Dieser befand sich jedoch knapp drei Kilometer entfernt von der neuen Unterbringung des Staatsarchivs in der Süderdomstraße 21. Die Wege in Schleswig waren für so eine kleine Stadt verhältnismäßig weit. Dafür war jedoch der Hafen nahe gelegen, was sich günstig bei den Aktenablieferungen aus Dänemark erwies, die ab 1873 per Schiff erfolgten. Letztendlich blieb diese Notlösung bis in die Zwanzigerjahre des 20. Jahrhunderts bestehen, bevor der lang ersehnte Umzug nach Kiel vollzogen werden konnte.

An dieser Stelle lässt sich die Frage nach der Datierung der Gründung eines preußischen Staatsarchivs für die Provinz Schleswig-Holstein näher in den Blick nehmen. Es gibt keinen offiziellen Gründungsakt und damit kein offizielles Gründungsdatum, was eher unüblich für die preußische Verwaltung ist. Es gab auch keinen offiziellen politischen Beschluss, während beispielsweise für das Staatsarchiv Posen die Sitzung des Staatsministeriums am 27. Juni

125 LASH Abt. 304 Nr. 9, Bl. 1, Hille an von Scheel-Plessen vom 12.1.1871.

126 Zu Letzterem: LASH Abt. 301 Nr. 4801, Duncker an von Scheel-Plessen vom 1.2.1871.

127 Weiterführend Kapitel 3.2.

128 Weiterführend Kapitel 2.5.

1868 als dessen Gründungstag datiert wird.[129] Zwar wurde im preußischen Abgeordnetenhaus im März 1868 beschlossen, demnächst ein Staatsarchiv in Schleswig-Holstein einzurichten, was jedoch weit davon entfernt war, die Einrichtung eines solchen Archivs vorzuschreiben oder umzusetzen.

Dies führte zu einem Mangel an Klarheit über die Existenz eines Staatsarchivs, die bereits in der Korrespondenz zwischen Duncker und von Scheel-Plessen deutlich wird. Während Duncker schon seit 1868 immer wieder von einem „Staatsarchiv zu Gottorf"[130] oder dem „Staatsarchiv zu Schleswig"[131] sprach, schrieb von Scheel-Plessen zur selben Zeit von dem „zu gründenden Staatsarchiv"[132]. Hier werden politische Rücksichtnahmen eine Rolle gespielt haben, da Duncker als Chef der Archivverwaltung ein Interesse daran hatte, die Gründung als Fait accompli darzustellen.

Bisher gab es kein Datum, auf das die Gründung festgelegt wurde. Für die Begehung der Jubiläen im 20. Jahrhundert wurden unterschiedliche Daten und Ereignisse zum Anlass genommen. Das 75-jährige Bestehen des Archivs wurde im Jahr 1944 gefeiert, mit dem expliziten Bezug auf den 1. Januar 1869.[133] Das einhundertste Jubiläum wurde zaghaft und unsicher 1969 begangen. Bereits zum Anfang dieses Jahres erschienen erste Zeitungsartikel, die die Gründung ebenfalls auf den Januar 1869 datierten. Diese Mitteilung in der Zeitung war jedoch nicht vom Archiv initiiert, und dementsprechend verhalten war die Reaktion vonseiten des Landesarchivs und des damaligen Archivdirektors Kurt Hector (1909–1981). Der antwortete einem Gratulanten, eine Feier zur Gründung würde, wenn überhaupt, im November 1969 stattfinden.[134] Zu einer solchen Feier kam es jedoch nicht. In einer nur wenige Jahre später erschienenen Broschüre datierte Hector wiederum die Gründung auf das Jahr 1870.

Gerade bei dem Jubiläum 1944 werden auch die Zeitumstände eine Rolle gespielt haben. Der 1. Januar 1869 hat keine Bedeutung für die Gründung des Staatsarchivs. Die Planungen Dunckers, für diesen Tag bereits Archivpersonal

---

129 Rainer Paetau/Hartwin Spenkuch (Bearb.): Die Protokolle des Preußischen Staatsministeriums 1817–1934/38. Bd. 6: 3. Januar 1867 bis 20. Dezember 1878. Hildesheim–Zürich–New York 2004, Nr. 104, 107.

130 GStA PK, I. HA Rep. 178, 2336, Abschrift: Duncker an Usinger vom 12.8.1868.

131 Ebd., Duncker an von Scheel-Plessen vom 9.7.1869.

132 LASH Abt. 304 Nr. 106, Bl. 1, von Scheel-Plessen an Zimmermann vom 20.7.1869.

133 Gottfried Ernst Hoffmann: Zum Gedenken an das 75jährige Bestehen des Staatsarchivs Kiel. In: Mitteilungsblatt der preußischen Archivverwaltung 7 (1944), 10–13, 10.

134 LASH Abt. 304 Nr. 1003, Hector an Dr. Fritz Thomsen in Büdelsdorf vom 13.1.1969.

anzustellen, scheiterten. In Zeiten des Zweiten Weltkrieges wird es dem damaligen Archivdirektor Hoffmann darum gegangen sein, von den Problemen seiner Zeit und dem Krieg abzulenken. Für den November 1869 war bereits die Übernahme Zimmermanns auf den Archivetat vorgesehen, jedoch wurde ihm erst im Januar 1870 das Archiv offiziell übergeben.

Nur beispielhaft soll mit der Vielzahl an möglichen Gründungsdaten dargelegt werden, wie unterschiedlich die Ansichten darüber bisher waren. Mehrere Ereignisse kommen für solch eine Datierung infrage – vom Beschluss des preußischen Abgeordnetenhauses im März 1868 über die Einstellung des Archivsekretärs Zimmermann zum 1. Januar 1870 bis hin zur Übernahme der Leitung durch Hille ein Jahr später, mit dem das Staatsarchiv überhaupt eine eigenständige Existenz aufbauen konnte. Die zugrunde liegende Frage ist hierbei vielmehr, ab wann ein Archiv überhaupt als gegründet angesehen werden kann. Bei anderen deutschen Archiven sind bei der Datierung meist zwei Ereignisse maßgeblich: die erste urkundliche Erwähnung im Mittelalter und die Anstellung des ersten hauptberuflichen Archivars. Bei ehemals preußischen Archiven bekommt außerdem der Übergang auf die preußische Archivverwaltung eine Erwähnung, wobei diese Staatsarchive häufig Vorgängerinstitutionen hatten oder aus bereits bestehenden Sammlungen hervorgingen, die teilweise bis ins Mittelalter oder die frühe Neuzeit reichten.[135] Entsprechend der Datierung anderer Archive und der Tatsache, dass mit der Übernahme des ersten Personals zum 1. Januar 1870 das Staatsarchiv Schleswig als sicher gegründet gelten kann, wird dieser Tag im Folgenden als das Gründungsdatum festgesetzt.

2.2 Das Verhältnis zu den dänischen Archiven

Die Geschichte Schleswig-Holsteins ist eng verknüpft mit der Geschichte Dänemarks. Für mehrere Jahrhunderte waren die dänischen Könige gleichzeitig Herzöge von Schleswig und von Holstein. Diese vielfältigen Verbindungen führten dazu, dass auch die Archivalien dänischer und schleswig-holsteinischer Herkunft nur unzureichend getrennt waren. So hatten beispielsweise die

[135] So beispielsweise das preußische Staatsarchiv Hannover, das auf Sammlungen aus dem 15. Jahrhundert beruhte; vgl. Manfred Hamann: Geschichte des Niedersächsischen Hauptstaatsarchivs in Hannover. 1. Teil. In: Hannoversche Geschichtsblätter 41 (1987), 40–87, 53–54; oder das Staatsarchiv Aurich, das Vorgänger in einem gräflichen Archiv aus dem 15. Jahrhundert findet; vgl. Möhlmann/König (Anm. 14), 15.

obersten Verwaltungsorgane für die beiden Herzogtümer, wie die Deutsche Kanzlei und die Rentekammer, ihren Sitz in Kopenhagen, was dazu führte, dass sich zur Zeit der Gründung des Staatsarchivs Schleswig dieser wichtige Teil des Archivguts in Dänemark befand. Zudem waren im Laufe der Jahrhunderte die älteren Archivalien, die Schleswig und Holstein betrafen, nach Kopenhagen überführt worden. Sie wurden im Geheimarchiv versammelt, das ab 1889 im Reichsarchiv aufging.

Im Wiener Vertrag, der den Deutsch-Dänischen Krieg von 1864 beendete, wurde festgelegt, dass die schleswig-holsteinischen Archivalien von Dänemark auszuliefern seien. Im Anschluss kam es zu ausgedehnten Verhandlungen. Diese wurden vor allem dadurch erschwert, dass der Verlust des Krieges, der für die Dänen ein nationales Trauma bedeutete, in einer verstärkten politischen und kulturellen Abgrenzung von den Deutschen resultierte.[136] Das Land hatte seinen Status als Gesamtstaat verloren und war besonders auf die Bewahrung der eigenen Identität bedac+t. Davon war auch die Archivwelt betroffen. Insgesamt waren die Verhandlungen geprägt von langen Pausen und überschattet von antideutschen Ressentiments auf dänischer und einer verhaltenen Politik auf preußischer Seite. Die Verhandlungen und dessen Ergebnis prägten das Verhältnis der Archivare in der Zeit des Deutschen Kaiserreichs.

2.2.1 Die Auslieferungsverhandlungen infolge des Wiener Vertrages von 1864

Der Wiener Vertrag vom 30. Oktober 1864 enthielt in Artikel 20 die Grundlagen für die Ablieferung der schleswig-holsteinischen Archivalien aus Kopenhagen. Maßgeblich war vor allem die Unterscheidung zwischen verschiedenen Archivalien, welche die ersten beiden Absätze des Artikels festlegten. In Absatz 1 hieß es, dass die für die Verwaltung Schleswig-Holsteins benötigten Dokumente aus den dänischen Archiven ausgeliefert werden sollten, während Absatz 2 bestimmte, dass auch weitere Dokumente, die Schleswig-Holstein betrafen und von dort stammten, aus den Archiven ausgesondert und abgegeben werden sollten.[137] Es wurde also unterschieden zwischen den für die Verwal-

[136] Florian Greßhake: Deutschland als Problem Dänemarks. Das materielle Kulturerbe der Grenzregion Sønderjylland – Schleswig seit 1864 (Formen der Erinnerung 51). Göttingen 2013, 50–52.

[137] Wortlaut des Wiener Friedens vom 30.10.1864 nach Reichs-Gesetz-Blatt für das Kaiserthum Oesterreich. Jahrgang 1864, Wien, S. 278-298, online: https://alex.onb.ac.at/cgi-content/alex?aid=rgb&datum=1864&page=304&size=45.

tung wichtigen und den historisch bedeutenden Archivalien. Die Archivalien, die noch einen aktuellen Wert für die Verwaltung haben konnten, befanden sich in den sogenannten Büroarchiven, und die historischen Archivalien waren im Geheimarchiv in Kopenhagen vorhanden. Von schleswig-holsteinischer beziehungsweise preußischer Seite wurde gemäß dem Vertrag die Auslieferung beider Arten von Archivalien gefordert.

Diese Unterscheidung ist nach heutigen Maßstäben unüblich, da heutzutage Akten in der Regel nur dann ins Archiv kommen, wenn sie für die Verwaltung keinen aktuellen Wert mehr haben. In der schleswig-holsteinischen beziehungsweise dänischen Verwaltung war es jedoch gebräuchlich, dass bei den verschiedenen Behörden eigene Archive angelegt wurden, da häufig Rückgriffe auf jahrzehnte- und jahrhundertealte Regelungen notwendig waren. Die in diesen (Büro-)Archiven befindlichen Dokumente wurden also immer wieder für die laufende Verwaltung herangezogen.

Besonders heikel war die Auslieferung der historischen Archivalien. An deren Abgabe gab es von verschiedener Seite ein großes Interesse, und darauf lag auch der Fokus der preußischen Öffentlichkeit. Ob diese wirklich von den Dänen abgegeben würden, wurde mit Skepsis gesehen. So hieß es in der Berliner *Vossischen Zeitung* bereits im August 1864, noch vor der Unterzeichnung des Wiener Vertrages, dass man Dänemark nicht nur verpflichten müsse, die historischen Archivalien auszuliefern – was knapp zwei Monate später mit dem Vertrag geschah –, man müsse auch dafür sorgen, dass diese Verpflichtung eingehalten werde: „[S]o ist es noch immer ein Anderes, die Auslieferung versprechen, und ein Anderes sie in ihrem ganzen Umfange ausführen", die Versuchung, so wichtige Archivalien zurückzuhalten, sei zu groß.[138]

Konkretere Schritte zur Einforderung der historischen Archivalien wurden vonseiten der schleswig-holsteinischen Historiker unternommen. Kurz nach der Unterzeichnung des Wiener Vertrages wurde eine Denkschrift von Junghans veröffentlicht, der Professor für Geschichte an der Kieler Universität war. Er formulierte klar die Ansprüche von schleswig-holsteinischer Seite. Auch er betonte, dass Österreich und Preußen das Recht der Dänen auf Einbehaltung der Archivalien „auf das Entschiedenste bestreiten müssen" und es deren Pflicht sei, diese Archivalien zurück nach Schleswig-Holstein zu bringen.[139] Dazu gab er ausführliche Darstellungen der einzelnen historischen Archivbestände, die zurückzufordern

---

138 GStA PK, I. HA Rep. 178, 2336, Bl. 8a: Artikel aus der „Vossischen Zeitung" Nr. 189 vom 11.8.1864.

139 Junghans (Anm. 48), 20. Die Denkschrift wurde 1866 vollständig von der Gesellschaft für Schleswig-Holsteinische Geschichte (GSHG) veröffentlicht.

seien. Einen sehr hohen Stellenwert schrieb Junghans dem sogenannten Gemeinschaftlichen Archiv zu, das er als „das eigentliche Landesarchiv Schleswigholsteins [!]" bezeichnete. Es reichte bis ins Mittelalter zurück und umfasste Dokumente mehrerer regierender Herrscherlinien. Er führte noch weitere Archive verschiedener Herrscherfamilien auf, wie das Pinneberger Archiv der Schauenburger, das Kieler Conseils- und Gottorfer Archiv der Gottorfer, das Glücksburger Archiv und ein Teil des Plöner Archivs der Sonderburger.

In Dänemark war man, wie von den Preußen erwartet, keineswegs bereit, ohne Weiteres die historischen Archivalien abzugeben. Es wurde besonders darauf gepocht, dass keine Auslieferungen aus dem Kopenhagener Geheimarchiv vorgenommen werden würden, obwohl sich dort die erwähnten schleswig-holsteinischen Archivalien befanden. In einem internen Gutachten des Leiters des dänischen Geheimarchivs Caspar Frederik Wegener (1802–1893)[140] hieß es bereits im Januar 1865, dass der Artikel 20 von dänischer Seite so interpretiert werden müsse, dass keine Forderungen an das Geheimarchiv abgeleitet werden könnten und man das Entführen („bortføre") der alten Schätze verhindern müsse.[141]

Wegener hatte eine starke Position in Dänemark. Er hatte nicht nur seit 1848 die Leitung des Geheimarchivs inne, sondern konnte außerdem auf seine Erfahrungen aus Verhandlungen mit Norwegen 1850 bis 1851 verweisen. Nachdem Norwegen nach jahrhundertealter Zugehörigkeit zum dänischen Gesamtstaat 1814 unabhängig geworden war, wurde durch eine Kommission, bestehend aus Wegener und dem Leiter des norwegischen Reichsarchivs Christian Lange (1810–1861), beschlossen, welche Archivalien, die Norwegen betrafen, aus dem Geheimarchiv abgegeben werden sollten.[142] Die Ergebnisse wurden in den abschließenden Konventionen vom 13. September 1851 von den Kommissaren festgesetzt. Für die Zukunft wurde darin außerdem festgehalten, dass keine weiteren Ansprüche gestellt werden könnten. Dies führte dazu, dass ein Großteil der Archivalien nicht ausgeliefert wurde.[143]

---

140 Wegener war königlicher Historiograf, bevor er 1848 die Leitung des Geheimarchivs in Kopenhagen übernahm; vgl. Johannes C. H. R. Steenstrup: Wegener, Caspar Frederik. In: Dansk Biografisk Lexikon. Bd. 13. Kopenhagen 1904, 342–348.

141 Wegener an das dänische Kultusministerium vom 11.1.1865, zitiert nach: Kargaard Thomsen: Arkivforhandlingerne (Anm. 34), 169.

142 Die Abgabe war in Paragraf 21 des Kieler Vertrages von 1814 geregelt worden; nachdem es kurz darauf zu einigen Abgaben gekommen war, hatten die Verhandlungen mehr als 25 Jahre geruht, bevor Wegener und Lange sie wieder aufnahmen.

143 Weiterführend dazu Lajos Juhasz: Arkivkonvensjonen av 1851. In: Arkiv 7 (1978), 1–38.

Die Erfahrungen, die während dieser Verhandlungen gemacht worden waren, waren maßgeblich für die darauffolgenden mit Preußen und Österreich. Den Dänen hatte dies nämlich gezeigt, dass es möglich war, die wichtigsten Archivalien in Dänemark zu behalten und sie nicht ausliefern zu müssen. Diese Umstände und das Ergebnis waren auch den preußischen Verhandlungspartnern bekannt. Junghans berichtete ausführlich darüber und kritisierte nicht nur die „Schwäche des norwegischen Kommissars", sondern auch die „Dreistigkeit der dänischen Regierung".[144]

Im Unterschied zu den Verhandlungen mit Norwegen war nun jedoch kein Archivar direkt an den Gesprächen beteiligt. Wegener hatte eine eigene Beteiligung abgelehnt, unter anderem mit Verweis auf das sprachliche Talent des Außenministers Christian Albrecht Bluhme (1794–1866), damit man zu einem für Dänemark akzeptablen Ergebnis käme.[145] Er war lediglich als Archivexperte beratend beteiligt, und seine Meinung wurde immer wieder im Laufe der Verhandlungen gehört, auch wenn ihr nicht immer gefolgt wurde.

Vor Beginn der Verhandlungen wurde Wegener von Bluhme gebeten, seine Gedanken darüber darzulegen, wie man sich am besten verhalten sollte.[146] Wegener stellte einige Hauptpunkte auf, die seiner Meinung nach für den weiteren Verlauf wichtig seien. So müsse man dafür sorgen, dass keine Durchsuchung eines Kopenhagener Archivs durch Fremde vorgenommen werden dürfe, schon gar nicht des Geheimarchivs. Bei Dokumenten, die sowohl Dänemark als auch die Herzogtümer betrafen, solle nach dem Prinzip *beati possidentes* gehandelt werden, dass sie also vorerst an ihrer Stelle verblieben und die Legitimität der Abgabe nachgewiesen werden müsse. Außerdem sollte die Ablieferung dadurch verzögert werden, dass vorher erst das gesamte für die Verwaltung wichtige Material gesammelt werden solle, bevor es zu einer tatsächlichen Übergabe käme. Wegener gab auch schon den Kurs für die Verhandlungen vor, indem er riet, Dokumente, die die laufende Verwaltung betreffen konnten, nicht als Archivalien anzusehen.

Im Mittelpunkt von Wegeners Bericht stand die Forderung, keine Abgaben aus dem Geheimarchiv zu gewähren. Die Argumentation dafür basierte auf zwei

---

144 Junghans (Anm. 48), 25.

145 Kargaard Thomsen: Arkivforhandlingerne (Anm. 34), 170; Bluhme war vom 11.7.1864 bis 6.11.1865 Conseilspräsident und Außenminister, C. St. A. Bille: [Art.] Bluhme, Christian Albrecht. In: Carl Frederik Bricka (Hrsg.): Dansk bibliografisk Lexikon. Bd. 2. Kopenhagen 1888, 433–439, 438.

146 Hier und im Folgenden: Rigsarkivet, 714, Abschrift: Bericht von Wegener an das Ministerium for Kirke- og Undervisningsvæsenet vom 11.1.1865.

Ansichten: Zum einen sei im Artikel 20 des Wiener Vertrages nur Bezug auf die Archive des Königreichs Dänemark genommen, nicht aber auf die der Dänischen Monarchie oder der Herzogtümer.[147] Der König von Dänemark sei gleichzeitig der Herzog von Schleswig und Holstein gewesen, die Herzogtümer waren aber nie Teil des Königreichs, da sie nicht der königlichen Verwaltung unterstanden hätten. Zum anderen gehöre das Geheimarchiv, wie Wegener erklärte, keineswegs zu den staatlichen Archiven („Statens offentlige Regjerings-Arkiver"), wo sich die historischen Archivalien aus den Herzogtümern befanden, sondern es müsse als eine Sonderstiftung („særskilt Stiftelse") angesehen werden. Es handele sich um das Eigentum des Königs, das beispielsweise durch Erbe, Kauf oder als Kriegsbeute zusammengetragen worden sei. Dazu würden auch Teile des Gottorfer und Glückstädter Archivs gezählt. Die Auslieferung dieser Archivalien wurde in der Folge kategorisch abgelehnt.[148]

Anfang 1865 wurden anstelle von Wegener oder anderen Archivaren Kommissare aus der Verwaltung ernannt, die die Verhandlungen zwischen dem dänischen Außenministerium und dem preußischen und österreichischen Gesandten vorbereiten sollten.[149] Für Schleswig und Holstein übernahmen Johann Christian Ravit (1806–1868) und Hinrich August Springer (1817–1878) das Kommissariat.[150] Beide waren gebürtige Schleswig-Holsteiner und ehemalige Beamte, die mit der dänischen Verwaltung vertraut waren. Ravit hatte nach seinem Rechtsstudium in der Rentekammer in Kopenhagen gearbeitet, bevor er Professor für Nationalökonomie und Statistik an der CAU wurde.[151] Zudem war er bei der Herausgabe von Niels Nikolaus Falcks *Sammlung der wichtigsten Urkunden, welche auf das Staatsrecht der Herzogthümer Schleswig und Holstein Bezug haben* von 1847 beteiligt, die eine wichtige Quelle für die Kenntnis der schleswig-holsteinischen Archivalien war.[152] Er war außerdem in der GSHG tätig.[153] Springer hatte 1839 sein Jura-Examen abgelegt und war sein

---

147 LASH Abt. 59.3 (Oberpräsident für die Herzogtümer Schleswig und Holstein (von Scheel-Plessen) in Kiel) Nr. 309, dänische Verbalnote vom 22.8.1865.

148 LASH Abt. 304 Nr. 130, Bl. 7–17, Gutachten von Richter [ohne Empfänger] vom 31.8.1921.

149 Kargaard Thomsen: Arkivforhandlingerne (Anm. 34), 172.

150 Springer und Ravit wurden im Januar 1865 bestellt, Moltke und Regenburg im Mai 1865.

151 Friedrich Volbehr/Richard Weyl: Professoren und Dozenten der Christian-Albrechts-Universität zu Kiel 1665–1956. Mit Angaben über die sonstigen Lehrkräfte und die Universitäts-Bibliothekare und einem Verzeichnis der Rektoren (Veröffentlichungen der Schleswig-Holsteinischen Universitätsgesellschaft zu Kiel 7). 4. überarb. Aufl. Kiel 1956, 140.

152 Carsten Erich Carstens: [Art.] Ravit, Johann Christian. In: Allgemeine Deutsche Biographie. Bd. 27. Leipzig 1888, 474.

153 Pauls: Hundert Jahre Gesellschaft (Anm. 73), 146.

gesamtes Berufsleben in der schleswig-holsteinischen Verwaltung beschäftigt gewesen, angefangen als Amtmann in Segeberg bis zum Mitglied im Rigsråd, in dem die Fragen der dänischen und schleswig-holsteinischen Gesetzgebung behandelt wurden.[154]

Auf dänischer Seite übernahmen der Etatsrat Theodor August Jes Regenburg (1815–1895) und Graf Wilhelm C. I. J. Moltke (?–?) die Führung der Gespräche. Regenburg war ein Schüler Wegeners und lange Zeit als Ministerialdirektor mit Angelegenheiten des schleswigschen Kirchen-, Schul- und Unterrichtswesens befasst gewesen.[155] Moltke war Leiter des Sekretariats („chefen for sekretariatet") im bisherigen Ministerium für Holstein-Lauenburg.[156]

Eine weitere wichtige Rolle spielte während der gesamten Verhandlungen auch der preußische Gesandte in Kopenhagen Tassilo von Heydebrand und der Lasa (1818–1899, im Folgenden Heydebrand). Er stammte aus einem schlesischen Adelsgeschlecht und stand seit 1845 als Gesandter im diplomatischen Dienst Preußens. Unter anderem in Österreich, Schweden und den Niederlanden tätig, wurde er nach Ende des Deutsch-Dänischen Krieges nach Kopenhagen versetzt.[157] Dort war er sehr angesehen, er sprach unter anderem dänisch und war für seine dänenfreundliche Auffassung bekannt.[158]

Der Druck, die Verhandlungen zu beginnen, war sehr groß, vor allem was die kurrenten Archivalien anging, da die neue preußische und österreichische Verwaltung der Herzogtümer auf einige der sich in Kopenhagen befindlichen Akten für die laufenden Geschäfte zurückgreifen musste. Ohne diese Ablieferungen aus Dänemark konnte also die neue Verwaltung der Herzogtümer nicht richtig funktionieren. Die Notwendigkeit war so groß, dass bereits vor der Ernennung der Kommissare Archivalien von dänischer Seite ausgeliefert worden waren. Dieses Material war von den Behörden und Ämtern in Schleswig und Holstein für die laufende Verwaltung requiriert und die Übergabe von dem Gesandten Heydebrand durchgeführt worden. Die Abgaben erfolgten unabhängig voneinander und vereinzelt, ohne dass es einen übergeordne-

---

154 H. R. Hiort-Lorenzen: [Art.] Springer, Hinrich August. In: Dansk Biografisk Lexikon. Bd. 16. Kopenhagen 1902, 246f.

155 Regenburg war wohl in dieser Funktion stark an der Unterdrückung der deutschen Kultur und Sprache in Schleswig beteiligt; s. weiterführend Holger Hjelholt: A. Regenburg (1815–1895). En dansk embedsmand (Skrifter 48). Apenrade 1978.

156 Kargaard Thomsen: Arkivforhandlingerne (Anm. 34), 171.

157 Auswärtiges Amt (Hrsg.): Biographisches Handbuch des deutschen Auswärtigen Dienstes 1871–1945. Bd. 2. Paderborn 2005, 305–306.

158 Kargaard Thomsen: Arkivforhandlingerne (Anm. 34), 180.

ten Plan gab. Sie resultierten lediglich aus den Bedürfnissen und Forderungen der aktuellen Verwaltung. Teilweise weigerten sich die Dänen, Originale zu übergeben, und es wurden Abschriften übersandt, vereinzelt wurde Forderungen auch nicht nachgekommen.[159] Die Auswahl war unsystematisch.

Um die Angelegenheit für die Verwaltung schnell regeln zu können, wurden zu Beginn des Jahres 1865 die schleswig-holsteinischen Kommissare ernannt. Die Bestellung der dänischen Kommissare erfolgte Ende Mai 1865.[160] Der Präsident des Conseils und dänische Außenminister Bluhme hielt fest, sie hätten die Aufgabe, „de convenir d'une base préalable pour les principes d'après lesquels la remise aura lieu".[161] Es ging also erst einmal darum, sich auf Prinzipien zu einigen und eine gemeinsame Basis zu finden. Zugleich wurden die dänischen Kommissare instruiert, dass es erwünscht sei, die Archive so vollständig wie möglich zu erhalten und, entsprechend der Weisung Wegeners, besonders Forderungen von Auslieferungen aus dem Geheimarchiv von vornherein abzuweisen.[162]

Da von preußischer Seite prinzipiell auf der Auslieferung der historischen Archivalien bestanden wurde, von dänischer Seite aber deren Abgabe aus dem Geheimarchiv abgelehnt wurde, kam die kommissarische Tätigkeit bereits wenige Wochen nach dem ersten Treffen kaum mehr voran. Die dänischen Kommissare berichteten an das dänische Außenministerium, dass die Forderungen so weitgehend seien und vom dem entfernt, was sie als richtig ansähen, dass kaum Aussicht auf Verständigung bestehe.[163]

Daher schlugen die dänischen Kommissare ihren Verhandlungspartnern auf der Suche nach einer gemeinsamen Vorgehensweise vor, dass man von der vertraglichen Verpflichtung absehen und einfach die Archivalien ausliefern wolle, die für unbedenklich gehalten würden. Sie stellten es so dar, dass dies die vorziehbare Lösung sei und man sich darauf einigen solle.[164] Die Weigerung, die historischen Archive auszuliefern, wurde in einer Verbalnote von offizieller dänischer Seite unterstrichen. Darin wurde betont, dass im Artikel 20 des Wiener Vertrages weder die Rede sei von „la remise d'archives entiers

159 LASH Abt. 59.3 Nr. 309, Springer an die Landesregierung in Schleswig vom 28.5.1865.

160 Der Grund für die Verzögerung war eine Erkrankung des Conseilspräsidenten; vgl. LASH Abt. 59.2 (Preußischer Gouverneur für das Herzogtum Schleswig) Nr. 59: Abschrift: Bluhme an Heydebrand vom 23.5.1865.

161 Ebd., Abschrift: Bluhme an Heydebrand vom 23.5.1865.

162 Kargaard Thomsen: Arkivforhandlingerne (Anm. 34), 172.

163 Ebd., 193.

164 LASH Abt. 59.3 Nr. 309, Moltke und Regenburg an Springer und Ravit vom 11.8.1865.

ni de parties d'archives".[165] Die Forderung also, dass mehr als nur einzelne Dokumente ausgeliefert werden müssten, wurde nicht als Teil des Vertrages anerkannt. Die Aussonderung dieser einzelnen Dokumente, zum Beispiel aus dem wichtigen Bestand der Rentekammer, bräuchte jedoch so viel Zeit, dass dies in keinem Verhältnis zu deren Wert stünde.[166]

Der von schleswig-holsteinischer Seite proklamierte Anspruch auf die Archive der verschiedenen Herrscherlinien wurde im Folgenden damit entkräftet, dass die Herzöge Mitglieder des Königshauses gewesen seien, mit Besitzungen in Schleswig oder Holstein. Da diese jedoch selbst keine eigenständigen Staaten darstellten, würden die „sønderjyske fyrstearkiver" (= südjütischen Fürstenarchive) zum Königlichen Hausarchiv gehören, das wiederum ins Geheimarchiv gehöre. Auch das Gemeinschaftliche Archiv wurde als Teil des Hausarchivs des Königs angesehen.[167] Es kristallisierte sich heraus, dass die Dänen die Auslieferung der für die Verwaltung relevanten und der historischen Archivalien als zwei getrennte Angelegenheiten sehen wollten.

Offiziell hieß es darauf von preußischer und vor allem österreichischer Seite, dass man keinerlei Zugeständnisse machen würde, und es wurde der Standpunkt vertreten, dass Absatz 1 und 2 des Paragrafen 20 nicht getrennt verhandelt werden würden.[168] Hinter den Kulissen verfolgte das preußische Ministerium für Auswärtige Angelegenheiten jedoch seine eigene Linie. Bereits Mitte 1865 war der Gesandte Heydebrand instruiert worden, dass er die Auslieferung des für die laufende Verwaltung benötigten Materials „nicht von der Verständigung über die rücksichtlich des älteren Materials zu beobachtenden Grundsätze abhängig machen dürfe".[169] Das preußische Außenministerium nahm hier also eine andere Stellung ein, als offiziell den Dänen mitgeteilt wurde. Es war bereit, die Auslieferung der Verwaltungsarchivalien auf Kosten der historischen Archivalien durchzuführen.

Die für die laufende Verwaltung benötigten Dokumente entwickelten sich während der Verhandlungen zum Spielball für beide Seiten. Von däni-

165 Ebd., dänische Verbalnote vom 22.8.1865.

166 Ebd., Originaltext: „Mais ce travail s'il devait embrasser tous les documents de cette nature, présenterait des difficultés et exigerait un temps, peu en proposition avec l'intérêt réel, qu'ils peuvent avoir pour les duchés."

167 Regenburg und Moltke an das Außenministerium vom 19.4.1866; vgl. Kargaard Thomsen: Arkivforhandlingerne (Anm. 34), 178.

168 LASH Abt. 59.1 (Österreichischer Statthalter für das Herzogtum Holstein) Nr. 159, Abschrift: Bericht des Grafen Chotek vom 16.12.1865.

169 LASH Abt. 59.2 Nr. 59, Minister der auswärtigen Angelegenheiten (i. A.) an von Zedlitz vom 2.6.1865.

scher Seite hielt man diese Auslieferungen für selbstverständlich. Aus taktischen Gründen wollte man dabei so entgegenkommend wie möglich sein, um die eigene Verhandlungsposition zu stärken und leichter imstande zu sein, den Anspruch auf die historischen Archivalien mit Verweis auf die willige Ablieferung des anderen Materials abzuweisen.[170] In den Herzogtümern wurde dieses Material dringend benötigt, und der Druck, zu einem Abschluss der Verhandlungen zu kommen, wuchs stetig. Die Dänen nutzten dies wiederum als Druckmittel. Man war in einer Pattsituation: Preußen und Österreich forderten die Auslieferung der historischen Archivalien, während sich die Dänen ganz klar weigerten, Auslieferungen aus dem Geheimarchiv, wo sich diese Bestände befanden, überhaupt in Erwägung zu ziehen.

Wie weit die Dänen zu gehen bereit waren, um Auslieferungen aus dem Geheimarchiv zu vermeiden und jeden Anspruch darauf ablehnen zu können, zeigt der Umgang mit dem Lauenburger Archivmaterial. Lauenburg stellte einen Sonderfall dar und wurde aus den Verhandlungen um Schleswig und Holstein ausgenommen. Bis 1816 war es in hannoverschem Besitz gewesen, bevor es an die Dänen übergegangen war. Im Zuge dessen waren Archivalien von vor 1816 von der hannoverschen Regierung nach Dänemark abgegeben und dem Geheimarchiv einverleibt worden, wie beispielsweise die Eheverträge zwischen lauenburgischen Herzögen und brandenburgischen Prinzessinnen oder der Erbanspruch der sächsischen Fürsten auf Lauenburg.[171] Im August 1865 war nun die Verwaltung Lauenburgs nach dem verlorenen Deutsch-Dänischen Krieg und mit Unterzeichnung des Gasteiner Vertrages an Preußen übergegangen. Preußen forderte unabhängig von den übrigen Verhandlungen die Auslieferung der lauenburgischen Archivalien. Außenminister Bluhme wollte aufgrund der guten Verbindung zu Lauenburg den Preußen in diesem Fall entgegenkommen. Die Dänen befürchteten jedoch, dass durch die Ablieferung der lauenburgischen Dokumente aus dem Geheimarchiv ein Präzedenzfall geschaffen werde, der einen ungünstigen Einfluss auf die Verhandlungen um die schleswig-holsteinischen Archivalien nehmen könnte. Bluhme bestimmte, dass man die Tatsache, dass sich diese Archivalien im Geheimarchiv befanden, verschleiern und weiter vortäuschen sollte, dass sie sich immer in Lauenburgs eigenem Archiv befunden hätten.[172] Es wurden 1865

170 Konzept eines Schreibens an Regenburg und Moltke, vermutlich von Bluhme vom 8.7.1865; vgl. Kargaard Thomsen: Arkivforhandlingerne (Anm. 34), 174.

171 Ebd., 176, 194.

172 Ebd., 176.

an einem Tag die lauenburgischen Archivalien aus dem Geheimarchiv in einen Wagen des Außenministeriums geladen, nur beaufsichtigt von Wegener als Leiter des Archivs und einem Archivsekretär, und dann an die preußische Gesandtschaft ausgeliefert.[173] Die Dänen waren also bereit, recht weit zu gehen, um Abgaben aus dem Geheimarchiv zu vermeiden.

Entsprechend ihrer Taktik erklärten sich die Dänen im Herbst 1865 zu ersten größeren Ablieferungen bereit, wobei es sich ausschließlich um Material aus dem 19. Jahrhundert handelte, wie das Archiv der schleswig-holsteinischen Provinzialregierung, die von 1834 bis 1848 bestanden hatte. Dabei sollte, ganz nach der dänischen Interpretation des Wiener Vertrages, nicht das gesamte Archiv abgeliefert, sondern Stücke ausgenommen werden, wenn sie zum Beispiel nicht die schleswig-holsteinische Verwaltung betrafen oder Einzelpersonen kompromittieren konnten.[174]

Dadurch, dass die Dänen weiter auf ihrer Weigerung beharrten und jeden Anspruch auf die historischen Archivalien negierten, sich gleichzeitig jedoch mit der erfolgten Auslieferung als sehr entgegenkommend wahrgenommen sehen wollten, wurde die Situation von den schleswig-holsteinischen Kommissaren als aussichtslos gesehen. Ravit gab Anfang 1866 sein Kommissariat auf, weil die Kommission „nicht den Einfluß auf den Lauf der Verhandlungen nahm, den er sich selbst von ihr versprochen" hatte.[175] Der Verbleib des Kommissars Springer wurde im Juni 1866 als nicht weiter sinnvoll erachtet, und auch er verließ einen Monat später Kopenhagen.[176]

Vorher hatte man auf schleswig-holsteinischer Seite versucht, Springer zu ersetzen, um dadurch die Auslieferungen voranzubringen. Angefragt wurde beim ehemaligen Leiter des Regierungsarchivs der Schleswiger Regierung Vezin. Seine Ablehnung war definitiv und gibt wieder, welchen Eindruck Zeitgenossen von den Auslieferungsverhandlungen haben konnten.[177] So begründete Vezin

173 Es gab Ausnahmen, die nicht mit abgegeben wurden, wie die Vorstellungsprotokolle des Königs. Wegener hielt außerdem entgegen der ministeriellen Weisung einige lauenburgische Archivalien zurück, da er auch gegen diese Abgabe war; vgl. ebd.

174 Außenministerium an den Gesandten in Berlin vom 6.10.1865; vgl. ebd., 175.

175 LASH Abt. 59.3 Nr. 68, von Zedlitz an von Scheel-Plessen vom 16.6.1866; wann genau Ravit sein Kommissariat aufgab, ist unklar, als Zeitpunkt ist nur genannt „vor Beendigung der Geschäfte der internationalen Commission".

176 Ebd., von Zedlitz an von Scheel-Plessen vom 16.6.1866; LASH Abt. 59.3 Nr. 68, der preußische Gesandte Heydebrand an von Scheel-Plessen vom 1.7.1866.

177 Hier und im Folgenden: LASH Abt. 60 Nr. 655, Privatschreiben von Vezin [ohne Empfänger] vom 23.4.1866.

seine Ablehnung damit, dass seine Gesundheitsverhältnisse die Übernahme solcher Geschäfte nicht zuließen und dass „das fragliche Auslieferungsgeschäft Schritt bei Schritt mit Widrigkeiten u. Verdrießlichkeiten verknüpft ist". Vezin war mit Springer bekannt, der sich bereits über „Intrigien" von dänischer Seite und fehlende Unterstützung von der anderen Seite „bitter beklagt" habe. Nach wie vor sei Springer die bessere Wahl, und Vezin lobte dessen „Befähigung sich mit Gleichmuth mit den Menschen herum zu schlagen". Gleichzeitig warnte er, wenn man Springer abberufe, würden die Auslieferungsverhandlungen genauso enden wie diejenigen zwischen Dänemark und Norwegen, dass also die gewünschten Archivalien nicht ausgeliefert würden.

Trotz dieser Warnung Vezins wurde Springers Kommissariat beendet. Dass Springer bereits im Juli 1866 Dänemark verlassen hatte, wurde den Dänen vorerst nicht mitgeteilt, um den Anschein von Kontinuität zu wahren, sollte ein anderer Kommissar eingestellt werden.[178] Dazu kam es aber vorerst nicht.

Die Verhandlungen kamen zum Erliegen, was auch im Ausbruch des Konfliktes zwischen Österreich und Preußen um die Vorherrschaft im Deutschen Bund begründet lag, der sich besonders in den ehemaligen Herzogtümern zeigte, die von den beiden Mächten verwaltet wurden. Am 9. Juni 1866 marschierten preußische Truppen ins österreichische Holstein ein, und damit begann der zweite Einigungskrieg, der am 23. August 1866 mit dem Prager Frieden endete. Österreich musste damit auf seine Ansprüche auf Schleswig und Holstein verzichten, was es Preußen folglich ermöglichte, Anfang 1867 die neue preußische Provinz Schleswig-Holstein zu gründen.

Nach dem Ende des Krieges riet der dänische Gesandte in Berlin Georg Quaade (1813–1889) dem dänischen Außenminister zu einer nachgiebigeren Haltung. In vertraulichen Gesprächen sei ihm mitgeteilt worden, wenn die Requisitionen für die laufende Verwaltung schneller und mit mehr Entgegenkommen ausgeführt würden, würde man auf preußischer Seite darüber nachdenken, von den weiteren Wünschen, also der Auslieferung der historischen Archivalien, vorläufig abzusehen. Zudem war zu diesem Zeitpunkt bereits absehbar, dass Schleswig und Holstein zu einer preußischen Provinz vereint würden. Quaade interpretierte dies dahingehend, dass damit auch das Interesse an den historischen Dokumenten geringer sei, weil kein eigenständiger Staat gegründet würde.[179]

---

178 LASH Abt. 59.3 Nr. 68, Heydebrand an von Scheel-Plessen vom 1.7.1866.

179 Quaade ans Außenministerium vom 18.8.1866; vgl. Kargaard Thomsen: Arkivforhandlingerne (Anm. 34), 178.

Diese Empfehlung Quaades bestärkte die dänische Strategie, und es wurde vermehrt versucht, so entgegenkommend wie möglich bei Requisitionen für administrative Belange zu sein, während das Hauptziel, die Bewahrung der Integrität des Geheimarchivs, bestehen blieb. Infolgedessen kam es zu erneuten Ablieferungen, wieder jedoch nur von Dokumenten aus dem 19. Jahrhundert. Trotz dieser scheinbaren Annäherung wurden – wohl wegen der fehlenden Kommissare und auch fehlender Verständigung zwischen den Verhandlungspartnern – die offiziellen Verhandlungen nicht wieder aufgenommen.

Obwohl sich die Ablieferungen nur auf Verwaltungsakten beschränkten und die Verhandlungen ansonsten stillstanden, war die Angelegenheit in Preußen weiterhin präsent. Besonders vom Abgeordnetenhaus wurde mehrmals gefordert, dass die Regierung Druck auf Dänemark ausüben solle, damit die Archivalien schnell ausgeliefert würden.[180] Insbesonders die preußische Archivverwaltung und deren Chef Duncker, der selbst im Abgeordnetenhaus saß, standen im Fokus. Bereits 1868 war mit explizitem Bezug auf die Auslieferungen aus Dänemark der Beschluss gefasst worden, ein preußisches Staatsarchiv für die neue Provinz Schleswig-Holstein zu errichten.[181] Als es nun im November 1868 um die Bewilligung von Mitteln für die Einstellung von Personal ging, wurde scharfe Kritik an Duncker geübt, vor allem vonseiten des Abgeordneten Hänel.

Hänel war 1863 auf den Lehrstuhl für Rechtswissenschaften der Kieler Universität berufen worden und hatte sich danach der politischen Angelegenheiten Schleswig-Holsteins angenommen. So war er im preußischen Abgeordnetenhaus als Teil der „Bundesstaatlich-konstitutionellen Vereinigung" für Schleswig-Holstein vertreten, die sich für eine Stärkung der Autonomie der Länder einsetzte. Hänel war außerdem ein entschiedener Verfechter augustenburgischer Belange.[182] Er war der Meinung, dass weder die Regierung noch die Archivverwaltung ihren Verpflichtungen nachgekommen sei, die Auslieferung der historischen Archivalien voranzutreiben.[183] Besonders wurde kritisiert, dass Preußen die Schulden, die gegenüber Dänemark noch ausgestanden hatten, bereits beglichen hatte und damit jedes Druckmittel fehlte, um

180 GStA PK, I. HA Rep. 178, 2336, Bl. 37, Abschrift: Präsident des Staatsministeriums (gez. Costenoble) an das Ministerium für Auswärtige Angelegenheiten vom 13.3.1868.

181 Ebd., Bl. 37, Abschrift: Präsident des Staatsministeriums (gez. Costenoble) an das Ministerium für Auswärtige Angelegenheiten vom 13.3.1868.

182 Robert Scheyhing: [Art.] Hänel, Albert. In: Neue Deutsche Biographie. Bd. 7. Berlin 1966, 441.

183 Hier und im Folgenden: GStA PK, I. HA Rep. 178, 2336, Bl. 69–70, Auszug: Protokoll der Sitzung des Abgeordnetenhauses vom 17.11.1868.

die Auslieferung der historischen Archivalien zu erzwingen. Hänel forderte eine engere Zusammenarbeit von Archivverwaltung und Außenministerium und machte Duncker dafür verantwortlich.

Duncker nahm diese Kritik an und erkundigte sich nur wenige Tage nach der Sitzung des Abgeordnetenhauses im November 1868 beim Ministerium für Auswärtige Angelegenheiten nach dem Stand der Verhandlungen, erhielt jedoch lediglich die Antwort, dass es „diesseits aus politischen Rücksichten nicht für angemessen erachtet [werde], die Frage wegen der Auslieferung der gedachten Archive jetzt Dänemark gegenüber definitiv zum Austragen zu bringen".[184] Worauf sich diese Aussage genau bezog und worin diese „politischen Rücksichten" bestanden, bleibt unklar.

Vonseiten der Archivverwaltung beschäftigte man sich daraufhin weiter mit dem Ausbau des zu gründenden Staatsarchivs für Schleswig-Holstein ohne die dänischen Auslieferungen. Zudem wurde, basierend auf Junghans' Ausführungen, forciert nach Informationen über schleswig-holsteinische Archivalien gesucht, um die Forderungen an Dänemark konkretisieren zu können.[185]

Das preußische Ministerium für Auswärtige Angelegenheiten setzte weiter das um, was vorher schon angeklungen war: Ohne auf die Appelle der Abgeordneten zu achten, war es zu Zugeständnissen gegenüber den Dänen bereit. Im Januar 1869 wurde Heydebrand vom preußischen Außenminister darüber informiert:

> „Im übrigen sind wir gern bereit, unter Beiseitelassung der Differenzen über die Auslegung des Artikels XX, uns auf den Standpunkt zu stellen, dass wir nur die Auslieferung desjenigen Materials fordern, welches für die Verwaltung der Herzogthümer Schleswig-Holstein nothwendig ist."[186]

Damit gab man den Anspruch auf die historischen Archivalien vorerst auf. Dies steht im krassen Gegensatz zu den Forderungen der Abgeordneten, die seit 1867 Jahr um Jahr wieder darauf pochten, dass Dänemark zur Einhaltung der Bestimmungen des Wiener Vertrages angehalten werde. Die Warnung des dänischen Gesandten Quaade, dass die öffentliche Meinung in Preußen und den ehemaligen Herzogtümern wie auch der preußische Landtag bewirken

---

184 Ebd., 2336, Bl. 53, Minister der auswärtigen Angelegenheiten (i. A.) an Duncker vom 13.11.1868.

185 Ebd., Bl. 73–78, von Scheel-Plessen an Duncker vom 7.12.1868.

186 LASH Abt. 304 Nr. 105, Bl. 7–8, Minister für Auswärtige Angelegenheiten an Heydebrand vom 20.1.1869.

könnten, dass das Außenministerium in eine für Dänemark ungünstige Richtung gelenkt werde, bewahrheitete sich nicht.[187]

Das preußische Außenministerium kam den Dänen noch weiter entgegen, indem es vorschlug, dass man von den für die Verwaltung notwendigen Akten per kommissarischer Prüfung diejenigen Akten aussortieren könne, die von historischem Interesse für Dänemark seien und daher dort belassen werden müssten.[188] Es wurde wieder die Einsetzung von Kommissaren vorgeschlagen, dieses Mal, um dänische Interessen zu wahren. Außerdem wurde den Dänen angeboten, dass man, wenn die Archive der früheren Ministerien und der für Schleswig-Holstein zuständigen Behörden wie der Schleswig-Holstein-Lauenburgischen Kanzlei ausgeliefert würden, auf die Forderung nach dem Plöner, Gottorfer und Glücksburger Archiv verzichten würde. Nun wurden umgekehrt von preußischer Seite die historischen Archivalien als Argumente benutzt, um eine Einigung um die Auslieferung der neueren Archivalien zu beschleunigen.

Auch wenn man in Dänemark generell mit der neuen Haltung Preußens zufrieden war, fand gerade der letztere Verzicht kaum Anklang.[189] Regenburg charakterisierte ihn als merkwürdig und leugnete immer noch, dass die Abgabe der historischen Archivalien Teil der Bestimmungen des Wiener Vertrages waren.[190] Andreas Frederik Krieger (1817–1893), ehemaliger Innenminister und Mitglied des Landsting im dänischen Reichstag,[191] äußerte sich in seinem Tagebuch pessimistisch und befürchtete, dass die Verhandlungen nie zu einem Ende kommen würden. Das Angebot Preußens auf den Verzicht tut er ab als „et i princippet ret billigt forslag“, einen prinzipiell recht billigen Vorschlag.[192]

Insgesamt war man in Dänemark skeptisch und glaubte, dass sich die Verhandlungen zu lange hinzögen. Dies war auch der hauptsächliche Grund, sich der erneuten Einsetzung von Kommissaren entgegenzustellen, weil man

187 Quaade an das dänische Außenministerium vom 1.8.1869; vgl. Kargaard Thomsen: Arkivforhandlingerne (Anm. 34), 179–180.

188 LASH Abt. 304 Nr. 105, Bl. 7–8, Minister für Auswärtige Angelegenheiten an Heydebrand vom 20.1.1869.

189 Kargaard Thomsen: Arkivforhandlingerne (Anm. 34), 179.

190 Ebd.

191 Ähnlich wie der preußische Landtag sich aus dem Herrenhaus und dem Abgeordnetenhaus zusammensetzte, bestand der dänische Rigsdag aus dem Landsting und dem Folketing.

192 Elise Koppel/Aage Friis/P. Munch (Hrsg.): Andreas Frederik Kriegers dagbøger. Bd. 4. Kopenhagen 1921, 261, zitiert nach: Kargaard Thomsen: Arkivforhandlingerne (Anm. 34), 195.

nicht enden wollende Verhandlungen befürchtete.[193] Eine weitere Befürchtung äußerte Wegener, der meinte, dass man zu keiner Entscheidung kommen dürfe, bevor die Zeit nicht günstig sei. Es gelte bei diplomatischen Verhandlungen ebenso wie bei militärischen Operationen, das günstigste Feld zu wählen, um sich zu schlagen; das war die Metapher, die er Regenburg gegenüber benutzte.[194]

Zudem bezweifelte von Quaade die Sinnhaftigkeit der Auslieferungen für die aktuellen Verwaltungszwecke, da durch die neue preußische Verwaltung die alten Traditionen der dänischen gesamtstaatlichen Verwaltung entfallen würden.[195] Quaade verkannte hierbei, dass sich die Verwaltung der Herzogtümer nicht in so kurzer Zeit umstellen konnte und dass nicht nur die Beamten aus der alten dänischen Verwaltung zum großen Teil weiter tätig waren, sondern auch bei den Schleswig-Holsteinern allgemein gegenüber den preußischen Neuerungen vorerst eine Antipathie, zumindest eine Skepsis herrschte.

Doch auch in Preußen war man verstimmt über die dänischen Reaktionen, zweifelte am Ausgang der Verhandlungen und ob eine Lösung gefunden werden könne. Otto von Bismarck (1815–1898) als preußischer Außenminister und Ministerpräsident bezweifelte gegenüber dem Oberpräsidenten von Schleswig-Holstein, von Scheel-Plessen, ob sich „überhaupt ein befriedigendes Ergebnis in der vorliegenden Angelegenheit wird erreichen lassen".[196]

Aufgrund dieser Unstimmigkeiten, aber auch durch neue kriegerische Auseinandersetzungen kam die konkrete Wiederaufnahme der Verhandlungen abermals nicht zustande. Ab Juli 1870 befand sich Preußen im Krieg mit Frankreich, und erst nach gewonnenem Krieg und nun als Teil des Deutschen Kaiserreichs wurde erneut von deutscher Seite der Kontakt aufgenommen. Heydebrand schlug Ende 1871, im Auftrag des Auswärtigen Amtes,[197] einen

---

193 Regenburg an das Außenministerium vom 30.3.1869; vgl. ebd., 179.

194 Rigsarkivet, 714, Abschrift: Wegener an Regenburg vom 11.3.1869.

195 Quaade an das dänische Außenministerium 1.8.1869; vgl. Kargaard Thomsen: Arkivforhandlingerne (Anm. 34), 180.

196 LASH Abt. 304 Nr. 105, Abschrift: Bismarck an Scheel-Plessen vom 31.7.1869.

197 Am 12.1.1870 ging das preußische Ministerium für äußere Angelegenheiten in das Auswärtige Amt des Norddeutschen Bundes über, das wiederum 1871 zum Auswärtige Amt des Deutschen Reichs wurde; s. weiterführend Dietmar Grypa: Der Diplomatische Dienst des Königreichs Preußen (1815–1866). Institutioneller Aufbau und soziale Zusammensetzung (Quellen und Forschungen zur brandenburgischen und preußischen Geschichte 37). Berlin 2008; Cecil Lamar: The German Diplomatic Service, 1871–1914. Princeton (New Jersey) 1976.

strengeren Ton an. Er ließ die Dänen wissen, dass man weder bereit sei, grundsätzlich auf Ablieferungen aus dem Geheimarchiv zu verzichten, noch die von den Dänen forcierte Jahresgrenze von 1750 anzuerkennen.[198] Die Dänen hatten darauf bestanden, dass alles bis 1750 entstandene Material von den Verhandlungen ausgeschlossen würde. Trotz dieses strengeren Tons bedeutete dies aber keine Abweichung von der vorherigen Linie. Die Ablehnung der dänischen Forderungen bezog sich abermals lediglich auf die administrativen Dokumente und galt nicht der Wiedererlangung der historischen Archivalien. In Heydebrands Notizen fanden Letztere keine weitere Erwähnung. Sie beinhalteten nur die Forderung nach der Abgabe von Beständen der ehemaligen Ministerien, der Schleswig-Holstein-Lauenburgischen Kanzlei und der schleswig-holsteinischen Regierung – diese Dokumente stammten hauptsächlich aus dem 19. Jahrhundert. Die preußische Weigerung, die dänischen Einschränkungen anzuerkennen, zielte nun darauf, die nahezu vollständige Auslieferung dieser Archivalien zu erwirken, inklusive der vereinzelten Aktenstücke, die bis vor 1750 reichten und sich im Geheimarchiv befanden. Die bis ins Mittelalter zurückgehenden Archive wie das Gemeinschaftliche oder das Gottorfer Archiv wurden nicht genannt. Für die Preußen galt nach wie vor die Verzichterklärung vom Januar 1869, damit schien diese Angelegenheit abgeschlossen und der Verlust hingenommen.

Diese Forderungen wurden in Dänemark kontrovers diskutiert. Im dänischen Außenministerium war man der Meinung, dass man wohl einsehen müsse, dass die Sachen aus dem Geheimarchiv nicht länger zurückgehalten werden könnten und sie vielmehr als Verwaltungsakten angesehen werden müssten, die ins Geheimarchiv gelangt seien. Wichtig bliebe nach wie vor, so der dänische Außenminister an den Präsidenten des Conseils, dass von preußischer Seite endgültig auf den Anspruch auf die übrigen (historischen) Archivalien von dort verzichtet wurde.[199] Zudem wurde für ein schnelles Handeln plädiert, um den Druck der Öffentlichkeit und des preußischen Landtags auszunutzen und um zu einem schnellen Ende der Verhandlungen zu gelangen, da Preußen unter Druck eher zu einem Kompromiss bereit wäre.[200]

198 LASH Abt. 304 Nr. 105, Bl. 21–23, Abschrift: Notizen zu Heydebrands Orientierung bei den Verhandlungen über die Auslieferung der Archive vom 15.11.1871; diese waren auch den Dänen bekannt, Kargaard Thomsen: Arkivforhandlingerne (Anm. 34), 180f.

199 Dänisches Außenministerium an den Conseilspräsidenten vom 25.11.1871; vgl. ebd., 181.

200 Ebd.

Wegener kritisierte diese Einstellung als Gesinnungswandel.[201] Er war der Meinung, dass Heydebrands Notizen nur der Versuch seien, herauszufinden, wie die Stimmung sei, und er betonte wie bereits zu Beginn der Verhandlungen 1865, dass man den Preußen nicht bei der Interpretation des Artikels 20 helfen solle. Ihm ging es vorrangig noch immer um die Erhaltung des Geheimarchivs. Es sollte von dänischer Seite mehr auf Zeit gespielt werden: „– tid vundet, alt vundet –" (Zeit gewonnen, alles gewonnen) war sein Motto.[202]

Wegener musste den Erhalt des Geheimarchivs auch innenpolitisch verteidigen, wozu er die Auslieferungsverhandlungen nutzen konnte. Es gab zu dieser Zeit Diskussionen über eine Zusammenlegung mehrerer Archive zu einem dänischen Reichsarchiv. Wegener sah darin eine Bedrohung der Bestände. Damit würde der Status des Geheimarchivs als abgeschlossene Stiftung aufgelöst werden, und die Bestimmungen des Wieners Vertrages hinsichtlich Ablieferung aus den „Archives de Danemark" würden dann zum Tragen kommen. Dies hieße, dass die Preußen mit Verweis auf den Wiener Frieden rechtmäßig Auslieferungen aus dem Geheimarchiv fordern könnten. Und tatsächlich wurden die Strukturverhandlungen über das dänische Archivwesen im dänische Reichstag 1872 wegen Bedenken um die Folgen bei den Verhandlungen mit Preußen aufgegeben und erst 1889, nach Wegeners Weggang, umgesetzt.[203]

Zudem war man sich in Dänemark unsicher, was Inhalt der internen preußischen Diskussionen war. Es wurde vermutet, dass nicht die preußische Regierung der eigentliche Gegner sei, sondern, wie Wegener und J. N. A. Madvig (1833–1919), der mit den amtlichen Requisitionen befasst war, meinten, die Schleswig-Holsteiner. Es seien ihrer Meinung nach vor allem die schleswig-holsteinischen Historiker, die „uafbrudt har trængt sig frem med deres Anskuelser og Ønsker", sich ununterbrochen mit ihren Ansichten und Wünschen vorgedrängt hätten.[204]

Und es waren in der Tat die Schleswig-Holsteiner, die im Abgeordnetenhaus die Situation um die Archivalienauslieferung kritisierten. Bereits 1868 hatte Hänel wie erwähnt das Vorgehen Dunckers und der Regierung angeprangert, und auch noch 1870 wiederholte er abermals seinen Standpunkt und verwies auf die

201 Hier und im Folgenden: Wegener [ohne Empfänger] vom 29.12.1871; vgl. ebd., 182f.

202 Ebd., 183.

203 Ebd.; mit dem Gesetz vom 30.3.1889 wurde das Reichsarchiv geschaffen; vgl. Paul Richter: Literaturbericht. II. Dänemark. In: Archivalische Zeitschrift 35 (1925), 246–253, 247.

204 Rigsarkivet, 714, Abschrift: Madvig an den Conseilspräsidenten vom 8.1.1872. Johan Nikolai Agathon Madvig war 1857 bis zur Auflösung 1864 im Schleswigschen Ministerium tätig und seit 1870 mit den Requisitionen der preußischen Verwaltung betraut; vgl. Kargaard Thomsen: Arkivforhandlingerne (Anm. 34), 184.

vier vorangegangenen Beschlüsse des Abgeordnetenhauses, in denen festgelegt worden war, auf der Auslieferung zu bestehen.[205] Zu einem weiteren Advokaten für die Auslieferung der historischen Archivalien gehörte Gustav Karsten (1820–1900), Professor für Geologie an der Universität Kiel. Dieser hatte unter anderem in der Sitzung vom 6. November 1869 gefordert, dass nun endlich auf der Auslieferung der historischen Archivalien bestanden werden müsse und nicht nur von „ganz gewöhnliche[n] Verwaltungsakten aus den letzten Dezennien".[206]

In Schleswig-Holstein selbst gab es jedoch kaum starke Verfechter für die Angelegenheit, soweit ersichtlich. Nach Junghans' frühem Tod 1865 übernahm Heinrich von Treitschke ein Jahr lang die Professur für Geschichte in Kiel, bis er von Usinger abgelöst wurde. Usinger war zeitgleich Sekretär der GSHG. Doch auch die GSHG als führender Geschichtsverein und mit einem ausgeprägten Interesse an der Wiedererlangung der Quellen für die schleswig-holsteinische Geschichtsforschung wurde nicht aktiv, auch wenn nach wie vor der Wunsch bestand, die Archivalien zurückkehren zu sehen.[207] Die fehlende Initiative in dieser Angelegenheit lag in der schwierigen Lage der GSHG begründet. Seit 1867 hatten keine Publikationen erscheinen können, und es fehlte an Mitgliedern, was zu einem Mangel an finanziellen Mitteln führte, da die Mitgliederbeiträge ausblieben.[208] Zwar stand Usinger im Kontakt zu Duncker, um die Gründung eines staatlichen Archivs in Schleswig-Holstein voranzutreiben; Bestrebungen in Sachen Dänemark ließen sich jedoch nicht nachweisen.

Die dänische Verbalnote vom 8. Februar 1872 zeigte nun, dass die Dänen kaum bereit waren, einen Schritt in Richtung Einigung zu tun, und auch Heydebrands Notizen vom November 1871 waren in Dänemark wenig wohlwollend aufgefasst worden. In der Verbalnote wurde lediglich auf die offizielle Mitteilung vom 20. Januar 1869 Bezug genommen, unter Nichtbeachtung der Notizen, nach der die für die Verwaltung notwendigen Akten ausgeliefert

---

205 LASH Abt. 304 Nr. 105, Bl. 14–15, Protokollauszug aus dem Sitzungsbericht des Abgeordnetenhauses, V. Sitzung vom 21.12.1870.

206 Ebd., Bl. 12–13, Protokollauszug aus dem Sitzungsbericht des Abgeordnetenhauses, XI. Sitzung vom 6.11.1869.

207 Waitz (Anm. 76), IX.

208 Rudolf Usinger: Jahresbericht im Namen des Vorstandes der Schleswig-Holstein-Lauenburgischen Gesellschaft für vaterländische Geschichte. In: Jahrbücher für Landeskunde der Herzogtümer Schleswig, Holstein und Lauenburg 10 (1869), 388–393, 388, 391.

werden sollten.[209] Es wurde auf die 1869 formulierten Forderungen eingegangen, indem man sich von dänischer Seite einverstanden erklärte, die Archive der Ministerien für die Herzogtümer, der Provinzialregierung in Gottorf und der Schleswig-Holsteinisch-Lauenburgischen Kanzlei auszuliefern. Diese Akten stammten zum größten Teil aus dem 19. Jahrhundert, gingen teilweise bis 1771 zurück. Entsprechend ihren vorher aufgestellten Prinzipien hielten die Dänen an der Grenze „1750" fest: Ältere Akten sollten nicht ausgeliefert werden. Dazu kamen noch weitere Ausnahmen, aufgrund derer einzelne Akten dieser Bestände in Dänemark verblieben. Das war zum Beispiel der Fall, wenn die Akten ohne Nutzen für die schleswig-holsteinische Verwaltung seien oder allgemein „des documents importants pour l'histoire de la monarchie". Eine weitere Ausnahme stellten auch die Vorstellungsprotokolle[210] dar, die man sich – mit Hinweis auf den Austausch mit Norwegen – auch gegenüber Preußen weigerte auszuliefern. Es bestand damit die Gefahr, dass ein Präzedenzfall für spätere Forderungen von anderer Seite geschaffen wurde. Zudem wurde weiter darauf beharrt, dass das Geheimarchiv als „distinctes et separées" von den anderen Archiven angesehen werden müsse und in Dänemark als Privatarchiv des Königs gelte, dementsprechend würden hieraus auch weiterhin keine Auslieferungen erfolgen. Als Zeichen des Entgegenkommens wurde angeboten, Teile des Archivs des Geheimen Regierungs-Conseils zu Kiel aus dem 18. Jahrhundert abzugeben. Ohne dass von der Einsetzung von Kommissaren die Rede war, wurde vorgeschlagen, dass von dänischer Seite Listen erstellt werden sollten, nach denen dann, ebenfalls wie bereits im Austausch mit Norwegen, die Archivalien abgeliefert werden sollten.

Die Antwort aus Deutschland war entschieden und entsprach den Notizen Heydebrands vom Jahr zuvor. Das Auswärtige Amt teilte mit, man werde weiterhin am Artikel 20 festhalten und folglich weder das Grenzjahr 1750 noch das Geheimarchiv als Privatarchiv des Königs anerkennen. Man stellte weiter Ansprüche an das Archiv der Deutschen Kanzlei, das bis 1730 zurückreichte. Auch die Auswahlkriterien lehnten die Preußen zum Teil ab. Heydebrand erklärte gegenüber dem dänischen Außenminister Otto Rosenørn-Lehn (1821–1892), dass man sich nicht damit einverstanden erklären könne, die für die Geschichte der dänischen Monarchie wichtigen Archivalien auszunehmen.

---

209 Hier und im Folgenden: LASH Abt. 304 Nr. 105, Bl. 24–25, Abschrift: Note verbale von Dänemark vom 8.2.1872.

210 In Vorstellungsprotokollen wurden Eingaben von Privatpersonen oder Behörden festgehalten, die bei einer (höherrangigen) Behörde zur Entscheidung eingereicht wurden.

„Abgesehen von der grossen Unbestimmtheit dieser Bezeichnung würden damit die Wertvollsten und wichtigsten Documente den Herzogthümern verloren gehen.“[211]

Er argumentierte, wenn Dänemark sowieso darauf bestehe, die Vorstellungsprotokolle zu behalten, dann bräuchten sie nicht mehr die Akten, aus denen Ähnliches hervorgehe. Zuletzt wurde erneut vorgeschlagen, die weitere Angelegenheit über einen Kommissar regeln zu lassen, dem dann aber auch Zugang zu den Hilfsmitteln und den Archiven gewährt werden solle.[212]

Es gab also auf beiden Seiten noch Punkte, die zu Unstimmigkeiten führten, im Wesentlichen waren die Stellungen aber klar abgegrenzt. Der Hauptpunkt, der vorher für Konflikte und eine Unvereinbarkeit der Positionen gesorgt hatte, war beseitigt: Die historischen Archivalien wurden von beiden Seiten nicht mehr erwähnt. Die Forderung nach Einhaltung des Wiener Vertrages, nach Ablieferungen aus dem Geheimarchiv sowie die Nichtanerkennung des Grenzjahres von deutscher Seite erscheinen als symbolhafte Einwände, die aber nicht den Zweck hatten, den Weg für die weitergehenden Forderungen nach Ablieferung der historischen Archivalien zu ebnen.

Auch die Haltung im dänischen Außenministerium bestärkte diese Ansicht. Selbst dort vermutete man, dass man in Berlin bereit sei, die Integrität des Geheimarchivs als solches zu wahren und keine wichtigen Stücke daraus zu fordern, mit Blick auf die Kieler Historiker und die öffentliche Meinung könne das aber nicht klar formuliert werden.[213] Um sicherzugehen, wurde in der folgenden dänischen Verbalnote darauf bestanden, dass ein etwaiger deutscher Kommissar keinen Zugang zum Geheimarchiv erhielte.[214] Einzelne Bestände dort durchzuschauen, sei „un travail interminable“ (eine endlose Arbeit), und man solle es doch „bona fide“ den dänischen Archivaren überlassen, Listen über die anzubietenden Akten zu erstellen. Zudem weigerten sich die Dänen weiterhin, Akten von vor 1750 auszuliefern, da sie darin keinen Wert für die laufende Verwaltung sahen. Schlussendlich einigte man sich auf den Kompromiss, dass für Akten, die älter als 1750 waren, Listen erstellt würden, anhand derer der deutsche Kommissar auswählen könnte. Für die jüngeren

211 LASH Abt. 304 Nr. 105, Bl. 35–36, Abschrift: Heydebrand an den dänischen Minister für Auswärtige Angelegenheiten Rosenørn-Lehn vom 13.10.1872.

212 Ebd.

213 Direktor des dänischen Außenministeriums Vedel an Quaade vom 13.12.1872; vgl. Kargaard Thomsen: Arkivforhandlingerne (Anm. 34), 186.

214 Hier und im Folgenden: LASH Abt. 304 Nr. 105, Bl. 38–40, Abschrift: dänische Verbalnote vom 10.12.1872.

Akten solle dem deutschen Kommissar freier Zugang zu dem Archivmaterial gewährt werden, da es sich nicht im Geheimarchiv befand.[215]

Damit stand unter anderem auch die Einsetzung von Kommissaren fest. Bereits im Oktober 1872 wurde Regierungsrat Rudolf Rathjen (?–1897) zum deutschen Kommissar ernannt.[216] Als dänischer Kommissar wurde, entgegen Wegeners Ratschlags, nicht wieder Regenburg eingesetzt, sondern der Kammerherr Carl von Rosen (1819–1891). Man war im dänischen Außenministerium der Meinung, dass damit ein versöhnlicher Beginn für die neuerlichen kommissarischen Verhandlungen gefunden sei.[217] Von Rosen stammte aus Segeberg und war 1854 bis 1864 königlich-dänischer Oberpräsident in Flensburg sowie Kommissar für schleswig-holsteinische Eisenbahnen gewesen.[218] Er war mit der Verwaltung Schleswig-Holsteins unter dänischer Herrschaft eingehend vertraut.

Am 14. Juli 1873 begannen die Kommissare die Archivuntersuchungen in Kopenhagen. Hier spielte Wegener wieder eine große Rolle. Rathjen und von Rosen einigten sich darauf, die Akten sukzessive auszuliefern, worüber Wegener empört war. Er forderte mehrfach die Abgabe einer Garantie Preußens, dass später die Grundlagen für die Forderungen nicht geändert würden.[219] Wegener versuchte weiter, die Arbeit der Kommissare zu behindern, indem er sich weigerte, Akten vorzulegen. Dies ging so weit, dass von Rosen eine königliche Resolution erwirken musste, die Wegener dazu aufforderte, dass er die Akten nach von Rosens Ermessen an den deutschen Kommissar ausliefere.[220]

Besonders die Auslieferung der Dokumente von vor 1750 unterlag Wegeners Abhängigkeit, weil er derjenige war, der die Listen darüber ohne Kontrolle von außen erstellte.[221] Der Leiter des Staatsarchivs Hille schrieb später in der Beständeübersicht über die ausgelieferten Akten der Deutschen Kanzlei, dass sie „zumeist aus einer ziemlich wirren Masse verschiedener Papiere fragmen-

---

215 Kargaard Thomsen: Arkivforhandlingerne (Anm. 34), 188.

216 LASH Abt. 304 Nr. 105, Bl. 35–36, Heydebrand an den dänischen Minister für Auswärtige Angelegenheiten Rosenørn-Lehn vom 13.10.1872.

217 Außenminister an Quaade vom 16.6.1873; vgl. Kargaard Thomsen: Arkivforhandlingerne (Anm. 34), 188.

218 Christen Christensen: [Art.] v. Rosen, Sophus Anthon Gottlieb Carl. In: Dansk Biografisk Lexikon. Bd. 14. Kopenhagen 1900, 168f.

219 Kargaard Thomsen: Arkivforhandlingerne (Anm. 34), 189.

220 Rigsarkivet, 714, Abschrift: Außenministerium an von Rosen vom 26.8.1873.

221 Kargaard Thomsen: Arkivforhandlingerne (Anm. 34), 189.

tarischen Characters" bestünden.[222] Auf dänischer Seite fehlte die Kontrollinstanz, vor allem weil das Wissen nur bei Wegener als Geheimarchivar vorhanden war. Von deutscher Seite gab es ebenfalls keine genaue Kenntnis, was die Bestände beinhalteten und was daher zur Ablieferung kommen müsste.

Ende des Jahres 1873 trafen die ersten großen Ablieferungen per Schiff in Schleswig-Holstein ein. Da es sich vor allem um Material für die laufende Verwaltung handelte, gingen die meisten Sachen an die Regierung in Schleswig und nicht an das neue Staatsarchiv. Nachdem bereits einige Kisten mit Archivalien der Deutschen Kanzlei bei der Regierung eingetroffen waren, intervenierte Hille im Namen des Staatsarchivs, dass dieser Bestand besser dort aufgehoben wäre, vor allem, da im Staatsarchiv Platz vorhanden sei, der bei der Regierung fehle.[223] Die Regierung stimmte dem zu. Außerdem ging der Bestand bis 1730 zurück, hatte also auch bereits einen historischen Wert, und die Regierung befand, dass aufgrund der räumlichen Nähe innerhalb Schleswigs etwaige Requisitionen nicht weiter schwierig seien.[224] Im Folgenden bat Hille den Vizepräsidenten des Staatsministeriums Otto von Camphausen (1812–1896), dass Rathjen instruiert werden solle, dass alles Material aus dem Geheimarchiv an das Staatsarchiv gehen sollte, andere Dokumente aus Dänemark, die nicht aus dem Geheimarchiv kamen, sollten an die Regierung gehen. Einzelfälle würden zwischen Staatsarchiv und Regierung ausgehandelt.[225]

Die Auslieferungen zogen sich hin, da die Dänen immer wieder weitere Bestände sichten mussten, um die Auslieferung vorzubereiten. Mit fortschreitender Zeit wurde in Preußen wieder der Fokus darauf gelenkt, was mit den historischen Archivalien geschehen sollte. Auffallend, wie auch schon vorher, ist die abweichende Einstellung des Auswärtigen Amtes. Bereits bei seiner Bestimmung zum Kommissar war Rathjen vom Reichskanzler und Außenminister Bismarck ermahnt worden, dass er sich „unter Beiseitelassen" der historischen Archivalien nur auf die für die Verwaltung wichtigen konzentrieren und es vermeiden solle, Misstrauen zu erregen.[226] Zu diesem Zeitpunkt wurde jedoch noch mit einer schnellen Erledigung der Angelegenheit gerechnet, und

---

222 Georg Hille: Übersicht über die Bestände des Königlichen Staatsarchivs zu Schleswig (Mitteilungen der Preussischen Archivverwaltung 4). Leipzig 1900, 23; vgl. Kargaard Thomsen: Arkivforhandlingerne (Anm. 34), 199.

223 LASH Abt. 304 Nr. 103, Bl. 8–9, Abschrift: Hille an von Scheel-Plessen vom 13.11.1873.

224 Ebd., Bl. 73–74, Abschrift: Abteilung des Innern der Regierung in Schleswig vom 19.11.1873.

225 GStA PK, I. HA Rep. 178, 2351, Jahresbericht von Hille für das Jahr 1873 vom 1.1.1874.

226 LASH Abt. 304 Nr. 104, Bl. 8–11, Abschrift: der Reichskanzler, i. V., an Rathjen vom 1.7.1873.

auch Bismarck erwartete von Rathjen, dass die Ablieferungen bis zum Beginn der nächsten Sitzung des Preußischen Landtags 1873 erledigt seien.[227] Diese Frist verstrich jedoch.

Ging es dem Auswärtigen Amt auf der einen Seite um eine schnelle Abwickelung der Auslieferung der Verwaltungsakten, standen von Camphausen, Duncker und auch Hille auf der anderen Seite und forderten verstärkt die Auslieferung der historischen Archivalien, namentlich des Gemeinschaftlichen und des Gottorfer Archivs. Auf Nachfrage von Camphausen und Duncker Mitte 1874 lautete die Antwort des Auswärtige Amtes, dass „aus practischen Rücksichten" davon abgesehen werde, die Auslieferung dieser Archivalien zu fordern, wenn auch nicht prinzipiell auf den Anspruch darauf verzichtet werde.[228]

Das Staatsarchiv unter Hille hatte sich so weit etabliert, dass auch von dieser Seite – wenn auch in kleinem Rahmen – für die Auslieferung eingetreten wurde. Hille stand in engem persönlichem Kontakt zu Rathjen und legte ein Verzeichnis der Mitte des 19. Jahrhunderts nach Kopenhagen überführten schleswig-holsteinischen Archivalien vor, worin er markierte, welche Archivalien er der Abgabe für würdig befand. Dabei schränkte er sich dahingehend ein, dass er nur Archivalien kennzeichnete, denen man einen – wenn auch entfernten – Wert für die Verwaltung zusprechen konnte.[229] Eine offizielle Forderung nach deren Ablieferung hielt Duncker aufgrund der Linie des Auswärtigen Amtes jedoch für aussichtslos.[230] Hille teilte seine Auswahl aber trotzdem Rathjen mit. Dieser scheint die Forderungen den Dänen gegenüber angesprochen zu haben, wenn auch wohl äußerst vorsichtig, und berichtete salopp, Wegeners Reaktion sei „natürlich, wenigstens bis jetzt, sehr spröde".[231]

Durch das Interesse bei Camphausen und Duncker sah sich das Auswärtige Amt erneut gezwungen, sich in dieser Sache an Rathjen zu wenden. Der Leiter des Auswärtigen Amtes Staatssekretär Bernhard Ernst von Bülow (1815–1879) teilte ihm vertraulich mit, dass er „nicht wünsche, daß durch das Verlangen der Auslieferung der vorerwähnten [historischen, Schm.] Archivalien von Neuem Contestationen mit der dänischen Regierung hervorgerufen werden".[232] Von Bü-

227 Ebd.

228 LASH Abt. 304 Nr. 103, Bl. 153, Abschrift: das Auswärtige Amt, von Bülow, an den Vizepräsidenten des Staatsministeriums und Finanzminister Camphausen vom 6.6.1874.

229 Ebd., Bl. 161–162, Abschrift: Hille an Rathjen vom 28.7.1874.

230 Ebd., Bl. 152, Abschrift: Duncker an Hille vom 10.6.1874.

231 Ebd., Bl. 163, Abschrift: Rathjen an Hille vom 29.7.1874.

232 LASH Abt. 304 Nr. 104, Bl. 94–96, Abschrift: das Auswärtigen Amt, von Bülow, an Rathjen vom 4.7.1874.

low war selbst fast zwanzig Jahre im dänischen Staatsdienst tätig gewesen.[233] Er sah in den historischen Archivalien aufgrund ihrer Historizität überhaupt keinen Wert und räumte lediglich ein, dass auch sie eine gewisse Verwendung für die laufende Verwaltung hätten.[234] Er überließ es Rathjens Ermessen, wie damit umgegangen werden solle. Rathjen empfahl nach Rücksprache mit von Rosen, dass man besser bis zum Ende der Ablieferungen warten solle, um dann zu versuchen, Druck auszuüben.[235]

Die internen preußischen Vorgänge, die von verschiedener Seite nach der Auslieferung der historischen Archivalien riefen, widersprechen der dänischen Wahrnehmung. Dort war man der Meinung, dass die Abgaben überhaupt keinen großen Stellenwert in Preußen hätten.[236] Heydebrand berichtete, dass ihm regelmäßig im dänischen Außenministerium mitgeteilt werde, dass er sich nicht so große Mühe wegen der Angelegenheit geben solle, weil sie doch in Berlin sowieso kein Interesse fände.[237] Verstärkt wurde dieser Eindruck durch unterschiedliche Einstellungen gegenüber der Vernichtung von wertlosem Aktenmaterial in Dänemark und Preußen. Während in Dänemark nahezu alles Material aufbewahrt wurde, war es in der preußischen Archivverwaltung nicht unbekannt, wertloses Material zu vernichten. Aus diplomatischen Gründen wurde davon abgesehen, diese Kassationen an dem ausgelieferten Material gleich vorzunehmen, um den Eindruck nicht zu bestärken, dass von preußischer Seite kein Wert auf die Ablieferung gelegt werde – obwohl Rathjen und Heydebrand der Meinung waren, dass ein großer Teil wertlos sei.[238] Schon Springer hatte 1865 angeregt, die Akten auf deren Wert hin zu begutachten, bevor sie mit dem teuren Transport nach Schleswig überführt würden.[239]

Überraschend ließ Wegener knapp 900 Urkunden als Beweis für guten Willen und als Ausdruck des Wunsches nach schneller Beendigung an das Staatsarchiv Schleswig ausliefern. Es handelte sich dabei um Urkunden aus dem Zeitraum

---

233 Heinrich Otto Meisner: [Art.] Bülow, Bernhard von. In: Neue Deutsche Biographie. Bd. 2. Berlin 1955, 728f.

234 LASH Abt. 304 Nr. 104, Bl. 94–96, Abschrift: das Auswärtigen Amt, von Bülow, an Rathjen vom 4.7.1874.

235 Ebd., Bl. 130–131, Abschrift: Bericht von Rathjen an von Bülow von 31.10.1874.

236 LASH Abt. 304 Nr. 103, Bl. 3–4, Abschrift: Hille an Duncker vom 15.5.1873.

237 Ebd.

238 LASH Abt. 304 Nr. 104, Bl. 21, Abschrift: Rathjen an die königliche Regierung vom 13.10.1873; auch Heydebrand teilte die Meinung, dass mit der Kassation zu warten sei: LASH Abt. 304 Nr. 105, handschriftliche Bemerkungen von Richter [ohne Datum].

239 LASH Abt. 60 Nr. 655, Bericht von Springer an die oberste Zivilbehörde vom 27.5.1865.

von 1304 bis 1726, knapp die Hälfte davon aus dem Mittelalter, jedoch stammte keine Urkunde aus dem Gemeinschaftlichen Archiv, soweit für Hille ersichtlich.[240]

Die Bedingungen, unter denen diese wertvollen Archivalien ihren Weg ins Schleswiger Staatsarchiv fanden, zeugten vom Mangel einer professionellen Planung. Rathjen berichtete, wie sie sich alte Zeitungen gekauft hätten, sie zerrissen, „knüllten und knüdelten", um Kugeln zu erhalten, die beispielsweise die Urkunden polstern sollten.[241] Die Kisten wurden dann durch Schleswiger Schiffer von Kopenhagen nach Schleswig gebracht, was sechs bis acht Tage dauerte. Salopp äußert sich ein Archivshilfsarbeiter des Staatsarchivs zu den Gefahren der Überführung: „Hoffentlich ist das Schifflein mit den papiernen Schätzen nicht von einer Sirene abgelenkt worden, in welchem Fall sich eine maritime Expedition zur Aufsuchung empfehlen würde."[242]

Die Verteilung, also ob das Material zur Regierung kommen sollte oder ins Staatsarchiv, wurde erst kurz vor dem Versand entschieden. Insgesamt ging bis September 1875 ungefähr ein Drittel (36 Prozent) der Auslieferungen an das Staatsarchiv.[243]

Je mehr sich ein Ende der Verhandlungen abzeichnete, desto unruhiger wurden die Dänen, da Wegeners Warnungen wieder präsenter wurden. Er hatte schon zu Beginn der Wiederaufnahme der kommissarischen Verhandlungen gemahnt, dass Preußen eine Garantie abgeben müsse, dass die Einigung endgültig sei.[244] Dabei verwies er auf den Austausch mit Norwegen, wo in Paragraf 4 der Konventionen vom 13. September 1851, die diese Verhandlungen beendet hatte, explizit von Norwegen auf weitere Ansprüche verzichtet worden war.[245] Um dies auch von Preußen zu erreichen, wurde die Auslieferung einiger Bestände zurückgehalten, zuletzt aber doch durchgeführt.

Am 21. Dezember 1875 unterzeichneten die Kommissare das Schlussprotokoll, womit die 1872 begonnenen Verhandlungen abgeschlossen wurden. Darin erklärte Rathjen, dass er keine weiteren Forderungen zu stellen habe.

---

240 LASH Abt. 304 Nr. 103, Bl. 203–204, Abschrift: Verzeichnis von Hille vom 6.2.1876 über die 1875 an Rathjen ausgelieferten „Membranen", die erst im April 1876 ins Staatsarchiv Schleswig kamen.

241 Ebd., Bl. 195–196, Abschrift: Rathjen an Hille vom 10.12.1875.

242 LASH Abt. 304 Nr. 8, Bl. 7, von Weißenbach an Hille vom 20.3.1876.

243 LASH Abt. 301 Nr. 106, Bericht von Rathjen an das Regierungspräsidium vom 10.9.1875.

244 Wegener an das Kultusministerium vom 14.11.1872; vgl. Kargaard Thomsen: Arkivforhandlingerne (Anm. 34), 186.

245 LASH Abt. 304 Nr. 105, Bl. 27–29, Abschrift der Konvention zwischen Wegener für Dänemark und Lange für Norwegen vom 13.9.1851.

Es folgte dem aber, gleichsam als Bestätigung der Warnung Wegeners, keine offizielle Ratifizierung von Preußen.

Auf beiden Seiten endeten die Verhandlungen mit einer großen Unzufriedenheit. Für Preußen hatten sich die Befürchtungen vom Beginn bewahrheitet, denn die Dänen hatten sich geweigert, wertvolles Material auszuliefern. Es blieb vor allem der Eindruck, dass der Wiener Vertrag nur zu einem Teil erfüllt worden war. In Dänemark blieb eine große Unsicherheit, da ohne die Ratifizierung des Schlussprotokolls von Rathjen die Forderung nach weiteren Auslieferungen befürchtet wurde. Für beide Seiten, dänisch wie preußisch, hatte die Auslieferungen von geteilten Beständen negative Auswirkungen zur Folge, weil dadurch auch wichtige Registraturen für die laufende Verwaltung auseinandergerissen worden waren.[246] Statt eine klare Aufteilung der dänischen und schleswig-holsteinischen Archivalien zu erlangen, war die Trennung zwischen beiden nur noch diffuser geworden.

2.2.2 Nach den Verhandlungen ist vor den Verhandlungen

Das Ende der Verhandlungen 1875 legte den Grundstein für das Verhältnis des Geheimarchivs in Dänemark und des Staatsarchivs in Schleswig für die nächsten Jahrzehnte. Die Wahrnehmung des Erfolgs beziehungsweise Misserfolgs auf beiden Seiten unterschied sich jedoch. Im Deutschen Reich blieb vor allem der Eindruck bestehen, dass wichtige Teile nicht ausgeliefert worden waren. Der Vizepräsident des Staatsministeriums Camphausen machte gegenüber Bismarck deutlich, dass dieses Ergebnis weit von der Erfüllung des Wiener Vertrages entfernt sei.[247] Gleichzeitig waren jedoch beispielsweise der Oberpräsident und der Kommissar Rathjen zufrieden mit dem Ergebnis, da alles für die Verwaltung Notwendige ausgeliefert worden war.[248] Zusätzlich hatte man erreicht, dass vereinzelt historische Archivalien aus dem Bestand der Deutschen Kanzlei und dem Archiv des Geheimen Regierungs-Conseils

246 LASH Abt. 304 Nr. 928, „Überblick über die deutsch-dänischen Archiv-Austauschverhandlungen von 1864 bis 1933", von Hoffmann an Zipfel am 28.2.1941 übersandt.

247 LASH Abt. 304 Nr. 105, der Vizepräsident des Staatsministeriums an den Reichskanzler von Bismarck vom 12.4.1876.

248 LASH Abt. 301 Nr. 106, Abteilung des Inneren der Regierung, unterzeichnet Rathjen u. a., an den Oberpräsidenten vom 19.2.1876; LASH Abt. 304 Nr. 105, Abschrift: der Reichskanzler an Heydebrand vom 21.4.1876.

ausgeliefert worden waren. Auch Hille musste eingestehen, man habe „weit mehr erreicht", als man noch 1873 vermutet hatte.[249]

Nahezu alle wichtigen Beteiligten, unter anderem Camphausen und Bismarck, waren sich einig, dass momentan kein besseres Ergebnis erzielt werden könne und deswegen abgewartet werden müsse.[250] Dies wurde zuletzt noch von Rathjen bestätigt, der in seinem letzten Schreiben als Kommissar entgegen seinem vorherigen Standpunkt erklärte, dass weitere Forderungen, wie sie von Hille noch Mitte 1875 formuliert worden waren, nicht durchzusetzen seien.[251] Demzufolge erging an Heydebrand in Kopenhagen die Anweisung, gegenüber den Dänen nicht mehr davon zu sprechen.[252] Bereits im Juli 1875 war darauf gedrängt worden, dass Rathjen in seine alte Tätigkeit bei der Schleswiger Regierung zurückkehren sollte,[253] und es war absehbar, dass sein Kommissariat nicht verlängert werde.

Die Dänen wiederum hatten Grund zur Zufriedenheit: Wie der spätere Leiter des Reichsarchivs Axel Linvald (1886–1965) im Rückblick befand, waren so gut wie alle Archivalien „af mere almindelig betydning" (von allgemeinerer Bedeutung) in Dänemark verblieben.[254] Als der Leiter des dänischen Außenministeriums Peter Vedel (1823–1911) im Mai 1876 von der Unzufriedenheit im preußischen Lager erfuhr, war er überrascht, da man davon ausgegangen war, dass die Angelegenheit zur beiderseitigen Zufriedenheit gelöst sei.

Dies nährte Befürchtungen in Dänemark, da eine abschließende Einigung in der Angelegenheit fehlte. Obwohl der dänische Gesandte in Berlin einschränkte, dass er überzeugt sei, die preußische Regierung habe nicht die Absicht, die Verhandlungen wieder in Bewegung zu setzen,[255] wurde vermutet, dass es vor allem der Wunsch Bismarcks sei, die Sache in der Schwebe zu halten.[256] Im Juni 1876 wurde der dänische Kommissar von Rosen von seiner Tätigkeit entbunden und somit von Dänemark eingestanden, dass es wohl, zumindest vorerst, zu kei-

---

[249] GStA PK, VI. HA, Nl Duncker, M., Nr. 225, Bl. 91–92, Hille an Duncker vom 11.1.1876.

[250] LASH Abt. 304 Nr. 105, Abschrift: der Reichskanzler an Heydebrand vom 21.4.1876.

[251] LASH Abt. 304 Nr. 104, Bl. 168–171, Abschrift: Rathjen an Bülow vom 21.12.1875.

[252] LASH Abt. 304 Nr. 105, der Reichskanzler an Heydebrand vom 21.4.1876.

[253] LASH Abt. 304 Nr. 104, Abschrift: Regierungsvizepräsident Bitter an den Oberpräsidenten vom 10.7.1875.

[254] Mitteilung vom Reichsarchiv für die Jahre 1921–1955 (1958), 80; vgl. Kargaard Thomsen: Arkivforhandlingerne (Anm. 34), 190.

[255] Quaade ans Außenministerium vom 18.5.1876; vgl. ebd., 191.

[256] Außenministerium an von Rosen vom 18.5.1876 mit Randbemerkung vom Außenministerium; vgl ebd., 191.

ner Ratifizierung kommen werde.[257] Von preußischer Seite wurde der Anspruch gemäß Artikel 20 des Wiener Vertrages nicht aufgegeben. Dies führte dazu, dass gerade die dänische Archivwelt verunsichert blieb.[258]

Diese Verunsicherung prägte das Geheim- beziehungsweise Reichsarchiv bis ins 20. Jahrhundert hinein, vor allem unter der Führung des Nachfolgers von Wegener, Adolf Ditlev Jørgensen (1840–1897), der das Archiv von 1883 bis 1897 leitete. Das äußerte sich zum Beispiel darin, dass die Ordnung der Akten, die die ehemaligen Herzogtümer betrafen, direkt unter Jørgensens Leitung stand.[259] Jørgensen, geboren in Gråsten (deutsch: Gravenstein) in Nordschleswig, sah den Bereich als seine besondere Domäne an, die in seiner Amtszeit keinem anderen Archivar anvertraut wurde.[260] Unter ihm wurde außerdem eingeführt, dass die vertraulichen Dokumente zu aktuellen nationalpolitischen Fragen in Nordschleswig zur Aufbewahrung direkt nach Kopenhagen übersandt wurden. Gegenüber deutschen Nutzern nahm man aus Furcht vor weiteren Reklamationen von preußischer Seite eine eher restriktive Haltung ein.

In Preußen war man nach dem Abschluss der Verhandlungen auf den richtigen Umgang mit Dänemark und mit dänischen Belangen bedacht. Dies zeigte sich unter anderem im August 1876, als einem deutschen Nutzer im Staatsarchiv Schleswig die Erlaubnis für die Einsichtnahme in Akten zum Fall Struensee nicht gewährt wurde.[261] Johann Friedrich Struensee, ein deutscher Arzt, war von 1770 bis 1772 anstelle des psychisch kranken Königs Christian VII. quasi Regent von Dänemark gewesen und hatte außerdem eine Affäre mit der dänischen Königin gehabt. 1772 wurde er – auch aufgrund seiner aufklärerischen Ideale – gestürzt und hingerichtet.[262] Gegen die Nutzung der Archivalien im Staatsarchiv Schleswig, die das Urteil und Informationen zur Gerichtsverhandlung Struensees enthielten, sprach sich der Leiter des Auswärtigen Amtes von Bülow im Namen des Reichskanzlers aus. Es widerspre-

---

257 Ebd.

258 Ebd.

259 Ebd., 199.

260 Ebd., 191.

261 LASH Abt. 304 Nr. 387, Bl. 84, der Direktor der preußischen Staatsarchive, i. V. Hassel, an das Staatsarchiv Schleswig vom 26.8.1876.

262 Weiterführend dazu Stefan Winkle: Johann Friedrich Struensee. Arzt, Aufklärer und Staatsmann. Beitrag zur Kultur-, Medizin- und Seuchengeschichte der Aufklärungszeit. Stuttgart 1983.

che der „Courtoisi“ gegenüber Dänemark, da die Akten „die intimsten Verhältnisse des vormal[igen] Dänischen Königshauses“ berührten.[263]

Die Rücksichtnahme gegenüber Dänemark war jedoch nicht der einzige Grund für die Entscheidung. Maßgeblich waren auch die eng verwobenen Verwandtschaftsverhältnisse der königlichen Familien Europas. Preußen riskierte weiter nicht nur einen Affront der britischen Königin Victoria, sondern auch eine zusätzliche Reizung der Augustenburger.[264] Die Archivalien, die im Glückstädter Obergericht entstanden waren, wurden versiegelt und nach Berlin an das GStA abgegeben. Von dort kehrten sie erst 1923 gemäß dem Provenienzprinzip ins Staatsarchiv nach Schleswig-Holstein zurück.[265] Ein Tausch gegen äquivalente Akten mit Dänemark war 1873 vom Staatsministerium abgelehnt worden.[266]

Hille selbst bemühte sich seit Übernahme der Leitung des Staatsarchivs um eine Annäherung an Dänemark. Er hatte es sich nicht nur in seiner Anfangszeit zur Aufgabe gemacht, die dänische Sprache zu lernen,[267] sondern hatte auch, während er 1873 für eine Urkundenedition Christians I. im Geheimarchiv geforscht hatte, dort Kontakt zu einem der dänischen Archivare, dem Archivassistenten Janus Frederik Krarup (1841–1910), geknüpft. Über ihn gelang es Hille, einen Aufsatz über Graf Adam Gottlob Moltke und die Regierung Friedrichs V. in der *Historisk Tidsskrift* zu veröffentlichen. Er forcierte die Veröffentlichung deswegen, so schrieb er an Krarup, „da ich durch Mittheilung desselben zu documentiren wünsche, wie großes Gewicht ich darauf lege, mit Ihnen und den anderen Kopenhagener Historikern in wissenschaftliche Beziehung zu treten und darin zu bleiben“.[268] Diese Einstellung wird er auch aufgrund der noch laufenden Verhandlungen über die Ablieferungen

---

263 LASH Abt. 304 Nr. 387, Bl. 85, Abschrift: der Reichskanzler, gez. i. V. von Bülow, an den Vizepräsidenten des Staatsministeriums Camphausen vom 25.8.1876.

264 Die Königin von Dänemark Caroline Mathilde, mit der Struensee eine Affäre hatte, aus der wahrscheinlich eine Tochter, Louise, hervorging, war die Schwester des englischen Königs Georg III., der der Großvater von Königin Victoria war. Eine Tochter von Königin Victoria war mit Christian von Schleswig-Holstein-Sonderburg-Augustenburg verheiratet. Dieser Hinweis auf die Verwandtschaftsbeziehungen wird genannt im Schreiben vom Reichskanzler, gez. i. V. von Bülow, an den Vizepräsidenten des Staatsministeriums Camphausen vom 25.8.1876, Abschrift in LASH Abt. 304 Nr. 387, Bl. 85.

265 LASH Abt. 304 Nr. 325, Bl. 13, Richter an das GStA PK vom 5.5.1923.

266 GStA PK, I. HA Rep. 178, 2351, Randbemerkung am Jahresbericht für 1872 von Hille an den Präsidenten des Staatsministeriums von Roon vom 1.1.1873.

267 LASH Abt. 399.1062 Nr. 2, autobiografische Aufzeichnungen Hilles von 1910.

268 LASH Abt. 399.1062 Nr. 8, Hille an Krarup vom 15.4.1873.

eingenommen haben. Noch vor deren Ende war Hille jedoch so sehr auf seine archivische Arbeit konzentriert, dass er kaum noch forschte. Es verlief sich auch der Kontakt zu den Kopenhagener Wissenschaftlern und Archivaren.

Hille verfolgte aber weiter eine sehr offene Einstellung gegenüber den dänischen Nutzern des Staatsarchivs. Er schrieb in seinen Memoiren, dass er sich

> „prinzipiell ferngehalten [habe] von einer aktiven politischen Tätigkeit, besonders bei Deutsch-Dänischen Differenzen, um ja keinen Zweifel aufkommen zu lassen, an der völligen Objectivität, mit der ich immer den Dänischen Forschern so gut wie den Deutschen zu Diensten zu sein mich bemühte".[269]

Während die Dänen deutschen Nutzern gegenüber eine eher restriktive Haltung einnahmen, unterschied Hille nicht zwischen deutschen und dänischen Nutzern.

So kam Hille nicht als Wissenschaftler, sondern in seiner Funktion als Archivar mit den namhaften dänischen Historikern seiner Zeit in Kontakt. Kristian Erslev (1852–1930), der von 1883 bis 1916 Professor für Geschichte an der Universität Kopenhagen war und danach Direktor des Reichsarchivs wurde, schickte ihm einen Aufsatz zur den Erbhuldigungsakten von 1721. Dem Historiker Aage Friis (1870–1949) stand Hille immerhin so nahe, dass dieser nach Hilles Tod einen Nachruf auf ihn in einer dänischen Zeitschrift verfasste.[270] Außerdem wurde Hille 1896 zum Ritter des Dannebrogordens ernannt für die Hilfe, die er zwei Offizieren des dänischen Generalstabs hatte zuteilwerden lassen.[271]

Um die Jahrhundertwende kam es auch zu einer Annäherung Hilles mit dem Leiter des Reichsarchivs. Nach dem distanzierten Verhältnis zu Wegener und Jørgensen war Carl Frederik Bricka (1845–1903), der von 1897 bis zu seinem Tod 1903 Reichsarchivar war, eher zum Aufbau von Verbindungen bereit. 1901 übersandte ihm Hille seinen Aufsatz mit Überlegungen zu Kassationsgrundsätzen.[272] Ein Jahr später initiierte Hille einen Austausch von Archivalien, die ausschließlich dänische Belange betrafen, sich aber im Staatsarchiv Schleswig befanden. Diese wollte er gegen helgoländische Akten aus dem

---

[269] LASH Abt. 399.1062 Nr. 2, autobiografische Aufzeichnungen Hilles von 1910.

[270] LASH Abt. 304 Nr. 2, Nachruf in einer dänischen Zeitung [unbekannt] vom 3.5.[1911?] von Aage Friis verfasst, o. Bl.

[271] Ebd., Bl. 193, Hille an den Oberpräsidenten von Steinmann vom 20.4.1896.

[272] LASH Abt. 304 Nr. 1233, Bricka an Hille vom 30.3.1901; s. weiterführend zum Thema Kapitel 2.5.2.

Reichsarchiv austauschen.[273] Er war der Meinung, dass die Dänen einen moralischen Anspruch auf die in Dänemark erwachsenen Akten hätten.[274] Mit königlichem Erlass vom 10. März 1902 wurde der Austausch genehmigt, ohne dass diplomatische Wege gegangen werden mussten. Für diese Tat wurde Hille 1905 zum Kommandeur des Dannebrogordens erhoben.[275]

Unter Brickas Nachfolger, Vilhelm Adolf Secher (1851–1918), verbesserte sich das Verhältnis weiter. Die Bedenken, dass von preußischer Seite die Auslieferung weiterer Archivalien gefordert würde, waren immer noch vorhanden, Secher verfolgte jedoch einen offensiveren Weg, diese zu verhindern, indem er versuchte, in persönlicher Begegnung mit deutschen Archivaren etwaige Forderungen zu entwaffnen.[276] So hielt er 1906 einen Vortrag zu Ordnungsprinzipien auf dem Deutschen Archivtag und stand in engem Kontakt zu Hille.[277] Secher war auch der erste dänische Archivleiter, der das Staatsarchiv Schleswig besuchte. Zwischen den Archivaren entwickelte sich eine private Korrespondenz, und sie tauschten sich über diverse archivfachliche Themen aus wie die prekäre Situation der Gebäudefrage in Schleswig und den Umzug des Reichsarchivs in die für Archivzwecke umgebauten Räume der Königlichen Bibliothek.

Diese Interaktion muss vor dem Hintergrund der politischen Umstände gesehen werden. Das Verhältnis zwischen Dänemark und Deutschland blieb nach dem Krieg von 1864 angespannt. In Dänemark hatte es starke antideutsche Tendenzen gegeben. Politisch und kulturell war die dänische Politik von Abgrenzung geprägt, und es wurde versucht, deutsche Einflüsse zu verdrängen.[278] In Schleswig-Holstein wiederum wurden dänische Elemente durch preußische ersetzt, und die ehemaligen Herzogtümer sahen sich nicht nur als Teil Preußens, sondern auch des Deutschen Reichs, unter Wahrung einer eigenen schleswig-holsteinischen Identität.[279]

Zu Beginn des 20. Jahrhunderts änderte sich die politische Situation kaum. Als Hille beispielsweise zum Ritter und dann zum Kommandeur des

273 LASH Abt. 304 Nr. 128, Bl. 4–11, Bricka an Hille vom 11.2.1902.

274 LASH Abt. 399.1062 Nr. 1, Hille an Secher vom 19.6.1905.

275 LASH Abt. 304 Nr. 2, Bl. 227, Hille an den Oberpräsidenten vom 22.6.1905.

276 Ungedruckter Jahresbericht des Reichsarchivs von 1904; vgl. Kargaard Thomsen: Arkivforhandlingerne (Anm. 34), 191.

277 Vilhelm Adolf Secher: Ordnungsprinzipien im dänischen Archivwesen. In: Korrespondenzblatt des Gesamtvereins der deutschen Geschichts- und Altertumsvereine 54 (1906), 515–528.

278 Greßhake (Anm. 136), 51.

279 Ebd., 55; Jürgensen (Anm. 33), 353.

Dannebrogordens ernannt wurde, hatte dies bei seinen vorgesetzten Stellen für Aufsehen gesorgt, weshalb sie sich nach dem Grund der Auszeichnung erkundigten.[280]

Trotz aller Hilfsbereitschaft, die Hille den Dänen, Historikern wie Archivaren, entgegenbrachte, war er sich der Brisanz des Umganges durchaus bewusst. 1910 erbat er bei einer neuen Stellenbesetzung zu berücksichtigen, dass Äußerungen in der dänischen Presse über die nordschleswigsche Frage es notwendig erscheinen ließen, jemanden einzustellen, der diesen Äußerungen – untermauert durch historische Forschung – entgegentreten könne.[281] Die Bitte wurde mit Hinweis auf die ähnliche Situation im Osten abgelehnt, da solches Personal in Danzig und Posen gebraucht würde.[282]

Kurz vor Hilles Tod übernahm Albert de Boor (1852–1945) 1911 die Leitung des Staatsarchivs Schleswig. Die Vorhersage Hilles in seinem letzten Brief an Secher bewahrheitete sich nicht. Dort hatte er geschrieben, auch unter de Boor werde „an der alten Tradition festgehalten […], nach der es dem Staatsarchiv nicht nur eine Pflicht sondern auch ein Vergnügen ist, Ihnen im Reichsarchiv immer nach besten Kräften zu Diensten zu sein".[283] Nach Hilles Tod kühlten sich die Beziehungen zu Dänemark merklich ab. Außer Beteuerungen zu Beginn, dass man die gute Zusammenarbeit fortsetzen wolle, kam es kaum zu einem persönlicheren Kontakt. Kurz nach Ausbruch des Ersten Weltkrieges wurde auch der Leihverkehr zwischen den Archiven eingestellt.[284] Dänemark blieb im Krieg neutral.

Die Bestimmungen des Versailler Vertrages, der den Ersten Weltkrieg beendete, hatten gezwungenermaßen eine erneuerte Annäherung zur Folge. Der Vertrag sah vor, dass die Bevölkerung mehrerer Gebiete über den Verbleib in Deutschland abstimmen konnte, unter anderem auch im ehemaligen Herzogtum Schleswig. Der nördliche Teil der zu diesem Zweck gebildeten Abstimmungszone stimmte mit einer Dreiviertelmehrheit gegen den Verbleib, und so ging Nordschleswig im Juni 1920 an Dänemark über. Neben den vielen politischen und gesellschaftlichen Folgen dieser Ereignisse, die nicht zuletzt auch einen starken Lokalpatriotismus auf beiden Seiten zum Ergebnis hatten,

---

280 GStA PK, I. HA Rep. 178, 1480, Oberpräsident Wilmowsky an den Präsidenten des Staatsministeriums vom 25.6.1905; LASH Abt. 304 Nr. 1, Bd. 3, Bl. 193, Oberpräsident von Steinmann an Hille vom 20.4.1896.

281 LASH Abt. 301 Nr. 3135, Hille an den Präsidenten des Staatsministeriums vom 16.9.1910.

282 Ebd., der Präsident des Staatsministeriums an den Oberpräsidenten von Bülow vom 13.10.1910.

283 LASH Abt. 304 Nr. 128, Bl. 157, Hille an Secher vom 4.2.1911.

284 Ebd., Bl. 184, der Generaldirektor (i. V. Bailleu) an das Staatsarchiv Schleswig vom 24.9.1914.

stellte sich dadurch erneut die Frage nach dem Austausch von Akten und Archivalien. Die Situation war nun vertauscht: Dänemark hatte einen berechtigten Anspruch auf die Auslieferung des für die Verwaltung Nordschleswigs relevanten Archivmaterials. Noch vor Unterzeichnung des Versailler Vertrages wurden in Deutschland – in Antizipation einer solchen Abstimmung – Vorbereitungen getroffen, um diverse archivalische Ansprüche an Dänemark geltend zu machen. Es erfüllten sich die Befürchtungen der Dänen, und mit explizitem Bezug auf die Ansprüche aus dem Wiener Vertrag von 1864 sah man in Deutschland die neuen Besprechungen infolge des Versailler Vertrages als „Wiederaufnahme der im Jahre 1876 unterbrochenen Verhandlungen".[285]

Diese Verhandlungen waren erneut geprägt vom Wunsch der Dänen, die historischen Archivalien zu behalten und keine zu großen Zugeständnisse zu machen, und zogen sich ebenfalls eine lange Zeit hin. Größter Unterschied war jedoch, dass dieses Mal Archivare direkt beteiligt waren. Reichsarchivar Erslev stand mit zwei Kollegen dem Staatsarchivdirektor Richter, Nachfolger de Boors seit 1918, und zwei bis drei schleswig-holsteinischen Historikern gegenüber. Ansonsten war aber auch dieser Austausch von kulturellen Unterschieden und diplomatischer Unwägbarkeit geprägt.[286] In gewisser Weise waren die Verhandlungen, die 1920 einsetzten, ein Abbild derjenigen, die von 1865 bis 1875 geführt worden waren.

2.3 Das Personal

Die Anzahl der Personen, die zur Zeit des deutschen Kaiserreichs im Staatsarchiv Schleswig arbeiteten, war relativ gering. In der Regel waren neben einem bis zwei Archivaren und einem Archivassistenten oder -sekretär als wissenschaftlichem Personal noch ein Kanzleisekretär für die Büroarbeiten und ein Hilfsarbeiter beschäftigt, der die körperlichen Arbeiten wie das Beheizen der Öfen oder die Pflege des Gebäudes besorgte.

Preußens Sozialstruktur war zu dieser Zeit gekennzeichnet von der großen Masse an Arbeitern und der den Staat und Gesellschaft prägenden Aristokratie beziehungsweise dem Großbürgertum. Ein Abbild dessen lässt sich in der Belegschaft eines kleineren Archivs finden, zahlenmäßig ist das Verhältnis jedoch anders. So stammten die wissenschaftlichen Archivbeamten meistens

285 LASH Abt. 304 Nr. 130, Bl. 43–44, Verbalnote der deutschen Delegation an das dänische Ministerium des Äußeren vom 14.10.1921.

286 Weiterführend Kapitel 3.1.

mindestens aus dem Großbürgertum, da ihr Werdegang eine gewisse finanzielle Absicherung und eine abgeschlossene Promotion, also Zugang zu Bildung, voraussetzte. Ihnen gegenüber stand eine relativ geringe Zahl an (Hilfs-) Arbeitern sowie die Kanzleisekretäre, die eine Art Mittelschicht bildeten.

Im Fokus stehen im Folgenden vor allem die wissenschaftlichen Archivare. Zum einen waren sie die entscheidenden Personen im Archiv und führten die archivischen Arbeiten durch. Zum anderen lässt die Quellenlage zum weiteren Personal kaum Aussagen zu.

In der Zeit von der Archivgründung 1870 bis zum Ende des Ersten Weltkrieges arbeiteten im Staatsarchiv in Schleswig insgesamt 22 Archivare. Die meisten von ihnen waren lediglich Archivhilfsarbeiter oder -assistenten, standen also am Anfang ihrer Karriere. Für sie war Schleswig nur eine Station von vielen. Aus diesem Grund waren von den 22 Archivaren nur acht länger als ein Jahr in Schleswig beschäftigt. Es waren nie mehr als drei Archivare gleichzeitig tätig. Das scheint auf den ersten Blick eine sehr geringe Zahl zu sein; verglichen mit anderen preußischen Staatsarchiven zeigt sich jedoch, dass diese nur leicht unter der damaligen Norm liegt.[287]

Auch in der Anzahl der wissenschaftlichen Beamten im Staatsarchiv Schleswig spiegeln sich preußische Entwicklungen wider. Ab den 1870er-Jahren stieg die Zahl der Beamten in ganz Preußen. Waren 1882 noch 3 Prozent der Erwerbstätigen Beamte, waren es 1907 bereits 5,2 Prozent.[288] Speziell für die Archivbeamten fehlt eine vergleichbare Statistik, ihre Zahl wird jedoch in vergleichbarem Maße angestiegen sein. In Schleswig war zum Ende des 19. Jahrhunderts die ständige Stelle eines zweiten Archivars geschaffen worden, womit sich das wissenschaftliche Personal von zwei auf drei erhöhte.

Der klassische Werdegang eines wissenschaftlichen Archivars sah so aus, dass er nach einem erfolgreichen Lehramtsstudium und der Promotion in einen meist unbezahlten Probedienst trat, um dann als Archivhilfsarbeiter oder -assistent auf den Etat der Archivverwaltung übernommen zu werden. Über den Rang des Archivsekretärs erfolgte dann nach einigen Jahren in der Regel die Beförderung zum Archivar.[289] Eine wichtige Beförderung war dann,

[287] Zum Vergleich der Anzahl der Archivare anderer preußischer Staatsarchive s. Wolfgang Leesch: Die deutschen Archivare 1500–1945. Bd. 1: Verzeichnis nach ihren Wirkungsstätten. München 1985.

[288] Tibor Süle: Preußische Bürokratietradition. Zur Entwicklung von Verwaltung und Beamtenschaft in Deutschland 1871–1918 (Kritische Studien zur Geschichtswissenschaft 81). Göttingen 1988, 29.

[289] Laut Verfügung des Vizepräsidenten des Staatsministeriums vom 3.4.1885 wurde die Amtsbezeichnung „Archivsekretär“ in „Archivar 2. Klasse“ und der „Archivar“ zum „Archivar 1. Klasse“ abgeändert, LASH Abt. 304 Nr. 1.

fünfzehn bis zwanzig Jahre nach Eintritt in den Archivdienst, die Erhebung zum Archivrat durch ein Königliches Patent, auf die als höchster Rang noch eine weitere zum Geheimen Archivrat folgen konnte.

Bei der Auswahl wurde vor allem die juristische oder historische Vorbildung berücksichtigt, erst ab 1894 gab es erste Regelungen für die Ausbildung der wissenschaftlichen Archivare in Preußen. An der Universität in Marburg war anstelle eines Instituts für historische Hilfswissenschaften ein Archivarisches Institut eingerichtet worden. In Paris bestand bereits seit 1830 die École des chartes, die sich neben der Ausbildung von Historikern auch der der Archivare annahm. Hier wurden vor allem Kenntnisse der historischen Grundwissenschaften vermittelt. In Bayern bestand von 1821 bis 1824 und dann wieder ab 1867 eine reine Archivarsschule.[290]

Für Preußen wurde dazu am 6. April 1894 eine Prüfungsordnung vom Präsidenten des Staatsministeriums erlassen.[291] Das abgeschlossene Studium wurde zur Voraussetzung, und es wurde ein dreimonatiger Vorbereitungsdienst eingerichtet, der 1897 zu einer zweijährigen Volontärszeit ausgedehnt wurde. Es folgte eine Aufnahmeprüfung, auf deren theoretischen Teil sich die Anwärter in Marburg vorbereiten konnten.[292]

Aufgrund der schlechten Berufsaussichten, gepaart mit einem mangelnden Nachwuchsbedarf, wurde die Prüfungskommission bereits 1904 nach Berlin verlegt, wo nun in Verbindung mit der dortigen Universität Archivkurse stattfanden. Die Ausbildungs- und Prüfungsordnung vom 3. Mai 1906 präzisierte die Ausbildung der Archivare noch einmal, bis als nächster großer Schritt 1930 das preußische Institut für Archivwissenschaft und geschichtswissenschaftliche Forschung (IfA) am Geheimen Staatsarchiv in Berlin-Dahlem gegründet wurde.[293] Neben der Ausbildung der Archivare für den höheren Dienst wurde dort 1936 erstmals ein Archivlehrgang für den gehobenen Dienst angeboten.

Die Chancen auf eine erfolgreiche Karriere im Archivdienst waren in der gesamten Zeit des Kaiserreichs und auch danach alles andere als aussichts-

---

290 Wolfgang Leesch: Zur Geschichte der Archivarsausbildung. In: Der Archivar 39 (1986), 149–156, 153.

291 Dorothee Sattler: Die Archivarsausbildung in Deutschland vor 1945. In: Forum 12 [ohne Datum]: https://www.archivschule.de/DE/publikation/forum-hefte/forum-heft-12-teil-2-50-jahre-archivschule-marburg.html#21 (13.4.2021).

292 Leesch: Geschichte (Anm. 290), 153f.

293 Weiterführend Pauline Puppel: Die „Heranziehung und Ausbildung des archivalischen Nachwuchses". – Die Ausbildung am Institut für Archivwissenschaft und geschichtswissenschaftliche Fortbildung in Berlin-Dahlem (1930–1945). In: Kriese (Anm. 27), 335–370; Winter (Anm. 20), 117–131.

reich. Schon der Eintritt in den Probedienst war schwer und maßgeblich von zwei Faktoren abhängig: Zum einen musste überhaupt eine Stelle frei sein – und es ist anzunehmen, dass es der richtigen Kontakte bedurfte, um solch eine Stelle zu erlangen. Zum anderen musste der Bewerber über genügend finanzielle Mittel verfügen, da er mehrere Monate unbezahlter Arbeit zu überbrücken hatte. Zusammen mit der Voraussetzung eines Studiums und der Promotion sorgte dies dafür, dass es sich bei den wissenschaftlichen Archivaren um eine homogene Gruppe von meist aus dem höheren Bildungsbürgertum stammenden Männern handelte.

Die Personalverteilung oblag der preußischen Archivverwaltung und war geprägt durch viele Versetzungen. Dies führte zu verschiedenen Problemen und Herausforderungen. Besonders gegen Ende der Kaiserzeit und zur Zeit des Ersten Weltkrieges zeigten sich fundamentale Fehlplanungen, die zu einer äußerst schwierigen Situation in Schleswig führten.

Im Folgenden soll der Lebensweg von Hille in den Fokus gerückt werden. Seine Karriere war ungewöhnlicherweise kaum von Versetzungen geprägt: 1871 übernahm er als Archivsekretär, also auf einer der untersten Karrierestufen, die kommissarische Leitung des Staatsarchivs Schleswig. Bis 1889 war er in den Rang eines Geheimen Archivrats aufgestiegen, ohne dass er aus Schleswig versetzt worden war, und er blieb bis kurz vor seinem Tod 1911 dort als Direktor tätig.[294]

2.3.1 Zur richtigen Zeit am richtigen Ort: Georg Hille

Hille war die Person, die das Staatsarchiv Schleswig aufbaute und vierzig Jahre lang leitete, es also in seiner Gründungs- und Anfangsphase stark prägte. Wie es dazu kam, entspricht durchaus nicht dem typischen Werdegang eines preußischen Archivars.

Hille war kein gebürtiger Schleswig-Holsteiner, sondern wurde am 17. November 1841 in Liepe, knapp siebzig Kilometer nordöstlich von Berlin in der Mark Brandenburg, geboren. Er war der Sohn eines Schulmeisters und hatte fünf Geschwister. 1862 bestand Hille seine Reifeprüfung am Joachimsthalschen Gymnasium in Berlin und begann im selben Jahr sein Studium der geschichtlichen und philosophischen Studien an der Universität Berlin. Un-

294 1899 kam es zu einer Umbenennung der Vorsteher der Staatsarchive in Direktoren, was häufiger explizit als Beförderung erwähnt wird, jedoch keine war, Kabinettsorder Kaiser Wilhelms II. vom 27.12.1899, abgedruckt bei Weiser (Anm. 15), 253.

ter anderem studierte er bei namhaften Historikern seiner Zeit wie Philipp Jaffé (1819–1870), Johann Gustav Droysen (1808–1884) und Theodor Mommsen (1817–1903).[295] 1866 schloss er sein Studium mit einer Dissertation über die „Prosperi Aquitani Chronici continuator Havniensis“[296] beziehungsweise „De continuatore prosperi A. 641 Havniensi“[297] ab. Dass er sein Studium abschließen konnte, verdanke er Mommsen, so Hille, und fügt in seinen Memoiren hinzu: „Ich weiß selber, daß ich von seinen Schülern einer der geringsten gewesen bin.“[298]

Abb. 1: Georg Hille, ca. 1873 (LASH Abt. 304 Nr. 5003)

Diese Bescheidenheit, die möglicherweise aus geringer Selbsteinschätzung resultierte, ist kennzeichnend für Hille und mag daher rühren, dass er aus relativ einfachen Verhältnissen stammte. Er war eines der mittleren von sechs

295 LASH Abt. 399.1062 Nr. 1, Zeugnis Hilles der Friedrich-Wilhelms-Universität zu Berlin vom 18.4.1865.

296 Müsebeck (Anm. 112), 193.

297 Enthalten in seinem privaten Nachlass: LASH Abt. 399.1062 Nr. 1.

298 LASH Abt. 399.1062 Nr. 2, autobiografische Aufzeichnungen Hilles von 1910.

Kindern, und seine Eltern konnten ihn nur im geringen Maße finanziell unterstützen. So musste Hille nach seinem Studium eine Anstellung annehmen, um in Berlin bleiben zu können. Er betätigte sich als Vorleser des Oberburggrafen Magnus von Brünneck (1786–1866), wodurch er, nach eigener Aussage, Bekanntschaft mit einigen wichtigen Männern der preußischen Politik machte.[299] Diese Tätigkeit war jedoch nur von kurzer Dauer, weil Hille im zweiten Einigungskrieg zwischen Preußen und Österreich auf preußischer Seite kämpfte. Dabei nahm er unter anderem an der entscheidenden Schlacht des Krieges bei Königgrätz am 3. Juli 1866 teil.

Nach dem Ausscheiden aus dem Militärdienst legte Hille das Staatsexamen für Lehramt (pro facultate docendi) ab, das er, wie er selbst urteilt, „keineswegs glänzend" abschloss.[300] In seinem Zeugnis wurden seine mangelnden Fähigkeiten in Griechisch und Latein mit der langen Unterbrechung durch den Wehrdienst begründet.[301]

Knapp einen Monat nach bestandener Prüfung wandte sich Hille an die preußische Archivverwaltung und bat um Berücksichtigung bei der nächsten vakanten Stelle in einem der preußischen Staatsarchive in Görlitz.[302] Da zu dieser Zeit jedoch keine Stellen frei waren, musste sich Hille damit begnügen, zur Zahl der Bewerber hinzugefügt zu werden.[303] Nachdem sein Anliegen vorerst gescheitert war, trat Hille seiner Ausbildung entsprechend in den Schuldienst ein, absolvierte vom 29. September 1867 an sein Probejahr am Friedrichsgymnasium in Frankfurt an der Oder und arbeitete danach als Lehrer.

Das Vorhaben, Archivar zu werden, gab Hille aber auch während dieser Zeit nicht auf. In den Sommerferien des Jahres 1868 begab er sich in das Ratsarchiv der Stadt Luckau in Brandenburg, um die dort vorhandenen rund 400 Urkunden zu ordnen und zu regestieren. Das Verzeichnis, das gleichzeitig im *Neuen Lausitzschen Magazin* veröffentlicht wurde,[304] legte er dem Direktor der Staatsarchive

---

299 So erwähnte Hille, er habe gleich am ersten Abend die Bekanntschaft mit dem ehemaligen Innenminister Alfred von Auerswald gemacht, LASH Abt. 399.1062 Nr. 2, autobiografische Aufzeichnungen Hilles von 1910.

300 Ebd.

301 LASH Abt. 399.1062 Nr. 1, Abschrift: Zeugnis von Hille vom 25.6.1867; das Abschließen des Lehramtsexamens war bis ins 20. Jahrhundert hinein eine Bedingung für die Zulassung zum Dienst in den staatlichen Archiven.

302 GStA PK, I. HA Rep. 178, 1480, Bl. 1, Hille an die Direktion der Staatsarchive vom 26.7.1867.

303 Ebd., Bl. 2, Duncker an Hille vom 31.7.1867.

304 Georg Hille: Chronologisches Verzeichnis der im Ratsarchive zu Luckau in der Niederlausitz befindlichen Urkunden. In: Neues Lausitzisches Magazin 46 (1869), 63–141.

Duncker vor.[305] Am 18. November 1868 wurde ihm daraufhin eine Hilfsarbeiterstelle an einem rheinischen Staatsarchiv angeboten.[306] Hille führte dieses Angebot direkt auf das Verzeichnis der Luckauer Urkunden zurück.[307]

Diese Chance war für Hille jedoch mit großen finanziellen Schwierigkeiten verbunden. Wie bereits erwähnt, stammte er aus bescheideneren Verhältnissen und war auf ein Einkommen angewiesen. Der Probedienst wurde generell jedoch gar nicht oder – in diesem Fall – nur sehr gering entlohnt. Als Hilfslehrer in Görlitz hatte er 500 Reichstaler jährlich verdient, in seinem Probejahr hätte er nur 200 Reichstaler bekommen. Dennoch war er bereit, die Stelle anzunehmen.[308]

Überraschenderweise war es der Direktor der preußischen Archivverwaltung Duncker selbst, der Hille davon abbrachte. Er versicherte Hille, dass ihm das Angebot gar nicht zugegangen worden wäre, wenn bekannt gewesen wäre, dass er in den Schuldienst in Görlitz eingetreten war. Hille solle warten, bis es möglich sei, ihm eine besser dotierte Stelle in der preußischen Archivverwaltung zu übertragen: „In Ihrem eigensten Interesse darf ich nicht zulassen, daß Sie Gewisses gegen Ungewisses aufgeben."[309]

Das Angebot einer besseren Stelle folgte ein knappes Jahr später. Hille bekam die Gelegenheit, ein halbes Jahr probeweise im Archivdienst angestellt zu werden, bei einem Einkommen von jährlich 600 Reichstalern. Duncker empfahl Hille, er solle für die sechs Monate Urlaub von seiner Lehrertätigkeit nehmen, er könne dann herausfinden, ob das Amt und die Pflichten eines Archivars seinen „Neigungen" entsprächen.[310]

Hille befand sich daraufhin in einer zwiespältigen Situation. Erst wenige Monate vorher war ihm eine ebenfalls mit 600 Reichstalern dotierte Stelle als ordentlicher Lehrer am Görlitzer Gymnasium angeboten worden.[311] Der Vorschlag Dunckers, Hille solle sich monatelang beurlauben lassen, wäre nicht umsetzbar gewesen, Hille schloss darüber hinaus aus, dass, wenn er seine Stellung kündigen würde, er je wieder im Schuldienst würde arbeiten können. Er stimmte dem Angebot aber trotzdem zu. An Duncker antwortete er: „Wenn

305 GStA PK, I. HA Rep. 178, 1480, Bl. 4–5, Hille an Friedländer vom 19.8.1868.

306 LASH Abt. 399.1062 Nr. 1, Gollmert aus Berlin an Hille vom 18.11.1868.

307 Ebd., Vermerk Hilles auf einem Exemplar des Verzeichnisses [ohne Datum].

308 GStA PK, I. HA Rep. 178, 1480, Bl. 6–7, Hille [an Gollmert] vom 21.11.1868.

309 Ebd., Bl. 8 sowie LASH Abt. 399.1062 Nr. 1, Duncker an Hille vom 27.11.1868.

310 LASH Abt. 399.1062 Nr. 1, Duncker an Hille vom 7.8.1869.

311 Ebd., der Magistrat in Görlitz an Hille vom 11.5.1869.

ich demnach gern bereit bin, auch eine provisorische Stellung im Archivdienst anzunehmen, so thue ich dies nicht leichtsinnig."[312]

Er machte jedoch auch aus seinen Sorgen keinen Hehl, er sei „in der übelsten Lage", wenn er nach dem halben Jahr Probedienst keine weitere Verwendung in der preußischen Archivverwaltung finden würde. Duncker antwortete ihm darauf, dass es vor allem an Hille selbst und an seinen Leistungen läge, ob die Stelle von einer provisorischen in eine definitive umgewandelt würde.[313] Gleichzeitig versicherte Duncker, dass er sich dafür einsetzen würde, dass Hille zurück in den Schuldienst übernommen werden könne. „Duncker ist sehr einflußreich, besonders bei dem Kronprinzen, und glaubte ich nun getrost, hier [in Görlitz, Schm.] kündigen zu können",[314] schrieb Hille später an seine Eltern.

Hille verließ also seine Stellung als Lehrer und trat zum 1. Oktober 1869 als Archivhilfsarbeiter in den Archivdienst am GStA ein, wo er auch bei der Direktion der Staatsarchive tätig war.[315] Dieser Schritt wird Hille nicht leichtgefallen sein, aber er nahm Dunckers Anfrage, die fast ein Jahr nach dem vorigen Kontakt erfolgte, als Zeichen, dass er die richtige Entscheidung traf. „[I]ch darf ja demnach annehmen, dass ich gerade im vorliegenden Falle nicht eigenmächtig in meinen Lebensweg eingreife, sondern nur der mir gewordenen Berufung folge", schrieb er an einen seiner neuen Vorgesetzten.[316]

Hille war weder vermögend, noch stammte er aus bedeutendem Hause, was für einen Archivar durchaus ungewöhnlich war. Was allerdings auch bereits deutlich wird, ist, dass Hille über einen einflussreichen Fürsprecher verfügte: Duncker. Immerhin ergriff er die Initiative und behielt Hille im Blick, sodass er ihm selbst zwei Jahre nach der ersten Kontaktaufnahme eine Stelle anbot. Der Hintergrund für dieses Verhältnis liegt jenseits des Bereichs der gesichteten Geschäftsakten und ließ sich anhand der Quellen nicht genauer nachvollziehen. Durch Hilles Studium in Berlin und seine Lehre unter Jaffé war Hille unter anderem bereits mit Theodor von Mörner (1817–1874) bekannt,

312 Ebd., Hille an Duncker [ohne Datum].

313 Ebd., Duncker an Hille vom 10.8.1869.

314 Ebd., Hille an seine Mutter vom 15.8.1869.

315 LASH Abt. 399.1062 Nr. 2, autobiografische Aufzeichnungen Hilles von 1910; Hille ersetzte den verstorbenen Ernst Strehlke; vgl. Müsebeck (Anm. 112), 195.

316 LASH Abt. 399.1062 Nr. 1, Hille an Gottlieb Friedländer vom 17.9.1869. Friedländer (1895–1878) war seit 1853 Archivar am GStA PK und hatte zusammen mit von Mörner und Gollmert die Leitung der Verwaltung des GStA PK inne; vgl. LASH Abt. 399.1062 Nr. 2, autobiografische Aufzeichnungen Hilles von 1910.

der einer der Verwaltungsleiter des GStA war.[317] Dieser könnte ebenfalls ein Fürsprecher Hilles gewesen sein.

Hilles Tätigkeit im GStA beziehungsweise der Direktion der Staatsarchive bestand zunächst in der Beteiligung bei der Verwaltung des Archivs. Ihm fehlte jedoch die Erfahrung in dieser Arbeit und außerdem die Kenntnis der gesetzlichen Bestimmungen. Er wurde daher von Duncker mit der Bearbeitung der märkischen Urkunden betraut. In einem Zeugnis bescheinigten ihm die für die Verwaltung des GStA zuständigen Leiter von Mörner, Gottlieb Friedländer (1805–1878) und Louis Gollmert (1827–1905) im Februar 1870, dass er gute Kenntnisse zur Urkundenverzeichnung besitze und sie „sein entschieden leichtes und rasches Orientieren in unserer verwickelten Actenwelt anerkennen“ müssten.[318] Hille selbst hatte dabei jedoch weniger den Eindruck, dass er einen guten Einblick in die Arbeit der Archivare erhalten habe. So bemängelte er in seinen Memoiren, er habe keine Einführung erfahren und ihm sei der freie Einblick in die Findbücher verwehrt gewesen.[319]

Nach einem halben Jahr wurde Hille zum 1. März 1870 an das Staatsarchiv Magdeburg versetzt. Doch auch hier erhielt er seiner Aussage nach keine geeignete Schulung für den Archivdienst. Der dortige Direktor Georg Adalbert von Mülverstedt (1825–1914), der allgemein als „schwierig“ galt, „ließ mich nach eigenem Gutdünken schalten und walten“,[320] wodurch Hille immerhin einen Blick in die Abläufe des Archivbetriebs erhielt.

Der Dienst in Magdeburg war nur von kurzer Dauer, da Hille bereits bei der Mobilisierung zum Krieg gegen Frankreich im Juli 1870 eingezogen wurde.[321] In der Schlacht bei Gravelotte nahe Metz wurde er gleich zu Beginn des Krieges durch einen Schuss in die Achillessehne verwundet, sodass er für den Rest des Krieges ausfiel.[322] Die Zeit seiner Genesung verbrachte er bei seinen

317 Georg Hille: Die Grundsätze bei Aktenkassationen. In: Korrespondenzblatt des Gesammtvereins der deutschen Geschichts- und Alterthumsvereine 49 (1901), 26–31, 28.

318 GStA PK, I. HA Rep. 178, 1480, Bl. 23, Vermerk von Friedländer, Mörner und Gollmert vom 15.2.1870.

319 „In seine ganze Einrichtung und in seine Repertorien [des GStA PK, Schm.], die ich ohne besondere Erlaubnis in die Hand zu nehmen nicht wagen durfte, wurde ich nicht eingeführt.“ LASH Abt. 399.1062 Nr. 2, autobiografische Aufzeichnungen Hilles von 1910.

320 Ebd.

321 Das Magdeburgische Füsilier-Regiment Nr. 36, zu dem Hille eingezogen wurde, hatte von 1866 bis 1871 seinen Standort in Kiel, Bad Oldesloe und Neumünster.

322 LASH Abt. 399.1062 Nr. 2, autobiografische Aufzeichnungen Hilles von 1910.

Eltern in der Mark Brandenburg, bevor er Anfang November 1870 nach Kiel ging, um sich dort beim Ersatzbataillon seines Regimentes zu melden.[323]

Der Zufall, durch den Hille nach Kiel kam, war allein dem Umstand geschuldet, dass das Magdeburgische Füsilier-Regiment, bei dem er sich melden musste, zu dieser Zeit dort stationiert war. Dies hatte aber weitreichende Folgen für Hilles weiteren Lebensweg. Er stand offiziell noch im Dienst des Militärs, war aber aufgrund seiner Verwundung ohne konkrete Aufgabe im Ersatzbataillon, als Duncker an ihn schrieb. Das war insofern nicht ungewöhnlich, da beide während Hilles Kriegsdienst in Kontakt gestanden hatten. Mit dem Schreiben vom 9. November 1870 bat Duncker nun, dass Hille mit Rudolf Usinger, dem Sekretär der GSHG, in Kontakt treten solle. Hille solle sich an ihn wenden, um sich zu erkundigen, ob eine Unterbringungsmöglichkeit für das junge schleswig-holsteinische Staatsarchiv in Kiel zu finden sei.[324] Schon länger hatten sich Usinger und Duncker in dieser Angelegenheit geschrieben. Außerdem bat Duncker darum, dass Hille nach Schleswig fahren solle, um sich über die Verhältnisse dort zu informieren und Bericht zu erstatten. Diese Reise war, anders als bei Grotefends Beauftragung ein Jahr vorher, nicht amtlich, da Hille noch nicht in seine zivile Tätigkeit entlassen worden war.

Dies war der Anfang der Beschäftigung Hilles mit dem schleswig-holsteinischen Staatsarchiv, ohne dass es in seinem eigenen Interesse lag. Hille hatte für sich selbst andere Pläne. Gegenüber Duncker äußerte er den Wunsch, nach der Entlassung aus dem Militär in den Dienst des Staatsarchivs Breslau einzutreten und dorthin versetzt zu werden. Duncker sagte Hille zwar zu, dass er versuchen werde, seine Wünsche zu berücksichtigen, gleichzeitig fragte er jedoch: „Würde Sie die Aufgabe, das Schleswig-Holsteinische Archiv zu gründen und zu ordnen, erschrecken?" Hille war erst seit wenigen Tagen in Kiel, sollte aber mit einer Stelle im Schleswiger Archiv betraut werden. Die Ereignisse scheinen wenig geplant zu sein und eher einer spontanen Eingebung Dunckers zu folgen.

Mitte November 1870 reiste Duncker nach Schleswig, um die Möglichkeit einer Unterbringung im alten Gebäude der Domschule zu überprüfen, und wird sich auch zu einer persönlichen Unterredung mit Hille getroffen haben.[325] Details sind jedoch nicht überliefert.

---

323 GStA PK, I. HA Rep. 178, 1480, Bl. 34–35, Hille aus Kiel an Duncker vom 8.11.1870.

324 Hier und im Folgenden: LASH Abt. 399.1062 Nr. 1, Duncker an Hille vom 9.11.1870.

325 GStA PK, I. HA Rep. 178, 2371, Protokoll vom 15.11.1870, unterzeichnet von Duncker und Herrmann.

Zwei Wochen nach Dunckers Besuch antwortete Hille offiziell auf dessen Schreiben. Auf die Frage, ob er sich die Übernahme des Aufbaus des Archivs vorstellen könne, antwortete er, dass dies eine Aufgabe sei, die jeder Archivbeamter gerne übernehmen würde.[326] Er schränkte jedoch ein, dass in Schleswig weniger Aussicht bestehen würde, sich mit eigenen Publikationen zu beschäftigen. Ihm war zu diesem Zeitpunkt bereits klar, dass die Hauptaufgabe in der Ordnung der Bestände liegen würde. Aus der Antwort von Hille an Duncker spricht ein Widerwillen gegen die Übernahme der Aufgabe, so deutlich dies zu dieser Zeit gegenüber einem Vorgesetzten geäußert werden konnte.

Hille war dabei keine ideale Besetzung für die Stelle. Er war erst seit knapp einem Jahr im Dienst der Archivverwaltung, von dem er mehrere Monate als Soldat im Feld verbracht hatte. Außerdem hatte er, wie bereits erwähnt, seiner Wahrnehmung nach bei seinen bisherigen Tätigkeiten am GStA und dem Staatsarchiv Magdeburg keinen ausreichenden Einblick in die Arbeit eines Archivars bekommen. Es fehlte ihm an praktischer Erfahrung.

Hinzu kam, dass er auch nicht über die angemessene gesellschaftliche Stellung verfügte, um die Position eines Archivleiters auszufüllen. Hille war Sohn eines Schulleiters, weder adlig noch vermögend, und hatte keine beruflichen Errungenschaften vorzuweisen, die ihm in der streng hierarchisierten Gesellschaft Preußens großes Ansehen eingebracht hätten. Dies war auch seinem jungen Alter geschuldet: Er war im November 1870 gerade einmal 29 Jahre alt geworden.

Hille befand sich also noch am Anfang seiner Karriere. Zudem erlaubte eine strenge Auslegung der Vorschriften nicht, dass er die Position der Leitung übernahm. In der „Instruktion für die Beamten der Staats-Archive in den Provinzen" vom 31. August 1867 war in Paragraf 4 geregelt, dass ein Archivsekretär unter einem Archivar zu arbeiten und die von ihm übertragenen Aufgaben zu erledigen habe.[327] Hille war noch unter dem Rang eines Archivsekretärs, da er nur Archivhilfsarbeiter beziehungsweise -assistent war, und sah sich wohl zunächst nicht selbst als künftigen Leiter des Archivs. Nach einer Unterredung mit Usinger Ende November 1870 beklagte er, dass es niemanden gebe, der sich in schleswig-holsteinischen Angelegenheiten auskenne und gleichzeitig die nötige archivarische Eignung besitze. Er meinte, es müsse jemand angestellt werden, der auf dem archivarischen Gebiet bewandert sei und sich mit

326 GStA PK, I. HA Rep. 178, 2337, Auszug: Hille an Duncker vom 24.11.1870.

327 Siehe die Instruktionen abgedruckt bei Weiser (Anm. 15), 230.

den lokalen Verhältnissen vertraut machen müsse.[328] Hille übernahm jedoch die von Duncker gestellte Aufgabe der Ordnung und Gründung des schleswig-holsteinischen Staatsarchivs trotz der Nachteile in Form fehlender wissenschaftlicher Betätigung und seiner fehlenden Kenntnis der schleswig-holsteinischen Geschichte.

Die Besetzung der Stelle mit Hille, der aufgrund seines jungen Alters und seiner geringen Berufserfahrung nicht der Norm entsprach, war aber kein Einzelfall. Auch der erste Leiter des neuen Staatsarchivs in Aurich war ein Archivsekretär: Ernst Friedländer (1841–1903), Sohn von Gottlieb Friedländer. Ähnlich wie in Schleswig handelte es sich in Aurich um ein neues kleines Archiv, das zu diesem Zeitpunkt von nur geringer Bedeutung war.

Bereits im Dezember 1870, als er noch offiziell im Militärdienst stand, erstellte Hille eine erste Ordnung für die Bestände des Schleswiger Staatsarchivs. Dafür stützte er sich auf einige Bücher aus der Kieler Bibliothek und die Verzeichnisse von von Reitzenstein, die ihm von Duncker zugesandt worden waren.[329] Hille hatte die Archivalien selbst nur einmal bei seinem Besuch in Schleswig gesehen und hatte kein einziges Archivale vorliegen, als er diesen Aufstellungsplan erarbeitete.[330] Knapp eine Woche brauchte er für die Fertigstellung. Damit besaß das Staatsarchiv Schleswig eine grobe Ordnung, die Veränderungen voraussah und mit einigen Modifikationen bis heute Bestand hat.[331]

Nachdem Hille den Ordnungsplan an Duncker übersandt hatte, teilte dieser Hille mit, dass er dazu ausersehen sei, „die Leitung und Ordnung dieses Archivs, zunächst in kommissarischer Stellung, zu übernehmen".[332] Die Ernennung geschah äußerst kurzfristig, wie ein Telegrammwechsel vom 24. Dezember 1870 zeigt. Hille war am selben Tag offiziell aus dem Militärdienst entlassen worden und telegrafierte an Duncker, dass er nun Schleswig-Holstein verlassen werde, um bei nächster Gelegenheit bei Duncker in Berlin vorzusprechen.[333] Duncker antwortete umgehend, Hille sei für das Staatsarchiv Schleswig ernannt und habe die Funktion zum 1. Januar 1871 anzutreten.[334]

328 GStA PK, I. HA Rep. 178, 2337, Auszug: Hille an Duncker vom 24.11.1870.

329 Ebd., Hille an Duncker vom 5.12.1870.

330 Ebd., Duncker an Hille vom 16.12.1870.

331 Siehe Kapitel 2.5.1 zu Hilles Vorreiterrolle in der Umsetzung des Provenienzprinzips; Hille beschreibt seine Ordnung in seinem Schreiben an Duncker vom 16.12.1870, GStA PK, I. HA Rep. 178, 2337, dazu auch LASH Abt. 304 Nr. 3190.

332 GStA PK, I. HA Rep. 178, 2337, Duncker an Hille vom 18.12.1870.

333 GStA PK, I. HA Rep. 178, 1480, Telegramm von Hille an Duncker vom 24.12.1870.

334 LASH Abt. 304 Nr. 2, Bl. 3, Telegramm von Duncker vom 24.12.1870.

Hille begab sich also Ende 1870 nach Schleswig und ließ sich am 2. Januar 1871 das Archiv von dem Archivsekretär Zimmermann übergeben. Innerhalb von nicht einmal zwei Wochen war Hille vom Soldaten zum kommissarischen Leiter des Staatsarchivs Schleswig geworden.

Hille war nicht der erste kommissarische Leiter des Staatsarchivs – das war Zimmermann –, anhand des untersuchten Quellenmaterials lässt sich jedoch nachvollziehen, wie viel Arbeit liegen geblieben war und wie rege Hille begann, diese Arbeit aufzuholen. Überdurchschnittlich viele Schreiben stammen vom 3. Januar 1871, ob es sich dabei um Empfangsbestätigungen oder die Beantwortung von Anfragen handelte, teilweise war deren Erledigung seit über einem halben Jahr fällig.[335] Außerdem fand unter seiner Ägide der lange schon notwendige Umzug aus den unzureichenden Räumen des Schlosses Gottorf in den Hattenschen Hof in Schleswig statt, auch wenn dies von Berlin aus gelenkt wurde. Er siedelte bereits Ende Januar zunächst nur seinen Arbeitsplatz dahin über und begann im Auftrag Dunckers zeitgleich Besprechungen mit dem Landesbaumeister über Umbaumaßnahmen des Hattenschen Hofs, um beispielsweise den Diebstahlschutz durch das Anbringen eiserner Fensterläden zu verbessern.[336] Nachdem der Ausbau des Gebäudes weitestgehend fertig war, wurde zum Ende 1871 der komplette Umzug vollzogen.

Hille machte sich schnell mit den lokalen Größen der Schleswiger Politik und Verwaltung bekannt. Bereits kurz nach seiner Ankunft hatte er am 1. Januar 1871 ein erstes Treffen mit dem Regierungsvizepräsidenten August von Ende (1815–1889), bei dem er sich „einer sehr liebenswürdigen Aufnahme zu erfreuen" hatte.[337] Von Ende, der dem Archiv äußerst wohlwollend gegenüberstand, machte Hille mit verschiedenen Regierungsräten bekannt.

Hille schrieb an Duncker in einem persönlichen Schreiben, dass er sich bemühe, die Regierungsräte kennenzulernen, „da es mir im Interesse des Staatsarchivs durchaus geboten erscheint, hier mir auch in der Gesellschaft eine Stellung zu wahren".[338] Auf von Endes Weisung beteiligte er sich „am Mittagstisch der unverheirateten Regierungsmitglieder"[339] und konnte so von de-

335 Exemplarisch LASH Abt. 304 Nr. 106, Bl. 72, Hille an den Kreisgerichtsdirektor in Altona vom 3.1.1871, an den er Verzeichnisse zurücksandte, damit die Kreisgerichtsdirektion wusste, welche Akten sie vernichten lassen könnte, wie zum ersten Mal im Juli 1870 angefragt.

336 GStA PK, I. HA Rep. 178, 2351, Duncker an Hille vom 12.1.1872.

337 GStA PK, I. HA Rep. 178, 1480, Bl. 42–43, Hille an Duncker vom 3.1.1871.

338 Ebd.

339 LASH Abt. 399.1062 Nr. 2, autobiografische Aufzeichnungen Hilles von 1910.

ren Wissen über die vorpreußische Verwaltung profitieren. Doch trotz dieser scheinbar mühelosen Einbindung in die Schleswiger Beamtenwelt war Hilles geringe soziale Stellung problematisch. Als er zum 1. April 1871 offiziell zum Archivsekretär ernannt wurde, bat er Duncker, dass seine Ernennung nicht im Staatsanzeiger veröffentlicht würde:

> „Ich muß nun fürchten, daß es mir als Archivsecretair nicht möglich oder sehr erschwert sein dürfte in der von Ew. Hochwohlgeboren gewünschten Weise im Interesse des Staatsarchivs auf die verschiedenen Behörden der hiesigen Provinz einzuwirken, und darf daher die Bitte aussprechen nicht unterlassen, in meiner amtlichen Wirksamkeit auch fernerhin wie bisher einfach als kommissarischer Vorstand des Staatsarchivs fungiren zu dürfen."[340]

Diesem Wunsch Hilles wurde nachgekommen. Ähnliche Gründe führte er auch an, als er 1872 um seine nächste Beförderung zum Archivar bat. Er hatte 1872 sowohl den Oberpräsidenten von Scheel-Plessen, der die Aufsicht über das Staatsarchiv in der Provinz führte, wie auch Duncker als Leiter der Archivverwaltung um seine Beförderung zum außeretatmäßigen Archivar ersucht. Dabei nannte er weniger persönliche Gründe, sondern auch hier ging es ihm um die Wahrung der Stellung des Archivs. Als Archivsekretär sei er nicht in der Lage, bei den Behörden und Kommunen „die Interessen des Staatsarchivs mit dem völligen Nachdruck zu vertreten", so Hille.[341] Seinen bisherigen Erfolg in diesem Gebiet erklärte er damit, dass er seinen Amtstitel Archivsekretär „ängstlich vermied" und vor allem als kommissarischer Leiter des Archivs aufgetreten war.[342] Dies ist auch im Zusammenhang mit der strengen Hierarchie der preußischen Gesellschaft im Allgemeinen und der preußischen Verwaltung im Besonderen zu sehen. Zwischen dem höheren Beamtentum und dem nachgeordneten verlief eine klare Trennlinie.[343]

Eine gute Position Hilles und des Staatsarchivs waren wichtig für die Vermehrung der Bestände. Einerseits war es das Ziel, dass es zu einer geregelten Abgabe der Altakten vonseiten der Behörden kam. Erschwerend kam dabei hinzu, dass nach wie vor ein großes Misstrauen gegenüber der preußischen

---

[340] GStA PK, I. HA Rep. 178, 1480, Bl. 57–58, Hille an Duncker vom 5.3.1871.

[341] Ebd., Bl. 7–10, Hille an Duncker vom 15.11.1872.

[342] Ebd.

[343] Süle (Anm. 288), 192.

Einrichtung „Staatsarchiv" vorherrschte.[344] Andererseits bemühte sich Hille stark darum, von nicht staatlichen Stellen Archivalien als Deposita, also als Leihgaben, ins Archiv zu übernehmen. Damit sollte gerade der Bestand an alten, wertvollen Archivalien wie Urkunden ausgebaut werden. Wenig hilfreich war der Umstand, dass das Staatsarchiv kaum getrennt von der Regierung wahrgenommen wurde.

Einen Teil seiner fehlenden Anerkennung und der des Staatsarchivs als Institution begründete Hille mit dem Handeln seines Vorgängers Zimmermann. Der habe nur als untergeordneter Beamter der Regierung gegolten, und damit sei auch keine eigenständige Existenz des Staatsarchivs unter Zimmermann wahrgenommen worden.[345] Die fehlende Trennung von Regierung und Archiv war ein Problem, dass das Staatsarchiv über Jahrzehnte hinweg begleitete. Noch im Jahr 1888 erhielt Hille Post adressiert an das „Staatsarchiv der Königlichen Regierung", das „Staatsarchiv zu Berlin" oder nur an die Regierung.[346] Erst im 20. Jahrhundert wurde dieses Problem mit dem lang ersehnten Umzug nach Kiel endgültig gelöst.

Diesem Umstand war auch nicht zuträglich, dass Hille kein gebürtiger Schleswig-Holsteiner war. So erwähnte Hille, dass es bei der Mittagsrunde der Regierungsräte „zuweilen zwischen den Schleswig-Holsteinern, die einst in der Schleswig-Holsteinischen Armee gegen Dänemark gefochten hatten, und den Altpreußen zu einem merklichen Dissens kam".[347] Auch wenn er anfügt, dass diese Meinungsverschiedenheiten dem „angenehmen Ton bei Tische" nicht geschadet hätten, ist dieser Ausspruch doch einer näheren Betrachtung wert.

In Schleswig-Holstein hatte bei der Annexion eine starke Einstellung gegen Preußen vorgeherrscht. So stimmte beispielsweise die große Mehrheit bei den Wahlen zum Norddeutschen Reichstag im Februar 1867 für den „schleswig-holsteinischen" Kandidaten (1.443 Stimmen für Graf Eduard von Baudissin (1823–1883) gegenüber dem „Preußen" Christian Peter Schmidt (1812–1899) mit 346 Stimmen).[348] Die Ablehnung lag vor allem in der Einführung des preußischen Wehrdienstes begründet, der mit einer dreijähriger Militärdienst-

344 LASH Abt. 304 Nr. 3105, Hille an den Oberpräsidenten von Scheel-Plessen vom 26.9.1871.

345 GStA PK, I. HA Rep. 178, 1480, Bl. 7–10, Hille an Duncker vom 15.11.1872.

346 LASH Abt. 301 Nr. 88, Hille an den Oberpräsidenten von Steinmann vom 16.1.1889.

347 LASH Abt. 399.1062 Nr. 2, autobiografische Aufzeichnungen Hilles von 1910.

348 Theo Christiansen: Schleswig 1836–1945. Eine Stadt und ihre Bürger in 110 Jahren des Wandels aller Lebensbedingungen. Schleswig 1973, 46.

pflicht besonders lang war, aber auch an anderen Reformen wie der Steuerreform, die einer antipreußischen Propaganda Vorschub leisteten.[349] Wie in den übrigen Provinzen waren die Preußen aber auch in Schleswig-Holstein bemüht, im Sinne des Partikularismus dortige Eigenheiten zu bewahren. Besonders von Scheel-Plessen legte großen Wert darauf, dass die älteren schleswig-holsteinischen Beamten in der Verwaltung wiedereingesetzt wurden – unter Kritik aus den eigenen Reihen, die eine Stärkung der antipreußischen Augustenburger fürchteten, die damit in ihren Ämtern belassen wurden.[350] In einigen Bereichen wurden aber dennoch vermehrt preußische Beamte in die neue Provinz versetzt, was zu Missverständnissen und Antipathien führte.[351] Auch Hille gehörte zu diesem Kreis an jüngeren Beamten, die aus den altpreußischen Gebieten kamen.

Wenn nach Hilles eigener Aussage nicht seine preußische Herkunft den gesellschaftlichen Umgang und damit die Repräsentation des Staatsarchivs erschwerte, so doch seine knappen finanziellen Mittel. Nahezu ein Drittel seines Gehalts gab Hille als Archivsekretär für das Mittagessen mit anderen Beamten aus, von dem er meinte daran teilnehmen zu müssen, um die Bekanntschaft wichtiger Männer zu machen und um das Archiv zu vertreten.[352] Schleswig war zudem nach Aussage der Zeitgenossen eine teure Stadt.[353] Als Vorstand des Archivs entstanden Hille erhöhte Kosten, „weil er so zu sagen mit dem Staatsarchiv identisch ist" und beispielsweise auch Kontakte pflegen musste, was wiederum Porto kostete.[354] Als die Überlegung bestand, die Mittagsrunde in ein teureres Restaurant zu verlegen, musste sich Hille vertraulich an einen Bekannten aus der Runde wenden, da er nicht in der Lage war, diese Verteuerung finanziell zu tragen.[355] Mit seinem geringen Einkommen musste er außerdem noch Schulden aus seinem Studium abbezahlen.[356] Hierin lag auch einer der Gründe für Hilles Entfernung zur wissenschaftlichen Geschichtsforschung: Die Reisen nach Kiel und zu Tagungen bedeuteten einen zusätzlichen Kostenfaktor.

---

349 Werner Franz: Einführung und erste Jahre der preußischen Verwaltung in Schleswig-Holstein Teil 2. In: ZSHG 83 (1959), 117–242, 128.

350 Ebd., 130, 132.

351 Ebd., 179.

352 LASH Abt. 304 Nr. 1480, Bl. 63–64, Hille an Duncker vom 17.12.1871.

353 GStA PK, I. HA Rep. 178, 2338, Hille an den Oberpräsidenten vom 12.1.1871.

354 GStA PK, VI. HA, Nl Duncker, M., Nr. 225, Bl. 87–88, Hille an Duncker vom 23.1.1876.

355 LASH Abt. 304 Nr. 103, Bl. 161–162, Abschrift: Hille an Rathjen vom 28.7.1874.

356 LASH Abt. 399.1062 Nr. 1, Protokoll vom 11.3.1867, von Hille und dem Universitätsrichter unterzeichnet mit Vermerk vom 4.7.1874, dass die Schuld getilgt sei.

Neben diesen Schwierigkeiten hatte Hille im Laufe der Zeit auch Probleme mit dem Standort. Einige Zeit war er zufrieden mit seinem ruhigen Leben in Schleswig. Er erwähnte Duncker gegenüber, der inzwischen aus dem Amt des Direktors der Staatsarchive ausgeschieden war, dass er Spaziergänge unternehme, Rosen züchte und Reisen plane.[357] Er hatte aber keinen einfachen Arbeitsalltag. Als Kollege stand ihm nur ein Kanzleisekretär zur Seite, der aber einer anderen gesellschaftlichen Schicht angehörte. Die Starrheit der preußischen Gesellschaft übertrug sich auf den Mikrokosmos Archiv. So konnte beispielsweise der zur Ausbildung abgeordnete Archivhilfsarbeiter mit dem Direktor und anderen Regierungsbeamten zum Mittagessen gehen, nicht aber der Kanzleisekretär.[358] Es blieben die gesellschaftlichen Klassen gewahrt.

Mitte der 1870er-Jahre verschlechterte sich Hilles geistige Verfassung, auch durch einige persönliche Verluste wie dem Tod Usingers in Kiel und dem von Mörners in Berlin, den Hille als Vorbild ansah.[359] „Die Pflanzen gedeihen bei dem hier jetzt kalten und regnerischen Wetter vortrefflich, weniger die Menschen“, schrieb er 1875 an Duncker.[360] In seiner Autobiografie führte er außerdem aus, dass er die „täglich 5 bis 7 Stunden dauernde Arbeiten an oft ganz verrotteten Akten auf die Dauer nicht ertragen“ konnte. Er habe an Kopfschmerzen und unter Angstzuständen gelitten, sodass er sich im Frühjahr 1878 für sechs Wochen in eine Wasserheilanstalt habe begeben müssen.[361] Seine Verfassung besserte sich erst, so gibt er an, durch seine Heirat 1881 mit Marie Zorn, der Stieftochter seiner Schwester.[362] Auch die mehrwöchigen Reisen, die er mit seiner Frau vor allem in die Schweiz, nach Österreich und Norditalien unternahm, hätten ihm geholfen.

Laut der Quellenlage verlief Hilles restliches Leben sehr ruhig. Er stieg gemäß seinem Dienstalter auf, verblieb jedoch immer in Schleswig. Er bekam Angebote, seine Stellung zu wechseln, einmal von der Stadt Berlin und vom Staatsarchiv Hannover. Beide Angebote lehnte er ab, unter anderem das letztere, weil er in Hannover nicht dieselbe gesellschaftliche Stellung erreichen würde, wie er sie in Schleswig habe.[363]

---

357 GStA PK, VI. HA, Nl Duncker, M., Nr. 225, Bl. 85–86, Hille an Duncker vom 30.5.1875.

358 LASH Abt. 304 Nr. 15, Hille an von Sybel vom 20.7.1886.

359 LASH Abt. 399.1062 Nr. 1, Hille an Duncker vom 5.12.1874.

360 GStA PK, VI. HA, Nl Duncker, M., Nr. 225, Bl. 85–86, Hille an Duncker vom 30.5.1875.

361 LASH Abt. 399.1062 Nr. 2, autobiografische Aufzeichnungen Hilles von 1910.

362 Ebd.

363 LASH Abt. 399.1062 Nr. 1, Ausführungen Hilles vom 24.2.1895.

Ungewöhnlich ist jedoch, dass er nicht einfach ohne seine Zustimmung versetzt worden ist. Schaut man auf die Funktionsweise der preußischen Archivverwaltung und die Lebensläufe von Hilles Zeitgenossen, so ist zu erkennen, dass diese gerade zum Anfang ihrer Karriere mehr Zeit an verschiedenen Archiven verbracht hatten, während Hille vierzig Jahre lang auf demselben Posten blieb. Dies erleichterte die Arbeit im Staatsarchiv Schleswig, die, anders als in etablierten Archiven, vor allem aus Ordnungsarbeiten bestand, wofür eine genaue Kenntnis der Archivalien nötig war. Niemand hatte einen besseren Überblick als Hille, der nahezu jedes Archivale des Bestandes selbst in das Archiv übernommen und einen Großteil verzeichnet hatte.

Hille erreichte 1906 das 65. Lebensjahr, in dem er in den Ruhestand zu gehen gedachte, er konnte sich jedoch nicht von seiner Arbeit lösen.[364] Ab 1910 hatte er mit gesundheitlichen Problemen zu kämpfen und musste sich teilweise wochenlang von den Geschäften zurückziehen.[365] Zum April 1911 ging er letztendlich in den Ruhestand, wegen seines Gesundheitszustandes hatte er bereits Mitte März die Leitung an seinen Nachfolger Albert de Boor übergeben.[366] Damit einher ging auch, dass er seine Dienstwohnung im Archiv, die er vierzig Jahre lange bewohnt hatte, räumen musste. Aus Platzmangel und wohl auch aus Gründen der Sicherheit wurden sie zu Magazinräumen umgewandelt.

Bereits am 8. Juni 1911 starb Hille. Er war auch nach seinem Weggang dem Archiv verbunden geblieben. So hatte er zugesagt, dass er bei der Abwesenheit de Boors den neuen Archivar Georg Kupke (1866–1950) bei dessen Arbeit unterstützen könne, und war häufiger im Archiv, um sich von den Umbaumaßnahmen zu überzeugen.[367] Wie seine Frau an den Generaldirektor schrieb: „Noch 9 Tage vor seinem Tode war mein Mann noch einmal in sein geliebtes Archiv gefahren, an dem er doch mit allen Fasern seines Herzens hing."[368]

Einen Nachruf auf ihn verfasste in der *Zeitschrift für Schleswig-Holsteinische Geschichte* (ZSHG) Ernst Müsebeck (1870–1939) und nicht Albert de Boor. Müsebeck war im April 1900 ans Staatsarchiv Schleswig berufen worden und war dort unter anderem mit der Ordnung des Archivs der Stadt Wilster vor Ort befasst, bis er im November 1900 nach Metz wechselte. Zur Zeit um

364 Ebd.

365 Ebd., Hille an Koser [ohne Datum].

366 LASH Abt. 304 Nr. 2, Bl. 246, Hille an den Oberpräsidenten von Bülow vom 1.3.1911.

367 LASH Abt. 304 Nr. 14, Bd. 2, Bl. 2, de Boor an den Oberpräsidenten von Bülow vom 12.4.1911.

368 GStA PK, I. HA Rep. 178, 1480, Marie Hille an Koser vom 19.7.1911.

Hilles Tod war er Archivar am GStA, und ab 1920 erhielt er die Leitung der Archivabteilung des neu gegründeten Potsdamer Reichsarchivs, dessen gesamte Leitung er 1933 übernahm. Noch kurz vor Hilles Tod hatte Müsebeck ihm anlässlich seines Ruhestands gedankt, „für das, was Sie mir während der Schleswiger und Wilsterer Zeit gewesen sind".[369] Warum nicht de Boor den Nachruf schrieb, lässt Spekulationen zu. De Boor war Hilles Nachfolger im Amt, und außerdem war er bereits seit 1884 im Staatsarchiv tätig, er kannte Hille also seit fast dreißig Jahren. Es könnte die große Entfernung de Boors zur Wissenschaft im Allgemeinen und der GSHG im Speziellen gewesen sein, die eine unüberwindliche Kluft selbst beim Verfassen und Veröffentlichen des Nachrufes darstellte.

De Boors Übernahme der Leitung bedeutete kaum eine Zäsur für die Geschichte des Staatsarchivs. Er führte die Geschäfte während der nächsten acht Jahre so weiter, wie es bereits unter Hille geschehen war. Eigentlich ging erst nach dem Ende von de Boors Leitung zum Oktober 1918 und der Übernahme des Postens durch Richter in gewisser Weise die Ära Hille zu Ende. Unter ihm hatte das Archiv eine sehr stabile Phase des Aufbaus und der Etablierung erfahren, die vor allem ihren Fokus auf die Ordnung des Archivs und den Nutzen für die Verwaltung gerichtet hatte und von dem kaum Impulse für die Geschichtswissenschaft ausgegangen waren. Nahezu zeitgleich mit dem Ende des Deutschen Kaiserreichs kam diese Phase des preußischen Staatsarchivs in Schleswig-Holstein zum Abschluss.

2.3.2 Die Herausforderungen der preußischen Personalpolitik

Besonders zur Zeit von Hilles Leitung wurden viele junge Archivhilfsarbeiter und -assistenten für kurze Zeit an das Staatsarchiv Schleswig versetzt, um dort ihre Ausbildung zu beginnen oder fortzusetzen. Die preußische Archivverwaltung bestimmte durch ihre Personalpolitik, wer an welches Archiv kam, und entschied damit auch, welche Menschen in einem Archiv zusammenarbeiteten. Dies bedeutete, dass Individuen zusammenkamen, die auf teilweise engen Raum arbeiten und agieren mussten, was naturgemäß zu Problemen führte. Seien es psychische Erkrankungen, die den Umgang miteinander erschwerten, oder körperliche Gebrechen, die in der kleinen Stadt Schleswig negative Aufmerksamkeit auf das Staatsarchiv lenkten: Das waren die Herausforderungen,

[369] LASH Abt. 399.1062 Nr. 1, Müsebeck an Hille vom 24.3.1911.

denen sich die Archivare und die preußische Archivverwaltung zu stellen hatten. An drei Beispielen aus Schleswig soll im Folgenden dargestellt werden, worum es sich dabei handeln und welche Wechselwirkungen entstehen konnten.

Ein Beispiel, wie körperliche Einschränkungen den Ruf des Staatsarchivs und damit der Archivverwaltung in den Augen der Zeitgenossen gefährden konnten, war Maximilian (Max) Krühne (1857–?). Er wurde in Magdeburg geboren und trat im April 1881 als Volontär in den unbezahlten Probedienst am Staatsarchiv Magdeburg ein, nachdem er über die Verfassungsgeschichte der Stadt Magdeburg promoviert worden war.[370] Dort wurde er dann regulär beschäftigt und sollte zum Juli 1884 als Archivassistent nach Schleswig versetzt werden. Diese Versetzung wurde jedoch aufgrund von Krühnes Gesundheitszustand ausgesetzt. Es wurde ein ärztliches Attest vorgelegt, nach dem er seit Dezember 1881 an epileptischen Anfällen litt.[371] Erst ein Jahr später wurde sein Gesundheitszustand für stabil genug erklärt, dass die Versetzung durchgeführt werden konnte. In Schleswig blieb er, bis er zum Februar 1887 überraschend kündigte und aus dem preußischen Archivdienst ausschied.[372]

Anhand von Krühnes Lebenslauf lassen sich mehrere Dinge feststellen. Interessant ist an seinem Beispiel der Umgang der Archivverwaltung mit kranken Mitarbeitern. Nachdem Heinrich von Sybel (1817–1895), der damalige Direktor der Staatsarchive, anlässlich Krühnes Versetzung von dessen Krankheit erfahren hatte, wandte er sich an den Direktor des Staatsarchivs Magdeburg von Mülverstedt. Krühnes Krankheit sei schon seit fast drei Jahren bekannt, nicht aber der Archivverwaltung, und so fragte er, ob denn von Mülverstedt davon gewusst habe. Von Sybel weiter: „Die Fonds der Archivverwaltung sind nicht so reich dotiert, um das Mitgefühl mit leidenden Gelehrten bethätigen und die Leistungen ihrer Beamten in den Hintergrund treten lassen zu können."[373]

Von Mülverstedt beteuerte, er habe nichts von Krühnes Erkrankung gewusst, obwohl er auch berichtete, dass Krühne zwei Mal während der Arbeit einen Anfall gehabt habe.[374] Seine Krankheit habe aber trotz der Anfälle nicht seine Arbeit beeinträchtigt.

---

370 Dissertation: Max Krühne: Untersuchungen zur älteren Verfassungsgeschichte der Stadt Magdeburg. Erster Theil: Die Grundlagen der städtischen Entwicklung. Halle/Saale 1880; s. LASH Abt. 304 Nr. 15, Bd. 1, Bl. 4.

371 GStA PK, I. HA Rep. 178, 1519, ärztliches Attest vom 24.5.1884.

372 LASH Abt. 304 Nr. 15, Bd. 2, o. Bl., Privatschreiben von Hille an Krühne vom 29.1.1887.

373 Ebd., Bd. 1, Bl. 45, von Sybel an Mülverstedt vom 30.5.1884.

374 GStA PK, I. HA Rep. 178, 1519, Mülverstedt an von Sybel vom 9.6.1884.

Nachdem Krühne mit Nachlassen seiner Anfälle nach Schleswig versetzt worden war, wurde Hille instruiert, regelmäßig über dessen Gesundheitszustand zu berichten. Lange Zeit konnte Hille nur mitteilen, dass sich nichts Auffälliges an Krühnes Zustand zeige, er weder bei der Arbeit fehle noch ihm, Hille, etwas Negatives bekannt geworden sei. Dies änderte sich im Juli 1886, als Krühne in der Mittagspause vor einem Beamten der Regierung einen epileptischen Anfall erlitt. In einem Brief wandte sich dieser Beamte an Hille, mit dem er näher bekannt war. Darin beschrieb er den Anfall und die von ihm getroffenen Maßnahmen. Dem gerufenen Arzt gegenüber habe Krühne verneint, schon früher solche Krämpfe gehabt zu haben.[375]

Die unmittelbare Folge dieses öffentlichen Anfalls war, dass Krühnes Ernennung zum Archivar II. Klasse, also zum Archivsekretär, vorerst ausgesetzt wurde. Seine Chancen auf Beförderung waren jedoch nicht zerstört, und so fragte von Sybel bei Hille an, ob Krühne bei der nächsten frei werdenden Stelle berücksichtigt werden solle. Von Sybel ging es vor allem darum zu erfahren, „ob die Anstellung des p. Krühne ein Gewinn für die Archivverwaltung oder nur eine Vermehrung der halbinvaliden Arbeitskräfte sein würde, während es an erprobten Hilfsarbeitern nicht mangelt".[376]

Hille antwortete, dass Krühne die Ordnungsarbeiten nur sehr mühsam und langsam erledige, schränkte aber im Folgenden ein, dass es Anwärter an anderen Archiven einfacher hätten, da die dortige Arbeit vertrauter und einfacher sei.[377]

Der Standort Schleswig spielte im Fall Krühne in zweierlei Hinsicht eine Rolle. Zum einen, weil sich die dortige Arbeit wie von Hille aufgeführt von der in anderen Archiven unterschied. Sie war viel mehr auf die Ordnung und Verzeichnung der Bestände ausgelegt als auf die Nutzung für wissenschaftliche Forschung und das Arbeiten mit mittelalterlichen Urkunden, wie es die angehenden Archivare von übrigen Archiven kannten. Zum anderen war Schleswig eine kleine Stadt und hatte 1890 gerade einmal knapp 15.000 Einwohner.[378] Damit war es eine der kleinsten Städte mit einem staatlichen Archiv in Preußen. Die Archivdirektoren Hille und später de Boor waren immer sehr auf den Ruf des Archivs bedacht. Zwar waren in der zweiten Hälfte des 19. Jahrhunderts medizinische Abhandlungen erschienen, die Epilepsie klar

375 LASH Abt. 304 Nr. 15, Bd. 2, o. Bl., Privatschreiben von Rudolf Rathjen an Hille vom 19.7.1886.

376 Ebd., Bd. 2, o. Bl., von Sybel an Hille vom 6.10.1886.

377 Ebd., Bd. 2, o. Bl., von Sybel an Hille vom 14.10.1886.

378 Christiansen (Anm. 348), 196.

als körperliche und nicht als psychische Krankheit kategorisierten,[379] jedoch war die Krankheit gerade in der Öffentlichkeit stark stigmatisiert. Aufgrund der Heftigkeit der Anfälle war sie schon lange entweder als heilig oder dämonisch angesehen worden.[380] Die Skepsis hielt sich trotz aller medizinischen Fortschritte auch im 19. Jahrhundert. Es ist also wenig verwunderlich, dass Krühne in der Öffentlichkeit seine Krankheitsgeschichte verheimlichte, um zu verhindern, dass sich diese Nachricht in dem kleinen Schleswig schnell verbreitete. Gerade wegen dieser Stigmatisierung wird es Krühne darum gegangen sein, dass er nicht im Mittelpunkt der Stadtgespräche stand, was wiederum dem Ruf des Archivs geschadet hätte.

Wie sehr die Archivare, zumindest die Archivleiter, an der Stellung des Archivs in der Gesellschaft interessiert waren, zeigt sich weiter am Fall Martin Meyer (1870–1933). Geboren in Düsseldorf, war er nach zehn Jahren an diversen Staatsarchiven der preußischen Archivverwaltung zum Oktober 1909 an das Staatsarchiv Schleswig versetzt worden. Bereits im November 1909 erklärte Hille Meyers mäßige Leistungen damit, dass dieser

> „die Abende und Nächte in Wirtshäusern zu vertreiben und zu verschlafen pflegt und dann erst am frühen Morgen in seine Wohnung taumelt. Daß er aus solchen Neigungen in einer kleineren Stadt wie Schleswig, in der eines jeden Lebenswandels sehr bald allgemein bekannt wird, nicht hineinpaßt, brauche ich wohl nicht weiter zu betonen."[381]

Auch hier ging es um das Ansehen des Staatsarchivs, nicht vorrangig um die schlechten Leistungen Martin Meyers. Hille führte weiter aus, Schleswig sei ein „durchsichtige[r] Ort [...], wo das Dekorum unbedingt gewahrt werden muß".[382] De Boor berichtete dem Generaldirektor: „Dr. Meyers Hang zum Durchtrinken der Nächte war so stark, daß es nirgends ein Geheimnis bleiben konnte, und daß sowohl ich als meine Frau in Gesellschaften wiederholt darauf angeredet worden sind."[383] Nicht nur also, dass der Ruf des Archivs litt, sondern die Archivare wurden in der Öffentlichkeit darauf angesprochen.

---

379 Ein wichtiger Vertreter war John Hughlings Jackson; vgl. Owsei Temkin: The Falling Sickness. A History of Epilepsy from the Greeks to the Beginnings of Modern Neurology. Baltimore–London 1971, 304ff.

380 Marion Lauer: Epilepsie zur Zeit der Romantik im Spiegel eines Laienberichts aus dem Umfeld Justinus Kerners. Heidelberg 1998, 3.

381 LASH Abt. 399.1062 Nr. 3, Monatsbericht für Dezember von Hille vom 1.12.1909.

382 Ebd., Privatschreiben von Hille an Koser vom 18.6.1910.

383 LASH Abt. 304 Nr. 428, Bl. 1, de Boor an Koser vom 13.2.1913.

Die Lösung dieses Problems sahen Hille und de Boor darin, dass Martin Meyer heiratete. Hille schränkte gegenüber dem Generaldirektor jedoch ein, dass dies in Schleswig schwer sei und Meyer „meinen jüngeren Freundinnen“ nicht gefallen würde.[384] De Boor gestand zu, dass Schleswig „wenig geistige Anregung gewährt [und] für einen Junggesellen schwachen Charakter ein sehr verhängnisvoller Aufenthalt ist“.[385]

Martin Meyer wurde auf eigenen Wunsch bereits nach einem Jahr versetzt – unter Vorlegung eines Attestes, nach welchem, so die saloppe Formulierung des Generaldirektors Reinhold Koser (1852–1914), „bei einem längerem Aufenthalt in Schleswig ernste Gefahr für sein kostbares Leben zu bestehen scheint“.[386] Aus diesem Anlass deutete Hille Sorgen über Martin Meyers Wohlergehen an. So sei er sehr erleichtert wegen der Versetzung, um Meyers Willen, aber auch um seiner selbst, „denn die Sorge um ihn, ob es mit ihm nicht ein Ende mit Schrecken nähme, hat schwer auf mir gelastet“.[387] Martin Meyer kam an das Staatsarchiv Münster, wo er bis zu seinem Ruhestand 1924 blieb, er starb 1933.

Martin Meyers Lebenslauf wiederum zeigt ein weiteres Kernproblem, das auch bei Krühne vorhanden war: Die wissenschaftlichen Beamten im Dienst der Archivverwaltung wurden innerhalb Preußens versetzt, ohne dass ihre eigenen Wünsche eine Rolle spielten. Gerade Meyer hatte stark unter den Versetzungen zu leiden. Er war in Münster aufgewachsen, hatte dort studiert und war am dortigen Staatsarchiv in den Archivdienst eingetreten. Daraufhin wurde er nach Magdeburg, Düsseldorf, Breslau und schließlich Schleswig versetzt. Erst nachdem er wieder in Münster arbeitete, scheinen sich seine Probleme gebessert zu haben. Es wurde die Nähe zur Mutter als der Grund gesehen, warum es in Münster keine ähnlichen Beschwerden wie in Schleswig gab.[388]

Krühne wiederum erlitt seinen schwersten epileptischen Anfall, als er die Nachricht von seiner ersten Versetzung erhalten hatte.[389] Er war ebenfalls mit seiner Heimatstadt Magdeburg eng verbunden. Er war dort aufgewachsen, hatte dort promoviert, war am dortigen Staatsarchiv tätig gewesen, und dort lebte seine verwitwete Mutter mit den jüngeren Geschwistern. Laut ärztlichem

384 LASH Abt. 399.1062 Nr. 3, Privatschreiben von Hille an Koser vom 28.12.1909.

385 LASH Abt. 304 Nr. 428, Bl. 1, de Boor an Koser vom 13.2.1913.

386 LASH Abt. 399.1062 Nr. 3, Privatschreiben von Koser an Hille vom 16.6.1910.

387 Ebd., Privatschreiben von Hille an Koser vom 18.6.1910.

388 LASH Abt. 304 Nr. 428, Bl. 1, de Boor an Koser vom 13.2.1913.

389 GStA PK, I. HA Rep. 178, 1519, ärztliches Attest vom 28.9.1884.

Attest sei der Anfall durch den Gedanken an die Trennung von der Mutter hervorgerufen worden.[390]

Das dritte Beispiel verdeutlicht die Problematik und die Folgen, die solche Versetzungen haben konnten, auf das Drastischste. Rudolf Goecke (1852–1886), geboren in Emmerich im heutigen Nordrhein-Westfalen, war ab Mitte 1875 unbezahlt am Staatsarchiv Düsseldorf tätig und wurde zum Januar 1876 als Archivassistent übernommen. Ein Jahr später bat er beim Direktor der preußischen Archivverwaltung um seine Versetzung an das GStA, da er sich dort besser der preußischen Geschichte zuwenden könne. Im Staatsarchiv Düsseldorf habe das Archivgut vor allem regionalgeschichtlichen Charakter.[391] Anstelle nach Berlin wurde er im Oktober 1877 jedoch nach Schleswig versetzt. Es war nahezu das genaue Gegenteil als von ihm erbeten: Nicht nur, dass das Schleswiger Archiv fast ausschließlich aus neueren Akten der regionalen Behörden bestand, es fand außerdem kaum Forschung statt. Zudem war Schleswig-Holstein zu diesem Zeitpunkt gerade erst einmal zehn Jahre überhaupt preußisch. Seine Wünsche waren also in jeglicher Hinsicht ignoriert, fast ins Gegenteil verkehrt worden.

Goecke hatte in Schleswig nicht nur Probleme mit der Arbeit selbst, sondern ihm mangelte es, so Hille, auch an „Disciplin und Subordination".[392] Goecke beantragte zwei Jahre später seine Versetzung zurück nach Düsseldorf. Hille befürwortete allgemein eine Versetzung, am besten an ein Archiv, „dessen Vorstand durch Lebens- oder Amts-Alter ihm möglichst überlegen ist".[393] Hille selber war seit acht Jahren im Amt, vor allem aber war er gerade einmal elf Jahre älter als Goecke. Goecke erklärte seinen Wunsch um Versetzung unter anderen damit, dass die Arbeit in Schleswig und die mangelnde wissenschaftliche Betätigung „meinem Temperament und Naturanlagen" nicht entsprächen.[394] Der Chef der preußischen Archivverwaltung von Sybel ließ sich jedoch von dieser Erklärung nicht beeindrucken und verweigerte Goeckes Versetzung. Wenn die Arbeit nicht Goeckes Temperament entspreche, solle er sich eine diesem Temperament besser zusagenden Tätigkeit suchen, lautete seine zurechtweisende Antwort.[395]

---

390 Ebd.

391 GStA PK, I. HA Rep. 178, 1465, Privatschreiben von Goecke an von Sybel vom 1.2.1877.

392 GStA PK, I. HA Rep. 178, 1465, Hille an von Sybel vom 4.11.1879.

393 Ebd., Hille an von Sybel vom 4.11.1879.

394 Ebd., Goecke an Hille vom 24.10.1879.

395 Ebd., von Sybel an Hille vom 10.11.1879.

Goecke wurde schließlich drei Jahre später zurück an das Staatsarchiv Düsseldorf versetzt. Der Grund hierfür war nicht dienstlicher, sondern gesundheitlicher Natur: Sechs Monate vor seiner Versetzung war Goecke krankgeschrieben worden, da er als Folge von Überarbeitung und mangelnder Bewegung an einer großen „Reizbarkeit der Nerven" leide, so das ärztliche Attest.[396] Nachdem er einige Monate in der Nassauer Wasserheilanstalt verbracht hatte, wünschte er zurück nach Düsseldorf versetzt zu werden, um dort bei den Eltern zu wohnen und gepflegt werden zu können.[397] Dies wurde umgesetzt.

Die Diagnose selbst war für die Zeit sehr gängig. Den Menschen wurden zum Ende des 19. Jahrhunderts häufig „nervöse Reizbarkeit" oder „nervöse Erregung" attestiert. Dabei wurde dies weniger als eine psychische Krankheit angesehen, sondern vielmehr als eine Folge der Überbelastung des Nervensystems und damit körperlich bedingt.[398] Eine Ursache für die Zunahme der „Nervosität" sahen viele Ärzte in der modernen Lebensweise des ausgehenden 19. Jahrhunderts. In einem Handbuch hieß es, es sei problematisch, dass beispielsweise nicht nur

> „die Genußmittel eine größere Verbreitung finden und die Ehelosigkeit an Häufigkeit zunimmt, sondern insbesondere der schwere Kampf ums Dasein eine größere Anspannung aller geistigen, moralischen und physischen Kräfte erfordert."[399]

In Düsseldorf schien sich Goeckes Zustand zu verbessern, sodass er zum Februar 1885 an das Staatsarchiv Wetzlar versetzt und dort zum Archivar I. Klasse (Staatsarchivar) ernannt wurde. Als er jedoch mehr als ein Jahr später die Nachricht erhielt, dass er aus dieser leitenden Position in eine untergeordnete Position an das größere Staatsarchiv Stettin versetzt werden sollte, eskalierte die Lage. Goecke beschwerte sich in einem Brief an von Sybel über die Maßnahme und sah es als Unterschätzung seiner Arbeit an, worauf ihn von Sybel beruhigte, dass es keineswegs eine Missachtung der guten Arbeit Goeckes darstelle, sondern es im Sinne des Dienstes geschehe.[400] Goecke scheint diese

---

396 Ebd., ärztliches Attest aus Nassau vom 1.6.1880.

397 Ebd., Hille an von Sybel vom 22.7.1880.

398 Andreas Steiner: „Das nervöse Zeitalter". Der Begriff der Nervosität bei Laien und Ärzten in Deutschland und Österreich um 1900 (Zürcher medizingeschichtliche Abhandlungen 21). Zürich 1964, 40.

399 Franz Carl Müller: Handbuch der Neurasthenie. Leipzig 1893, 65, zitiert nach: Steiner (Anm. 398), 41.

400 GStA PK, I. HA Rep. 178, 1465, von Sybel an Goecke vom 21.5.1886.

Antwort jedoch nicht genügt zu haben, und er beging knapp einen Monat später, am 23. Juni 1886, Selbstmord. In einem Schreiben seines Vaters machte dieser die Versetzung seines Sohnes „in eine nachgeordnete Archivar-Stelle" dafür verantwortlich. Dies sei „ungeachtet seines Widerstrebens" geschehen, und die damit verbundene „Ehrenkränkung" habe ihn in den Selbstmord getrieben.[401]

Es lässt sich anhand der Fälle Krühne, Martin Meyer und Goecke feststellen, dass die preußische Archivverwaltung – wenig verwunderlich – die dienstlichen Belange in den Vordergrund stellte. Die Beamten wurden dorthin versetzt, wo sie Verwendung finden konnten, auch im Hinblick auf ihr Dienstalter, also entsprechend ihren Beförderungen. Dabei konnte nur selten auf persönliche Vorlieben Rücksicht genommen werden. Es war dabei normal, dass ein Archivar im Laufe seiner Karriere an mehreren Archiven in ganz Preußen arbeitete, teilweise an bis zu acht unterschiedlichen Standorten.[402] Zu dieser Regel gab es einige Ausnahmen, wie beispielsweise Hille, der vierzig Jahre lang an einem Standort verblieb und vorher nur in Berlin und Magdeburg tätig gewesen war.

Diese häufigen Versetzungen müssen zudem vor dem Hintergrund der Zeitumstände gesehen werden. Seit Mitte des 19. Jahrhunderts war das deutsche Gebiet von der Industrialisierung geprägt.[403] 1891 überstieg die Zahl der Menschen, die in der Stadt wohnten, zum ersten Mal die derjenigen, die auf dem Land wohnten. Durch die zunehmende Industrialisierung, aber auch durch einen stärkeren Bevölkerungszuwachs aufgrund besserer medizinischer Möglichkeiten und diverser anderer Veränderungen stieg die Mobilität der Bevölkerung. Menschen wanderten aus ländlichen Regionen vor allem in Städte mit Schwerindustrie und Bergbau.[404] Diese außerordentliche Mobilität der Archivare ist also durchaus nicht ungewöhnlich, wenn sie auch unter anderen Vorzeichen stattfand.

Ein wiederkehrendes Problem, gerade angesichts der vielen Umzüge und des vielerorts herrschenden Wohnungsmangels, war die schlechte finanzielle Situation der Archivanwärter und Archivare. Hier spielte der Standort

---

401 Ebd., Abschrift: Goeckes Vater an den Oberpräsidenten der Rheinprovinz vom 28.6.1886.

402 Leesch: Archivare (Anm. 102).

403 Hans Pohl: Wirtschaft und Gesellschaft 1871–1918. In: Kurt G. A. Jeserich/Hans Pohl/Georg-Christoph Unruh (Hrsg.): Deutsche Verwaltungsgeschichte. Bd 3: Das Deutsche Reich bis zum Ende der Monarchie. Stuttgart 1984, 16–70, 17f; ihren Höhepunkt erreichte die industrielle Revolution 1910.

404 Ebd., 20.

Schleswig eine wichtige Rolle. Schon Hille beschwerte sich nach seinem Umzug 1871, dass es kaum gebrauchte Möbel zu kaufen gebe, die Neuanschaffung für einen angehenden Archivar aber kaum zu leisten sei. Hinzu kam, dass die Lebenshaltungskosten in der kleinen Stadt verhältnismäßig hoch waren. Immer wieder gab es Klagen, dass die Kosten höher als an anderen Orten seien.[405] Hille meinte in seiner Anfangszeit, dass man bei der Übersendung von weiterem Personal nach Schleswig die hohen Kosten vor Ort bedenken müsse, da sonst die Arbeit darunter leide, „wenn der Betreffende fortwährend um die physische Existenz zu ringen hat".[406] Er sprach aus eigener Erfahrung. Er selbst hatte nur Rang und entsprechende Bezahlung eines Archivsekretärs, musste aber Funktionen eines Direktors wahrnehmen. So erhielt Hille 1871 ein Gehalt von 600 Talern im Jahr. Für die Repräsentation des Staatsarchivs nahm er am Mittagstisch der Beamten teil und gab bereits dafür ein Drittel seines Gehalts aus.[407] Er gab an, im Jahr 1871 insgesamt 900 Taler ausgegeben zu haben. Anstatt also in der Lage zu sein, von seinem Beruf zu leben, machte er Schulden.

Dies war kein Problem, das ausschließlich das Schleswiger Archiv und die Zeit zu Beginn der Deutschen Kaiserreichs betraf. Noch Jahrzehnte später waren die Aussichten für angehende Archivare trotz einer geregelten Ausbildung schlecht, auch wenn sich Hilles persönliche Situation durch seinen steten Aufstieg stark verbessert hatte. Auf eine Anfrage von 1894, ob es ratsam sei, in den Archivdienst einzutreten, riet Hille entschieden ab. Nach dem Bestehen des Examens würde es „Jahr und Tag dauern", bis man zur Arbeit an ein Archiv überwiesen würde. Sollte sich der Anwärter als fähig herausstellen, „dann kann er nach Jahren langem Warten zu einer festen Anstellung gelangen, mit geringem Einkommen und schlechten Aussichten. Ich rathe deshalb jedem vom Eintritt in den Archivdienst ab, der nicht über ausreichende eigenen Einkünfte verfügt".[408]

Wie schlecht das Einkommen der Archivare in ganz Preußen war, zeigte die Besoldung im Vergleich mit gleichrangigen Beamten. 1877 – Hille war inzwischen zum Archivar befördert – wurde die Stelle eines Archivsekretärs für das Schleswiger Staatsarchiv besetzt. Vergütet wurde die Tätigkeit mit

---

405 Beispielsweise LASH Abt. 304 Nr. 9, Bd. 1, Bl. 1, Hille an den Oberpräsidenten vom 12.1.1871.

406 GStA PK, I. HA Rep. 178, 1480, Bl. 63–64, Hille an Duncker vom 17.12.1871.

407 Ebd.

408 LASH Abt. 304 Nr. 1, Bl. 92, Hille an den Lehrer Gorz in Altona vom 26.5.1894.

1.800 Mark im Jahr plus 432 Mark Wohngeldzuschuss, also 2.232 Mark.[409] Andere Regierungssekretäre der allgemeinen Verwaltung Preußens, unter die auch die Staatsarchive fielen, verdienten mit 3.216 Mark (inklusive Wohngeldzuschuss)im Jahr bedeutend mehr.[410] Besonders der Vergleich mit den wissenschaftlichen Bibliothekaren war bitter, da auch sie mehr verdienten.[411]

Insgesamt war die gesellschaftliche Anerkennung ein empfindliches Thema. Am Staatsarchiv Wiesbaden echauffierten sich die Archivare 1889 anlässlich einer Kabinettsorder zu den Uniformen der Beamten, dass es an der Zeit sei, sich erneut mit der Aufbesserung der Stellung der Archivare zu befassen. Sie empörten sich, dass in Münster bei der Anwesenheit des Kaisers die Chefs der Verwaltungsbehörden vorstellig wurden, der dortige Leiter des Staatsarchivs aber nicht einbestellt wurde, „während z. B. der Oberförster der Oberförsterei Münster zu Vorstellung befohlen wurde".[412] Vier Jahre später wollten sich Archivare unter Ägide des Leiters des Staatsarchivs Magdeburg entgegen den geltenden Regeln des Behördengangs direkt an den Präsidenten des Staatsministeriums wenden. Beide Initiativen scheiterten, da bei ersterem nur bei Teilnahmen aller Archivare fortgefahren werden sollte, wozu es nicht kam, und bei zweiterem das Vorgehen bereits im Vorfeld dem Direktor der Staatsarchive und dem Präsidenten des Staatsministeriums mitgeteilt worden war. Um eine Erhöhung der Position und eine Anpassung an das Bibliothekswesen zu erreichen, wurde 1899 die Umbenennung des Direktors der Staatsarchive in „Generaldirektor der Staatsarchive" verfügt.[413] Die „Vorsteher" der preußischen Staatsarchive wurden zu „Archivdirektoren".

Fehlende Anerkennung, eine schlechte finanzielle Situation und zusätzlich noch individuelle Probleme der Archivare und Archivanwärter sorgten für Herausforderungen der preußischen Archivverwaltung. Eine besondere Rolle kam dabei dem Verständnis von Beamtentum im Kaiserreich zu. In Preußen war es mehr als nur ein Arbeitsverhältnis, und der Beamtenethos prägte nicht nur die Dienstzeit, sondern außerhalb davon auch die Persönlich-

409 GStA PK, I. HA Rep. 178, 1572, Bl. 28, der Vizepräsident des Staatsministeriums an Meyer vom 30.3.1876.

410 Süle (Anm. 288), 109.

411 LASH Abt. 399.1062 Nr. 1, Notizen Hilles vom 24.2.1895.

412 LASH Abt. 304 Nr. 1, Bl. 69–70, Sauer, Hagemann und Ausfeld vom Staatsarchiv Wiesbaden an das Staatsarchiv Schleswig vom 19.9.1889.

413 LASH Abt. 304 Nr. 898, Abschrift: Verfügung von Kaiser Wilhelm II. an den Präsidenten des Staatsministeriums vom 27.12.1899; abgedruckt bei Weiser (Anm. 15), 253; in Bayern wurde das Amt erst 1921 eingeführt.

keit, Ansichten und Verhaltensregeln bis in den privaten Bereich hinein.[414] So brauchten Beamte bis ins 20. Jahrhundert hinein beispielsweise die Erlaubnis des Vorgesetzten zur Heirat, und genauso konnte der Chef der preußischen Archivverwaltung Berichte über die Gesundheit seiner Untergebenen anfordern, wie beispielsweise im Fall Krühne.

Die gesichteten Quellen ließen nur einen unzureichenden Blick auf diesen Bereich zu, da es sich vor allem um Geschäftsakten handelte. Es fehlen die persönlichen Dokumente, die eine Meinungsäußerung oder eine Reflexion darüber erlauben würden. Die Herausforderungen der preußischen Archivverwaltung gerade in Hinblick auf die Personalpolitik verschärften sich noch zum Ende des Kaiserreichs und mit Beginn des Ersten Weltkrieges.

2.3.3 Die Personalsituation zum Ende des Kaiserreichs

In Krisenzeiten wie zur Zeit des Ersten Weltkrieges war es eine besondere Herausforderung, die preußischen Staatsarchive funktionsfähig zu halten, was vor allem an der verschärften Personalsituation lag. Dies zeigte sich in kaum einem anderen Archiv extremer als in Schleswig.

Seit 1911 hatte dort nach dem Ausscheiden Hilles de Boor die Leitung übernommen. De Boor war 1852 in Hamburg geboren worden und hatte in Bonn, Freiburg und Straßburg Rechtswissenschaften studiert.[415] Kurz nach seiner Promotion über den Speyrer Reichstag 1544 war er 1879 als Probearbeiter in den Dienst des Staatsarchivs Münster eingetreten. Geholfen hat ihm dabei seine – wenn auch entfernte – Verwandtschaft zu Theodor Mommsen:[416] 1881 heiratete er eine Nichte Mommsens. Unerwartet wurde er zum Juli 1884 als Archivsekretär nach Schleswig versetzt.[417]

Als Direktor trat de Boor in Hilles Fußstapfen und übernahm dessen Vorstellungen, was Ausrichtung und Leitung des Staatsarchivs anging. Das hieß vor allem, dass sich die Arbeit weiterhin vornehmlich auf die Ordnung der Archivalien konzentrierte und kaum Schritte zur Erforschung der Landesgeschichte unternommen wurden.

---

414 Süle (Anm. 288), 72.

415 Gottfried Ernst Hoffmann: Albert de Boor zum Gedächtnis. In: Der Archivar 6 (1953), 60f.

416 LASH Abt. 304 Nr. 14, Bd. 1, Bl. 1–2, Roger Wilmans an von Sybel vom 23.7.1879; Franziska de Boor (1824–1902), Schwägerin von Theodor Mommsen, war eine Halbschwester von de Boors Vater.

417 Die Versetzung kam so überraschend, dass de Boors sein Eigentum, das er im Staatsarchiv Münster hatte, nachgesandt werden musste; vgl. ebd., Bd. 1, Bl. 55–56, de Boor aus Hamburg an Ludwig Keller vom 22.6.1884.

Neben de Boor gab es noch einen weiteren Archivar, Kupke, der ab dem 1. April 1911 in de Boors voriger Stelle in Schleswig tätig war. Diese geringe Anzahl an Archivaren wurde am Vorabend des Ersten Weltkrieges zum großen Problem. Schon Hille hatte vor seinem Ruhestand um die Wiederbesetzung der dritten Beamtenstelle gebeten, die mit dem Weggang von Martin Meyer 1910 nicht neu gefüllt worden war. Sein Gesuch wurde ihm abschlägig beschieden. Nachdem de Boor die Leitung übernommen hatte, wurde die Wiederbesetzung umso dringlicher, da die Zahl der Nutzungen kontinuierlich anstieg. De Boor legte dem Oberpräsidenten dar, dass 1910 das für Hille arbeitsreichste Jahr war. Es hatte in einem halben Jahr 400 Einträge in das Geschäftstagebuch gegeben, im selben Zeitraum für 1912 kam de Boor bereits auf 477 Einträge, ein Zuwachs von fast zwanzig Prozent.[418] Diese Entwicklung war steigend. Hatten 1910 noch 37 Nutzer das Staatsarchiv an 134 Tagen benutzt, waren es 1913, dem vorläufigen Höhepunkt, bevor der Krieg die Nutzung einbrechen ließ, bereits 54 Nutzer, die zusammen 685 Tage im Lesesaal forschten.

Eine ähnliche Zunahme lässt sich für die gesamte preußische Archivverwaltung beobachten, in Schleswig wurde sie zu einem besonderen Problem. Während nämlich die Nutzerzahl stieg, sank die Zahl der wissenschaftlichen Archivare. Dies führte zu einer Veränderung der Aufgabenverteilung. Noch 1910 hatte es neben drei Archivaren zusätzlich einen Archivassistenten beziehungsweise -hilfsarbeiter gegeben. Letztere waren zu dieser Zeit häufig für die Ordnung von Stadtarchiven abbestellt worden. Dies übernahm nun Kupke, der es sich zum Ziel machte, die nicht staatlichen Archivalien des Kreises Plön zu ordnen und zu verzeichnen. Dies führte dazu, dass er häufig nicht in Schleswig und de Boor allein für die übrigen Arbeiten zuständig war.

Weiteres wissenschaftliches Personal wurde in den Augen de Boors außerdem benötigt, um die Planungen für den Neubau umzusetzen. Die Notwendigkeit für einen solchen Neubau war allgemein anerkannt. Damit verbunden war die Übernahme von mehreren großen Beständen, namentlich des Regierungsarchivs, die aufgrund des Platzmangels noch nicht ins Archiv hatten überführt werden können. Für deren Ordnung und Verzeichnung, so de Boor, werde es nicht nur mehr Personals bedürfen, sondern auch Personals, das bereits eingearbeitet und mit den Umständen vertraut sei.[419] Mit Kupke

418 LASH Abt. 301 Nr. 3135, de Boor an Oberpräsident von Bülow vom 1.8.1912.

419 LASH Abt. 304 Nr. 395, Bl. 227–228, de Boor an Generaldirektor Kehr vom 16.1.1915.

war immerhin bereits ein möglicher Nachfolger für de Boor vorhanden, es fehlte aber weiteres Personal, das Erfahrungen sammeln konnte.

Die preußische Archivverwaltung reagierte auf die Beschwerden aus Schleswig, und 1913 wurde ein Archivhilfsarbeiter dem Archiv zugeteilt. Dieser erwies sich als ungeeignet; de Boor berichtete an Koser, wie er ihn Zigarre rauchend im Magazin vorfand,[420] und es kam Hermann Bier (1882–1946) als Ersatz. Dieser bat im November 1914, nachdem er ein halbes Jahr im Staatsarchiv beschäftigt gewesen war, um seine Versetzung. Als Begründung gab er an, dass er „in Schleswig tatsächlich ohne Beschäftigung sei".[421]

Grund hierfür wird die unterschiedliche Auffassung der Arbeit der Archivare von de Boor und Bier beziehungsweise der preußischen Archivverwaltung gewesen sein. Für de Boor stand vor allem die Ordnung des Archivs und die Verzeichnung der Archivalien im Vordergrund. Seiner Meinung nach war die Archivarstätigkeit eine „verwaltungsamtliche zweitens eine wissenschaftliche".[422] Diese Ansicht teilten die Archivverwaltung und damit auch die meisten anderen Archivare nicht und standen ihr diametral gegenüber. Seit August 1915 stand Paul F. Kehr (1860–1944) der Archivverwaltung vor, und bereits vor seinem Antritt hatte er in einer Denkschrift dafür plädiert, dass die Archivare selbst forschen und die Leitung der wissenschaftlichen landesgeschichtlichen Forschung übernehmen müssten.[423] Zur Förderung der Landesgeschichte und auch, um mit dem Vorbild Frankreich gleichzuziehen, forcierte Kehr die Inventarisation der nicht staatlichen Archivalien, zu denen Verzeichnisse angelegt und veröffentlicht werden sollten. Die Betreuung der nicht staatlichen Archivalien zählte die preußische Archivverwaltung mit zu ihren Aufgaben.[424] Dementsprechend waren Kupke und auch der Archivassistent Bier gleich nach der Versetzung nach Schleswig mit der Inventarisation nicht staatlicher Archive betraut worden.

Der Beginn des Ersten Weltkrieges hatte einige Veränderungen zur Folge. Zum 1. August 1914 war vom deutschen Kaiser die Generalmobilmachung verkündet worden, die auch Reservisten und damit Archivmitarbeiter betraf. In Schleswig blieben die Archivare davon unberührt, es wurde jedoch der Kanzleisekretär Hermann Meggers (1877–1917) eingezogen. Dies bedeutete einen großen Mehraufwand für de Boor, der nun die Schreibarbeiten selbst

420 LASH Abt. 304 Nr. 428, Bl. 3–4, de Boor an Koser vom 11.9.1913.

421 LASH Abt. 304 Nr. 395, Bl. 227, Generaldirektor, i. V. Bailleu, an de Boor von 11.1.1915.

422 LASH Abt. 304 Nr. 897, de Boor an den Generaldirektor vom 15.7.1916.

423 Denkschrift von Kehr vom 21.1.1915, abgedruckt bei Weiser (Anm. 15), 262–267.

424 Weiterführend Kapitel 3.3.2.

übernehmen musste, was beispielsweise die Berichte in den Akten der Archivverwaltung zeigen: die Reinschriften stammen aus de Boors Hand. Die Aufgaben von Meggers gingen aber weit über die bloße Schreibarbeit hinaus und konnten von de Boor nicht vollständig ausgeführt werden. Während seines ersten Heimaturlaubs über Weihnachten 1914, der nur vier Tage währte, musste Meggers auf Geheiß de Boors Rechnungssachen für das Staatsarchiv erledigen, und auch später erkundigte sich de Boor, wie bestimmte Angelegenheiten geregelt werden mussten.[425] Andere Arbeiten Meggers', wie zum Beispiel die Reinschrift von Findbüchern, blieben unerledigt.

Meggers wurde Ende 1914 in den Osten entsandt und arbeitete dort als Zahlmeister. Er stand mit de Boor im Kontakt, wie eng diese Verbindung jedoch war, lässt sich nicht nachvollziehen. Korrespondenzen fanden nur dann ihren Weg in die gesichteten Geschäftsakten, wenn sie zur Klärung von Geschäftsangelegenheiten dienten. Welche Schreiben ausgetauscht wurden, die nicht in die Akten gelangten, ist unklar.

Die überlieferte Korrespondenz lässt aber Einblicke in den persönlichen Umgang zu. Zwar bestand zwischen Meggers und de Boor gemäß dem Rangunterschied ein Hierarchiegefälle, in den überlieferten Schreiben machte Meggers aus seiner Einstellung gegenüber dem Krieg jedoch keinen Hehl. Es finden sich in den vereinzelt überlieferten Feldpostbriefen Aussagen wie „Hier immer noch tiefer Friede; trotzdem an Ruhe nicht zu denken"[426] oder „Hier ist es schrecklich, Herr Geheimrat".[427] Ob de Boor im Privaten auf diese Aussprüche seines Untergebenen eingegangen ist, ist nicht ersichtlich.

Am 1. Februar 1917 starb Meggers infolge eines Herzanfalls. Als de Boor dem Generaldirektor Kehr von Meggers' Tod berichtete, lobte er ihn als tüchtigen Beamten und bescheidenen Menschen und schrieb von der „herzlichen Zuneigung", die Meggers sich erworben habe. Er fragte gleichzeitig nach der Wiederbesetzung der Stelle des Kanzleisekretärs.[428] Kehr lehnte die Wiederbesetzung jedoch vorerst ab und verschob sie bis nach dem Krieg.[429]

Es blieb also bei einer größeren Aufgabefülle für de Boor, vor allem durch die Übernahme der Kanzleigeschäfte, zumal Kupke außerhalb Schles-

425 LASH Abt. 304 Nr. 19, Bl. 19, de Boor an Meggers in Rödding, Nordschleswig, vom 15.12.1914.

426 LASH Abt. 304 Nr. 19, Bl. 17, Feldpostkarte von Meggers an das Staatsarchiv Schleswig vom 25.8.1914.

427 Ebd., Bl. 21, Feldpostkarte von Meggers aus Krylatka, Polen, an de Boor vom 27.2.1915.

428 GStA PK, I. HA Rep. 178, Nr. 1598, de Boor an Generaldirektor Kehr vom 7.2.1916.

429 Ebd., Kehr an de Boor vom 10.2.1917.

wigs beschäftigt war. Im Laufe des Krieges wurde auch der Hilfsdiener zum Kriegsdienst eingezogen, der vor allem für die körperlichen Tätigkeiten wie das Heizen zuständig war. Dies führte zu der ungewöhnlichen Meldung, dass der 64-jährige de Boor sich 1917 beim Oberpräsidenten entschuldigen musste, aus gegebenem Anlass nicht die Flagge gehisst zu haben, da es für die „nicht ungefährliche Anlage" einen kräftigen Mann brauche und er dies nicht mehr schaffe. Übergangsweise übernahm die Ehefrau des Hilfsdieners bis zum Ende des Krieges einen Teil der Tätigkeit.[430]

De Boors Beschwerden über die geringe Anzahl an Personal müssen auch vor dem Hintergrund der Situation der preußischen Archivverwaltung gesehen werden. Der Personalmangel während des Ersten Weltkrieges betraf nahezu alle staatlichen Stellen und damit auch die anderen Staatsarchive. Die Zahl der Archivbeamten reduzierte sich in der Kriegszeit um fast 65 Prozent, womit die preußische Archivverwaltung auf den Stand von 1900 zurückversetzt wurde.[431] Die für die Verteilung des Personals zuständige zentrale preußische Archivverwaltung hatte große Probleme, entstehende Vakanzen zu füllen und den Arbeitsbetrieb in den preußischen Staatsarchiven aufrechtzuerhalten. Das Staatsarchiv Koblenz musste zum Ende des Krieges ganz ohne wissenschaftliche Beamte auskommen. Dies ist ein Bild, das sich ähnlich mindestens auch in Österreich und Frankreich zeigte.[432]

Weiter bedeutete der Beginn des Krieges eine starke Einschränkung der Arbeit des Archivs, da nicht nur die Archivmitarbeiter, sondern auch die Archivnutzer in den Krieg eingezogen wurden oder keine Zeit oder Interesse mehr für die Forschung hatten. 1915 besuchten nur noch fünfzehn Personen an 95 Tagen das Staatsarchiv; Ähnliches gilt auch für die schriftlichen Auskünfte und die amtliche Nutzung.[433] Erst 1922 wurde das Vorkriegsniveau wieder erreicht.[434]

Eine weitere Folge des Krieges war die Versorgungsknappheit, vor allem mit Heizmaterial. Das Staatsarchiv Schleswig musste von Februar bis Mai 1917 geschlossen werden, da es nicht mehr möglich war, genug Kohle für die Beheizung des Lesesaals oder der Dienstzimmer zu bekommen. Im darauffolgenden

---

430 LASH Abt. 304 Nr. 896, Aktenvermerk von de Boor vom 29.6.1917.

431 Weiser (Anm. 15), 93; Otto Riedner: Archivwesen und Weltkrieg. In: Korrespondenzblatt des Gesamtvereins der deutschen Geschichts- und Altertumsvereine 73 (1925), 204–226, 205; Matthias Herrmann: Archiv(gut)schutz im Deutschen Reich in der ersten Hälfte des 20. Jahrhunderts. In: Archivmitteilungen 42 (1993), 169–182, 172.

432 Riedner (Anm. 431), 205.

433 Hier und im Folgenden: GStA PK, I. HA Rep. 178, 2367, Jahresberichte.

434 GStA PK, I. HA Rep. 178, 2368, Jahresberichte.

Winter verschärfte sich die Situation noch einmal: Schon im Oktober 1917 sah sich de Boor gezwungen, das Archiv zu schließen, da die Temperatur in den Räumen unter sieben Grad Celsius gefallen war.[435] Vorher war das Anliegen, in Kupkes Privatwohnung ein Arbeitszimmer für die Nutzer einzurichten, abgelehnt worden, und Kehr ermahnte de Boor, er solle versuchen, zumindest genug Kohle zu bekommen, um „den Dienstbetrieb notdürftig aufrecht erhalten zu können".[436] Doch selbst dafür konnte nicht genug Material beschafft werden.

In Schleswig-Holstein war die Situation noch einmal besonders verschärft, da es dem Staatsarchiv an Unterstützung in der Provinzialverwaltung mangelte. Der Regierungspräsident Gustav Schneider (1857–1931) hatte bereits im Vorfeld beim Oberpräsidenten angefragt, ob die Beheizung des Staatsarchivs nicht wegfallen könne. Er bezog sich auf einen Erlass des Innenministers, in dem es hieß, dass nicht dringende Geschäfte zurückgestellt werden sollten.[437] Zu diesen zählten in seinen Augen auch die Aufgaben des Staatsarchivs.

Zudem fehlte es de Boor an Durchsetzungsvermögen, und er räumte dem Oberpräsidenten gegenüber ein, er können wie im Frühjahr 1917 „teils zu Hause, teils soweit es nötig ist […] im Winterüberzieher im Staatsarchiv" arbeiten.[438] Kehr wiederum war zu keinen Zugeständnissen bereit und kritisierte de Boor scharf. Kein anderes Staatsarchiv hatte aus diesen Gründen schließen müssen, da dort rechtzeitig vorgesorgt worden war.[439] Zudem fragte er nach den Tätigkeiten der Archivare, wenn das Archiv geschlossen sei, und drohte, dass Kupke bei nicht ausreichender Arbeit nach Hannover abgestellt werden würde, wo dringend Hilfe gebraucht werde.[440]

Obwohl diese Maßnahme nicht ergriffen wurde, kapitulierte de Boor vor der Personalsituation. Kurz nachdem das Archiv mit Besserung der Witterung im Mai 1918 wieder geöffnet wurde, wies Kehr die erneute Anfrage nach einem weiteren Archivbeamten entschieden zurück. Er begründete dies unter anderem damit, dass es für weiteres Personal in Schleswig keinen Anlass gebe, da die Amtsgeschäfte nur sehr eingeschränkt abliefe und kaum Nutzung stattfinde. De Boor bat daraufhin zum Oktober 1918 um seine Entlassung in den Ruhestand.

435 LASH Abt. 301 Nr. 4801, de Boor an den Oberpräsidenten vom 29.10.1917.

436 LASH Abt. 304 Nr. 280, Bl. 161, der Generaldirektor an de Boor vom 18.8.1917.

437 LASH Abt. 301 Nr. 4801, der Regierungspräsident an den Oberpräsidenten vom 19.9.1917 mit Verweis auf den Erlass des Innenministers vom 6.8.1917.

438 Ebd., de Boor an den Oberpräsidenten vom 16.9.1917.

439 Die Staatsarchive Osnabrück, Wetzlar und Sigmaringen hatten aufgrund von fehlendem Personal geschlossen werden müssen, GStA PK, I. HA Rep. 178, 1640, Kehr an Richter vom 24.12.1917.

440 LASH Abt. 304 Nr. 280, Bl. 164, Kehr an das Staatsarchiv Schleswig vom 26.9.1917.

Dadurch, dass er für die Erledigung der Geschäfte fast täglich, auch an Sonn- und Feiertagen, „stundenlang in den ungeheizten Diensträumen" hatte arbeiten müssen, sei seine Gesundheit so angeschlagen, dass er bereits ab dem 1. Juli 1918 beurlaubt werden wollte.

Dieser Schritt war das Ergebnis einer länger bestehenden Unzufriedenheit aufseiten de Boors. Die durch die Nutzung bedingte Arbeit des Archivs hatte in Kriegszeiten nachgelassen, nicht aber die Ordnung der Bestände, die de Boor als eigentliche Aufgabe des Archivars ansah. Er legte also bereits im Juli 1918 die Geschäfte nieder und übergab sie an Kupke, der sein designierter Nachfolger wurde. Kupke selbst wurde allerdings zum 1. Oktober 1918 an das Staatsarchiv Posen versetzt. Wie kam es dazu?

Kupke, 1866 in Posen geboren, war wie bereits erwähnt seit 1911 am Staatsarchiv Schleswig tätig. Vorher war er Assistent am Preußischen Historischen Institut in Rom, bevor er am Staatsarchiv Posen in den Archivdienst eintrat. Im Gegensatz zu Hille und de Boor war Kupke in Schleswig kaum mit Ordnungsarbeiten im Staatsarchiv beschäftigt, für ihn stand die wissenschaftliche Betätigung im Vordergrund. Im Auftrag der GSHG knüpfte er Kontakte zu den Guts- und Adelsarchiven und widmete sich der Betreuung dieser nicht staatlichen Archivalien, für die er von der Archivverwaltung freigestellt worden war. Im Sinne Kehrs sollte ein Inventar über die nicht staatlichen Archivalien im Kreis Plön publiziert werden, dessen Fertigstellung für 1917 vorgesehen war.

Kupke hatte sich mehr als jeder bisherige Staatsarchivar in Schleswig für die schleswig-holsteinische Landesforschung engagiert. Zwar waren auch Hille und de Boor Mitglieder in der GSHG und veröffentlichten gelegentlich Aufsätze in deren Zeitschrift, dabei handelte es sich jedoch meist um Berichte über bestimmte Bestände[441] oder um Ergebnisse aus ihrer Arbeit.[442] Eine Beteiligung darüber hinaus gab es nicht.[443]

Kupke war hingegen nicht nur Mitglied der GSHG, sondern auch von 1914 bis 1917 im Vorstand tätig.[444] Ganz in der Tradition der anderen Staatsarchive wurde ihm von der Gesellschaft die Erstellung des vierten Bandes der

441 Albert de Boor: Zur Geschichte der Großfürstlichen Archive in Holstein. In: ZSHG 26 (1896), 315–411.

442 So beispielsweise Georg Hille: Die Ansprüche der Stadt Kiel an den Kieler Hafen. In: ZSHG 31 (1901), 89–114; mit dem Gutachten war Hille seit mindestens 1896 beschäftigt; vgl. LASH Abt. 304 Nr. 375, Bl. 5, Monatsbericht für Januar 1896.

443 Weiterführend Kapitel 3.3.

444 Er wurde als Ersatz für den nach Münster versetzten Ernst Robert Daenell, u. a. Professor für Landesgeschichte, ohne Amt in den Vorstand gewählt, N. N.: Nachrichten über die Gesellschaft. In: ZSHG 44 (1914), 339–343.

Schleswig-Holsteinischen Regesten und Urkunden (SHRU) übertragen, der den Zeitraum von 1341 bis 1375 umfassen sollte.[445] Dies war ein klassisches Betätigungsfeld in der Arbeit der Archivare in Geschichtsvereinen, wie es in anderen Provinzen üblich war. Die SHRU wurden bereits seit 1886 von der GSHG ohne Beteiligung des Staatsarchivs Schleswig herausgegeben.

Ende 1917 kam es zum Eklat. Nachdem die ersten Bögen des vierten Bandes probeweise gedruckt waren, wurde festgestellt, dass Kupkes Arbeit unzureichend war. Kupke selbst musste eingestehen, dass er der Aufgabe nicht gewachsen war. Gegenüber Kehr gab er zu, dass für die Anmerkungen „eine genaue Kenntnis der speziellen mittelalterlichen Literatur unbedingt erforderlich" erscheine, die er nicht besitze.[446] Er bat um die Übersendung einer geeigneten Person, die das Manuskript fertigstellen könne, da die GSHG mit einer Veröffentlichung im folgenden Jahr rechne.

Dies war ein Skandal für die Archivverwaltung. Kupke war sich darüber klar, dass er den Generaldirektor, das Staatsarchiv und sich selbst in „eine höchst peinliche und unangenehme Lage gebracht" und seine Befugnisse überschritten habe.[447] Dem Vorstand der GSHG gegenüber musste er erklären, dass es für ihn nun unmöglich sei „die leitende Stellung in dieser Provinz einzunehmen". Im Namen des Präsidenten des Staatsministeriums als Zuständigem für die Archivverwaltung wurde dem Oberpräsidenten erklärt, dass Kupke die Arbeit in solch einer unzureichenden Form vorgelegt habe, dass dessen wissenschaftliche Autorität kompromittiert sei. Der Vorfall sei für Kupke „peinlich" und zeige, dass er nicht voll geeignet für die Leitung eines Staatsarchivs sei.[448]

Nachdem Kupke gebeten hatte, „im Interesse des Dienstes" zurück nach Posen versetzt zu werden, wurde dem stattgegeben, es wurde aber auch gleichzeitig betont, dass dies nicht für notwendig gehalten werde. Dieser Wunsch war ausschließlich von Kupke ausgegangen. Weder hatte Kehr seine Versetzung gefordert, noch war es im Interesse der GSHG oder der Provinz. Der stellvertretende Vorsitzende der GSHG Ludwig Ahlmann (1859–1942) schrieb an Kehr, dass man Kupkes Entscheidung bedauere. Kupke habe es geschafft, das Staatsarchiv bei deutschen Forschern bekannt zu machen, und

445 GStA PK, I. HA Rep. 178, 1739, Kupke an Generaldirektor Kehr vom 12.5.1916.

446 Ebd., Kupke an Generaldirektor Kehr vom 31.10.1917

447 Hier und im Folgenden: GStA PK, I. HA Rep. 178, 1538, Privatschreiben von Kupke an Generaldirektor Kehr vom 16.1.1918. Dem Schreiben muss eine scharfe Zurechtweisung Kupkes von Kehr vorangegangen sein, welche in den gesichteten Quellen nicht enthalten ist.

448 Ebd., der Präsident des Staatsministeriums an den Oberpräsidenten vom 1.7.1918.

durch ihn seien „lebendige Fäden von der Universität zur endlegenden Schatzkammer des geschichtlichen Gutes an der Schlei gesponnen" worden.[449] Auch der Oberpräsident sprach sich für ein Verbleiben Kupkes aus.

Dazu kam es aber nicht. Zum 1. Oktober 1918 wurde Kupke nach Posen versetzt und geriet damit mitten in die Wirren des Krieges. Nachdem im November 1918 die Kampfhandlungen beendet worden waren, wurde im Versailler Vertrag festgelegt, dass die Provinz Posen an Polen übergehen musste. Bereits vor der Unterzeichnung des Vertrages war das Posener Staatsarchiv am 17. April 1919 von Kupke in polnische Hände übergeben worden.[450] Er wurde daraufhin nach Stettin versetzt, erhielt anschließend jedoch weder die Leitung eines Archivs, noch wurde er zum Geheimen Archivrat befördert. Der Vorfall mit der GSHG und sein eigener Wunsch, aus Schleswig versetzt zu werden, gepaart mit den Umständen in Posen, hatten realiter seine Karriere beendet.

Das Staatsarchiv Schleswig hatte damit zum Ende des Krieges praktisch aufgehört zu bestehen: Es war kein Archivar mehr dort, da de Boor bereits zum 29. Juni 1918 das Archiv übergeben hatte und Kupke nach Posen versetzt worden war. Einen Archivassistenten oder -sekretär hatte es seit 1915 nicht mehr gegeben. Weiter waren auch der Kanzleisekretär und der Hilfsarbeiter im Krieg gestorben beziehungsweise noch nicht zurückgekehrt. Die Planung, dass Kupke die Nachfolge de Boors übernehmen sollte, war ohne Alternativen gewesen. Damit bewahrheiteten sich in gewisser Weise Hilles Befürchtungen, der die Besetzung der Stelle eines dritten Beamten unter anderem deswegen gefordert hatte, damit dieser als Ersatz fungieren und nach Hilles und de Boors Weggang die Leitungsfunktion übernehmen könne. De Boors Klagen wurden nun Wirklichkeit: Tertium non datur, hatte er 1912 an Kehr geschrieben: Es fehlte im Oktober 1918 die dritte Möglichkeit.[451]

Zum Leidtragenden in der Situation wurde Richter, dem am 30. September 1918 das Archiv als neuem Direktor übergeben worden war. Richter war 1866 in Insterburg nahe Königsberg geboren und war damit genauso alt wie Kupke. Ab 1892 stand er im Dienst der preußischen Archivverwaltung und war vor allem an den Staatsarchiven Koblenz und Wiesbaden tätig gewesen. 1913 hatte er die Leitung des Staatsarchivs Wetzlar übernommen, war aber bereits im Oktober 1914 in den Krieg eingetreten. Die Übernahme der Leitung

449 Ebd., der Vorstand der GSHG, i. V. Ahlmann an Generaldirektor Kehr vom 18.1.1918.

450 Warschauer (Anm. 66), 206; Direktor Rodgero Prümers (1852–1921) war im Februar 1919 vor der Inhaftierung geflohen, ebd., 205.

451 LASH Abt. 301 Nr. 3135, de Boor an den Oberpräsidenten vom 1.8.1912.

des Staatsarchivs Osnabrück lehnte er zwei Jahre später ab, da es sich nicht um ein Direktorialarchiv handelte, er also nicht zum Archivdirektor befördert werden würde. Wieder ein Jahr später bat er Kehr, dass dieser seine Entlassung aus dem Militärdienst erwirken solle. Da Richter jedoch die Leitung in Osnabrück abgelehnt hatte und das Staatsarchiv Wetzlar wegen seiner geringen Wichtigkeit und fehlendem Personal geschlossen worden war, lehnte Kehr dieses Gesuch ab.

Im Mai 1918 kam dann von Kehr das Angebot, dass Richter die Stelle des Direktors im Staatsarchiv Schleswig übernehmen könne. Kehr hatte erst eine Woche zuvor das Entlassungsgesuch von de Boor erhalten, die Situation um Kupke war bereits hinreichend bekannt. Richter war von dem Angebot geradezu schockiert: „Das Archiv in Schleswig gehört zu denjenigen, für die ich keinerlei Grundlagen und Stützen mitbringe", es würde „der wissenschaftliche Erwerb eines Lebens […] wertlos und unfruchtbar gemacht",[452] antwortete er Kehr. Sein Hauptargument gegen die Versetzung war, dass er für die Forschung in der für ihn fremden Provinz nicht geeignet sei. Sein Schreiben endete jedoch, ordnungsgemäß, mit der Anmerkung, dass die endgültige Entscheidung selbstverständlich bei Kehr liege, der nun entscheiden müsse, ob die Notwendigkeit angesichts Richters Einwände groß genug sei. Kehr entschied sich für die Versetzung Richters auch aus dem Grund, weil sich in absehbarer Zukunft keine gleichwertige Stelle für Richter auftun würde, da in der folgenden Zeit keiner der Direktoren der größeren Archive ersetzt werden müsste.[453]

Die Versetzung erfolgte nun schnell und setzte Richter unter Druck. Noch kurz vorher hatte er sich in Wetzlar ein Haus gekauft, erst zum 13. September 1918 wurde er aus dem Militärdienst entlassen. Ein Aufschieben seiner Versetzung, sodass die Tätigkeit erst nach Kriegsende beginnen würde, damit er seine Angelegenheiten ordnen könne, wurde abgelehnt. Kehr ermahnte Richter zusätzlich, dass dieser am 30. September 1918 in Schleswig sein müsse, damit ihm das Archiv übergeben werde, weil Kupke dann seine Reise nach Posen beginnen müsse, wo er wiederum zum 1. Oktober seinen Dienst antreten würde.[454] Nachdem ihm also von Kupke das Archiv übergeben worden war, befand sich Richter im Oktober 1918, kurz vor Kriegsende, in einem ihm völlig unbekannten Archiv in einer ihm unbekannten Provinz. Auch Kehr war sich dieser Tatsache durchaus bewusst und

---

452 GStA PK, I. HA Rep. 178, 1640, Richter an Kehr vom 27.5.1918.

453 Ebd., Kehr an Richter vom 4.6.1918.

454 Ebd., Kehr an Richter vom 6.9.1918.

versuchte Richter die Vorteile zu vermitteln: Die abgelegene Lage Schleswigs sorge dafür, dass er sich dort in Ruhe einarbeiten könne.[455]

Die Verhältnisse im Staatsarchiv zum Kriegsende waren katastrophal. Den ersten Eindruck davon bekam Richter schon von Kehr, als er gefragt wurde, ob er die Leitung übernehmen wolle: „Die Verhältnisse in Schleswig sind nicht leicht; der Ort ist abgelegen u. das Archiv schlecht in einem alten ungenügenden Bau untergebracht."[456]

Außerdem fand Richter bei der Übernahme der Leitung ein Schreiben vor, das de Boor an seinen Nachfolger verfasst hatte. Darin legte er einzelne Punkte dar, die er für wichtig hielt. Unter anderem zählte er auf, welche Bestände neu zu verzeichnen und welche Akten nicht aufzufinden seien, und zudem machte er auch auf gravierende bauliche Mängel aufmerksam.[457]

Es sollte weit bis ins Jahr 1919 dauern, bis Richter überhaupt eine gewisse Orientierung über die Angelegenheiten erlangen konnte. Ab Februar stand ihm mit Kochendörffer ein weiterer Archivar zur Seite. Aber auch die nachfolgenden Ereignisse zur Zeit der Weimarer Republik blieben dadurch beeinflusst, dass mit Richter dem Staatsarchiv ein Mann vorstand, der kaum Kenntnisse über die Provinz besaß und trotz Engagements nur unzureichend auf die Herausforderungen der Leitung des Staatsarchivs in Schleswig-Holstein vorbereitet war.[458] Das Scheitern der Personalpolitik der preußischen Archivverwaltung zum Ende des Ersten Weltkrieges zeigte sich deutlich und hatte weitreichende Folgen.

2.4 Die Nutzung im Spannungsfeld von Forschung und Verwaltung

Vor dem Ersten Weltkrieg und währenddessen zeigte sich in der Arbeit im Staatsarchiv Schleswig besonders der Konflikt, der die Archive in dieser Zeit prägte: Sie waren einerseits in ihrer rechtssichernden Funktion für die Verwaltung tätig, andererseits gewann aber die private Nutzung für die Forschung einen immer größeren Stellenwert. Die Rolle der Archive war eine zweigeteilte. Seine Anfänge fand das in der sogenannten Öffnung der Archive im Laufe des 19. Jahrhunderts. Staatliche Archive im weitesten Sinne waren meist gegründet worden, um Auskünfte für Regierungs- beziehungsweise amtliche

455 Ebd., Kehr an Richter vom 4.6.1918.

456 Ebd., Privatschreiben von Kehr an Richter vom 17.5.1918.

457 LASH Abt. 304 Nr. 409, Bl. 2–5, Promemoria von de Boor vom 27.6.1918 (vorgelegt am 29.9.1918).

458 Weiterführend Kapitel 3.

Zwecke zu erteilen. Schon früh waren Archive auch für die historische Forschung herangezogen worden, dies aber nur in eingeschränktem Maße.[459] Im 19. Jahrhundert änderte sich dies, und die Archive wurden immer zugänglicher. Überwog vorher die Benutzung für die Verwaltung, verschob sich dies hin zur privaten und wissenschaftlichen Nutzung.

Im engen Zusammenhang damit stehen Entwicklungen der Geschichtswissenschaft, die die Öffnung der Archive bewirkten und vice versa. So erhielt die Benutzung von archivischen Quellen für die Forschung eine neue Wichtigkeit, was wiederum zu einem Anstieg der Nutzerzahlen führte und auch zu einer neuen Ausrichtung der Archivarbeit. Die Archivare begannen, die eigenen Bestände zu nutzen und vor allem durch Quelleneditionen zugänglich zu machen. Dies geschah häufig im Zusammenspiel mit den regionalen Geschichtsvereinen.

Dieser „Januskopf der Archive" betraf auch das Staatsarchiv Schleswig, und nach seiner Gründung musste es seinen Platz zwischen der Rolle als Verwaltungsbehörde und als wissenschaftliche Institution finden.

2.4.1 Die Öffnung der Archive im 19. Jahrhundert

Die Politik auf deutschem Gebiet war seit Beginn der Neuzeit bis ins 19. Jahrhundert geprägt von den *arcana imperii*, der geheimen Politik. Das bedeutete, dass das Regierungshandeln hinter verschlossenen Türen unter Ausschluss der Öffentlichkeit stattfand. Dies war beispielsweise in Kriegszeiten wichtig, damit dem Gegner mögliche Strategien nicht vorher bekannt würden.[460] Nutzen und Existenzberechtigung fanden Archive dadurch, dass das von ihnen aufbewahrte Material in Zweifelsfällen und zur Beweisführung herangezogen werden konnte, um die rechtliche Position des Archivbesitzers, ob Fürst oder Staat, zu stützen.[461] Im Rahmen der Arkanpolitik war der Zugang zu den Archiven stark eingeschränkt.[462]

---

459 Friedrich (Anm. 3), 231; Michael Scholz: Die Öffnung der Archive für jedermann – Zur Geschichte der öffentlichen Benutzung. In: Brandenburgische Archive – Mitteilungen aus dem Archivwesen des Landes Brandenburg 10 (1997), 4–8, 5.

460 Rüdiger Voigt: Einleitung. In: Ders. (Hrsg.): Staatsgeheimnisse. Arkanpolitik im Wandel der Zeit. Wiesbaden 2017, 1–5, 2.

461 Scholz (Anm. 459), 4.

462 Zur Nutzung der Archive für wissenschaftliche Zwecke in der Frühen Neuzeit s. weiterführend Friedrich (Anm. 3); Scholz (Anm. 459); Anett Lütteken: Aufklärung und Historismus. In: Lepper/Raulff (Anm. 2), 45–56, 50.

Bis ins 19. Jahrhundert dienten staatliche Archive also vor allem der Verwaltung und halfen bei der Wahrung der Rechte des Landesherrn und der Landesverwaltung.[463] Sie waren damit unmittelbar herrschaftsrelevant, die Nutzung für historische Zwecke konnte keineswegs als gegeben angesehen werden.[464] „Der frühneuzeitlichen Tradition der Theorie und Praxis der *arcana imperii* zufolge war es die Aufgabe staatlicher Archive, die staatlichen Interessen zu schützen und nicht zuletzt per se die Existenz des Staates zu garantieren,"[465] so der Historiker Philipp Müller zur vorherrschenden Aufgabe der Archive bis zum 19. Jahrhundert.

Besonders durch die Ereignisse der Französischen Revolution und den daraus folgenden Umwälzungen im ausgehenden 18. und beginnenden 19. Jahrhundert kam es zu Veränderungen. In Frankreich waren gerade zu Beginn der Revolution viele Archive zerstört worden, da es den Revolutionären darum ging, mit der Vergangenheit abzuschließen und ein Wiederaufleben des Feudalismus zu verhindern.[466] Es war also ein Akt der bewussten Vernichtung des (Beweis-)Materials, das die Basis der Macht der Landesherren gebildet hatte. In den ersten wechselvollen Jahren der Revolution wurde jedoch auch der Wert der Institution Archiv erkannt, und es herrschte der Wunsch, klare Verhältnisse zu schaffen. Ein erster Schritt in diese Richtung war das Gesetz vom 25. Juni 1794 (*loi du messidor an II*), mit dem die Organisation der französischen Archive geregelt wurde. Einen besonderen Wert hat das Gesetz, da damit erstmals der grundlegende Zugang der Öffentlichkeit zu den Archivalien garantiert wurde. In Artikel 37 heißt es, dass jedem Bürger auf Verlangen die gewünschten Stücke ohne Gebühren und vor Ort vorgelegt werden müssten.[467] Dieses Gesetz wurde in der Forschung als Erklärung der Archivalischen Menschenrechte bezeichnet, in Anlehnung an die französische Erklärung der Menschen- und Bürgerrechte vom 26. August 1789.[468] Auf lange

---

[463] Bischoff (Anm. 18), 48.

[464] Müller: Die neue Geschichte (Anm. 16), 36f.

[465] Ebd., 41.

[466] Lütteken (Anm. 462), 49.

[467] „Tout citoyen pourra demander dans tous les dépôts, aux jours et aux heures qui seront fixés, communication des pièces qu'ils renferment: elle leur sera donnée sans frais et sans déplacement, et avec les précautions convenables de surveillance. Les expéditions ou extraits qui en seront demandés seront délivrés à raison de quinze sous du rôle." Artikel 37 des „Loi concernant l'organisation des archives établies auprès de la représentation nationale du 7 messidor an 11". In: N. N.: Rapport au roi sur les archives départementales et communales. Paris 1841, 25–30, 29.

[468] Der Begriff wurde geprägt von WolfgangWieland; vgl. Scholz (Anm. 459), 4.

Sicht kam diesem Gesetz aber nur ein symbolischer Charakter zu, da die Änderungen bald wieder zurückgenommen wurden.[469] Es war vielmehr ein Ausdruck der liberalen Bewegung der Zeit und zeigte, wie groß das Bedürfnis der Zeitgenossen war, den Zugang zu den Archiven zu öffnen und zu regulieren.

Die folgenden großen Veränderungen resultierten aus dem Reichsdeputationshauptschluss, der sich daraus ergebenden Säkularisierung sowie der Neuordnung Europas durch den Wiener Kongress. Viele Archivalien verloren dadurch ihre Wichtigkeit in Hinblick auf die Rechtssicherung.[470] Sie wurden zu Dokumenten mit ausschließlich historischem Wert.

In Preußen bildete sich unter diesen Umständen Anfang des 19. Jahrhunderts eine zentrale Archivverwaltung. Das bereits seit dem 16. Jahrhundert bestehende GStA wurde 1810 direkt der Leitung der Staatsverwaltung unterstellt, und unterstand damit der Aufsicht des Staatskanzlers von Hardenberg. Er sorgte für die Etablierung einer gemeinsamen Verwaltung für die damals bestehenden Archive in Preußen. Fälschlicherweise wurde er deswegen in der Forschungsliteratur als „Begründer des deutschen Archivwesens" betitelt, obwohl er lediglich Einfluss auf das preußische Archivwesen nahm.[471] Auch wenn dieses eine starke Vorbildfunktion hatte, so konnte es nie direkten Einfluss auf außerpreußische Archive ausüben.[472] Angesichts der Zersplitterung der Länder und der Archive beziehungsweise Archivverwaltungen ist ohnehin fraglich, ob von einem „deutschen Archivwesen" gesprochen werden kann.

Das staatliche Archivwesen in Preußen um 1810 bestand aus drei Archiven: dem GStA – das zu dieser Zeit noch Königliches Preußisches Geheimes Staats- und Kabinettsarchiv hieß und später in Preußisches Geheimes Staatsarchiv umbenannt wurde –,[473] dem Geheimen Ministerialarchiv und dem Königsberger Staatsarchiv. Das Ministerialarchiv hatte bis 1874 Bestand und wurde dann in das GStA überführt. Das Staatsarchiv in Königsberg war 1806

---

469 Ebd.; s. weiterführend auch Lütteken (Anm. 462), 49–51.

470 Gerhard Enders: Probleme der Archivgeschichte und der Archivgeschichtsschreibung. Ein historischer Überblick. In: Archivmitteilungen 37 (1987), 63–67, 64.

471 Weiser (Anm. 15), 6.

472 Eine Ausnahme, wo der Generaldirektor der Staatsarchive Einfluss auf außerpreußische Archive nehmen konnte, war die Ernennung Zipfels 1943 zum Kommissar für den Luftschutz, die allerdings vorrangig dazu diente, Auslagerungsmaßnahmen während des Zweiten Weltkrieges zu koordinieren, und nicht weiter in die eigentliche Archivarbeit eingriff, Kapitel 4.2.4.

473 Erst seit 1963 trägt es den heutigen Namen Geheimes Staatsarchiv Preußischer Kulturbesitz; vgl. Eckart Henning/Christel Wegeleben: Archivare beim Geheimen Staatsarchiv Berlin-Dahlem 1924–1974. In: Jahrbuch für Brandenburgische Landesgeschichte 27 (1976), 155–178, 155.

als erstes Provinzialarchiv gegründet worden. 1811 folgte die Gründung eines weiteren Archivs, des Akademischen Provinzialarchivs in Breslau, das der dortigen Universität angegliedert war.[474]

Erst in den 1820er- und 1830er-Jahren wurden weitere preußische Staatsarchive vorrangig in den nach dem Wiener Kongress neu erlangten Gebieten eingerichtet (Magdeburg 1823, Stettin 1827, Münster 1829, Düsseldorf 1832, Koblenz 1832). Diese neuen Provinzialarchive entstanden dadurch, dass entweder bereits vorhandene Archive oder Sammlungen von Archivalien übernommen oder diese von verschiedenen Stellen zusammengeführt wurden. Die Aufsicht über die Archive in der Provinz oblag den Oberpräsidenten, die Oberaufsicht lag bei der Archivverwaltung in Berlin.

Die Nutzung dieser in der Entstehung begriffenen Archive wurde erstmals durch eine Ordnung geregelt, die 1822 von Hardenberg an alle Oberpräsidenten ergangen war.[475] Demnach sollte die Nutzung unter zwei Kriterien erfolgen: unter Wahrung der Interessen des Staates und unter Beachtung der Sicherung der Archivalien. Hardenberg unterschied zwischen Archivalien historischer Natur und solchen, die sich auf neuere Verhältnisse bezogen; als Grenze zwischen diesen beiden Arten legte er das Jahr 1500 fest. Das bedeutete, dass er den Archivalien nach 1500 noch einen Bezug auf andauernde Verhältnisse zugestand. Dementsprechend galt, dass sie in der Regel nicht zugänglich waren, während Archivalien für den Zeitraum vor 1500 generell einsehbar waren.

Doch auch der Zugang zu Dokumenten, die vor 1500 entstanden waren, war nicht frei. Die Archivalien sollten nur demjenigen vorgelegt werden, „welcher durch Bildung und Kenntnisse fähig ist, sie zu benutzen, einen natürlichen Zweck dartun kann und sich eines solchen Vertrauens nicht unwürdig gezeigt hat".[476] Gerade der letzte Aspekt ließ einen großen Spielraum zu, wem der Zutritt zu Archivalien gestattet oder verweigert werden konnte. Die Erlaubnis wurde von den Oberpräsidenten gegeben. Außerdem mussten etwaige Forschungsergebnisse vor der Veröffentlichung den Oberpräsidenten zur Prüfung vorgelegt werden.

---

474 Paul Kehr: Ein Jahrhundert preußischer Archivverwaltung. Rede, gehalten gelegentlich der Wiedereröffnung des Geheimen Staatsarchivs in Berlin-Dahlem am 26. März 1924. In: Archivalische Zeitschrift 35 (1925), 3–21, 4.

475 Verfügung des Staatskanzlers von Hardenberg an die Oberpräsidenten über die Benutzung der Archive vom 11.9.1822, abgedruckt bei Weiser (Anm. 15), 222–224.

476 Ebd., 223.

Genauso wenig waren Archivalien, die nach 1500 entstanden waren, absolut unzugänglich. Für sie behielt sich der Staatskanzler das Freigaberecht zur Einsichtnahme vor.[477] Dies sei unter anderem von der „Redlichkeit, Gewissenhaftigkeit und Klugheit" des potenziellen Nutzers abhängig, die Oberpräsidenten würden die letztliche Genehmigung geben.[478] Zudem musste zur Veröffentlichung der Ergebnisse die Erlaubnis des Staatskanzlers eingeholt werden. Die Vorlage von Findmitteln für die Zeit nach 1500 wurde ganz abgelehnt.

Es zeigt sich der Zwiespalt, den Hardenberg mit dieser Verordnung überbrücken musste. Auf der einen Seite stand die Tradition der Arkanpolitik, die den Zugang restriktiv machte, um die Interessen der Regierung zu wahren, auf der anderen Seite das publizistische Wesen der wissenschaftlichen Forschung. Hardenberg hatte vorrangig die staatlichen Interessen im Blick.

Inwieweit die *arcana imperii* für die Archive im 19. Jahrhundert noch eine Rolle gespielt hat, ist in der Forschung umstritten. Es gibt Stimmen, die sagen, dass die Arkanpolitik spätestens nach den Ereignissen des Wiener Kongresses beendet war,[479] wogegen Müller hält, dass dies nicht der Fall sei. Er argumentiert, dass die innen- und außenpolitischen Verhältnisse einen „Arkanraum" vonseiten der Regierung immer noch erforderlich machten.[480] Hardenbergs Restriktionen und seine Argumentation sprechen für letzteren Standpunkt.

Hinzu kam, dass die Archivare Beamte waren und damit darauf bedacht, das Ansehen des Staates nicht zu schädigen. Beamte hatten in Preußen in mehrfacher Hinsicht eine Sonderrolle und konnten sich der Fürsorge des Staates sicher sein. Im Gegenzug wurden von ihnen eine besondere Unterordnung und politische Treue erwartet.[481] Dies zeigte sich auch in der Vorgabe der Prioritäten bei der Benutzung der Archive durch die Archivare selbst und bei den daraus entstehenden Publikationen. Hardenberg legte dazu fest, dass

---

477 Nach dem Tod von Hardenbergs 1822 wurde das Amt des Staatskanzlers nicht wieder besetzt, und die Archive wurden dem gesamten Staatsministerium unterstellt; damit ging das Recht auf das Staatsministerium über; vgl. Kehr (Anm. 474), 7.

478 Verfügung des Staatskanzlers von Hardenberg an die Oberpräsidenten von Königsberg, Posen, Breslau, Magdeburg, Stettin, Koblenz und Danzig über die Benutzung der Archive vom 11.9.1822, abgedruckt bei Weiser (Anm. 15), 223.

479 Enders (Anm. 470), 64; Bernhard Wegener: Der geheime Staat. Arkantradition und Informationsfreiheitsrecht. Stuttgart 2006, 42; Reinhard Heydenreuther: Archive zwischen Staatsräson und Geschichtswissenschaft. Zur bayerischen Archivgeschichte zwischen 1799 und 1824. In: Mitteilungen für die Archivpflege in Bayern, Sonderheft 9 (1992), 20–54, 32.

480 Müller: Die neue Geschichte (Anm. 16), 45; Müller: Geschichte machen (Anm. 16), 132-133.

481 Süle (Anm. 288), 72.

die Archivare bei Veröffentlichungen „dem königlichen Interesse immer den Vorzug vor dem wissenschaftlichen und historischen" zu geben haben.[482]

Die Regelungen zur Nutzung der Archive waren notwendig, da immer mehr Forscher den Weg ins Archiv finden wollten. Dieser Weg führte, unabhängig vom Thema, über das Einreichen eines Bittgesuchs (Supplik), dem stattgegeben oder das abgelehnt wurde. Nun zeigte sich die Vagheit der Verordnung Hardenbergs; die Gründe für eine Ablehnung waren nämlich vielfältig, und oft mussten politische Hindernisse überwunden werden. Ob die Erlaubnis gegeben wurde, hing sehr stark von persönlichen Beziehungen zwischen dem Antragsteller und der Regierung ab.[483] Leopold (von) Ranke (1795–1886) beschwerte sich in einem privaten Brief, dass Historikern die Einsicht verwehrt wurde, weil sie dem Archiv fremd waren.[484] Einsicht wurde auch dann verwehrt, wenn es dem Ansehen einzelner Personen schaden würde, und selbst die Erforschung bereits bekannter Skandale wurde abgelehnt. Müller nennt das Beispiel einer Wahlbestechung, deren historische Aufarbeitung 1843 vom Außenministerium abgelehnt wurde, da es ein Unterschied sei, ob solche Sachen erzählt oder mit Dokumenten nachgewiesen würden.[485]

Gerade dieser inhärente Wahrheitsanspruch an Archivquellen machte sie so wertvoll für die Geschichtswissenschaft. Material aus den Archiven galt als unanfechtbar, so besagte es das *ius archivi*.[486] Es hatte seine Ursprünge im 17. Jahrhundert, und neben dem Recht eines Herrschers, ein Archiv einzurichten, beinhaltete es die *fides perpetua*, dass Archiven also eine dauernde Glaubwürdigkeit zukam und sie keine weiteren Beweise benötigten.[487]

Dies fiel zusammen mit der Etablierung der Geschichte als wissenschaftliche Disziplin an den Universitäten und der Einrichtung von historischen Vereinen. Zu Beginn war diese neue Geschichtswissenschaft vom Historismus geprägt,

482 Verfügung des Staatskanzlers von Hardenberg an die Oberpräsidenten von Königsberg, Posen, Breslau, Magdeburg, Stettin, Koblenz und Danzig über die Benutzung der Archive vom 11.9.1822, abgedruckt bei Weiser (Anm. 15), 224.

483 Müller: Archives (Anm. 16), 27; zum Aufbau einer Supplik s. Müller: Geschichte machen (Anm. 16), 164–175.

484 Brief von Leopold Ranke an Karl Varnhagen von Ense, Wien 9.12.1828. In: Leopold von Ranke: Das Briefwerk. Hrsg. von Walther Peter Fuchs. Hamburg 1949, 126. Netzwerke zwischen Historikern erhielten angesichts dieser Tatsache einen neuen Stellenwert; s. weiterführend dazu Müller: Die neue Geschichte (Anm. 16); Müller: Archives (Anm. 16).

485 Müller: Die neue Geschichte (Anm. 16), 57.

486 Friedrich Merzbacher: Ius Archivi. Zum geschichtlichen Archivrecht. In: Archivalische Zeitschrift 75 (1979), 135–147, 143.

487 Ebd.

der besagte, dass die Forschung vor allem auf der kritischen Analyse von zeitgenössischen Quellen basieren müsse, um eine ähnliche Glaubwürdigkeit zu erlangen wie die Naturwissenschaften.[488] Die Arbeit mit Originalquellen bekam einen neuen Stellenwert. Zudem wurde sich in der historischen Forschung im Laufe des 19. Jahrhunderts neben der Rechts- und Verfassungsgeschichte vermehrt mit anderen Themen wie beispielsweise der Erforschung von sozialen Problemen befasst, wozu die Einsicht in neuere Akten notwendig war, auch wenn die mittelalterlichen Urkunden die wichtigeren Quellen blieben.[489]

Insgesamt lässt sich aber feststellen, dass Archive in der ersten Hälfte des 19. Jahrhunderts weiterhin ihre Existenzberechtigung in der Funktion für die Verwaltung des Landes fanden und der rechtlich-politische Nutzen dominierte.[490] Doch dem erhöhten Nutzen der Archive für die wissenschaftliche Forschung wurde schon früh Rechnung getragen. 1822 legte Hardenberg ebenfalls fest, dass die räumliche Unterbringung der in der Entstehung begriffenen Archive nicht nur eine Sicherung der Dokumente garantieren, sondern auch Raum für wissenschaftliche Benutzung, also beispielsweise einen Lesesaal, bieten solle.[491] Dieser Nutzen hatte aber bei Weitem keine Priorität.

Die doppelte Funktion der Archive für die Verwaltung und für die Forschung, wurde durchaus wahrgenommen und reflektiert. Von 1834 bis 1836 gaben die preußische Archivare Friedrich Ludwig von Medem, Heinrich August Erhard und Ludwig Franz Höfer die *Zeitschrift für Archivkunde, Diplomatik und Geschichte* heraus, mit der sie sich nach der Gründung der verschiedenen neuen Provinzialarchive um die Etablierung einer Archivwissenschaft bemühten. Erhard nahm sich in einem 1834 dort erschienenen Aufsatz über die wissenschaftliche Begründung und eine etwaige Gestaltung der Archivkunde auch der Thematik dieses Zwiespalts an. Er erklärte, Archive seien früher „mit geheimer Scheu" betrachtet und eher „vom weiten bewundert, als mit dem Lichte kritischer Forschung beleuchtet und dem allgemeinen Nutzen zugänglich gemacht" worden.[492] Nun würden sie aber wieder mit neuer Aufmerk-

488 So der Historismus nach Leopold von Ranke; vgl. Georg G. Iggers: Geschichtswissenschaft im 20. Jahrhundert. Ein kritischer Überblick im internationalen Zusammenhang. Göttingen 1993, 17.

489 Gottfried Ernst Hoffmann: Archivgutschutz und Archivpflege in Schleswig-Holstein. Ein Rückblick. Schleswig 1955, 15.

490 Müller: Die neue Geschichte (Anm. 16), 44.

491 Verfügung des Staatskanzlers von Hardenberg an die Oberpräsidenten über die Benutzung der Archive vom 11.9.1822, abgedruckt bei Weiser (Anm. 15), 224.

492 Heinrich August Erhard: Ideen zur wissenschaftlichen Begründung und Gestaltung des Archivwesens. In: Zeitschrift für Archivkunde, Diplomatik und Geschichte 1 (1834), 183–247, 183.

samkeit betrachtet. Ihrem Inhalt nach sei es naheliegend, dass ihre Aufgabe in der Verwahrung und Sicherung der administrativen Erzeugnisse für die Verwaltung liege, es sei jedoch auch so, dass Archive „einen eigenthümlichen wissenschaftlichen Zweck" hätten und damit „in die Reihe der wissenschaftlichen Anstalten des Staates" gehörten.[493] Die Öffnung der Archive war also schon so weit vorangeschritten, dass darüber diskutiert werden konnte, ob Archive vorrangig Staatsbehörden oder wissenschaftliche Institutionen waren.

Eine Periodisierung, wie die Öffnung der Archive fortschritt, ist sehr schwierig vorzunehmen, auch aufgrund der großen Unterschiede innerhalb der Archive und Archivverwaltungen. Während einige Historiker der Meinung sind, die Archive seien seit 1870 generell benutzbar gewesen,[494] datieren andere Darstellungen diesen Zeitpunkt auf die Zeit nach 1918.[495] Es ist wohl vielmehr eine Frage der Definition, ab wann ein Archiv als benutzbar und der Zugang als frei angesehen werden kann. Bis 1918 mussten sich Nutzer des Staatsarchivs Schleswig beispielsweise dazu verpflichten – und es ist anzunehmen, dass dies zumindest in den anderen preußischen Staatsarchiven ebenfalls der Fall war –, Abschriften aus den Archivalien dem Direktor des Staatsarchivs vorzulegen, damit dieser die Erlaubnis zur Mitnahme erteilte.[496] Dies ist keineswegs das Merkmal einer freien Forschung. Wie weitreichend aber der Einfluss der Geschichtswissenschaft schon früh war, zeigt sich in der Tatsache, dass die Mehrzahl der Leiter der nach dem Wiener Kongress neu gegründeten Provinzialarchive Historiker waren beziehungsweise historisch arbeiteten. Bei der Gründung des Staatsarchivs Schleswig im Jahr 1870 war die Geschichtswissenschaft in den Archiven bereits fest verankert, und in den meisten preußischen Staatsarchiven überwog die Nutzung für die historische Forschung.[497]

---

493 Ebd., 203.

494 Bartholomäus Manegold: Archivrecht. Die Archivierungspflicht öffentlicher Stellen und das Archivzugangsrecht des historischen Forschers im Licht der Forschungsfreiheitsverbürgung des Art. 5 Abs. 3 Generalgouvernement (Schriften zum öffentlichen Recht 874). Berlin 2002, 32.

495 Joachim Porchno: Zur Archivgeschichtsschreibung. In: Archiv für Kulturgeschichte 32 (1944), 288–293; Reininghaus (Anm. 12), 352; vgl. dazu: Peter Wiegand: Auf dem Weg zum „Jedermannsrecht" – Zur normativen Entwicklung der wissenschaftlichen Archivbenutzung in Deutschland bis 1945. In: Sächsisches Staatsarchiv (Anm. 17), 103–112, 103.

496 LASH Abt. 304 Nr. 514, gedrucktes Blanko-Protokoll, in Gebrauch von 1894–1918.

497 Statistische Ausführung für 1871 aus: GStA PK, I. HA Rep. 178, 578–581, „Zusammenstellung der amtlichen und außeramtlichen Benutzungen der Königlichen Staatsarchive und der daselbst aufgekommenen Gebühren".

2.4.2 Die Entwicklung der Nutzung im Staatsarchiv Schleswig

Für die preußische Archivverwaltung ging nach den Einigungskriegen und der Errichtung des Deutschen Kaiserreichs eine zweite Runde mit Gründungen preußischer Staatsarchive zu Ende (Sigmaringen 1865; Idstein 1866, ab 1881 in Wiesbaden; Marburg 1869; Osnabrück 1869; Posen 1869; Schleswig 1870; Hannover 1871; Aurich 1872). Ihre Aufgabe war in einem Erlass des preußischen Ministers des Inneren und der Finanzen vom 29. Dezember 1869 festlegt worden. Dort stand, dass in den Staatsarchiven „Urkunden, Handschriften und Akten, welche sich auf die Geschichte, die Besitz- und Rechtsverhältnisse und die Verwaltung der Provinz beziehen," zu vereinigen und „für die wissenschaftliche Nutzung zu erhalten" seien.[498] Im Gegensatz zur ersten Welle der Neugründungen in den 1820er- und 1830er-Jahren lässt sich nun klar eine Gewichtung zugunsten des geschichtswissenschaftlichen Nutzens erkennen.

Eine Zusammenstellung der Nutzung der preußischen Staatsarchive zum Zeitpunkt der Gründung des Kaiserreichs zeigt, dass bei den meisten preußischen Staatsarchiven bereits mehr private als amtliche Anfragen eingingen: In zehn der damals sechzehn Staatsarchive überwog der Nutzen für die Forschung zahlenmäßig den für die Verwaltung.[499] Dieses Bild ist zudem noch verzerrt. Vor allem in den neu eingerichteten Staatsarchiven der annektierten Gebiete dominierten noch die amtlichen Anfragen, da es durch die Eingliederung in die preußische Verwaltung zu vielen Umstellungen kam, die Rückgriffe auf die archivischen Quellen nötig machten. Ab 1875 hatten dann alle preußischen Staatsarchive mehr private Nutzung zu verzeichnen, mit Ausnahme der Staatsarchive in Aurich, Sigmaringen und Schleswig. Der vorrangige Nutzen für die Verwaltung nahm dort auch nicht ab, nachdem sich die preußische Administration etabliert hatte. Besonders auffällig ist die Diskrepanz im Hinblick auf Schleswig. In Aurich und Sigmaringen war allgemein keine nennenswerte Nutzung zu verzeichnen; während dort

---

498 GStA PK, I. HA Rep. 178, 937, Bl. 1–2, Duncker an diverse Oberpräsidenten, u. a. an von Scheel-Plessen, vom 25.7.1870.

499 In den Staatsarchiven Breslau, Koblenz, Düsseldorf, Königsberg, Magdeburg, Marburg, Osnabrück, Posen, Sigmaringen und Stettin, bezogen auf das gesamte Jahr 1871; die Angaben stammen aus der Analyse der statistischen Ausführungen für 1871 bis 1910 in: GStA PK, I. HA Rep. 178, 578–581, „Zusammenstellung der amtlichen und außeramtlichen Benutzungen der Königlichen Staatsarchive und der daselbst aufgekommenen Gebühren"; das GStA PK wird hier und im Folgenden nicht in die Betrachtung mit einbezogen, da es durch seine längere Tradition und Etablierung in der preußischen Verwaltung, außerdem durch seine Größe und Wichtigkeit als ein Sonderfall betrachtet wird.

insgesamt elf beziehungsweise neunzehn Anfragen bearbeitet worden waren, waren es in Schleswig immerhin 76.

Beispielhaft kann das Jahr 1885 herangezogen werden. Während in den anderen preußischen Staatsarchiven in diesem Jahr die Zahl der Privatbenutzer zwischen 41 und 140 lag, nutzten lediglich 27 Personen das Staatsarchiv Schleswig privat. Diese Zahl verstand sich inklusive der Übersendungen von Archivalien und Abschriften. Es wurde jedoch 45-mal für amtliche Zwecke genutzt. In keinem anderen preußischen Staatsarchiv wurde dieses Verhältnis erreicht. Mit Ausnahme der verschwindend geringen Nutzung in Aurich und Sigmaringen, die für jenes Jahr je eine amtliche und keine private Nutzung meldeten, überwog in allen anderen preußischen Staatsarchiven die private Nutzung die amtliche, teilweise um ein Vielfaches.

Die Gründe dafür waren zahlreich. Von den Zeitgenossen wurde vor allem die Standortfrage als entscheidend empfunden.[500] Trotz gegenteiliger Bemühungen war das Staatsarchiv am Sitz der Regierung in Schleswig angesiedelt worden. Die Universität und die wissenschaftlichen Institutionen waren jedoch in Kiel ansässig, sodass kaum Nähe zur Forschung aufgebaut werden konnte. Diese Umstände trafen allerdings auch auf die meisten anderen Standorte zu: Mit Ausnahme des Staatsarchivs Marburg befanden sich alle Staatsarchive am Verwaltungssitz ihres Regierungsbezirks beziehungsweise ihrer Provinz. Die wenigsten Standorte hatten dabei zum Ende des 19. Jahrhunderts zugleich eine Universität.[501] Wie auch in Schleswig-Holstein war in anderen Provinzen die nächste Universität mindestens fünfzig Kilometer entfernt.

Einer der wichtigsten Unterschiede zwischen den Standorten war jedoch deren Größe: Schleswig war mit nur ungefähr 13.000 Einwohnern eine sehr kleine Stadt, lediglich Sigmaringen und Aurich waren als Standorte eines Staatsarchivs kleiner.[502] Schleswig war einerseits Sitz der Regierung, andererseits verhältnismäßig klein – das Zusammenspiel dieser Faktoren führte dazu, dass sich die oberste Gesellschaftsschicht der Stadt fast ausschließlich aus Beamten zusammensetzte. Es fehlte das Bildungsbürgertum, das mit Interesse an Geschichte das Archiv nutzte. Dies zeigt sich beispielsweise in der Gründung der Geschichtsvereine, die

500 Siehe beispielsweise: LASH Abt. 301 Nr. 4801, Hille an den Oberpräsidenten von Steinmann vom 13.2.1888.

501 Fünf von sechzehn Standorten hatten eine Universität, nämlich Berlin, Königsberg, Marburg, Hannover und Breslau.

502 Im Jahr 1867 hatte Schleswig 12.600 Einwohner; s. Christiansen (Anm. 348), 196; weniger Einwohner hatten außerdem die Stadt Idstein, deren Staatsarchiv 1881 nach Wiesbaden umzog, und die Stadt Wetzlar, wo 1881 ein Staatsarchiv gegründet wurde.

meist auf dessen Initiative zurückging und ab den 1830er-Jahren einsetzte. So bestand schon seit 1875 die Gesellschaft für Kieler Stadtgeschichte, aber erst weit im 20. Jahrhundert, 1956, wurde die Gesellschaft für Schleswiger Stadtgeschichte gegründet. Zudem war das ehemalige Herzogtum Schleswig eher ländlich geprägt im Gegensatz zum mehr industrialisierten Holstein. Die meisten privaten Nutzer stammten dementsprechend auch aus Holstein oder Lauenburg und mussten den weiteren Weg in Kauf nehmen.[503]

Ausschlaggebend waren zudem die singulären Umstände der Gründung des Archivs in Schleswig. Die meisten anderen Archive konnten bei ihrer (Neu-) Gründung als preußische Staatsarchive auf bereits bestehenden Archiven oder zumindest auf Sammlungen aufbauen. In Schleswig-Holstein hatte es bedingt durch die Traditionen der dänischen Verwaltung keinen solchen Vorgänger gegeben. Der Gründungsbestand des Schleswiger Staatsarchivs war 1869 aus den Ämtern zusammengesucht worden und setzte sich dementsprechend zum Großteil aus neueren Akten zusammen. Diese boten nur wenig Anreiz für die historische Forschung: Zum einen war der Zugang äußerst beschränkt mit Blick auf das Grenzjahr, das die private Nutzung nach 1500 von der Erlaubnis des Präsidenten des Staatsministeriums abhängig machte. Zum anderen lag der wissenschaftliche Schwerpunkt zu dieser Zeit vornehmlich auf den mittelalterlichen Urkunden und der Mediävistik.[504] Neuere Akten, wie sie sich im Staatsarchiv Schleswig hauptsächlich befanden, waren für viele Historiker ohne Wert. Hille selber war der Auffassung, dass die „Benutzung des Archivs für gelehrte Forschung [...] immer eine unbedeutende bleiben [wird], da das urkundliche Material unbedeutend ist".[505] Das Staatsarchiv Schleswig verfügte 1871 über knapp 341 Urkunden.[506] Im Laufe der Jahre wurde dieser Urkundenbestand durch die Übernahme von städtischen Urkunden und durch Ablieferungen aus Dänemark vermehrt, wobei ein Missverhältnis im Vergleich zu anderen Archiven weiter bestehen blieb. Noch 1888 bezeichnete Hille die wissenschaftliche Forschung als „höchst unbedeutende"[507] und begründete dies an anderer Stelle mit dem „fragmentarischen Charakter" des Archivs.[508]

503 LASH Abt. 301 Nr. 4801, Hille an den Oberpräsidenten von Steinmann vom 13.2.1888.

504 Lütteken (Anm. 462), 51.

505 GStA PK, I. HA Rep. 178, 2351, Jahresbericht für 1871 von Hille an den Präsidenten des Staatsministeriums Bismarck vom 2.1.1872.

506 Davon waren allein 204 Urkunden im selben Jahr übernommen worden; vgl. ebd., Jahresbericht für 1872 von Hille an den Präsidenten des Staatsministeriums Graf von Roon vom 1.1.1873.

507 LASH Abt. 301 Nr. 4801, Hille an den Oberpräsidenten von Steinmann vom 13.2.1888.

508 LASH Abt. 304 Nr. 2241, Hille an den Direktor der Staatsarchive von Sybel vom 8.1.1886.

Neben dem Quellenmaterial fehlte es auch an der geeigneten Literatur und den Hilfsmitteln, um mit den Quellen arbeiten zu können. Durch die Umstände der Gründung und der Standortwahl verfügte das neue Archiv über keine ausreichende Bibliothek. Die Dienstbibliothek, einzige wissenschaftliche Bibliothek im Umkreis, zählte im Jahr 1871 nicht einmal 450 Bände, und Hille beklagte immer wieder, dass die Forschungsarbeit durch diesen Mangel erschwert werde.[509] Er schrieb 1908 an den dänischen Reichsarchivar Secher, es sei „eine elende Sache […], hier in Schleswig mit einem Versuche wissenschaftlicher Arbeit", weil Quellen, aber vor allem Hilfsmittel fehlen würden.[510] Hille musste eigens Urlaub nehmen, um die Universitätsbibliothek in Kiel für die nötige Lektüre für seine eigene Forschung zu besuchen.

Dieser Mangel wirkte sich auch auf die Arbeit der Archivare aus. So fehlte es Hille noch Jahre nach der Übernahme seines Postens an der grundlegendsten Literatur, die er für die Verzeichnung von Urkunden und Akten benötigte. Als er einige vom GStA ausgeliehene Werke 1873 zurückgeben musste, nachdem sie zwei Jahre in seinem Besitz gewesen waren, klagte er, dass er ohne diese Hilfsmittel Urkunden nicht bearbeiten und politische und fürstlichen Korrespondenzen nicht verzeichnen könne.[511]

Das zeitgenössische Desinteresse an neueren Akten, die fehlende literarische Grundlage und die räumliche Entfernung zum wissenschaftlichen Leben führten im Umkehrschluss dazu, dass keine Impulse vom Staatsarchiv selbst, also von Hille ausgingen. Nach einer anfänglichen kurzen Beschäftigung mit der schleswig-holsteinischen Geschichte ließ diese bereits nach wenigen Jahren nach und ging kaum mehr über Berichte über einzelne Archivbestände hinaus. Demzufolge war er im Land kaum als Historiker bekannt und pflegte auch keine sehr engen Kontakte zur GSHG.[512] Hille sah seine Aufgabe in der Ordnung des Archivs. Die Nutzung war für ihn ein Hindernis, egal ob von amtlicher oder privater beziehungsweise wissenschaftlicher Seite, und er empfand es als „bitter", dass er durch die Beantwortung von Anfragen von der Ordnungsarbeit ferngehalten wurde.[513]

Dies alles erklärt die geringe Zahl der privaten Nutzer, allerdings nicht die große Diskrepanz zur amtlichen Nutzung. Als Kontrast lässt sich das Staatsar-

---

509 GStA PK, I. HA Rep. 178, 2358, Jahresbericht für 1889 von Hille an von Sybel vom 2.1.1890.

510 LASH Abt. 304 Nr. 128, Bl. 124, Hille an Secher vom 11.11.1908.

511 LASH Abt. 304 Nr. 323, Bl. 48, Hille an Duncker vom 31.1.1873.

512 Weiterführend Kapitel 3.3.

513 GStA PK, I. HA Rep. 178, 2351, Jahresbericht für 1874 von Hille an den Vizepräsidenten des Staatsministeriums Camphausen vom 3.1.1875.

chiv Posen heranziehen. Die Umstände der Gründung ähneln stark denen des Staatsarchivs Schleswig, und auch dort waren Akten aus den Registraturen ausgesondert worden, um die Bestände zu vermehren. Auch das Staatsarchiv Posen verfügte nur über einen geringen mittelalterlichen Bestand (1860 waren es 464 Urkunden)[514], dagegen vor allem über neuere Archivalien. Und auch in Posen blieb die Zahl der privaten Nutzungen in den ersten Jahren der Gründung häufig hinter der der amtlichen Nutzungen zurück. Die Differenz war aber viel geringer als in Schleswig. 1878 verzeichnete das Staatsarchiv Posen fünfzehn private Nutzungen gegenüber zwanzig amtlichen. Das Schleswiger Archiv wurde im selben Jahr sechzehnmal für private Zwecke genutzt, aber 54 Mal für amtliche Zwecke – und das, obwohl auch Posen Regierungssitz des gleichnamigen Regierungsbezirks sowie Sitz des Oberpräsidenten der Provinz Posen war.

Posen war bereits seit 1815 Teil von Preußen und die preußische Verwaltung zum Zeitpunkt der Gründung des Posener Staatsarchivs dort bereits etabliert. In Schleswig-Holstein wurden nach der Annexion 1867 viele neue preußische Institutionen eingerichtet und die Verwaltung von der alten herzoglichen auf die neue preußische umgestellt. Dazu war der Rückgriff auf älteres amtliches Material notwendig.

Hinzu kam, dass die Verwaltung der ehemaligen Herzogtümer stark auf älteren Vorgängen beruht hatte, für die die Hinzuziehung älterer Dokumente nötig war.[515] Die Beamten der herzoglich-schleswig-holsteinischen Verwaltung waren es gewohnt, schnellen Zugriff auf diese Dokumente zu haben, da es nach dänischer Tradition einzelne Archivbüros innerhalb der Ämter gegeben hatte. Nun wurde dieses ältere Material jedoch in einer für ganz Schleswig-Holstein zentral vorhandene Institution, dem preußischen Staatsarchiv, aufbewahrt, daher die vielen amtlichen Requisitionen. Hille selbst trug diesem Umstand Rechnung, als er das Nachlassen der amtlichen Anfragen um die Jahrhundertwende damit erklärte, dass nun langsam die älteren Beamten aus dem Amt scheiden würden und damit kein Bezug mehr zu den älteren Akten bestehen würde – lange nachdem die preußischen Verwaltung etabliert war.[516]

Es kamen also verschiedene Faktoren zusammen, die die amtliche Nutzung auf der einen Seite bestärkten und auf der anderen die wissenschaftliche

514 Warschauer (Anm. 66), 181.

515 LASH Abt. 304 Nr. 1172, Entwurf eines Schreibens von Hoffmann vom 14.5.1957, am 21.7.1959 an Fehling vom Kultusministerium gesandt.

516 LASH Abt. 304 Nr. 276, Bl. 20–23, Hille an Koser vom 8.10.1902.

Forschung erschwerten beziehungsweise wenig attraktiv machten. Es dauerte bis zum Jahr 1890, bis die Zahl der privaten Nutzer die der amtlichen überstieg: den sechzehn amtlichen Benutzungen standen 22 Privatnutzer gegenüber. Während jedoch die Zahl der amtlichen Nutzungen ungefähr vergleichbar mit der anderer Staatsarchive war (der Durchschnitt lag bei 31), blieb die Zahl der privaten Nutzer weit darunter. Während in Schleswig 22 Anfragen für private Forschungen beantwortet wurden, waren das in den anderen preußischen Staatsarchiven im Durchschnitt 83.[517] Die private Nutzung war im Vergleich also sehr viel geringer, und auch die Nutzung allgemein war äußerst gering.

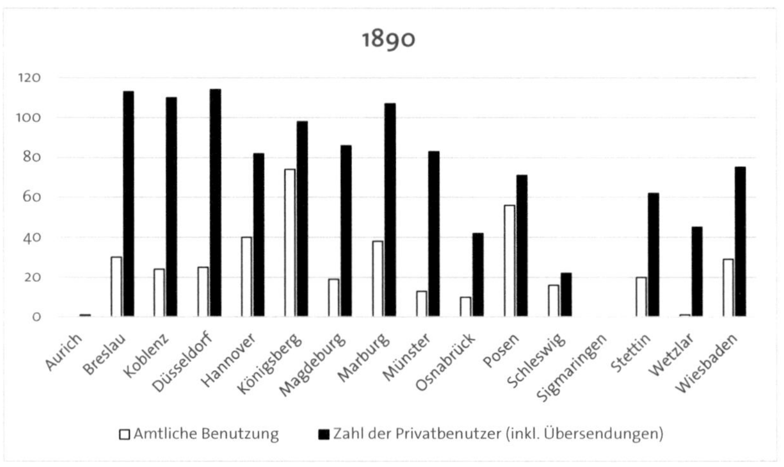

Nutzung der preußischen Staatsarchive im Jahr 1890 (GStA PK, I. HA Rep. 178, 578-581). Eigene Darstellung.

Dies änderte sich auch im ersten Jahrzehnt des 20. Jahrhunderts nicht. Das Staatsarchiv Schleswig gehörte zu den am wenigsten benutzten Archiven der preußischen Archivverwaltung, zusammen mit denen in Aurich, Sigmaringen und Wetzlar.

Unerwartet für die Archivare stieg die Zahl der privaten Nutzungen zum Vorabend des Ersten Weltkrieges. Nutzten im Jahr 1901 noch zwanzig Nutzer das Archiv persönlich an 109 Tagen, war diese Zahl 1913 auf 54 Nutzer an 685 Tagen gestiegen.[518] Verschiedene Umstände unterbrachen diese Entwicklung. So wur-

---

517 Bei der Errechnung des Durchschnitts wurde die Benutzung des GStA PK ausgenommen, da dies den Schnitt verzerrt hätte. Dort standen 179 amtliche 224 privaten Nutzungen gegenüber, was teilweise ein Vielfaches der Nutzung in den anderen preußischen Staatsarchiven darstellt.

518 GStA PK, I. HA Rep. 178, 2367.

den durch den Krieg andere Prioritäten gesetzt und Archivmitarbeiter wie -nutzer zum Kriegsdienst einberufen. Hinzu kam, dass der Lehrbeauftragte für schleswig-holsteinische Landesgeschichte an der Kieler Universität Ernst Robert Daenell (1872–1921) 1913 nach Münster wechselte und der Inhaber des Lehrstuhls für Mittlere und Neuere Geschichte Felix Rachfahl (1867–1925) 1914 nach Freiburg abberufen wurde, ohne dass diese Stellen zeitnah wiederbesetzt wurden.[519] Es fehlte zusätzlich also die ausreichende wissenschaftliche Initiative für die Beschäftigung mit der Landesgeschichte, für die das Staatsarchiv herangezogen werden musste. Die Zahl der Nutzung sank 1917 auf einen Tiefpunkt (elf Privatnutzer an 62 Tagen)[520], auch weil das Archiv wegen fehlenden Heizmaterials nahezu die Hälfte des Jahres geschlossen war.[521]

Der Trend der vermehrten wissenschaftlichen Nutzung der Archive, der durch den Krieg unterbrochen wurde, setzte sich zu Beginn der Weimarer Republik fort. Einen besonderen Aufschwung erfuhr dies durch den Umzug des Archivs nach Kiel 1922 bis 1923. Zwar zog auch die amtliche Nutzung an, jedoch keineswegs im vergleichbaren Maße zur privaten. Nachdem im Jahr 1922 das Vorkriegsniveau erreicht war, stieg die Zahl der Privatnutzer jedes Jahr um nahezu zwanzig, sodass 1930 fast 150 Personen das Staatsarchiv in Kiel privat aufsuchten und dort an 1.242 Tagen forschten.

Die Archive hatten ihre Daseinsberechtigung aus ihrer Funktion für die Verwaltung hergeleitet. In der Nutzung des Archivs spielte dies seit Ende des 19. Jahrhunderts statistisch gesehen jedoch kaum eine Rolle mehr. Selbst in einem kleinen Staatsarchiv wie dem Schleswiger, das über kaum nennenswerte Verbindungen zur wissenschaftlichen Forschung verfügte, überwog die private die amtliche Nutzung – zum Anfang des 20. Jahrhundert sogar um ein Vielfaches.

2.4.3 Die wissenschaftliche Forschung der Archivare

Mit der Öffnung der Archive und der großen Rolle, die die wissenschaftliche Forschung einnahm, veränderte sich auch das Selbstverständnis der Ar-

---

[519] Ebd., Jahresbericht für 1914 von de Boor an den Generaldirektor vom 2.1.1915; Stefan Jordan: [Art.] Rachfahl, Felix Carl. In: Neue Deutsche Biographie. Bd. 21. Berlin 2003, 77f.

[520] GStA PK, I. HA Rep. 178, 2367.

[521] LASH Abt. 304 Nr. 280, Bl. 163, de Boor an Generaldirektor Kehr vom 3.10.1917. Die Idee, die Nutzung in den Privaträumen von Archivar Kupke zu gestatten, wurde abgelehnt; vgl. ebd., Bl. 161, Generaldirektor Kehr an de Boor vom 18.8.1917.

chivare. Bis zum 19. Jahrhundert hatten die Archivare vor allem eine juristische Vorbildung besessen, mit der Öffnung änderte sich dies hin zu einer geschichtswissenschaftlichen. Diese Entwicklung lässt sich schon an den Neugründungen der preußischen Staatsarchive im Nachklang des Wiener Kongresses erkennen, denen häufig ein historisch gebildeter Leiter vorstand. Im deutschlandweiten Durchschnitt zeigt sich, dass ab Mitte des Jahrhunderts die meisten Archivare ein geschichtswissenschaftliches Studium abgeschlossen hatten.[522] Allerdings hatte sich auch erst im Laufe des 19. Jahrhunderts die Geschichte als eigenständige akademische Disziplin etabliert.

Dennoch war historisches Arbeiten, unabhängig von dem entsprechenden Studium, schon früh im 19. Jahrhundert für die Archivare gängig. Dies zeigt sich beispielsweise in der Besetzung der Stelle des Direktors der preußischen Staatsarchive. Zwar war Georg Wilhelm von Raumer (1800–1856), der das Amt von 1843 bis 1852 führte, gelernter Jurist, er veröffentlichte aber eine Urkundenedition und eine Abhandlung über die Geschichte des GStA.[523] Auch sein Nachfolger von Lancizolle konnte, obwohl er gelernter Jurist war, historische Arbeiten vorweisen.[524] Mit Duncker besetzte 1868 erstmals ein studierter Historiker den Posten. Für Dunckers Nachfolge wiederum war die Geschichtswissenschaft so weit etabliert, dass explizit nach einem historischen Gelehrten gesucht wurde. Im Gespräch, und wohl von Bismarck bevorzugt, war Droysen, der den Posten aber ablehnte, sodass Sybel Direktor der preußischen Staatsarchive wurde.[525]

Als 1870 das Staatsarchiv in Schleswig gegründet wurde, gehörte das Forschen fest zum Berufsbild der Archivare. Hille selbst war sich noch vor Antritt der Aufgabe zum Aufbau des Schleswiger Staatsarchivs im Klaren, dass dies keine wissenschaftliche Forschung ermöglichen könne. Er antwortete Duncker auf die Frage, ob er sich für die Stelle bereit fühle, dass dies eine Aufgabe sei, „der sich gewiß jeder Archivbeamte gern unterziehen würde, welcher von dem Ehrgeiz, sich durch archivarische Publikationen in erster

---

522 Bischoff (Anm. 18), 50.

523 Georg Wilhelm von Raumer (Hrsg.): Codex Diplomaticus Brandenburgensis Continuatus, Berlin–Stettin–Elbing 1831–1833; Ders.: Geschichte des Geheimen Staats- und Cabinetts-Archivs zu Berlin bis zum Jahre 1820. Hrsg. von Eckart Henning. In: Archivalische Zeitschrift 72 (1976), 30–75.

524 Beispielsweise: Carl Wilhelm von Lancizolle: Geschichte der Bildung des preußischen Staats. Erster Theil. Erste (und zweite) Abtheilung. Berlin–Stettin 1828, oder: Ders.: Die Bedeutung der römisch-deutschen Kaiserwürde nach den Rechtsanschauungen des Mittelalters. Berlin 1856.

525 Kehr (Anm. 474), 14.

Linie bekannt zu machen, frei ist".[526] Lässt man die Sonderrolle des Schleswiger Archivs beiseite, spricht hieraus das Verständnis, dass die Publikationstätigkeit eine wenn auch ehrgeizige, so doch selbstverständliche Aufgabe des Archivars ist.

Noch deutlicher zeigte Hille dies fünf Jahre später. Bei der Ausbildung der häufig wechselnden Archivassistenten und -hilfsarbeiter in Schleswig, die er einarbeiten und beurteilen musste, ging es ihm darum zu prüfen, ob der Anwärter „nach allen Richtungen hin für die Geschäfte eines Archivbeamten Befähigung besitzt".[527] Ein besonderes Augenmerk legte Hille darauf, ob er „Anlage und Geschick besitzt zu wissenschaftlicher Ausnutzung des in einem Archiv gebotenen Materials". Hille war in besonderem Maße besorgt, weil er das Schleswiger Archiv für wenig geeignet für wissenschaftliche Forschung hielt, und war daher der Meinung, ein angehender Archivar könne dort in diesem Bereich keine genügende Ausbildung erfahren. Er sah diese Aufgabe aber als wichtigen Teil der Ausbildung eines Archivars an. Gegenüber dem Oberpräsidenten Georg von Steinmann (1830–1901) warnte er: „In Zukunft würde aber das Staatsarchiv kränkeln, wenn seine Beamten für alle Zeit hier der wissenschaftlichen Verkrüppelung ausgesetzt blieben."[528]

Was für Hille in den 1870er-Jahren als Selbstverständlichkeit galt, wurde aber auch kritisch gesehen, besonders die Publikation der Forschungsergebnisse. In einer parlamentarischen Debatte 1878 über die wissenschaftliche Nutzung der staatlichen Archive wurde unter anderem die Meinung vertreten, dass die Archivare durch ihre eigene Nutzung die Quellen für andere Nutzer blockieren würden.[529] Anstoß war die Weigerung des preußischen Staatsarchivs in Idstein, dem Politiker und Juristen Julius Grimm (1821–1911) eine Urkunde vorzulegen, da diese für die Veröffentlichung bestimmt war.[530] Grimm nahm dies zum Anlass, im preußischen Abgeordnetenhaus die Arbeit der Archivare zu kritisieren. Er betonte, dass die geschichtswissenschaftliche Forschung nicht zu den Aufgaben der Archivare gehöre.[531] Besonders im Fokus standen die 1878 erstmals herausgegebenen *Publikationen der Preußischen*

526 GStA PK, I. HA Rep. 178, 2337, Auszug: Hille an Duncker vom 24.11.1870.

527 Hier und im Folgenden: LASH Abt. 304 Nr. 1611, Bericht von Hille an von Scheel-Plessen vom 3.3.1876.

528 LASH Abt. 301 Nr. 4801, Bericht von Hille an den Oberpräsidenten von Steinmann vom 13.2.1888.

529 Wiegand (Anm. 495), 107.

530 Ebd., 106.

531 Julius Grimm: Zur Kenntniss der preussischen Archiv-Verwaltung. Wiesbaden 1879, 4.

Staatsarchive, die gegen dieses Prinzip verstoßen würden. Eng verknüpft war dieser Vorwurf damit, dass die Archivare die Ordnungsarbeit über die historische Forschung vernachlässigen würden. Grimm ermahnte:

> „Die dringendste Aufgabe ist unzweifelhaft für jede Archivverwaltung, ihre Archive zu ordnen, d. h. deren Inhalt zu ermitteln, denselben zweckmässig zu verwahren und zu verzeichnen. Nur geordnete, repertorisierte Archive sind gegen Verschleppungen und Verluste gesichert, nur sie bieten die Möglichkeit leichter und allseitiger Benutzung. Ein ungeordnetes Archiv darf, wenigstens theilweise, als nicht vorhanden angesehen werden."[532]

Ähnliche Vorwürfe wurden auch vonseiten der Historiker laut. Im Gesamtverein der deutschen Geschichts- und Altertumsvereine, dem Dachverband für die deutschen Geschichtsvereine, hatte sich 1879 eine Archivsektion gebildet, ein Vorgänger des 1899 in dieser Verbindung erstmals stattfindenden Archivtags.[533] In ihrer ersten Sitzung im Rahmen der Generalversammlung des Gesamtvereins stellte die Archivsektion mehrere Thesen auf. Ein Grundsatz, der festgehalten wurde, lautete: „Das Archiv ist nicht des Archivars wegen da."[534] Es wurde betont, dass die Ordnung des Archivs als Arbeit der Archivare im Vordergrund stehen müsse und ihre Leistung nicht an den erschienenen wissenschaftlichen Veröffentlichungen zu messen sei. Dies galt auch als Kritik an der preußischen Archivverwaltung, die in ihren Jahresberichten forderte, dass über die Publikationstätigkeit der Archivare berichtet werde.[535]

Die Vorwürfe brachten den Direktor der Staatsarchive vor allem deswegen in Bedrängnis, da sie Auswirkungen auf den Etat haben und der Archivverwaltung damit weniger Gelder zugestanden werden konnten.[536] Gegen den Vorwurf der fehlenden Ordnungsarbeit reagierte von Sybel, indem er von seinen Archivdi-

---

532 Ebd., 5.

533 Alfred Wendehorst: 150 Jahre Gesamtverein der deutschen Geschichts- und Altertumsvereine. In: Blätter für deutsche Landesgeschichte 138 (2002), 1–65, 18; der Vorsitzende der Archivsektion, Landesarchivdirektor aus Graz Josef von Zahn, bezeichnete die Sitzung der Archivsektion als „erste[n] deutschen Archivtag", zitiert nach: Willy Hoppe: Einhundert Jahre Gesamtverein. In: Blätter für deutschen Landesgeschichte 89 (1952), 1–38, 17.

534 N. N.: Generalversammlung des Gesamtvereins in Landshut. These für die IV. (Archiv-) Section. In: Beilage zu Nr. 9 des Correspondenzblattes des Gesamtvereins der deutschen Geschichts- und Altertumsvereine 27 (1879), 1.

535 Siehe beispielsweise Jahresberichte des Staatsarchivs Schleswig in: GStA PK, I. HA Rep. 178, 2350.

536 LASH Abt. 304 Nr. 395, Bl. 49, von Sybel vertraulich an die preußischen Staatsarchive vom 10.11.1879.

rektoren Berichte über die vorgenommene Arbeit forderte, um so die Behauptung des Mangels widerlegen zu können.[537] Außerdem wurde die Publikationstätigkeit der Archivverwaltung stark eingeschränkt. Dies hatte den unbeabsichtigten Nebeneffekt, dass die Nutzer schlechter informiert wurden. Im Nachklang der politischen Debatte, versagte von Sybel 1879 Hille die Veröffentlichung einer aktuellen Beständeübersicht.[538] Erst 1900 erschien eine überarbeitete Version zusammen mit den Übersichten anderer preußischer Staatsarchive in den neuen *Mitteilungen der Königlichen Preußischen Archivverwaltung*,[539] nachdem der neue Generaldirektor Koser die Erlaubnis dafür gegeben hatte.[540]

Der Vorwurf, dass in den preußischen Staatsarchiven nicht genügend Ordnungsarbeit geleistet wurde, war vor allem ein Affront für Hille. Er schrieb 1879 an von Sybel, dass er es als seine Lebensaufgabe ansehe, das Schleswiger Archiv zu ordnen.[541] Auch Jahre später hielt Hille es für seine Pflicht, „unter Verzicht auf jede weitere wissenschaftliche Fortbildung beim weiteren inneren Ausbau des Staatsarchivs meine so zu sagen handwerksmäßige Thätigkeit zu üben".[542] Dabei sah Hille diese Arbeit keineswegs als leichter an. Er bezeichnete die Ordnung des Archivs als „sehr ermüdende […] und Selbstverleugnung erfordernde" und „eine der schwersten und ermüdendsten" Arbeiten.[543] Ein „gewöhnlicher Mensch" könne es nicht aushalten, „auf die Dauer [mit der] die Nerven recht sehr angreifenden Ordnung wirrer Actenmassen beschäftigt"[544] zu sein und bräuchte Ablenkung durch Bearbeitung von Anfragen, den sonstigen laufenden Geschäften oder eben auch durch wissenschaftliche Betätigung.

Kurz nach Übernahme seiner Aufgabe in Schleswig hatte Hille noch ein großes wissenschaftliches Projekt in Angriff genommen, nämlich die Edition der Urkunden Christians I., unter dem 1460 der wichtige Vertrag von Ripen geschlossen wurde und der damit als erster König von Dänemark auch Her-

---

537 Ebd. sowie GStA PK, I. HA Rep. 178, 2353, von Sybel vertraulich an die preußischen Staatsarchive vom 10.11.1879.

538 LASH Abt. 304 Nr. 395, Bl. 47, von Sybel an Hille [November 1879].

539 Beispielsweise erschien als vierter Band der Reihe: Hille: Übersicht (Anm. 222).

540 Ebd., o. Bl., Koser an Hille von 30.7.1897.

541 Ebd., Bl. 15, Hille an von Sybel vom 9.5.1879.

542 LASH Abt. 301 Nr. 4801, Bericht von Hille an den Oberpräsidenten von Steinmann vom 13.2.1888.

543 GStA PK, I. HA Rep. 178, 1465, Hille an von Sybel vom 4.11.1879; LASH Abt. 304 Nr. 7, Bl. 13–14, Hille an Hugo Burkhardt vom Geheimen Haupt- und Staatsarchiv Weimar vom 25.8.1874.

544 GStA PK, I. HA Rep. 178, 2352, Bericht von Hille an von Sybel vom 13.11.1879.

zog von Schleswig wurde.[545] Dies war jedoch Hilles einziger großer Vorstoß in die Landesgeschichte. Von späteren Beiträgen meinte er selbst, es handele sich dabei nicht um „Produkte einer freien wissenschaftlichen Thätigkeit sondern amtliche Berichte".[546] Von Schleswiger Archivaren erschienen im 19. Jahrhundert nur vereinzelt Aufsätze in der Zeitschrift der GSHG zu Archivalien beziehungsweise Beständen, nicht aber große historische Werke zur Provinz, wie es in anderen Archiven geschah. Die Forschung anderer Archivare äußerte sich in Schleswig in der Nutzung. So wurde für das Jahr 1900 im Staatsarchiv Schleswig die Bearbeitung von 38 privaten Anfragen gemeldet, vier davon stammten von Archivaren zu Forschungszwecken.[547]

Bei der Forschung halfen auch die zahlreichen Kontakte, die Archivare knüpfen konnten. Besonders innerhalb der preußischen Archivverwaltung führten die häufigen Versetzungen zu einer guten Vernetzung. Hilfreich war, dass die Welt der Archive im Deutschen Kaiserreich insgesamt klein und überschaubar war. Der erste Archivtag 1899 schaffte eine unabhängige und überregionale Plattform zum Austausch über archivspezifische Themen, erstmals auch über die staatlichen Archive hinaus. Es kamen 82 Personen aus diversen Archiven, auch aus dem nicht staatlichen Archivwesen, aus dem Deutschen Reich und Österreich zusammen. Außerdem bot der Archivtag die Möglichkeit zum privaten Austausch. Neben einer Begehung des Archivs des Tagungsortes war bereits 1899 auch ein Ausflug Teil des Programms.[548]

Da Archive einerseits wichtig für die historische Forschung und für die Historiker waren, Archivare andererseits selbst in der Forschung tätig waren, kam es zu engen Kontakten zwischen beiden Berufsgruppen. Es ist fraglich, inwiefern einige Archivare im Selbstverständnis überhaupt eine Unterscheidung zu den Historikern vorgenommen haben. Wichtige Vernetzungsorte waren die regionalen Geschichtsvereine. Diese Beziehungen waren aus Sicht der Archivverwaltung überaus bedeutsam und wurden stark gefördert. Das erste überlieferte Schreiben, welches der Direktor der Staatsarchive Duncker

---

545 Georg Hille (Hrsg.): Registrum König Christian des Ersten. Urkundensammlung der Gesellschaft für Schleswig-Holstein-Lauenburgische Geschichte. Bd. 4. Kiel 1875.

546 LASH Abt. 304 Nr. 375, Bl. 85–86, Jahresbericht für das Jahr 1900 von Hille an den Generaldirektor vom 2.1.1901.

547 GStA PK, I. HA Rep. 178, 2362, Verzeichnis der Nutzer im Jahresbericht für 1900 von Hille vom 2.1.1901; es handelte sich um Otto Grotefend, Archivar in Schwerin, Paul Piper, Stadtarchivar in Altona, Anders Thiset, Archivar in Kopenhagen und Paul Zimmermann, Archivrat in Wolfenbüttel.

548 N. N.: Generalversammlung des Gesamtvereins in Straßburg (Elsaß). In: Korrespondenzblatt des Gesammtvereins der deutschen Geschichts- und Alterthumsvereine 47 (1899), 69.

direkt an Zimmermann, den Archivsekretär des jüngst gegründeten Staatsarchivs in Schleswig, richtete, gab ihm Anweisungen, er solle Kontakt zur GSHG aufnehmen. Er sollte Usinger, dem Sekretär der GSHG und Herausgeber der ZSHG, nähere Nachrichten über das Staatsarchiv mitteilen, damit diese publiziert werden könnten.[549] Als eine der ersten Aufgaben übertrug Duncker ihm also die Kontaktaufnahme mit dem regionalen Geschichtsverein.

Wie wichtig das Knüpfen von Kontakten über Geschichtsvereine war, lässt sich auch an Hilles Interesse kurz nach seinem Beginn in Schleswig anhand des Hansischen Geschichtsvereins erkennen. Hille hatte auf Anraten Dunckers 1871 an der Gründungsversammlung des Vereins teilgenommen.[550] Explizit hatte er die Reise nach Lübeck unternommen, um die Bekanntschaft von wichtigen Männern der schleswig-holsteinischen Geschichtswissenschaft zu machen, wie von Waitz, der von 1842 bis 1848 die Professur für Geschichte an der CAU innegehabt hatte. In den gesichteten Quellen ließ sich kein Hinweis darauf finden, dass diese Verbindung, sei es zu Waitz oder zum Hansischen Geschichtsverein, vertieft wurde, auch wenn Hille dort Mitglied blieb.[551] 1876 reiste er zur Mitgliederversammlung nach Köln, 1883 jedoch ließ er seinen Archivsekretär zur Versammlung nach Kiel fahren.

Über die GSHG kam es auch vereinzelt zu Kontakten mit der Universität in Kiel, vor allem in der Person Usingers, der als ein Nachfolger von Waitz 1868 den Lehrstuhl für Geschichte übernommen hatte und dem Hille bis zu dessen frühem Tod 1874 sehr nahestand. Eine direkte Verbindung zur Universität gab es aber nicht. Dies ist durchaus ein zeitgenössisches Bild und änderte sich erst im 20. Jahrhundert, vor allem in den 1930er- und 1940er-Jahren, als Archivare vermehrt damit begannen, ihre Kenntnisse der historischen Grundwissenschaften in Seminaren an Studierende weiterzugeben.[552]

Die Vorstellung und auch das Selbstbild, dass Archivare selbstverständlich mithilfe der eigenen Bestände forschten und deren Ergebnisse publizierten, wurde im 20. Jahrhundert noch fester verankert. Im Vorfeld des Ersten Weltkrieges sollte eine Stelle im Schleswiger Staatsarchiv besetzt werden, und es wurde weniger ein fähiger Archivar als vielmehr jemand gesucht, der „zu politisch-publizistischer Erörterung historischer Fragen Geschick und Nei-

---

[549] LASH Abt. 304 Nr. 4, Bl. 1–2, Duncker an Zimmermann vom 8.1.1870.

[550] LASH Abt. 304 Nr. 147, Bl. 21, Duncker an Hille vom 14.4.1871.

[551] LASH Abt. 304 Nr. 145, Ludwig Ahlmann an Hille vom 14.5.1904, Bl. 46, 48.

[552] Bischoff (Anm. 18), 51; er nennt einen Anteil von ca. zehn Prozent für die Geburtenjahrgänge 1901–1913.

gung“[553] habe, um damit „gewissen Behauptungen der dortigen dänischen Partei oder der reichsdänischen Litteratur und Presse in wissenschaftlicher Form gestützt auf historische Quellen entgegenzutreten“.[554] Die Befähigung zu archivarischer Arbeit trat hier also hinter propagandistische Zwecke zurück. Hilles Nachfolger de Boor sah dies mit Besorgnis. An seinen eigenen Nachfolger schrieb er:

> Für völlig verkehrt muß ich es aber halten, wenn neuerdings der Beruf der Archivbeamten in der engen wissenschaftlichen Verwertung der ihnen anvertrauten Archivalien gesucht, alle übrige Tätigkeit als nebensächlich behandelt wird.

Dies führe, so de Boor, zur Schädigung der Archive.[555] De Boor selbst war seit 1884 am Staatsarchiv Schleswig tätig und hatte ähnlich wie Hille seine Forschungen aufgegeben.[556]

Der Konflikt, ob und inwieweit wissenschaftliche Forschung Teil der Archivarbeit ist und ob beides Hand in Hand miteinander gehen oder sich voneinander abgrenzen müsse, bestimmte also auch im 20. Jahrhundert die Archive.

2.5 Die Vorreiter im Archivfachlichen

Schleswig nahm unter den preußischen Staatsarchiven eine Sonderrolle ein, jedoch meist im negativen Sinn. Der Ort war abgelegen, und das Archiv verfügte kaum über nennenswerte historische Bestände, da die meisten Archivalien aus jüngerer Zeit stammten. Im Vergleich zu den anderen Archiven führte dies zu einem sehr geringen Benutzeraufkommen. Auch trugen die Archivare kaum zur Erforschung der Landesgeschichte bei, wie dies in anderen Provinzen der Fall war.

Es ergibt sich der Eindruck, dass vonseiten des Staatsarchivs Schleswig allgemein kaum bedeutsame Impulse ausgegangen sein könnten – das Gegenteil ist jedoch der Fall. Die besonderen Umstände des Schleswiger Archivs

553 LASH Abt. 301 Nr. 3135, der Präsident des Staatsministeriums an den Oberpräsidenten von Bülow vom 13.10.1910.

554 Ebd., Hille an den Präsidenten des Staatsministeriums vom 16.9.1910.

555 LASH Abt. 304 Nr. 409, Bl. 2–5, Promemoria von de Boor vom 27.6.1918 (vorgelegt am 29.9.1918).

556 An seinem vorherigen Dienstort Münster arbeitete de Boor an einer Veröffentlichung der Staatsverträge des Bistums Münster, LASH Abt. 304 Nr. 14, Bd. 1, Bl. 25, de Boor [ohne Empfänger] vom 24.9.1880.

erlaubten es den Archivaren, allen voran Hille, sich bis zur Jahrhundertwende zu Experten in archivfachlichen Bereichen zu entwickeln.

2.5.1 Das Provenienzprinzip

Die Neugründung eines Archivs, ohne auf eine Vorgängerinstitution aufbauen zu können, und der daraus resultierende relativ junge Bestand setzten die Anlegung einer neuen Ordnung voraus. Der neue Bestand, der sich vornehmlich aus neuerem Verwaltungsgut zusammensetzte, das bereits nach Ämtern geordnet abgeliefert worden war, war gut geeignet für die Anwendung der Provenienz als Ordnungsprinzip.

Das Provenienzprinzip, also das Prinzip der Herkunft, hat heute für Archive in zweifacher Hinsicht Bedeutung. Zum einen bezeichnet es die Zuständigkeit, wenn also Akten in dem Zuständigkeitsbereich (Sprengel) eines Archivs entstehen, so gehört das archivwürdige Material dorthin. Dies ist besonders wichtig bei der Abtretung beziehungsweise Zugewinnung von Territorien und der daraus resultierenden Frage nach dem Verbleib der Archivalien.[557] Zum anderen, und darum soll es im Folgenden gehen, bezeichnet das Provenienzprinzip ein System, nach dem die Archivalien geordnet werden. Wenn Akten zum Beispiel im Oberpräsidium in Kiel entstanden waren, dann wurden sie entsprechend der Registratur des Oberpräsidiums in dessen bereits vorhandenen Bestand im Staatsarchiv eingefügt. Den Archivalien wird keine künstliche Systematik auferlegt, denn sie werden nicht beispielsweise nach Sachthemen auseinandergerissen, sondern so in ihrer ursprünglichen Ordnung belassen, wie sie entstanden sind. Ziel bei der Umsetzung des Provenienzprinzips ist es, bei der Archivstruktur – der sogenannten Tektonik – nicht den Inhalt der Archivalien in den Vordergrund zu stellen, sondern den Zusammenhang hinsichtlich der Organisation und des Behördenaufbaus zu erhalten. Diese Informationen würden verloren gehen, wenn die Bestände geteilt und mit denen anderer Behörden vermischt würden.

Die Notwendigkeit, Archiven ein Ordnungssystem zugrunde zu legen, entstand mit der Entfaltung der Zentralbehörden im 16. Jahrhundert und dem damit verbundenen Anwachsen des Schriftguts. Erst im darauffolgenden Jahrhundert wurde überhaupt erst unterschieden zwischen der Registratur, also

---

557 Dies spielte zum Beispiel bei den territorialen Veränderungen infolge des Versailler Vertrages von 1919 eine Rolle; s. weiterführend Kapitel 3.1.

den in den Behörden noch benötigten Akten, und dem Archiv, dem Aufbewahrungsort der nicht mehr kurrenten Akten.[558] Für die Theoretiker war es zu diesem Zeitpunkt vor allem wichtig, ein Ordnungssystem zu entwickeln, das auf alle Archive anzuwenden war. Diese Suche war vom Rationalismus geprägt, kam aber zu keinem praktikablen Ergebnis.

Durch die bereits erwähnten Umstände nach der Französischen Revolution und dem Reichsdeputationshauptschluss, die eine Änderung des Rechtsstatus vieler Akten und damit der Archive zur Folge hatten, gab es in der ersten Hälfte des 19. Jahrhunderts ein erhöhtes Bedürfnis, diese Frage erneut zu erläutern. In Preußen nahmen sich besonders der Stettiner Archivdirektor von Medem zusammen mit dem Münsteraner Archivdirektor Erhard und dem Archivar des GStA Höfer dieses Themas an. Bei den ersten beiden handelte sich um die Leiter zweier neuer Archive: Erhard war 1831 an der Gründung des Staatsarchivs Münster beteiligt und von Medem 1827 an der des Staatsarchivs Stettin. Sie gaben 1834 bis 1836 in nur zwei Bänden die *Zeitschrift für Archivkunde, Diplomatik und Geschichte* heraus, in der sie sich mit archivtheoretischen Fragen wie eben der Ordnung von Archiven befassten und eine archivwissenschaftliche Auseinandersetzung etablieren wollten.

Erhard und Höfer lehnten das Provenienzprinzip, also die Ordnung der Archivalien nach der Herkunft, das durchaus bereits bekannt war, ab. Erhard trat für eine Ordnung nach Sachbetreffen ein, das sogenannte Pertinenzprinzip, das damals üblich war. Er schlug weiter vor, die Sachbetreffe dann nach regionalen Gruppen zu sortieren.[559] Höfer stellte keine neue Ordnung auf und richtete sich damit ganz nach seinem beruflichen Umfeld im GStA. Dort hatten die Archivare zu Beginn des 19. Jahrhunderts die Gelegenheit verstreichen lassen, die Tektonik auf eine neue Basis zu stellen. Mit der Gründung der modernen Fachministerien war es 1807 nämlich zu einem Bruch in den Registraturen gekommen. Anstatt aber eine neue Ordnung anzulegen, wurde die Aktengliederung des brandburg-preußischen Staates des 17. und 18. Jahrhunderts beibehalten. Es kam zu einer Vermengung der alten und der modernen Akten.[560] Dazu wandte man das Pertinenzprinzip an, also auch hier ordnete man nach dem Inhalt der Akten und riss verschiedene Registraturen auseinander. Bis

558 Brenneke (Anm. 21), 44 und 48.

559 Ebd., 56.

560 Paul Bailleu: Das Provenienzprinzip und dessen Anwendung im Berliner Geheimen Staatsarchiv. In: Korrespondenzblatt des Gesammtvereins der deutschen Geschichts- und Alterthumsvereine 50 (1902), 193–195, 193.

in die zweite Hälfte des 19. Jahrhunderts gab es im GStA keine Bemühungen, diese Ordnung zu überarbeiten.

Als Geburtsstunde des angewandten Provenienzprinzips gilt die *Instruction pour la mise en ordre et le classement des archives départementales et communales* vom 24. April 1841, die eine Neuordnung der französischen Departements- und Kommunalarchive vorsah.[561] Ziel der „Instruction" war es, den Sammlungen (*dépôts*) ein einheitliches Vorgehen bei der Ordnung und der Erstellung der Verzeichnisse vorzugeben, aber unter Berücksichtigung der Unterschiedlichkeit der Sammlungen.[562] Dazu sollten die verschiedenen Dokumente zu „fonds" geformt werden, indem alle Akten zusammengefasst werden sollten, die von einer Körperschaft, einer Einrichtung, einer Familie oder einem Individuum stammten. Diese „fonds" sollten dann in einer inneren Ordnung nach Sachgruppen und diese Sachgruppen wiederum in chronologischer, topografischer oder alphabetischer Reihenfolge geordnet werden. Im Gegensatz zu dem von Erhard vertretenen territorialen Pertinenzprinzip wurde hier also zum ersten Mal eine Grundordnung nach der Herkunft der Archivalien vorgeschrieben. Bei Erhard waren die Archivalien nach den sie betreffenden Orten geordnet worden, nicht nach deren Herkunft. Die „fonds" sollten beieinander belassen werden, wofür der Begriff „respect des fonds" geprägt wurde.[563]

Jedoch beschrieb auch diese französische Vorgehensweise nicht das Provenienzprinzip, wie es später allgemeingültig wurde. Obwohl die Bestände nach Provenienzen belassen wurden, wurden sie in einer inneren Ordnung künstlich erdachter Sachgruppen unterworfen, die sich nicht an der Struktur der Behörden orientierte, sondern einer logischen Ordnung folgte.[564] Noch 1900 wurde beklagt, dass die Archive der Departements nicht nach dem Provenienzprinzip geordnet waren.[565] Trotzdem war die „Instruction" ein wichtiger Schritt in Richtung Provenienzprinzip, da man versuchte, sich bei der Formierung der Bestände nach den verschiedenen Arten der Archivalien (*les*

---

561 Bodo Uhl: Die Bedeutung des Provenienzprinzips für Archivwissenschaft und Geschichtsforschung. In: Zeitschrift für Bayerische Landesgeschichte 61 (1998), 97–121, 101.

562 N. N.: Instruction pour la mise en ordre et le classement des archives départementales et communales, 24. April 1841. In: N. N.: Rapport au roi sur les archives départementales et communales. Paris 1841, 39–50, 39.

563 Der Begriff selbst taucht in der „Instruction" nicht auf, wurde jedoch von Natalis de Wailly noch im selben Jahr geprägt; vgl. Hans Kaiser: Das Provenienzprinzip im französischen Archivwesen. In: Hans Beschorner (Anm. 22), 125–130, 125.

564 Brenneke (Anm. 21), 65–66.

565 LASH Abt. 304 Nr. 17, Privatschreiben von Müsebeck an Hille vom 18.11.1900.

différentes espèces d'archives) zu richten und sie je nach „leur objet et leur nature" einzuordnen.[566]

Die Logik der Ordnung nach der Herkunft entsprach den Bedürfnissen und dem Nutzen der Verwaltung und empfahl sich besonders für Nicht-Archivare. 1865 war der Regierungsrat Vezin mit der Ordnung des Archivwesens der schleswig-holsteinischen Landesregierung beauftragt worden. Zu dieser Zeit stand Vezin dem Archiv der Regierung vor. Er betonte, die Akten müssten zusammengeführt und in der alten Ordnung belassen oder dorthin zurückgebracht werden.[567] Diese Aufgabe wollte er von Registratoren erledigt sehen, die dem „Archivchef" unterstellt sein würden. Es ist jedoch wichtig zu betonen, dass Vezin, der selbst kein Archivar, sondern Regierungsbeamter war, keine Unterscheidung zwischen Registratur und Archiv machte. Für ihn – und wohl für den Großteil der Regierungsbeamten in Schleswig-Holstein – wurden diese Begriffe synonym verwendet. Dies wird auch in Vezins Vorschlag deutlich, im Sinne der dänischen Verwaltungstradition auf „Büroarchive" zu bauen. Dies bedeutete lediglich die Belassung der nicht mehr laufenden Akten in den Büros. Der Begriff „Archiv" verschwimmt hier, da das Prinzip der „Büroarchive" einer reponierten Registratur entspricht. Es wird nicht ausgewählt, was aufbewahrt wird, sondern es wird alles aufbewahrt. Vezin lehnte also die Einrichtung einer zentralen Registratur, geschweige denn eines zentralen Archivs, ab. Dennoch ist ihm die Wichtigkeit ersichtlich, die Akten in ihrer ursprünglichen Ordnung zu belassen. Dies lässt wiederum darauf schließen, dass er als Verwaltungsbeamter darin einen Wert für die Verwaltungsorgane sah.

Damit lässt sich die These von Berent Schwineköper untermauern, dass das Provenienzprinzip keineswegs aus dem Bedürfnis der Wissenschaft heraus entstand und nicht von den historisch geschulten Archivaren vertreten wurde, sondern vorrangig von den Zuständigen für die Büroarchive und den Registratoren zur Anwendung gebracht wurde.[568]

Als Hille 1870 mit der Aufgabe der Ordnung des neuen Schleswiger Staatsarchivs betraut wurde, legte er in nur wenigen Tagen einen ersten Vorschlag zur Strukturierung des Archivguts bei Duncker vor, der recht schlicht

566 N. N.: Instruction (Anm. 562), 43.

567 LASH Abt. 62.1 (Schleswigsche Regierung zu Schleswig 1865-1868) Nr. 61, Bericht von Vezin [ohne Empfänger] vom 7.6.1865.

568 Schwineköper (Anm. 19), 63. Weiterführend dazu demnächst auch Philip Haas: „Organisches Wachstum" und Provenienzprinzip. Grundlage oder Altlast der Archivwissenschaft? In: Archivalische Zeitschrift 98; ich danke Philip Haas für den vorzeitigen Einblick.

war. Die grobe Ordnung sah eine Unterteilung in drei Hauptkategorien vor: Unter A sollten die Akten zusammengefasst werden, die die gesamte Provinz betrafen, die sich zu diesem Zeitpunkt aber noch fast vollständig im dänischen Reichsarchiv befanden, wie etwa die Urkundenbestände. Unter B beziehungsweise C sollte das Material mit speziellem Bezug auf das Herzogtum Holstein beziehungsweise das Herzogtum Schleswig vereinigt werden.[569] Für den Fall, dass das damals eigenständige Herzogtum Lauenburg der preußischen Provinz einverleibt werde, empfahl er die Erweiterung um eine Abteilung D, die in der Tat 1877 eingeführt wurde.[570] Die weiterführende Unterteilung der Abteilungen B und C sowie später D folgte geografischen beziehungsweise administrativen Einheiten wie Ämtern, Landschaften oder Städten.[571] Nicht immer wurde dies stringent umgesetzt. Der erste Entwurf enthielt unter Punkt 20 der Abteilung B zu Holstein einen Ablageort für Akten betreffend „Die Wildnisse". Dies war ein zu ungenauer Begriff und barg damit die Gefahr, zu einem Ablageort für die verschiedensten Vorgänge zu werden. Hille sah außerdem einen Unterpunkt für adlige Klöster vor, also eine Kategorie, die naturgemäß nicht in ein staatliches Archiv gehört.[572] Der Plan war ohne viele Hilfsmittel erstellt worden, da Hille weder die Archivalien kannte noch vorliegen hatte. Er griff lediglich auf zwei topografische Werke zurück, die Auskunft über Aufbau und Geschichte der beiden Herzogtümer gaben.[573]

Bemerkenswert war für diese Zeit, dass Hille mit seiner groben Aufstellung dem Provenienzprinzip folgte. Wie kam er dazu? Hille hatte bereits bei vorherigen Arbeiten Erfahrung in der Erstellung eines Ordnungsschemas sammeln können. Um sich für den Archivberuf zu profilieren, hatte er die Ordnung der Urkunden des Stadtarchivs Luckau unter Anweisung von einem der Leiter des GStA, Gottlieb Friedländer, übernommen. Dem berichtete er nach der Fertigstellung der Regesten, er habe die Urkunden „nach geogra-

[569] LASH Abt. 304 Nr. 395, Bl. 1–3, „Aufstellungsplan für das Staatsarchiv der Provinz Schleswig-Holstein vom 16. Dezember 1870".

[570] Zu den Ablieferungen aus Lauenburg z. B.: LASH Abt. 304 Nr. 3190, I. Directorium von 1879.

[571] LASH Abt. 304 Nr. 395, Bl. 1–3, „Aufstellungsplan für das Staatsarchiv der Provinz Schleswig-Holstein vom 16. Dezember 1870".

[572] Ebd.

[573] GStA PK, I. HA Rep. 178, 37, Hille an Duncker vom 16.12.1870, dabei handelte es sich um Hermann Biernatzki/Johannes von Schröder: Topographie der Herzogthümer Holstein und Lauenburg, des Fürstenthums Lübeck und des Gebiets der freien und Hanse-Städte Hamburg und Lübeck. Oldenburg/Holstein 1855 sowie um Johannes von Schröder: Topographie des Herzogthums Schleswig, 2. Aufl. Oldenburg/Holstein 1854.

phischem Prinzip [geordnet], so daß ich alle auf einen einzelnen Ort bezüglichen Urkunden zusammenlege und dann nach der Zeitfolge ordne".[574] Die Urkunden, die die Stadt Luckau selbst betrafen, ordnete er noch weiter nach dem Betreff. Im Gegensatz zum Provenienzprinzip legte Hille hier also nicht die Herkunft zugrunde, sondern den Inhalt, wenn auch die Orte betreffend. Vor seinem Berufseinstieg als Archivsekretär wandte er also das territoriale Pertinenzprinzip an.

Dass Hille gerade beim Staatsarchiv Schleswig das Provenienzprinzip anwandte, lag vor allem in den Umständen der Gründung. In Schleswig-Holstein hatte es keine Vorgängerinstitution für ein preußisches Staatsarchiv gegeben, und so gab es kaum einen Bestand, auf den es aufbauen konnte. Man bemühte sich, die archivwürdigen Akten aus den Behörden der ganzen Provinz zu vereinigen und in das neue Staatsarchiv zu überführen. Diese Aufgabe übernahm von Reitzenstein, er sandte die aussortierten Akten in Kisten nach Schloss Gottorf, die dort nach Ämtern geordnet gelagert wurden. Dies erleichterte die Anwendung des Provenienzprinzips, ja machte sie geradezu zwingend. Hille schrieb in seinen Memoiren:

> „Daß es mir mit der Einrichtung dieses Archivs, wozu ich wirklich nicht gründlich geschult war, einigermaßen geglückt ist, verdanke ich [...] dem Umstande, daß ich durch das von mir vorgefundene Aktenmaterial zur Anwendung des damals noch nicht für die Ordnung von Akten zur allgemeinen Geltung gelangte Provenienzprinzips gedrängt wurde."[575]

Ferner wurde die Umsetzung der Ordnung dadurch erleichtert, dass neue Archivalien nach und nach ins Schleswiger Staatsarchiv kamen und es sich meist um in sich geschlossene Ablieferungen handelte. Durch die sukzessive Ablieferung blieb Hille Zeit, die abgelieferten Bestände graduell aufzuarbeiten und nach und nach zu ordnen.

Ähnliches hatte sich auch in Dänemark abgespielt. Johan Grundtvig (1822–1907) wandte bereits 1861 für eine Abteilung des dänischen Ministerialarchivs das Provenienzprinzip an, nachdem dort Büroarchive vereinigt worden waren.[576] Ein ähnlicher Prozess fand außerdem 1874 im GStA statt, als das Geheime Ministerialarchiv als eigenständiges Archiv aufgelöst und

574 GStA PK, I. HA Rep. 178, 1480, Bl. 4–5, Hille an Friedländer vom 19.8.1868.

575 LASH Abt. 399.1062 Nr. 2, autobiografische Aufzeichnungen Hilles von 1910.

576 Secher (Anm. 277), 520; Brenneke (Anm. 21), 66; im Geheimen Archiv in Kopenhagen jedoch ließ diese Umstellung noch lange auf sich warten.

dorthin überführt wurde. Mit dieser Ablieferung wurden die Bestände der alten Behörden im GStA für geschlossen erklärt, und die Akten der neuen Ministerien wurden in ihrer Ordnung belassen, bereit für die Aufnahme weiterer Ablieferungen.[577] Man entschied sich also bei diesen neuen Beständen für die Anwendung des Provenienzprinzips. Der restliche Bestand blieb jedoch vorerst in seiner herkömmlichen Ordnung. Ähnliche Vorläufer gab es auch bei der Gründung des Breslauer und des Magdeburger Staatsarchivs, bei denen zu diesem Zeitpunkt über die Anwendung des Provenienzprinzips nachgedacht wurde, jedoch nur die neueren Teile betreffend.[578]

Erst am 1. Juli 1881 kam vom Direktor der Staatsarchive von Sybel für das GStA das „Regulativ für die Ordnungsarbeiten", das festlegte, dass die Ordnung der Bestände des GStA nach der Provenienz erfolgen sollte. In Darstellungen zur Geschichte des Provenienzprinzips gilt dies meist als das erste Mal, dass dieses vollständig in einem deutschsprachigen Archiv angeordnet wurde, also als die „Geburtsstunde" des Provenienzprinzips.[579] Unbeachtet bleibt dabei oftmals die Tatsache, dass das GStA gar nicht das erste Staatsarchiv war, in dem das Provenienzprinzip Anwendung fand.[580] Ob im dänischen Ministerialarchiv, im Schleswiger Staatsarchiv oder bei der Eingliederung des Geheimen Ministerialarchivs im GStA – die Entscheidung dafür erfolgte weniger auf theoretischen Überlegungen basierend, sondern aus Gründen der Praktikabilität. Die Bestände waren bereits in sich geschlossen, und das Belassen in ihrer Ordnung erforderte am wenigsten Arbeit, auch vor dem Hintergrund der anwachsenden Aktenmassen zum Ende des 19. Jahrhunderts hin.[581]

Als Hille im Staatsarchiv Schleswig die Ordnung gemäß dem Provenienzprinzip vorschlug, wurde dies nicht als Neuerung aufgefasst. Hille selbst war der Meinung, dass es eine „alte archivalische Erfahrung" sei, die Registraturen nicht zu zerreißen und diese so zusammenzuhalten, wie sie „erwachsen"

---

577 Bailleu (Anm. 560), 194.

578 Schwineköper (Anm. 19), 52.

579 Klaus Neitmann: Ein unbekannter Entwurf Max Lehmanns von 1884 zur Einführung des Provenienzprinzips in den preußischen Staatsarchiven. In: Archivalische Zeitschrift 91 (2009), 58–109; Meta Kohnke: Die Ordnung der Bestände im Geheimen Staatsarchiv zu Berlin vor und nach Einführung des Provenienzprinzips. In: Archivmitteilungen 11 (1961), 111–116, 114; Eckart Henning: 50 Jahre Geheimes Staatsarchiv in Berlin-Dahlem – 100 Jahre seit seiner Vereinigung mit dem Ministerialarchiv. In: Jahrbuch für brandenburgische Landesgeschichte 25 (1974) 154–174, 160.

580 Bailleu (Anm. 560), 194.

581 Gerhard Hetzer: Gedanken zur Geschichte der Schriftgutbewertung – Abgabebehörden und Archive in Bayern 1840–1890. In: Der Archivar 45 (1992), 31–35, 31.

seien.[582] Darin klingt bereits an, was bei der wissenschaftlichen Begründung des Provenienzprinzips durch die Niederländer zum ersten Mal 1897 schriftlich festgehalten wurde: dass das Archiv „ein organisches Ganzes" sei.[583] Wie Hille, der nur wenig Zeit in Archiven verbracht hatte und nach eigener Aussage eine schlechte Unterweisung erhalten hatte, zu dieser Ansicht kam, ist unklar. Hilles Auffassung fand auch bei der preußischen Archivverwaltung Interesse, im Originalbrief ist das Wort „Erfahrung" gesondert markiert.

Dass Hille mit dieser Auffassung jedoch nicht allein stand, zeigt die Reaktion des Direktors der Staatsarchive Duncker. Nicht nur Hille empfand die Anwendung des Provenienzprinzips in Schleswig-Holstein als wenig revolutionär, auch Duncker war sich keiner besonderen Bedeutung bewusst. Bereits dem Archivsekretär Zimmermann, dem Vorgänger Hilles, hatte er geraten, die von Reitzenstein'schen Ablieferungen aus den Ämtern nach ihrer Provenienz beieinanderzulassen.[584] Dafür werden wohl vor allem praktische Gründe maßgeblich gewesen sein. Zimmermann wäre von seiner Ausbildung und Erfahrung her nicht in der Lage gewesen, eine Neuordnung vorzunehmen, und es war am einfachsten und schnellsten, die Akten kistenweise, wie sie von Reitzenstein gepackt worden waren, aufzustellen. Nachdem Hille begonnen hatte, seinen Aufstellungsplan anzuwenden, und die Erweiterung auf die Urkunden und Handschriften ansprach, sah Duncker es 1872 als „[s]elbstverständlich" an, dass „Schriftstücke, welche derselben Provenienz angehören, auch innerhalb des Staatsarchivs als besondere Gruppe zusammengehalten werden".[585]

Wurde bisher in der Forschung zu dem Thema der Einführung des Provenienzprinzips der Eindruck vertieft, dass dessen Umsetzung eher unerwartet mit dem Erlass des Ordnungsregulativs 1881 geschah,[586] zeichnen die Quellenlage und die Untersuchung der Reaktionen der Zeitzeugen ein anderes Bild. Es erscheint vielmehr, dass dessen Einführung ein Prozess war, der kaum aufzuhalten war und keineswegs erstmals 1881 geschah. Bereits die Archivsektion des Gesamtvereins der Geschichts- und Altertumsvereine bemängelte auf

582 GStA PK, I. HA Rep. 178, 2337, Hille an Duncker vom 16.12.1870.

583 Regulativ des Ministers des Innern vom 19.7.1897 für die Ordnungsarbeiten in niederländischen Archiven, zitiert nach: Brenneke (Anm. 21), 69.

584 GStA PK, I. HA Rep. 178, 2337, Duncker an Zimmermann vom 25.2.1870.

585 GStA PK, I. HA Rep. 178, 2351, Duncker an Hille vom 12.1.1872.

586 Brenneke (Anm. 21), 67; Carl Gustav Weibull: Archivordnungsprinzipien. Geschichtlicher Überblick und Neuorientierung. In: Archivalische Zeitschrift 42/43 (1934), 52–72, 55; Neitmann (Anm. 579), 60, mit Verweis auf: Kohnke (Anm. 579) und Henning (Anm. 579): Staatsarchiv.

der Generalversammlung von 1879, dass bei systematischen Durchordnungen von Archiven zu wenig auf die Provenienz der Archivalien geachtet werde.[587] Diese Ansicht wird auch untermauert durch Veröffentlichungen preußischer Archivare zu dem Thema aus der ersten Hälfte des 20. Jahrhunderts.[588]

Dennoch war es ein langsamer Wandel. Auch wenn das GStA keineswegs das erste Archiv war, das komplett eine Ordnung nach dem Provenienzprinzip erhielt, so war es doch ein wichtiger Schritt dahingehend, dass sich dieses Prinzip durchsetzen konnte. Am 12. Oktober 1896 wurde vom Direktor der Staatsarchive Koser verfügt, dass das Provenienzprinzip für die Ordnungsarbeiten in den preußischen Staatsarchiven zur Regel werden solle.[589] Spätestens zu Beginn des 20. Jahrhunderts hatte sich das Provenienzprinzip in den preußischen Staatsarchiven durchgesetzt, und seine Anwendung wurde nicht mehr angezweifelt.

2.5.2 Die neuen Kassationsgrundsätze

Eng einher mit dem Provenienzprinzip geht auch die Frage nach den sogenannten Kassationsgrundsätzen, wenn dies auch auf den ersten Blick nicht so zu sein scheint. Bei dieser Diskussion ging es darum, grundlegende Prinzipien aufzustellen, nach denen entschieden wurde, welches Material „archivwürdig" – also der dauernden Aufbewahrung im Archiv für wert befunden – und welche Akten vernichtet, das heißt kassiert wurden. Die Erörterung setzte vor allem um die Wende zum 20. Jahrhundert ein. Die Kassation genau wie das Provenienzprinzip entscheiden also darüber, welche Dokumente ins Archiv kommen.

Die Festlegung der Archivwürdigkeit wird als eine der archivarischen Königsdisziplinen wahrgenommen und heute als Bewertung oder Überlieferungsbildung bezeichnet.[590] Die Kassation, wie sie zu Hilles Zeiten durchgeführt wurde, und die Überlieferungsbildung, wie sie heute noch besteht, sind zwei Seiten derselben Medaille: Bei Ersterem geht es darum auszuwählen, was vernichtet wird, bei Letzterem wird ausgewählt, was zu erhalten

---

587 N. N. (Anm. 534): These, o. S.

588 Brenneke (Anm. 21), 67; Johannes Schultze: Gedanken zum Provenienzgrundsatz. In: Hans Beschorner (Anm. 22), 225–236.

589 LASH Abt. 304 Nr. 1238, Rundschreiben von Koser vom 6.7.1907; Weiser (Anm. 15), 246.

590 Ich folge damit Angelika Henne-Maritz, die die beiden Begriffe synonym verwendet; vgl. Angelika Menne-Haritz: Schlüsselbegriffe der Archivterminologie. Lehrmaterialien für das Fach Archivwissenschaft (Veröffentlichungen der Archivschule Marburg 20). 3. Aufl. Marburg 2011, 110.

ist. Im ersteren Fall wird eine negative Auswahl getroffen, es wird also der Großteil übernommen, und besonders ausgewählte Stücke werden vernichtet. Bei der Überlieferungsbildung geschieht eine positive Auswahl, und nur ein geringer Prozentteil des gesichteten Materials kommt in die Archive. Um 1957 war es zu dieser „kopernikanischen Wende“ gekommen, nach der fortan eine positive statt einer negativen Auswahl vorgenommen wurde.[591]

Hille wird heute immer wieder als Begründer der Diskussion um Bewertungsgrundsätze zitiert. In diversen Darstellungen zur Geschichte der Überlieferungsbildung wird mit Hille begonnen.[592] Bezug genommen wird dabei auf seinen Aufsatz von 1901 über „Die Grundsätze bei Aktenkassationen“, den er aus seinem Vortrag für den zweiten Deutschen Archivtag erarbeitet hatte.

Der Vorgang, wie Dokumente ins Staatsarchiv kamen, sah in der Regel so aus, dass vonseiten der Behörden ein Verzeichnis der nicht mehr benötigten Akten erstellt wurde, und aufgrund dieses Verzeichnisses entschieden die Archivare, was ins Archiv überführt werden sollte.[593] Die ursprüngliche Entscheidung, ob Akten der Kassation zugeführt wurden, lag nicht bei den Archiven, sondern bei den Behörden. Die Archive durften sich aus den von den Behörden als wertlos erachteten Akten die archivwürdigen Stücke heraussuchen. Es lag also im Ermessen der Stellen, die die Akten produzierten, wann diese nicht mehr benötigt und demzufolge kassiert werden sollten, ohne dass es dazu Vorgaben wie festgelegte Abgabe- oder Aufbewahrungsfristen gab.

Dass Hille mit seinem Aufsatz oft an den Anfang einer beginnenden Bewertungsdiskussion gestellt wird, zeigt, dass die bewusste Kassation von staatlichen Unterlagen bis ins 20. Jahrhundert ein Ausnahmefall war. Jedoch impliziert Hilles Aufsatz nicht, dass Kassation ein Novum oder ein Einzelfall war, er ist viel mehr Ausdruck des Bedürfnisses nach einem einheitlichen Vorgehen. Bereits Jahrzehnte vorher war die Aussortierung und anschließende Beseitigung von Aktengut, das für nicht archivwürdig gehalten wurde, ein gebräuchlicher Vorgang in den staatlichen Archiven und auch in den Behörden. Dies belegt die Instruktion von 1867 für die preußischen Archivbeamten, in der es heißt, dass generell keine Archivalien dem Archiv entfremdet werden

---

591 Hetzer (Anm. 581), 31.

592 Kretzschmar: Überlieferungsbildung (Anm. 68), 73f.

593 Dies war für Preußen so: GStA PK, I. HA Rep. 178, 937, Bl. 3–4, Duncker an die Staatsarchive vom 24.3.1870; noch stärker geregelt war es in Sachsen; vgl. Regina Malek: Bewertung und Kassation im sächsischen Archivwesen seit der Mitte des 19. Jahrhunderts. In: Archivmitteilungen 36 (1986), 198–200, 198.

dürften; wenn jedoch der Leiter des Archivs einzelne Archivalien für „werthlos“ hielt, so müsse er ein Verzeichnis von diesem Material erstellen und die Genehmigung des Direktors der Staatsarchive zu deren Vernichtung einholen. Der Verkauf der auszusondernden Akten dürfe dann nur mit dessen schriftlichem Befehl erfolgen.[594] Käufer waren Papierhändler oder Besitzer von Papiermühlen, die die Dokumente einstampften und weiterverarbeiteten. Die Existenz der Regelung in den Instruktionen zeigt, dass Kassationen zwar Ausnahmen waren, aber durchaus so regelmäßig stattfanden, dass ein allgemeines Vorgehen dafür festgelegt werden musste.

Die Instruktion belegt auch, dass für die Archivare im ausgehenden 19. Jahrhundert Kassation vielmehr Nachkassation bedeutete. Das Material wurde also erst einmal übernommen, und später wurde bei der Ordnung kassiert. Heute ist dies ungebräuchlich, und es gilt die Faustregel, was einmal im Archiv ist, wird aufbewahrt. Damals gehörte die Nachkassation zur Norm: Nachdem die Akten anhand der Verzeichnisse der Behörden ins Archiv überführt worden waren, wurden während ihrer Ordnung die wertlosen Stücke aussortiert, teilweise bis auf das einzelne Blatt.[595]

Hille wurde zu einem Experten auf dem Gebiet der (Nach-)Kassation, weil er gleich zu Beginn seiner Tätigkeit in Schleswig 1871 mit deren Notwendigkeit konfrontiert war. Zur Gründung des Staatsarchivs setzte sich der Bestand des Archivs vor allem aus Abgaben der Behörden zusammen, von denen nicht alles der Aufbewahrung wert war. Bereits im Mai 1871 musste sich Hille an den Direktor der Staatsarchive Duncker mit der Frage wenden, ob es ihm erlassen werde, ein Verzeichnis der zu kassierenden Akten zu erstellen, weil dies unverhältnismäßig viel Arbeit bedeuten würde; es gab also viel Material zu kassieren.[596]

Bald gehörte die Kassation in Hilles Augen genau wie die Ordnung und sichere Verwahrung der Archivalien zu den regulären Tätigkeiten eines Archivars, sodass er diese als essenziellen Bestandteil der Ausbildung ansah. Bei dem ersten Hilfsarbeiter Julius Großmann (1845–1910), der ihm zur Seite gestellt wurde, lobte Hille in einem ersten Bericht über Großmanns Leistungen

---

594 Paragrafen 6 und 7 der „Instruktionen für die Beamten der Staats-Archive in den Provinzen“ vom 31. August 1867, abgedruckt bei Weiser (Anm. 15), 230–231.

595 LASH Abt. 304 Nr. 919, der Direktor der Staatsarchive [ohne Datum]: „Zusammenstellung der wegen Aussonderung und Kassation unbrauchbaren Akten der Staats-Verwaltungsbehörden ergangenen Bestimmungen“.

596 LASH Abt. 304 Nr. 387, Bl. 1–2, Hille an Duncker vom 12.5.1871.

1872, dass dieser neben der Beherrschung der Verzeichnung von Akten und Urkunden auch bewiesen habe, „daß er Kassation Herr zu werden versteht“.[597]

Erst seit der Mitte des 19. Jahrhunderts war vermehrt geregelt worden, dass die Akten nicht ohne vorherige Sichtung durch die Archivare vernichtet werden dürften, da es sich bei amtlichen Unterlagen de jure um Eigentum des Staates handelte. Für Schleswig-Holstein wurde kurz nach der Gründung des Staatsarchivs per Verfügung vom 4. April 1870 vom Oberpräsidenten vorgeschrieben, dass diejenigen Akten, die nicht mehr benötigt wurden, vorher dem staatlichen Archiv angeboten werden mussten.[598] Mit Verfügung vom 10. November 1876 wurde die Kassation von behördlichen Unterlagen ohne Zustimmung des Staatsarchivs vom Oberpräsidenten verboten.[599] Ein ähnlicher Zeitrahmen lässt sich auch für andere Staatsarchive feststellen.[600]

Hille hatte bei der Übernahme von Akten keinen leichten Stand in der Provinz. Die Behörden in Schleswig-Holstein misstrauten gerade zu Beginn der neuen preußischen Institution Archiv, die es vorher so nicht gegeben hatte. So behielt sich das Königliche Appellationsgericht die Genehmigung für die Aussortierung vor, dass ohne Zustimmung des Gerichts nichts abgegeben werde.[601] Das Königliche Amtsgericht in Flensburg bestärkte gegenüber dem jüngst gegründeten Archiv seine Autorität und verkündete, dass nur Akten abgegeben würden, die in den Augen des Gerichts zu kassieren wären. Es bestand vonseiten der Behörden ein Bedürfnis, diese Angelegenheit zu regeln und die Herrschaft über ihre Akten nicht zu früh abzugeben.

Ein Grund dafür wird darin gelegen haben, dass die Akten nach der Abgabe an das Staatsarchiv schwerer zugänglich waren, als wenn sie noch in der Behörde vorhanden wären. Hille beklagte, dass den Justizbeamten nicht immer bekannt sei, dass auch die auf richterliche Beschlüsse hin angeforderten Dokumente nur mit Erlaubnis des Oberpräsidenten vorgelegt werden können.[602]

---

[597] LASH Abt. 304 Nr. 6, Bl. 10–11, Hille an Duncker vom 13.9.1872.

[598] LASH Abt. 309 Nr. 6928, Bl. 1, Abschrift: Oberpräsident von Scheel-Plessen an die Regierung in Schleswig vom 4.4.1870.

[599] LASH Abt. 304 Nr. 410, Bl. 30–40, Richter an den Regierungspräsidenten in Schleswig vom 8.12.1926.

[600] Malek (Anm. 593), 198.

[601] GStA PK, I. HA Rep. 178, 2336, Bl. 231–234, Reitzenstein aus Flensburg an Duncker vom 8.7.1869.

[602] GStA PK, I. HA Rep. 178, 2357, Jahresbericht für 1888 von Hille an von Sybel vom 2.1.1889.

Die Kassation wurde also noch stark durch die Behörden reguliert, da diese nur das in ihren Augen nicht archivwürdige Material abgaben. Hille beschrieb im Januar 1871 diese Art von Auswahl folgendermaßen:

> „Es bestimmt ja auch bei ganz neuen zur Cassation bestimmten Acten das Staatsarchiv nicht, was im Interesse der Verwaltung bei derselben aufbewahrt bleiben soll, sondern nachdem dies bereits von der betreffenden Behörde geschehen, findet die im vorigen Jahre angeordnete Superrevision durch das Staatsarchiv im Interesse der Wissenschaft statt." [603]

Während also die Behörden das für die Verwaltung Relevante heraussuchten, würden die Archivare das für die Wissenschaft Wichtige aussortieren. Mit dieser Aussage widerlegt Hille die derzeitige Forschungsmeinung. In der spärlichen Forschungsliteratur zum Thema „Geschichte der Bestandsbildung" ist immer wieder die Rede davon, dass im 19. Jahrhunderte auf historische Aspekte kaum oder gar nicht Rücksicht genommen wurde, sondern dass vor allem rechtliche Belange im Vordergrund standen.[604] Zur Zeit der Gründung des Staatsarchivs Schleswig war für Hille diese Meinung bereits überholt. Er war nicht einmal zwei Wochen im Amt, als er seine eigene Meinung zu Kassationen äußerte, er wird sie also im Kontakt mit anderen Archivaren beziehungsweise bei seiner Arbeit in anderen Archiven gebildet haben.

Dies korreliert auch mit dem zunehmenden Einfluss der Geschichtswissenschaft auf die Archive in Form der Forschung der Historiker-Archivare und der vermehrten Nutzung durch die wissenschaftliche Forschung. Die Verflechtungen zwischen Geschichtswissenschaft und Archiven äußerte sich in der Entscheidung, was aufbewahrt wurde. Hille entschied sich 1889 dafür, Akten aufzubewahren, da sie zur Geschichte der Schleswig-Holstein-Frage Auskunft gaben, also der Frage nach der nationalen Zugehörigkeit des Herzogtums Schleswig. Während man diesem Kriterium noch einen politischen und verwaltungsrechtlichen Wert zusprechen kann, führt Hille weiter dazu aus, er habe die Akten aufbewahrt, weil sie Informationen „zur Geschichte der socialen Bestrebungen der Gegenwart" enthielten.[605] Dies steht im direkten Zusammenhang mit Bewegungen in der Geschichtswissenschaft. Seit den letzten beiden Jahrzehnten des 19. Jahrhunderts war es vermehrt zu Debatten

---

603 LASH Abt. 301 Nr. 88, Abschrift: Bericht Hilles [an Duncker] vom 12.1.1871.

604 Hetzer (Anm. 581), 33; Uhl: Geschichte (Anm. 19), 16; Kretzschmar: Überlieferungsbildung (Anm. 68) 74.

605 GStA PK, I. HA Rep. 178, 2357, Jahresbericht für 1888 von Hille an von Sybel vom 2.1.1889.

gekommen, wie Historiker zu den neu aufkommenden Sozialwissenschaften stünden.[606] Vor allem in der Landesgeschichte setzte schon früh die sozialgeschichtliche Erforschung ein, die sich letztendlich im Methodenstreit um Karl Lamprecht äußerte.[607]

Wie sehr die Übernahme von Dokumenten zur Unterstützung der historischen Forschung statt für Zwecke der Verwaltung überhandgenommen hatte, unterstreicht auch eine Verfügung Dunckers vom 24. März 1870. Darin instruierte er die preußischen Staatsarchive, dass nach dem „Rubrum", also der der Akte vorangestellten Zusammenfassung des Inhalts, ausgewählt werden solle. Er mahnte aber,

> „nicht außer Acht lassen zu wollen, daß das Staatsarchiv nicht nur zur Aufbewahrung historischer merkwürdiger Dokumente, sondern auch zur Aufbewahrung aller derjenigen Akten bestimmt ist, welche die Besitze und Rechtsverhältnisse, die Verwaltung und die Zustände der Provinz urkundlich und charakteristisch festhalten".[608]

Bei der Übernahme von Archivgut wurde also auch schon im 19. Jahrhundert auf den historischen Gehalt von Akten geachtet, teilweise zum Nachteil der rechtlichen Belange.

Die Kassation – im Sinne der Nachkassation – gehörte schon im 19. Jahrhundert zum Handwerk der Archivare, wenn sie auch im Staatsarchiv Schleswig häufiger praktiziert wurde aufgrund der Zusammensetzung des Gesamtbestandes. Das Schleswiger Archiv war jedoch nicht das einzige Archiv, das mit großen Massen an neuerem Aktengut umgehen musste. In der preußischen Verwaltung entstanden seit Mitte des 19. Jahrhunderts durch die zunehmende Bürokratie immer mehr Akten, die letztendlich ihren Weg ins Archiv fanden. Dies betraf alle preußischen Staatsarchive gleichermaßen. Häufig wurde die Kassation auch zu einer Notwendigkeit aufgrund eines der chronischen Probleme der Archive: Platzmangel. In Schleswig wurde dieser zum Ende des 19. Jahrhunderts besonders spürbar, und die Übernahme von

606 Franziska Metzger: Geschichtsschreibung und Geschichtsdenken im 19. und 20. Jahrhundert. Bern 2011, 199.

607 Weiterführend s. diverse Beiträge im Sammelband Jonas Flöter/Gerald Diesener (Hrsg.): Karl Lamprecht (1856–1915). Durchbruch in der Geschichtswissenschaft. Leipzig 2015; außerdem: Jürgen Kocka: Sozialgeschichte – gestern und heute. In: Ilko-Sascha Kowalczuk (Hrsg.): Paradigmen deutscher Geschichtswissenschaft. Berlin 1994, 15–31, 19.

608 GStA PK, I. HA Rep. 178, 937, Bl. 3–4, Duncker an die Staatsarchive vom 24.3.1870.

Archivalien musste abgelehnt oder verschoben werden, da nicht genügend Platz vorhanden war.

Die Zunahme an modernen Akten, gepaart mit der weit verbreiteten Raumnot, ließ die Zeit um die Jahrhundertwende reif werden für systematische Überlegungen zur Kassation. Der Notwendigkeit, einheitliche Kriterien zur Kassation von Aktenmaterial zu finden, war sich auch die Archivverwaltung bewusst. Bereits vorher waren für einzelne Aktengruppen allgemeingültige Regeln aufgestellt worden. Am 20. Mai 1874 hatte der Direktor der Staatsarchive Duncker entschieden, dass von Amtsrechnungen und Registern des 18. und 19. Jahrhunderts nur je ein Exemplar jedes Jahrzehnts aufbewahrt werden sollte.[609] Hille widersprach dieser Regelung 1888, er hielt es für „bedenklich", nicht alle Amtsrechnungen samt Belegen aufzubewahren, nicht nur wegen deren historischem Wert, sondern auch für die Verwaltung[610] – eine Meinung, die noch knapp siebzig Jahre später von einem seiner Nachfolger vertreten wurde.[611] Von der Richtigkeit dieser Vorgabe abgesehen, war damit bereits 1874 ein Bewertungsmuster aufgestellt, wie es heute noch besteht, indem versucht wurde, ein exemplarisches Abbild der Überlieferung zu schaffen.

Der Direktor der Staatsarchive Koser bat 1896 die Vorsteher der preußischen Staatsarchive um Auskunft darüber, welche Grundsätze dort angewandt wurden, um die „Qualifikation eines Schriftstückes zu dauernden Aufbewahrung zu beurtheilen".[612] Es sollte eine allgemeingültige Instruktion mit Grundsätzen erarbeitet werden, „um einer Ueberfüllung der Staatsarchive mit historisch werthlosen oder minderwerthigen Materialien vorzubeugen".[613] Zu einer Instruktion mit Kassationsgrundsätzen von vorgesetzter Stelle kam es nie, Koser hatte mit seiner Aufforderung jedoch anscheinend einen wunden Punkt getroffen. Das Bedürfnis, über das Thema zu reden, war so groß, dass gleich das erste Mal, als Archivare aus ganz Deutschland zusammenkamen, darüber diskutiert werden sollte.[614] Auf dem zweiten Deutschen Archivtag in Dresden 1901 stieß dann Hille in dieses Vakuum.

609 LASH Abt. 304 Nr. 1233, Hille an den Direktor der Staatsarchive von Sybel vom 1.3.1888.

610 Ebd.

611 LASH Abt. 399.92 (Nachlass Kurt Hector) Nr. 34, Manuskript einer Rede Kurt Hectors vor dem Lehrerverband nach 1963.

612 LASH Abt. 304 Nr. 1233, Rundschreiben von dem Direktor der Staatsarchive Koser an die Staatsarchive 4.8.1896.

613 Ebd.

614 LASH Abt. 304 Nr. 145, Bl. 28, Hassel an Hille vom 19.5.1900.

Sein Vortrag, der auf den Ausführungen basierte, mit denen er 1896 Koser geantwortet hatte, war vorsichtig, aber entschieden formuliert. Hille räumte ein, dass die Entscheidung über Kassationen „oft recht quälend"[615] und nicht ohne Fehlgriffe möglich sei. Kein Archivar gehe „[m]it leichtem Herzen" an die Kassation.[616] Andererseits sei sie notwendig, da „das Unglück nicht so groß ist, wenn man ausnahmsweise einmal ein Aktenstück von Werth mit einem ganzen Akten-Sodom und Gomorrha zu Grunde gehen läßt, als wenn man sein Archiv mit unnützem Ballast vollpropft".[617]
Hille erkannte die Schwierigkeit einer zu theoretischen Herangehensweise. Er bezweifelte, und damit war er nicht der Einzige, dass es Regulative geben könnte, die Kassationsrichtlinien vorschrieben.[618] Die Grundlage müsste immer aus der Praxis hervorgehen und die Theorie wäre eher schädlich. Hille formulierte jedoch erste generelle Grundsätze. So nannte er als Grenzjahr 1560 – als Ausgangspunkt nahm er explizit das Todesjahr des dänischen Königs Christian III., unter dem die Reformation eingeführt worden war –; bis zu diesem Zeitpunkt entstandene Sachen sollten immer aufbewahrt werden. Zudem hielt er erstmals fest, dass die Stellung der Behörde eine Rolle bei der Übernahme von Archivgut spielen müsse. So seien vor allem die Generalia der oberen Behörden aufzubewahren, die der mittleren und unteren Behörden seien jedoch zum größten Teil zu vernichten. Hier zeigt sich die enge Verzahnung mit dem Provenienzprinzip, das er als „Prüfstein" der Kassation bezeichnete.[619] Kaum Wert legte Hille auf die Spezialia der Behörden, die sich nur auf Einzelpersonen bezögen, oder auf Akten, die Ansprüche und Forderungen von Privaten nachwiesen.[620] Ausnahmen seien Personen von historischer Bedeutung. In seinen Ausführungen an Koser hatte er in Anspielung auf den schleswig-holsteinischen Adel eingeschränkt: „Acten bekommen aber nicht allein dadurch Werth, daß sie von irgend einem Rantzau oder Ahlefeld reden."[621]

Wenig Zuneigung zeigte Hille in diesem Zusammenhang zur Genealogie: „Verdrießt [die Kassation, Schm.] die Herren Genealogen, so mögen sie

615 LASH Abt. 304 Nr. 1233, Hille an Koser vom 14.8.1896.

616 Hille: Grundsätze (Anm. 317), 26.

617 Ebd.

618 Ebd., 30; Uhl: Geschichte (Anm. 19), 18; Heinrich Otto Meisner: Schutz und Pflege des staatlichen Archivgutes mit besonderer Berücksichtigung des Kassationsproblems. In: Archivalische Zeitschrift 45 (1939), 34–51, 51.

619 Hille: Grundsätze (Anm. 317), 27.

620 Ebd.

621 LASH Abt. 304 Nr. 1233, Hille an Koser vom 14.8.1896.

es hinnehmen als meine Revanche dafür, daß sie gar nicht so selten mich von wichtigerer Arbeit abhielten", so seine Ausführungen auf dem Archivtag.[622]

Als Sonderfall nannte er die Gerichtsakten, von denen er diejenigen aufbewahrte, in denen der Fiskus oder berühmte Personen involviert seien oder in denen es sich um überregional bekannte Fälle gehandelt habe. Zudem sollten die Akten aufbewahrt werden, in denen sich politische, nationale und soziale Bestrebungen der Zeit zeigten. So bewahre er selbst alle Akten auf, in denen es um Majestätsbeleidigung gehe, da diese ein Barometer für die politische Stimmung seien.[623] Wie unsicher sich Hille in seinen Ausführungen war und wie wenig dieses Thema bisher im Fokus gestanden hatte, zeigt sich zum Ende des Aufsatzes, wo er der Hoffnung Ausdruck verlieh, dass er niemandem etwas Neues berichtet habe, was zeigen würde, dass er die richtigen Überlegungen angestellt habe.[624] Für Hille war es selbstverständlich, dass in anderen Archiven in einem ähnlichen Maß wie im Staatsarchiv Schleswig kassiert wurde.

Hille gilt mit diesen Ausführungen zu Recht als Begründer der Diskussion um die Bewertungsgrundsätze. Im ersten Drittel des 20. Jahrhunderts kam es zu einer Phase der Professionalisierung der Archivare, und man befasste sich verstärkt mit der theoretischen Grundlage der Archivarbeit.[625] Hilles Kassationsgrundsätze waren dabei maßgebend, und beispielsweise basierte Heinrich Otto Meisner (1890–1976) seine Leitsätze auf Hilles Ausführungen.[626] Gewisse von Hille aufgestellte Grundsätze, dass beispielsweise Spezialia lediglich in besonderen Fällen und exemplarisch aufbewahrt werden, sind auch heute noch Konsens. 2001 wurde im Verband deutscher Archivarinnen und Archivare (VdA) ein Arbeitskreis „Archivische Bewertung" gegründet, was zeigt, dass das Thema nach wie vor aktuell und noch immer nicht ausreichend geklärt ist. Der Arbeitskreis hat sich zur Aufgabe gemacht, länder- und archivübergreifende Standards für die Überlieferungsbildung zu erarbeiten. Explizit sieht man sich damit auch im 21. Jahrhundert noch „in der Tradition Georg Hilles", der die ersten Grundsätze dafür aufgestellt hatte.[627]

622 Hille: Grundsätze (Anm. 317), 27.

623 Ebd.

624 Ebd., 30.

625 Kretzschmar: Überlieferungsbildung (Anm. 68), 75.

626 Meisner (Anm. 618).

627 Robert Kretzschmar: Positionen des Arbeitskreises Archivische Bewertung im VdA – Verband deutscher Archivarinnen und Archivare zur archivischen Überlieferungsbildung. In: Der Archivar 58 (2005), 88–94, 89.

3 Das Staatsarchiv Kiel in der Weimarer Republik

3.1 Die Folgen des Versailler Vertrages I: der deutsch-dänische Archivalienaustausch

Nachdem am 11. November 1918 die Waffen niedergelegt worden waren und damit die Kampfhandlungen des Ersten Weltkrieges aufhörten, wurden die Deutschen im Juni 1919 zur Unterzeichnung des Versailler Vertrages gedrängt, der den Krieg offiziell beendete. Neben dem Kriegsschuldartikel 231, in dem Deutschland die alleinige Schuld am Beginn des Ersten Weltkrieges zugesprochen wurde und der damit als Basis für die folgenden Reparationsansprüche fungierte, waren darüber hinaus die darin beschlossenen territorialen Bestimmungen von besonderer Bedeutung.[628] Mehrere Gebiete mussten von Deutschland an die angrenzenden Länder abgegeben werden, so etwa die preußischen Provinzen Posen und Westpreußen an Polen oder Elsass-Lothringen an Frankreich. In einigen Gebieten wie dem Saarland und Eupen-Malmedy wurden im Sinne des Selbstbestimmungsrechts der Völker Volksabstimmungen durchgeführt, mit denen über den Verbleib im Deutschen Reich entschieden wurde.

Letzteres war auch der Fall für den nördlichen Teil Schleswig-Holsteins. Im Artikel 109, Abschnitt XII des Versailler Vertrages, war bestimmt worden: „Die Grenze zwischen Deutschland und Dänemark wird in Übereinstimmung mit dem Wunsche der Bevölkerung festgesetzt."[629]

Dafür wurde der nördliche Teil Schleswig-Holsteins in den Grenzen von 1918 in zwei Gebiete eingeteilt. Bei der Abstimmung stimmte der nördliche

[628] Weiterführend zu den Folgen des Friedens von Versailles sei auf die neueren Werke verwiesen: Eckart Conze: Die große Illusion. Versailles 1919 und die Neuordnung der Welt. München 2018; Jörn Leonhard: Der überforderte Frieden. Versailles und die Welt 1918–1923. München 2018; Marcus M. Payk: Frieden durch Recht? Der Aufstieg des modernen Völkerrechts und der Friedensschluss nach dem Ersten Weltkrieg (Studien zur internationalen Geschichte 42). Berlin–Boston 2018.

[629] Reichsgesetzblatt Teil I (RGBl. I), 1919, 761–893, 879.

Teil mit einer Dreiviertelmehrheit für eine Zugehörigkeit zu Dänemark, während der südliche Teil mit achtzig Prozent für den Verbleib in Deutschland war. Dem Ergebnis entsprechend wurde am 15. Juni 1920 der nördliche Teil, also Nordschleswig, an Dänemark abgetreten. Wie bereits 1864 war also Territorium vom Besitz des einen Landes in den des anderen übergegangen, was einen erneuten Austausch von Verwaltungsgut und Archivalien nötig machte.

Bereits vor der Unterzeichnung des Versailler Vertrages war den Zeitgenossen klar, dass es zu einer wie auch immer gearteten Abtretung mindestens von Teilen Schleswig-Holsteins kommen würde. Im Januar 1919, noch in den Wirren der Revolutionszeit, wandte sich Arnold Oskar Meyer (1877–1944) an den Generaldirektor Kehr. Meyer war seit 1915 Sekretär der GSHG und ordentlicher Professor für Mittlere und Neuere Geschichte an der CAU. Er legte dar, warum die Abtretung – so schmerzlich sie auch sei – ein geeigneter Moment sei, um die nicht erfüllten Bestimmungen des Wiener Vertrages einzufordern.[630] 1875 hatten die Verhandlungen infolge des Deutsch-Dänischen Krieges um die Auslieferung von Archivalien aus dänischen Archiven ohne das gewünschte Ergebnis geendet. Nun, so argumentierte Arnold Oskar Meyer, sei die Gelegenheit gekommen, diese Verhandlungen neu zu beleben.

Für diesen Standpunkt zählte er eine Vielzahl von Gründen auf. So würde, nachdem die Dänen jetzt die Landesteile erhalten hatten, die sie haben wollten, ihr Interesse an Schleswig-Holstein und dessen Geschichte sinken, sie seien also eher bereit, Archivalien auszuliefern. Zudem gebe es von dänischer Seite Bestrebungen, das Verhältnis zu schleswig-holsteinischen und deutschen Historikern zu verbessern, was sich positiv auf etwaige Verhandlungen auswirken würde. Unterstützung würde Schleswig-Holstein dann auch von höchster politischer Seite finden: Seit Dezember 1918 befand sich mit Ulrich von Brockdorff-Rantzau (1869–1928) ein Schleswig-Holsteiner im Amt des deutschen Außenministers. Arnold Oskar Meyer rechnete damit, dass von ihm Fürsprache erwartet werden könne, die umso mehr Gewicht habe, da er ein gern gesehener Gast in Kopenhagen sei. Zusätzlich würden die Anfragen deutscher Nutzer an das Kopenhagener Reichsarchiv eine Last sein, worüber sich der Leiter Erslev bereits beschwert habe. Die Zeichen stünden also gut, schloss Arnold Oskar Meyer, in erneuten Verhandlungen mit Dänemark auf die Auslieferung der historischen Archivalien pochen

630 Hier und im Folgenden: GStA PK, I. HA Rep. 178, 1359, Arnold Oskar Meyer an Generaldirektor Kehr vom 20.1.1919.

zu können, wie es eigentlich im Wiener Vertrag von 1864 vorgesehen, aber nicht geschehen war.

Generaldirektor Kehr und auch der neue Direktor des Staatsarchivs Schleswig Richter stimmten mit dieser Ansicht Arnold Oskar Meyers überein. Auch sie waren der Meinung, dass die Abtretung von Teilen Schleswig-Holsteins und die nachfolgenden Verhandlungen über die Auslieferung von Verwaltungsgut genutzt werden mussten. Es sollte bei neuen Verhandlungen explizit Bezug auf die Verhandlungen nach 1864 genommen werden, weswegen im April 1919 von Kehr an Richter der Auftrag erging, die Vorgänge des 19. Jahrhunderts zu rekonstruieren.[631]

Währenddessen liefen die Verhandlungen in Versailles zur Ausarbeitung eines Friedensvertrages. Dem Staatsministerium gegenüber empfahl Kehr, dass Vertreter der Archivverwaltung bei den Friedensverhandlungen mit einbezogen werden sollten. Damit sollte unter anderem sichergestellt werden, dass die bisher nicht befriedigende Aufteilung der Archivalien mit Dänemark revidiert und die verschiedenen Ansprüche durch die neuen Grenzverläufe erfüllt würden.[632] Daraufhin wurde Richter am 2. Mai 1919 zum Sachverständigen der Geschäftsstelle für Friedensverhandlungen ernannt, die für Fragen des Friedensvertrages zuständig war.[633] In dieser Position arbeitete er an einer Aufstellung der preußischen Ansprüche an Archivalien, die sich in Dänemark befanden, und an einer möglichen Vorgehensweise bei einem Austausch.[634]

Bei dieser Planung arbeitete Richter mit der GSHG zusammen. Als Berater griff er besonders auf Paul von Hedemann-Heespen (1869–1937) zurück, mit dem er sich austauschte und den die GSHG zu ihrem Sachverständigen erklärte. Von Hedemann-Heespen war Verwaltungsjurist und hatte besonders während des Ersten Weltkrieges die Arbeit der GSHG befördert.[635]

Zusätzlich forderte Richter im Mai 1919 mehrere Historiker, die bereits im Reichsarchiv geforscht hatten, dazu auf, ihn darüber zu unterrichten, welche Informationen sie über dort vorhandene, auf Schleswig-Holstein bezogene Archivalien hätten. Es zeigten sich die Folgen des distanzierten Verhältnisses

---

631 LASH Abt. 304 Nr. 129, Bl. 4, Kehr an Richter vom 1.4.1919.

632 GStA PK, I. HA Rep. 178, 1359, Abschrift: Kehr an das Staatsministerium vom 17.4.1919.

633 Peter Grupp/Pierre Jardin: Une tentative de renouvellement de la diplomatie traditionelle. La „Geschäftsstelle für die Friedensverhandlungen“ (1919). In: Francia 13 (1987), 447–473.

634 GStA PK, I. HA Rep. 178, 2368, Jahresbericht für 1919 von Richter an den Generaldirektor vom 12.1.1920.

635 Pauls: Hundert Jahre Gesellschaft (Anm. 73), 194–195.

zwischen dem Staatsarchiv Schleswig und dem Reichsarchiv Kopenhagen beziehungsweise deren Archivaren, das bis auf eine kurze Zeit am Anfang des 20. Jahrhunderts zwischen Secher und Hille vorgeherrscht hatte. Nach den Verhandlungen in den 1870er-Jahren waren die Dänen aus Angst vor weiteren Forderungen mit der Ausgabe von Informationen über schleswig-holsteinische Archivalien sehr vorsichtig geworden.[636]

In seinem Bericht, den Richter kurz vor der Unterzeichnung des Versailler Vertrages am 25. Juni 1919 bei der Geschäftsstelle für die Friedensverhandlungen einreichte, stellte er mehrere Grundsätze auf, die bei Archivverhandlungen mit Dänemark zu vertreten seien. Sein wichtigster Grundsatz, der auch anschließend entscheidend für die deutsche Haltung wurde, war der des „do ut des“: Es sollte auf Gegenseitigkeit geachtet werden, damit Preußen nicht mehr abgebe, als es bekomme.[637] Richter ging so weit zu sagen, Preußen dürfe sich nicht einseitig binden und müsse dafür sorgen, dass eine Verpflichtung zur Abgabe von Archivalien nicht zu konkret ausgesprochen werde. Zudem stellte Richter sehr hoch gegriffene Forderungen, was ausgeliefert werden sollte. Er erwartete das gesamte Material zu bekommen, welches das Herzogtum Holstein und den bei Preußen verbleibenden Gebietsteil Schleswigs sowie Schleswig-Holstein im Ganzen betraf, unter anderem das mittelalterliche Gemeinschaftliche Archiv.

Es zeigte sich, welche Vorstellungen auf preußischer Seite herrschten. Durch den Gebietswechsel wurde die Abgabe der administrativen Akten, die für die Verwaltung des Gebiets unentbehrlich waren, notwendig. Richter sah nun die Gelegenheit, trotz der Position als Verlierer des Ersten Weltkrieges dies zum Anlass zu nehmen, um sehr weitreichende Forderungen zu stellen. Es ging nicht um die Auslieferungen der Nordschleswig betreffenden Archivalien und Verwaltungsakten an Dänemark, sondern dies wurde als Gelegenheit gesehen, die in den 1870er-Jahren nicht erfüllten Forderungen erneut zu stellen. Der am 28. Juni 1919 unterzeichnete Versailler Vertrag kam dabei indirekt zur Hilfe: Im Gegensatz zu den Gebietsabtretungen an Frankreich und Belgien war darin in Bezug auf Dänemark nicht die Auslieferung der betreffenden Archivalien und Dokumente festgelegt.[638] Von deutscher Seite bestand also nicht keine Verpflichtung, Material an Dänemark ausliefern zu müssen.

636 Weiterführend Kapitel 2.2.2.

637 Hier und im Folgenden: LASH Abt. 304 Nr. 129, Bl. 31–32, Bericht von Richter an die Geschäftsstelle für Friedensverhandlungen vom 25.6.1919; außerdem: Kargaard Thomsen: Archivabkommen (Anm. 34), 67; übersetzt als: Ich gebe, auf dass du mir gibst.

638 Artikel 38 regelt die „unverzüglich[e]“ Abgabe an Belgien, Artikel 52 an Frankreich, RGBl. I, 1919, 761–893, 765 und 805.

Nicht nur bei den Archivaren gab es Bestrebungen, die Abtretung von Gebietsteilen an Dänemark für schleswig-holsteinische Zwecke zu nutzen. Die schleswig-holsteinischen Museen planten einen Austausch von Altertums- und Kunstgegenständen, was jedoch vom Leiter der zweiten Abteilung des dänischen Nationalmuseums in Kopenhagen Mouritz Mackeprang (1869–1959) bereits 1918 abgewiesen worden war.[639] Der deutsche Gesandte in Kopenhagen wiederum befürchtete, dass infolge der Forderungen von Archiv und Museen von dänischer Seite der Ruf nach Auslieferungen dänischer Museumsgegenstände aus deutschem Gebiet lauter werde würde.[640] Vom Ministerium für Wissenschaft, Kunst und Volksbildung wurde gegenüber dem Auswärtigen Amt gar bezweifelt, dass jetzt aus einer schwächeren Position mehr erreicht werden könne als nach dem Wiener Vertrag, den man als Sieger unterzeichnet hatte.[641] Der deutsche Gesandte in Kopenhagen schlug letztendlich vor, dass es in Sachen Archivalien und Museumsgegenstände besser sei, die Initiative den Dänen zu überlassen, auch um abschätzen zu können, auf welcher Seite das größere Interesse an solch einem Austausch bestehe, wonach man sein Verhalten dann richten könne.[642]

Trotzdem kam es im September 1919 zu einer ersten inoffiziellen Kontaktaufnahme zwischen den Archivaren. Richter wandte sich an den Leiter des Kopenhagener Reichsarchivs Erslev und verlieh seiner Hoffnung auf eine gute Zusammenarbeit in den kommenden Verhandlungen Ausdruck.[643] Auch ihm gegenüber nahm Richter Bezug auf die Verhandlungen aus den 1870er-Jahren, zu deren Revision jetzt, so seine Meinung, Gelegenheit sei, um „von dänischer Seite Wünsche befriedigt zu sehen“, die vorher unerfüllt geblieben seien.[644] Erslev stimmte dem in seiner Antwort zu und sah einer „mere rationel Fordeling“, einer sinnvolleren Verteilung der Archivalien, entgegen.[645]

Der Ton dieses ersten Briefwechsels war freundlich, und es wurden explizit die vergangenen guten Beziehungen zwischen Staats- und Reichsarchiv

---

639 LASH Abt. 304 Nr. 129, Bl. 28, Haupt, Provinzial-Konservator, [an Richter] vom 21.6.1919.

640 GStA PK, I. HA Rep. 178, 739, Abschrift: der deutsche Gesandte in Kopenhagen Neurath an das Auswärtige Amt vom 7.4.1920.

641 Ebd., Abschrift: Minister für Wissenschaft, Kunst und Volksbildung, i. A. Nentwig, an das Auswärtige Amt vom 24.7.1920.

642 Ebd., Abschrift: die Deutschen Gesandtschaft in Kopenhagen, gez. Neurath, an das Auswärtige Amt vom 7.4.1920.

643 LASH Abt. 304 Nr. 129, Bl. 37, Richter an Erslev vom 6.9.1919.

644 Ebd.

645 Ebd., Bl. 40, Erslev an Richter vom 7.10.1919.

hervorgehoben – auch wenn diese nach Hilles Tod 1911 merklich abgekühlt waren. Dass Richter überhaupt Initiative zu diesem Schreiben ergriff, ging auf die engen Verbindungen zwischen Kieler Historikern, wohl vor allem von Otto Brandt (1892–1935) mit dem dänischen Historiker Friis, zurück. Nicht in offizieller Funktion, aber doch als Vertrauensperson der dänischen Verwaltung hatte Friis zu verstehen gegeben, dass eine Aufnahme der Beziehungen von deutscher Seite sehr erwünscht wäre.[646]

Ähnlich wie das Prinzip der Gegenseitigkeit, auf das Richter während der gesamten Verhandlungen pochen sollte, wurde auch dieser informelle Kommunikationsweg über Friis kennzeichnend für die folgenden Verhandlungen. Obwohl er nie offiziell involviert war, nahm er durch den engen Kontakt zu deutschen Historikern auf der einen und den dänischen Archivaren und Politikern auf der anderen Seite eine wichtige Vermittlerrolle ein. Friis, geboren 1870 in Korsør, war 1899 mit einer Arbeit über Andreas Peter Bernstorff und Ove Høegh-Guldberg promoviert worden und hatte 1913 die Professur für Geschichte an der Universität in Kopenhagen übernommen, deren Leitung er von 1932 bis 1933 innehatte.[647]

Dies alles geschah noch vor der Umsetzung der Bestimmungen des Versailler Vertrages. Die neue Grenzziehung stand noch nicht fest, und es musste erst die Abtretung Nordschleswigs umgesetzt werden, bevor die Verhandlungen begonnen werden konnten. Erst im Februar und März 1920 wurden die Abstimmungen in den beiden Zonen durchgeführt. Am 15. Juni 1920 erfolgte die offizielle Abtretung der nördlichen Gebiete Schleswig-Holsteins an Dänemark. Entsprechend den Empfehlungen der deutschen Gesandtschaft wurde für den ersten offiziellen Schritt auf die Dänen gewartet.

Dieser erfolgte erst knapp ein Jahr später am 29. Juni 1921, als vom dänischen Außenministerium ein erster Entwurf über ein Abkommen für den Austausch von Archivalien übersandt wurde. Dieser Entwurf fand auf deutscher Seite jedoch kaum Anklang. Gerade Richter bezog gegenüber dem Abwicklungskommissar für Nordschleswig, der mit der Abtretung dieser Region befasst war, scharf Stellung gegen mehrere Punkte in dem Entwurf. Hauptsächliche Kritik war, dass laut Artikel 1 die Archivalien „von administrativer oder historischer Bedeutung" gemeinsam verhandelt werden sollten.[648] Dies

646 Ebd., Bl. 41, Richter an den Generaldirektor Kehr vom 14.10.1919.

647 Kr[istian] E[rslev]: [Art.] Friis, Aage. In: Salmonsens Konversationsleksikon. Bd. 9. Kopenhagen 1920, 22f.

648 LASH Abt. 304 Nr. 129, Bl. 58, Abschrift: Entwurf eines Abkommens betreffend die Auslieferung von Archivalien [vom 29.6.1921].

war von den Dänen in den 1870er-Jahren abgelehnt worden, und es waren folglich nahezu ausschließlich Verwaltungsakten und nicht die historischen Archivalien nach Schleswig-Holstein gekommen. Richter plädierte nun dafür, dass man getrennt über die Abgabe historischer Archivalien verhandeln sollte.[649] Er betonte in einem Gutachten einige Tage später, dass es eine „Pflicht der Selbstachtung ist, den Dänen jetzt keine Zugeständnisse zu machen, die sie s. Zt. hartnäckig und mit Erfolg abgelehnt" hatten.[650] Gleich zu Beginn zeigte sich Richter unnachgiebig.

Er stand dabei unter hohem Druck. Nicht nur, dass dies eine der wenigen Gelegenheiten war, die schleswig-holsteinischen Archivalien zurückzuerhalten, es musste dabei auch vermieden werden, einen Präzedenzfall zu schaffen. Zeitgleich fanden andere Verhandlungen statt, die ebenfalls durch Gebietsveränderungen infolge des Versailler Vertrages notwendig geworden waren. Aufgrund der Abtretung von Eupen-Malmedy an Belgien gab es Verhandlungen zwischen dem Staatsarchiv Düsseldorf und dem Generalstaatsarchiv Brüssel. Im Mittelpunkt dieser Verhandlungen standen die wertvollen Archivalien der Reichsabtei Stablo-Malmedy, die sich in Düsseldorf befanden. Gegenüber Belgien musste nun von deutscher Seite darauf bestanden werden, dass nur für die Verwaltung relevante Unterlagen und keine historischen Archivalien ausgeliefert wurden, um die Ansprüche abzuwehren.[651] Gleiches galt auch bei Verhandlungen über den Austausch von Archivalien mit Polen. Infolge des Versailler Vertrages waren die Provinzen Westpreußen und Posen nahezu vollständig abgetreten worden, woraufhin es zu Verhandlungen mit dem GStA kam. Hier musste nicht nur die Auslieferung historisch wertvoller Archivalien verhindert werden, zudem musste darauf bestanden werden, dass gemäß dem Provenienzprinzip verfahren wurde, um einem Anspruch auf Auslieferung von Zentralakten aus dem GStA oder den Berliner Zentralbehörden zu begegnen.[652]

In Bezug auf Dänemark ging es aber sehr wohl um die Forderung nach der Auslieferung von historischen Archivalien von deutscher Seite. Um ähnliche Forderungen an Deutschland abzuwehren wurde betont, dass nur ein *Austausch* von historischen Archivalien stattfinden könnte, bei dem Richters

649 Ebd., Bl. 59–60, Richter an den Abwicklungskommissar für Nordschleswig vom 8.8.1921.

650 LASH Abt. 304 Nr. 130, Bl. 7–17, Gutachten von Richter [ohne Empfänger] vom 31.8.1921.

651 Ebd., Bl. 61, Generaldirektor Kehr an Richter vom 15.8.1921.

652 GStA PK, I. HA Rep. 178, 739, Generaldirektor Kehr an den Ministerpräsidenten vom 19.8.1921.

Grundsatz der Gegenseitigkeit, do ut des, zum Tragen kam.[653] Damit sollte verhindert werden, dass Zugeständnisse, die gegenüber Dänemark gemacht wurden, in anderen Verhandlungen gegen Deutschland verwandt wurden.

Von deutscher Seite wurde eine überarbeitete Fassung des dänischen Entwurfs vorgelegt. Wichtigster Unterschied war, dass die Abgabe von Material für die laufende Verwaltung und Archivalien von historischer Bedeutung getrennt voneinander vorgenommen werden sollten.

Im Oktober 1921 fand ein erstes Treffen zwischen Deutschen und Dänen statt, auf dem die deutsche Fassung persönlich besprochen werden sollte. Anwesend waren unter anderem der dänische Außenminister Harald Scavenius (1873–1939) und vom Auswärtigen Amt der Ministerialdirektor a. D. Paul von Koerner (1849–1930) sowie die jeweiligen Gesandten Carl von Moltke (1869–1935) und Konstantin von Neurath (1873–1956). Als Vertreter der Archive nahmen Erslev und Richter teil. Auch wenn sich die Dänen darauf einließen, auf der Basis des deutschen Gegenentwurfs zu verhandeln, traten doch viele Uneinigkeiten zutage. Zwar stimmten die Dänen zu, dass man einen Austausch historischer Archivalien vornehmen könne, ganz entschieden lehnten sie es jedoch ab, die neuen Verhandlungen als eine Wiederaufnahme derer aus dem 19. Jahrhundert anzuerkennen. Sie verwiesen auf eine Aussage des damaligen Kommissars Rathjen, der 1875 die Verhandlungen mit der Aussage schloss, dass keine weiteren Forderungen zu stellen seien. Die Deutschen entgegneten dem, dass man damit nicht auf die Ansprüche verzichtet habe.

Zu einem Streitpunkt wurde auch der Artikel 5 in der deutschen überarbeiteten Fassung, wo es hieß, dass Dänemark alle die deutschen Gebiete betreffenden Archivalien auszuliefern habe. Auf einem beiliegenden Verzeichnis waren die Archivalien aufgeführt, die Deutschland abgegeben haben wollte, wie das Archiv der Deutschen Kanzlei, das Gemeinschaftliche Archiv, das Hansborg-Archiv und das alte Gottorfer Archiv. Während sich also die Dänen weigerten, die Verhandlungen als eine Fortsetzung aus dem 19. Jahrhundert zu betrachten, und es dementsprechend auch ablehnten, die Ansprüche des Wiener Vertrages weiter anzuerkennen, stellten die Deutschen dieselben Forderungen wie damals.

Wie unerhört diese Forderungen in den Augen der Dänen waren, zeigte sich besonders in den informellen Treffen zwischen Richter und Erslev, die im Rahmen des Besuchs der deutschen Delegation stattfanden. Kargaard

653 LASH Abt. 304 Nr. 130, Bl. 7–17, Gutachten von Richter [ohne Empfänger] vom 31.8.1921.

Thomsen schreibt in seiner Aufarbeitung der Geschichte des deutsch-dänischen Archivabkommens aus dänischer Sicht von einer „freundschaftlichen Atmosphäre", die zwischen Richter und Erslev geherrscht haben soll.[654] Dieser Eindruck lässt sich anhand der deutschen Quellen weniger bestätigen, das Verhältnis erscheint angespannt. Erslev kritisierte Richter gegenüber scharf das Vorhaben der Deutschen, die Verhandlungen aus dem 19. Jahrhundert wieder aufleben lassen zu wollen. Als Richter beispielsweise den fragmentarischen Charakter der abgelieferten Stücke der Deutschen Kanzlei im Staatsarchiv Schleswig ansprach und erwähnte, dass nur noch einzelne Stücke von vor 1771 in Kopenhagen vorhanden seien, „wurde der zurückhaltende vorsichtige alte Herr lebhaft, schlug mit der Hand auf den Tisch und erklärt: ‚und die geben wir auf keinen Fall her'", wie Richter in seinen Aufzeichnungen festhielt.[655] Im Gegenteil forderte Erslev deren Rückgabe an das Reichsarchiv. Als Richter dann abschließend hinterfragte, ob nun nicht alle Hoffnungen verloren sei, habe Erslev „mit einem zweifelnden: Ja, ich weiß nicht" geantwortet.

Aus der Sicht der Dänen muss die Situation unwirklich gewirkt haben. Die Deutschen waren als Verlierer aus dem Krieg hervorgegangen, und mit vollem Recht erwarteten die Dänen einen Austausch der für die Verwaltung relevanten Unterlagen für das abgetretene Gebiet. Stattdessen waren es die Deutschen, die nun Ansprüche stellten, und zwar auf Archivalien, deren Auslieferung die Dänen schon vorher verweigert hatten.

Richter war sehr darauf bedacht, nicht unterwürfig in die Verhandlungen zu gehen, um die Fehler seiner Vorgänger nicht zu wiederholen und damit die Rückführung der historischen Archivalien zu garantieren. Dabei mangelte es ihm aber an diplomatischem Geschick, und es gelang ihm häufig nicht, die Situation richtig einzuschätzen. Von anderen Teilnehmern des Treffens wurde sein Verhalten als „zu sehr auf die formalen Grundlagen seines Auftrages betont" bezeichnet, und es wurde bemängelt, dass Richter die persönlichen Beziehungen mit den dänischen Archivaren nicht zu pflegen in der Lage war.[656] In einer anderen Angelegenheit wurde Richter als „wenig taktvoll" beschrieben.[657] Hinzu kam, dass Richter kein Dänisch konnte; da Erslev jedoch Deutsch sprach, fanden die Unterredungen in Richters Muttersprache statt.

654 Kargaard Thomsen: Archivabkommen (Anm. 34), 63.

655 LASH Abt. 304 Nr. 130, Bl. 65–71, Tagebuch Richters über die Dienstreise nach Kopenhagen Oktober 1921, zu den Dienstakten am 24.10.1921.

656 GStA PK, I. HA Rep. 178, 739, von Hedemann-Heespen an Generaldirektor Kehr vom 3.11.1921.

657 GStA PK, I. HA Rep. 178, 2350, Generaldirektor Kehr an Geheimrat Reschke vom 16.3.1926.

Trotz dieser Mängel im persönlichen Miteinander waren die deutschen Forderungen inhaltlich durchaus berechtigt. Das Gemeinschaftliche Archiv beispielsweise, dessen Abgabe Erslev ablehnte, war auf schleswig-holsteinischen Boden entstanden und erst 1721 nach Kopenhagen überführt worden. Es gehörte also nach dem auch in Dänemark anerkannten Provenienzprinzip ins Staatsarchiv Schleswig. Auch den Anspruch auf das alte Gottorfer Archiv konnte Erslev nicht widerlegen und hatte schon vorher, wie von Friis vertraulich mitgeteilt wurde, Bereitschaft zu dessen Abgabe gezeigt.[658] Zudem bewies Erslev auch Entgegenkommen, indem er Richter beim letzten Treffen zum Abschluss des Besuches der Delegation darauf hinwies, dass er nur noch bis 1922 im Amt sei und dann mit Erreichen der Altersgrenze ausscheiden würde: „Wünschte man eine günstige Erledigung der Sache, so möge man sich beeilen", da nicht sicher sei, wie wohlwollend ein möglicher Nachfolger den Deutschen gestimmt sei.[659]

Letztendlich endeten die ersten direkten Gespräche im Oktober 1921 damit, dass ein vonseiten Dänemarks überarbeiteter Entwurf eingereicht wurde, der jedoch nicht mehr Gegenstand der Gespräche werden konnte.

Richter war eine eher ungeeignete Wahl zur Führung der Verhandlungen. Er war ein genuiner Preuße, hatte jedoch keinerlei Beziehungen zur Provinz Schleswig-Holstein. Er war in Ostpreußen (Insterburg) geboren und hatte vorher vor allem in den Staatsarchiven Koblenz und Wetzlar gearbeitet. Seine Versetzung nach Schleswig, gegen die sich Richter ausgesprochen hatte, war aus Personalmangel geschehen. Er konnte daher auch keine Erfahrungen mit Dänemark vorweisen. Diese Makel sah Richter selbst und plädierte nach der Rückkehr aus Dänemark dafür, dass ihn Vertreter der GSHG bei Gesprächen begleiten dürften, da er „den Dänen leicht als Vertreter fiskalischer und staatlicher, vielleicht auch spezifisch preussischer Anschauungen erscheinen kann", die Vertreter der GSHG würden hingegen als Männer der Wissenschaft angesehen werden.[660]

Von der GSHG wurden Volquart Pauls (1884–1954), Leiter der Landesbibliothek, Brandt, Privatdozent an der Kieler Universität, und von Hedemann-Heespen als Vertreter eingesetzt. Bei einer ersten Besprechung nach Richters Rückkehr aus Kopenhagen einigte man sich unter anderem darauf, den Kontakt von Pauls und Brandt zu Friis zu nutzen, um Erslev wissen zu lassen, wie wichtig gerade die Auslieferung des Gemeinschaftlichen Ar-

---

658 LASH Abt. 304 Nr. 129, Bl. 46, Sauermann vom Thaulow-Museum an Richter vom 18.6.1921.

659 LASH Abt. 304 Nr. 130, Bl. 65–71, Tagebuch Richters über die Dienstreise nach Kopenhagen Oktober 1921, zu den Dienstakten am 24.10.1921.

660 Ebd., Bl. 131–133, Richter an die deutsche Delegation in Kopenhagen vom 22.11.1921.

chivs wäre.[661] Erslev griff daraufhin die Korrespondenz mit Richter wieder auf. Er warnte offiziell, wohl in direkter Reaktion auf diese Eingabe, dass die Erwartungen in Schleswig-Holstein zu hoch gespannt seien, sie könnten nur enttäuscht werden. Er war der Meinung, dass es keine für beide Länder befriedigende Lösung geben könne.[662]

Für die deutsche Seite konnte der neue Entwurf der Dänen nur unannehmbar sein. Es war dort keine Aussage über die Ablieferung von Archivalien historischer Bedeutung an Deutschland enthalten. Nahezu umgekehrt hatten die Dänen in Artikel 1 die Archivalien historischer Bedeutung zurückgefordert, die das abgetretene Gebiet betrafen und gemäß dem Wiener Frieden 1864 nach Schleswig abgegeben worden waren.[663] Sie forderten also eine Rückgabe historischer Archivalien an Dänemark, ohne eine Abgabe von Material an Deutschland in Erwägung zu ziehen. Dementsprechend riet Richter der in Kopenhagen verbleibenden deutschen Delegation, dass man – nicht unähnlich den Dänen in den 1870er-Jahren – die historischen Akten Nordschleswigs nicht herausgeben werde, sodass Dänemark gezwungen sein würde, das Prinzip der Gegenseitigkeit einzuhalten.[664]

Die offizielle Reaktion der deutschen Delegation auf den dänischen Gegenentwurf gegenüber dem dänischen Außenministerium war eine entsprechend scharfe. Es wurde stark kritisiert, dass Dänemark die Ablieferung der historischen Archivalien Nordschleswig betreffend als gegeben und natürlich annahm, obwohl diese Selbstverständlichkeit, so die deutsche Verbalnote, nach 1864 von den Dänen verweigert worden sei. Zudem sei die Grundlage damals vertraglich geregelt worden, wohingegen jetzt für die deutsche Regierung keinerlei „vertragsmässige Verpflichtung, auch nur ein einziges Aktenstück auszuliefern" bestehe, und dies nur „aus freiem Willen und reinem Entgegenkommen" geschehe.[665] Zwar wurde diese Drohung anschließend dahingehend abgeschwächt, dass man es für richtig halte, die betreffenden Stücke auszuliefern – dennoch war sie nun einmal ausgesprochen. Zusätzlich wurden Belege vorgelegt, dass Preußen nach dem Wiener Vertrag keineswegs

661 Ebd., Bl. 110, Brandt an Richter vom 14.11.1921.

662 Ebd., Bl. 112–113, Erslev an Richter vom 16.11.1921.

663 Ebd., Bl. 80–82, dänischer Gegenvorschlag eines Vertrages über den Austausch von Archivalien vom 22.10.1921.

664 Ebd., Bl. 144, Richter an die deutsche Delegation in Kopenhagen vom 29.11.1921.

665 Ebd., Bl. 151–155, Verbalnote der deutschen Delegation an das dänische Ministerium des Äußeren vom 26.11.1921.

seine Ansprüche auf die historischen Archivalien aufgegeben hatte. Weiter hieß es, dass man von deutscher Seite bereit sei, auf der Basis des letzten Entwurfs der Dänen aufzubauen, jedoch nur, wenn auch über die Auslieferung historischer Archivalien an Deutschland verhandelt werde. Es wurde von der deutschen Delegation vorgeschlagen, über die Auslieferung der Verwaltungsdokumente ein Abkommen zu schließen und die Verhandlungen über die historischen Archivalien getrennt davon in einem Notenwechsel zu führen.

Direkt im Anschluss an die offizielle Verbalnote versuchte Richter in der Korrespondenz mit Erslev – wenig elegant –, ihn von der Richtigkeit des Do-ut-des-Prinzips zu überzeugen, indem er ihm mitteilte, welche für Dänemark wichtigen Archivalien im Staatsarchiv Schleswig vorhanden wären. Er zeigte also an, dass auch auf deutscher Seite relevante Tauschobjekte zur Verfügung stünden.[666] Gleichzeitig betonte er, ganz im Sinne von Generaldirektor Kehr, dass das Hin und Her über prinzipielle Standpunkte zu nichts führe. Kehr hatte gegenüber Richter gefordert, dass man anfangen solle, konkrete Wünsche und Ansprüche zu formulieren.[667]

Die Dänen wiederum waren über die Verbalnote entrüstet, und auf der weniger offiziellen Ebene gegenüber Erslev verstand Richter es nicht, die Wogen zu glätten. Entsprechend lautete die Antwort Erslevs. Auf den Versuch Richters, die Verhandlungen um die historischen Archivalien konkreter werden zu lassen, ließ er sich nicht ein. Er drückte vielmehr Zweifel darüber aus, „ob man überhaupt noch zu einem positiven Resultat gelangen werde".[668] Um zu einem Ergebnis zu kommen, sah er nicht Richters Weg, einzelne Ansprüche zu definieren, als richtig an, sondern er meinte, es müssten erst allgemeine Grundsätze aufgestellt werden, die zu beachten seien. Zum Beispiel müssten all diejenigen Quellen in Dänemark bleiben, anhand derer man erforschen könne, wie der dänische König regiert hatte; Archivalien zum schleswigschen Landesteil würden nicht ausgeliefert werden; fürstliche Archive sollten nicht getrennt werden. Zudem plädierte Erslev dafür, dass bei beiderseitigem Forschungsinteresse die Akten dort belassen werden sollten, wo sie waren – was einen Vorteil für Dänemark bedeutete. Er kam Richter jedoch auch entgegen, indem er sich ein Stück weit auf die deutsche Tauschpolitik einließ und Interesse am Bestand des Schleswigschen Ministeriums ankündigte, der infolge des Wiener Friedens nach Schleswig gegangen war.

666 Ebd., Bl. 156, Richter an Erslev vom 10.12.1921.

667 Ebd., Bl. 111, Generaldirektor Kehr an Richter vom 9.11.1921.

668 Hier und im Folgenden: ebd., Bl. 165–166, Erslev an Richter vom 21.12.1921.

Erslev formulierte auch ausdrücklich, dass die deutsche Haltung auf dänischer Seite für Missstimmung gesorgt habe. Besonders der „heimliche Vorbehalt" Preußens von 1875, dass eben die Ansprüche nicht erfüllt worden waren, sei nicht bekannt gewesen. Er endete das Schreiben mit der Aussage, dass er persönlich einer Regelung der Archivangelegenheit entgegensehe und mithelfen wolle, und lud Richter und seine Sachverständigen zu einem persönlichen Gespräch nach Kopenhagen ein.

Die Verstimmung der Dänen aufgrund des vermeintlichen Endes der Verhandlungen im 19. Jahrhundert fand auch Ausdruck in der Verbalnote der dänischen Gesandtschaft an die deutsche Delegation in Kopenhagen von Anfang 1922. Dort wurde festgestellt, dass man die Auslieferung gemäß dem Wiener Vertrag als abgeschlossen betrachte und man „keinerlei Recht für das Deutsche Reich anerkennen kann, jetzt, ungefähr 50 Jahre nachher, die Wiederaufnahme derselben zu fordern".[669] Aber auch hier wurde die Grundlage für das weitere Vorgehen gelegt und der deutsche Vorschlag umgesetzt: Der bereits existierende überarbeitete Entwurf sollte zu einem Vertrag ausgearbeitet werden, in dem die Angelegenheit der Verwaltungsakten geklärt wurde. Dem sollte dann ein Schlussprotokoll zugefügt werden, in dem die Details der langfristigeren Verhandlungen um die historischen Archivalien geregelt werden sollten. Die bereits begonnenen Gespräche zwischen Erslev und Richter sollten fortgeführt werden unter Einbeziehung von Fachleuten. Ziel sei es, dass eine zufriedenstellendere Regelung „für die Gelehrten der beiden Länder" erreicht werde.[670]

Unter dieser Maßgabe trafen sich dänische und deutsche Verhandlungspartner im März 1922 in Kopenhagen. Neben Erslev und Richter waren von schleswig-holsteinischer Seite die Sachverständigen Pauls, Brandt und von Hedemann-Heespen beteiligt. Auf dänischer Seite wurden die Archivare Laurs Laursen (1864–1936) und Wilhelm Christensen (1866–1949) vom Reichsarchiv hinzugezogen. Nachdem die Dänen offiziell die Ansprüche aus dem Wiener Vertrag in ihrer Verbalnote als erfüllt erklärt hatten, betonte Erslev bei den Gesprächen, dass bei den jetzigen Verhandlungen keine vertragsmäßige Ver-

[669] Ebd., Bl. 203–207, Verbalnote der dänischen Gesandtschaft an die deutsche Delegation Kopenhagen vom 17.1.1922.

[670] Ebd.

pflichtungen bestünden. Mögliche Abgaben bezeichnete er als „Liebesgabe" von Dänemark an Deutschland.[671] Er bemerkte, dass

> „die Auslieferung der nordschleswigschen Archivalien [von Deutschland an Dänemark, Schm.] eigentlich eine natürliche Folge der erfolgten Gebietsabtretung ist, während die Auslieferung von Archivalien seitens Dänemarks nur mit rein wissenschaftlichen Rücksichten begründet werden kann".

Den dänischen Experten war jedoch klar, dass dies keine ungünstige Situation war. Erslev hatte bereits vorher intern signalisiert, dass man nun nahezu alles verlange könne, was man wünschte, weil die Deutschen so einen großen Wert auf die Gegengabe legen würden.[672]

Auf deutscher Seite war man sich dieser Situation durchaus bewusst. Man bestand zwar auf dem Do-ut-des-Prinzip, doch dieser von Richter anvisierte Tausch wurde dadurch erschwert, dass im Schleswiger Archiv kaum angemessenes Material zum Tausch vorhanden war – trotz Richters Versuch, einzelne Bestände für das Reichsarchiv attraktiv zu machen. Von Hedemann-Heespen musste intern bei einem Treffen der schleswig-holsteinischen Sachverständigen mit der deutschen Delegation im Auswärtigen Amt feststellen, dass die beste Gegengabe der Dänen der „Glorienschein der Grossmut" sei.[673] Das Einzige, was die Deutschen zu bieten hätten und an dem Erslev bereits ein Interesse gezeigt hatte, waren die Akten des Schleswigschen Ministeriums. Diese waren im Zuge der Auslieferung im 19. Jahrhundert an die Schleswig-Holsteinische Regierung gegangen, da sie dort für administrative Zwecke benötigt worden waren.

Anfang 1922 war man sich also auf beiden Seiten im Klaren darüber, wo man stand. Der Vorteil lag auf dänischer Seite, aber ein erstes Ziel hatten die Deutschen erreicht, da man offiziell zu dem Beschluss gekommen war, die Frage um die Herausgabe von Verwaltungsgut und von historischen Archivalien zu trennen. Richter bezeichnete dies als lange überfällig.[674]

---

671 LASH Abt. 304 Nr. 131, Bl. 240–243, Tagebuch Richters über den Aufenthalt in Kopenhagen vom 2.–7.3.1922, Bericht vom 8.3.1922.

672 Bericht von Erslev vom 18.1.1922, zitiert nach: Kargaard Thomsen: Archivabkommen (Anm. 34), 69.

673 LASH Abt. 304 Nr. 130, Bl. 187–189, Protokoll zur Besprechung zwischen Vertretern der deutschen Delegation, Generaldirektor Kehr, Richter und den Sachverständigen von Hedemann-Heespen, Pauls und Brandt vom 6.1.1922.

674 LASH Abt. 304 Nr. 131, Bl. 339–344, Notizen Richters vom 7.3.1922.

Am 10. April 1922 wurde das Abkommen hinsichtlich der Abgabe von Verwaltungsakten unterzeichnet und in einem Notenwechsel festgehalten, dass die Frage über die historischen Archivalien zwischen den Fachleuten geklärt werden sollte. Von der preußischen Archivverwaltung wurde diese Einigung begrüßt, unter anderem, weil damit eine drohende Gefahr der Forderung nach der Abgabe von Zentralakten aus Berlin im Tausch gegen historische Archivalien gebannt worden war.

Ab diesem Zeitpunkt fanden die Vorgänge um administratives und historisches Material unabhängig und getrennt voneinander statt. Ersteres wurde in der Regel von den dänischen Behörden über das Reichsarchiv gefordert, und das Staatsarchiv in Schleswig-Holstein musste diese Dokumente von den schleswig-holsteinischen Behörden requirieren und übersenden.[675] Von deutscher Seite wurde gerade zu Beginn darauf Bedacht genommen, dass nicht zu viel ausgeliefert wurde. Richter ermahnte die Abteilung für Steuern der Provinzialregierung, dass nicht mehr an Dänemark abgegeben werden sollte als gefordert: „Wir haben nach dem Fortgang der sonstigen Verhandlungen gar keine Veranlassung besonders entgegenkommend zu sein",[676] ließ er verlauten. Im Verlauf der weiteren Gespräche entspannte sich diese Position, und es wurden Listen erstellt, nach denen es zu einer geregelten Ablieferung des Verwaltungsgutes kam.

Die besondere Schwierigkeit in der Frage, in welchem Archiv die historischen Archivalien ihren rechtmäßigen Platz haben, lag in der komplizierten Geschichte der Herzogtümer Schleswig und Holstein begründet. Die dänischen Könige waren lange Zeit auch gleichzeitig Herzöge von Schleswig und Holstein gewesen. Während also die Dänen dafür plädierten, das Handeln des dänischen Monarchen müsse im eigenen Land nachvollziehbar bleiben, waren schleswig-holsteinische Historiker, allen voran von Hedemann-Heespen, der Meinung, die Dänen müssten nachweisen, dass die Handlungen des Königs in den Herzogtümern auch wirklich königlicher und nicht herzoglicher Natur gewesen seien, um den Verbleib der Archivalien im Reichsarchiv zu rechtfertigen.[677] Die Personalunion dieser beiden Funktionen machte eine Unterscheidung jedoch schwierig bis unmöglich.

[675] Beispielsweise LASH Abt. 304 Nr. 137, Bl. 33, Erslev an Richter vom 13.4.1923.

[676] Ebd., Bl. 56, Richter an die Abteilung für Steuern der Regierung vom 19.6.1923.

[677] LASH Abt. 304 Nr. 131, Bl. 310–313, Bericht von von Hedemann-Heespen zur Geschichte Schleswig-Holsteins vom 28.4.1922.

Nachdem aber nun die Verteilung der Verwaltungsakten geregelt und von den historischen Archivalien getrennt worden war, konnte man sich näher auf die Klärung solcher Fragen konzentrieren. Zunächst beschränkten sich die Verhandlungspartner darauf, mit der Betrachtung der für die Auslieferung infrage kommenden historischen Dokumente zu beginnen. Erslev forderte besonders die Abgabe der Bestände des Schleswigschen Ministeriums und der Deutschen Kanzlei, was Richter nicht gefiel. Er sah die Forderung als „Gegenrechnung", mit der die Erlangung der historischen Archivalien für Deutschland „teuer erkauft" würde.[678] Gleichzeitig war er aber auch der Meinung, es gehe bei dem Austausch vor allem um die Befriedigung der schleswig-holsteinischen Gelehrten, da man den dänischen Gelehrten kaum etwas zu bieten habe,[679] ohne dass er jedoch diese Ansicht zum Anlass nahm, von sich aus Zugeständnisse zu machen.

Zum Problem wurde recht schnell, dass auf beiden Seiten nur unzureichende Übersichten über das Material vorhanden waren.[680] Es mussten also erst einmal Verzeichnisse der betreffenden Bestände angelegt werden, damit überhaupt ausgewählt werden konnte, was für die jeweilige Seite von Interesse war. In Schleswig erschwerte der Platzmangel dies enorm. Der Bestand des Schleswigschen Ministeriums, der für die Dänen so attraktiv war, war 1919 mit anderen Teilen des Regierungsarchivs an das Staatsarchiv Schleswig übergeben worden – auch, um die Akten vor dem Zugriff der Dänen zu schützen: Befanden sich die betreffenden Akten nicht mehr in den Händen der Verwaltung, sondern des Staatsarchivs, galten sie als Archivalien. Während die Dänen einen moralischen Anspruch auf die Auslieferung von Verwaltungsakten hatten, konnten dieselben Stücke nach der Übernahme ins Archiv vielmehr als Tauschobjekte dienen, mit denen die Herausgabe alter schleswig-holsteinischer Archivalien aus dem Reichsarchiv herbeigeführt werden konnte.[681] Da das Archivgebäude in Schleswig jedoch keinen Raum hatte, diesen Bestand aufzunehmen, verblieb er noch bei der Regierung im sogenannten Roten Elefanten gegenüber von Schloss Gottorf. Beide Gebäude befanden sich damit in Schleswig, allerdings waren die Akten des Schleswigschen Ministeriums nur „schwer zugänglich und unübersichtlich" untergebracht.[682]

678 Ebd., Bl. 293–294, Richter an Pauls vom 29.3.1922.

679 LASH Abt. 304 Nr. 130, Richter an die deutsche Delegation vom 20.2.1922, Bl. 208–210.

680 Für die dänischen Verzeichnisse LASH Abt. 304 Nr. 131, Erslev an Richter vom 26.5.1922.

681 LASH Abt. 304 Nr. 358, Bl. 108–109, Richter an Kehr vom 27.11.1919.

682 LASH Abt. 304 Nr. 131, Bl. 274, Richter an den Oberpräsidenten Kürbis vom 20.3.1922.

Der von Oktober 1922 bis März 1923 stattfindende Umzug des Archivs nach Kiel sollte Abhilfe schaffen. Neben dem Platzmangel im Magazin war auch die Zusammenführung der Bestände von Staatsarchiv und ehemaligem Regierungsarchiv einer der Gründe dafür. Der Umzug selbst und die damit einhergehende Unordnung im Magazin verzögerten jedoch weiter die Erstellung der Übersichten.

Zudem wurde durch den Umzug und die zusätzliche Arbeit im Rahmen der Verhandlungen Arbeitskraft des Archivs gebunden – und das bei internen personellen Problemen. Seit Februar 1919 wurde Richter im Staatsarchiv vom Archivar Kochendörffer unterstützt. Knapp ein Jahr nach dessen Versetzung nach Schleswig waren Differenzen zwischen Richter und Kochendörffer aufgetreten, die vor allem in der schwierigen Person Kochendörffers begründet lagen. Geringer Anlass für eine erste Auseinandersetzung war Richters Kritik an Kochendörffer, dass er gegen seine Anweisung ein Schreiben an das Reichsarchiv Kopenhagen in deutscher Kurrentschrift statt in lateinischer Schrift verfasst hatte.[683] Zu diesem Zeitpunkt hatte man sich bereits darauf geeinigt, dass beide Seiten in ihrer jeweiligen Muttersprache schreiben würden, und Richter wollte besondere Rücksichtnahme gegenüber dem Reichsarchiv walten lassen.[684] Da Kurrentschrift in Dänemark nicht gängig war, wurden die deutschen Schreiben in lateinischen Buchstaben verfasst.

Solche Vorfälle häuften sich und sorgten für ein schlechtes Verhältnis zwischen Kochendörffer und der sonstigen Archivbelegschaft. Dies führte zu Verzögerungen bei wichtigen Aufgaben, sodass sich Richter gegenüber Erslev dafür entschuldigen musste.[685] Es sorgte außerdem zumindest zeitweise für ein schwieriges Verhältnis zur GSHG. Durch sein vermehrtes Engagement fand Kochendörffer dort viel Zuspruch, und die Missstimmung zwischen den Archivaren fand hier ihren Widerklang. Während Richter die einzige Lösung in einer Versetzung Kochendörffers sah, sprachen sich der Vorstand der GSHG und die Universitätsgesellschaft unter der Führung von von Hedemann-Heespen für den Verbleib Kochendörffers am Staatsarchiv Kiel aus. Seine Expertise in Sachen der dänischen Archive, so die Argumentation, sei unverzichtbar.[686]

683 GStA PK, I. HA Rep. 178, 2350, Richter an den Oberpräsidenten Kürbis vom 5.10.1920.

684 LASH Abt. 304 Nr. 131, Bl. 274, Richter an den Oberpräsidenten Kürbis vom 20.3.1922.

685 LASH Abt. 304 Nr. 133, Bl. 104–107, Richter an Erslev vom 27.8.1925.

686 GStA PK, I. HA Rep. 178, 739, von Hedemann-Heespen an Generaldirektor Kehr vom 3.11.1921.

Gleichzeitig kam es unabhängig davon innerhalb der GSHG zu Konflikten. Grund hierfür waren Unstimmigkeiten zwischen von Hedemann-Heespen und dem restlichen Vorstand um den vermehrt politischen und antipreußischen Kurs, den ersterer einschlug und der sich vor allem in der Redaktion der ZSHG bemerkbar machte.[687] Der Vorstand – außer von Hedemann-Heespen – strebte eine wissenschaftliche statt einer politischen Ausrichtung an.[688] Mitte 1922 kam es zur endgültigen Entzweiung, und von Hedemann-Heespen wurde aus dem Vorstand gewählt,[689] woraufhin er aus der Gesellschaft austrat. Dies hatte insofern Auswirkungen auf die Verhandlungen mit Dänemark, da von Hedemann-Heespen im Namen der GSHG zu den Gesprächen mit herangezogen worden war. Nachdem er ausgetreten war, legte er auch diese Aufgabe nieder, was zusätzlich für Unsicherheiten im dänischen Lager sorgte. Dies wurde im Sinne eines antidänischen Kurses ausgelegt.[690]

Das Abkommen vom April 1922 hatte die offizielle Ernennung von Sachverständigen vorgesehen, zu der es noch nicht gekommen war. Mit dem Ausscheiden von Hedemann-Heespens schlugen Richter und Kehr den Leiter der Landesbibliothek Pauls vor. Kehr wünschte außerdem die Hinzuziehung von Walther Stephan (1873–1959), der seit Oktober 1920 als Archivar am Staatsarchiv Schleswig tätig war und Erfahrung aus den Verhandlungen mit Polen beitragen konnte.[691] Der andere bisherige Sachverständige Brandt hatte sich laut dem Urteil Kehrs durch seine Sprachkenntnisse ausgezeichnet, sonst jedoch nur wenig beigetragen, im Gegensatz zu Pauls, der als Vertreter schleswig-holsteinischer Interessen als unentbehrlich angesehen wurde.[692] Kehr unterschätzte damit den Wert Brandts in den inoffiziellen Verhandlungen. Brandt war mit einer Dänin verheiratet und pflegte enge Kontakte zu Friis, wodurch er in der Lage war, manche Wogen zu glätten, die durch die politischen Forderungen aufgebracht worden waren.[693]

---

687 Pauls: Hundert Jahre Gesellschaft (Anm. 73), 195; Pauls verweist auf die ZSHG Ausgaben Bd. 48, 396f, und Bd. 39, 276f.

688 Lena Cordes: Regionalgeschichte im Zeichen politischen Wandels. Die Gesellschaft für Schleswig-Holsteinische Geschichte 1918–1945 (Kieler Werkstücke, Reihe H 1). Frankfurt/Main 2011, 49–51.

689 LASH Abt. 304 Nr. 131, Bl. 332a, die deutsche Delegation Kopenhagen, von Körner, an die GSHG vom 12.6.1922.

690 Ebd., Bl. 349–350, Pauls an Richter vom 25.7.1922.

691 LASH Abt. 304 Nr. 20, Bl. 171, Artikel „Kunst und Wissenschaft“, Kieler Neueste Nachrichten vom 30.9.1931 [von Stephan].

692 GStA PK, I. HA Rep. 178, 739, Generaldirektor Kehr an den Ministerpräsidenten vom 14.5.1922.

693 Kargaard Thomsen: Archivabkommen (Anm. 34), 66–67.

Ende Oktober 1922 erfolgte die offizielle Ernennung Richters zum Kommissar für die Archivangelegenheit, also mit einiger Verspätung, und auch die Sachverständigen wurden ernannt. Dabei gab es eine Überraschung: Entgegen den Empfehlungen Kehrs wurden als Sachverständige nicht die bisherigen Mitglieder der GSHG bestimmt, sondern Otto Scheel (1876–1954). Er stammte gebürtig aus Tondern, das sich nach der neuen Grenzziehung in Dänemark befand, und hatte in Halle/Saale und Kiel Theologie studiert. Seit 1906 war er Professor für Kirchengeschichte in Tübingen. Ab 1924 übernahm er den für ihn geschaffenen Lehrstuhl an der CAU für schleswig-holsteinische Landesgeschichte.[694] Bei seiner Ernennung zum Sachverständigen spielte vor allem politische Rücksichtnahme eine Rolle. Zum einen hatte er sich stark im Abstimmungskampf um Nordschleswig im Frühjahr 1920 engagiert, zum anderen unterhielt er Kontakte zum Innenminister und zum Ministerpräsidenten.[695]

Da diese Ernennung auf Kosten der bisherigen Berater Brandt und Pauls erfolgte, waren diese verstimmt. Pauls kritisierte die Entscheidung für Scheel scharf, da er der Meinung war, dass damit die bisherigen Grundlagen geändert würden. In die bisher wissenschaftliche Angelegenheit würde ein „Vertrauensmann des Ministeriums" eingeschaltet werden, der dem Ganzen einen politischen Charakter verleihe. Pauls warnte, dass man dies auch in Dänemark so wahrnehmen würde.[696] Die Entscheidung für Scheel war jedoch gefallen. Auf Richters Initiative konnte noch erreicht werden, dass Brandt und Pauls zu den Verhandlungen über die historischen Archivalien hinzugezogen wurden, ohne dass sie die offizielle Position von Sachverständigen einnahmen.[697]

Nach der Neueröffnung des Staatsarchivs in Kiel kamen im April 1923 der dänische Kommissar Erslev mit seinen offiziellen Sachverständigen Laursen und Christensen zu Besuch für ein erstes Gespräch nach Abschluss des Abkommens, um über die historischen Archivalien zu sprechen. Trotz Zustandekommens des Abkommens zeigte sich, dass die Fronten verhärtet waren. Während von deutscher Seite die komplette Auslieferung des Gemeinschaftlichen Archivs gefordert wurde, wollten die Dänen das Ministerialarchiv des Schleswigschen Ministeriums bekommen. Beide Seiten wollten aber keine komplette Auslieferung ga-

694 Alexander Scharff: [Nachruf] Otto Scheel. In: ZSGH 80 (1956), 11–16, 12.

695 Frank-Rutger Hausmann: „Auch im Krieg schweigen die Musen nicht". Die Deutschen Wissenschaftlichen Institute im Zweiten Weltkrieg (Veröffentlichungen des Max-Planck-Instituts für Geschichte 169). Göttingen 2001, 194; GStA PK, I. HA Rep. 178, 739, Kehr an den Ministerpräsidenten vom 14./18.5.1922; LASH Abt. 304 Nr. 132, Bl. 29–30, Pauls an Richter vom 15.12.1922.

696 Ebd., Bl. 29–30, Pauls an Richter vom 15.12.1922.

697 Ebd., Bl. 42, Protokoll einer Besprechung von Ahlmann, Richter, Brandt und Pauls vom 18.1.1923.

rantieren. Die dänische Aussage, es könne keine Rede von einer vollständigen Auslieferung des Gemeinschaftlichen Archivs sein, da auch das Ministerialarchiv nicht komplett ausgeliefert werde, bezeichnet Richter als „Rückzugsgefecht", von dem er befürchtete, dass dem „die Unterwerfung unter einen Diktatfrieden folgen könnte".[698] Es wird deutlich, dass Richter sich sorgte, zu schnell zu große Zugeständnisse zu machen. Neben dem offensichtlich militärischen Jargon zeigte sich, dass es für die Deutschen kaum einen Spielraum gab, sie aber mit den dänischen Entscheidungen nicht zufrieden waren.

Auf einer anderen Ebene spielte die Wahrung des Gesichts eine Rolle. Die Sachverständigen der GSHG erinnerten daran, dass man im vorigen Jahr in Kopenhagen gut betreut worden sei. „Es ist klar, dass so ein notleidendes Land wie wir nicht täglich Mahlzeiten mit Hummer und kostbaren Weinen bieten" könne, aber man müsse doch für eine entsprechende Bewirtung sorgen, um „peinliche Vergleiche" auszuschließen.[699]

Zu einem wichtige Ergebnis kamen die deutschen und dänischen Verhandlungspartner bei ihrem Treffen in Kiel: Sie einigten sich darauf, dass nicht die Landesgrenzen bei der Verteilung der Archivalien entscheidend sein sollten, sondern das überwiegende Forschungsinteresse.[700] Dies war eine Einigung, die dem archivischen Standard auch der damaligen Zeit widersprach. Seit spätestens dem Ende des 19. Jahrhunderts hatte sich das Provenienzprinzip in den deutschen, ab 1902 auch in den dänischen Archiven durchgesetzt. Dies besagte als Zuständigkeitsprinzip, dass die Archivalien dort hingehörten, wo sie entstanden waren. Die Archivalien aus der dänischen Verwaltung gehörten also nach Dänemark und diejenigen aus der herzoglichen beziehungsweise preußischen Verwaltung nach Kiel. Mit der Einigung, sich auf Forschungsinteressen zu konzentrieren, wurde entgegen diesem Prinzip gehandelt.

Dies war durchaus überraschend. Bereits 1919 bei den ersten Überlegungen über einen Austausch betonte der Generaldirektor gegenüber dem Auswärtigen Amt, dass nun endlich das allgemein anerkannte Provenienzprinzip durchgesetzt werden könne.[701] Und auch Erslev hatte bereits früh signalisiert, dass der Austausch nun die Ordnung zwischen den Ländern herstellen könne,

---

698 Ebd., Bl. 53, Aktenvermerk von Richter vom 23.4.1923.

699 GStA PK, I. HA Rep. 178, 739, von Hedemann-Heespen, Pauls und Brandt an Generaldirektor Kehr vom 12./14.3.1922.

700 LASH Abt. 304 Nr. 132, Bl. 107, Beschluss der deutschen Sachverständigen vom 28.8.1923.

701 GStA PK, I. HA Rep. 178, 1359, Generaldirektor Kehr an das Auswärtige Amt vom 1.4.1919.

die gemäß dem Provenienzprinzip richtig sei.[702] Im Laufe der Verhandlungen hatte sich dieser Standpunkt jedoch gewandelt.

Das war auch ungewöhnlich mit Blick auf die Verhandlungen, die zeitgleich in anderen preußischen Gebieten stattfanden. Im Oktober 1923 wandte sich der Leiter des Staatsarchivs Danzig Josef Kaufmann (1865–1945) an Richter. Bei den Verhandlungen mit Polen sollte nach dem Provenienzprinzip vorgegangen werden, die Polen würden aber das für sie vorteilhaftere Pertinenzprinzip, also eine Auslieferung nach Themen, bevorzugen. Weiter schrieb Kaufmann, dass dies „für uns ausgesprochen gefährlich und schädlich" sei.[703] Bei den Verhandlungen zwischen Italien und Österreich sei auch das Provenienzprinzip angewandt worden, und nun wolle Kaufmann die Bestätigung, dass auch gegenüber Dänemark auf diesen Grundsatz zurückgegriffen werde, um seine Argumentation stützen zu können. Richter musste ihm antworten, dass „die Rücksichtnahme auf das Territorial- oder Pertinenzprinzip" im Vordergrund stehe und eine Anwendung des Provenienzprinzips „für uns hier zu schädlichen Konsequenzen führen" würde.[704] Dies hätte nämlich bedeutet, dass von deutscher Seite die Ansprüche auf Auslieferung der Archive der Zentralbehörden in Kopenhagen verzichtet und zudem die meisten Auslieferungen aus den Jahren 1865 bis 1875 zurückgegeben werden müssten, unter anderem auch die Bestände der Deutschen Kanzlei.[705]

Ende 1923 erfolgte die erste Übersendung von Erslev mit Verzeichnissen des Gemeinschaftlichen Archivs über die Stücke, die man bereit sei abzuliefern. Die deutsche Kommission um Richter fand dieses Angebot jedoch ungenügend und mit der entsprechenden Antwort, die weitere Forderungen enthielt, verärgerte sie Erslev. Der war der Meinung, dass sich die Deutschen nicht an vorher festgelegte allgemeine Standpunkte hielten, zum Beispiel, dass von dänischer Seite keine Schleswig betreffenden Archivalien ausgeliefert würden, die die Deutschen nun forderten. Problematisch wurde auch, dass mündliche Zusagen, die von Friis gemacht worden waren, von Erslev nicht vertreten wurden.[706] Friis hatte zugesagt, dass die Deutschen das Gemeinschaftliche Archiv bekämen, wenn sie das des Schleswigschen Ministeriums ausliefern würden.

702 LASH Abt. 304 Nr. 129, Bl. 40, Erslev an Richter vom 7.10.1919.

703 LASH Abt. 304 Nr. 131, Bl. 376, Kaufmann an Richter vom 19.10.1923.

704 LASH Abt. 304 Nr. 131, Bl. 382, Richter an Kaufmann vom 23.10.1923.

705 LASH Abt. 304 Nr. 135, Bl. 6, Abschrift: Denkschrift von Richter an den preußischen Ministerpräsidenten, übersandt am 9.4.1930; GStA PK, I. HA Rep. 178, 2370, Bl. 58–66, Jahresbericht für 1936 [ohne Datum].

706 LASH Abt. 304 Nr. 132, Bl. 124, Richter an Scheel vom 1.10.1923.

Die Verhandlungen schienen nun endgültig stillzustehen, und Scheel zweifelte gar, ob es überhaupt zu einer Verständigung kommen könne.[707] Als Richter gegenüber Scheel andeutete, ob nun nicht die Zeit sei, sich mit dem dänischen Angebot zufriedenzugeben und weitere Ansprüche aufzugeben, antwortete dieser mit dem Versuch, die Folgen eines solchen Endes zu relativieren:

> „Nun kennt die Geschichte freilich keine ewige [!] Verträge, trotz dem ewigen Frieden, der oft genug zwischen Staaten geschlossen worden ist. Und es wird auch für uns einmal der Augenblick kommen, da wir nicht durch die Gewalt des Wortes, sondern des Schwertes unsere Rechte erkämpfen müssen. Heute fehlt uns das Schwert."[708]

Eine deutliche Aussage, die in Scheels Augen keineswegs auf ein friedliches Nebeneinander der Länder in der Zukunft hindeutete. Sie zeigt nicht nur deutlich das angespannte Verhältnis der beiden Länder zwischen den Weltkriegen, sondern auch den bei Scheel vorherrschenden Militarismus und Antidanismus.

In Kiel wie in Berlin wurde über den Abbruch und das mögliche Scheitern der Verhandlungen gesprochen,[709] und auch in Kopenhagen stand man vor der Entscheidung, entweder die Verhandlungen abzubrechen oder Zugeständnisse zu machen.[710] Erslev entschied sich für Letzteres. Sein Schreiben vom 16. November 1923 rettete die Verhandlungen, indem er sich in wichtigen Punkten verhandlungsbereit zeigte. Zum Beispiel erklärte er sich einverstanden, das Gottorfer Archiv in Teilen auszuliefern, was er vorher abgelehnt hatte. Den Deutschen erlaubte das, die Verhandlungen ohne Gesichtsverlust weiterführen zu können. Dieser Richtungswechsel wurde von der übrigen dänischen Seite eher skeptisch gesehen. Friis hatte gegenüber Brandt noch im Oktober erklärt, dass Dänemark am Ende seiner Zugeständnisse sei, und auch die dänischen Sachverständigen Laursen und Christensen blieben kritisch. Sie nahmen den Standpunkt ein, so berichtete Erslev an Scheel, dass sie ein Scheitern des Austausches durchaus nicht bereuen würden.[711]

Das nächste Zusammentreffen in Kopenhagen im März 1924 wurde in der dänischen Presse mit großen Hoffnungen eingeleitet. In der konservativen

---

707 Ebd., Bl. 119, Scheel an Richter vom 9.9.1923.

708 Ebd., Bl. 126, Scheel an Richter vom 5.10.1923.

709 Ebd., Bl. 128, Scheel an Richter vom 12.10.1923.

710 Kargaard Thomsen: Archivabkommen (Anm. 34), 80.

711 Ebd., 82.

Nationaltidende hieß es im Vorfeld, dass die deutschen Gäste für die „afsluttende Forhandlinger", die abschließenden Verhandlungen, anreisen würden, von denen man erwarten könne, „at Resultatet vil blive tilfredsstillende", dass das Ergebnis zufriedenstellend sein werde.[712]

Und die Verhandlungen waren in der Tat erfolgreich. Es wurde nun eine grobe Aufstellung angefertigt, welche Bestände auszuliefern seien und inwiefern die Forschung für beide Seiten erleichtert werden würde.[713] Bei einem Gegenbesuch der Dänen in Kiel drei Monate später zeigten diese sich von den deutschen Abgaben so beeindruckt, dass sie den deutschen Wünschen noch weiter entgegenkamen. Es war also die Grundlage geschaffen für einen Abschluss der Verhandlungen.

Die weitere Ausarbeitung eines endgültigen Abkommens und die detaillierte Bestimmung, welche einzelnen Archivalien beziehungsweise Archivgruppen innerhalb der Bestände abzuliefern seien, zog sich jedoch erneut hin. Erst lagen auf dänischer Seite keine genügenden Verzeichnisse vor, um bestimmen zu können, was genau ausgeliefert werden könne,[714] und als diese und die deutschen Gegenstücke zum großen Teil vorlagen, setzte erneut eine langwierige Diskussion um Ausnahmen darüber ein, was nicht mit ausgeliefert werden könne und warum nicht. War also bei den persönlichen Treffen zugesagt worden, dass bestimmte Bestände wie beispielsweise von dänischer Seite das Gemeinschaftliche Archiv und das Gottorfer Archiv ausgeliefert würden, wurde bei der konkreten Benennung der auszuliefernden Archivalien Einzelstücke von der Auslieferung ausgenommen, weil sie nicht den vorher festgelegten Grundvoraussetzungen entsprachen, wie beispielsweise der, dass keine Archivalien abgegeben würden, die Auskunft über das Handeln der dänischen Könige gaben. Im Vordergrund stand die Problematik der Unterscheidung zwischen zentraladministrativen und lokalen Archivalien, die nicht immer leicht war. Von deutscher Seite wurden ebenfalls einzelne Stücke aussortiert, die nicht ausgeliefert werden sollten, vor allem aus den Beständen des Schleswigschen Ministeriums und der Deutschen Kanzlei.

Erschwert wurden die Vorgänge ferner dadurch, dass Erslev sein Amt als Reichsarchivar zum 1. April 1924 aus Altergründen niedergelegt hatte, aber noch Kommissar blieb. Trotz guter Zusammenarbeit zwischen Erslev und sei-

---

712 LASH Abt. 304 Nr. 133, Bl. 5, Artikel „De tyske Arkivfolk i København", Nationaltidende vom 19.3.1924, Bl. 5.

713 Ebd., Bl. 9, Protokoll der Verhandlungen vom 22.3.1924.

714 Ebd., Bl. 33.1, Protokoll vom 31.7.1924 zum Besuch der dänischen Kommission.

nem Nachfolger Laursen, der ebenfalls an den Austauschverhandlungen beteiligt war, führte dies zu einer Verlangsamung der Vorgänge. Laursen war den Verhandlungen gegenüber eher distanziert eingestellt.[715] Zudem war Erslev über siebzig Jahre alt und gesundheitlich angeschlagen, was die Angelegenheit weiter verzögerte.[716] Ein Ende der Verhandlungen war von beiden Seiten gewünscht, und entsprechend häufig verliehen Erslev und Richter in ihrer Korrespondenz der Hoffnung Ausdruck auf einen baldigen Abschluss der Gespräche, die sich zu diesem Zeitpunkt bereits seit mehreren Jahren hinzogen.

Ende 1926 versuchte Erslev endgültig einen Schlussstrich zu ziehen. In einem ausführlichen Schreiben legte er dar, dass langsam die Zeit gekommen sei, dass von dänischer Seite keine weiteren Zugeständnisse gemacht werden könnten. Diese seien bereits zahlreich, und es sei jetzt schon klar, dass Dänemark wertvolleres Material abgebe, als es bekommen würde. Erslev räumte Verständnis für die weitgehenden Forderungen Richters ein, meinte aber auch, dies müsse einmal zum Ende kommen: „naar man skal behandle en enkelt Lap Papir […] er det dog at komme lovlig vidt. Men i hvert Fald maa man ikke vor disse Smaating glemme de store."[717] Erslev war also der Meinung, man solle sich nicht an jedem kleinsten Stück Papier aufhalten und man müsse aufpassen, über die ganzen kleinen Einzelheiten das große Ganze nicht aus dem Blick zu verlieren. Gleichzeitig resignierte Erslev und schrieb an Richter, er könne es nicht weiter aushalten, sich über solche Einzelheiten auszutauschen, zumal er sein Alter merke.

Trotz allem zog sich die Diskussion über die Einzelheiten weiter hin, was auch daran lag, dass die Listen auf dänischer Seite noch nicht vollständig erstellt waren. Verzögerungen wurden besonders durch den dänischen Sachverständigen Christensen verursacht, der gegen Erslevs Anraten darauf bestand, jedes Aktenpaket genau durchzuschauen, damit nichts abgeliefert werde, was nicht abgeliefert werden sollte.[718]

Es wurden also weiter verschiedene Auflistungen zwischen Erslev und Richter hin und her geschickt, und in den begleitenden Schreiben wurde nach wie vor auf die Beendigung der Verhandlungen gehofft. Erst Ende des Jahres 1929 schien erneut ein Ende erreicht. Erslev und Richter einigten sich darauf,

---

715 Kargaard Thomsen: Archivabkommen (Anm. 34), 84; er beschreibt es als „nüchtern-unterkühlte Einstellung".

716 LASH Abt. 304 Nr. 133, Bl. 121, Erslev an Richter vom 9.2.1926.

717 Ebd., Bl. 147–153, Erslev an Richter vom 9.12.1926.

718 LASH Abt. 304 Nr. 134, Bl. 62, Erslev an Richter vom 28.2.1928.

ihre im März 1924 aufgestellten Grundsätze mit einigen Ergänzungen den beiden Regierungen vorzulegen.

In den Punkten I und II wurde dabei mit Bezug auf den Entwurf vom 22. März 1924 festgelegt, welche Bestände ausgetauscht würden. Unter Punkt I wurden die Bestände aufgelistet, die vom Staatsarchiv Kiel an das Reichsarchiv abgegeben werden sollten – wie unter anderem Kopialbücher der Deutschen Kanzlei und das Schleswiger Ministerialarchiv –, und demgegenüber wurden unter Punkt II die Auslieferungen aus Kopenhagen an Kiel bestimmt. Darunter befanden sich die Archivalien des Gemeinschaftlichen Archivs, des Gottorfer Archivs und des Plöner Archivs, die unter Vorbehalt der Zurückbehaltung einiger Ausnahmen abgeliefert werden sollten.[719] In Punkt III wurde der Verbleib des Materials den Kreis Tondern betreffend geklärt, das entsprechend der Teilung des Kreises in ein deutsches und ein dänisches Gebiet verteilt werden sollte. In Punkt IV wurden dann Sonderregelungen für die Benutzung festgelegt. So sollten die Benutzer im jeweils anderen Land den inländischen Nutzern gleichgesetzt werden. Dies bedeutete beispielsweise für dänische Benutzer im Staatsarchiv Kiel, dass ihnen neuere Archivalien vorgelegt werden konnten. Außerdem wurde unter Punkt IV geregelt, dass bei der Versendung von Archivalien für wissenschaftliche Zwecke „weitgehendes Entgegenkommen bewiesen" werden solle und dass bei Bedarf für amtliche Zwecke kostenfrei Abschriften vorgenommen werden würden, wenn nicht das Original übersandt werden könnte. Der letzte Punkt V besagte schlussendlich, dass nach Annahme des Abkommens von beiden Seiten keine weiteren Ansprüche auf historische Archivalien geltend gemacht werden könnten sowie dass auf keiner Seite Kassationen des besprochenen Materials vorgenommen werden dürften, ohne dieses vorher der anderen Seite angeboten zu haben.

Nicht mit all diesen Umständen war man auf deutscher Seite glücklich. Die Erleichterung der Nutzung galt laut dänischem Vorschlag nicht nur für das Staatsarchiv Kiel und das Reichsarchiv Kopenhagen, sondern auch für das dänische Landesarchiv in Viborg und das Archivdepot in Apenrade. Letztere waren mit aufgeführt, weil die Unterbringung der Archivalien betreffend Nordschleswig noch nicht geregelt war. Seit 1920 hatte es in Dänemark verschiedene Überlegungen dazu gegeben. Hauptsächlich schwankte man zwischen einer Unterbringung der Archivalien im Landesarchiv Odense, weil die Anbindung nach Nordschleswig gut war, oder den Ausbau des Landesarchivs

---

[719] LASH Abt. 304 Nr. 133, Bl. 10–12, Entwurf vom 22.3.1924.

Viborg zu einem Archiv für ganz Jütland. Dazu gab es auch Überlegungen, ein eigenes Landesarchiv zu gründen, wobei im Laufe der Zeit verschiedene Standorte im Gespräch waren, von Vejle nördlich der Königsau bis Sonderburg im Süden Nordschleswigs. Als Übergangslösung war Anfang 1923 ein Archivdepot in Apenrade, dreißig Kilometer nördlich der neuen Grenze zu Deutschland, eingerichtet worden.[720] Dorthin sollten die Archivalien, die nicht ins Reichsarchiv kamen, überführt werden. Trotz diverser interner Debatten fand sich lange Zeit keine Lösung, und die Frage sorgte nicht nur im dänischen Archivwesen für Spaltungen, sondern führte auch zu Unsicherheiten auf deutscher Seite.

Zur selben Zeit, als Erslev den Entwurf einer Vorlage für die Regierung an Richter sandte, erschien in der *Kieler Zeitung* ein Artikel von Ludwig Andresen (1880–1940), in dem er nicht nur meinte, dass „selbstverständlich stillschweigend vorausgesetzt" worden sei, dass die nordschleswigschen Archivalien in der Nähe blieben, sondern dass damit die „Bereitwilligkeit zur Abtretung nordschleswigscher Archivalien [...] ganz erheblich gedämpft würde".[721]

Dennoch waren Erslev und Richter bereit, den von ihnen unterschriebenen Entwurf für ein Abkommen an ihre jeweilige Regierung weiterzugeben, und zwar mit einer detaillierteren Aufzählung der abzuliefernden Archivalien. Während Richter die Vorlage bereits im Mai 1930 einreichte, verzögerte sich dies auf dänischer Seite. An dem Tag, an dem der Vorschlag an die dänische Regierung gegeben werden sollte – es war der 20. Juni 1930 – starb Erslev im Alter von 77 Jahren. Nachfolger als Kommissar wurde, wie auch schon auf seinem Posten als Reichsarchivar, Laursen, der den Vorschlag dann noch im Sommer 1930 einreichte.

Die dänischen Archivare waren – ohne Erslev – jedoch alles andere als glücklich mit dem Entwurf. Informell teilte Laursen dem Außenministerium mit, er würde dem Entwurf im Falle eines Scheiterns keine Träne nachweinen.[722] Christensen hatte sich ganz geweigert, mit zu unterzeichnen.[723]

Richter hatte dem Entwurf bei Abgabe an die Regierung eine Denkschrift über die bisherigen Vorgänge beigelegt. Er empfahl darin zwar, dass das Ab-

---

720 Hans Kargaard Thomsen: Oprettelsen af Landsarkivet for de sønderjyske Landsdele. In: Schultz Hansen/Hansen Nielsen/Ousager (Anm. 35), 32–53, 40.

721 LASH Abt. 304 Nr. 133, Bl. 189, Artikel „Das nordschleswigsche Landesarchiv" von Ludwig Andresen, Kieler Zeitung vom 10.11.1929, 3.

722 Kargaard Thomsen: Archivabkommen (Anm. 34), 87.

723 LASH Abt. 304 Nr. 134, Bl. 163–166, Erslev an Richter vom 8.8.1929.

kommen gebilligt werden solle, vertrat aber gleichzeitig die Ansicht, dass man versuche solle, den Inhalt von Punkt V zu ändern – die Verzichtserklärung auf weitere Ansprüche –, auch wenn er keine großen Hoffnungen auf ein „bereitwillige[s] Entgegenkommen" hatte.[724] Als weiteren Wunsch äußerte er die Festlegung des Verbleibs der nordschleswigschen Akten.

Durch vertrauliche Gespräche zwischen den Zuständigen in den Außenministerien wurde von dänischer Seite Entgegenkommen signalisiert bei den gewünschten Änderungen, wenn bestimmte Voraussetzungen von deutscher Seite erfüllt würden. Als solche wurde formuliert, dass die Gleichstellung dänischer Nutzer mit deutschen Nutzern im Kieler Staatsarchiv beibehalten werden solle, gleichzeitig wurde aber auch klargemacht, dass sich Dänemark nicht vorschreiben lasse, wohin die nordschleswigschen Archivalien innerhalb Dänemarks – ob nach Viborg oder Apenrade – gelangen würden.[725]

Doch auch dieses scheinbare Entgegenkommen fand keine Zustimmung bei Richter. Er kritisierte, dass bei einer Gleichstellung dänischer Nutzer diese einen ungehinderten Einblick in alle Akten hätten, die vor 1888 entstanden waren, das geltende Grenzjahr für deutsche Nutzer. Im Reichsarchiv bestehe aber ein Grenzjahr von 1848. Dänische Nutzer hätten im Staatsarchiv Kiel also einen Vorteil.[726]

Dies ist auch vor dem Hintergrund der Instrumentalisierung von Geschichte zur damaligen Zeit zu sehen. Die Regionalgeschichte spielte gerade in Schleswig-Holstein in den 1920er-Jahren eine wichtige Rolle, um darzustellen, warum die nun bestehenden Verhältnisse nach der Abspaltung Nordschleswigs nicht natürlich seien. Dadurch, dass dänischen Nutzern jüngere Akten aus Deutschland zur Verfügung standen, bestand für Dänemark ein Vorteil auch in dieser Hinsicht. Propaganda konnte in weiterem Maße geführt werden, als von deutscher Seite aus Mangel an Zugang zu entsprechenden dänischen Quellen abgewehrt werden konnte.

Da vor allem auf deutscher Seite manche Punkte für Unzufriedenheit sorgten, verzögerte sich die Annahme, während auf dänischer Seite das Einverständnis der Regierung bereits kurz nach dem Einreichen gegeben worden war. Die Gemüter beruhigten sich zum Teil dadurch, dass am 31. März 1931

---

724 LASH Abt. 304 Nr. 135, Bl. 6, Abschrift: Denkschrift von Richter an den preußischen Ministerpräsidenten, übersandt am 9.4.1930.

725 Ebd., Bl. 17–18, Abschrift: das Auswärtige Amt, Legionatsrat Meynen, an den Ministerpräsidenten vom 14.2.1931.

726 Ebd., Bl. 20–21, Richter an Generaldirektor Brackmann vom 19.3.1931.

im Folketing der Vorschlag angenommen wurde, ein neues dänische Landesarchiv in Apenrade zu errichten, und damit eine Überführung der Archivalien nach Viborg oder Odense ausgeschlossen wurde. Eine weitere Beruhigung erfuhren die Vorgänge im Oktober 1931, als Richter aus Altersgründen in seinem Amt als Archivdirektor und Kommissar für die Austauschverhandlungen durch Stephan ersetzt wurde. Stephan, der bereits seit 1920 am Staatsarchiv tätig und so auch mit den Austauschverhandlungen vertraut war, schlug einen gemäßigteren Ton an und war eher zu Kompromissen bereit.

Der Großteil der Kommunikation lief zu jener Zeit über die informellen Kanäle der Korrespondenz zwischen Friis und Scheel beziehungsweise Pauls, wobei diese nur scheinbar informell war, da Kopien der Schreiben an die jeweiligen Außenministerien und den Reichsarchivar gingen. Nur wenig lag noch in den Händen der Kommissare. Sie hatten ihre Vorschläge bei der jeweiligen Regierung eingereicht und mussten nun auf deren Zustimmung warten. Die von deutscher Seite blieb jedoch weiter aus.

Die dänische Zeitschrift *Hejmdal* goss im Oktober 1931 Öl ins Feuer und beklagte in einem Artikel, der wohl von Friis verfasst war, die „utilladeligt bureaukratisk Smøleri i Berlin“, die unzulässige bürokratische Trödelei in Berlin.[727] In einem späteren Artikel warf er den Deutschen vor, dass sie kein Interesse daran hätten, den Entwurf zu unterzeichnen.[728] Die Stimmung zwischen beiden Seiten war angespannt. Besonders Scheel war erbost über Friis' Artikel und zweifelte daran, ob es zu einer Unterzeichnung kommen werde.

Als letzte Hürde für eine Annahme des Entwurfs blieb für die deutsche Seite der erste Satz von Punkt V: „Mit der Annahme der getroffenen Abmachungen seitens der Regierungen erkennen diese an, daß auf beiden Seiten kein weiterer Anspruch auf historische Archivalien mehr besteht.“[729] Ob jedoch eine Änderung dieses Satzes möglich sei, bezweifelte Scheel wie schon Richter vor ihm. Scheel war der Meinung, dass die Dänen zu keinem weiteren Entgegenkommen bereit seien, und schätzte die Lage richtig ein, als er an den Generaldirektor Albert Brackmann (1871–1952) schrieb: „Laursen hätte gewiß am liebsten auf den ganzen Austausch verzichtet.“[730]

---

727 Ebd., Bl. 24–25, Übersetzung des Artikels „Der deutsch-dänische Archivalienaustausch“ vom 21.10.1931 (Original Bl. 29).

728 Ebd., Artikel „Der deutsch-dänische Archiv(alien)austausch“, Zeitung „Hejmdal“ vom 8.2.1932, Bl. 37, Original „Den tysk-danske Arkivudveksling“, Bl. 39.

729 Ebd., Bl. 3–4, Abschrift des Abkommens vom 28.2.1930.

730 Ebd., Bl. 33–34, Scheel an Brackmann vom 16.11.1931.

1932 erklärten sich die Dänen dennoch mit Änderungen einverstanden. Die Königliche Dänische Gesandtschaft teilte mit, dass nun gesichert sei, dass die ausgelieferten neueren Archivalien nach Apenrade kommen würden und dass man sich mit einem Grenzjahr für die Nutzung auf das Jahr 1864 einigen könne (im Gegensatz zu 1800 für ausländische Nutzer in Deutschland).[731] Außerdem kam es zu einer Neuformulierung des ersten Satzes von Artikel 5. Dieser wurde dahingehend geändert, es „sollen auf beiden Seiten keine weiteren Rechtsansprüche auf historische Archivalien geltend gemacht werden".[732] Am 15. Dezember 1933 wurde das Abkommen dann endgültig unterzeichnet.

Die Rezeption war auf den beiden Seiten recht unterschiedlich. In der deutschen Öffentlichkeit wurde das Ergebnis nicht überall sofort bekannt. In einer Anfrage vom April 1934 aus Dithmarschen wird deutlich, dass man dort davon ausging, dass der Austausch zu keinem Erfolg geführt habe, und es wurden Vorschläge für ein weiteres Vorgehen gemacht.[733] Das Interesse an dem Abkommen war gerade in der Archivwelt relativ groß. Stephan verfasste einen Aufsatz für die *Archivalische Zeitschrift*, in dem er schilderte, wie es zu dem Ergebnis gekommen war.[734] Zusätzlich veröffentlichte er einen Artikel in den *Kieler Neuesten Nachrichten*, in dem er „[d]as wiedererwachte tiefe Gefühl für die unlösbare Verbundenheit des Einzelnen mit dem Volke seiner Väter" lobte und den Austausch mit Dänemark als „ein Ereignis von einschneidenster Bedeutung" bezeichnete.[735] In seiner Wortwahl und der Betonung des „Volkes" lassen sich die Zeitumstände erkennen: Seit Januar 1933 war die NSDAP mit Adolf Hitler (1889–1945) an der Macht.

Das Abkommen war unterzeichnet und das Vorgehen beschlossen, nun fehlte noch die Durchführung des eigentlichen Austausches. Der dänische Reichsarchivar Laursen ging 1934 in den Ruhestand, ihm folgte in diesem Amt

---

731 LASH Abt. 811 (Kultusministerium) Nr. 6830, Hoffmann an den schleswig-holsteinischen Kultusminister vom 23.9.1960.

732 Abkommen abgedruckt in: Hering/Noack/Ousager/Schultz Hansen (Anm. 34), 138–144, 143.

733 LASH Abt. 304 Nr. 135, Bl. 94, das Dithmarscher Landesmuseum, Kamphausen, an Pauls und Stephan vom 6.4.1934.

734 Die Archivalische Zeitschrift wird seit 1876 herausgegeben, zunächst vom Königlich Bayerischen Allgemeinen Reichsarchiv (seit 1921 Bayerisches Hauptstaatsarchiv), seit 1972 von der Generaldirektion der Staatlichen Archive Bayerns, und befasst sich vorrangig mit bayerischer Archiv- und Landesgeschichte, diente aber als Ersatz für eine fehlende gesamtdeutsche Archivzeitschrift; Winter (Anm. 20), 91.

735 LASH Abt. 304 Nr. 135, Bl. 72–78, Artikel „Das Staatsarchiv zu Kiel und seine Bedeutung für Geschichte und Heimatkunde Schleswig-Holstein" von Stephan, Kieler Neueste Nachrichten, o. D. (übersandt von Stephan an Brackmann am 31.1.1934).

und auch als Kommissar in der Angelegenheit des Archivalienaustausches Linvald. Dieser musste jedoch nach seinem Amtsantritt im Mai 1934 feststellen, dass die unter Erslev und Richter erstellten Listen nicht genau genug waren, um als Quittung für die Auslieferungen benutzt werden zu können, wie es vorgesehen war.[736] Die Listen mussten zuerst aktualisiert, präzisiert und vervollständigt werden, wozu in Kiel extra ein Hilfsarbeiter eingestellt werden musste.[737] In Kopenhagen dauerte diese Fertigstellung etwas länger. Wieder verzögerten sich die Vorgänge. Auch die offizielle Ernennung Stephans zum Kommissar zog sich hin und geschah erst zum 15. August 1935, obwohl Richter bereits 1931 abgetreten war.[738]

Die Überarbeitung der Listen führte erneut dazu, dass Einzelfragen auftauchten, die Linvald und Stephan klären mussten. Sie traten damit das Erbe Erslevs und Richters an. Spätestens hier zeigt sich auch die unterschiedliche Vorgehensweise Stephans in den Verhandlungen im Gegensatz zu Richter. Er war viel schneller zu Kompromissen bereit. Ein Grund dafür war die Verbesserung der Kopiertechnik. Stephan schlug zum Beispiel vor, einen zusammengehörigen Aktenbestand, auf den beide Seiten einen Anspruch erhoben, zu teilen und gegenseitig jeweils durch Kopien zu ergänzen, sodass in beiden Archiven der komplette Bestand überliefert würde.[739] Wie unterschiedlich auch Linvalds Position im Vergleich zu seinem Vorgänger Laursen war, zeigte sich darin, dass er nicht auf den Vorschlag einging, sondern stattdessen auf die dänischen Ansprüche verzichtete, sodass der gesamte Bestand in Kiel verblieb.[740]

Erst im April und Mai 1936 konnte der physische Austausch der Archivalien tatsächlich vorgenommen werden. Linvald und Stephan hatten sich darauf geeinigt, dass die Archivalien per Lastwagen zwischen Kiel und Kopenhagen beziehungsweise Apenrade transportiert werden sollten. Aus Kiel wurden insgesamt 1.520 Fach Archivalien nach Dänemark abgegeben, das entspricht 380 Regalmetern Akten, insgesamt 23.000 Kilogramm Papier, während 15.000 Kilogramm Archivalien nach Kiel gingen.[741] Es brauchte vier Transporte von Kiel nach Kopenhagen und drei in umgekehrter Richtung. Hatten sich die Verhandlungen

736 LASH Abt. 304 Nr. 136, Bl. 5–6, Linvald an Stephan vom 1.12.1934.

737 Ebd., Bl. 75, Bescheinigung von Stephan für Alexander Kämpfe vom 4.6.1935.

738 Ebd., Bl. 145, Stephan an Generaldirektor Zipfel vom 16.1.1937.

739 Ebd., Bl. 112–114, Stephan an Linvald vom 5.11.1935.

740 Ebd., Bl. 118–119, Linvald an Stephan vom 23.11.1935.

741 Ebd., Bl. 138–139, Stephan an Linvald vom 22.2.1936; in der Umrechnung von Fach auf Regalmeter folge ich dem heute üblichen Vorgehen im Landesarchiv Schleswig-Holstein, bei dem vier Fach pro Regalmeter gerechnet werden.

lange hingezogen und waren insgesamt fast sechzehn Jahre vergangen, wurde der eigentliche Austausch innerhalb von knapp zwei Wochen schnell abgehandelt. Dabei war man darauf bedacht, auf eine Gleichberechtigung beider Staaten Rücksicht zu nehmen. Es wurde zum Beispiel für die beiden begleitenden Archivsekretäre geregelt, dass der Däne vorne neben dem Fahrer saß, wenn man durch Dänemark fuhr, während der Deutsche hinten im Wagen schlafen durfte. Am Grenzort Kruså/Krusau wurde gewechselt.[742]

In Dänemark fanden die Auslieferungen ein relativ großes mediales Echo. Die *Politiken*, eine der drei großen dänischen Zeitungen, berichtete, dass das Ausladen der Archivalien viele Zuschauer angezogen habe, unter ihnen auch den Staatsminister Thorvald Stauning (1873–1942).[743]

Der Austausch selbst verlief reibungslos. Nach den ersten großen Touren mussten nur vereinzelt Archivalien nachgeschickt werden, wenn sie beispielsweise noch in dem jeweils anderen Archiv in Benutzung waren. Verbleibende Einzelfragen zwischen Linvald und Stephan zu abgelieferten Archivalien wurden geklärt, und letzten Endes konnten beide am 7. Januar 1937 das Abschlussprotokoll unterzeichnen und an ihre jeweiligen Regierungen weiterleiten.

Die beiden Kommissare beglückwünschten einander zum Abschluss der langwierigen Verhandlungen. Linvald fasste dies „med oprigtig Tilfredsstilledse" auf, mit aufrichtiger Zufriedenheit, und dankte für die Zusammenarbeit. [744] Außerdem brachte er seine Hoffnung zum Ausdruck, dass sich im Laufe der Zeit zeigen werde, dass sich dieser Austausch als Vorteil für die deutsche und dänische Geschichtsforschung erweise.[745] Stephan antwortete, auch er sei froh über den Abschluss. Insgesamt ist er jedoch verhaltener in der Bewertung des Erfolges. Zwar stellte auch er fest, dass eine bessere „Abrundung" der beiderseitigen Archivbestände stattgefunden habe, er lässt aber auch nicht unerwähnt, dass „das Ergebnis nach Lage der Dinge [...] nicht in allen Punkten den auf der einen oder anderen Seite gehegten Erwartungen in vollem Umfange zu entsprechen vermag".[746]

Ohnehin schwankte Stephan in der Bewertung des Verhandlungserfolgs. Den Grund für ein erfolgreiches Zustandekommen des Abkommens sah er

742 Ebd., Bl. 182, Artikel „Den dansk-tyske Arkiv-Udveksling begynde i Gaar", Zeitung „Politiken" vom 23.4.1936.

743 Ebd.

744 Ebd., Bl. 241, Linvald an Stephan vom 7.1.1937.

745 Ebd.

746 Ebd., Bl. 244, Stephan an Linvald vom 15.1.1937.

vor allem darin, dass die Aktenführung in der Vergangenheit es erlaubte, die Bestände zu teilen, ohne dass Informationen für beide Seiten verloren gingen. In dem Aufsatz, der 1934 in der *Archivalischen Zeitschrift* erschien, erklärte er:

> „In der Aktenführung der älteren schleswig-holsteinisch-dänischen Behörden herrscht nämlich, und zwar bis zum Ende der dänischen Herrschaft, ein eigenartiges Nebeneinander von losen Akten und fortlaufenden Reihen gebundener Journale und Korrespondenzprotokolle, deren Inhalt wesentlich der gleiche ist wie der der Akten."[747]

Wäre dieser Umstand anders gewesen, so zweifelt Stephan, dass es zu einer erfolgreichen Verständigung gekommen wäre. Intern beklagte er im Jahresbericht an den Generaldirektor, dass es ohne diese Tatsache kein befriedigendes Ergebnis gegeben hätte, aufgrund der „einseitigen, nicht selten illoyalen Auslegung"[748] von dänischer Seite, was das Kriterium der Befriedigung gegenseitiger Forschungsinteressen anging. Nach außen hin schrieb er in seinem Aufsatz, dass eine befriedigende Lösung „trotz des aufrichtigsten und gewissenhaftesten Bemühens beider Teile" aufgrund der engen historischen Verflechtung nicht möglich sei.[749]

Stephan hatte jedoch kaum Grund zur Klage. Zwar war eine größere Anzahl an Archivalien nach Dänemark abgegeben worden, als Kiel erhalten hatte, die Gewinne waren aber viel gewichtiger. So gab das Staatsarchiv Kiel den Bestand des Schleswigschen Ministeriums ab, der eine Laufzeit von 1852 bis 1864 hatte, erhielt dafür aber wertvolle, schon im Nachklang von 1864 geforderte Archivalien des Gemeinschaftlichen Archivs, darunter Urkunden aus der Zeit der Schauenburger Grafen vor 1460 (im Landesarchiv Schleswig-Holstein Abt. 1) sowie das Gottorfer Archiv (1544–1713; Abt. 7). Das Staatsarchiv Kiel erhielt außerdem rund 360 Urkunden, die älteste von 1195.[750] Selbst Stephan musste einsehen, dass man bedeutenderes Material bekommen als man abgegeben hatte, und im Laufe der Zeit, je mehr sich die Archivare mit den neu erhaltenen Stücken beschäftigten, konnte Stephan dem Generaldirektor melden, „daß wir Veranlassung haben mit Genugtuung auf den Abschluß der

747 Walther Stephan: Das deutsch-dänische Abkommen über den Austausch historischer Archivalien. In: Archivalische Zeitschrift 42/43 (1934), 338–343, 340.

748 GStA PK, I. HA Rep. 178, 2370, Bl. 38–66, Jahresbericht von Stephan für 1936 [ohne Datum].

749 Stephan (Anm. 747), 342.

750 Ebd., 341.

unendlich mühevollen Arbeit zu blicken".[751] Das Staatsarchiv sei auf „eine ganz neue Grundlage gestellt worden".[752]

Die Bewertung des Abkommens infolge der Unterzeichnung des Schlussprotokolls variierte je nach den Zeitumständen. Besonders unter den Nationalsozialisten im Zweiten Weltkrieg war bei den Kieler Archivaren ein starker Revisionismus vertreten. Der Plan, die Machtposition der Deutschen zu jener Zeit auszunutzen und eine Wiederaufnahme der Verhandlungen zu erwirken, scheiterte aber aus verschiedenen Gründen, nicht zuletzt aufgrund des Widerstandes der Dänen. Gerade Linvald war der Meinung, dass zu viel abgegeben worden sei und Dänemark bei dem Austausch zu schlecht abgeschnitten habe.[753] Interessanterweise wurde die Unzufriedenheit auf deutscher Seite damit begründet, dass bei dem Austausch die Forschungsinteressen der Geschichtswissenschaft und nicht das Provenienzprinzip im Vordergrund gestanden hatten.[754] Vor dem Hintergrund des Umgangs der Nationalsozialisten mit nicht deutschem Archivgut im Zweiten Weltkrieg und dessen widerrechtlicher Überführung entgegen dem Provenienzprinzip wird dies zu einem absurden Argument.[755]

Nach dem Ende des Zweiten Weltkrieges und dem Sieg über die Nationalsozialisten entspannte sich das Verhältnis zwischen Dänemark und Deutschland. Nachdem die Beziehungen zwischen dem Reichsarchiv Kopenhagen und dem Staatsarchiv Kiel ab 1942 kaum noch gepflegt worden waren, wurden sie 1948 wieder aufgenommen. Als wenige Jahre später Archivalien in Schleswig auftauchten, die das nordschleswigsche Gebiet betrafen, wurden diese gemäß dem Archivabkommen von 1933 dem Reichsarchiv in Kopenhagen angeboten. Das Abkommen wurde daraufhin mit Wirkung vom 1. Dezember 1954 erneuert, und die Archivalien wurden abgegeben.[756]

Auch nach dem Ende des Zweiten Weltkrieges gab es Erwägungen, einen erneuten Austausch anzustreben. Linvald lehnte dies aber nach wie vor ab. Lautete die Begründung in Zeiten des Krieges, dass Deutschland in dem Abkommen übervorteilt worden sei, war er nun der Meinung, „at sådanne

751 GStA PK, I. HA Rep. 178, 2370, Bl. 38–66, Jahresbericht von Stephan für 1936 [ohne Datum].

752 Ebd.

753 LASH Abt. 304 Nr. 928, Bericht von Hoffmann an Zipfel vom 26.9.1941.

754 Ebd., Hoffmann an Zipfel vom 8.7.1940.

755 Weiterführend Kapitel 4.2.3.

756 LASH Abt. 304 Nr. 2302, Hoffmann an den Kultusminister vom 7.8.1952; und ebd., „Bekanntmachung über die Wiederanwendung der deutsch-dänischen Vereinbarung über den Austausch von Archivalien" vom Bundesminister des Auswärtigen Hallstein vom 31.3.1955.

udvekslinger jo ikke længere har den samme betydning som forher efter at man ved hjælp af mikrofotografering og læseapparater uden støre udgift kan erstatte det manglende."[757] Ein Austausch hätte also nicht dieselbe Bedeutung wie vorher, da sich Lücken unter Zuhilfenahme neuer Technik wie der Mikroverfilmung besser würden schließen lassen. Auch auf deutscher Seite war man sich einige Jahre später sicher, dass die fehlenden Stücke durch die Anwendung moderner Medien, wie eben der Mikrofilme, weniger schmerzhaft seien, aber auch aufgrund der guten Beziehungen, die zum Reichsarchiv bestünden.[758]

1963 wurde das Abkommen noch einmal bezüglich des Grenzjahres überarbeitet. Galt für die Dänen laut Abkommen das Grenzjahr 1864, was 1933 einen Vorteil dargestellt hatte, war es für die übrigen ausländischen Nutzer in den 1950er-Jahren bereits auf 1888 ausgeweitet worden. Was als Vorteil gedacht war, hatte sich im Laufe der Zeit zum Nachteil entwickelt. In Dänemark war außerdem inzwischen eine neue Benutzungsordnung eingeführt worden, nach der nicht mehr zwischen ausländischen und inländischen Nutzern unterschieden wurde. Ab 1960 setzten Verhandlungen zwischen deutschen und dänischen Archivaren ein, und man einigte sich auf ein neues Grenzjahr für dänische Nutzer im schleswig-holsteinischen Landesarchiv mit dem Stichtag 9. November 1918.[759] Diese Regelung wurde hinfällig mit der Verabschiedung des schleswig-holsteinischen Archivgesetzes 1992, nach dem für alle Nutzer bewegliche Schutzfristen für die Einsichtnahme in Archivgut gelten.

Auch heute noch besteht ein enges Verhältnis zwischen dänischen und deutschen Archiven, da die Geschichte der beiden Staaten eng verknüpft ist. Das Verhältnis ist geprägt von einem freundlichen bis freundschaftlichen Umgang, seit den 1950er-Jahren erleichtert durch den technischen Fortschritt.

3.2 Die Folgen des Versailler Vertrages II: der Umzug von Schleswig nach Kiel

Ein weiteres Ereignis, das das Staatsarchiv in den 1920er-Jahre prägte, war der Umzug nach Kiel. Schon bei der Gründung des Archivs 1870 war für viele Zeitgenossen klar gewesen, dass dessen eigentlicher Platz in Kiel sein müsste.

757 Ebd., Linvald an das Landesarchiv vom 19.9.1952.

758 LASH Abt. 399.92 Nr. 32, Rede von Hector auf dem Deutschen Archivtag in Kiel im September 1968.

759 LASH Abt. 811 Nr. 6830, Abschrift: das Auswärtige Amt an den Bevollmächtigten des Landes Schleswig-Holstein bei der Bundesrepublik vom 18.12.1963.

Die Gründe dafür lagen zu dieser Zeit in dem Wunsch nach einer räumlichen Annäherung an das vorgesetzte Oberpräsidium in Kiel und einer Entfernung von der Regierung in Schleswig, da Letztere die Entwicklung des jungen Staatsarchivs als eigenständige Institution behinderte. Außerdem wurde die Nähe zu den wissenschaftlichen Einrichtungen gesucht wie zur Universität, um die Forschung zu stärken, und auch zur Landesbibliothek, da es dem neuen Archiv an grundlegendster Literatur mangelte. Zudem versprach sich die preußische Archivverwaltung ein engeres Verhältnis zu dem in Kiel ansässigen Geschichtsverein. Platzmangel in Kiel und fehlende finanzielle Mittel verhinderten jedoch eine Ansiedlung dort. Das Staatsarchiv fand seine erste dauerhafte Unterkunft 1871 im Hattenschen Hof in Schleswig, und was als Provisorium geplant war, wurde zu einer Dauerlösung.

Der Wunsch, das Archiv in Kiel unterzubringen, blieb jedoch nach wie vor bestehen. Eine Möglichkeit, die Verlegung zu verwirklichen, sah die Archivverwaltung 1875, als die Universitätsbibliothek in Kiel einen Neubau erhalten sollte und damit Räume im Kieler Schloss frei wurden.[760] Der Neubau der Universitätsbibliothek zog sich fast zehn Jahre lang hin, und nachdem die Räume des Kieler Schlosses endlich frei geworden waren, wurden sie für anderweitige Universitätszwecke vergeben. Das Vorhaben eines Umzugs des Staatsarchivs fand darüber hinaus nur wenig Unterstützung durch den Oberpräsidenten von Steinmann, der die „örtliche Zusammengehörigkeit"[761] zur Regierung und die Vorteile für die amtliche Nutzung betonte. 1879 wurde auch der Sitz des Oberpräsidenten von Kiel nach Schleswig überführt.[762] Hilles Wunsch nach einer Verlegung des Archivs war in der Folgezeit so groß, dass er sich damit sogar entgegen dem amtlichen Geschäftsweg unter Auslassung des Oberpräsidenten von Steinmann direkt an den Leiter der Archivverwaltung von Sybel wandte. Auch diese Aktion blieb aber, abgesehen von einer Rüge für Hille, ohne Folgen.[763]

Um die Jahrhundertwende war der Platzmangel im Hattenschen Hof zu einem Problem geworden. 1902 wandte sich Hille an den Generaldirektor Koser und sah sich gezwungen, die Frage nach einem Neubau zu stellen. Er würde persönlich zwar nur ungern nach Kiel umziehen, er müsse es aber „als ein Unglück für das Staatsarchiv betrachten [...], wenn es durch einen Neubau

760 LASH Abt. 301 Nr. 4801, Hille an den Oberpräsidenten von Scheel-Plessen vom 20.10.1875.

761 Ebd., Oberpräsident von Steinmann an von Sybel vom 1.5.1884.

762 Jürgensen (Anm. 33), 348.

763 LASH Abt. 301 Nr. 4801, Oberpräsident von Steinmann an Hille vom 24.2.1888.

in Schleswig für immer den Kieler wissenschaftlichen Kreisen und Institutionen fern gehalten würde".[764]

Koser wiederum sah keine Möglichkeit eines Umzugs, bevor nicht die Regierung nach Kiel übersiedelte. Er zog damit die Konsequenzen aus dem Scheitern der Verlegung der Staatsarchive in der Provinz Sachsen und in der Rheinprovinz, die weg vom Regierungssitz hin zur Universität kommen sollten.[765] Zudem standen erneut keine ausreichenden finanziellen Mittel zur Verfügung.

Hille räumte ein, er könne noch einige Jahre mit dem ihm zur Verfügung stehenden Platz auskommen. Damit verharmloste er jedoch die Situation. Im Jahr 1901 war es zu Verhandlungen mit der Regierung in Schleswig um Abgaben aus dem Regierungsarchiv gekommen. Die Regierung bot mehr als 1.700 Regalmeter Akten der schleswigschen und holsteinischen Ministerien und der Rentekammer zur Abgabe an. Aus Platzgründen konnte nur ein Teil davon übernommen werden, knapp 500 Regalmeter. Hille musste schon da mitteilen, dass eine umfangreichere Übernahme erst nach der Realisierung eines Neubaus erfolgen könne.[766] Er sah es unter den gegebenen Umständen als notwendig an, bis 1915 einen Neubau fertigzustellen.[767]

Mit der Übernahme von Teilen des Regierungsarchivs waren die Räume des Staatsarchivs nahezu gefüllt, und es konnten nur noch kleinere Abgaben aufgenommen werden. Hinzu kam, dass die damalige Praxis in Schleswig vorsah, in der Regel erst alle Akten zu übernehmen und dann im Zuge der Verzeichnung die nicht archivwürdigen Akten zu kassieren. Es musste also einerseits bei einer Übernahme viel Platz vorhanden sein, während andererseits der dann bei der Verzeichnung gewonnene Raum inmitten der Regale frei wurde, was zu zeitraubenden Umräumarbeiten führte.[768]

Im Laufe der Zeit erfolgten gerade bei der Regierung weitere Aussonderungen, die jedoch nicht mehr ins Staatsarchiv überführt werden konnten; die Akten verblieben also vorerst im Regierungsgebäude. Dies führte nicht nur dazu, dass sie lediglich in Ausnahmefällen für die Nutzung zugänglich waren,[769] es gefährdete auch die Dokumente. Sie waren sehr unzureichend auf

---

764 LASH Abt. 304 Nr. 276, Bl. 15, Hille an Koser vom 29.7.1902.

765 Es gab Bestrebungen, die Staatsarchive von den Regierungssitzen Magdeburg und Düsseldorf jeweils nach Halle/Saale und Bonn zu verlegen; vgl. ebd., Bl. 15, Hille an Koser vom 29.7.1902.

766 LASH Abt. 304 Nr. 358, Bl. 14–17, Hille an den Regierungspräsidenten vom 6.6.1901.

767 Ebd.

768 Ebd., Bl. 21–22, Hille an Generaldirektor Koser vom 1.6.1901.

769 LASH Abt. 304 Nr. 128, Hille an Secher vom 28.5.1904.

dem Dachboden untergebracht und litten unter Staub und Ruß.[770] Und auch im Regierungsgebäude herrschte Platzmangel, sodass nach einer alternativen Unterbringung gesucht wurde. Die Regierung plante 1912, die älteren Akten in den Keller einer Brauerei auszulagern,[771] der angeblich trocken sein sollte. Wie aber der Direktor des Staatsarchivs de Boor ausdrückte: „[S]o muß ich doch demgegenüber bemerken, daß ich in den 28 Jahren meines Hierseins die Erfahrung gemacht habe, daß es in Schleswig überhaupt nicht einen einzigen völlig trockenen Keller giebt."[772]

Diese Pläne fanden ein öffentliches Echo. Die *Kieler Zeitung* plante die Veröffentlichung eines Artikels über diese unzureichende Unterbringung der Archivalien und bemängelte zudem gegenüber dem Regierungspräsidenten, dass Versprechungen für den Umbau des Staatsarchivs nicht eingehalten worden waren. Hiergegen müsste sich „schärfste[r] Widerspruch" erheben.[773] Vonseiten des Regierungspräsidenten wurde versichert, dass die Ausweichräume ausreichend seien. Allerdings griff hier der Oberpräsident ein und ließ verlauten, dass die Räume, wenn auch trocken, so dennoch kein geeigneter Ort seien. An den preußischen Finanzminister schrieb er: „Ich glaube Euer Exzellenz sollten aus dem Fall entnehmen, daß der Neubau des hiesigen Staatsarchivs schon für die nächste Zeit zu den dringlichen Aufgaben der Staatsverwaltung gehört."[774] Bei einer Besichtigung des Archivgebäudes 1914 war vom Hochbauamt der „allgemeine Zerfall des ganzen Gebäudes" festgestellt worden.[775] Der Erste Weltkrieg machte weitere Überlegungen zwecklos, und letztendlich verblieben die Archivalien weiter unzureichend untergebracht im Regierungsgebäude.

Zu Beginn des 20. Jahrhunderts hatte sich auch wieder die Unzufriedenheit der Historiker mit der Lage des Staatsarchivs verstärkt, besonders innerhalb der GSHG. Aufgrund der Unzulänglichkeiten des Archivgebäudes und anlässlich der Planungen für einen Neubau wurde immer wieder betont, dass

---

770 LASH Abt. 304 Nr. 358, Bl. 2–3, Abschrift: Bericht der Ministerialkommissare Lacami, Freund und Kieschke [ohne Empfänger] vom 22.10.1900.

771 Es handelte sich dabei um die Blöckersche Brauerei; vgl. ebd., Zeitungsartikel vom 8.10.[1912].

772 Ebd., de Boor an den Generaldirektor Koser vom 24.8.1912.

773 LASH Abt. 301 Nr. 3135, Kieler Zeitung an den Regierungspräsidenten vom 28.9.1912.

774 Ebd., Beischrift des Oberpräsidenten von Bülow vom 2.11.1912 zum Bericht des Regierungspräsidenten an den Finanzminister vom 30.10.1912.

775 LASH Abt. 304 Nr. 280, Bl. 106a, Protokoll zwischen dem Vorsteher des Hochbauamtes und de Boor vom 19.3.1914.

Letzterer in Kiel zu verwirklichen sei.[776] Wie unattraktiv Schleswig war, zeigte sich 1908, als der Vorstand der GSHG plante, die Mitgliederversammlung anlässlich des 75. Jubiläums in Schleswig abzuhalten. Nachdem Hille gefragt wurde, ob er bereit sei, als Redner aufzutreten, riet dieser insgesamt davon ab. Er warnte, dass es in Schleswig „am erforderlichen Resonanzboden fehlen würde".[777] Der Vorstand überdachte daraufhin die Idee und ließ sie fallen. Der Sekretär der GSHG Rudolph von Fischer-Benzon (1839–1911) teilte Hille mit, dass der Entschluss, die Versammlung nicht in Schleswig zu halten, „vielen Beifall gefunden" habe.[778]

Die Situation um das Staatsarchiv erschien der GSHG nicht tragbar, und der spätere Vorsitzende der GSHG Ahlmann beklagte die Lage der „endlegenden Schatzkammer des geschichtlichen Gutes an der Schlei".[779] Der Vorstand beschloss 1913, mit den maßgeblichen Behörden Kontakt aufzunehmen, unter anderem mit dem Generaldirektor selbst, um für eine Verlegung und einen Neubau einzutreten.[780] Die Gesellschaft wurde zum wichtigsten und aktivsten Advokaten für einen Umzug.

Genauso gab es aber auch Stimmen gegen eine Verlegung, namentlich von der Stadt Schleswig selbst. Der Magistrat argumentierte, dass die Begründung, dass das Archiv an den Sitz der Universität gehöre, durch das Beispiel in vielen anderen Provinzen widerlegt werde, wo dies auch nicht der Fall sei. Zudem sei vom Staatsminister die Aufforderung ergangen, nicht alle Bildungsstätten in den großen Städten zu konzentrieren. Eine wichtige Rolle wurde auch der dänischen Propaganda eingeräumt. Der Magistrat warnte, sollte noch eine Institution aus Schleswig wegziehen, würde „das Dänentum im Herzogtum Schleswig noch übermütiger werden [...], als es jetzt schon ist".[781]

Weder ein Umzug noch ein Neubau konnten jedoch vorerst realisiert werden. Dies lag vor allem an der finanziellen Situation der Archivverwaltung. Der Bauetat wurde dadurch ausgereizt, dass 1914 der Neubau des Geheimen Staatsarchivs in Berlin begonnen wurde und gleichzeitig ein Neubau für das

776 Siehe diverse Schreiben in: StadtA Kiel 29684.

777 LASH Abt. 304 Nr. 145, Bl. 77, Hille an Fischer-Benzon vom 16.3.1908.

778 Ebd., Bl. 78–79, Fischer-Benzon an Hille vom 11.4.1908.

779 GStA PK, I. HA Rep. 178, 1538, der Vorstand der GSHG, i. V. Ahlmann, an Generaldirektor Kehr vom 18.1.1918.

780 StadtA Kiel 29684, Rendtorff an den Oberbürgermeister von Kiel vom 10.6.1913; LASH Abt. 397 Nr. 435, Bericht von Rendtorff [ohne Empfänger] über Treffen mit Koser vom 26.1.1914.

781 LASH Abt. 301 Nr. 4801, der Magistrat Schleswig an den Präsidenten des Staatsministeriums vom 29.5.1914.

Staatsarchiv Osnabrück entstand.[782] Diese Pläne, wie auch weitere Planungen das Staatsarchiv Schleswig betreffend, kamen durch den Ausbruch des Ersten Weltkrieges zum Erliegen.

Erst nach der Unterzeichnung des Waffenstillstands konnten diese neu aufgegriffen werden. Bis dahin hatte sich der Zustand im Schleswiger Staatsarchiv weiter verschlimmert. Obwohl die Zahl der Aktenübernahmen im Krieg gesunken war, wurde der Platzmangel spürbarer, unter anderem auch, weil die schlechte Verfassung der Gebäudesubstanz klarer hervortrat. Dies wird besonders deutlich in einem Schreiben, das de Boor bei seinem Eintritt in den Ruhestand seinem Nachfolger mit auf dem Weg gab. Das Schreiben war die einzige Richtlinie und Orientierungshilfe für Richter, der ab Oktober 1918 ohne Vorkenntnisse als einziger Mitarbeiter im Staatsarchiv Schleswig beschäftigt war. De Boor beklagte die „jammervollen Raumverhältniss[e]", die es nicht mehr erlaubten, wie vorher noch unter Hille die Bestände der Reihe nach anzuordnen.[783] Das bedeutete, sie wurden an verschiedenen Orten untergebracht, sodass es eines Plans bedurfte, den de Boor beilegte. Der bauliche Zustand des Archivgebäudes war nach de Boors Schilderungen katastrophal. Er warnte seinen Nachfolger, dass darauf geachtet werden müsse, ob die Spalten in den Wänden im Dachgeschoss und in der Hauptwand im Parterre nicht größer würden. Er bemerkte dazu: „Das Archivgebäude wird hoffentlich nicht vor Ausführung eines Neubaus zusammenstürzen."[784]

Obwohl der Erste Weltkrieg und die Präzedenz anderer Archivbauten die Planungen für solch einen Neubau unterbrochen hatten, war dessen Notwendigkeit für Schleswig-Holstein nach wie vor anerkannt. Generaldirektor Kehr instruierte Richter vor der Übernahme seines Direktorenpostens: „Die Verhältnisse in Schleswig sind nicht leicht; der Ort ist abgelegen u. das Archiv schlecht in einem alten ungenügenden Bau untergebracht." Zu den Aufgaben des neuen Direktors, zählte Kehr auf, gehöre die Durchsetzung der Verlegung von Schleswig nach Kiel und eine Belebung des Verhältnisses zur GSHG. Außerdem meinte Kehr: „[...] ein Neubau wird früher oder später notwendig".[785]

Nach der Unterzeichnung des Versailler Vertrages gab es für eine Verlegung nach Kiel neue Möglichkeiten. Richter hatte früh, bereits im Dezember

---

782 Ebd., Generaldirektor Koser an den Oberpräsidenten und den Bürgermeister von Schleswig Behrens vom 8.5.1914.

783 Früher waren die Magazine entsprechend der Reihenfolge der Signaturen geordnet.

784 LASH Abt. 304 Nr. 409, Bl. 2–5, Promemoria von de Boor vom 27.6.1918 (vorgelegt am 29.9.1918).

785 GStA PK, I. HA Rep. 178, 1640, Privatschreiben von Generaldirektor Kehr an Richter vom 17.5.1918.

1918, eine Idee, die sich als richtig herausstellen sollte, als er den Generaldirektor darauf hinwies, dass „infolge der Staatsumwälzung [...] fiskalische Gebäude" in Kiel frei werden würden.[786] Dass die Ereignisse des Kriegsendes zu einer Verlegung führen könnten, schien dabei von verschiedener Seite klar zu sein. Der Sekretär der GSHG Arnold Oskar Meyer teilte dem Generaldirektor seine Pläne mit, dass man eine Zusammenlegung des Staatsarchivs mit der Universitätsbibliothek in Kiel forcieren solle.[787] In einem seiner ersten Kontakte zur GSHG deutete Richter außerdem schon an, ohne dass konkrete Entwürfe vorlagen, dass das „vaterländische Unglück" sich doch als etwas Gutes erweisen könne, da es eine Verlegung ermöglichen könne.[788] Es kam jedoch vorerst zu keinen konkreten Schritten.

Richter war in dieser Zeit kaum die richtige Person, um die Initiative zu ergreifen, da es ihm an Kenntnissen über die Provinz mangelte. Er musste selbst einsehen, dass er beispielsweise aufgrund fehlender Ortskenntnis in Kiel in keiner entscheidenden Position war, um eine geeignete Unterkunft zu finden.[789] Verhandlungen über geeignete Gebäude mit dem Oberbürgermeister in Kiel führte der Sekretär der GSHG Arnold Oskar Meyer im Auftrag der Archivverwaltung, vorerst jedoch, ohne zu Ergebnissen zu kommen.[790]

Die Situation verschlechterte sich, bevor sie besser werden konnte. Wie schon zum Ende des Ersten Weltkrieges fehlte es im folgenden Winter 1919/1920 an Heizmaterial, sodass Richter und der Archivar Kochendörffer, der zum Februar 1919 nach Schleswig versetzt worden war, sich mit den Nutzern ein Zimmer teilen mussten.[791] Die Idee einer Verlegung nach Kiel verlor an Momentum. Die Folgen des Weltkrieges wurden spürbarer, und in Schleswig drückte besonders der neu versetzte Archivar Kochendörffer seinen Unmut aus: „Die Hoffnung, daß wir noch mal nach Kiel kommen werden, haben wir allmählich eingesargt", schrieb er Anfang 1920 einem Kollegen in Berlin.[792] Verantwortlich machte er einerseits Kehrs mangelnde Initiative, andererseits aber auch das fehlende Geschichtsverständnis der neuen demokratischen Re-

786 LASH Abt. 304 Nr. 276 Bl. 32, Richter an Kehr vom 10.12.1918.

787 GStA PK, I. HA Rep. 178, 1359, Arnold Oskar Meyer an Generaldirektor Kehr vom 20.1.1919.

788 LASH Abt. 304 Nr. 129, Bl. 1, Richter an von Hedemann-Heespen vom 7.3.1919.

789 LASH Abt. 304 Nr. 276 Bl. 32, Richter an Kehr vom 10.12.1918.

790 GStA PK, I. HA Rep. 178, 1641, Richter an Kehr vom 2.6.1919.

791 GStA PK, VI. HA, Nl Lüdicke, R., Nr. 9, Kochendörffer an Lüdicke vom 20.10.1919.

792 Ebd., Kochendörffer an Lüdicke vom 1.1.1920.

gierung der Weimarer Republik, „einer Regierung deren Geschichte mit dem 9. November 1918 beginnt".[793]

Die Probleme mit der Unterbringung im Hattenschen Hof wuchsen währenddessen weiter. Die Regierung drängte erneut auf Übernahme von Akten; dieses Mal handelte es sich um das gesamte Regierungsarchiv. Dies sah die Regierung als richtigen Moment an, vor allem weil der zuständige Registrator in Ruhestand ging, ohne dass es Ersatz geben würde, und man sich dessen Erfahrungen noch zunutze machen sollte. Anders als noch bei den Ablieferungen unter Hilles Direktorium nach der Jahrhundertwende ging es nun um die vollständige Ablieferung. Das Staatsarchiv musste ablehnen: Es fehlte an Platz. Mehr noch, so beklagte Kochendörffer, „im Gegenteil fällt uns der Kasten noch einmal überm [!] Kopf zusammen"[794] – ein Echo von de Boors Abschiedsworten über die schlechten Verhältnisse des Gebäudes.

Die Zeit für die Übernahme des Regierungsarchivs drängte außerdem aufgrund der anstehenden Verhandlungen mit Dänemark. Durch die deutschen Gebietsabtretungen wurde die Abgabe von Verwaltungsdokumenten unausweichlich, und Richter sorgte sich nun, dass Dänemark einen Anspruch auf Teile des Regierungsarchivs erheben und deren Auslieferung verlangen würde.[795] Würden die Akten vorher ins Staatsarchiv überführt werden, würden sie als historische Archivalien gelten und wären vor dem Zugriff gesichert. Aus Platzmangel einigten sich Staatsarchiv beziehungsweise Archivverwaltung und Regierungspräsident darauf, dass die Archivalien, wie bereits unter Hille, vorerst in den bisherigen Räumen verbleiben sollten, das Staatsarchiv sie aber übernahm und das Verfügungsrecht erhielt.[796]

Im Frühjahr 1920 kam wieder mehr Bewegung in die Angelegenheit. Richter warb beim Oberpräsidenten und dem Vorsitzenden des Provinziallandtages für die Verlegung des Archivs nach Kiel und argumentierte unter anderem damit, dass es Bemühungen um die Förderung der kulturpolitischen Aufgaben und der „Pflege des heimischen Volkstums" gebe, die in den Aufgabenbereich des Staatsarchivs fielen.[797] Diese Argumentation ist vor dem Hintergrund der Zeitumstände zu sehen. Mit der Abtretung Nordschleswigs

---

793 Ebd.

794 Ebd., Kochendörffer an Lüdicke vom 20.9.1920.

795 LASH Abt. 304 Nr. 358, Bl. 108–109, Richter an Kehr vom 27.11.1919.

796 Ebd., Bl. 103, der Regierungspräsident, i. V. Berthold, an Richter vom 13.11.1919.

797 LASH Abt. 301 Nr. 4801, Richter an den Oberpräsidenten Kürbis vom 3.5.1920.

wurde vermehrt eine wissenschaftlich gestützte Geschichtspropaganda gegen Dänemark forciert, für die das Staatsarchiv die Grundlage bieten konnte.

Zu dieser Zeit tauchte das erste Mal die konkrete Idee auf, das Archiv in einem Sanitätsdepot der Marine in der zentralen Karlstraße in Kiel unterzubringen. Gemäß den Bestimmungen des Versailler Vertrages musste die Marine abgebaut werden.[798] Neben den Folgen für das Selbstverständnis des preußisch geprägten Schleswig-Holsteins bedeutete dies für die Stadt Kiel einen großen wirtschaftlichen Verlust, da nahezu alles auf die Marine ausgerichtet war.[799] Für das Staatsarchiv hatte es in diesem Fall einen positiven Aspekt, da Gebäude für andere Zwecke frei wurden. Das Sanitätsdepot, das einen neuen Platz in der geräumten Kaserne I in der Wik finden sollte, wäre für die Aufnahme des Archivs geeignet. Es bestand aus zwei Gebäuden: dem Vordergebäude zur Straßenseite, das zum Verwaltungsgebäude umfunktioniert werden konnte, und einem Hofgebäude, dem späteren Magazingebäude. Es hatte mit knapp 2.000 Quadratmetern insgesamt doppelt so viel Fläche wie das Gebäude in Schleswig.[800]

Vorher hatte es noch Pläne gegeben, das Archiv im Kieler Schloss unterzubringen; diese wurden jedoch nach einer Begehung mit dem Hochbauamt wegen unzureichender Magazinräume und ungenügender Beleuchtung aufgegeben.[801] Gleichzeitig wurde auch die Hoffnung auf einen Neubau als aussichtslos verworfen. Das Sanitätsdepot bot hingegen ausreichend Platz, ohne dass viele Umbaumaßnahmen vorgenommen werden mussten.

Die Initiative für diese Idee ging nicht von der zentralen Archivverwaltung aus. Richter schrieb an Arnold Oskar Meyer, dass die GSHG, die Universität, die Stadt Kiel und die Provinz dafür eintreten müssten, das Archiv zu verlegen, „da von Berlin aus keine entscheidenden u. energischen Schritte zu erwarten" seien.[802] Wieder war es vor allem die GSHG, die sich dafür einsetzte. Im Juli 1920 legte sie dem Staatsministerium eine Eingabe für die Verlegung des Staatsarchivs nach

798 Peter Wulf: Die Stadt auf der Suche nach ihrer neuen Bestimmung (1918–1933). In: Jürgen Jensen/Peter Wulf (Hrsg.): Geschichte der Stadt Kiel. Neumünster 1991, 303–358, 303.

799 Ebd., 304.

800 StadtA Kiel 29684, Notizen von [unbekannt] vom 29.9.1921 zur nutzbaren Fläche in Karlstraße 27; LASH Abt. 301 Nr. 4801, Richter an den Vorsitzenden des Provinziallandtages, des Provinzialausschusses und der Provinzialkommission für Kunst und Wissenschaft, Oberbürgermeister Todsen in Flensburg, vom 19.4.1920.

801 LASH Abt. 304 Nr. 276, Bl. 56–57, Richter an Kehr vom 31.4.1920.

802 LASH Abt. 397 Nr. 435, Richter an Meyer vom 12.4.1920.

Abb. 2: Frontansicht des Archivs in der Karlstraße (LASH Abt. 399.92 Nr. 80)

Kiel vor, welche vom Kieler Magistrat bekräftigt wurde.[803] Bei einer Besichtigung des Sanitätsdepots, an der unter anderem Kehr, Richter, Arnold Oskar Meyer und der Kieler Oberbürgermeister Fritz Gradenwitz (1872–1957) teilnahmen, sprach Kehr den Wunsch aus, dass weitere Verhandlungen über das Gebäude zwischen der Stadt Kiel und dem Deutschen Reich geführt werden sollten und der preußische Staat dann bei Zustandekommen eines Vertrages eintreten würde.[804]

Probleme machte weiterhin der Schleswiger Magistrat, der sich gegen einen Wegzug des Staatsarchivs wehrte. Nahezu verzweifelt wurde von dessen Seite angeboten, dass eine Unterbringung für das Archiv in Schleswig gefunden werden würde, und es wurde sich bitterlich gegenüber dem Präsidenten des Staatsministeriums beklagt, dass auch der Verlust „der kleinsten Behörde für die Stadt

803 LASH Abt. 304 Nr. 276, Bl. 74, Abschrift: Magistrat der Stadt Kiel, gez. Gradenwitz, an das Staatsministerium vom 17.8.1920.

804 StadtA Kiel 29684, Protokoll von Gradenwitz vom 16.3.1921.

Schleswig nicht mehr zu tragen" sei.[805] Zeitgleich mit dem Schreiben der GSHG und des Kieler Magistrats wandte sich Richter also an den Generaldirektor Kehr und schlug als alternative Unterbringungsmöglichkeit, falls der Umzug nach Kiel nicht zustande kommen würde, das Schloss Gottorf in Schleswig vor.[806]

Als Reaktion auf die Zuschriften von verschiedener schleswig-holsteinischer Seite forderte das Staatsministerium vom schleswig-holsteinischen Oberpräsidenten Heinrich Kürbis (1873–1951), er solle ein Votum der Provinzialverwaltung über die Verlegung einholen. Der Landeshauptmann der Provinz Karl Graf von Platen-Hallermund (1857–1922) sprach sich daraufhin gegenüber dem Oberpräsidenten nachdrücklich für den Umzug nach Kiel aus. Dieser sei „unbedingt notwendig", und der jetzige Zustand des Staatsarchivs würde „in keiner Weise dem Ansehen und der Würde eines Landesarchivs entsprechen".[807] Besonderes Gewicht legte er auf die Rolle des Staatsarchivs in der Kulturpolitik, die nach der Abtretung Nordschleswigs „durch die Stärkung des Deutschtums" gefördert werden müsse. Dies könne nur geschehen, wenn das Staatsarchiv in der richtigen Verbindung mit der GSHG und den wissenschaftlichen Bibliotheken stünde. Dieses Votum überrascht nur wenig: Von Platen-Hallermund war Vorsitzender der GSHG. Die Beschwerden des Schleswiger Magistrats tat er als „nicht ins Gewicht fallen[d]" ab.[808]

1921 blieb die Situation jedoch noch weitgehend unsicher. Zwar hatte Richter schon im September 1920 an den Generaldirektor appelliert, dass ein Antrag auf Belegung des erwähnten Sanitätsdepots eingereicht werden solle,[809] es fehlte aber nach wie vor die endgültige Bestätigung, dass ein Umzug überhaupt möglich sei. Ebenfalls 1921 hatte der Kieler Magistrat mit der Marine die Vereinbarung ausgehandelt, dass die Umzugskosten von der Stadt getragen würden, wenn sie das Depot zur Verfügung stelle .[810] Dementsprechend wurde das Gebäude im April 1921 von der Stadt angemietet. Um die Beschwerden aus Schleswig zum Schweigen zu bringen und die Gemüter dort

---

805 LASH Abt. 304 Nr. 276, Bl. 66, Abschrift: Magistrat der Stadt Schleswig, gez. Behrens, an den Präsidenten des Staatsministeriums vom 27.5.1920.

806 Ebd., Bl. 71–72, Richter an Kehr vom 17.7.1920.

807 LASH Abt. 301 Nr. 4801, Landeshauptmann von Platen-Hallermund an den Oberpräsidenten Kürbis vom 1.12.1920.

808 Ebd.

809 LASH Abt. 304 Nr. 276, Bl. 82–88, Richter an den Generaldirektor vom 15.9.1920.

810 Ebd., Abschrift: Magistrat der Stadt Kiel, gez. Lueken, an den Präsidenten des Staatsministeriums vom 5.2.1921, Bl. 92; enthält außerdem die Anfrage, mit Verweis auf die schlechte finanzielle Lage der Stadt Kiel, die Kosten für den Umzug der Marine auf den Staatshaushalt zu übernehmen.

zu beruhigen, wurde in der zweiten Jahreshälfte 1921 das Landeskulturamt nach Schleswig verlegt.[811]

Da die Zeichen für einen Umzug gut standen, holte Richter erste Angebote über die Kosten zur Überführung der Archivalien von Schleswig nach Kiel ein. Vor allem stand die Frage im Raum, wie der Transport ausgeführt werden sollte. Die Idee, die Eisenbahn dafür zu nutzen, wurde aufgrund der dabei mehrfach notwendigen Verladungen verworfen. Zudem müssten die Archivalien, um nicht der Witterung ausgesetzt zu sein, dafür in Kisten verpackt werden, was zu teuer wäre. Ein Transport zu Wasser wurde als zu gefährlich eingestuft. Richter entschied sich in Übereinstimmung mit dem Spediteur für eine Überführung per Lastwagen.[812]

Zum Beginn des Jahres 1922 kam dann die Nachricht, dass im Etat der preußischen Archivverwaltung für 1922 Gelder in Höhe von 500.000 Mark für Umbaumaßnahmen sowie die jährliche Miete für das Kieler Sanitätsdepot vorgesehen seien.[813] Einen Monat später erklärte sich der preußische Ministerpräsident im Einvernehmen mit dem Finanzminister mit dem Mietvertrag einverstanden.[814] Damit war der Umzug festgelegt. Es musste nun aber noch die Bewilligung des Haushalts durch den Landtag und die Zweite Lesung abgewartet werden, bevor die Gelder zur Verfügung standen. Dies erfolgte im Juni 1922. Danach kam es zu weiteren Verzögerungen, da die Marineverwaltung das Gebäude noch nicht geräumt hatte, vereinzelt Baumaßnahmen am Gebäude umgesetzt und Regale beschafft werden mussten.[815] Diese Verzögerungen führten dazu, dass der erste Transport von Schleswig nach Kiel erst am 3. November 1922 abgehen konnte.[816] Damit bestätigten sich die von Richter im Laufe der zweiten Jahreshälfte geäußerten Befürchtungen, dass der Umzug „in die nasse und kalte" und damit in die „ungünstigste Jahreszeit" fallen würde.[817]

---

811 LASH Abt. 301 Nr. 4801, Verfügung vom preußischen Ministerpräsidenten, i. A. Nobis, an den Oberpräsidenten, den Schleswiger Magistrat und den Regierungspräsidenten vom 20.8.1921.

812 LASH Abt. 304 Nr. 276, Bl. 135, Richter an den Generaldirektor vom 15.8.1921.

813 Ebd., Bl. 146, Richter an den Kieler Oberbürgermeister Gradenwitz vom 19.1.1922.

814 Ebd., Bl. 153, Abschrift: der preußische Ministerpräsident, gez. Braun, an den Magistrat der Stadt Kiel vom 23.2.1922.

815 LASH Abt. 304 Nr. 277, Bl. 3, Abschrift: Generaldirektor Kehr an den Regierungspräsidenten vom 28.6.1922.

816 GStA PK, I. HA Rep. 178, 2368, Jahresbericht für 1922 von Richter an den Generaldirektor vom 17.3.1923.

817 LASH Abt. 304 Nr. 277, Bl. 26, Richter an Kehr vom 16.8.1922 und Bl. 67, Richter an den Generaldirektor Kehr vom 9.10.1922.

Über einen Zeitraum von drei Monaten ging nahezu alle zwei bis vier Tage ein Transport ab: In fünfzehn Wochen waren insgesamt 46 Hin- und Rückfahrten notwendig. Jeder Transport enthielt zwischen 140 und 170 Regalmeter Akten und dazu noch Möbel, in der Anfangszeit vor allem die Regale – ein Transport nur mit Akten wäre zu schwer für den Lastwagen gewesen. Die Probleme, die sich ergaben, waren zahlreich: Es mangelte beispielsweise an ausreichend Bindfaden, um die Aktenpakete für den Transport zu schnüren. Die Akten mussten also, wenn sie in Kiel angekommen waren, aufgeschnürt und der Bindfaden zurück nach Schleswig gesandt werden, damit dort zeitnah weitere Transporte vorbereitet werden konnten.[818]

Doch vor allem wurde der Umzug wie von Richter befürchtet durch die Jahreszeit stark beeinträchtigt. Der Mangel an Tageslicht in den Wintermonaten führte dazu, dass die Arbeiten bereits um 15 Uhr eingestellt werden mussten.[819] Wegen Schnee und Glätte konnten Transporte nicht durchgeführt werden, und wenn es dann kurzfristig doch möglich war, war man in Kiel nicht darauf vorbereitet. Diese Verzögerungen führten dazu, dass Archivalien über Nacht in den Wagen lagern mussten. Richter, der sich in Kiel befand, um dort die Einlagerungen zu beaufsichtigen, schickte Ende November 1922 eine Nachricht an die Archivare, die in Schleswig den Auszug beaufsichtigten:

> „Der heutige Transport war eine Überraschung, 1.) daß er überhaupt kam; 2.) daß die Akten im offenen Anhänger sehr gelitten hatten. Ein beträchtlicher Teil, bes. die oberen Lagen naß, richtig naß, oben, an den Seiten; zahlreiche andere haben die Feuchtigkeit angezogen, so daß auch sie nicht eingestellt werden können. Die Gänge voller Akten!!“[820]

Richter benannte hier ein weiteres Problem. Während der Umzug bereits stattfand, wurden letzte Bauarbeiten in den Gebäuden zu Ende geführt. Noch im Dezember konnten Archivalien nicht an ihrem vorgesehenen Platz aufgestellt werden, da beispielsweise die Einrichtung der Beleuchtung abgewartet werden musste, und sie mussten in den Gängen gelagert werden.[821] Durch den Umzug wurden außerdem Sicherheitsmaßnahmen, die für Archive im Allgemeinen galten, hinfällig. Schon im Vorfeld hatte Richter auf die erhöhte Brand-

818 LASH Abt. 304 Nr. 278, Ladeplan für den 23.11.1922 für Aktentransport nach Kiel, unterzeichnet von Reimers.

819 Ebd., Richter nach Schleswig vom 4.12.1922.

820 Ebd., Richter nach Schleswig [vom 28./29.11.1922].

821 Ebd., Richter nach Schleswig vom 16.12.1922.

gefahr durch die elektrische Beleuchtung in dem ehemaligen Lazarettgebäude aufmerksam gemacht, die daraufhin ersetzt werden sollte.[822] Zudem bestand eine erhöhte Feuergefährlichkeit durch die Arbeiter, die daran erinnert werden mussten, dass das Rauchen auch während der Aktentransporte untersagt war.[823] Die Sicherheit der Archivalien vor Diebstahl konnte durch die Anwesenheit der vielen Handwerker und Transportmitarbeiter kaum gewährleistet werden. Richter beklagte: „Die Verantwortung hier, mit all dem fremden Volk im Hause u. den notwendiger Weise offen stehenden Archivsälen ist ohnedies erschreckend – wenn man sich darüber Gedanken hingiebt!!"[824]

Weitere Schwierigkeiten ergaben sich durch einen Streik, der die Arbeit Ende Dezember 1922 ruhen ließ.[825]

Über all diese Probleme hinaus musste Richter Anfang Dezember noch feststellen, dass die Berechnungen der Regale nicht mit denen der Raumhöhe übereinstimmten und dadurch die höheren Regale nicht passten. Der von Richter angefertigte Aufstellungsplan musste während des Umzuges also noch einmal überarbeitet werden.[826] Immer wieder machte auch der Fahrstuhl im Magazingebäude Probleme, sodass die Transportpläne entsprechend angepasst werden mussten und die Akten, die für das oberste – das vierte – Stockwerk bestimmt waren, erst später angeliefert wurden.[827] Und obwohl das Archiv von Oktober 1922 bis Februar 1923 geschlossen war, waren noch laufende Arbeiten nebenbei zu erledigen. Der Archivsekretär Reimers, der mit Stephan den Umzug in Schleswig überwachte, berichtete Richter, dass er dies jeden Abend bis nachts zu Hause nachhole.[828]

Zum größten Problem wurde jedoch die Finanzierung des Umzugs. Zwar waren im Haushalt für 1922 Kosten für den Transport vorgesehen, ab Mitte 1922 machte sich jedoch die fortschreitende Inflation bemerkbar. Bereits im Krieg hatte sie begonnen, und durch die Zahlung größerer Reparationsleistungen verschlechterte sich die wirtschaftliche Situation weiter. Folglich stiegen auch die Preise für den Umzug: Hatte der Spediteur im August 1922

822 LASH Abt. 304 Nr. 277, Bl. 12–14, Protokoll unterzeichnet von Richter und dem stellvertretenden Leiter des Hochbauamts I in Kiel Müller vom 13.7.1922.

823 LASH Abt. 304 Nr. 278, Reimers an Richter vom 28.11.1922.

824 Ebd., Richter nach Schleswig vom 14.12.1922.

825 LASH Abt. 304 Nr. 287, Abschrift: Stephan [an Richter] vom 27.12.1922.

826 Ebd., Richter nach Schleswig vom 8.12.1922.

827 Ebd., Richter nach Schleswig vom 15.1.1923.

828 LASH Abt. 304 Nr. 278, Reimers an Richter vom 13.12.1922.

noch 100.000 Mark für den Transport gefordert, waren es einen Monat später 1,2 Millionen Mark. Als der erste Transportzug von Schleswig nach Kiel abging, war der Dollar bereits 7.000 Mark wert – im Januar 1922 waren es noch 192 Mark gewesen – und sollte bis zum Ende des Umzugs auf 20.000 Mark steigen.[829] Wenn dies auch keineswegs die Ausmaße waren, die bis Ende des Jahres erreicht werden sollten, als zum Höhepunkt der Inflation im November 1923 der Dollar 4,2 Billionen Mark wert war, erschwerte es aber die Finanzierung. Der Finanzminister erklärte sich im Oktober bereit, die mit 150.000 Mark für den Transport veranschlagten Mittel auf 1,15 Millionen Mark zu erhöhen.[830]

Im Jahr 1923 wurden die Kosten für Transportmittel und Arbeiter pro Tag berechnet. Kostete das Entladen in Kiel am 19. Januar 1923 noch rund 294.000 Mark, war es am 5. Februar 1923 bereits fast doppelt so viel mit 517.000 Mark. Zwei Wochen später kostete die Entladung des letzten Transports am 16. Februar 719.000 Mark.[831] Dies führte dazu, dass Richter aufgrund der „fortwährend steigenden u. in's fabelhafte gehenden Kosten" verstärkt auf eine Beschleunigung Wert legte.[832]

Zudem machte sich, wie schon bei den Diskussionen im Vorfeld der Verlegung nach Kiel, erneut die kulturpolitische Bedeutung bemerkbar. Nach Beginn des Umzugs erschienen in der dänisch gesinnten *Neuen Schleswiger Zeitung* zwei Artikel, in denen beklagt wurde, dass das „Schleswigsche Staatsarchiv" nach Holstein ziehe.[833] Die *Flensburger Nachrichten* konterten und wetterten dabei gegen die „Dänlinge".[834] Richter nahm dazu Stellung und stellte in einer Eingebung an das Korrespondenz-Büro Nordschleswig in Flensburg unter anderem fest, dass das Staatsarchiv für Schleswig *und* für Holstein zuständig sei. Gleichzeitig nutzte er den Artikel, um auf diejenigen Archivalien aufmerksam zu machen, die „unerlöst ein ziemlich verlorenes Dasein" in Kopenhagen führten und über deren Auslieferung zu dieser Zeit Verhandlungen

829 Hier und im Folgenden: zusammengestellt nach Friedrich-Wilhelm Henning: Das industrialisierte Deutschland 1914 bis 1978. 5. Aufl. Paderborn–München–Wien–Zürich 1979, 64–66, sowie nach Fritz Blaich: Der Schwarze Freitag. Inflation und Wirtschaftskrise. München 1985, 29, zitiert nach Heike Knortz: Wirtschaftsgeschichte der Weimarer Republik. Eine Einführung in Ökonomie und Gesellschaft der ersten Deutschen Republik. Göttingen 2010, 46–47.

830 LASH Abt. 304 Nr. 277, Bl. 76, Protokoll, unterzeichnet von Richter und Lohr vom Hochbauamt vom 18.10.1922.

831 Ebd., Rechnung von Spediteur Heinrich Dehn aus Schleswig vom 9.2. und 19.2.1923.

832 LASH Abt. 304 Nr. 278, Richter [an Stephan] vom 3.1.1923.

833 LASH Abt. 304 Nr. 277, Bl. 97, Artikel „Das Schleswigsche Staatsarchiv soll nach Kiel wandern", Neue Schleswiger Zeitung Nr. 222 vom 21.11.1922.

834 Ebd., Bl. 98, Flensburger Nachrichten Nr. 280 vom 29.11.1922.

stattfanden.[835] Unterstützung kam aus Dänemark selbst, wo diese „überdänischen Kreise“ kritisiert wurden. Im *Fyns Venstreblad*, das eng mit der sozialliberalen Partei Radikale Venstre verbunden war, erschien ein Artikel, der den Standpunkt verteidigte, die Forderung nach der Verlegung des Staatsarchivs bestehe schon länger und sei angesichts der schlechten Unterbringung im Hattenschen Hof richtig.[836]

Diese kulturpolitische Bedeutung wurde anlässlich der feierlichen Einweihung am 6. März 1923 aufgegriffen.[837] Anwesend waren unter anderem Generaldirektor Kehr, der Kieler Oberbürgermeister Gradenwitz, der Rektor der Kieler Universität Werner Wedemeyer (1870–1934) und Ahlmann als Vorsitzender der GSHG. Der Oberbürgermeister von Flensburg und Vorsitzende des Provinzialausschusses Hermann Bendix Todsen (1864–1946) sprach in seiner Rede davon, dass „der nationale Kampf in der Nordmark schärfer entbrannt sei als zuvor“ und die Dänen das archivische Material „rücksichtslos im nationalistischen Sinne“ als „Waffe“ benutzen würden.

> „Wir hoffen, daß nun eine neue Aera [!] für das Archiv angebrochen ist, daß es mehr als bisher der Förderung der Heimat, der Heimatliebe und des Deutschtums diene, daß es für unser ganzes geistiges und wissenschaftliches Leben immer reichere Früchte hervorbringen wird.“[838]

Etwas moderater nannte der ehemalige Sekretär der GSHG Arnold Oskar Meyer in seiner Absage zur Einladung der Feier die Einweihung ein „einschneidende[s] Erlebnis der schleswig-holsteinischen Geschichtswissenschaft“.[839]

Trotz dieser Erwartungen kam es vorerst nicht zu großen Veränderungen in der Nutzung. Die Annahme, dass vor allem mehr Akademiker den Weg ins Archiv fänden, erfüllte sich in der ersten Zeit nicht.[840] Je länger das Staatsarchiv jedoch in Kiel war, desto mehr etablierte es sich an diesem Standort. Waren 1921 noch 41 Nutzer an 364 Tagen im Lesesaal in Schleswig tätig, waren es 1924

835 Ebd., Bl. 99–100, Artikel „Über das Staatsarchiv für Schleswig-Holstein“ von Richter, am 8.12.1922 dem Korrespondenz-Büro in Flensburg überreicht.

836 Ebd., Bl. 101, Artikel „Den ‚Schleswigern‘ ins Stammbuch“, Flensburger Nachrichten Nr. 90 vom 11.12.1922.

837 Die ursprüngliche Eröffnung sollte am 26.2.1923 stattfinden, wurde aufgrund einer Erkrankung Kehrs jedoch um acht Tage verschoben; vgl. ebd., Telegramm von Richter an Kehr vom 23.2.1923.

838 Zitiert nach: GStA PK, I. HA Rep. 178, 2368, Bl. 215, Artikel „Einweihung des Staatsarchivs in Kiel“, Kieler Zeitung Nr. 110 vom 7.3.1923.

839 LASH Abt. 304 Nr. 277, Bl. 195, A. O. Meyer an Richter vom 24.2.1923.

840 GStA PK, I. HA Rep. 178, 2368, Jahresbericht für 1923 vom 19.1.1924.

in Kiel schon 101 Nutzer an 816 Tagen,[841] und 1932, zum Ende der Weimarer Republik, hatte das Staatsarchiv Kiel 152 Nutzer zu verzeichnen, die an 1.206 Tagen im Lesesaal forschten.

Neben der Arbeit mit der zunehmenden Nutzung waren die Archivare aber vor allem mit der Ordnung des Archivs beschäftigt, die stark gelitten hatte. Bereits vor dem Umzug war klar gewesen, dass Hilles Aufstellungsplan der Archivalien einer Überarbeitung bedurfte und Bestände neu verzeichnet und aufgestellt werden mussten.[842] Für solche Arbeiten hatte es im Gebäude in Schleswig an Platz gefehlt. Zudem waren nicht alle staatlichen Archivalien im Staatsarchiv versammelt gewesen, da der Bestand des ehemaligen Regierungsarchivs nach wie vor im Regierungsgebäude gelagert und dort ungeordnet auf verschiedene Räume verteilt war. Schon Hille hatte 1907 davon gesprochen, wenn einmal das gesamte Regierungsarchiv übernommen werden sollte – was nun mit dem Umzug nach Kiel geschah –, würde es „sich dabei um eine völlige Neubegründung des Staatsarchivs handeln, zu der das bisher unter meiner Leitung geleistete nur als Ouvertüre erscheinen würde".[843]

Die Regierung nahm den Umzug des Staatsarchivs außerdem als Gelegenheit wahr, aus eigenem Raummangel heraus weitere Akten an das Staatsarchiv abzugeben.[844] Als das Staatsarchiv 1923 wiedereröffnet wurde, hatte sich der Bestand auf 22.800 Fach, also 5.700 Regalmeter, vermehrt[845] und sich damit die Gesamtmenge an Archivalien nahezu verdoppelt.[846]

Aus diesem Grund beklagte Richter gegenüber dem Generaldirektor, dass es sich in Kiel nun nicht um die Verwaltung eines wohlgeordneten Archivs handele, sondern „um den Aufbau eines solchen".[847] Es musste also eine Neuordnung der gesamten Bestände und eine Verzeichnung fast der Hälfte des Gesamtbestandes vorgenommen werden. Beispielsweise waren die älteren Teile des Regierungsarchivs bereits um die Jahrhundertwende an das Staatsarchiv abgegeben worden. Mit der nun erfolgten gesamten Ablieferung musste der zerrissene Bestand gemäß dem Provenienzprinzip wieder zusammengeführt und neu aufgestellt wer-

841 Ebd., Jahresbericht für 1925 vom 16.1.1926.

842 Ebd., Jahresbericht für 1919 vom 12.1.1920 sowie Jahresbericht für 1921 vom 12.1.1922.

843 LASH Abt. 304 Nr. 276, Bl. 29–30, Hille an den Generaldirektor Koser vom 10.2.1907.

844 LASH Abt. 304 Nr. 358, Bl. 157, Abschrift: der Regierungspräsident an die Abteilungen der Regierung vom 5.10.1922.

845 GStA PK, I. HA Rep. 178, 2368, Jahresbericht für 1923 vom 19.1.1924.

846 GStA PK, I. HA Rep. 178, 2350, Richter an Kehr vom 31.3.1926.

847 GStA PK, I. HA Rep. 178, 2368, Jahresbericht für 1924 vom 19.1.1925.

den. Gerade die Verzeichnung und Ordnung dieses Bestandes hatte besonderen Vorrang, da für die Verhandlungen mit Dänemark um den Archivalienaustausch vollständige Listen benötigt wurden. Noch zu Beginn des Jahres 1926 beschwerte sich Richter, dass 5.600 Fach – 1.400 Regalmeter – der Bestände „völlig unzugänglich" seien, darunter auch ein Teil der Akten, die für den Austausch mit Dänemark interessant seien.[848] Der Ordnungszustand des Staatsarchivs in Kiel war also desolat. Richter meinte außerdem, dass die Verzeichnung von Neuzugängen in der Universitätsstadt Kiel noch dringender vorgenommen werden müsste, als man das in Schleswig hätte tun müssen.[849]

Der Umzug nach Kiel stellte die Archivare auch privat vor Probleme, die vor allem im akuten Wohnungsmangel in der Stadt begründet lagen. Bereits im November 1921 hatte Oberbürgermeister Gradenwitz empfohlen, die Archivare sollten ihre Wohnungsansprüche in Kiel bei den zuständigen Behörden geltend machen. Richter zog im Oktober 1922 nach Kiel, um den Umzug von dort zu koordinieren. Archivar Stephan hatte bis Februar 1923 den Auszug in Schleswig überwacht, seine Übersiedlung nach Kiel zog sich aber noch weitaus länger hin, da er keine Wohnung bekommen konnte. Dies gelang ihm erst zum August 1923. Bis dahin hatte er die zweistündige Fahrt von Schleswig nach Kiel und wieder zurück in Kauf nehmen müssen.[850]

Für viele der Probleme im Archiv machte Richter unter anderem die Personalpolitik der Archivverwaltung verantwortlich. Zum Umzug war ein vierter Archivar – neben Richter, Kochendörffer und Stephan – nach Schleswig-Holstein versetzt worden: Werner Spieß (1891–1972). Durch verschiedene persönliche Umstände – seine Frau war schwer an Tuberkulose erkrankt und die beiden kleinen Kinder wohnten bei verschiedenen Verwandten im Süden Deutschlands – ersuchte er bereits Ende 1923 um seine Versetzung, die bewilligt wurde. Auch eine Schreibkraft, die angesichts des Umzuges eingestellt worden war, musste anschließend eingespart werden. Es blieb also bei derselben Mitarbeiteranzahl wie bereits in Schleswig mit drei Archivaren, einem Kanzleisekretär und einem Hilfsarbeiter.

Die Aufgaben waren aber gewachsen. Nicht nur, dass die Archivare mit einem neuen Nutzeraufkommen umgehen, die Ordnung des Archivs überarbeiten und die Austauschverhandlungen mit Dänemark führen mussten, 1926 sollte außerdem der Deutsche Archivtag in Kiel stattfinden. Archivtage

848 Ebd., Jahresbericht für 1925 vom 16.1.1926.

849 GStA PK, I. HA Rep. 178, 1688, Richter an den Generaldirektor Kehr vom 17.9.1923.

850 LASH Abt. 304 Nr. 32, Bd. 2, Bl. 69–70, Stephan an den Generaldirektor Kehr vom 10.8.1923.

fanden bereits seit 1899 zusammen mit der Hauptversammlung des Gesamtvereins der deutschen Geschichts- und Altertumsvereine statt, und auf Bestreben der GSHG war für 1926 als Tagungsort Kiel verwirklicht worden. Dies geschah hauptsächlich aus grenzpolitischen Gründen, um nach der Abtretung Nordschleswigs die Verbundenheit Deutschlands mit Schleswig-Holstein zu bekräftigen;[851] für das Staatsarchiv bedeutete dies vor allem eine höhere Arbeitsbelastung. Es sollte in dem Rahmen nämlich auch eine Besichtigung des Staatsarchivs angeboten werden, und wie Richter selbst meinte, sei das Interesse sehr groß. Der Umzug in der Zeit der fortschreitenden Inflation habe „in Fachkreisen mit Recht ein gewisses Aufsehen erregt [...] u. dem Wunsch der Besichtigung einen besonderen Nachschub" gegeben.[852]

Vor allem aufgrund des schlechten Ordnungszustandes des Archivs bat Richter den Generaldirektor, im Programm solle auf eine Besichtigung der Archivräume verzichtet, sondern lediglich ein Bericht über die Entwicklung des Archivs angeboten werden.[853] Es herrsche noch immer dieselbe provisorische Ordnung wie kurz nach dem Umzug, die Akten lägen überall verteilt ohne Ordnung, teilweise auch auf den Gängen. Regale und Bestände seien nur unzureichend beschriftet und die Urkunden nicht sachgemäß untergebracht. Zudem seien seit dem Umzug keine Instandsetzungsarbeiten durchgeführt worden und auch die Einrichtung lasse zu wünschen übrig. Richter appellierte an den Generaldirektor, dass das Archiv nur mit schnellen Maßnahmen wie der Bereitstellung von Personal und Geldmitteln für eine Führung hergerichtet werden könne. Daraufhin wurden tatsächlich Maßnahmen ergriffen, beispielsweise wurde im April 1926 Hoffmann als Archivhilfsarbeiter nach Kiel versetzt, und im Programm konnte für den ersten Tag eine Besichtigung des Archivs angeboten werden, eingeführt von einem Vortrag Richters über die Entwicklung des Staatsarchivs.[854]

Zu diesem Zeitpunkt hatten sich die Probleme der neuen Unterbringung also bereits gezeigt, und nicht einmal vier Jahre nach dem Umzug standen die Archivare vor derselben Herausforderung wie in Schleswig: dem Umgang mit Platzmangel. Die Zugänge aus dem Regierungsarchiv waren zahlreich gewe-

851 LASH Abt. 304 Nr. 409, Bl. 43, Richter an den Generaldirektor Kehr vom 2.3.1926.

852 Ebd., Bl. 82, Schreiben zum Umlauf von Richter vom 12.2.1926.

853 Hier und im Folgenden: LASH Abt. 304 Nr. 145, Bl. 124–126, Richter an den Generaldirektor Kehr vom 10.2.1926.

854 LASH Abt. 301 Nr. 3135, Programm des 18. Archivtages in Kiel vom 15.–19.8.1926 zum Thema „Die staatlichen und die nichtstaatlichen Archive und ihr Verhältnis zueinander"; Vortrag abgedruckt in Richter: Entwicklung (Anm. 46).

sen und außerdem war es zu vermehrten Abgaben vonseiten der Behörden gekommen. Waren 1924 noch 646 Fach oder rund 162 Regalmeter Archivalien abgeliefert worden, der bisherige Höchststand, kam es 1927 unter anderem zu einer erneuten großen Ablieferung vonseiten der Regierung, sodass die jährliche Zunahme 1.380 Fach oder 345 Regalmeter betrug. Der Zuwachs war in diesem Jahr so groß, dass ein Teil vorerst im völlig ungesicherten Stallgebäude auf dem Grundstück des Archivs gelagert werden musste.[855] In den folgenden Jahren konnten, wie bereits zu Schleswiger Zeiten, Akten nicht übernommen werden, weil es an Platz mangelte.[856] Letztendlich musste 1931 die frühere Marine-Arrestanstalt in der Feldstraße, unweit des Staatsarchivs, angemietet werden, um dort die neuerlichen Abgaben der Regierung unterzubringen.[857] Eine gewisse Entspannung erfuhr die Situation auch durch die Abgaben von Teilen des ehemaligen Regierungsarchivs an Dänemark.

Die Notwendigkeit einer Veränderung wurde anerkannt, und gerade einmal zehn Jahre nach dem Umzug wurden erneut Pläne für einen Neubau aufgegriffen. Es ging so weit, dass Entwürfe dazu vorgelegt wurden und 1937 ein Grundstück in der Kieler Hohenbergstraße angekauft wurde. Eine Umsetzung scheiterte jedoch aufgrund des Beginns des Zweiten Weltkrieges. Wegen der Pläne für den Neubau waren kaum Maßnahmen zur Instandhaltung und Sicherung des Archivs durchgeführt worden, und die Lage verschlechterte sich weiter. Während des Krieges wurden die Gebäude immer wieder beschädigt und stürzten letztendlich im April 1945 zusammen. Damit endete die Zeit des Staatsarchivs Kiel. Die Archivalien wurden auf Schloss Gottorf untergebracht und bekamen dort eine neue Unterkunft. Die Überzeugung aber, dass das Archiv nach Kiel gehöre, blieb weiter bestehen. Trotz wiederholter Bemühungen ist es aber nicht wieder zurückgekehrt.[858]

3.3 Das Verhältnis zur Gesellschaft für Schleswig-Holsteinische Geschichte

Bis zum Ende des Ersten Weltkrieges bestand kaum ein nennenswertes Verhältnis zwischen dem Staatsarchiv Schleswig und der Gesellschaft für Schleswig-Holsteinische Geschichte (GSHG). Dies war unüblich, denn in anderen

[855] GStA PK, I. HA Rep. 178, 2368, Jahresbericht für 1927 von Richter vom 11.1.1928.

[856] GStA PK, I. HA Rep. 178, 2370, Jahresbericht für 1929 von Richter vom 2.1.1930.

[857] Ebd., Jahresbericht für 1931 von Richter vom 16.1.1932.

[858] Weiterführend Kapitel 4.3.3.

preußischen Provinzen gab es eine enge Verzahnung zwischen Archiven und regionalen Geschichtsvereinen. In der Regel waren die Archivdirektoren in den Vorständen der Vereine tätig, der Verein für Geschichte und Alterthum Schlesien wurde beispielsweise 1846 durch die Initiative des dortigen Staatsarchivdirektors gegründet.[859]

Die GSHG wurde am 6. April 1833 in Kiel gegründet und gehört damit zu den ältesten wissenschaftlichen Geschichtsvereinen. Schon in den ersten Statuten wurde festgelegt, dass der Zweck der Gesellschaft die Sammlung und der Erhalt von Urkunden und anderen Aufzeichnungen für die regionale Geschichte sei.[860] Außerdem wurde schon früh der Auftrag umgesetzt, die Urkunden in Form von Urkundenbüchern für die Geschichtsforschung zur Verfügung zu stellen.[861]

Bei der Gründung des Staatsarchivs in Schleswig waren die Voraussetzungen für eine enge Zusammenarbeit mit der Geschichtsgesellschaft durchaus gegeben. Schon in den 1840er-Jahren hatte die GSHG den Mangel eines staatlichen Archivs moniert,[862] und es waren von ihrer Seite nach dem Ende des Deutsch-Dänischen Krieges von den neuen Landesherren konkrete Handlungen in diese Richtung gefordert worden.[863] Dementsprechend war auch die Zusammenarbeit zwischen GSHG und preußischer Archivverwaltung zum Zweck der Gründung des Archivs sehr eng. Duncker griff auf die Expertise des Sekretärs der GSHG Usinger zurück, als es beispielsweise um Personalfragen ging. Der erste Auftrag, den er dem Archivsekretär Zimmermann nach Übernahme der Leitung des Schleswiger Staatsarchivs zuwies, war die Benachrichtigung der GSHG über die angesammelten Archivbestände, damit diese darüber in ihrer Zeitschrift berichten könne.[864]

Die Mitglieder der GSHG waren sich außerdem der Umstände in anderen Provinzen bewusst und erwarteten im Vorfeld eine Zusammenarbeit mit dem Staatsarchiv. Usinger hatte die Hoffnung, dass sich ein zukünftiger

---

[859] Richard Roepell: Bericht über die Vereins-Etatszeit von October 1854 bis October 1856. In: Zeitschrift des Vereins für Geschichte und Alterthum Schlesien 1 (1856), 323f.

[860] N. N.: Denkschrift über die Schleswig-Holstein-Lauenburgische Gesellschaft für vaterländische Geschichte. In: ZSHG 1 (1870), 1–16, 1.

[861] Andreas Ludwig Jacob Michelsen: Urkundenbuch zur Geschichte des Landes Dithmarschen. Altona 1834; Ders.: Urkundensammlung der Schleswig-Holstein-Lauenburgischen Gesellschaft für Vaterländische Geschichte. Kiel 1839.

[862] Waitz (Anm. 76), XVIIIf.

[863] Junghans (Anm. 48), 7.

[864] GStA PK, I. HA Rep. 178, 2337, Duncker an Zimmermann vom 8.1.1870.

Archivbeamter, weil er besondere Kenntnisse im Lesen und Verstehen von Urkunden besitze, an der Aufarbeitung der Landesgeschichte beteiligen würde, besonders an der Erstellung von Urkundenbüchern.[865] Dies war ein schon fast klassisches Betätigungsfeld für Archivare, und Urkundenbücher sämtlicher Provinzen waren von Archivaren bearbeitet worden. Durch die Übernahme des Archivsekretärpostens durch Hille wurde in der Ausgabe der ZSHG von 1871 eine „ganz besondere Förderung der Geschichte Schleswig-Holsteins" erwartet.[866]

Die Gesellschaft war zu diesem Zeitpunkt darauf angewiesen, dass vom Staatsarchiv neue Impulse kamen. Die Mitgliederzahl war im Sommer 1871 auf den Niedrigstand von 163 Personen gesunken, seit vier Jahren hatte sie nichts mehr publiziert.[867] Die ersten Jahre nach der Gründung des Staatsarchivs brachten in der Tat Aufschwung für die GSHG und die wissenschaftliche Forschung. Usinger gelang es, Gelder einzuwerben, und die veränderte politische Lage mit dem Übergang der Herzogtümer nach Preußen und der Gründung des Deutschen Kaiserreichs führte zu einem vermehrten Eintritt in die GSHG.[868] Neue Projekte konnten in Angriff genommen werden, die nach der Selbstdefinition das Hauptziel der GSHG unter Usingers Leitung darstellten: die Sammlung, Bearbeitung und Herausgabe von Quellen zur Landesgeschichte.[869] Vom neuen Staatsarchiv erhoffte sich Usinger vor allem, dass dadurch dem Mangel an wissenschaftlichem Nachwuchs abgeholfen werden könnte.[870] Bereits ab 1872 wurde der neue Leiter des Staatsarchivs mit eingebunden. Hille übernahm die Bearbeitung einer Urkundensammlung Christians I. aus der Zeit von 1394 bis 1492.[871] Usinger lobte privatim, dass Hille großes Interesse für die Gesellschaft zeige und mit Hilles Besetzung seine Erwartungen voll bestätigt worden seien.[872] Usinger sah Hille als seinen Nachfolger als Sekretär der Gesellschaft.[873] Als Usinger jedoch 1874 unerwartet starb, versiegte mit dem Ende dieser persönlichen Beziehung Usinger–Hille

865 Ebd., Auszug: Hille an Duncker vom 24.11.1870.

866 Rudolf Usinger: Jahresbericht. In: Zeitschrift der Gesellschaft für die Geschichte der Herzogthümer Schleswig, Holstein und Lauenburg 2 (1872), 411–413, 413.

867 Usinger: Jahresbericht 1869 (Anm. 208), 388; Ders.: Jahresbericht 1872 (Anm. 866), 411–413, 412.

868 Pauls: Hundert Jahre Gesellschaft (Anm. 73), 145.

869 Ebd.

870 Ebd., 154.

871 Hille (Anm. 545): Registrum.

872 Usinger an Hille vom 4.3.1873, zitiert nach: Pauls: Hundert Jahre Gesellschaft (Anm. 73), 157.

873 Ebd.

auch die enge Bindung zwischen dem Staatsarchiv in Schleswig und der Geschichtsgesellschaft in Kiel. Hille zog sich aus der Arbeit in der GSHG nahezu komplett zurück.[874] Nachfolger Usingers als Sekretär der Gesellschaft wurde Carl Schirren (1826–1910), auch aus dem Wunsch heraus, die Verbindung mit der Professur für Geschichte an der CAU aufrechtzuerhalten.[875]

Hille konzentrierte sich indessen vermehrt auf die archivischen Ordnungsarbeiten, und auch die räumliche Entfernung zwischen Schleswig und Kiel vertiefte die Entfremdung zwischen Archiv und Gesellschaft. Eine Beziehung zur GSHG bestand zwar weiterhin, sie blieb aber distanziert. So war Hille 1870 Mitglied der GSHG geworden, trat aber nie in dessen Vorstand ein. In dieses Vakuum trat die Landesbibliothek, dessen erster Leiter von Fischer-Benzon 1895 Sekretär der Gesellschaft wurde.

Die staatlichen Archivare beteiligten sich an der GSHG lediglich in Form von Aufsätzen für die Zeitschrift, die jedoch selten genuin eigene Beiträge zur Forschung, sondern vielmehr Nebenprodukte der Arbeit im Archiv darstellten.[876] Hilles Position als Archivleiter sicherte ihm jedoch Ansehen. Als er Fischer-Benzon einen Aufsatz zur Veröffentlichung in der ZSHG übersandte, merkte er an, dass er keine Zeit habe, diesen zu kürzen. Fischer-Benzon antwortete: „Alles, was Sie der Zeitschrift zuwenden wollen, nehmen wir selbstverständlich."[877]

Das Verhältnis zwischen dem Staatsarchiv und der GSHG änderte sich erst im Vorfeld des Ersten Weltkrieges und besonders mit der Versetzung von Kupke an das Staatsarchiv Schleswig. Im Gegensatz zu den Archivaren wie Hille und de Boor hatte Kupke ein großes Interesse an der regionalen Geschichtsforschung und engagierte sich auch im Verein. Als erster preußischer Staatsarchivar war er in den Vorstand der GSHG eingetreten. Unter de Boors Nachfolger Richter wurde diese Linie weiter fortgesetzt, und auch er trat in den Vorstand ein. Ein weiterer Faktor, der die Beziehungen verbesserte, war auch die räumliche Annäherung durch den Umzug des Archivs nach Kiel 1923.

874 LASH Abt. 399.1062 Nr. 1, Privatschreiben von Hille an Duncker vom 5.12.1874.

875 Pauls: Hundert Jahre Gesellschaft (Anm. 73), 169.

876 Beispielsweise Georg Hille: Actenstücke zur Geschichte des Südertheils von Dithmarschen. In: ZSHG 3 (1873), 307–327; Albert de Boor: Verzeichnisse großfürstlicher Beamten in Holstein. In: ZSHG 32 (1902), 137–176.

877 LASH Abt. 304 Nr. 405, Bl. 1, Hille an Fischer-Benzon vom 31.1.1905.

Zur Zeit der Weimarer Republik wurden gemeinsame Initiativen geplant, wie die Bearbeitung neuer Bände des Urkundenbuches und die Betreuung anderer wichtiger Archivalien nicht staatlicher Herkunft. Das Verhältnis, das so schwierig begonnen hatte, war jedoch auch in der Zeit der Weimarer Republik trotz dieser Annäherung nicht völlig ungetrübt.

3.3.1 Die *Schleswig-Holsteinischen Regesten und Urkunden*

Mit der Versetzung von Kupke an das Staatsarchiv Schleswig 1911 änderte sich das Verhältnis zwischen Staatsarchiv und Geschichtsgesellschaft, nachdem unter Hille und de Boor lange Zeit nur spärlicher Kontakt geherrscht hatte. Nachdem Kupke 1914 in den Vorstand der GSHG eingetreten war, war es ihm aber nicht gelungen, das Ansehen des Staatsarchivs zu wahren. Er sollte die von der Gesellschaft auferlegte Aufgabe, die Urkunden des Landes zu erschließen, weiterführen, verschätzte sich jedoch in seinen Fähigkeiten – eine Peinlichkeit für das Staatsarchiv und für Kupke selbst, was dazu führte, dass er nicht wie geplant die Leitung des Archivs übernahm und aus Schleswig versetzt wurde.[878]

Neuer Leiter in Schleswig wurde 1918 Richter. Und im Gegensatz zu seinen Vorgängern Hille und de Boor war es eines seiner vorgefassten Ziele, das Verhältnis zwischen Gesellschaft und Archiv zu vertiefen.[879] Problematisch war jedoch seine fehlende Kenntnis der Strukturen und Personen in Schleswig-Holstein. Nachdem wenige Monate nach Richter der Archivar Kochendörffer nach Schleswig versetzt worden war, wünschte Richter, dass dieser sich in die landesgeschichtliche Forschung einbringe, es fehlten Richter jedoch nähere Beziehungen zur Gesellschaft. Über das Urkundenbuch wusste er in seiner Anfangszeit nur, dass es „z.Z. ein Dr. Pauls in Elmshorn" bearbeitete.[880] Pauls wurde im Juli 1919 Landesbibliothekar der Landesbibliothek in Kiel und 1921 Sekretär der GSHG, war also eine sehr wichtige und auch damals schon bekannte Person in der schleswig-holsteinischen Geschichtswissenschaft. Es ging also vorrangig darum, Kontakte herzustellen. Wie Kehr es formulierte, war es eine der Aufgaben Richters, „die Fäden wieder aufzunehmen und den Wagen auf ein Gleis zu schieben, wo er sicherer Fahrt gewiß und vor Entgleisung geschützt ist".[881]

878 Weiterführend Kapitel 2.3.3.

879 LASH Abt. 304 Nr. 418, Bl. 18, Richter an Meyer vom 14.4.1919.

880 GStA PK, I. HA Rep. 178, 1739, Richter an den Generaldirektor vom 3.3.1919.

881 Ebd., Kehr an Richter vom 10.3.1919.

Richter übernahm dabei die Initiative, und im März 1919 traten er und Kochendörffer als Mitglieder in die Gesellschaft ein. Bereits auf der Mitgliederversammlung vom 2. Mai 1919 wurde Richter in den Vorstand gewählt und Kochendörffer mit der Bearbeitung des fünften Bandes des Urkundenbuches betraut. Nachdem also mehr als vierzig Jahre ein distanziertes Verhältnis zwischen Staatsarchiv und Gesellschaft geherrscht hatte, kam es nahezu schlagartig zu einer Annäherung. Es galt nun außerdem, das Verhältnis, das durch Kupkes Verhalten irritiert worden war, wieder zu verbessern. Auch der 1922 nach Schleswig versetzte Archivar Stephan wurde im selben Jahr Mitglied in der GSHG.[882]

Die Verbindung war für beide Seiten zunächst fruchtbar. Die Gesellschaft profitierte vom Engagement Kochendörffers und Richters, der in den Redaktionsausschuss der ZSHG eintrat. Die Archivare wiederum konnten die Expertise der Gesellschaftsmitglieder nutzen und sie beispielsweise als erste Ansprechpartner zu den Austauschverhandlungen mit Dänemark hinzuziehen. Zudem war der Vorstand der GSHG eine der wichtigsten und einflussreichsten Stimmen für einen Umzug des Staatsarchivs nach Kiel und setzte sich für dieses Ziel mit Eingaben beim Provinziallandtag und beim Staatsministerium ein.

Während sich das Verhältnis zur Gesellschaft besserte, kam es innerhalb des Archivs zwischen Richter und Kochendörffer zum Konflikt. Nachdem Kochendörffer 1919 nach Schleswig versetzt worden war, war die Beziehung zwischen beiden zunächst gut, im Oktober 1920 kam es jedoch zu einer ersten Auseinandersetzung um die Ausfertigung eines Schreibens. Der Konflikt nahm immer größere Ausmaße an und entzündete sich vor allem an der schwierigen Person Kochendörffers. Er war 1905 als Volontär am GStA in Berlin eingetreten und hatte an diversen Archiven gearbeitet. Unter anderem war er von 1910 bis 1912 am Staatsarchiv Düsseldorf beschäftigt gewesen und von 1912 bis 1919 am Staatsarchiv Breslau; in beiden Archiven war Kochendörffer mit Kollegen und Vorgesetzten aneinandergeraten, sodass er dort nicht wieder hinversetzt werden konnte.[883] Allgemein galt Kochendörffer in der preußischen Archivverwaltung als schwierig.[884]

Kochendörffer wie auch Richter schilderten ihre Probleme ausführlich der vorgesetzten Archivverwaltung, Kehr hatte jedoch kaum Verständnis für

882 Mitgliederverzeichnis der GSHG im Anhang der ZSHG 51 (1922), 18.

883 GStA PK, I. HA Rep. 178, 2350, Kehr an Kochendörffer vom 16.2.1926.

884 GStA PK, I. HA Rep. 178, 1542, Auszug aus einem Privatschreiben von Richter an Kehr vom 14.4.1920.

den „Beschwerderegen", der ihn aus dem Schleswiger Staatsarchiv erreichte.[885] Er machte vornehmlich Richters wenig sensibles Vorgehen mit diesem „krankhaft veranlagten Menschen" verantwortlich.[886] Die Lage spitzte sich weiter zu, da Kochendörffer wegen Nichtigkeiten gereizt und respektlos reagierte und Richter im Gegensatz aggressiv Respekt einforderte. Noch im Oktober 1920 trat Richter für die Versetzung Kochendörffers ein.

Da Kochendörffer jedoch mit der Bearbeitung des fünften Bandes des Urkundenbuches betraut war, führte dies dazu, dass die drohende Versetzung und damit der gesamte Konflikt um Kochendörffer in die GSHG getragen wurde. Dort war man gegen eine Versetzung, und auch Kehr sah die Priorität in der Fortführung der Arbeit: Erst wenn diese gewährleistet sei, könne es zu einer Versetzung kommen. Richter selbst musste Kochendörffers wissenschaftliches Engagement anerkennen und äußerte gegenüber Kehr, dass Kochendörffer bei einer Versetzung das Urkundenbuch, „wie ich hoffen möchte, auch an einem anderen Standort fertig machen können" würde.[887] Dieses Thema wurde in den Vorstandssitzungen erörtert, und Richter wurde in Schleswig auf offener Straße von Mitgliedern der GSHG darauf angesprochen.[888]

Eine Versetzung Kochendörffers wurde vorerst aufgeschoben und auf den 1. Oktober 1921 festgesetzt. Es waren von der GSHG Gelder eingeworben worden, um Kochendörffer für die Arbeit am Urkundenbuch nach Kopenhagen zu entsenden, wo er im Sommer 1921 einige Monate verbrachte, um die dort befindlichen schleswig-holsteinischen Urkunden abzuschreiben.[889] Finanziert wurde das Vorhaben einerseits von der Universitätsgesellschaft und andererseits von der preußischen Archivverwaltung selbst. Letztere hatte vor dem Hintergrund der anstehenden Austauschverhandlungen mit Dänemark um die Rückgabe der historischen schleswig-holsteinischen Archivalien ein besonderes Interesse, einen ihrer Archivare nach Kopenhagen zu schicken. Kochendörffers Expertise zu dem im Reichsarchiv befindlichen Archivgut könnte sich als nützlich erweisen, um die Forderungen zu konkretisieren.

Nach Kochendörffers Rückkehr bestand bei Kehr die Hoffnung, dass sich die Situation zwischen Richter und Kochendörffer entspannen würde. Er nutzte seine guten Beziehungen zum Sekretär der GSHG Arnold Oskar Meyer, der von

885 GStA PK, I. HA Rep. 178, 2350, Kehr an Richter vom 1.11.1920.

886 Ebd.

887 Ebd., Richter an Kehr vom 29.10.1920.

888 Ebd., Richter an Kehr vom 11.11.1920.

889 Volquart Pauls: Nachrichten über die Gesellschaft. In: ZSHG 51 (1922), 299–304, 299f.

1903 bis 1908 im Preußischen Historischen Institut in Rom unter Kehr gearbeitet hatte, und bat ihn darum, im Streit zwischen den beiden Archivaren zu vermitteln. Arnold Oskar Meyer entsprach dieser Bitte und führte diverse Gespräche mit beiden. Gegenüber Kehr berichtete er, dass er die Schuld an dem Zerwürfnis vor allem auf Seiten Richters sehe, dem er „mangelnde Kunst der Menschenbehandlung" bescheinigte.[890] Kochendörffers Verbleiben in seiner jetzigen Position hingegen sei sehr wünschenswert, vor allem durch seinen Aufenthalt in Kopenhagen und auch wegen seines Engagements für die Landesgeschichte. Gerade mit Blick auf die Verhandlungen in Dänemark meinte Arnold Oskar Meyer über Kochendörffer: „Er ist ja der einzige preußische Archivbeamte, der dort gut Bescheid weiß." Außerdem argumentierte Meyer, ein Weggang Kochendörffers würde auch Richters Position, nicht zuletzt gegenüber Dänemark, schwächen, weil Kochendörffers Expertise fehlen und es aussehen würde, als hätte Richter ihn hinausgedrängt. Als letzten Grund nannte Arnold Oskar Meyer noch finanzielle Rücksichten: Die Reise nach Kopenhagen sei stark von der Universitätsgesellschaft mitfinanziert worden, die daher auch ein Interesse an seinem Verbleib in der Provinz habe. Die Universitätsgesellschaft sei die Stelle im Land mit den meisten Forschungsmitteln, und ihrer Position werde man sich anschließen. Nur wenige Tage später sprach sich die Universitätsgesellschaft Kehr gegenüber, ebenfalls im Interesse der Angelegenheit in Dänemark, für Kochendörffers Verbleib in Schleswig-Holstein aus, da er sich in Kopenhagen Sympathien erworben habe.[891]

Eine weitere Stimme, die sich vehement für Kochendörffer einsetzte, war von Hedemann-Heespen. Er war Verwaltungsjurist und Gutsbesitzer, der sich besonders in der Zeit des Ersten Weltkrieges für die Gesellschaft und deren Zeitschrift eingesetzt hatte. Er wandte sich persönlich an Kehr und drohte praktisch mit der Publikmachung der Angelegenheit unter Anfeuerung etwaiger antipreußischer Stimmungen in der Provinz. Nur durch den Entschluss, Kochendörffer in Schleswig-Holstein zu behalten, könnten diese „unwillkommenen Publicitäten" verhindert werden.[892] Richter warf er fehlendes Interesse an der Landesgeschichte vor.

Kehr war empört über diese Respektlosigkeit und wandte sich an Arnold Oskar Meyer. Spöttisch schrieb er, von Hedemann-Heespen habe ihm „den Schrei aller Schleswig-Holsteiner, Angeln, Jüten u. Friesen, den Krieg

890 Hier und im Folgenden: GStA PK, I. HA Rep. 178, 2350, Meyer an Kehr vom 14.10.1921.

891 Ebd., der Vorstand der Universitätsgesellschaft D. Mordhorst an den Generaldirektor Kehr vom 16.10.1921.

892 Ebd., von Hedemann-Heespen an Kehr vom 6.10.1921.

gegen Preussen bis aufs Messer angedroht, wenn Kochendörffer dem Lande ‚entrissen' wird".[893] Er mahnte, dass Arnold Oskar Meyer seinen Kollegen zügeln solle, immerhin habe Kehr sich persönlich für die Belange nicht nur der Provinz und des schleswig-holsteinischen Staatsarchivs, sondern auch der GSHG eingesetzt. Selbst die Reise Kochendörffers nach Kopenhagen habe er unterstützt, und es sei nun der Dank, dass von Hedemann-Heespen ihm „mit dem Revolver der öffentlichen Meinung droht".[894] Außerdem sehe er die Schuld mehr bei Kochendörffer denn bei Richter. In seiner Antwort an von Hedemann-Heespen warnte er, er solle einen mäßigeren Ton anschlagen, und Kehr stellte sich gegen die Verunglimpfung Richters. Zudem brachte er seine Befürchtungen zum Ausdruck, dass der Einsatz der Universitätsgesellschaft zu einer Überhöhung von Kochendörffers bereits gesteigertem Selbstwertgefühl führen könnte.[895]

Der Konflikt zwischen Kochendörffer und Richter spiegelte in gewisser Weise die Auseinandersetzung innerhalb der GSHG wider. Im Vorstand war es nach dem Ersten Weltkrieg zur Spaltung gekommen. In Kriegszeiten hatte von Hedemann-Heespen die Geschäfte der Gesellschaft nahezu im Alleingang geführt. Nach der Rückkehr von Sekretär Arnold Oskar Meyer nach Ende des Krieges war es zum Konflikt um die Ausrichtung der ZSHG gekommen. Von Hedemann-Heespen und andere, namentlich Harry Schmidt (1883–1964) und Brandt, waren für eine politische Ausrichtung, während Meyer und Pauls dies ablehnten und eine wissenschaftliche Ausrichtung anstrebten.[896]

Wie tief diese Entzweiung ging, zeigte sich in Arnold Oskar Meyers Antwort an Kehr. Auf dessen Bitte, gegenüber von Hedemann-Heespen zu intervenieren, antwortete Meyer: „Was aber Hedemanns Brief angeht, so bin ich zu meinem Bedauern ganz außerstande, auf diesen geistig abnormen Menschen einen zügelnden Einfluß auszuüben."[897] Er habe seit zwei Jahren kein Wort mehr mit ihm gewechselt und werde es auch wohl nicht mehr tun. Er bat Kehr, von Hedemann-Heespens Verhalten nicht der GSHG zur Last zu legen und den Brief nicht ernst zu nehmen. Über die „seltsamen hiesigen Zustände" versprach er demnächst mündlich Bericht zu erstatten.[898]

---

893 Ebd., Kehr an Meyer vom 22.10.1921.

894 Ebd.

895 Ebd., Kehr an von Hedemann-Heespen vom 26.10.1921.

896 Pauls: Hundert Jahre Gesellschaft (Anm. 73), 195.

897 GStA PK, I. HA Rep. 178, 2350, Meyer an Kehr vom 24.10.1921.

898 Ebd.

Auf Einwirken von Arnold Oskar Meyer und anderen Mitgliedern der GSHG kam es Ende 1921 zu einer Aussprache zwischen Richter und Kochendörffer, und die Versetzung wurde ausgesetzt.[899] Gerade durch die Person von Hedemann-Heespens bestand aber die Gefahr einer erneuten Auseinandersetzung. Bereits seit 1919 war er in die Verhandlungen mit Dänemark involviert und beriet die deutsche Seite, bevor auf der Vorstandssitzung der GSHG Ende 1921 offiziell beschlossen wurde, dass von Hedemann-Heespen, Brandt und Pauls zu den Verhandlungen hinzugezogen werden sollten. Von Hedemann-Heespen hatte sich gegenüber Kehr auch für die Berücksichtigung von Kochendörffer ausgesprochen, da er der einzige und beste Kenner der betreffenden Archive sei,[900] was jedoch nicht umgesetzt wurde.

Gerade zwischen Richter und von Hedemann-Heespen führte dies zu Spannungen. Richter bestand mit Hinblick auf Dänemark auf der Ernennung von Pauls und Brandt, auch um nicht allein mit von Hedemann-Heespen nach Kopenhagen reisen zu müssen. Vor allem durch die Teilnahme von Brandt als Teil des engeren Kreises versprach er sich einen gewissen Einfluss auf von Hedemann-Heespen.[901] Auf dessen Anwesenheit bei den Verhandlungen mit Dänemark wollte er jedoch wiederum auch nicht verzichten, da er sich erhoffte, dass durch seine persönlichen Beziehungen „die Verhandlungen im besonderen Masse gefördert werden würden".[902]

Der Wert, den Richter in von Hedemann-Heespen für die Verhandlungen sah, hatte wiederum Auswirkungen auf das Geschehen innerhalb der GSHG. Bereits im Sommer 1921 sollte es eine außerordentliche Mitgliederversammlung geben, um dessen Ausschluss aus dem Vorstand durchzusetzen. Richter verstand es aber, dies zu verhindern. Ebenso konnte er die Neuwahlen des Vorstandes verzögern, die für Januar 1922 angesetzt waren, da er befürchtete, dass von Hedemann-Heespen beim Scheitern einer Wiederwahl auch seine Tätigkeit bei den Austauschverhandlungen niederlegen würde. Die Wahlen wurden ausgesetzt und fanden erst im Mai 1922 statt.[903] Zu diesem Zeitpunkt sah Richter den Rückzug von Hedemann-Heespens als nicht mehr schädlich an. Wie vorhergesagt, wurde er nicht wieder in den Vorstand der GSHG gewählt und legte auch

899 Ebd., Richter an Kehr vom 8.11.1921.

900 GStA PK, I. HA Rep. 178, 739, von Hedemann-Heespen an Kehr vom 3.11.1921.

901 Ebd., Privatschreiben von Meyer an Kehr vom 7.11.1921.

902 LASH Abt. 304 Nr. 418, Bl. 70, Richter an Kehr vom 31.5.1922.

903 Ebd., Richter an Kehr vom 31.5.1922.

seine Tätigkeit als Sachverständiger nieder.[904] Der 49. Band der ZSHG, der 1919 erschien, war der letzte Band, der von ihm herausgegeben wurde.

Pauls und Brandt blieben weiter in die Austauschverhandlungen einbezogen, wenn auch nicht mehr als Sachverständige. Es führte zu einiger Missstimmung, als sie durch den Weggang von Hedemann-Heespens durch Scheel ersetzt wurden, der vor allem aus politischen Belangen den Posten übertragen bekommen hatte. Daraus ergaben sich einige Spannungen, die jedoch vornehmlich zwischen den beiden Betroffenen und der preußischen Regierung bestanden und weniger gegenüber dem Staatsarchiv oder der Archivverwaltung, die sich beide für eine Weiterbeschäftigung zumindest von Pauls eingesetzt hatten.

Die Probleme im Verhältnis zwischen Staatsarchivaren und GSHG hörten damit jedoch nicht auf und entzündeten sich vor allem an der Bearbeitung des Urkundenbuches durch Kochendörffer. Seit Mitte des 19. Jahrhunderts gehörte es zu den Kernaufgaben der staatlichen Archivare, in der landesgeschichtlichen Forschung die Bearbeitung der Urkundenbücher zu übernehmen. So wurde das Urkundenbuch für die Geschichte des Niederrheins vom Leiter des Staatsarchivs Düsseldorf Theodor Joseph Lacomblet (1789–1866) 1846 bis 1857 herausgegeben[905] und das Urkundenbuch für Osnabrück 1896 bis 1904 von den Leitern des Staatsarchivs Osnabrück Friedrich Philippi (1853–1930) und Max Bär (1855–1928).[906] In Schleswig-Holstein war die Entwicklung eine andere, was an der bereits erwähnten fehlenden Beteiligung der dortigen Archivare an der wissenschaftlichen Forschung im 19. Jahrhundert lag.

Die GSHG hatte bereits in ihren Gründungsstatuten festgelegt, dass es ihre Aufgabe sei, „durch die Ausarbeitung genauer Regesten über alle gedruckten und durch eine Sammlung ungedruckter vaterländischer Urkunden“ die Geschichte der Region zu verbreiten.[907] Bereits 1834, ein Jahr nach ihrer Gründung, erschien ein Urkundenbuch für Dithmarschen, fünf Jahre

904 LASH Abt. 304 Nr. 131, Bl. 332a, deutsche Delegation, von Körner, an die GSHG vom 12.6.1922; zu den weiteren Ereignissen um von Hedemann-Heespen und der GSHG siehe: Volquart Pauls u. a.: An die Mitglieder der Gesellschaft für Schleswig-Holsteinische Geschichte. In: ZSHG 53 (1923), 1–8.

905 Theodor Joseph Lacomblet: Urkundenbuch für die Geschichte des Niederrheins oder des Erzstifts Cöln, der Fürstenthümer Jülich und Berg, Geldern, Meurs, Cleve und Mark, und der Reichsstifte Elten, Essen und Werden, aus den Quellen in dem Königlichen Provinzial-Archiv zu Düsseldorf und in den Kirchen- und Stadt-Archiven der Provinz. Düsseldorf Bd. 2: 1846, Bd. 3: 1853, Bd. 4: 1857.

906 Max Bär/Friedrich Philippi: Osnabrücker Urkundenbuch. Osnabrück Bd. 2: 1896, Bd. 3: 1899, Bd. 4: 1904.

907 Zitiert nach: Pauls: Hundert Jahre Gesellschaft (Anm. 73), 20.

später der erste Band einer „Urkunden-Sammlung", beide herausgegeben vom damaligen Sekretär der Gesellschaft, Michelsen. Die Serie entwickelte sich jedoch nur unzureichend.

Nach der Gründung des preußischen Staatsarchivs in Schleswig wurde die Hoffnung, dass sich einer der Archivare dieser Aufgabe annimmt, zunächst durch Hille erfüllt, der im Auftrag der GSHG das Registrum Christians I. als vierten Band der Urkundensammlung herausgab. Als nächstes plante die GSHG die Bearbeitung der Kieler Urkunden. Usinger und Hille bemängelten 1872 gegenüber dem Kieler Magistrat, dass die Archivalien der Stadt Kiel, also auch die Kieler Urkunden, in einem schlechten Zustand im Rathaus verstreut seien.[908] Siegel seien bereits zerstört und Archivalien verloren gegangen.[909] Der Kieler Magistrat ging auf die Kritik ein und beschloss, einen „tüchtigen Gelehrten" anzustellen, der die Urkunden der Stadt Kiel ordnen und abschreiben solle, ausdrücklich auch in Vorbereitung eines Urkundenbuches. Es wurde Paul Hasse (1847–1907) eingestellt, der bis 1880 die Aufsicht über die Kieler Archivalien im Nebenamt innehatte und bereits 1875 eine Edition des Kieler Stadtbuches herausgab.[910]

Dies war der letzte Band, der in der von Michelsen begonnen Serie entstand. Hille hatte sich zu diesem Zeitpunkt bereits weitestgehend aus der Forschung zur Landesgeschichte und der GSHG zurückgezogen. Hasse hatte indessen seit 1876 das Amt des Sekretärs der GSHG inne und sollte es bis 1891 ausüben, und unter ihm wurde eine neue Serie herausgegeben. Er selbst wurde mit der Erstellung des ersten Bandes der *Schleswig-Holstein-Lauenburgischen Regesten und Urkunden* (SHRU) betraut, der 1886 erschien.[911] Auch Band zwei, der 1888 erschien, stammte von Hasse, und Band drei von 1896 basierte auf seinen Vorarbeiten.

Die Finanzierung der SHRU übernahm die GSHG. Bei der Erstellung der Edition des Kieler Stadtbuches hatte Hasse noch Anleitung von Hille erhalten,[912] bei der Bearbeitung der ersten Bände der SHRU war das Staatsarchiv nicht involviert. Erst nachdem Hasse sein Amt als Sekretärs der GSHG 1891 niedergelegt und die Leitung des Stadtarchivs in Lübeck übernommen hatte, womit er für die Fertigstellung des dritten Bandes ausfiel, wurde erneut

---

908 LASH Abt. 304 Nr. 323, Hille an Mölling vom 14.5.1872; StadtA Kiel 36010 (Stadtarchiv), Gutachten von Usinger vom 3.7.1872.

909 StadtA Kiel 36010, Gutachten von Usinger vom 3.7.1872.

910 Paul Hasse: Kieler Stadtbuch aus den Jahren 1264–1289. Kiel 1875.

911 Paul Hasse: Schleswig-Holstein-Lauenburgische Regesten und Urkunden. Bd. 1. Hamburg–Leipzig 1886, III.

912 StadtA Kiel 36010, Hille an Mölling vom 5.1.1875.

die Frage nach der Beteiligung des Staatsarchivs in Schleswig gestellt. Zur Bearbeitung des dritten Bandes schlug Hille den Archivar Karl Kohlmann (1850–1928) vor, der von 1877 bis 1884 in Schleswig tätig gewesen war.[913] Eine Beteiligung aktueller Mitarbeiter des Staatsarchivs lehnte Hille dem Sekretär der Gesellschaft gegenüber bestimmt ab. Er habe zwar ein persönliches und auch amtliches Interesse an der Fortführung des Urkundenbuches, so Hille, de Boor und er selbst seien aber mit der Führung des Archivs und der Sichtung der Akten beschäftigt.[914] Auch die Fürsprache gegenüber der Archivverwaltung um Abstellung eines dritten Beamten nach Schleswig-Holstein für die Tätigkeit lehnte er ab, da es ihm nicht zustehen würde und dies Sache der GSHG wäre.[915] Der dritte Band wurde von Johann Sass, Assistent an der Universitätsbibliothek, fertiggestellt.[916] Schon im Vorwort des Bandes wurde angekündigt: „Eine Fortsetzung des Werkes wird […] nicht beabsichtigt, da es der Gesellschaft z. Z. an geeigneten Arbeitskräften mangelt."[917]

Es dauerte bis zur Versetzung Kupkes nach Schleswig, bis erneut Bewegung in die Angelegenheit kam. Im Gegensatz zu den bisherigen Archivaren engagierte sich Kupke in der Landesforschung und der GSHG und bekam 1916 die Bearbeitung des Urkundenbuches übertragen. Die Archivverwaltung unterstützte dieses Vorhaben aktiv, indem sie der GSHG jährlich eine Unterstützung von 1.000 Mark dafür zukommen ließ.[918] Kupke war dieser Aufgabe offensichtlich jedoch nicht gewachsen. So wurde der vierte Band der SHRU von Pauls fertiggestellt und erschien 1924. Im Vorwort beschrieb Pauls, auf wessen Vorarbeiten der Band beruhte. Er erwähnte Hasse, der schon 1887 auch Urkunden aus der Zeit nach 1340 bearbeitet hatte, sowie Christian August Volquardsen (1840–1917),[919] der die Arbeit weiter voranbrachte, aufgrund des großen Umfanges aber nicht vollendete.[920] Er nannte sogar Wilhelm Schum (1846–1892),[921] der im Januar 1891 die Bearbeitung

913 LASH Abt. 399.1062 Nr. 1, Hille an Wetzel vom 4.8.1894.

914 Ebd., Hille an Wetzel vom 12.10.1894.

915 Ebd.

916 Paul Hasse: Schleswig-Holstein-Lauenburgische Regesten und Urkunden. Bd. 3. Neumünster–Hamburg 1896, Vorwort.

917 Ebd.

918 LASH Abt. 304 Nr. 418, Bl. 1, Abschrift: Kehr an von Platen-Hallermund vom 21.3.1916.

919 Volquardsen hatte 1874 bis 1879 sowie 1897 bis 1912 den Lehrstuhl für Alte Geschichte an der Christian-Albrechts-Universität zu Kiel inne; vgl. Volbehr/Weyl (Anm. 151), 146.

920 Hier und im Folgenden: Volquart Pauls (Hrsg.): Schleswig-Holsteinische Regesten und Urkunden. Bd. 4. Neumünster–Hamburg 1924, III.

921 Wilhelm Schum war ab 1889 Professor für Geschichte und historische Hilfswissenschaften in Kiel; vgl. Volbehr/Weyl (Anm. 151), 152.

übernommen, jedoch im Juni 1892 bereits gestorben war. Kupke fand jedoch keine Erwähnung, was ein sehr eindrücklicher Beweis dafür ist, wie wenig er in den zwei Jahren seiner Beschäftigung mit dem Urkundenbuch geleistet hatte.

Mit Richter und Kochendörffer sollte dies vergessen gemacht werden, und gerade Kochendörffers Engagement sollte die Herausgabe des fünften Bandes sichern. Durch seine Reise nach Kopenhagen schien die Arbeit trotz aller persönlichen Probleme voranzuschreiten. Diese persönlichen Schwierigkeiten hörten aber auch nach der Aussprache Ende 1921 auf Vermittlung einiger Vorstandsmitglieder der GSHG nicht auf. Kochendörffer soll aktiv versucht haben, die Vorbereitung für den Umzug zu stören, und 1923 beschuldigte Richter ihn, die Idee zu einem Aufsatz über das Archivwesen Schleswig-Holsteins von ihm gestohlen zu haben.[922] 1925 bat Richter erneut um die Versetzung Kochendörffers. Nicht nur sei Kochendörffer lange aus gesundheitlichen Gründen vom Dienst abwesend gewesen, er sei im Archiv „völlig isoliert", was sich weiter negativ auf seine Gesundheit auswirken würde.[923] Scheel versuchte zu intervenieren. Im Namen des Baltischen Historischen Forschungsinstituts beantragte er bei der preußischen Archivverwaltung, dass Kochendörffer für ein Jahr beurlaubt werde, um die Arbeiten an dem Urkundenbuch fertigzustellen und allgemein für die Landesgeschichte zu forschen.[924]

Stattdessen kam es aber zum Eklat: Auf der Vorstandssitzung der GSHG am 26. Januar 1926 teilte Pauls mit, dass er an den Bögen, die Kochendörffer zum Druck des Urkundenbuches abgegeben hatte, weitreichende Mängel festgestellt habe. Bei einer näheren Prüfung stellte sich heraus, dass die Fehler so gravierend waren, dass Kochendörffer wohl den Inhalt der Urkunden nicht verstanden habe. „Viele Mängel erklären sich daraus, dass der Verfasser die für seine Aufgabe genügende Kenntnis der lateinischen und niederdeutschen Sprache des 14. Jahrhunderts nicht besitzt", heißt es im Protokoll der Sitzung.[925] Der bereits begonnene Druck musste eingestellt werden. Scheel zog mithin seinen Antrag zurück, da Kochendörffers Arbeiten „ungleichmäßig, z. T. geradezu nachlässig und willkürlich" seien.[926]

922 GStA PK, I. HA Rep. 178, 2350, Protokoll von Stephan vom 19.12.1923 und Richter an Kehr vom 9.3.1926. – Bei den Aufsätzen handelte es sich um: Kochendörffer (Anm. 46) sowie Richter: Entwicklung (Anm. 46).

923 LASH Abt. 304 Nr. 428, Bl. 18–19, Richter an Kehr vom 6.10.1925.

924 GStA PK, I. HA Rep. 178, 1542, Scheel als Vorsitzender des Baltischen Historischen Forschungsinstituts an Kehr vom 26.10.1925.

925 GStA PK, I. HA Rep. 178, 2350, Abschrift: Protokoll der GSHG vom 26.1.1926.

926 Ebd., Scheel an Kehr vom 7.2.1926.

Richter berichtete diese Vorkommnisse an Kehr, der sogleich in Sachen einer Versetzung Kochendörffers aktiv wurde. Dem Staatsarchiv Düsseldorf schrieb er, dass er Kochendörffer als Verstärkung dorthin versetzen lassen könne. Er verschwieg aber nicht die Probleme, wenn er auch das Ausmaß herunterspielte. Er beschrieb Kochendörffer als „schwierige[n] Herr[n]", von dem er den Eindruck habe, dass er aus dem Krieg „geschädigt" zurückgekehrt und deswegen reizbar sei, was besondere Rücksicht verdiene.[927] Der Leiter des Staatsarchivs Düsseldorf Otto Redlich (1864–1939) ließ sich nicht von Kehr überzeugen. Kochendörffer war bereits von 1907 bis 1910 dort tätig gewesen, und Redlich bezweifelte dessen Wert für das Archiv, wenn er „inzwischen durch Kriegsschäden u.a. noch reizbarer geworden ist".[928] Diese Ablehnung wird umso schärfer, wenn man bedenkt, dass auch im Staatsarchiv Düsseldorf wie in nahezu allen preußischen Staatsarchiven Personalmangel herrschte und die schlechte finanzielle Lage kaum eine Verbesserung versprach.[929]

Kochendörffer selbst äußerte sich, auch auf Aufforderung von Pauls als Sekretär der GSHG, vorerst nicht zu den Vorwürfen, selbst dann nicht, als ihm im März 1926 von der GSHG mitgeteilt wurde, dass die Arbeit an dem Urkundenbuch nicht durch ihn fortgesetzt werde. Knapp zwei Wochen nach der Vorstandssitzung, in der Kochendörffers unzureichende Arbeit festgestellt wurde, beantragte Kochendörffer selbst seine Versetzung. Als Antwort auf die Vorwürfe verwies er auf seine Gesundheit, die schon im vergangenen Jahr Probleme gemacht habe. Mitte 1925 war ihm ärztlich bescheinigt worden, er leide an „nervöser Schlaflosigkeit und Erregungszuständen" sowie an „einem nervösen Erschöpfungszustand".[930] Er war insgesamt drei Monate krankgeschrieben. Dies erklärte aber nicht seine Verfehlungen hinsichtlich des Urkundenbuches. Bereits 1922 war das Manuskript des fünften Bandes nach Kochendörffers eigener Aussage für den Druck fertig.[931] Das Verhältnis zur GSHG, schrieb er, sehe er nach dessen letzten Schreiben „als von diesem gelöst an".[932]

---

927 GStA PK, I. HA Rep. 178, 1542, Kehr an Redlich vom 12.2.1926.

928 Ebd., Redlich an Kehr vom 15.2.1926.

929 Um 1926 waren neben Redlich nur zwei andere Archivare im Staatsarchiv Düsseldorf beschäftigt, Friedrich Lau und Bernhard Vollmer, ab 1927 kam Erich Weise.

930 GStA PK, I. HA Rep. 178, 1542, ärztliches Attest vom 28.7.1925 sowie amtsärztliches Zeugnis vom 11.8.1925.

931 Ebd., Kochendörffer an Kehr vom 1.7.1924.

932 GStA PK, I. HA Rep. 178, 2350, Kochendörffer an Kehr vom 27.2.1926.

Kehr bestand nun seinerseits auf einer Untersuchung durch den Kreisarzt, um vor einer Versetzung festzustellen, ob Kochendörffer überhaupt noch arbeitsfähig sei. Gegenüber Kochendörffer fand Kehr klare Worte und urteilte, der Grund seiner Beschwerden liege in dessen

> „überaus nervöse[r] Reizbarkeit, eine gewiß sehr beklagenswerte Kriegsfolge [...]. Ernster noch sehe ich Ihr Versagen bei den für die Gesellschaft für Schleswig-Holsteinische Geschichte übernommenen Arbeiten an, auf die ich die größten Hoffnungen gesetzt hatte."[933]

Das kreisärztliche Gutachten stellte fest, dass Kochendörffer bereits früher aufgrund von „nervösen Beschwerden" in Behandlung war: 1915, nachdem er im Krieg viermal verwundet worden war, einmal davon schwer, und 1918, nachdem er von der Front abgezogen worden war, wohl im Oktober 1918. Einem Kollegen in Berlin hatte er zu dieser Zeit geschrieben, er sei im „Badeurlaub" – eine Anspielung auf eine Badekur – und er verstehe nicht, warum er sechs Wochen Urlaub bekommen habe, wenn zwei Wochen auch gereicht hätten.[934] Im Februar 1919 war er dann nach Schleswig versetzt worden.

Der Kreisarzt bescheinigte Kochendörffer jedoch, dass es sich um keine organische Krankheit handele und er nicht wie andere wegen seiner „Nervosität" arbeitsunfähig sei. Er schränkte aber gleichzeitig ein, dass Kochendörffer einen selbstgefälligen Eindruck mache und als schwieriger Mensch in einer kleinen Behörde praktisch als nur bedingt arbeitsfähig anzusehen sei.[935]

Kehr zog nicht die entsprechenden Konsequenzen daraus. Kochendörffer wurde im Juli 1926 an das Staatsarchiv Münster versetzt, das mit drei Archivaren nicht bedeutend größer war als das Kieler Archiv, das nun zwei Archivare hatte. Im Oktober 1932 wurde ihm die Leitung des abgelegenen Staatsarchivs in Aurich übertragen, an dem er dann der einzige Archivar wurde.[936]

Das Verhältnis zwischen der preußischen Archivverwaltung und der GSHG, namentlich zwischen Kehr und Pauls, war infolgedessen angespannt. Das Manuskript war nicht ohne vorherige Korrektur in den Druck gegeben, sondern drei Monate lang von Scheel, Pauls, dem Kieler Stadtarchivar Franz Gundlach (1871–1941) und Carl Rodenberg (1854–1926), der seit 1899 die Professur für Mittlere und Neuere Geschichte an der CAU innehatte, durchgese-

933 Ebd., 2350, Kehr an Kochendörffer vom 20.3.1926.

934 GStA PK, VI. HA, Nl Lüdicke, R., Nr. 9, Kochendörffer an Lüdicke vom 21.10.1918.

935 GStA PK, I. HA Rep. 178, 2350, kreisärztliches Gutachten vom 6.4.1926.

936 Leesch: Archivare (Anm. 102), 323f.

hen worden. Erst danach sei im Herbst 1925 mit dem Druck begonnen worden. Kehr forderte eine Stellungnahme von Pauls, wie es bei den vielen Fehlern zur Drucklegung habe kommen können. Pauls erklärte, dass gesundheitliche Umstände und die Unleserlichkeit von Kochendörffers Schrift die Korrektur des Manuskriptes erschwert hätten. Rodenberg habe erklärt, dass Kochendörffers Schrift „meine Augen, die zur Zeit in ärztlicher Behandlung sind, wieder so angegriffen [hat], dass ich die Durchsicht aufgeben" musste.[937] Gundlach habe schon nach dem Lesen des ersten Bogens die Korrektur eingestellt. Zudem machte Pauls auch Kochendörffers Nähe zu von Hedemann-Heespen für ein angespanntes Verhältnis des Vorstandes gegenüber Kochendörffer verantwortlich, erschwert dadurch, dass Kochendörffer an einem Misstrauensvotum am Vorstand beteiligt gewesen war.

Kehr übte scharfe Kritik an der Vorgehensweise der GSHG und bekräftigte, dass Korrekturen noch von mindestens einem zweiten Sachverständigen durchgesehen werden müssten. Wäre dies geschehen, dann „wäre der im Interesse der Gesellschaft wie des Staatsarchivs überaus bedauerliche Vorfall mit allen seinen unvermeidlichen Konsequenzen vermieden worden".[938] Das Verhältnis zwischen GSHG und Staatsarchiv verschlechterte sich jedoch kaum. Richter war weiterhin im Vorstand tätig, und 1926 wurde Hoffmann an das Kieler Staatsarchiv versetzt, der die Bande noch enger knüpfte. Er arbeitete seit 1928 an der Herausgabe einer Edition der geistlichen Siegel im Auftrag der Gesellschaft.[939]

Letztlich konnte 1932, verzögert durch die Finanzkrise 1931, der fünfte Band der SHRU von Pauls herausgegeben werden. Dabei handelte es sich jedoch nicht um die geplante Arbeit, sondern lediglich um ein Register zu Band vier. Erst 1971 wurde der sechste Band herausgegeben, der auf Kochendörffers Arbeit aufbaute.[940] Dieser Band war zum ersten Mal in der Reihe der SHRU von einem staatlichen Archivar, Werner Carstens (1899–1948), bearbeitet worden.

Bereits auf der Vorstandssitzung vom 25. April 1929 war Carstens mit der Bearbeitung des damals noch fünften Bandes des Urkundenbuches beauftragt

937 GStA PK, I. HA Rep. 178, 2350, Pauls an Kehr vom 10.4.1926.

938 Ebd., Kehr an den Vorstand der GSHG vom 31.5.1926.

939 LASH Abt. 811 Nr. 20356, Bd. 1, Richter an Kehr vom 27.6.1929; Gottfried Ernst Hoffmann: Die Siegel der Bischöfe von Schleswig und Lübeck, der Domkapitel und Kollegiatstifter von Schleswig, Hadersleben, Lübeck, Eutin und Hamburg sowie ihrer Dignitare. Neumünster 1933.

940 Werner Carstens: Schleswig-Holsteinische Regesten und Urkunden. Bd. 6.1. Neumünster–Hamburg 1971.

worden.[941] Er war zu dieser Zeit Archivhilfsarbeiter am Staatsarchiv Breslau, stammte jedoch gebürtig aus Harmsdorf in Holstein und war in Kiel aufgewachsen. Er hatte außerdem unter anderem an der CAU studiert und seine Doktorarbeit über die Schauenburger und die erste schleswig-holsteinische landständische Verfassung geschrieben. Carstens war seiner Heimat sehr verbunden, was sich in seinen Forschungsarbeiten nach der Promotion äußerte. Bereits 1922, noch als Student, war er in die GSHG eingetreten, und bereits 1926 hatte er zum ersten Mal in der ZSHG veröffentlicht.[942] Er war außerdem seit 1924 an der Erstellung des Registers für den vierten Band des Urkundenbuches beteiligt.[943]

Carstens' Ziel war es bei seinem Eintritt in den Archivdienst 1925, eine Anstellung im Staatsarchiv Kiel zu bekommen, dies gelang aber erst 1934, nachdem er bereits in Breslau und im Staatsarchiv der Freien Stadt Danzig gearbeitet hatte. Mitverantwortlich für die Versetzung nach Kiel war auch das Engagement der GSHG, die sich dafür stark gemacht hatte.[944] Pauls schrieb in seinem Nachruf, dass Carstens „der erste schleswig-holsteinische wissenschaftliche Archivbeamte an unserem heimischen Staatsarchiv gewesen" sei.[945]

Der von Carstens vorbereitete sechste Band war mit Anfang des Zweiten Weltkrieges abgeschlossen, durch den Kriegsbeginn verzögerte sich die Drucklegung jedoch. Erst 32 Jahre später konnte diese umgesetzt werden, lange nachdem Carstens bereits an den Folgen seiner Kriegsgefangenschaft 1948 gestorben war, und überhaupt nur durch die Mithilfe von Carstens' Frau, die das handschriftliche Manuskript aktualisierte.[946] Der sechste Band wurde in zwei Teilen veröffentlicht, und schon kurz darauf folgte die Herausgabe des siebten Bandes, ebenfalls in zwei Bänden, der noch auf Vorarbeiten von Carstens wie auch von Kochendörffer beruhte. Die folgenden Bände der SHRU wurden mit einer Ausnahme von Archivmitarbeitern beziehungsweise -leitern herausgegeben. Damit war die schleswig-holsteinische Urkundensammlung letzten Endes in die Hände der Archivare gelangt.

---

941 LASH Abt. 304 Nr. 418, Bl. 146–147, Protokoll der Vorstandssitzung vom 25.4.1929.

942 Mitgliederverzeichnis. In: ZSHG 51 (1922). Anhang, 11; Werner Carstens: Die Landesherrschaft der Schauenburger und die Entstehung der landständischen Verfassung in Schleswig-Holstein. In: ZSHG 55 (1926), 288–401, basierend auf seiner Doktorarbeit.

943 Pauls: Nachrichten über die Gesellschaft. In: ZSHG 53 (1923), 386–390, 386.

944 LASH Abt. 304 Nr. 428, Bl. 29, Brackmann an Stephan vom 17.2.1934.

945 Volquart Pauls: Nachruf auf Werner Carstens. In: ZSHG 73 (1949), V–VIII, VII.

946 Gottfried Ernst Hoffmann: Vorbemerkungen. In: Carstens: SHRU (Anm. 940), V.

3.3.2 Die Archivpflege

Ein zweiter wichtiger Kontaktpunkt zwischen dem Staatsarchiv und der GSHG war die Betreuung nicht staatlichen Archivguts. Per Definition war das Staatsarchiv für die in den staatlichen Behörden entstandenen Dokumente zuständig. Die Betreuung von anderem Archivgut, das beispielsweise auf den Gutshöfen oder in den Städten entstand, gehörte eigentlich nicht zum Aufgabengebiet der staatlichen Archive. Schon in der *Instruktion für die Beamten der Staats-Archive in den Provinzen* von 1867 heißt es aber:

> „§ 18: Von den Archivalien, welche im Besitz von Städten, Korporationen, Stiftungen und Kirchen der Provinz oder in Privatbesitz sind, haben sich die Archiv-Beamten Kenntniß zu verschaffen, Verzeichnisse derselben aufzustellen und, wenn irgend thunlich, Abschriften derselben zu nehmen und dem Archive einzuverleiben.“ [947]

Die Betreuung dieser nicht staatlichen Dokumente nannte man Archivpflege.

Seit Übernahme der Leitung des Staatsarchivs hatte sich Hille entsprechend der Instruktion um die nicht staatlichen Archivalien bemüht, besonders ging es ihm um deren Übernahme ins Staatsarchiv. Dies geschah nicht zuletzt, um den Stellenwert des Archivs durch die Anzahl an Urkunden zu erhöhen. Hille befürchtete, der Wert des Archivs für die Forschung würde unbedeutend bleiben, wenn nicht die Klöster und Kommunen ihre Urkunden an das Archiv angeben würden.[948] Entsprechend warb Hille in der Anfangszeit gerade dort für das Staatsarchiv, und in den 1870er-Jahren fanden viele städtische und andere nicht staatliche Urkunden ihren Weg als Leihgabe in das Staatsarchiv.

Besonderes Interesse galt den Kieler Archivalien. Schon 1872 hatte sich Hille mit dem Kieler Bürgermeister Heinrich Mölling (1825–1888) in Verbindung gesetzt und, zugleich mit dem Sekretär der GSHG Usinger, deren schlechte Unterbringung im Kieler Rathaus beklagt. Hille bot dem Magistrat an, er könne die Einweisung eines Beamten übernehmen, der sich näher mit dem Archivgut befassen würde. Gleichzeitig riet er aber, als bessere Alternative, zur Abgabe der Archivalien an das Staatsarchiv als Depositum.[949] Letztendlich entschied sich der Kieler Magistrat jedoch für die erste Lösung und stellte Hasse ein, der neben der Bearbeitung eines Urkundenbuches auch

---

947 Instruktion abgedruckt bei Weiser (Anm. 15), 231.

948 GStA PK, I. HA Rep. 178, 2351, Jahresbericht für das Jahr 1871 von Hille vom 2.1.1872.

949 LASH Abt. 304 Nr. 323, Bl. 18–21, Hille an Mölling vom 14.5.1872.

die Ordnung der städtischen Archivalien Kiels übernahm. Er kümmerte sich jedoch vor allem um die älteren Archivalien aus dem Mittelalter und vernachlässigte alles „Neuere", das seit dem 16. Jahrhundert entstanden war.[950] 1884 wurden die Urkunden und mehrere Bände an Archivalien dann aber doch als Depositum an das Staatsarchiv abgegeben.[951]

Unter Koser, der der Archivverwaltung von 1896 bis 1914 vorstand, wurde die Archivpflege weiter ausgebaut, und es begann eine systematischere Erschließung der nicht staatlichen Archive und Archivalien.[952] Um die Jahrhundertwende wurden häufig junge Archivhilfsarbeiter oder -sekretäre für kurze Zeit von den Städten dafür bezahlt, dass diese die dortigen Archivalien ordneten und ein Register dazu anlegten. Dies wurde aktiv von der preußischen Archivverwaltung gefördert, indem die Archivbeamten dafür freigestellt wurden. Beispielsweise war zum 1. April 1900 Müsebeck nach Schleswig versetzt worden, wo er ab dem 1. Juni mit der Ordnung des Stadtarchivs von Wilster betraut wurde, die er innerhalb von drei Monaten fertigstellen sollte. Er erhielt dafür 200 Mark im Monat von der Stadt.[953] Nach dieser Arbeit verließ er Schleswig-Holstein wieder und wechselte an ein anderes Archiv. Für angehende Archivare wie Müsebeck war dies Gelegenheit, sich in archivischen Ordnungsarbeiten zu üben. Müsebeck wurde nach weiteren Zwischenstationen 1919 an das neu gegründete Reichsarchiv berufen, dessen kommissarische Leitung er 1933 übernahm, bevor er 1935 in den Ruhestand ging. Ähnliche Arbeiten führten auch Erich Graber (1881–1958) und Kochendörffer aus, die als Hilfskräfte beziehungsweise Archivassistenten an das Staatsarchiv Schleswig kamen und 1908/09 das Stadtarchiv Flensburg beziehungsweise 1910 bis 1912 Archivalien der Stadt Rendsburg ordneten.[954] Diese Arbeiten waren aber nicht systematisch und erfolgten vor allem aus dem Wunsch heraus, die Archivalien für die historische Forschung nutzbar zu machen.[955]

Infolge des Streits zwischen dem Fiskus und der Stadt Kiel um die Ansprüche an dem Kieler Hafen wurden auch die Versäumnisse in Bezug auf die Kieler Archivalien deutlich, und der Kieler Magistrat entschied 1904, seine Archivalien erneut ordnen zu lassen. Hille schlug auch dafür die Beschäfti-

950 Hoffmann: Archivgutschutz (Anm. 489), 14.

951 GStA PK, I. HA Rep. 178, 2355, Jahresbericht für 1884 von Hille an von Sybel vom 2.1.1885.

952 Weiser (Anm. 15), 78.

953 LASH Abt. 304 Nr. 96, Abschrift: Magistrat in Wilster an das Staatsarchiv Schleswig vom 23.5.1900.

954 LASH Abt. 304 Nr. 31, Bd. 1, Bl. 1–2, Personalbogen von Erich Graber vom 2.3.1908; GStA PK, I. HA Rep. 178, 1541, Generaldirektor Koser an das Staatsarchiv Schleswig vom 23.2.1911.

955 Hoffmann: Archivgutschutz (Anm. 489), 14–17.

gung eines jungen preußischen Archivbeamten vor, räumte aber gleichzeitig ein, dass sich vom Staatsarchiv niemand abstellen lasse, zumal die Arbeit längere Zeit in Anspruch nehmen würde.[956] Koser überwies daraufhin den Archivassistenten Gundlach von Marburg an das Staatsarchiv Schleswig, von dem er dann beurlaubt wurde, um die Ordnung der Kieler Archivalien zu übernehmen. Zum Jahr 1907 sollte Gundlach dann von dieser Tätigkeit, die er bereits eineinhalb Jahren lang ausgeführt hatte, entbunden und an das Staatsarchiv Münster versetzt werden.[957] Der Kieler Magistrat reagierte darauf und schuf erstmals die Stelle eines Stadtarchivars, die man Gundlach anbot.[958] Er nahm an und wechselte 1907 aus dem Staatsdienst in den Dienst der Stadt. Mit seiner Anstellung wurden auch die 1884 in das Staatsarchiv überführten Kieler Archivalien wieder zurückgegeben. Gundlach wurde auf seiner Stelle zunehmend unzufrieden, da er sich gerade in späteren Jahren als benachteiligt empfand,[959] er blieb aber bis zu seinem Ruhestand 1933 im Stadtarchiv Kiel beschäftigt. Die Wiederbesetzung der Stelle wurde jedoch abgelehnt; sie blieb bis 1939 vakant.[960]

Ab 1911 setzte Kupke die Arbeit der Hilfskräfte fort. Er begann die Inventarisation von Gutsarchiven und konzentrierte sich besonders auf den Kreis Plön. Dabei konnte er auf die Erfahrung aus seinem Dienst in Posen zurückgreifen, dessen Staatsarchiv ebenfalls viele nicht staatliche Archivalien enthielt.[961] Die Initiative ging dabei von der GSHG aus. Diese hatte eine Inventarisation der nicht staatlichen Archivalien sowie die Veröffentlichung der Verzeichnisse geplant und Kupke mit dieser Arbeit beauftragt.[962] Es war vorgesehen, alle nicht staatlichen

---

956 StadtA Kiel 36058, Bl. 4, Hille an den Magistrat der Stadt Kiel vom 28.3.1905, sowie Bl. 8–9, Hille an den Oberbürgermeister Kiel vom 23.5.1905.

957 Ebd., Bl. 22, Koser an den Magistrat der Stadt Kiel vom 17.10.1906.

958 StadtA Kiel 70184 (Personalamt), Franz Gundlach, der Magistrat der Stadt Kiel an die Kieler Stadtverordnetenversammlung vom 17.11.1906.

959 Beispielsweise beschwerte sich Gundlach 1916, dass er nicht das gleiche Gehalt bekommen würde, wie es ihm im staatlichen Dienst zustände, und sprach von seiner „zehn Jahre langen Enttäuschung"; vgl. ebd., Gundlach an den Kieler Magistrat vom 30.10.1916.

960 Die Wiederbesetzung wurde abgelehnt: GStA PK, I. HA Rep. 178, 2370, Bl. 44, „Sonderbericht über die Inventarisation und die schleswig-holsteinische Archivpflege im Jahre 1934" vom 28.1.1935; 1939 wurde die Juristin Hedwig Sievert (1907–1980) als Hilfsarbeiterin eingestellt und ab 1940 mit der Leitung des Stadtarchivs betraut. Sie war damit die erste Frau, die als Archivarin in Schleswig-Holstein arbeitete. Erst 1965 erfolgte ihre Ernennung zur Archivdirektorin; vgl. StadtA Kiel 45571 (Stadtarchiv), Personalakte Hedwig Sievert.

961 Warschauer (Anm. 66), 193; Hoffmann: Archivgutschutz (Anm. 489), 18.

962 GStA PK, I. HA Rep. 178, 1739, Entwurf eines Rundschreibens für die Inventarisation der nichtstaatlichen Archive in der Provinz Schleswig-Holstein vom 12.5.1916.

Archive in Schleswig-Holstein zu inventarisieren; durch Kupkes vorzeitige Versetzung und Überwerfung mit der GSHG kam es jedoch nicht einmal annähernd zum Abschluss dieses ehrgeizigen Projektes.

Parallel zu Kupke war freiberuflich Helene Höhnk (1859–1944) mit der Inventarisierung beschäftigt.[963] Sie war bibliothekarisch ausgebildet und ordnete, auch unter Kupkes Anleitung, mehrere Guts- und Stadtarchive, unter anderem das Stadtarchiv Heiligenhafen, das Gutsarchiv der Familie Rantzau und das landschaftliche Archiv in Heide.[964] Gerade bei Letzteren wurde jedoch von späteren Archivaren kritisiert, dass Registraturen „bei der Ordnung des Archivs durch Frl. Höhnk völlig zerrissen, und alle Akten, gleich welcher Herkunft, nach dem Sachprinzip zusammengelegt worden" waren.[965] Mehrere Archive wurden von ihr so geordnet, was bereits damaligen archivalischen Standards widersprach.[966]

Der Erste Weltkrieg und die Zeit danach zeigten, wie notwendig ein besserer Schutz für die nicht staatlichen Archivalien war. Es kam in der Verwaltung zu häufigen Personalwechseln, und es wurden auch ungeübte Arbeitskräfte eingesetzt, die den Inhalt und Wert der archivreifen Akten nicht kannten. Gepaart mit Platzmangel führte dies zu einer Gefährdung der Dokumente. Hinzu kam, dass Papier zu einer Mangelware wurde und man Altpapier benötigte, um daraus neues herstellen zu können. [967] In Zeiten von Krieg wird die Gefahr für Archivalien immer bedeutender, auch weil mit steigender Not die Wertschätzung für kulturelle Güter abnimmt. Dieses Phänomen lässt sich auch in der Zeit des Zweiten Weltkrieges erkennen. Für nicht staatliche Archivalien galt dies im Besonderen, da dort oft die nötige Aufsicht fehlte, die für staatliches Archivgut die Staatsarchive übernahmen. Nach dem Ersten Weltkrieg war jedoch gleichzeitig der Wert der Quellen für die regionale Geschichtsforschung gestiegen. Es kam zu einer Rückbesinnung auf die Vergangenheit, und der „Heimatgedanke" nahm einen neuen Stellenwert ein.[968]

Vor allem hatte der Verlust des Ersten Weltkrieges eine Reihe von bedeutenden Veränderungen für den Aufbau des Staates zur Folge. Die Weimarer

963 Weiterführend zu Höhnk ihre Autobiografie, LASH Abt. 399.19 (Nachlass Helene Höhnk) Nr. 1055.

964 GStA PK, I. HA Rep. 178, 2378, Hoffmann an den Generaldirektor mit Übersendung zweier Reiseberichte im Mai und Juli 1939, vom 29.7.1939.

965 Ebd.

966 Weiterführend Hoffmann: Archivgutschutz (Anm. 489), 24f.

967 Paul Richter: Archivpflege in Schleswig-Holstein. In: Archivalische Zeitschrift 38 (1929), 108–134, 109.

968 Hoffmann: Archivgutschutz (Anm. 489), 27.

Verfassung beinhaltete die Beseitigung der Vorrechte und der Sonderstellung des Adels, und die Adelsarchive wurden demnach zu Privatarchiven. Sie enthielten jedoch wichtige Quellen zur Regionalgeschichte und waren häufig in Anlehnung an die Staatsarchive aufgebaut – die preußische Archivverwaltung forderte die Aufsicht über das nicht staatliche Archivgut.[969] Sie plante die Schaffung von dauerhaften Strukturen in Bezug darauf ab 1921. Es wurde der Versuch unternommen, mithilfe eines Archivalienschutzgesetzes die nicht staatlichen Archive unter den Schutz der Staatsarchive zu stellen und sie stärker daran zu binden.[970] Die Durchsetzung des Gesetzes scheiterte jedoch vorerst, auch aufgrund des Widerstands der Archivbesitzer, die eine zwangsweise Übernahme der nicht staatlichen Archive in die Staatsarchive befürchtete.[971]

Andere Vorgehensweisen waren auf dem ersten Archivtag, der nach dem Ersten Weltkrieg 1920 in Weimar stattfand, zur Sprache gekommen. Otto Grotefend (1873–1945), Archivar im Staatsarchiv Stettin, stellte verschiedene Systeme vor, wie man sich um die nicht staatlichen Archivalien kümmern könne. Bereits seit den 1880ern wurde in Baden und Württemberg ein System angewandt, bei dem ehrenamtliche Archivpfleger ernannt wurden.[972] Dem setzte Grotefend das „Reisesystem" entgegen, dass also die Archivare zu den entsprechenden Archiven reisen sollten, um sich von der Ordnung und Sicherheit der Archivalien zu überzeugen. Aufgrund der problematischen Zuverlässigkeit ungeschulter Archivpfleger auf der einen Seite sowie Zeit- und Geldmangel auf der anderen Seite plädierte er jedoch für eine Mischform: Die Archivpfleger sollten sich mit den Archivalien in einem ihnen zugeteilten Gebiet vertraut machen und den Besuch des Staatsarchivars vorbereiten.

Nach dem Scheitern des Archivalienschutzgesetzes musste ein Umgang mit nicht staatlichen Archivalien gefunden werden. 1923 wurde auf Veranlassung der GSHG eine Kommission für Archivpflege eingerichtet, in der der Landesbibliothekar Pauls, der Hauptpastor von St. Margarethen (Kreis Steinburg) Wilhelm Jensen (?–?) und Richter selbst Mitglieder waren. Dies war

---

969 Norbert Reimann: Archivgesetzgebung im Nationalsozialismus. Ein gescheiterter Versuch. In: Kretzschmar (Anm. 25), 45–56, 46.

970 LASH Abt. 304 Nr. 410, Bl. 1, Kehr an alle Staatsarchive vom 6.12.1921.

971 Reimann: Archivgesetzgebung (Anm. 969), 47; Norbert Reimann: Kulturgutschutz und Hegemonie. Die Bemühung der staatlichen Archive um ein Archivalienschutzgesetz in Deutschland 1921 bis 1972. Münster 2003, 5.

972 Hier und im Folgenden: Otto Grotefend: Die Inventarisation der nicht-staatlichen Archive. In: Korrespondenzblatt des Gesamtvereins der deutschen Geschichts- und Altertumsvereine 68 (1920), 225–236, 232.

erst ab 1923 durch den Umzug nach Kiel möglich, mit dem sich das Archiv räumlich vergrößerte, also vermeintlicherweise über Platz für die Übernahme nicht staatlicher Archivalien verfügte, und mit dem auch die räumliche Nähe zwischen Archiv und GSHG hergestellt war.

In der Kommission wurden verschiedene Vorgehensweisen erörtert, und auf Richters Vorschlag einigte man sich darauf, nach süddeutschem Vorbild vorzugehen und entgegen Grotefends Empfehlung keine Mischform zu wählen, sondern ein reines System von Archivpflegern einzuführen. Ende 1923 erfolgte der öffentliche Aufruf in diversen Zeitungen, dass sich Männer melden sollten, die zur Übernahme der Tätigkeit unter Anleitung des Staatsarchivs bereit wären.[973]

Interessanterweise hatte Richter das Bedürfnis, sein Vorgehen gegenüber dem Generaldirektor zu verteidigen mit Verweis auf die Dienstanweisungen und auf das erste Heft der *Mitteilungen der preußischen Archivverwaltung*, aus denen hervorgehe, dass die Archivpflege zur Aufgabe der Staatsarchivare gehöre.[974] Er fürchtete wohl, dass daraus ein fehlendes Vertrauen zu den Bestrebungen um das Archivgesetz sprach, die noch nicht aufgegeben worden waren. Richters Sorgen waren jedoch unbegründet, da Kehr antwortete, er würde die Anregung zur Archivpflege „lebhaft begrüssen" und halte die Mitwirkung des Staatsarchivs für „selbstverständlich".[975]

Richter und die GSHG richteten sich nach dem badischen Vorbild – mit einigen grundlegenden Unterschieden. Es sollte demnach auch in Schleswig-Holstein das Land in Bezirke aufgeteilt werden, für die jeweils ein Pfleger bestimmt werden sollte.[976] Anders als in Baden sollte es aber nicht vorrangig um die Drucklegung von Verzeichnissen gehen, sondern vielmehr um die Ordnung und Sicherung der Archivalien, um erst in einem späteren Schritt die Inventarisation und Veröffentlichung vorzubereiten.[977] In anderen Regionen waren Impulse für die Einrichtung einer Archivpflege von den Historischen Kommissionen ausgegangen. In Schleswig-Holstein lag die Leitung bei der GSHG, und das Staatsarchiv Kiel sollte lediglich beratend tätig sein. Die Finanzierung geschah dementsprechend nicht durch den Staat, sondern wur-

[973] LASH Abt. 304 Nr. 363, Bl. 1, Artikel von Richter, Kieler Neueste Nachrichten Nr. 291 vom 14.12.1923, 2. Blatt.

[974] Ebd., Bl. 16, Richter an Kehr vom 16.1.1924.

[975] Ebd., Bl. 17, Kehr an Richter vom 22.1.1924.

[976] Ebd., Bl. 12–13, Protokoll vom 17.1.1924 von einer Besprechung über die Organisation der Archivpflege vom 15.1.1924.

[977] Richter: Archivpflege (Anm. 967), 111.

de durch die Provinzialverwaltung und zum Teil durch die Kreisausschüsse gestützt.[978]

Eine Begründung für die Zurücknahme des Staatsarchivs war, dass diese als preußische Staatsbehörde nicht dasselbe Vertrauen genießen könne wie unabhängige Archivpfleger.[979] Schon Hille hatte um die Jahrhundertwende bemängelt, dass sich kaum private oder Gutsarchive als Deposita im Staatsarchiv befänden, da „[n]iemand weiß und trotz einer dem entgegengestellten Versicherung glaubt, daß das Staatsarchiv kein Appendix der hiesigen Regierung ist".[980] Es gebe nicht das Vertrauen in die staatliche Institution Staatsarchiv, dass diese nicht nur Staatsinteressen dienlich sei, sondern objektiv agiere ohne Rücksicht auf die Vorteile für den Staat, so Hille.[981]

Auch wenn Bedacht darauf genommen wurde, dass die Führung bei der GSHG lag, stand die Involvierung des Staatsarchivs als Gewährleistung der fachlichen Standards fest. Schon in Richters Aufruf hieß es, es sei dem Staatsarchiv „eine nobile officium mit Rat und Tat zur Seite zu stehen", jedoch mit der Einschränkung, „so weit es die dringenden amtlichen Aufgaben irgend gestatten".[982]

Auf Richters Aufruf hatten sich bis April 1924 knapp vierzig Männer gemeldet. Ein halbes Jahr später fand ein erster viertägiger Archivkurs statt, bei dem Richter, Stephan und der Kieler Stadtarchivar Gundlach gemeinsam eine Einführung in die theoretischen und praktischen Grundlagen gaben, wie in die Verzeichnung von Archivalien, die Schriftlehre oder die allgemeinen Kenntnisse über Stadt- und Gemeindearchive.[983] Ende 1924 erschien ein Heft mit Anweisungen für die schleswig-holsteinischen Archivpfleger, in dem genau dargelegt wurde, welche Aufgaben sie übernahmen.[984] Sie sollten demnach zuerst in Erfahrung bringen, wo und wie Archivalien untergebracht seien. Kleinere Bestände sollten verzeichnet werden, wenn das noch nicht gesche-

---

978 LASH Abt. 304 Nr. 363, Bl. 51, Richter an von Rumohr vom 23.4.1924.

979 Ebd., Bl. 12–13, Protokoll vom 17.1.1924 von einer Besprechung über die Organisation der Archivpflege vom 15.1.1924.

980 LASH Abt. 304 Nr. 276, Bl. 20–23, Hille an Koser vom 8.10.1902.

981 Ebd.

982 LASH Abt. 304 Nr. 363, Bl. 1, Artikel von Richter, Kieler Neueste Nachrichten Nr. 291 vom 14.12.1923, 2. Blatt.

983 Ebd., Bl. 94, Einladung zur „Teilnahme am Kursus für Archivpfleger" [ohne Datum].

984 Überschrieben mit „Anweisung für die schleswig-holstein-lauenburgischen Archivpfleger" vom 1.12.1924; vgl. LASH Abt. 304 Nr. 363, Bl. 168b, wenig verändert und gekürzt veröffentlicht als Anlage bei Richter: Archivpflege (Anm. 697), 130–133.

hen sei; größere Bestände sollten nicht geordnet werden, weil dazu besondere Maßnahmen erforderlich seien. Die Archivpfleger wurden auch instruiert, bei den Besitzern beziehungsweise den Archivverwaltern das Bewusstsein für die Wichtigkeit der Archivalien zu wecken, damit die Ordnung erhalten bleibe. Letztlich wurde noch das Staatsarchiv als „Geschäftsstelle für die Durchführung der Arbeiten der Archivpfleger" bezeichnet, wohin alle Aufzeichnungen übersandt werden sollten und die auch für Auskünfte zur Verfügung stehe.

Die Archivpfleger erhielten einen Ausweis, der sie als solche auswies und zur Unterstützung ihrer Aufgabe der Heimatpflege aufrief.[985] Er war unterzeichnet vom Direktor des Staatsarchivs sowie vom Regierungspräsidenten als Vertreter der Provinzialverwaltung. 33 Männer erhielten Ende 1924 einen Ausweis, bei den meisten handelte es sich um Lehrer. Vor dem Hintergrund der Zeitumstände ist dies wenig verwunderlich. Der Aufschwung der regionalen Geschichtsforschung beruhte vor allem auf deren Initiative. Dieser Tatsache war auch dadurch Rechnung getragen worden, dass der Aufruf, sich als Archivpfleger zu melden, vom Lehrerverein unterstützt worden war. Zudem handelte es sich ausschließlich um Männer. Grotefend hatte in seinem Vortrag auf dem Archivtag 1920 Frauen durchaus mit einbezogen, während Richter in Schleswig-Holstein bereits in seinem Aufruf nur Männer ansprach. Dementsprechend waren keine Archivpflegerinnen in dieser Zeit in Schleswig-Holstein tätig.[986]

Während in Schleswig-Holstein das Modell der ehrenamtlichen Archivpflege umgesetzt wurde, wählten andere Provinzen einen anderen Weg: In Westfalen wurde 1927 eine sogenannte Archivberatungsstelle eingerichtet, die als Vorbild für weitere solche Einrichtungen diente.[987] Dort wurden Kurse gegeben und allgemein Interesse für Archivpflege geweckt, zudem wurden die kleineren Archive beraten und betreut. Die Leitung hatte bei der Gründung der Vorsteher der seit 1923 existierenden Vereinigung westfälischer Adelsarchive inne, Heinrich Glasmeier (1892–1945), ab 1933 unterstand die Archivbe-

985 LASH Abt. 304 Nr. 363, Bl. 163, Liste über Archivpfleger, die einen Ausweis bekommen haben [ohne Datum].

986 Dies geht aus Listen hervor, auf denen aufgeführt ist, wer Archivpfleger war; überliefert ebd.

987 So resultierte daraus nur zwei Jahre später die Archivberatungsstelle Rheinland; s. weiterführend Kurt Schmitz: 50 Jahre Archivberatungsstelle Rheinland. Nichtstaatliche Archivpflege im Rheinland. In: Landschaftsverband Rheinland (Hrsg.): 50 Jahre Archivberatungsstelle Rhein 1929–1979 (Archivheft 13), Köln 1979, 9–28.

ratungsstelle dem Direktor des Staatsarchivs Münster, der in dieser Funktion seinerseits der Provinzverwaltung unterstand.[988]

Nach Einrichtung der Archivpflege in Schleswig-Holstein 1924 gab es in der Folgezeit kaum Veränderungen. Vom Staatsarchiv aus wurden weiterhin Kurse gegeben und Archivpfleger ernannt. Es waren kaum Veränderungen notwendig, da das System funktionierte und außerdem auf die endgültige Regelung durch ein Archivgesetz gewartet wurde. Die Notwendigkeit der Archivpflege war allgemein anerkannt, sowohl von der Archivverwaltung als auch von der Provinzialverwaltung. Der Oberpräsident von Schleswig-Holstein Kürbis erließ beispielsweise am 23. Oktober 1927 eine Verordnung mit Anweisungen, wie die Organe der Selbstverwaltung ihre Archivalien zu pflegen hätten, um auch bei den Stellen, wo die Archivalien entstanden, ein Bewusstsein für deren Wichtigkeit zu schaffen.[989] Gerade die finanzielle Lage war aber in ganz Deutschland während der 1920er- und Anfang der 1930er-Jahre äußerst angespannt. Bis 1931 erhielt die Archivpflege noch finanzielle Unterstützung vom Landeshauptmann, die danach aber nicht mehr gezahlt werden konnte.[990] Auch die preußische Archivverwaltung konnte keine Mittel dafür entbehren, und Gesuche Richters um Anstellung von zusätzlichem Personal, um die Arbeit zu unterstützen, wurden abgelehnt.[991]

Nach der „Machtergreifung" der Nationalsozialisten kam es zu Veränderungen im Umgang mit nicht staatlichem Archivgut. Grund dafür waren vor allem die sogenannten Ariernachweise, mit denen die Menschen mit Quellenauszügen belegen mussten, dass sie nicht als „Juden" im Sinne der NS-Ideologie galten. Die Hauptquelle für diese Nachweise waren die Kirchenbücher, die sich in der Regel bei den Kirchengemeinden befanden. Das Interesse an der Archivpflege stieg in allen Provinzen, und die Erfahrungen, die in Schleswig-Holstein im Umgang mit der Archivpflege seit nahezu zehn Jahren gemacht worden waren, fanden eine neue Wertschätzung. Der Regierungspräsident von Gumbinnen in Ostpreußen wandte sich beispielsweise 1934 an

988 LASH Abt. 304 Nr. 1258, Protokoll der Tagung der Archivleiter der britischen Zone am 25.6.1946 in Bünde; außerdem: Norbert Fasse: Vom Adelsarchiv zur NS-Propaganda. Der symptomatische Lebenslauf des Reichsrundfunkintendanten Heinrich Glasmeier (1892–1945) (Schriftenreihe des Jüdischen Museums Westfalens 2). Bielefeld 2001.

989 LASH Abt. 304 Nr. 410, Bl. 113–115, Abschrift: von Heintze [vom Landeskirchenamt] an sämtliche Synodalausschüsse [ohne Datum].

990 GStA PK, I. HA Rep. 178, 1071, Stephan an den Generaldirektor vom 30.12.1936.

991 LASH Abt. 304 Nr. 363, Richter an Kehr vom 15.10.1924, Bl. 139, sowie GStA PK, I. HA Rep. 178, 2368, Hauptbericht für das Kalenderjahr 1927 vom 11.1.1928.

das Staatsarchiv Kiel mit der Bitte um Übersendung eines Sonderdruckes von dem Aufsatz, den Richter 1929 über die Archivpflege geschrieben hatte und der in der *Archivalischen Zeitschrift* erschienen war.[992] Auf der Direktorenkonferenz, die im September 1934 in Wiesbaden stattfand, stellte der Archivdirektor Stephan das schleswig-holsteinische System vor.[993] Es kam zu einer neuen Wertschätzung dieser nicht staatlichen Quellen, und es wurde besonderes Augenmerk darauf gelegt, dieses und ähnliches Material, das zur Herkunft Auskunft geben konnte, zu sichern und nutzbar zu machen.[994] Die Arbeit der Archive für den Nationalsozialismus konnte dabei von den Vorgängern der Weimarer Republik profitieren.

992 GStA PK, I. HA Rep. 178, 2370, Bl. 54, Sonderbericht von Stephan über Beteiligung an landesgeschichtlichen wissenschaftlichen Unternehmungen 1935 vom 25.1.1936; Richter: Archivpflege (Anm. 967).

993 LASH Abt. 304 Nr. 409, Bl. 185, Protokoll der Direktorenkonferenz vom 2.9.1934.

994 Weiterführend Kapitel 4.1.1.

4 Das Staatsarchiv im und nach dem „Dritten Reich“

4.1 Der Aufstieg des Nationalsozialismus

Am 30. Januar 1933 wurde Hitler zum Reichskanzler ernannt und damit kamen die Nationalsozialisten an die Macht. In der historischen Forschung wird dies in vielen Bereichen als Zäsur angesehen, da daraufhin die Verfassung der Weimarer Republik außer Kraft gesetzt und die Diktatur des „Dritten Reiches“ etabliert wurde. Der Aufstieg der Nationalsozialisten und deren Einflussnahme hatten jedoch besonders in Schleswig-Holstein schon früher begonnen.

Bis 1930 war die SPD die stärkste politische Kraft, sowohl in Schleswig-Holstein als auch in Kiel. Ab Mitte der 1920er-Jahre gewann jedoch die NSDAP stetig an Zustimmung, vor allem in Kreisen des Bürgertums und der Arbeiterschaft. Bei der Reichstagswahl von 1928 erhielt sie bereits in einigen Teilen Schleswig-Holsteins bis zu 32 Prozent der Stimmen.[995] Spätestens ab 1929/30 prägte die NSDAP das politische Geschehen mit und hatte vor allem in den ländlichen Landesteilen Anhänger.[996] Bei den Reichstagswahlen am 5. März 1933 kam sie in Schleswig-Holstein auf ein Ergebnis von 47,7 Prozent, bei den Wahlen zum Provinziallandtag wenige Tage später wurden sogar 54,9 Prozent der Stimmen für die NSDAP abgegeben.

Genauso wenig wie die klassische Zäsur vom Januar 1933 für den Einfluss der Nationalsozialisten in Schleswig-Holstein haltbar ist, so hatte sie auch keine besondere Bedeutung für die Verwaltung. Was die Aufgaben, Arbeitsabläufe und auch die personellen Strukturen betraf, kam es erst nach und nach

[995] Frank Omland: „Warum wählt der Schleswig-Holsteiner nationalsozialistisch?“ Wahlen, Wählerherkünfte und Wählerwanderungen in Schleswig-Holstein 1928–1933. In: ZSHG 133 (2008), 125–168, 131.

[996] Wulf (Anm. 798), 319.

zu Veränderungen, bedingt durch die graduelle Umsetzung der NS-Ideologie. Dies traf damit auch auf die Archive zu.

Die Verhältnisse im Staatsarchiv Kiel hatten sich im Laufe der Weimarer Republik immer weiter verschlechtert. Das größte Problem war die schlechte Unterbringung. Obwohl das Archiv 1923 in neue Räume gezogen und damit der lang gehegte Wunsch nach einer Verlegung nach Kiel erfüllt worden war, hatte sich diese neue Unterkunft schon bald als völlig unzureichend herausgestellt. Bereits 1926 hatten die Archivare erstmals über Platzmangel berichtet. Dies führte 1931 dazu, dass eine frühere Arrestzelle als Nebenmagazin angemietet werden musste, um die großen Zugänge aufnehmen zu können.[997] Zudem waren die Wände der Gebäude feucht, und gerade im Keller des Magazins fehlte eine Heizung, weswegen sich dort Schimmel bildete.[998] Die Nähe zu einem Kohlelager und die enge Bebauung ließen die Gefahr eines Brandes und damit eines Verlusts des Archivs steigen. Direktor Richter beklagte außerdem die „mangelhaft geordneten Archivbestände", die aus der Übernahme des Regierungsarchivs resultierten. Dadurch hatte sich der Bestand nahezu verdoppelt, und die Archivare schafften es kaum, dieser Masse Herr zu werden.[999]

Zu Beginn der 1930er-Jahre bestand das wissenschaftliche Personal des Staatsarchivs neben dem Direktor Stephan aus drei Mitarbeitern: Hoffmann, Otto Vehse (1901–1943) und Erwin Rundnagel (1905–1938). Stephan hatte 1931 die Leitung von Richter übernommen, der in den Ruhestand getreten war. Hoffmann war seit 1926 am Archiv tätig und 1929 zum Archivar befördert worden, ab 1938 übernahm er die Position des Leiters von Stephan. Vehse war 1931 als Hilfsarbeiter in den Dienst des Staatsarchivs eingetreten. Bevor er jedoch über diesen Rang hinauskommen konnte, legte er seine Tätigkeit als Archivar 1934 zugunsten seiner Lehre an der CAU nieder und wechselte anschließend an die Universität Hamburg.[1000] Rundnagel war ebenfalls Hilfsarbeiter beziehungsweise Archivassistent und blieb nur ein Jahr, vom April 1932 bis 1933, in Kiel. Neben den wissenschaftlichen Beamten gab es noch einen Archivobersekretär, August Reimers (1883–1963), und einen Arbeiter, der

997 GStA PK, I. HA Rep. 178, 2370, Bl. 14–17, Hauptbericht für das Kalenderjahr 1931 von Stephan vom 16.1.1932.

998 Ebd., Bl. 41–42, Hauptbericht für das Kalenderjahr 1934 von Stephan vom 26.1.1935.

999 Ebd., Bl. 4–5, Hauptbericht für das Kalenderjahr 1929 von Richter vom 23.1.1932.

1000 Vehse richtete seine historische Forschung stark nach der NS-Ideologie aus; s. weiterführend dazu Hans-Werner Goetz: Geschichtswissenschaft in Hamburg im „Dritten Reich". In: Rainer Nicolaysen/Axel Schildt (Hrsg.): 100 Jahre Geschichtswissenschaft in Hamburg (Hamburger Beiträge zur Wissenschaftsgeschichte 18). Berlin–Hamburg 2011, 103–160, 146–149.

für die eher körperlichen Tätigkeiten zuständig war. Sie hatten beide je eine Wohnung im Keller des Verwaltungsgebäudes des Staatsarchivs. Seit Hilles Zeiten hatte sich damit in der Personalstruktur nur wenig geändert.

Allerdings hatte sich seitdem die Arbeit der Archivare verändert. Bereits nach der Jahrhundertwende hatte das Staatsarchiv Schleswig einen Anstieg in der Nutzung zu verzeichnen, der mit dem Umzug des Archivs weiter zugenommen hatte. Der Höhepunkt der Ära Hille/de Boor war 1913 mit 54 persönlichen Besuchern im Lesesaal erreicht. Bereits 1925 hatte sich diese Zahl mit 150 Nutzern nahezu verdreifacht.[1001] Auch die sonstige Nutzung, ob Anfragen für private oder amtliche Zwecke oder in Form von Versendungen, hatte zugenommen.

Außerdem hatte sich der Archivbestand gewandelt. Durch die Übernahme des Regierungsarchivs mit dem Umzug nach Kiel war er von 12.000 auf 30.000 Fach angewachsen, ein Anstieg von 3.000 auf 7.500 Regalmeter. Hinzu kamen immer größere Abgaben der Behörden, da in der Verwaltung immer mehr Akten entstanden. Zur Jahrhundertwende hatte sich die Wandlung von der Kanzlei zum modernen Büro vollzogen, und in den 1920er-Jahren gab es Reformen, um die Schreibmaschine und das Telefon im Arbeitsalltag zu verankern.[1002] Durch Stenogramme, Durchschläge und die vermehrte Verwendung von Formularen wurde mehr Papier verwendet, was sich auf die Arbeit auswirkte.

Infolge des Versailler Vertrages war noch eine zusätzliche Aufgabe an die schleswig-holsteinischen Archivare herangetragen worden, weil diplomatische Verhandlungen mit Dänemark um die Auslieferung von Archivalien geführt wurden. Erst Ende 1933 waren Archivare und Regierungen in dieser Angelegenheit zu einer endgültigen Einigung gekommen, auch wenn sich die Übersendung der Archivalien noch bis 1936 hinzog. Diese Aufgabe wurde weiter erschwert durch die mangelhafte Unterbringung, aber auch durch die wirtschaftliche Lage: Bereits der Umzug des Staatsarchivs von Schleswig nach Kiel hatte überregional für Aufsehen gesorgt, da er in die Zeit der beginnenden Inflation gefallen war. Zum Ende der Weimarer Republik beengte die Weltwirtschaftskrise den Staatshaushalt und damit den Handlungsspielraum der Staatsarchive. Die Beamten, Angestellten und Arbeiter mussten Lohn- und Gehaltskürzungen hinnehmen.[1003]

[1001] GStA PK, I. HA Rep. 178, 2368, Hauptbericht für das Kalenderjahr 1925 von Richter vom 16.1.1926.

[1002] Cornelia Vismann: Akten. Medientechnik und Recht. Frankfurt/Main 2011, 267f.

[1003] Wulf (Anm. 798), 336.

In Kiel waren die wirtschaftlichen Bedingungen besonders dadurch geprägt, dass nach den Bestimmungen des Versailler Vertrages die Marine abgebaut worden war. Die gesamte Wirtschaft der Stadt war jedoch einseitig genau darauf ausgerichtet gewesen. Spätestens 1929 wurde Kiel zum Sozialfall, und die Arbeitslosigkeit erreichte infolge der Weltwirtschaftskrise im Winter 1932/33 ihren Höchststand, als dreißig Prozent der Erwerbsfähigen in Kiel arbeitslos waren – reichsweit lag die Quote bei 16,3 Prozent.[1004] In dieser Situation gelang es den Nationalsozialisten, in Schleswig-Holstein und im gesamten Reich Fuß zu fassen.

Kurz nach der sogenannten Machtergreifung erließen die Nationalsozialisten erste maßgebliche Gesetze. Auf die Reichstagsbrandverordnung vom 28. Februar 1933 folgte der Erlass des Ermächtigungsgesetzes am 24. März. Damit erhielt der Reichstag die Befugnis, Gesetze zu erlassen, ohne dass diese verfassungskonform sein mussten oder es eine weitere Kontrollinstanz gab.[1005] Die Gewaltenteilung der Weimarer Republik war aufgehoben.

Als eines der ersten Gesetze des Reichstags wurde daraufhin das Gesetz zur Wiederherstellung des Berufsbeamtentums erlassen, mit dem angeblich die Zuverlässigkeit der Beamten, sowohl politisch als auch „rassisch“, garantiert werden sollte. Dies war der Anfang der staatlich umgesetzten Judenverfolgung. Das Gesetz verlangte unter anderem, dass alle Beamte „arischer Abstammung“ sein mussten, was durch die Vorlage von beglaubigten Kopien beziehungsweise Abschriften der entsprechenden Urkunden belegt werden musste. Diese Urkunden und Nachweise befanden sich zum Teil in den staatlichen Archiven. Die Betonung der „arischen“ Herkunft der Menschen in der nationalsozialistischen Ideologie führte zu einer vermehrten Beschäftigung mit der damals sogenannten Sippenkunde, der Genealogie.

Kurz nach der „Machtübernahme“ wurden auch erste Vorbereitungen für den Kriegsfall getroffen, und in den Archiven wurde schon früh über mögliche Luftschutzmaßnahmen gesprochen. Man war sich der besonderen Gefahr, der die Archive ausgesetzt waren, bewusst.

1934 war das Jahr, in dem die Veränderungen durch den Machtwechsel deutlich zu merken waren und die Archivare ihre neuen Aufgaben als zukunftsträchtig erkannten. Sehr deutlich machte diese Veränderungen der preußische Generaldirektor Brackmann in seiner Eröffnungsrede auf dem

---

1004 Ebd.

1005 Gesetz zur Behebung der Not von Volk und Reich. In: RGBl. I, 1933, 141.

Deutschen Archivtag im September 1934 in Wiesbaden, in der die Archivare auf den Systemwechsel eingeschworen wurden. Brackmann betonte nicht nur, dass Hitlers „Kampf um Deutschland […] auch der unsere" sei, sondern sah die höhere Wertschätzung der Archive in der neuen Würdigung der Geschichte und vor allem der Genealogie:

> „Ohne dem Urteil späterer Generationen vorgreifen zu wollen, darf ich aber auch feststellen: die deutschen Archivverwaltungen haben begriffen, daß eine neue Zeit auch für sie heraufzieht, und sie sind bemüht, ihr gerecht zu werden."[1006]

4.1.1 Ein neues Forschungsgebiet: die „Sippenkunde"

Schon im Programm der Nationalsozialisten von 1921 wurden die Juden beschrieben als „der Bazillus, […] der unser Blut und unsere Seele vergiftet".[1007] Die antisemitische Ausrichtung der NSDAP war damit klar formuliert, und als eine der ersten Maßnahmen nach der Machtübernahme wurde dafür gesorgt, dass Juden keine Beamten mehr sein konnten. Im Gesetz zur Wiederherstellung des Berufsbeamtentums vom 7. April 1933 hieß es in Paragraf 3: „Beamte, die nicht arischer Abstammung sind, sind in den Ruhestand […] zu versetzen."[1008]

Insgesamt sollte durch das Gesetz die politische Zuverlässigkeit der Beamten gewährleistet werden. Zusätzlich wurde bestimmt, dass solche Beamte, deren politische Betätigung ein mögliches Eintreten für den nationalsozialistischen Staat ausschließe, zu entlassen seien. Ein weiterer Paragraf bot die generelle Möglichkeit, unliebsame Beamte ohne weiteren Grund aus dem Dienst zu entfernen, „[z]ur Vereinfachung der Verwaltung", wie es beschönigend hieß.[1009] In der Folge wurden zahlreiche Menschen zwangsweise aus dem Staatsdienst in den Ruhestand versetzt, weil sie beispielsweise Mitglieder der SPD waren oder durch Nationalsozialisten ersetzt werden sollten.

1006 Albert Brackmann: Eröffnungsansprache zum 25. Deutschen Archivtag in Wiesbaden vom 3.9.1934. In: Korrespondenzblatt des Gesamtvereins der deutschen Geschichts- und Altertumsvereine 82 (1934), 83–88; außerdem in: Archivalische Zeitschrift 44 (1936), 1–5.

1007 Alfred Rosenberg (Hrsg.): Das Parteiprogramm. Wesen, Grundsätze und Ziele der NSDAP. München 1934, 12.

1008 RGBl. I, 1933, 175.

1009 Vgl. Paragraf 5 des Gesetzes zur Wiederherstellung des Berufsbeamtentums vom 7.4.1933; vgl. ebd.

Der Paragraf 3, der die „rassische" Zuverlässigkeit der Beamten garantieren sollte, führte vorerst vor allem zu Verwirrung, da eine einheitliche Definition des Begriffes „arisch" fehlte. Diese wurde in der ersten Durchführungsverordnung für das Berufsbeamtengesetz am 11. April 1933 gegeben: Als „nicht arisch" gelte, „wer von nicht arischen, insbesondere jüdischen Eltern oder Großeltern abstammt". [1010] „Nicht arisch" wurde hier also vor allem mit „jüdisch" gleichgesetzt. Es wurde weiter präzisiert, dass jemand dann als jüdisch gelte, wenn ein Eltern- oder Großelternteil der jüdischen Religion angehört habe.[1011] Daraus ergab sich die Notwendigkeit, dass nachgewiesen werden musste, dass weder Eltern noch Großeltern jüdische Religionsangehörige gewesen waren. Laut Durchführungsverordnung sollte dieser Nachweis anhand von Geburts- oder Heiratsurkunden erfolgen, und somit war der sogenannte Ariernachweis in seinen Grundzügen entstanden. Menschen mussten ihre Herkunft erforschen und belegen, dass ihre Vorfahren nicht der jüdischen Religion angehört hatten.

Im Berufsbeamtengesetz wurde erstmals die „arische" Abstammung zur Voraussetzung gemacht, in diesem Fall für den Beamtenstatus, dies war aber nur der Beginn einer Reihe von Gesetzen, die einen solchen „Arierparagrafen" enthielten. Bereits gemäß Reichsbeamtengesetz vom 30. Juni 1933 mussten die Ehepartner der Beamten ihre Herkunft nachweisen,[1012] bald galt dies auch für andere Berufsgruppen wie Juristen, Zeitungsverleger und Landwirte. Unternehmen konnten einen solchen Nachweis von ihren Angestellten verlangen. Die „Arierparagrafen" und der Nachweis wurden immer geläufiger und übertrugen sich in den privaten Bereich. Sportvereine oder die wissenschaftlichen Geschichtsvereine garantierten zum Beispiel durch die Aufnahme des „Arierparagrafen" in ihre Satzung, dass die Mitglieder „arischer" Abstammung waren.[1013]

Je nach Anforderung gab es unterschiedliche Arten von Abstammungsnachweisen. Im Berufsbeamtengesetz wurde von den Beamten der Nachweis ihrer Herkunft bis zu den Großeltern gefordert. Für die vier Großelternteile, die beiden Eltern und die Beamten selbst musste per Urkunde belegt werden, dass sie keiner jüdischen Religionsgemeinschaft angehört hatten. Andere

1010 Erste Durchführungsverordnung zum Berufsbeamtengesetz vom 11.4.1933. In: RGBL. I, 1933, 195.

1011 Punkt 2 (1) der Ersten Durchführungsverordnung des Gesetzes zur Wiederherstellung des Berufsbeamtentums vom 11.4.1933; vgl. ebd.

1012 Reichsbeamtengesetz vom 31. März 1873 in der Fassung des Gesetzes vom 30. Juni 1933. In: RGBl. I, 1933, 433–447, 434.

1013 Martin Tarrab-Maslaton: Rechtliche Strukturen der Diskriminierung der Juden im 3. Reich (Schriften zur Rechtsgeschichte 61). Berlin 1993, 45.

Gesetze forderten den Nachweis über die Generation der Großeltern hinaus, wie beispielsweise das sogenannte Reichserbhofgesetz. Dort wurde festgelegt, dass jeder landwirtschaftliche Besitz, der nicht größer als 125 Hektar war, als „Erbhof" gelte und nur von jemanden besessen werden durfte, der „deutscher Staatsbürger, deutschen und stammesgleichen Blutes und ehrbar ist".[1014] In Paragraf 13 wurde präzisiert: „Deutschen oder stammesgleichen Blutes ist nicht, wer unter seinen Vorfahren mütterlicher- oder väterlicherseits jüdisches oder farbiges Blut hat."[1015]

Als Stichtag wurde der 1. Januar 1800 angegeben, bis zu diesem Datum musste nachgewiesen werden, dass man keine von den Nationalsozialisten unerwünschten Vorfahren hatte. Angeblich war die „Vermischung" von Juden mit anderen „Rassen" vor dem 19. Jahrhundert gering, weil erst zu diesem Zeitpunkt die Emanzipation der Juden einsetzte.[1016] Dies bedeutete, dass alle Landwirte mit einem Hof dieser Größe ihre Verwandtschaft bis vor dieses Datum zurück nachweisen mussten. Je nach Alter mussten sie bis zur Generation ihrer Urgroßeltern zurückgehen, also mindestens vierzehn Urkunden vorlegen. Bei einer jungen erwachsenen Person konnte sich die Anzahl auf bis zu dreißig Vorfahren erstrecken (bis zur Generation vor den Urgroßeltern, den Alteltern).

Diese im Reichserbhofgesetz geforderte Beweisführung nannte sich „Großer Ariernachweis", während die im Berufsbeamtengesetz festgelegte Regelung, der Nachweis der Herkunft bis zu den Großeltern, einem „Kleinen Ariernachweis" entsprach. Der „Große Ariernachweis" wurde nur in Ausnahmefällen wie dem Reichserbhofgesetz oder bei der Übernahme einer Leitungsposition in der NSDAP und ihren Gliederungen gefordert, zum Beispiel als politischer Leiter.[1017] Für Bewerber der SS ab einem bestimmten Rang wurde gar der Nachweis bis vor 1750 zurückgefordert, was die Anzahl der Vorfahren exponentiell ansteigen ließ.

In der Forschung wird davon ausgegangen, dass ein „Ariernachweis" so häufig gefordert wurde, dass jeder erwachsene Mensch in Deutschland in der Zeit des Nationalsozialismus mindestens einmal in seinem Leben ein derarti-

---

1014 RGBl. I, 1933, 685.

1015 Ebd., 686.

1016 Wilhelm Karl Prinz von Isenburg: Sippen- und Familienforschung. Heidelberg 1943, 67.

1017 Eric Ehrenreich: The Nazi Ancestral Proof. Genealogy, Racial Science, and the Final Solution. Bloomington (Indiana) 2007, 63.

ges Dokument hatte vorlegen müssen.[1018] Der Historiker Eric Ehrenreich stellt fest, dass die „Ariernachweise" von keiner Seite hinterfragt wurden. "[T]he requirement became a ‚normal' element of German public life in this period."[1019]

In der Bevölkerung löste der Erlass des ersten „Arierparagrafen" im Berufsbeamtengesetz wie erwähnt erst einmal vor allem Verwirrung aus. Der Ausdruck „arische Abstammung" war nicht geläufig, und auch die Ausführungen in der erster Durchführungsverordnung, in der „arisch" nur durch das Gegenteil als „nicht arisch", „insbesondere jüdisch[...]" definiert wurde, waren wenig hilfreich. Der Begriff „arisch" war juristisch unklar und stammte ursprünglich aus der Sprachwissenschaft, wo er eine gemeinsame Sprachgruppe des Indogermanischen beschrieb. Bereits im 19. Jahrhundert war der Begriff aber in der völkischen Bewegung als Gegensatz zu „jüdisch" benutzt worden.[1020] Die Verwirrung zeigte sich beispielhaft in einem Brief, der an ein Pfarramt zur Ausstellung eines „Ariernachweises" gesendet wurde. Dort hieß es: „Ich habe die Arier im Konversationslexikon gesucht. Die wohnen in Asien. Da haben wir keine Verwandtschaft. Wir stammen aus Prenzlau."[1021]

Diese Verständnisprobleme werden auch in den Tagebüchern von Viktor Klemperer (1881–1960) deutlich. Klemperer war mit seiner jüdischen Herkunft und als Inhaber einer Professur in Dresden von den Bestimmungen des Berufsbeamtengesetzes betroffen, wurde jedoch aufgrund der sogenannten Frontkämpfer-Klausel des Gesetzes nicht entlassen. Paragraf 3 Absatz 2 regelte, wer nicht arischer Abstammung war, aber im Ersten Weltkrieg gekämpft hatte, oder wessen Vater beziehungsweise Sohn im Ersten Weltkrieg gefallen war, konnte nicht entlassen werden. Dies traf auf Klemperer zu, der sich 1915 als Kriegsfreiwilliger gemeldet hatte. Anlässlich des Boykotts von jüdischen Geschäften am 1. April 1933 notierte er, dass nicht jedem klar sei, was überhaupt jüdisch heiße und warum dies schlecht sei.[1022] Der Folgen der „Ariernachweise" war er sich durchaus

---

1018 Werner Feldscher: Rassen- und Erbpflege im deutschen Recht (Rechtspflege und Verwaltung 3). Berlin–Leipzig–Wien 1943, 154, zitiert nach Werner Meiners: Familienforschung in Zeiten von „Abstammungsnachweis" und „Judenkartei". Zum Gedenken an den am 2. September 2010 verstorbenen ehemaligen oldenburgischen Landesrabbiner Leo Trepp. In: Oldenburgische Familienkunde 52 (2010), 89–126, 89; sowie Ehrenreich (Anm. 1017), 61.

1019 Ehrenreich (Anm. 1017), 61f.

1020 Christian Ulrich Freiherr von Ulmenstein: Der Abstammungsnachweis. Berlin 1937, 11.

1021 „Kleine Blütenlese aus Schreiben von Ahnenforschern". Kirchenkreisarchiv Flensburg, XI Prop 401, Bd. 6, zitiert nach Linck (Anm. 31): Ausscheidung, 28; auch in Diana Schulle: Das Reichssippenamt. Eine Institution nationalsozialistischer Rassenpolitik. Berlin 2001, 76.

1022 Victor Klemperer: Ich will Zeugnis ablegen bis zum letzten. Tagebücher 1933-1941. 2. Aufl. Berlin 1995. Bd. 1, 17.

bewusst. Nach Erlass des Berufsbeamtengesetzes notierte er am 12. April 1933 in seinem Tagebuch: „Im Augenblick bin ich noch in Sicherheit. Aber wie einer am Galgen in Sicherheit ist, der den Strick um den Hals hat."[1023] Mit dem Erlass der „Nürnberger Rassengesetze", die unter anderem den Juden das Reichsbürgerrecht absprachen, wurden alle „jüdischen" Beamten aus dem Staatsdienst entlassen,[1024] und auch Klemperer verlor 1935 seinen Posten an der Technischen Hochschule Dresden.

Mit der steigenden Zahl an Gesetzen und Satzungen, die einen „Ariernachweis" erforderten, stieg die Zahl der Menschen, die einen benötigten. Die Beschaffung der Urkunden lag immer in der Hand des Nachweispflichtigen. Die Quellen, anhand derer die „Ariernachweise" ausgestellt werden konnten, waren vornehmlich die staatlichen und kirchlichen Personenstandsregister, also Aufzeichnung über Geburten, Hochzeiten und Sterbefälle. Von staatlicher Seite wurden diese Informationen erst nach Beginn des Deutschen Kaiserreichs reichsweit bei den Standesämtern aufgezeichnet. Für die Zeit davor gab es zum Teil Vorgänger der staatlichen Personenstandsregister, wie die unter der französischen Besatzung geführten Zivilregister, grundlegend waren jedoch die kirchlichen Aufzeichnungen: die Kirchenbücher. In unterschiedlicher Ausführlichkeit wurden bei den Kirchengemeinden Informationen zu Taufen, Hochzeiten und Beerdigungen festgehalten.

Die Nutzung dieser Quellen war und ist nicht einfach. Um eine bestimmte Person schnell zu finden, mussten neben dem Namen der Person auch der der Gemeinde sowie das genaue Datum von Taufe, Hochzeit oder Beerdigung vorliegen. Oft waren jedoch nur der Name des Vorfahren und ein ungefährer Zeitraum bekannt. Unterschiedliche Schreibweisen und fehlende Einheitlichkeit bei den Kirchenbüchern stellten weitere Probleme dar. Zudem konnten – je nach Hintergrund desjenigen, der den „Ariernachweis" erbringen musste – die notwendigen Urkunden weit verstreut liegen.

Die Schwierigkeiten, auf die jemand bei der Recherche nach seinen Vorfahren treffen konnte, standen der Wichtigkeit der „Ariernachweise" für das – lediglich am Anfang berufliche – Schicksal gegenüber. Abstammungsnachweise wurden schon bald „von einer Frage des Prestiges zu einer Frage von Leben und Tod".[1025] In schwierigen Fällen wurden Experten herangezo-

[1023] Ebd., 21.

[1024] Erste Verordnung zum Reichsbürgergesetz vom 14.11.1935. In: RGBl. 1935, Teil 1, 1333–1334.

[1025] Wolfgang Ernst: Archivische Technologien im Nationalsozialismus als Instrumente der Täter und Gedächtnis der Opfer. In: Kretzschmar (Anm. 25), 22–33, 22.

gen, um die gewünschten Informationen zu erlangen. Sie konnten damit beauftragt werden, Vorfahren zu ermitteln. Der Berufszweig der Genealogen, damals „Sippenforscher" genannt, wurde auf eine ganz neue, auch ökonomische Basis gestellt. Die „Sippenkunde" befand sich im Aufschwung.

Bei Archiven galten Genealogen und Familienforscher um die Jahrhundertwende eher als notwendiges Übel. Hille beklagte 1901, dass ihn die Genealogen von der Arbeit abhalten würden.[1026] Die Familienforschung nahm aber einen großen und wachsenden Stellenwert ein, und in manchen Archiven überstieg zu diesem Zeitpunkt die Anzahl der Nutzung dafür die der sonstigen historischen Forschung.[1027] Wie auf dem fünften Archivtag in Bamberg 1905 vom Stadtarchivar aus Erfurt Alfred Overmann (1866–1946) festgestellt wurde: „Über Wert und Unwert dieser Bestrebungen zu urteilen, liegt uns nicht ob."[1028]

Die Genealogie, wie sie vor der Einführung der „Ariernachweise" und „Arierparagrafen" bestand, konzentrierte sich vor allem auf die Verfolgung von Adelslinien. Dies war einerseits für die Geschichtsschreibung notwendig, um Herrschaftsverhältnisse darzustellen, und andererseits für den Adel selbst als Nachweis seiner Abstammung. Zum Ende des 19. Jahrhundert wurde es darüber hinaus wichtig, sich vom Bürgerlichen abzugrenzen, wozu ebenfalls die Genealogie benutzt wurde.[1029]

Als Begründer der modernen Genealogie gilt Ottokar Lorenz (1832–1904) mit seinem *Lehrbuch der gesammten wissenschaftlichen Genealogie* von 1898.[1030] Schon er stellte die Verknüpfung zur Vererbungslehre und besonders zum Konzept der „Rassenhygiene" her.[1031] Nach diesem Konzept müsste, angelehnt an die darwinsche Evolutionstheorie, eine Selektion der Personen vorgenom-

---

[1026] Hille: Grundsätze (Anm. 317), 27.

[1027] Alfred Overmann: Die Benutzung der Archive durch die genealogische Forschung. In: Korrespondenzblatt des Gesammtvereins der deutschen Geschichts- und Alterthumsvereine 53 (1905), 451–456, 452.

[1028] Ebd.

[1029] Schulle (Anm. 1021), 21.

[1030] Weiterführend zu Lorenz s. Helmut Möller: Ottokar Lorenz. 13. Mai – 100. Todestag. In: Mitteldeutsches Jahrbuch für Kultur und Geschichte 11 (2004), 248–249.

[1031] So schreibt er unter dem Kapitel „Genealogie und Zoologie": „Wenn der Thierzüchter seine genealogischen Beobachtungen mit Geschick und Fleiß feststellt, so hat er sich Methoden und Gesichtspunkte angeeignet, die durch redende Zeugen und geschriebene Zeugnisse dem Menschengeschlechte längst etwas vertrautes waren, aber es ist umgekehrt ebenso richtig, daß die genealogische Wissenschaft aus der unbewußten Zeugungs- und Vererbungsthatsache, welche die Zoologie kennt, auch ihrerseits Schlüsse ziehen kann."; vgl. Ottokar Lorenz: Lehrbuch der gesammten wissenschaftlichen Genealogie. Stammbaum und Ahnentafel in ihrer geschichtlichen, sociologischen und naturwissenschaftlichen Bedeutung. Berlin 1898, 30.

men werden, die sich fortpflanzen dürften, damit positive Eigenschaften einer „Rasse“ gefördert beziehungsweise negative verhindert würden. Diese Eigenschaften galt es in den Augen von Lorenz durch die Genealogie zu erforschen. Neben die historische Komponente trat bereits hier eine biologische, und entsprechend sah er die Genealogie als eine Brücke, „auf der sich Geschichts- und Naturwissenschaften begegnen müßten“.[1032]

Dieser Gedanke wurde spätestens in den 1920er-Jahre von der völkischen Bewegung aufgegriffen und war eng mit dem unter den Nationalsozialisten herrschenden Antisemitismus verbunden. Dieser richtete sich nicht gegen das Judentum als Religion, sondern ging von den Juden als eine eigene „Rasse“ aus. Wie Klemperer salopp formulierte: „Religion ist gleichgültig.“ Er verglich die neuen Gesetze mit der Judenverfolgung in Spanien im 15. Jahrhundert, „aber damals ging es um den Glauben. Heute ist es Zoologie + Geschäft“.[1033] In einem Ratgeber zur „Sippenkunde“ von Christian Ulrich Freiherr von Ulmenstein (1909–1944) aus dem Jahr 1937 hieß es, für die Auslegung der „arischen Abstammung“ im Berufsbeamtengesetz „ist nicht die Religion maßgeblich, sondern entscheidend ist die Abstammung der Rasse, das Blut“.[1034] Und diese galt es mithilfe der „Ariernachweise“ nachvollziehen zu können. Da es keine äußeren Merkmale einer „jüdischen Rasse“ gibt, musste auf die Herkunft als „Beweis“ zurückgegriffen werden.

Der Genealogie kam unter diesen Vorzeichen der nationalsozialistischen Ideologie ein neues Interesse entgegen und um die „Ariernachweise“ entwickelte sich eine ganze Industrie. Neben pseudowissenschaftlichen Publikationen wie der von Ulmenstein gab es Informationsblätter und Broschüren zu diesem Thema, von verschiedenster Stelle konnten die Menschen genealogische Tabellen erhalten.[1035] In München wurde 1937 an der Philosophischen Fakultät ein Lehrstuhl für Sippen- und Familienforschung eingerichtet.[1036]

Eine Vielzahl von Menschen war an diesem Aufschwung der Genealogie und an der Forschung nach den Ahnen für nationalsozialistische Zwecke beteiligt. So stieg die Zahl der Berufs- und Hobbygenealogen, da Menschen bei der erzwungenen Auseinandersetzung mit ihrer Familiengeschichte ihr Interesse für das Feld entdeckten. Innerhalb der verschiedenen Berufsgruppen

[1032] Isenburg (Anm. 1016), 57.
[1033] Klemperer (Anm. 1022), 1933, 21.
[1034] Ulmenstein (Anm. 1020), 18.
[1035] Ehrenreich (Anm. 1017), 77.
[1036] Isenburg (Anm. 1016), 61.

wie Ärzten, Juristen oder Lehrern entstand eine Vielzahl von Vereinen mit entsprechenden Publikationen, in denen es um Genealogie ging.

Zudem entstanden auf staatlicher und parteiamtlicher Ebene Stellen, die sich mit den Nachweisen im offiziellen Auftrag befassten. Bereits seit 1931 gab es unter Achim Gercke (1902–1997) die NS-Auskunft, die die Mitglieder der NSDAP auf ihre Herkunft überprüfte. Ebenfalls 1931 entstand das Rasse- und Siedlungshauptamt der SS, das für die Ahnennachweise der SS und die Bearbeitung von Heiratsgesuchen zuständig war.[1037] Zu dieser Zeit reichte jedoch noch eine einfache schriftliche Erklärung über die arische Abstammung, ohne dass diese belegt werden musste. Nach dem Erlass des Berufsbeamtengesetzes ging die NS-Auskunft in der Dienststelle des Sachverständigen für Rasseforschung auf, die beim Ministerium des Innern eingerichtet worden war. 1934 wurde wiederum das selbstständige Amt für Sippenforschung der NSDAP daraus abgetrennt, das sich mit den Parteimitgliedern befasste. Gercke blieb der Sachverständige für Rasseforschung, bis er 1935 unter dem Vorwurf der Homosexualität nach Paragraf 175 Strafgesetzbuch entlassen wurde.[1038] Aus der Dienststelle bildete sich die Reichsstelle für Sippenforschung und wurde unter die Leitung von Kurt Mayer (1903–1945) gestellt. 1940 erfolgte eine erneute Umbenennung in Reichssippenamt.

Die Dienststelle des Sachverständigen für Rasseforschung und ihre Nachfolger waren mit allen Fragen zu den „Ariernachweisen" betraut. So waren sie für Zweifelsfälle zuständig, wenn also urkundliche Nachweise nicht auffindbar oder Abstammungsverhältnisse nicht nachvollziehbar waren, wie bei Adoptionen oder Findelkindern. Dafür gab es die Möglichkeit der Erstellung eines „erb- und rassenkundlichen Hilfsgutachtens", das dann anhand verschiedener Merkmale des Nachweispflichtigen wie Handabdrücken oder Gesichtspartien dessen angebliche „rassische" Herkunft nachweisen sollte.[1039]

1037 Im sogenannten Heiratsbefehl vom 1. Januar 1932 hatte Himmler befohlen, dass jeder unverheiratete SS-Mann vor seiner Heirat die Genehmigung einholen müsse, ob diese auch „nach rassischen und erbgesundheitlichen Gesichtspunkten" zulässig sei; vgl. Isabel Heinemann: „Rasse, Siedlung, deutsches Blut". Das Rasse- und Siedlungshauptamt der SS und die rassenpolitische Neuordnung Europas (Moderne Zeit 2). Göttingen 2003, 50.

1038 Weiterführend Schulle (Anm. 1021).

1039 Weiterführend Georg Lilienthal: Arier oder Jude? Die Geschichte des erb- und rassenkundlichen Abstammungsgutachtens. In: Peter Propping/Heinz Schott (Hrsg.): Wissenschaft auf Irrwegen. Biologismus – Rassenhygiene – Eugenik (Studium universale 17). Bonn–Berlin 1992, 66–84; Alexandra Przyrembel: „Rassenschande". Reinheitsmythos und Vernichtungslegitimation im Nationalsozialismus (Veröffentlichungen des Max-Planck-Instituts für Geschichte 190). Göttingen 2003, 116.

Zudem waren die Dienststellen für solche Dokumente zuständig, die für die Ausstellung der „Ariernachweise“ benötigt wurden. Es ging hier um die Sicherung und den Erhalt der nötigen Quellen, aber auch um deren optimale Auswertung für ihre Zwecke.[1040] Gerade in diesem Aufgabenbereich kam es zu Überschneidungen mit den Archiven.

Zwar waren vor allem die Standesämter und Kirchengemeinden für die „Ariernachweise“ wichtig, da dort die Personenstandsregister verwahrt wurden, aber auch in den Staatsarchiven war Material vorhanden, aus dem genealogische Informationen hervorgingen, wie beispielsweise Vormundschafts- oder Personalakten. Von verschiedener Seite gab es immer wieder Bestrebungen, eine einheitliche Lösung zu finden und eine einzige Anlaufstelle zu schaffen. Gercke plante in seiner Funktion als Sachverständiger für Rasseforschung die Umwandlung der Standesämter in „Sippenämter“, um „den Gedanken der Familie, der Sippe, der Rasse amtlich“ zu vertreten.[1041] Dort sollte für jede Familie ein „Sippenblatt“ angelegt werden, und die nötigen Informationen, inklusive solcher zur „Erbgesundheit und der erblichen Straffälligkeit“, sollten dort gesammelt werden. Die Archive bangten um ihre Zuständigkeit und damit um ihren neu erworbenen Wert, wurden aber dadurch beruhigt, dass Gerckes Pläne keine Übernahme von Archivgut vorsahen. Er bezeichnete die Sippenämter vielmehr als „Vorhof des Archivs“.

Zu einer Umsetzung dieser Pläne kam es aber nicht, und es fehlte weiter eine einheitliche Regelung. Dies führte zu einem Nebeneinander von verschiedenen Lösungsansätzen. Neben den staatlichen Stellen, zwischen denen die Kompetenzen nicht immer klar abgegrenzt waren, wurden von der NSDAP beispielsweise Gausippenämter gegründet, die auf regionaler Ebene die Ausstellung der „Ariernachweise“ betreuen sollten. Hier gab es schon je nach Region Unterschiede in ihrer Funktion: In Wien war das Gausippenamt hauptsächlich damit befasst, in Zweifelsfällen Entscheidungen über die Abstammung zu treffen, während es in Posen vor allem mit der Bereitstellung von genealogischen Informationen beschäftigt war.[1042] Darüber hinaus gab es von öffentlich-privater Seite Initiativen, etwa von den Hobby- und Berufsge-

---

1040 Isenburg (Anm. 1016), 61.

1041 Hier und im Folgenden: Achim Gercke: Das Sippenamt als Träger des Familiengedankens. In: Korrespondenzblatt 82 (Anm. 1006), 107–110, 107f.

1042 Ehrenreich (Anm. 1017), 69, mit Verweis auf Schulle (Anm. 1021), 285–290; s. dort außerdem eine Liste der verschiedenen Sippenämter, Sippenkanzleien und ähnlichen Stellen, 302–304.

nealogen und innerhalb verschiedener Berufsgruppen, um die Beschaffung von „Ariernachweisen" zu erleichtern und die NS-Ideologie umzusetzen.[1043]

Im Fokus der Bestrebungen dieser Vielzahl von Akteuren stand die bestmögliche Auswertung der Quellen für die Zwecke der Nationalsozialisten. Um die Probleme im Umgang mit den familienkundlichen Quellen zu minimieren und die Informationen schneller auffindbar zu machen, wurden von verschiedener Seite Projekte initiiert. Als besonders sinnvoll galt die sogenannte Verkartung der Kirchenbücher. Dabei wurde für jede Person in dem Kirchenbuch beziehungsweise für jede Familie eine Karteikarte angelegt, auf der die Daten mit den entsprechenden Verweisen aufgeführt wurden, um sie auf einen Blick sichtbar zu machen.[1044] Dies sollte die Suche in den unterschiedlichen Registern der Kirchenbücher der jeweiligen Kirchengemeinden und in den Kirchenbüchern selbst überflüssig machen. Die „Verkartung" geschah von mehreren Seiten gleichzeitig. So waren vielerorts die Kirchenbuchämter und Pastorate selbst daran beteiligt; in Schleswig-Holstein waren es vor allem ehrenamtliche Helfer, die sich unter der Leitung von Hoffmann im Staatsarchiv Kiel mit dieser Aufgabe auseinandersetzten.[1045] In Hessen wurde eine eigene staatliche Stelle für die „Verkartung" der hessischen Kirchenbücher gegründet, die der hessischen Landesregierung angegliedert war.[1046]

Wer über die Quellen, mithilfe derer die „Ariernachweise" ausgestellt wurden, verfügte, erfuhr unter den Nationalsozialisten eine große, auch finanzielle Förderung und Würdigung.[1047] Dies führte im Umkehrschluss dazu, dass der Verbleib der Quellen umstritten war. Die vielen Stellen, die mit den „Ariernachweisen" und dadurch mit den Archivalien befasst waren, hatten alle ein Interesse an der Übernahme dieser Archivalien. Besonders die Kirchenbücher und deren Zweitschriften wurden zu einem begehrten Gut.

1043 Gailus (Anm. 31), 9.

1044 In der Terminologie der Genealogen handelt es sich bei der Aufführung der Angaben zu einer Person um die „Verzettelung" der Kirchenbücher, um eine „Verkartung", wenn es um die Familien geht; zeitgenössisch wurde jedoch in beiden Fällen von „Verkartung" gesprochen; s. weiterführend Robert Gahde: Im Dienst der nationalsozialistischen Rassenpolitik. Das Lippische Landesarchiv in Detmold 1933–1945. In: Lippische Mitteilungen 75 (2006), 37–71, 56f.

1045 GStA PK, I. HA Rep. 178, 2370, Bl. 54, Sonderbericht von Stephan über Beteiligung an landesgeschichtlichen wissenschaftlichen Unternehmungen 1935 vom 25.1.1936.

1046 Ehrenreich (Anm. 1017), 69; diese „Verkartung" hatte den Effekt, dass sogenannte Judentaufen sichtbar wurden. 1937 betrieb das „Reichsinstitut für Geschichte des neuen Deutschlands" das Projekt der Aufstellung einer Statistik über die „Judentaufen und Mischehen", um dann auf deren Nachkommen schließen zu können; vgl. Schmidt: Staatsarchiv (Anm. 26), 68f.

1047 Ehrenreich (Anm. 1017), 141.

Teilweise waren die Kirchenbücher bereits im 19. Jahrhundert aus Sicherungsgründen in staatlichen Besitz abgegeben worden, wie beispielsweise im Staatsarchiv Hamburg oder im Lippischen Landesarchiv in Detmold. Dies führte dazu, dass diese Archive die zentrale Anlaufstelle für die Bearbeitung von „Ariernachweisen" wurden. In Hamburg gingen bereits im Jahr 1933 mehr als doppelt so viele Anfragen in familienkundlichen Angelegenheiten ein wie im Vorjahr, bis 1935 waren sie auf das Neunfache angestiegen.[1048] Im Staatsarchiv Koblenz musste der Nutzersaal für zwei Monate gesperrt werden, damit die schriftlichen Anfragen beantwortet werden konnten.[1049] In den Archiven wurde mehr Personal eingestellt, sodass beispielsweise in Detmold die Zahl von zwei Mitarbeitern auf mindestens zehn anstieg.[1050]

In Schleswig-Holstein nahm die Situation nicht solche extremen Ausmaße an, da sich die Kirchenbücher bis auf wenige Ausnahmen nicht im Besitz des Staatsarchivs, sondern bei den Kirchengemeinden befanden. 1934 entstanden zwei Sippenkanzleien in Bredstedt und Heide, ein Zusammenschluss mehrerer Propsteien, um dieser neuen Aufgabe und der Beantwortung der Anfragen gerecht werden zu können.[1051] Für diesen Zweck gaben die Kirchengemeinden die Zweitschriften ihrer Kirchenbücher dorthin ab.

Doch das Staatsarchiv Kiel war wie alle preußischen Staatsarchive dennoch stark mit dem neuen Aufschwung der Genealogie im Rahmen der „Ariernachweise" befasst. Zwar bildeten die Kirchenbücher die Hauptquelle, in Zweifelsfällen mussten aber auch andere, also staatliche Archivalien herangezogen werden. Zudem wurden die Staatsarchive schon seit Jahrzehnten durch Genealogen genutzt, und dementsprechend waren bei den Archivaren die nötigen Kenntnisse über die Methoden der Familienforschung vorhanden.

Der gestiegene Wert der sogenannten Sippenforschung schlug sich auch in der Benutzung des Staatsarchivs Kiel nieder. Hatte es 1932 noch 27 Bescheide zur Familiengeschichte für private Benutzer gegeben, stieg diese Zahl im Jahre 1935 auf 142 und erreichte 1937 ihren Höhepunkt mit 238 Bescheiden. Allgemein ist in der Zeit vor dem Zweiten Weltkrieg ein enormer Anstieg der Nutzung zu verzeichnen. 1933 forschten noch 181 Nutzer an 1.512 Tagen, die Zahl schnellte bis 1937 auf 802 Nutzer an 2.689 Tagen hoch.[1052] Hoffmann

[1048] Weiterführend Schmidt: Staatsarchiv (Anm. 26), 54.

[1049] Musial (Anm. 24), 53.

[1050] Gahde (Anm. 1044), 55.

[1051] Gailus (Anm. 31), 29.

[1052] GStA PK, I. HA Rep. 178, 2370, die entsprechenden Jahresberichte.

schrieb im Jahresbericht für das Jahr 1937, die Steigerung des Geschäftsverkehrs um 163 Prozent gegenüber dem Jahr 1925 bezeuge den

> „tiefgreifenden Wandel, der sich durch Neubelebung des historischen Sinnes unter dem Einfluß nationalsozialistischer Gedanken in weiten Kreisen vollzieht und archivischer Arbeit auf dem Gebiet der Familien-, Sippen- und Heimatforschung ein früher nicht gekanntes Interesse entgegenbringt“.[1053]

Dieser vermehrten Arbeitsbelastung wurde durch die preußische Archivverwaltung Rechnung getragen, indem im Laufe der Zeit mehr Personal im Kieler Staatsarchiv beschäftigt wurde. Kurz nach der „Machtergreifung“ hatte sich die Situation erst einmal verschlechtert. Zum 1. April 1934 hatte der Hilfsarbeiter Vehse an die Christian-Albrechts-Universität gewechselt, wo er schon vorher Lehrveranstaltungen abgehalten hatte, und auch der Archivassistent Rundnagel war versetzt worden. Nun waren nur noch Stephan und Hoffmann als wissenschaftliche Beamte im Archiv beschäftigt. Der Generaldirektor Brackmann war sich jedoch der Unzulänglichkeit dieser Situation bewusst und meinte, „[d] as ist natürlich zu wenig“.[1054] Daher kam der Staatsarchivrat Graber nach Kiel. Er hatte seit 1931 die Leitung des Staatsarchivs Osnabrück innegehabt und der Bildung seiner Söhne wegen um die Versetzung in eine Universitätsstadt gebeten. Darüber hinaus wurde ein von vielen Seiten lang gehegter Wunsch umgesetzt und Carstens kam ans Kieler Staatsarchiv. Carstens war der erste Staatsarchivar in Schleswig-Holstein, der auch dort geboren war. Vehse und Rundnagel wurden 1934 also durch erfahrene Archivare ersetzt.

Zudem wurde das wissenschaftliche Personal 1938 noch durch einen Hilfsarbeiter, Eberhard Crusius (1907–1976), und zwei außeretatmäßige Beamtenanwärter (sogenannte Archivzivilnumerare), Hans Georg Schaffner (1913–?) und Ernst Weber (1903–?), verstärkt. Die beiden Letzteren waren dem Staatsarchiv Kiel zur Ausbildung für den neuen „gehobenen mittleren Dienst“ überstellt. Dieser war erst 1936 nach dem Vorbild der Bibliotheken eingerichtet worden.[1055] Damit sollte die Belastung durch die vermehrte Arbeit mit der Familienforschung verringert werden.[1056]

[1053] Ebd., Jahresbericht für 1937 von Hoffmann, o. D.

[1054] LASH Abt. 304 Nr. 428, Bl. 25, privates Schreiben von Brackmann an Stephan vom 6.1.1934.

[1055] Henning/Wegeleben (Anm. 473), 157; Brackmann (Anm. 1006).

[1056] Henning/Wegeleben (Anm. 473), 157.

Wie stark die Beschäftigung der Archivare mit der neuen Ausrichtung der Genealogie sein konnte, zeigt das Beispiel des Direktors des Staatsarchivs Kiel Hoffmann. Er wurde 1898 in Niedercunnersdorf in Sachsen, nahe der Grenze zu Polen, geboren. 1923 hatte er seine Promotion an der Universität Erlangen zu Gregor von Tours abgeschlossen und daran anschließend als Assistent von Kehr, dem damaligen Generaldirektor der preußischen Archivverwaltung, an den Monumenta Germaniae Historica mitgearbeitet. Er war am 1. April 1926 als Hilfsarbeiter am Staatsarchiv Kiel in den Dienst der preußischen Archivverwaltung getreten. 1938 übernahm er die Leitung des Staatsarchivs Kiel, nachdem Stephan mit Erreichen der Altersgrenze in den Ruhestand getreten war. Hoffmann zeichnete sich im Archiv schon früh durch seine Mitarbeit an der Erforschung der Landesgeschichte aus. Bereits kurz nach seiner Ankunft in Kiel trat er in die GSHG ein und arbeitete in deren Auftrag seit 1928 an der Herausgabe einer Edition geistlicher Siegel.[1057] Im Archiv war er vor allem für die Nutzerbetreuung zuständig, Anfang der 1930er-Jahre übernahm er die Organisation der Archivpflege.[1058]

Mit der Genealogie befasste Hoffmann sich erst vermehrt, nachdem die Nationalsozialisten an die Macht gekommen waren. Einen ersten Vortrag zur „Sippen- und Familienkunde" hielt er 1934 vor der Gesellschaft für Kieler Stadtgeschichte.[1059] Daran schlossen sich weitere Vorträge an der Nationalpolitischen Volksbildungsstätte an, die aus der Kieler Volkshochschule hervorgegangen war. Aus dem großen Interesse daran formte sich aus der Zuhörerschaft eine Arbeitsgemeinschaft für Sippenkunde, aus der wiederum die Schleswig-Holsteinische Arbeitsgemeinschaft für Sippenforschung und Sippenpflege hervorging, die direkt der NS-Kulturgemeinde unterstand.[1060] Durch die Arbeitsgemeinschaft gelang es Hoffmann, die „Sippenkunde" auch außerhalb der Archivarbeit zu fördern. Sie wurde von ihm beispielsweise für die Verbesserung der Forschungsmöglichkeiten bei der „Verkartung" der Kirchenbücher eingesetzt. Ab 1938 gab die Arbeitsgemeinschaft unter Hoffmanns Leitung die Zeitschrift *Sippe der Nordmark* heraus, die bis 1942 in sechs Bänden erschien. Darin ging es um Quellen und Methodiken, und es wurden einzelne Ergebnisse genealogischer Forschung sowie Arbeitsbe-

---

1057 LASH Abt. 811 Nr. 20356, Bl. 35, Hoffmann an Kehr vom 25.4.1928; Hoffmann: Siegel (Anm. 939).

1058 Kurt Hector: [Nachruf] Gottfried Ernst Hoffmann. In: ZSHG 104 (1979), 9–19, 9f.

1059 LASH Abt. 304 Nr. 146, Bl. 6, Postkarte der Gesellschaft für Kieler Stadtgeschichte, eingegangen am 3.5.1934.

1060 LASH Abt. 304 Nr. 877, Stephan an den Generaldirektor der bayerischen Staatsarchive vom 13.6.1935.

richte verschiedener mit der „Sippenkunde" befasster Institutionen und Gruppen in Schleswig-Holstein vorgestellt.

Neben seiner Arbeit im Archiv und in der Arbeitsgemeinschaft war Hoffmann außerdem an der CAU aktiv und hielt dort ab 1936 Vorträge zur „Sippenkunde". Welche thematische Ausrichtung diese Vorträge hatten, zeigt sich darin, dass er sie nicht an der philosophischen, sondern der rechts- und staatswissenschaftlichen Fakultät hielt. Es ging also weniger um den historischen Wert der Genealogie als vielmehr um deren Folgen für aktuelle rechtliche Belange. Die Vorträge hielt Hoffmann im Auftrag der NS-Kulturgemeinde, die 1934 aus dem von Alfred Rosenberg (1893–1946) gegründeten Kampfbund für deutsche Kultur hervorgegangen war. Ihre Aufgabe war es, das Kulturleben unter nationalsozialistischen Vorzeichen zu steuern.

Die Einflüsse der NS-Ideologie sind offenkundig, wie zum Beispiel bei den Ahnentafeln. Auf Vordrucken konnten relevante Informationen zu Vorfahren eingetragen werden. Enthielten diese normalerweise Felder für Namen und Geburtsdaten, wurde dies nun standardmäßig erweitert mit Informationen über „Gesundheitsverhältnisse" und „Wesensarten". Dies lässt eindeutig die Verbindung zur „Erbbiologie" und zur Frage nach „unwertem Leben" erkennen. Die Vererbung von unheilbaren Krankheiten wie Epilepsie und Gehörlosigkeit, genau wie besonders auffällige Wesensarten – beispielsweise psychische Probleme wie manische Depression und Schizophrenie –, galt es im Sinne der „Rassenhygiene" zu verhindern.[1061]

Aufgrund seines Engagements für die Sippenforschung wurde Hoffmann 1936 mit der außerplanmäßigen Stelle eines Gaustellenleiters für Sippenforschung bei der Gauleitung Schleswig-Holstein betraut und unterstand damit der Gaukulturhauptstelle. Mit welchen Aufgaben er in diesem Rahmen befasst war, konnte aus den gesichteten Akten nicht erschlossen werden. Zwei Jahre später wurde aus „organisatorischen Gründen", wie Hoffmann an den Generaldirektor berichtete, die Stelle aufgehoben.[1062]

Dies bedeutete nicht, dass Hoffmanns Arbeit nicht mehr benötigt wurde oder er in Ungnade gefallen war. Im selben Jahr wurde Hoffmann zum Stellen-

---

[1061] Ingrid Tomkowiak: „Asozialer Nachwuchs ist für die Volksgemeinschaft vollkommen unerwünscht." Eugenik und Rassenhygiene als Wegbereiter der Verfolgung gesellschaftlicher Außenseiter. In: Dietmar Sedlaczek/Thomas Lutz/Ulrike Puvogel/Ingrid Tomkowiak (Hrsg.): „Minderwertig" und „asozial". Stationen der Verfolgung gesellschaftlicher Außenseiter. Zürich 2005, 33–50, 36.

[1062] LASH Abt. 811 Nr. 20356, Bl. 151, Hoffmann an den Generaldirektor Zipfel vom 18.10.1938.

leiter im Kreisschulungsamt Kiel. Diese Ernennung erfolgte, da die Vorträge, die er seit 1934 an der Volksbildungsstätte hielt, für verschiedene Amtsträger wie von der Nationalsozialistischen Volkswohlfahrt und von anderen Verbänden verpflichtend geworden waren.[1063]

Auch seine Verbindungen zur Universität wurden enger. Von Gauleiter Hinrich Lohse (1896–1964) wurde Hoffmann in den Beirat der Universitätsgesellschaft berufen und gehörte der Wissenschaftlichen Akademie des NS-Dozentenbundes der CAU an.[1064] Anfang 1937 war außerdem von Lohse das Institut für Volks- und Landesforschung (IVL) gegründet worden. Es war der CAU angegliedert, und seine Gesamtleitung unterstand dem Rektor Paul Ritterbusch (1900–1945).[1065] Die Geschäftsführung lag in den Händen Hoffmanns, und ihm unterstand außerdem die Leitung der Abteilung „Rassen- und Sippenforschung". Die Aufgabe des IVL bestand laut Lohse in der Stärkung des Volkes für den „politischen oder wirtschaftlichen oder weltanschaulichen Kampf" und müsse „von dem Geist völkisch-politischer Wissenschaftspflege getragen sein".[1066] In der Praxis sah dies so aus, dass das IVL diverse Forschungsvorhaben unterstützte, wie das von Otto Hubele (?-?) über *Familienbiologische Untersuchungen in der Nordmark*, das unter Federführung des IVL veröffentlicht wurde, oder von Reimer Schultz (?-?) über *Die Schädelfunde der Beingrube von Wesselburen-Dithmarschen als Beitrag zur Rassenkunde von Schleswig-Holstein*.[1067]

Hoffmanns vielfältige Beschäftigung mit und sein großes Engagement bei der „Sippenkunde" wurde anlässlich seiner Ernennung zum Direktor des Staatsarchivs Kiel zum 1. April 1938 anerkannt. Hoffmann wurde als einer der „führenden Männer in der sippenkundlichen Arbeit" bezeichnet.[1068] Es wurde vor allem sein Eifer im Rahmen der Arbeitsgemeinschaft hervorgehoben, die

---

1063 LASH Abt. 460.19 (Entnazifizierungshauptausschuss der Stadt Kiel) Nr. 2350, Entnazifizierungsbogen Hoffmann vom 12.5.1947, Anlage 4: Über seine Tätigkeit in der Partei.

1064 GStA PK, I. HA Rep. 178, 2370, Jahresbericht für 1938 von Hoffmann, o. D.

1065 Ritterbusch leitete auch die nach ihm benannte „Aktion Ritterbusch", die die NS-Politik wissenschaftlich stützen sollte; s. weiterführend Frank-Rutger Hausmann: „Deutsche Geisteswissenschaft" im Zweiten Weltkrieg. Die „Aktion Ritterbusch" (1940–1945) (Studien zur Wissenschafts- und Universitätsgeschichte 12). 3. erw. Aufl. Heidelberg 2007.

1066 Gottfried Ernst Hoffmann: Jahresbericht des Instituts für Volks- und Landesforschung an der Universität Kiel für das Jahr 1938. In: N. N.: Festgabe zur ersten Jahrestagung des Instituts für Volks- und Landesforschung an der Universität Kiel. Neumünster 1939, 86–96, 86.

1067 Ebd., 93.

1068 LASH Abt. 304 Nr. 5001, Artikel „Dr. Ernst Hoffmann neuer Direktor des Kieler Stadtarchivs [!]" von Harry Schmidt, Nordische Rundschau Nr. 256 vom 1.11.1938.

dazu diene, die „an der Sippenforschung beteiligten Kreise unserer Heimat" zusammenzufassen. Außerdem wurden auch seine Vorträge erwähnt, mit denen es ihm gelungen sei, „für den Gedanken der Sippenpflege im Sinne des neuen Reiches zu werben".[1069] Als Bebilderung diente Hoffmann im braunen Hemd seiner SA-Uniform, der er seit 1934 angehörte und in der er im Jahr zuvor zum Rottenführer aufgestiegen war.[1070]

Die Auswirkungen der neuen „Sippenkunde" veränderten aber auch jenseits des persönlichen Engagements einzelner Archivare die Arbeit im Archiv nicht nur in der Nutzung, sondern auch in anderen Bereichen. Der neue Stellenwert der Familienforschung hatte Auswirkungen auf eine der Kernaufgaben: auf die Bewertung, bei der die Archivare nach bestimmten Kriterien auswählen, welche Akten für die dauerhafte Aufbewahrung ins Archiv kommen. Im Vordergrund stehen dabei einerseits historische Belange, es soll ein Bild der Gegenwart für die zukünftige Forschung gezeichnet werden; andererseits soll auch das Handeln der Verwaltung sichtbar gemacht und nachvollziehbar werden, um zur Rechtssicherung dienen zu können. Trotz allgemein anerkannter grundlegender Prinzipien war die Praxis noch stark von den einzelnen Archivaren und deren individuellen Entscheidungen abhängig.[1071]

Mit der NS-Ideologie kam ein weiterer Aspekt hinzu, der die Bewertung beeinflusste: Bereits 1935 war vonseiten der Justiz gefordert worden, dass „Schriftstücke, die für die ‚Sippenkunde', die ‚Rasseforschung' und die Feststellung der Abstammung oder der Erbanlage eines Menschen von Bedeutung sein können", genau aus diesem Grund erhalten bleiben müssten.[1072] Zwar war Ernst Zipfel (1891–1966) als kommissarischer Generaldirektor und Leiter des Reichsarchivs von der Einmischung nicht begeistert, aber auch er schrieb an den Reichsminister des Innern im Oktober 1936: „Unzweifelhaft ist in der archivalischen Bewertung gewisser Aktengruppen seit dem Siege der nationalsozialistischen Bewegung im Jahre 1933 eine Veränderung eingetreten."[1073]

Im Fokus standen besonders die Personalakten, die nun anders bewertet wurden. Vor allem für das Justizwesen hatte es bereits Verfügungen gege-

---

1069 Ebd., Artikel „Dr. G. E. Hoffmann zum Staatsarchivdirektor ernannt" von Heinrich Bulck, Kieler Neueste Nachrichten vom 1.11.1938.

1070 LASH Abt. 460.19 Nr. 434, K 552, Entnazifizierungsfragebogen von Hoffmann vom 26.7.1945.

1071 Meisner (Anm. 618), 46f.

1072 GStA PK, I. HA Rep. 178, 1161, Bl. 15, Abschrift aus „Deutsche Justiz", Jg. 97, Nr. 20, Ausgabe A vom 17.5.1935.

1073 Ebd., Bl. 21–23, Abschrift: das Reichsarchiv, gez. Zipfel, an den Preußischen und Reichsminister des Innern vom 1.10.1936.

6.

Dr. Ernst Hoffmann neuer Direktor des Kieler Stadtarchivs

(NR.-Druckstock.)

Als Nachfolger des unlängst in den Ruhestand getretenen Direktors des Kieler Staatsarchivs, Dr. Stephan, ist Archivrat Dr. Ernst Hoffmann ernannt. Der neue Direktor, der seinen Vorgänger bereits seit dem April d. J. vertreten hat, wurde am 19. Februar 1898 in Niederkunnersdorf in der Oberlausitz geboren. Er studierte Geschichte und Deutsch in München, Leipzig und Erlangen, wo er bei Professor **Schmeidler** mit einer Arbeit über Gregor von Tours promovierte. Nach dem Abschluß der Universitätsstudien war Dr. Hoffmann als Mitarbeiter an den Monumenta Germaniae historica, jener umfassenden Veröffentlichung der mittelalterlichen deutschen Geschichtsquellen, tätig. Daneben besuchte er die Archivkurse im Geheimen Staatsarchiv in Berlin-Dahlem. Nachdem er 1925 die Archivprüfung bestanden hatte, wurde Dr. Hoffmann 1926 als Hilfsarbeiter an das Kieler Staatsarchiv versetzt, an dem er im Jahre 1929 seine Ernennung zum Archivrat erhielt.

Dr. Hoffmann hat sich nicht auf die Tätigkeit im Archiv beschränkt, vielmehr griff er weit über sie hinaus. Da sind zunächst seine Bemühungen auf dem Gebiet der heute so hoch gewerteten familiengeschichtlichen Forschung zu nennen. Er gehört zu den führenden Männern in der sippenkundlichen Arbeit, die im Jahre 1934 voll einsetzte und zur Gründung der schleswig-holsteinischen Arbeitsgemeinschaft für Sippenforschung und Sippenpflege geführt hat. Dr. Hoffmann ist der Leiter dieser Arbeitsgemeinschaft, die in regelmäßigen Abständen familiengeschichtliche Vorträge veranstaltet und die bekannten Hefte „Die Sippe der Nordmark" veröffentlicht. Seine Leistungen fanden ihre Anerkennung dadurch, daß er 1935 vom Minister beauftragt wurde, an der Universität Kiel Vorlesungen über Sippenforschung abzuhalten. Ferner ist er Geschäftsführer des im Januar 1938 gegründeten Instituts für Volks- und Landesforschung. Auch auf literarischem Gebiet hat Dr. Hoffmann eine rege Täigkeit enfaltet, die ausschließlich unserer Landesgeschichte zugute kam. Von seinen wissenschaftlichen Veröffentlichungen nennen wir die Ausgabe der Briefe Uwe Jens Lornsens an seinen Vater, die er 1930 gemeinsam mit Konrektor Wilhelm Jessen, Westerland, besorgt hat. 1933 erschienen die von Hoffmann herausgegebenen Lebenserinnerungen des Statthalters Fritz Reventlou. Im Rahmen der von der Gesellschaft für Schleswig-Holsteinische Geschichte veröffentlichten Siegelwerke bearbeitete er den ebenfalls 1933 erschienenen Band „Geistliche Siegel Schleswig-Holsteins im Mittelalter". Dem großen heimischen Geschichtsforscher **Andreas Ludwig Jacob Michelsen** widmete er einen aufschlußreichen Aufsatz im Jahrbuch der Schleswig-Holsteinischen Universitäts-Gesellschaft 1933. Schließlich sei noch erwähnt, daß Staatsarchivdirektor Dr. Hoffmann in den Mitteilungen der Gesellschaft für Kieler Stadtgeschichte 1937 die Quellen zur Kieler Familiengeschichte veröffentlicht und damit allen, die sich mit der Geschichte von Kieler Familien beschäftigen, ein Hilfsmittel von unschätzbarem Wert geschenkt hat.

Dr. Harry Schmidt.

aus der Nordischen Rundschau
Nr. 256 vom 1. XI. 1938.

Abb. 3: Hoffmann im braunen Hemd der SA-Uniform (LASH Abt. 304 Nr. 5001)

ben, initiiert von der preußischen Archivverwaltung, die „das Bedürfnis der Abstammungsforschung"[1074] berücksichtigten, so Zipfel. In diesen war festgelegt, dass die Personalakten vollständig aufbewahrt und verkartet werden sollten.[1075] Dies bedeutete nicht nur in der Aufbewahrung und der Übernahme

1074 Ebd.

1075 Adolf Diestelkamp: Die künftige Behandlung der Personalakten und der bei den Gerichten erwachsenen Akten personengeschichtlichen und erbbiologischen Inhalts. In: Der Archivar 1 (1947/1948), 79–91, 81f.

der Quellen eine Veränderung, sondern auch in der Erschließung der Archivalien. Auch wenn diese Maßnahmen nie voll umgesetzt werden konnten, so war die „Verkartung" – also die genaue Aufführung, um welche Personen es sich handelte und welche Verwandtschaftsverhältnisse bestanden – für die Archivare eine Veränderung ihrer bisherigen Arbeit.

Bei der Bewertung bekamen nationalsozialistische Aspekte nicht nur in Form vermehrter Übernahme von Quellen für die „Sippenkunde" eine Bedeutung. Bereits 1938 betonte Zipfel, nach welchen grundlegenden Kriterien Akten übernommen werden sollten, nämlich wenn „deren Aufbewahrung aus einem Rechts- oder sonstigen besonderen Grunde (z. B. aus einem erbbiologischen oder sippenkundlichen Grund) erforderlich ist".[1076] Wie dies aussehen konnte, zeigte Archivobersekretär Reimers. Über die Bewertung von Akten aus einem Jugendgefängnis im Januar 1945 berichtete er, er habe eine Akte übernommen, die für den Aufseher Goldmann angelegt worden war. Als Grund für die Übernahme gab er an, dass dies „seines jüdisch klingenden Namens wegen" geschehen sei.[1077] Er fügte außerdem hinzu, dass die Akte „Material über asoziale Veranlagung des Betreffenden" enthielt.[1078] Der Begriff „asozial" war im NS-Jargon eine abwertende Bezeichnung für alle, die nicht der Norm entsprachen und keinen Beitrag zur „Volksgemeinschaft" darstellten, zum Beispiel Fürsorgeempfänger, „Zigeuner", ledige Mütter oder Kriminelle.[1079]

Ähnliche Kriterien legte auch Hoffmann an. In einer anderen Angelegenheit hatte er wenige Wochen vorher angemerkt, dass Akten des Polizeiarztes nicht ohne Weiteres zu kassieren seien, denn „für das Studium der Asozialenfrage sind diese Akten wertvoll".[1080] Dies war also durchaus ein Kriterium, das bei der Überlieferungsbildung angelegt wurde. In welchem Ausmaß die NS-Ideologie die Überlieferungsbildung beeinflusste, lässt sich dabei aber nur schwer nachvollziehen, da sich aus den Quellen kaum rekonstruieren lässt, warum Akten übernommen wurden. Lediglich aus einzelnen Aussagen in Jahres- oder Reiseberichten wie den hier zitierten ließen sich Hinweise darauf finden.

1076 LASH Abt. 304 Nr. 885, aus dem Mitteilungsblatt der preußischen Archivverwaltung Nr. 1/1938, vom Generaldirektor übersandt am 10.1.1938.

1077 LASH Abt. 304 Nr. 877, Reimers an den Generalstaatsanwalt vom 24.1.1945.

1078 Ebd.

1079 Wolfgang Ayaß: „Asoziale" im Nationalsozialismus. Überblick über die Breite der Maßnahmen gegen soziale Außenseiter und die hieran beteiligten Stellen. In: Sedlaczek/Lutz/Puvogel/Tomkowiak (Anm. 1061), 52f.

1080 LASH Abt. 304 Nr. 946, Hoffmann an Reimers vom 10.12.1944.

Zur Unterstützung der rassistisch motivierten Forschung wurde es für die Archivare Teil der regulären Arbeit, die Grundlage dafür weiter auszubauen und vermehrt Quellen zur Verfügung stellen zu können. So achteten die Kieler Archivare beim Austausch mit Dänemark darauf, dass keine sippenkundlichen Quellen nach Kopenhagen gelangten, ohne dass vorher eine Kopie oder Abschrift angefertigt wurde. Unter dem abzuliefernden Material befanden sich Verzeichnisse von Juden, die zwischen 1854 und 1862 im Herzogtum Schleswig gewohnt hatten. Hoffmann berichtete an den Generaldirektor kurz vor deren Auslieferung:

> „Es ist im Interesse der deutschen Forschung und mit Rücksicht auf die Rassenpolitik der Regierung nur zu begrüßen, wenn diese wichtigen Quellen für die Geschichte der Juden im Herzogtum Schleswig auf diese Weise der Benutzung ohne Schwierigkeit erhalten bleiben."[1081]

Auch hier spielte also die NS-Ideologie eine entscheidende Rolle.

Bereits 1937 kam vom Generaldirektor die Anweisung, die Archivare sollten mit der „Ermittlung und Sicherung der Personenstandsquellen für das Judentum" beginnen.[1082] Das Kieler Staatsarchiv ging über das Soll hinaus, und Hoffmann erstellte einen Bericht, in dem die Entwicklung des Judentums in Schleswig-Holstein und die entsprechenden Quellen, die über die jüdischen Bevölkerung Informationen enthielten, aufgezählt wurden.

Ein besonderes Interesse galt dem Archivgut, das sich in jüdischer Hand befand. Wollte die Archivverwaltung anfangs darüber informiert sein, ging es ihr bald um die „Sicherung" dieses Archivguts, also dessen meist widerrechtliche Übernahme in die staatlichen Archive. Als Anlass wurden vielerorts die Ereignisse der Reichspogromnacht vom 9. auf den 10. November 1938 genutzt. Es kam in dieser Nacht im gesamten Deutschen Reich zu gewaltsamen Ausschreitungen gegen Juden. Im selben Zuge wurde vielerorts jüdisches Eigentum beschädigt, Geschäfte und Synagogen wurden geplündert und angezündet. Auch Archivalien verbrannten unter diesen Umständen oder wurden von der Gestapo, dem Sicherheitsdienst des Reichsführers SS, oder anderen staatlichen Stellen beschlagnahmt. In manchen Städten wurden diese Archivalien in den Besitz der Staatsarchive abgegeben, auch auf Wunsch der Archivleiter.[1083]

1081 LASH Abt. 304 Nr. 936, Hoffmann an den Generaldirektor vom 22.1.1936.

1082 LASH Abt. 304 Nr. 1834, Bl. 1, Auszug aus dem Mitteilungsblatt der preußischen Archivverwaltung, Nr. 1/1937.

1083 So beispielsweise in Hamburg; vgl. Schmidt: Staatsarchiv (Anm. 26), 104f.

Im Staatsarchiv Kiel scheint das nicht der Fall gewesen zu sein. Hoffmann schrieb im Jahresbericht zu 1938, dass jüdische Archivalien „im November auf meine Veranlassung von der zuständigen Polizeibehörde sichergestellt worden" seien.[1084] Diese wurden dann jedoch vermutlich nicht an das Archiv abgegeben. Eine zugehörige Korrespondenz mit diesen Stellen ließ sich in den nahezu vollständig überlieferten Geschäftsakten nicht finden.

Nachdem die jüdischen Archivalien nach dem Krieg ihren rassistisch motivierten Wert verloren hatten und es darum ging, sie zurück in jüdische Hände zu überführen, wurde 1953 lediglich ein jüdisches Personenstandsregister der Stadt Schleswig an die Jewish Trust Corporation for Germany ausgeliefert, die erbenloses jüdisches Vermögen sicherte. Hoffmanns Angaben zufolge sei dieses Register 1941 vom Amtsgericht Schleswig übergeben worden.[1085] Anderes jüdisches Archivgut war angeblich nicht in das Staatsarchiv übernommen worden.

Bereits vor der Reichspogromnacht hatte die preußische Archivverwaltung die „Sicherung" sämtlicher jüdischer Archivalien gefordert, mit der Verschärfung der staatlichen antisemitischen Maßnahmen gewann diese Forderung nun noch an Boden. Für die Zeitgenossen wurden Maßnahmen auch im Rahmen des Schutzes deutschen Kulturguts gegen Abwanderung notwendig. Besonders nach der Reichspogromnacht setzte eine große Fluchtwelle der als jüdisch geltenden Menschen ein, und die Archivalien sollten vor der Mitnahme geschützt werden. Die Archivare bemühten sich also, über die Archivalien informiert zu sein, die in jüdischem Besitz waren, um sie im Falle einer „Abwanderung" – also der Flucht – vorher zu beschlagnahmen.[1086]

Der Plan der Archivverwaltung, eine generelle Übernahme dieser Dokumente zu erwirken, scheiterte jedoch. Zipfel konnte auf einer Direktorenbesprechung im März 1939 lediglich verkünden:

> „Ein Vorschlag der Archivverwaltung [an das Innenministerium, Schm.], die Sicherung der noch in jüdischer Hand befindlichen Archivalien bei der Neuregelung der Lebensbedingung des Judentums in Deutschland zu berücksichtigen, wird noch erörtert."[1087]

1084 GStA PK, I. HA Rep. 178, 2370, Jahresbericht für 1938, o. D.

1085 LASH Abt. 304 Nr. 1951, Hoffmann an den Kultusminister vom 6.5.1953.

1086 LASH Abt. 304 Nr. 1834, Hoffmann an die Devisenstelle der Nordmark vom 27.6.1939.

1087 LASH Abt. 304 Nr. 866, Protokoll zur Direktorenbesprechung am 13.3.1939.

Bei diesen Archivalien handelte es sich um nicht staatliches Archivgut. Im Zuge der antisemitischen Familienforschung versuchten die Staatsarchive nicht nur, die in jüdischer Hand befindlichen Archivalien zu übernehmen, sondern auch die Verfügungsgewalt über sonstige nicht staatliche Archivalien zu erhalten. Dies war keine neue Aufgabe: Spätestens seit dem Ende des 19. Jahrhunderts hatte die preußische Archivverwaltung deren Betreuung als ihre Verpflichtung erkannt, und besonders seit den 1920er-Jahren hatten sich in den Provinzen verschiedene Vorgehensweisen entwickelt, um das Schriftgut von Städten, Kirchen und Privaten zu schützen. Problematisch war jedoch, dass es keine gesetzliche Regelung zum Umgang mit nicht staatlichem Archivgut gab. Seit den 1920er-Jahren bestand die Hoffnung der Archivare auf ein Archivgutschutzgesetz, in dem diese Frage gesetzlich zugunsten der Staatsarchive geregelt werden sollte. In den 1930er-Jahren waren immer weitergehende Entwürfe ausgearbeitet worden, die einen immer größeren Teil der nicht staatlichen Archivalien unter die Zuständigkeit der Staatsarchive stellen sollten.[1088] Diese Hoffnungen zerschlugen sich aber, und trotz mehrmaliger Vorlage wurde das Gesetz 1938 zuletzt von Hitler endgültig abgelehnt.[1089]

Mit der zunehmenden Wertschätzung der nicht staatlichen Archivalien für die nationalsozialistischen Ziele wurden die Archivare aktiver. Sie ordneten selbst nicht staatliche Archive, und mithilfe der ehrenamtlichen Unterstützung waren in Schleswig-Holstein bis Mitte 1934 bereits 600 Archivstellen erfasst worden.[1090] Trotz dieser Fortschritte und der verschiedenen Vorgehensweisen bei der Archivpflege in den Provinzen beklagte Gercke in seiner Funktion als Sachverständiger für Rasseforschung im selben Jahr mehrfach die ungenügende Betreuung der nicht staatlichen Archivalien durch die Staatsarchive.[1091] Generaldirektor Brackmann bestärkte dies auch gegenüber den Direktoren der preußischen Staatsarchive und wies darauf hin, „daß es nicht im Interesse des Archivwesens liegt, wenn nunmehr neben den Staatsarchiven andere Instanzen sich in die Pflege des nicht staatlichen Archivwesens einschalten".[1092] Die Archivverwaltung versuchte also, sich die Verfügungsgewalt und das damit verknüpfte Prestige nicht aus der Hand nehmen zu lassen. Einige

1088 Reimann: Kulturgutschutz (Anm. 971), 11.

1089 Weiterführend ebd., 10–24.

1090 GStA PK, I. HA Rep. 178, 1071, Stephan an den Generaldirektor vom 10.8.1934.

1091 GStA PK, I. HA Rep. 178, 1056, Bl. 9–10, Generaldirektor Brackmann an alle Staatsarchive vom 5.7.1934.

1092 Ebd.

Archivare gingen so weit, dass sie eine Zentralisierung der Quellen zur Familienforschung mit der Übernahme der Kirchenbücher in die staatlichen Archive forderten. Als Grund wurde die Sicherung dieser Quellen vorgegeben, da sie bei den Pfarrämtern oder ähnlichen Stellen nur unzureichend aufbewahrt werden könnten.[1093]

In Schleswig-Holstein herrschte vor allem die Befürchtung, dass die provinziale Selbstverwaltung oder NS-Gliederungen wie der Reichsnährstand versuchen würden, die Archivpflege an sich zu ziehen. Seit 1924 waren ehrenamtliche Archivpfleger eingesetzt, die sich unter Anleitung des Staatsarchivs um die nicht staatlichen Archivalien kümmerten. Nun sahen die schleswig-holsteinischen Archivare im Einvernehmen mit der Archivverwaltung die Notwendigkeit, diese Tätigkeit näher an sich zu binden. Stephan schlug vor, dass die Aufsicht über die nicht staatlichen Archive in ganz Preußen den Archivdirektoren unterstellt werden müsse. Da das nicht staatliche Archivwesen zur Provinz gehörte, würden die Direktoren „demnach eine Doppelstellung einnehmen, sie wären im Hauptamt nach wie vor als unmittelbare Staatsbeamte der Archivverwaltung unterstellt, im Nebenamt Organe der provinzialen Selbstverwaltung".[1094] Zur GSHG, die gerade bei der Initiierung der Archivpflege eine große Rolle gespielt hatte, meinte Stephan lapidar, dass diese ohne Bedenken wegfallen könne.[1095]

Um diesen Konflikt zwischen staatlicher Archivverwaltung und provinzialer Selbstverwaltung zu lösen, wurde in Schleswig-Holstein 1937 eine Archivberatungsstelle nach westfälischem Vorbild eingerichtet, die mit den Angelegenheiten des nicht staatlichen Archivwesens befasst war – ohne dass die GSHG involviert war. Dies entsprach den Forderungen eines Erlasses des Innenministers vom 4. August 1937, in dem die Errichtung solcher Stellen vorgesehen war. Die Stelle unterstand der Provinzialverwaltung mit dem Landeshauptmann an der Spitze und wurde auch von ihr finanziert, die Leitung lag jedoch beim Archivdirektor.[1096] Stephans Vorschlag nach einer Doppelstellung der Archivdirektoren war also umgesetzt worden. Damit endeten zunächst die Zuständigkeitsstreitereien, bevor der Personalmangel der preußischen Archivverwaltung während des Zweiten Weltkrieges sie wieder aufflammen ließ.[1097]

1093 Otto Ruppersberg: Archive und Familienforschung. In: Korrespondenzblatt 82 (Anm. 1006), 110–121, 113.

1094 GStA PK, I. HA Rep. 178, 1071, Stephan an den Generaldirektor vom 30.12.1936.

1095 Ebd.

1096 GStA PK, I. HA Rep. 178, 2370, Jahresbericht für 1937, o. D.

1097 Weiterführend Kapitel 4.2.2.

Es zeigt sich, dass die NS-Ideologie durch die neuen „Ariernachweise“ nicht nur einen direkten Einfluss auf diejenigen Archive hatte, die die dafür wichtigen Quellen besaßen, sondern allgemein ihren Niederschlag in der Arbeit der Archivare fand. Durch den erhöhten Stellenwert und die veränderten Schwerpunkte der Genealogie erkannten die Archivare schnell ihre neuen Aufgaben.

Nach Kriegsende beteuerte Hoffmann im Rahmen seines Entnazifizierungsverfahrens gegenüber dem Oberpräsidenten, er habe seine Vorträge lediglich „in rein wissenschaftlichem Geiste gehalten“ und habe nur die wissenschaftlichen Methoden gelehrt. „Über rassenpolitische Fragen zu sprechen, war mir nicht erlaubt“, da er nicht dem Rassenpolitischen Amt der NSDAP angehört habe, verteidigt er sich.[1098] Diese Aussage ist nicht haltbar. Die Genealogie von der NS-Ideologie zu trennen, war spätestens nach 1934, nachdem sich die „Ariernachweise“ in den verschiedenen Bereichen durchgesetzt hatten, nicht mehr möglich. Zwar war nicht die gesamte Familienforschung antisemitisch oder rassistisch begründet; ihren Aufschwung hatte die Genealogie aber den politischen Entwicklungen zu verdanken. Dessen waren sich auch die Zeitgenossen bewusst. Franz Knöpfler (1877–1963), Leiter des Hauptstaatsarchivs München, meinte auf dem Archivtag 1936: „Es gibt keine Rassepolitik, es gibt auch keine Erbbiologie ohne Archive, ohne Archivare.“[1099]

Es ging dabei auch um die Wahrung ihrer Stellung in Konkurrenz mit diversen anderen staatlichen und Parteistellen. Die Arbeit der Archivare richtete sich in vielerlei Hinsicht auf die neue Regierung aus, wenn auch in verschiedener Intensität. Hoffmann ist ein Beispiel dafür, wie das Engagement eines Archivars durch Mithilfe bei der Umsetzung der menschenverachtenden Maßnahmen der Nationalsozialisten aussehen konnte.

4.1.2 Vorbereitungen auf den Krieg

Schon früh war die Möglichkeit, dass es unter der Herrschaft der Nationalsozialisten zu einem Krieg kommen würde, sehr real. So sah die NS-Ideologie die Eroberung des Ostens und die Schaffung neuen Lebensraums vor, für deren Umsetzung ein Krieg unausweichlich war. Ab 1933 wurden Maßnahmen ergriffen, um das Militär zu stärken – unter Missachtung der Bedingungen des

---

1098 LASH Abt. 460.19 Nr. 434, K 552, Hoffmann an den Oberpräsidenten Hoevermann vom 19.9.1945.

1099 Josef Franz Knöpfler: Die deutschen Archive und die Familienforschung im neuen Reich. In: Blätter für deutsche Landesgeschichte 83 (1937), 180–195, 180.

Versailler Vertrages. 1936 legte Hitler einen Vierjahresplan vor, der dafür sorgen sollte, dass die deutsche Armee innerhalb dieses Zeitraums einsatzfähig und die deutsche Wirtschaft „kriegsfähig" sei.[1100]

Dass ein solcher Krieg auch Auswirkungen auf die Archive haben würde, war ebenfalls früh klar. Erste Maßnahmen waren bereits im Runderlass des Finanzministers vom 13. Dezember 1933 angeordnet worden, der die Anschaffung von Geräten „für den zivilen Luftschutz" vorsah. Das Staatsarchiv Kiel schaffte seitdem unter anderem Sandkisten, Wasserfässer und vier Gasschutzmasken an.[1101]

Das Thema wurde auch auf dem Archivtag 1934 in Wiesbaden behandelt. Hans Burkard (1888–1969), der im Münchener Hauptstaatsarchiv tätig war, sprach über „Die Frage des Luftschutzes für Archive und Akteien".[1102] Gegen die Gefahr der Bombenabwürfe setzte Burkard vor allem auf die Sicherung der Archivräume durch das Anbringen imprägnierter Stoffe, die das Entflammen der Archivalien verhindert sollten, sowie das Imprägnieren der Dachstühle. Zudem sollte Sand zur Löschung von Flammen bereitgestellt werden. Für den Einzelfall schloss Burkard auch die teilweise Evakuierung von Archivalien an sichere Orte nicht aus.[1103]

Bei einer Konferenz der Direktoren der preußischen Archivverwaltung im Rahmen des Archivtags sprach Stephan unter diesem Gesichtspunkt über die Raumverhältnisse des Staatsarchivs Kiel. Der große Platzmangel führe beispielsweise dazu, dass Archivalien auf dem Boden und in den Treppenhäusern lagern müssten, was ein erhöhtes Brandrisiko bedeute. Zudem gebe es in der Umgebung des Archivs „feuergefährliche Betriebe" wie Tischlereien und Bäckereien. Dazu hätte auch die Stadt ein erhöhtes Gefahrenpotenzial wegen der „außerordentlich gefährdete[n] Lage bei Luftangriffen, denen Kiel in besonderem Maße ausgesetzt sein würde".[1104] Dies lag vor allem daran, dass Kiel Stützpunkt der deutschen Marine war.

1100 Memorandum von Hitler zum Vierjahresplan von Ende August 1936, zitiert nach: Ian Kershaw: Höllensturz. Europa 1914 bis 1949. München 2016, 361.

1101 GStA PK, I. HA Rep. 178, 2379, das Staatsarchiv Kiel, i. V. Graber, an den Generaldirektor vom 3.9.1934.

1102 Ansonsten lag der Fokus des 25. Archivtags 1934 auf der neuen Aufgabe der Familienforschung: Von acht Vorträgen widmeten sich fünf der der NS-Ideologie geschuldeten Ausrichtung.

1103 Hans Burkard: Die Frage des Luftschutzes in Archiven und Akteien. In: Korrespondenzblatt 82 (Anm. 1006), 98–99, 98f.

1104 LASH Abt. 304 Nr. 409, Bl. 178–182, Notizen von Stephan über die Raumverhältnisse des Staatsarchivs Kiel für die Direktorenkonferenz vom 2.9.1934.

Feuer stellte seit jeher eine der größten Gefahren für Archive da. Der Schutz vor einem möglichen Brandfall und vor Luftangriffen gingen Hand in Hand. Bereits im Januar 1934 hatte Stephan in seinem Jahresbericht die „eng umbaute wenig feuersichere Lage" des Staatsarchivs bemängelt. Ab 1936 wurden regelmäßig Feueralarme geprobt, um auf den Notfall, einen durch den Krieg oder aus anderen Gründen entfachten Brand, vorbereitet zu sein.[1105] Es wurden aber auch besondere Maßnahmen für den Fall eines Krieges getroffen. 1937 wurden zwei Mitarbeiter des Archivs im Luftschutz ausgebildet und ein Luftschutzplan für das Staatsarchiv ausgearbeitet, der unter anderem die Einigung auf ein Signal für den Fliegeralarm enthielt.[1106]

Weitere Maßnahmen zur Sicherung des Kieler Archivs wurden vorerst nicht durchgeführt. Seit 1935 gab es konkrete Planungen, einen Neubau des Staatsarchivs in Kiel zu errichten, wofür zwei Jahre später ein Grundstück in der Hohenbergstraße angekauft wurde. Weitere Umbaumaßnahmen zur Sicherung des Archivs oder auch Instandsetzungsarbeiten am Gebäude wurden daher für nicht sinnvoll erachtet, da vorgesehen war, den neuen Archivbau bis 1939 fertigzustellen.[1107] Aus diesem Grund war auch die Einrichtung eines Schutzraumes im Keller des Magazins für die Archivmitarbeiter und die Archivbenutzer vorerst abgelehnt worden: Im Neubau sollte es einen archiveigenen Luftschutzraum geben.[1108] Erst kurz vor Kriegsbeginn, am 29. Juni 1939, bat Hoffmann darum, dass man einen Stahlschrank für die sichere Unterbringung der wichtigsten Urkunden anschaffen dürfe.[1109] Eine Urkunde des Kaisers Ferdinand III. von 1652 wurde in den Tresor des Archivs im Verwaltungsgebäude gelegt.

Mit Kriegsbeginn rückte die Hoffnung auf die rechtzeitige Fertigstellung eines neuen, sichereren Archivgebäudes in die Ferne. Spätestens 1941 war allen Beteiligten klar, dass die Durchführung des Neubaus bis auf die Zeit nach Kriegsende verschoben werden würde.[1110] Ein Kellerraum wurde

---

1105 GStA PK, I. HA Rep. 178, 2370, Jahresbericht für 1936, o. D.

1106 LASH Abt. 304 Nr. 146, Stephan an den Generaldirektor vom 14.12.1937; LASH Abt. 304 Nr. 885, „Luftschutzplan für den Betrieb des Preußischen Staatsarchivs in Kiel" vom 10.1.1936.

1107 LASH Abt. 304 Nr. 891, Abschrift: der preußische Finanzminister an den Regierungspräsidenten in Schleswig vom 9.7.1936; LASH Abt. 304 Nr. 884, Abschrift des Berichtes über eine feuerpolizeiliche Besichtigung des Archivgebäudes, o. D. [Dezember 1937 bis Januar 1938].

1108 LASH Abt. 304 Nr. 885, Stephan an den Generaldirektor vom 8.1.1934; LASH Abt. 304 Nr. 893, Stephan an den Generaldirektor vom 11.3.1937.

1109 Hier und im Folgenden: LASH Abt. 304 Nr. 888, Hoffmann an den Generaldirektor vom 29.6.1939.

1110 LASH Abt. 304 Nr. 893, Zipfel an Hoffmann vom 15.1.1941.

nachträglich zum Luftschutzkeller verstärkt, wie es in Wohnhäusern überall in Deutschland geschah, damit zumindest eine sichere Rettungsmöglichkeit für die Archivmitarbeiter im Falle eines Bombenangriffes bestand.[1111]

Im Jahr 1935 wurden gesetzliche Regelungen für den Luftschutz eingeführt, und mit den Durchführungsverordnungen des Luftschutzgesetzes wurden konkrete Maßnahmen vorgeschrieben. Unter anderem wurde in der dritten Durchführungsverordnung vom 4. Mai 1937 bestimmt, dass es für einige Gebäude verboten sei, brennbares Material, das die Besitzer für „dauernd entbehrlich" hielten, auf Dachböden oder Ähnlichem zu lagern.[1112] Dies galt besonders für Papier.

Demzufolge mussten auch die Archive ihre Dachböden weitestgehend von brennbarem Material räumen. Dies führte in den meisten Fällen zur Überbelegung der anderen Magazinräume, da Archivalien aus dem obersten Geschoss auf andere Stockwerke verteilt wurden. In Kiel herrschte das Problem, dass das Magazin bereits überbelegt war. Die Archivare entschieden sich dafür, den Dachboden von wertvollen Archivalien zu räumen, dort dafür aber weniger wertvolle Archivalien zu lagern. Die erst kürzlich durch die Abgaben aus Lübeck erhaltenen Protokolle des Lübecker Domkapitels aus dem 16. Jahrhundert wurden dementsprechend in das dritte Geschoss verlagert, während die Behördentagebücher aus dem 19. Jahrhundert in das Dachgeschoss kamen.[1113]

Indirekt waren die Archive auch durch die Luftschutzmaßnahmen betroffen, die in anderen Behörden durchgeführt wurden. Die dritte Durchführungsverordnung sorgte dafür, dass dort sogenannte Entrümpelungsaktionen begannen, bei denen das für wertlos erachtete Material vernichtet wurde, um Dachböden zu räumen. Dadurch waren auch archivwürdige Dokumente bedroht. Die Archivare sollten dagegen vorgehen, und von der preußischen Archivverwaltung wurde noch einmal präzisiert, welche Akten als wichtig galten. Zudem wurde bestimmt, dass Akten, die nach einem Plan jahrgangsweise kassiert würden, in den Behörden verbleiben könnten.[1114] Die Besorgnis vor übermäßigen und unrechtmäßigen Kassationen im Sinne des Luftschutz-

---

1111 Ingo Kroll: Bunker und Stollen in Kiel. Organisation und Baugeschichte des Luftschutzes 1933–1945. Marburg 2007, 42f.

1112 Paragraf 3 (2), RGBl. I, 1937, 566.

1113 LASH Abt. 304 Nr. 888, Hoffmann an den Generaldirektor vom 29.6.1939.

1114 LASH Abt. 304 Nr. 885, aus dem Mitteilungsblatt der preußischen Archivverwaltung Nr. 1/1938, vom Generaldirektor übersandt am 10.1.1938.

gesetzes erstreckte sich auch auf die nicht staatlichen Archivalien. So forderte Zipfel die Staatsarchivare dazu auf, die Archivpfleger daran zu erinnern, dass in ihren Zuständigkeitsbereichen kein potenziell archivwürdiges Material vernichtet werde.[1115] Wie viele Dokumente der Aufsicht der Archivare dabei entgingen und zerstört wurden, kann nicht rekonstruiert werden.

Die „Entrümpelungsaktionen" hatten den weiteren Effekt, dass sich der Platzmangel des Staatsarchivs Kiel noch weiter verschärfte. Die Behörden waren verpflichtet, Material vor der Vernichtung dem Staatsarchiv anzubieten, und bei den Stellen, die sich dieser Verpflichtung bewusst waren, hatten die Aufräumarbeiten zur Folge, dass sie vermehrt Akten an das Archiv abgaben. Der Archivar Crusius berichtete dem Generaldirektor, er habe wiederholt die Erfahrung gemacht,

> „daß manche Behörden lediglich durch außergewöhnliche und von außen an sie herantretende Ereignisse wie politische Umwälzungen, Kriegsmaßnahmen (Luftschutz), Altpapiersammlungen usw. dazu geführt werden, ihre Registraturen gründlich durchzusondern, statt im vorgeschriebenen Turnus an das Staatsarchiv abzuliefern".[1116]

Hinzu kamen weitere Umstände, die zu vermehrten Abgaben führten. 1937/38 wurde im Rahmen des Vierjahresplans das Groß-Hamburg-Gesetz umgesetzt, durch das das Hamburger Stadtgebiet durch die Übernahme von ehemals meist preußischen Gebieten um fast achtzig Prozent erweitert wurde. Unter anderem gingen die Städte Altona und Wandsbek vom preußischen Schleswig-Holstein an die Stadt Hamburg. Zudem verlor das Land Lübeck seine fast 700 Jahre alte Eigenständigkeit und wurde ein Teil Schleswig-Holsteins. Das ehemalige Fürstentum Lübeck, bis dahin noch ein oldenburgischer Landesteil, kam ebenfalls zu Schleswig-Holstein. Als Folge davon mussten Verhandlungen mit dem Staatsarchiv Hamburg, dem Stadtarchiv Lübeck und dem Landesarchiv Oldenburg (Oldb) geführt werden, und es kam zur Ablieferung von zum Teil wertvollen Beständen an das Staatsarchiv Kiel.[1117]

1115 LASH Abt. 304 Nr. 920, aus dem Mitteilungsblatt der preußischen Archivverwaltung Nr. 2/1938, vom Generaldirektor übersandt am 1.2.1938.

1116 GStA PK, I. HA Rep. 178, 2378, Reisebericht von Crusius an den Generaldirektor vom 3.11.1939.

1117 Unter dem Zuwachs fanden sich u. a. knapp 1.700 Urkunden des Bistumsarchivs Lübeck und das Regierungsarchiv Eutin, für einer vollständigen Aufzählung s. LASH Abt. 304 Nr. 1955, Abschrift: Übereinkommens zwischen Oldenburg und Preußen über den Austausch vom 8.6./14.7.1938.

Nicht nur durch die vermehrten Übernahmen und den zivilen Luftschutz waren die Archivare in die Vorbereitungen des Zweiten Weltkrieges involviert, es mussten auch personelle Überlegungen angestellt werden, bedingt durch die Planungen, die Wehrmacht einsatzfähig zu machen. Am 16. März 1935 war die allgemeine Wehrpflicht entgegen den Bestimmungen des Versailler Vertrages wieder eingeführt worden, bereits im Herbst 1935 wurden die Jahrgänge 1914 bis 1917 einberufen. Zudem galt es, die sogenannten weißen Jahrgänge ab 1901 auszubilden, die keinen Wehrdienst geleistet hatten. So erhielt der 1913 geborene Angestellte des Staatsarchivs Kiel Wolfgang Behre (1913–1945) die Aufforderung, seinen einjährigen Militärdienst ab dem 1. November 1935 abzuleisten.[1118]

Der drohende Krieg und die damit verbundenen Einberufungen machten es notwendig, Pläne für den dadurch bedingten Personalausfall vorzubereiten. Seit 1934 war das Personal stetig angewachsen und bestand aus vier wissenschaftlichen Archivaren: Stephan, Hoffmann, Graber und Carstens. Nachdem Hoffmann das Amt des Archivdirektors übernommen hatte und Stephan in den Ruhestand gegangen war, rückte wenige Monate vor Kriegsbeginn am 1. April 1939 Hector auf Hoffmanns vorherige Stelle. Zudem gab es mit Crusius noch einen Archivhilfsarbeiter sowie zwei Anwärter für den gehobenen mittleren Dienst. Drei bis vier Angestellte waren für die Bürotätigkeiten zuständig, unter ihnen Reimers, der bereits seit Beginn der Weimarer Republik im Archiv als Sekretär tätig war. Zusätzlich sorgten zwei bis drei Lohnarbeiter für die Befeuerung der Öfen und die Instandhaltung der Archivgebäude. Als einzige Frau in der Belegschaft gab es zeitweise eine weibliche Schreibkraft.

Um auf den Kriegsfall vorzubereiten, erging am 18. Januar 1935 ein Schreiben von der preußischen Archivverwaltung an die Archivdirektoren, in dem Aussagen über den Status der Archivmitarbeiter gefordert wurden. Es sollte berichtet werden, welche Mitarbeiter wehrpflichtig seien, welches Alter sie hätten und ob sie ausgebildet seien oder nicht. Es sollte auch der Stand der Mobilmachungsbeorderungen mitgeteilt werden. Diese wurden zu verschiedenen Zeitpunkten verschickt, um die Menschen zu informieren, was sie im Mobilmachungsfall zu tun hätten. Dies betraf nicht nur den militärischen Bereich. Hoffmann hatte beispielsweise seine Beorderung 1937 von der Kieler Polizei erhalten, die besagte, dass er sich beim Kommando Schutzpolizei zu melden hätte. Der Sekretär Reimers sollte „von der S.A. Gruppe Nordmark als

---

1118 LASH Abt. 304 Nr. 28, Bl. 36–37, Stephan an den Generaldirektor vom 18.9.1935.

S.A. Führer verwendet werden".[1119] Reimers gehörte als ehemaliger Kavallerist bereits seit 1933 als Sturmführer dem Reitersturm der SA an, was dem Rang eines Leutnants entsprach.

Zudem ging es darum, die Frage nach der sogenannten UK-Stellung zu klären: Es musste entschieden werden, wer im Kriegsfall als für die Verwaltung unabkömmlich (UK) gelten würde, wobei zwischen dauernder Unabkömmlichkeit und der für die Anfangszeit unterschieden wurde.[1120] Damit der Dienstbetrieb auch im Krieg weiterlaufen könne, vermutete der Direktor Stephan noch 1937, dass Reimers mindestens für die Anfangszeit als unabkömmlich gestellt werden müsste.[1121]

Die Pläne, mit wessen Ausfall bei Kriegsbeginn zu rechnen sei, wurden jährlich überarbeitet und aktualisiert. Solche Angelegenheiten wurden äußerst vertraulich behandelt, und es wurde auf die Verwendung eines „möglichst unverfänglichen Titel[s]" geachtet, so Stephan.[1122] Er bezeichnete die Pläne für die Vorbereitung auf den Krieg als „Richtlinien für Regelung des Dienstbetriebs im Falle von Personalausfall".

Zu den Planungen vor Kriegsbeginn zählte auch die Suche nach einem Ersatz für das einberufene Personal. Stephan war zum April 1938 in den Ruhestand gegangen und wurde ein halbes Jahr später gefragt, ob er im Mobilisierungsfalle bereit sei, „für eine Dienstleistung im Staatsarchiv sich zu verpflichten".[1123] Stephan, der noch in Kiel wohnhaft war, antwortete, dass er dazu bereit sei, wenn die Militärbehörde für ihn keine anderweitige Verwendung hätte. Er hatte von 1914 bis 1919 im Ersten Weltkrieg gedient und war sich trotz seiner 65 Jahre bewusst, dass er im Kriegsfalle gebraucht werden könnte. Schließlich wurde er 1943 mit der Vertretung der Leitung beauftragt, nachdem Hoffmann und Carstens als letzte Kieler Archivare zum Kriegsdienst einberufen wurden.[1124]

Es kam noch ein anderer ehemaliger Mitarbeiter als Ersatz infrage: Graber. Nachdem er zum April 1934 nach Kiel versetzt worden war, wurde er bereits knapp zwei Jahre später beurlaubt. Am 15. Juni 1937 war er aufgrund

1119 LASH Abt. 304 Nr. 428, Bl. 65, Stephan an den Generaldirektor vom 25.1.1937.

1120 Ebd., Bl. 63–64, Zipfel an die Staatsarchivdirektoren vom 18.1.1837.

1121 Bei Kriegsbeginn hatte Reimers sich jedoch aus seiner aktiven Tätigkeit bei der SA weitestgehend zurückgezogen und wurde, 56 Jahre alt, zu keinem anderen Dienst herangezogen, sodass er weiterhin im Archiv arbeiten konnte; s. weiterführend Kapitel 4.2.1.

1122 LASH Abt. 304 Nr. 868, Bl. 14, Stephan an den Generaldirektor vom 14.5.1937.

1123 Ebd., Bl. 38, Hoffmann an Stephan vom 27.9.1938.

1124 Weiterführend Kapitel 4.2.1.

Paragraf 6 des Berufsbeamtengesetzes, der die Pensionierung unerwünschter Beamten erleichterte, in den vorzeitigen Ruhestand versetzt worden.

Der Anstoß dafür war ein Dienststrafverfahren gegen ihn gewesen, in dem er einer Unterschlagung beschuldigt worden war, die während seiner Zeit als Leiter des Staatsarchivs Osnabrück geschehen sein sollte. Bei einer unangekündigten Kassenrevision war aufgefallen, dass der Betrag im Tresor nicht mit den Büchern übereinstimmte. Das Staatsarchiv Osnabrück war sehr klein, und so gab es nur einen Mitarbeiter neben Graber, den Kanzleisekretär Steffen, der dafür hätte verantwortlich sein können. Bis zur Klärung aller Details wurde Graber beurlaubt. In dem anschließenden Verfahren wurde er von den Vorwürfen freigesprochen und der Kanzleisekretär zu einer Gefängnisstrafe verurteilt.[1125]

Trotzdem wurde Graber aufgrund des Berufsbeamtengesetzes zwangsweise pensioniert. Der entscheidende Grund dafür wird in seinem Sozialverhalten gelegen haben. Bereits seine Versetzung von Breslau nach Osnabrück 1931 war hauptsächlich dadurch motiviert, dass es dort zu „Spannungen und Schwierigkeiten"[1126] mit Graber gekommen war, weil dieser sich dort „unmöglich gemacht habe".[1127] In Osnabrück trennte sich Graber dann von seiner Ehefrau und zahlte ihr keinen Unterhalt, sodass sie eine Privatklage gegen ihn einreichte, die zu einer Pfändung seines Gehaltes führte. Es ist zu vermuten, dass auch diese Ereignisse hinter seinem Versetzungsgesuch nach Kiel standen. In Kiel sorgte er für Missstimmung, weil er „mit einem Frl. Koch" Beziehungen pflegte, die bereits mit ihm nach Kiel gekommen war und mit der er zeitweise unehelich zusammenlebte.[1128] Wie Stephan an Generaldirektor Zipfel berichtete: Graber hätte in Kiel die Gelegenheit gehabt, sich angemessen zu verhalten,

> „[d]as hat er leider unterlassen. Kiel ist keine so große Stadt, daß sich derartige Dinge nicht herumsprächen, durch die abgesehen von seinem eigenen auch das Ansehen des Staatsarchivs und seiner Beamtenschaft in Mitleidenschaft gezogen wird."

1125 Weiterführend NLA (Niedersächsisches Landesarchiv) Abteilung Osnabrück, Rep. 400, Staatsarchiv Osnabrück, Akz. 2001/051 Nr. 240, Unterschlagung Steffens.

1126 GStA PK, I. HA Rep. 178, Nr. 2999 (PA), Bl. 4, das GStA PK an das Amt für Volksbildung vom 10.12.1945.

1127 GStA PK, VI. HA, Nl Lüdicke, R, Nr. 9, Kochendörffer an Lüdicke vom 21.6.1931.

1128 Hier und im Folgenden: LASH Abt. 304 Nr. 428, Bl. 73, Stephan an Zipfel vom 5.6.1937.

Aufgrund von Grabers für die damalige Zeit skandalösen Familienverhältnissen zogen es auch die Archivare des Staatsarchivs vor, abgesehen vom Nötigsten nicht weiter mit ihm zu verkehren.

Zudem fiel Graber häufig aus Krankheitsgründen aus und fehlte teilweise mehrere Monate. Von den knapp neunzehn Monaten, in denen er von seiner Versetzung bis zu seiner Beurlaubung in Kiel tätig war, war er vier Monate nicht anwesend. Generaldirektor Brackmann musste ihm 1935 drohen, bei erneuerter Krankschreibung werde er „die mir geeignet erscheinenden Schritte" einleiten.[1129]

Als es nach seinem Freispruch um eine Wiedereinstellung Grabers ging, beschied Stephan, dass diese unmöglich sei. Und auch Zipfel meinte:

> „Nach seinem bisherigen dienstlichen Verhalten, seiner Lebensweise außer Dienst und überhaupt seiner charakterlichen und moralischen Einstellung erscheint mir eine Wiederbeschäftigung im Archivdienst aber kaum noch tragbar und im Interesse eines pflichtbewußten und in jeder Weise einwandfreien Beamtentums kaum noch möglich."

Am Fall Graber lassen sich die Konstanten und Veränderungen der Personalpolitik unter den Nationalsozialisten erkennen. Zu den Konstanten gehört, dass auch in den 1930er-Jahren noch Wert darauf gelegt wurde, dass das außerdienstliche Verhalten keine negativen Auswirkungen auf das Ansehen der Archive hatte. Dies erinnert an den Fall Martin Meyer, der 1909 wegen seines Alkoholproblems aus Schleswig versetzt wurde.[1130] Der Unterschied hierzu sowie eine Komponente, die den Nationalsozialisten zuzuschreiben ist, ist Zipfels Bestreben, das Beamtentum „einwandfrei" zu halten – im Sinne der NS-Ideologie ohne „asoziale" Elemente. Dafür wurde der Verwaltung das Mittel des Berufsbeamtengesetzes an die Hand gegeben, und Zipfel setzte dies mit Graber um.

Als es nun darum ging, Ruhestandsbeamte für den Ersatz von Archivmitarbeitern im Kriegsfall zu finden, kam auch Graber wieder ins Gespräch. Auf Hoffmanns Vorschlag reagierte der Generaldirektor Zipfel jedoch ablehnend: „Dr. Graber kommt zur Wiedereinstellung nicht in Frage."[1131] Auch Grabers eigene Initiative, einem Erlass des Reichsministers des Innern vom 7. September 1939 folgend, wonach sich die Ruhestandsbeamten zu melden hätten, wurde ableh-

1129 LASH Abt. 304 Nr. 31, Bd. 3, Bl. 52, Brackmann an Stephan vom 16.2.1935.

1130 Weiterführend Kapitel 2.3.2.

1131 LASH Abt. 304 Nr. 868, Bl. 35–36, Vermerk auf Rundschreiben von Zipfel an die Archivdirektoren vom 20.9.1936.

nend beschieden. Der Entschluss Zipfels stand also auch nach Kriegsbeginn noch fest, zu einer Zeit, als der Mangel an Archivbeamten sehr groß war.

Hand in Hand mit den Berichten über den Ausfall von Personal gingen Pläne, wie die Arbeit in diesem Falle geregelt werden müsse. Von der Archivverwaltung wurde aus den Berichten der einzelnen Archive eine gemeinsame Vorgabe für alle Staatsarchive zusammengefasst.[1132] Es wurde unterschieden zwischen Arbeiten, die nicht unbedingt notwendig waren, die weiterbestünden und die eine erhöhte Bedeutung bekommen würden. Als wegfallend wurde die Übernahme von staatlichem und nicht staatlichem Archivgut bezeichnet, solange dies nicht unbedingt nötig war, und auch Auskünfte an und Benutzung durch Privatleute sollten stark eingeschränkt werden. Benutzung und sonstige Forschungsarbeiten sollten nur noch stattfinden, wenn sie im Interesse des Staates seien. Als Arbeit, die weiterbestehen sollte, wurden die Auskünfte an Dienststellen des Staates und der Partei bezeichnet, worunter auch die Bearbeitung der „Ariernachweise" fiel. Es sollten zudem weiterhin die Archivbestände betreut und verwaltet werden.

Dominiert wurden die Pläne von den Luftschutzmaßnahmen, die zum Schutz der Archivalien ergriffen werden müssten. Eine besondere Rolle spielte die Frage danach, ob Archivalien ausgelagert werden sollten oder nicht. Schon früh wurde die Übernahme von Archiven aus den Grenzgebieten in Erwägung gezogen. Bereits 1937 griff Stephan den Ereignissen weit vor und bemerkte gegenüber dem Oberpräsidium, im Kriegsfalle seien „[f]olgende Abteilungen des Staatsarchivs [...] mit ihren Findbüchern für sofortigen Versand bereit zu halten".[1133] Er zählte die Urkundenabteilung auf, die Bestände der Deutschen Kanzlei (Abt. 65), der Gottorfer Herzöge (Abt. 7 und 8), aus der Zeit des Deutsch-Dänischen Krieges (Abt. 54-62) sowie des Oberpräsidiums (Abt. 301). Diese erschienen ihm am erhaltenswertesten, und er plante die Verschickung dieser Archivalien an einen sicheren Ort wie das Staatsarchiv Hannover.[1134] Schon hier zeigte sich das fehlende Vertrauen, das die Kieler Archivare in die Sicherheit ihres Magazingebäudes hatten.[1135] Auch Hoffmann hatte 1938 die Überführung von Beständen in außerhalb liegende Staatsarchive als Möglichkeit angesehen.[1136]

1132 Hier und im Folgenden: ebd., Bl. 23–25, Generaldirektor Zipfel an die Archivdirektoren vom 12.8.1938.

1133 Ebd., Bl. 8–13, Richtlinien für Regelung des Dienstbetriebs im Falle von Personalausfall, von Richter am 11.5.1937 an das Oberpräsidium übersandt.

1134 Ebd., Stephan an den Generaldirektor vom 14.5.1937.

1135 Weiterführend Kapitel 4.2.4.

1136 LASH Abt. 304 Nr. 868, Hoffmann an den Generaldirektor vom 25.7.1938, Bl. 20–22.

Im August und September 1938 wurden die Pläne für den Kriegsfall noch einmal konkreter. Vom Generaldirektor ging am 12. August 1938 ein Rundschreiben an alle Staatsarchivdirektoren, in dem die verschiedenen Aufgaben der Archivare in ihrer Wichtigkeit beurteilt wurden. Es wurden unter anderem Ordnungsarbeiten, Forschungsarbeiten für Private und ohne Interesse für den Staat oder die Umlagerung von Beständen als „nicht unumgänglich notwendige Arbeiten" bewertet.[1137] Weiterhin auszuführen seien die Verwaltung und Betreuung der Bestände und die Bearbeitung von Anfragen der Dienststellen des Staates oder der Partei. Eine erhöhte Bedeutung erhielt die Übernahme von Beständen aus „gefährdeten Grenzarchiven" sowie allgemein der Schutz von staatlichem wie auch nicht staatlichem Archivgut, das sich außerhalb der Archive befände. Ganz nach der Einstellung, die Zipfel auch noch zu Beginn des Krieges einnahm, hielt er die Archivgebäude selbst für den sichersten Unterbringungsort und war gegen eine Verbringung der Archivalien an andere Orte.

Gleichzeitig wurden die Archivare auch vonseiten Zipfels auf den Krieg eingeschworen. Das Ziel war, innerhalb der Archive „Betriebsgemeinschaften" zu schaffen. Dafür wurden in Kiel seit 1937 bis Kriegsbeginn jährlich Betriebsausflüge veranstaltet. Außerdem wurde gemeinsam an NS-Veranstaltungen teilgenommen. Eine Verfügung von Hoffmann forderte „die Gefolgschaft des Staatsarchivs" 1938 zur gemeinsamen Teilnahme an einem Festmarsch auf, der von der Deutschen Arbeitsfront (DAF) organisiert wurde und die mit einem Empfang endete, auf dem Goebbels und Hitler persönlich Reden hielten.[1138] Am 8. Dezember 1938 wurde das Staatsarchiv geschlossen, da die Archivare am Stapellauf des Flugzeugträgers „Graf Zeppelin" teilnahmen.[1139]

Darüber hinaus wurde auch von den Staatsarchivaren wie allgemein von Mitarbeitern staatlicher Behörden erwartet, dass sie sich in den NS-Organisationen betätigten. Generaldirektor Brackmann schrieb bereits im Oktober 1933, dass er die jüngeren Mitarbeiter auffordere, in die SA einzutreten. Der Reichsminister des Innern verlangte 1934, dass alle Beamten in den Reichsbund der Deutschen Beamten (RDB) eintreten sollten. Im Staatsarchiv Kiel waren Hoffmann und Reimers bereits 1933 Mitglieder der NSDAP und der SA geworden.

1137 Hier und im Folgenden: ebd., der Generaldirektor an die Archivdirektoren vom 12.8.1938, Bl. 23–25.

1138 LASH Abt. 304 Nr. 957, Verfügung von i. V. Hoffmann vom 29.4.1938.

1139 LASH Abt. 304 Nr. 28, geht aus dem Beschäftigungstagebuch von Behre für den Monat Dezember 1938 hervor.

Insgesamt kann festgehalten werden, dass nach der „Machtergreifung" der Nationalsozialisten langsam die Vorbereitungen auf den Krieg begannen. Ab 1937 wurden die Maßnahmen in den staatlichen Archiven immer spürbarer und konkreter. Vermehrt wurden Pläne aufgestellt, was im Kriegsfall geschehen müsste. Letztlich wurden viele dieser Pläne jedoch im Zweiten Weltkrieg hinfällig, da die Dauer und der Verlauf des Krieges allen vorherigen Vorstellungen widersprachen.

4.2 Der Zweite Weltkrieg

Mit dem Überfall auf Polen am 1. September 1939 begann der Zweite Weltkrieg. Auf diesen Akt der Aggression erklärten Großbritannien und Frankreich dem Deutschen Reich den Krieg. Im folgenden Jahr erfolgte der Angriff gegen den Westen, und Frankreich, die Niederlande, Belgien und Luxemburg wurden von den Deutschen besetzt. Es war eine Zeit großer Siegesgewissheit in Deutschland, da an nahezu allen Fronten Erfolge zu verzeichnen waren, und es wurden vielerorts weitreichende Pläne ausgearbeitet, wie die Situation am besten genutzt werden könnte. Auch die Archivare der preußischen Archivverwaltung wollten daran teilhaben, und der Kriegszustand sowie die Herrschaft über die besetzten Gebiete sollten dazu dienen, die Forschung voranzutreiben. In die besetzten Gebiete wurden Archivare entsandt, um die Situation für die deutsche Geschichtswissenschaft zu verbessern und die Überführung von Quellen vorzunehmen, ob im Original oder in Kopie. In Kiel plante man die Wiederaufnahme der 1933 beendeten Verhandlungen mit Dänemark.

Mit der Zeit wich die Siegesgewissheit der Realität, und gerade an der „Heimatfront" verschlechterte sich die Situation stetig. Es wurden vermehrt Luftangriffe auf deutsche Städte geflogen, vor denen die Bevölkerung mit Luftschutzübungen und dem Bau von Bunkern geschützt werden sollte.[1140] Der erste Luftangriff auf Kiel erfolgte bereits am 2. Juli 1940, bei dem es zehn Todesopfer gab, was damit auch der verheerendste Angriff des Jahres war. Die Intensität nahm im Laufe des Jahre 1941 zu, und der erste Großangriff auf Kiel vom 7. bis zum 9. April 1941 forderte bereits 213 Todesopfer.[1141]

1140 Wulf (Anm. 798), 397.

1141 Detlef Boelck: Kiel im Luftkrieg 1939–1945. Tagebuch des Alarmpostens Detlef Boelck, eingeleitet von Jürgen Plöger (Sonderveröffentlichungen der Gesellschaft für Kieler Stadtgeschichte 13). Kiel 1980, 132.

Im selben Jahr begann das „Unternehmen Barbarossa“ und damit der Krieg gegen die Sowjetunion. Hier konnten die Deutschen zu Beginn Erfolge erzielen, zum Jahresende kam die Offensive aber ins Stocken. Hinzu kam der Kriegseintritt der Vereinigten Staaten von Amerika, und das Deutsche Reich geriet immer mehr in die Defensive.

Die Luftangriffe nahmen weiter an Intensität und Häufigkeit zu, sodass immer mehr Menschen die Städte verließen und auf das Land flüchteten. Auch die Archive wurde dadurch immer stärker gefährdet, und die Archivare taten es der Bevölkerung gleich: Sie lagerten ihre Archivalien aus, weg aus den Städten und hin in Gutshäuser, Kirchen, Burgen und dergleichen in weniger bevölkerte Gebiete. Zuletzt wurden Bergwerke als einzig sichere Auslagerungsorte angesehen.

Diese Aufgabe musste mit nur wenig Personal durchgeführt werden, da die preußische Archivverwaltung durch Einberufungen zur Wehrmacht und Abstellungen an kriegswichtige Behörden stark unter Personalmangel litt. Dies verschärfte sich im Laufe des Krieges, da die Altersgrenze für Einberufungen immer weiter heraufgesetzt wurde und immer mehr Männer eingezogen wurden.

Angesichts der schlechten Personalsituation musste die Archivverwaltung und besonders der Generaldirektor Zipfel immer wieder um Kontrolle ringen. Das Hauptarchiv der NSDAP erhob Anspruch auf staatliche Archivalien zur Parteigeschichte, und die Provinzialverwaltungen versuchten, die Gewalt über die nicht staatlichen Archivalien an sich zu bringen. Zudem wurde es immer schwerer, das stark reduzierte Personal der einzelnen Archive zu kontrollieren. Zipfel sah seine eigene Position dabei vor allem als Vermittler und vertraute darauf, die Hauptverantwortung beispielsweise bei der Durchführung der Sicherungsmaßnahmen gegen Luftangriffe den Archivdirektoren übertragen zu können. Dies wurde durch die Einberufungen weiter erschwert. In Kiel war der Direktor des Staatsarchivs beispielsweise ab 1943 zur Wehrmacht eingezogen.

Mit der Verlagerung des Krieges ab 1944 an die Grenzen des Deutschen Reichs kamen neue Herausforderungen auch auf die Archivare zu. Die Behörden begannen mit der Vernichtung von belastendem Material, und ebenso wurden die Archivare aufgefordert, entsprechende aktuellere Dokumente, die sich in ihrem Besitz befanden, zu zerstören. Die Archivare gingen hierbei eher zögerlich vor, stellten sich dieser Vorgabe aber nicht entgegen. Im Mai 1945 endete der Krieg in Europa mit der bedingungslosen Kapitulation des

Deutschen Reichs. Deutschland war ein besetztes und weitestgehend zerstörtes Land, dem eine lange Zeit des Wiederaufbaus bevorstand. Den Archiven ging es genauso.[1142]

4.2.1 Eine hohe Belastung für das Personal

Mit Kriegsbeginn verschlechterte sich die Personalsituation in den preußischen Staatsarchiven nahezu schlagartig. In Kiel wurden vorerst alle wissenschaftlichen Beamten zu Kriegszwecken an verschiedene Stellen zur Erledigung anderer Aufgaben abgestellt. Hoffmann musste sich bei der Polizei melden, während Hector und Carstens zum Kriegsdienst eingezogen wurden. Dieser Mangel war jedoch nur von kurzer Dauer, da Carstens wenige Tage nach seiner Einberufung als „zeitlich untauglich" entlassen wurde, sodass er die Vertretung als Leiter des Staatsarchivs übernehmen konnte.[1143] Hoffmann selbst wurde zum Ende des Jahres 1939 von seinem Polizeidienst beurlaubt und „UK-gestellt", also als unabkömmlich in seiner zivilen Position eingestuft. Obwohl die Archivare in Kiel relativ jung waren – Hoffmann war bei Kriegsbeginn 41, Carstens 40 Jahre alt –, konnten sie vorläufig ihrer regulären Arbeit weiter nachgehen.

Alles in allem erwies sich das erste Kriegsjahr für die Archivarbeit in Kiel als ruhig. Die Archivare konnten sich nach wie vor auf die dringend erforderlichen Ordnungsarbeiten und auf wissenschaftliche Projekte beispielsweise in Bezug auf Dänemark konzentrieren.[1144] Es kam jedoch auch zu Änderungen, die durch den Krieg bedingt waren. Die private Nutzung ließ nach, und der Fokus lag vor allem auf der Umsetzung erster Sicherungsmaßnahmen gegen mögliche Luftangriffe. In den Archiven wurden zum Schutz Umräumarbeiten innerhalb des Magazins vorgenommen, indem wertvolle Bestände in die unteren Stockwerke verlagert wurden – eine zusätzliche körperliche Beanspruchung der Archivare.

Aufgrund der zunehmenden Gefahr wurde im Staatsarchiv am 12. März 1941 im Rahmen des Selbstschutzes eine Luftschutzwache eingerichtet. Dies bedeutete, dass die Mitarbeiter des Archivs von 20 Uhr bis 7 Uhr des Folgetags zur Nachtwache eingeteilt wurden und bei Angriffen für die Sicherheit des Ar-

1142 Weiterführend Kapitel 4.3.

1143 LASH Abt. 304 Nr. 868, Bl. 88, Carstens an den Oberpräsidenten vom 1.9.1939.

1144 Kapitel 4.2.3.

chivgebäudes zuständig waren.[1145] Im Falle eines Bombentreffers sollten sie die Feuerwehr alarmieren oder selbst mit dem Löschen beginnen. Für diese Nachtschicht wurden sie mit 1,50 Reichsmark pro Nacht entlohnt und waren für den Tag, an dem die Brandwache endete, für zwei Stunden vom Dienst befreit. Da sich die Belegschaft des Archivs zu dieser Zeit aus nur vier Männern zusammensetzte, denen zusätzlich der Angestellte der im Archivgebäude untergebrachten Archivberatungsstelle Albert Fister (1889–?) zur Seite stand, bedeutete dies eine hohe Belastung für die Archivmitarbeiter. Sie mussten in der Regel alle vier bis fünf Nächte eine solche Nachtwache übernehmen. Besonders der Archivobersekretär Reimers war involviert, da er im Keller des Verwaltungsgebäudes eine Wohnung besaß. Immer häufiger fiel die Aufgabe der Überwachung des Archivs ihm zu, obwohl er dafür nicht entlohnt wurde – Geld wurde nur gezahlt, wenn der Zuständige mindestens drei Stunden in der Nacht von zu Hause weg war.[1146] Ab Januar 1942 entschärfte sich diese Situation mit der Einführung einer militärischen Brandwache für das Archiv, wobei die zivile Brandwache der Archivare noch weiter fortgesetzt wurde.[1147]

Damit ging eine zunehmende Erhöhung der Arbeitszeit einher. 1930 beliefen sich die wöchentlichen Arbeitsstunden noch auf 48 Stunden, bis 1938 hatte sie sich auf 51 Stunden erhöht. Bereits zu diesem Zeitpunkt hatte Zipfel angekündigt: „Die Arbeitszeit wird bis zur Grenze der Leistungsfähigkeit verlängert werden müssen."[1148] Im Krieg kam es zu weiteren Erhöhungen: Im Mai 1942 wurde bestimmt, dass 56 Stunden in der Woche zu arbeiten seien und dass Samstagnachmittag und Sonntag keine Ruhezeit mehr sei.[1149] Im August 1944 wurde eine „Mindestarbeitszeit" von 60 Stunden vorausgesetzt.[1150]

Angesichts der Probleme, die die Menschen in Kriegszeiten beschäftigten, wurde von der preußischen Archivverwaltung darauf Bedacht genommen, sich um die Moral ihrer „Gefolgsleute" zu kümmern. Zipfel machte bereits kurz nach Kriegsbeginn die Archivdirektoren für diese Aufgabe mitverantwortlich. Er schrieb vor, dass die Direktoren einmal im Monat über die militärische, politische und wirtschaftliche Lage sprechen und auch unschö-

---

1145 LASH Abt. 304 Nr. 886, Hoffmann an den Generaldirektor vom 13.3.1941.

1146 Ebd., Generaldirektor Zipfel an Hoffmann vom 5.7.1941.

1147 Ebd., Hoffmann an den Polizeipräsidenten in Kiel vom 15.1.1942.

1148 LASH Abt. 304 Nr. 868, Bl. 23–25, Generaldirektor Zipfel an die Archivdirektoren vom 12.8.1938.

1149 LASH Abt. 304 Nr. 874, Abschrift: Anordnung vom Vorsitzenden des Ministerrats für die Reichsverteidigung, gez. Göring, vom 18.5.1942.

1150 LASH Abt. 304 Nr. 874, Abschrift: der Reichsminister des Innern an die obersten Reichsbehörden vom 23.8.1944.

ne Tatsachen wie Lebensmittelknappheit nicht auslassen sollten. Gleichzeitig sollten sie aber auch betonen, dass diese Einschränkungen ohne „Jammern und Klagen" hinzunehmen seien, damit Deutschland siegreich aus dem Krieg hervorgehe. Sie sollten klarmachen, „daß wir [...] einig und entschlossen zusammenstehen müssen. Nur dann wird unser Führer Deutschlands Zukunft sichern können."[1151]

In ähnlicher Weise bat der Generaldirektor die Archivdirektoren in einem anderen Schreiben, dass Sonderwünsche nicht an die Archivverwaltung weitergeleitet werden sollten. Die Archivmitarbeiter sollten „in dieser Zeit des nationalen Schicksalkampfes [...] soldatische Haltung" nicht vermissen lassen.[1152] Er mahnte im Februar 1940, dass von den Archivaren erwartet werde, dass auch sie soldatisch dachten, und ließ sich gegen diejenigen Beamten aus, die von ihm einen Einspruch gegen eine Versetzung in den Osten erbeten hatten. Er erwartete absoluten Gehorsam und schrieb: „Der Beamte hat genau so wie der Soldat dort seine Pflicht zu erfüllen, wo er hingestellt wird."[1153] Wer sich in dieser Hinsicht im Krieg nicht bewähren würde, hätte keine Zukunft in der preußischen Archivverwaltung.

Der Generaldirektor legte außerdem Wert darauf, ganz im Sinne der NS-Regierung gerade in Kriegszeiten die Gemeinschaft der Archivmitarbeiter zu verbessern. Bei einem Treffen der Archivleiter in Marburg im Oktober 1941 bat Zipfel, dass die Archivare ihre Ehefrauen mitbrächten, „[u]m das Zusammengehörigkeitsgefühl unter dem Führerkorps zu stärken".[1154] Zudem wurde weiterhin ein starker Zusammenhalt innerhalb der „Gefolgschaft" erwartet. 1941 musste sich Hoffmann in seinem Jahresbericht rechtfertigen, dass er auf einen Betriebsausflug verzichtet hatte. Er argumentierte, dass dies nicht notwendig sei, da die relative kleine Belegschaft des Archivs ohnehin so eng zusammenarbeite, dass „jeder des anderen Freuden und Sorgen kennt und an ihnen teilnimmt".[1155] Diese Zusammengehörigkeit sollte sich auch auf die zur Wehrmacht eingezogenen Kollegen erstrecken, und die Archivare aus der Heimat wurden ermuntert, mit ihnen in Kontakt zu bleiben.

Dies wurde im Kieler Archiv sehr ernst genommen. Gerade Reimers stand über die gesamte Zeit des Krieges mit verschiedenen Archivmitarbeitern

1151 LASH Abt. 304 Nr. 868, Bl. 88, Generaldirektor Zipfel an die Archivdirektoren vom 1.11.1939.

1152 LASH Abt. 304 Nr. 893, Generaldirektor Zipfel an die Archivdirektoren vom 4.11.1939.

1153 LASH Abt. 304 Nr. 867, Bl. 24, Generaldirektor Zipfel an die Archivdirektoren vom 20.2.1940.

1154 LASH Abt. 304 Nr. 866, Generaldirektor Zipfel an die Archivdirektoren vom 1.8.1941.

1155 GStA PK, I. HA Rep. 178, 2370, Jahresbericht für 1941, o. D.

in Kontakt. Seine Briefwechsel aus der Anfangszeit des Krieges mit Hector und dem Angestellten Behre zeigen die damalige Kriegseuphorie und Siegesgewissheit. Am 2. August 1941 schrieb er an Hector, der sich zu diesem Zeitpunkt als Unteroffizier in Norwegen befand, über den seit knapp eineinhalb Monaten laufenden Vorstoß gegen die Sowjetunion: „Alles muß eigentlich schon weit gediehen sein. Ob wir wohl morgen am Sonntag abschliessenden Erfolg gemeldet bekommen?"[1156]

Über die Lage in Kiel berichtete Reimers, dass es mehrere Luftangriffe gegeben habe, die insgesamt aber glimpflich verlaufen seien, wobei er aber auch die „5 unschuldigen Menschen", die ums Leben kamen, nicht unerwähnt ließ. Entsprechend der Aufrechterhaltung der Moral fügte er jedoch hinzu: „Wir bleiben aber stark und lassen uns nicht erschüttern, [...] wir sind nun auch schon alte erfahrene Heimatkämpfer und sehen allem, was kommen mag, mutig entgegen."[1157]

Hoffmann kümmerte sich auch außerhalb des Archivs um die Aufrechterhaltung der Moral, indem er Vorträge hielt. Vor Angehörigen der Marine und in einem Lazarett sprach er zum Thema „Tausend Jahre deutscher Osten".[1158] Eine Anfrage der Luftwaffe für eine mehrtätige Vortragsreise im Rahmen der Wehrbetreuung musste Hoffmann ablehnen, da die Sicherung der Archivalien vor den Luftangriffen Vorrang hatte.

Mit dem sich hinziehenden Krieg wurden die Entbehrungen an der „Heimatfront" immer stärker spürbar. Zum Winter 1942/43 wurden die Behörden in Kiel dazu aufgefordert, nicht zu früh mit der Beheizung der Büroräume zu beginnen und jemanden dazu abzustellen, der darauf achten solle, dass die Temperatur nicht über 18 Grad Celsius stieg, da die Versorgung mit Brennstoffen mangelhaft sei.[1159]

In seinen Neujahrswünschen für das Jahr 1943 gedachte Zipfel der gefallenen Archivare und Archivmitarbeiter, ermahnte aber zugleich die nicht eingezogenen Mitarbeiter, dass sie sich einsetzen müssten, um so „unseren gefallenen und kämpfenden Arbeitskameraden einen kleinen Teil des Dankes abzustatten, den wir ihnen schuldig sind".[1160] Die konstante Aufforderung von

---

1156 LASH Abt. 304 Nr. 37, Bl. 51, Reimers an Hector vom 2.8.1941.

1157 Ebd.

1158 LASH Abt. 811 Nr. 20357, Hoffmann an Generaldirektor Zipfel vom 25.3.1941.

1159 LASH Abt. 304 Nr. 897, Rundschreiben vom Oberbürgermeister Kiel an die Behördenleiter im Bezirk des Stadtwirtschaftsamtes Kiel vom 26.9.1942.

1160 LASH Abt. 304 Nr. 866, Neujahrswünsche für 1943 von Zipfel vom 28.12.1942.

verschiedenen Seiten, seinen Teil zu den Kriegsanstrengungen beizutragen, führte bei Hoffmann und Reimers dazu, dass sie es zumindest nach außen hin bedauerten, nicht als Soldaten im Krieg dienen zu können. Hoffmann übernahm „freudig“ andere Aufgaben, da es ihm „nicht vergönnt ist, an der Front zu stehen“.[1161] Reimers war „unzufrieden“, in der Heimat bleiben zu müssen, und „[w]äre lieber auch im Waffenrock“.[1162]

Für den Krieg benötigte das Deutsche Reich immer mehr Personal, und dementsprechend wurde von Zipfel am 22. Februar 1943 verfügt, dass entbehrliche Kräfte den kriegswichtigen Behörden zu melden seien. Er legte als Mindestbesetzung für die Staatsarchive fest, dass es an Beamten neben dem Direktor gegebenenfalls einen weiteren Archivar im höheren Dienst geben sollte, daneben einen Beamten des mittleren Dienstes, einen Hilfsarbeiter für den Magazindienst (Hilfsamtsgehilfen), einen Angestellten der Kanzlei, einen weiteren Hilfsarbeiter für die Hausverwaltung und die Heizung sowie eine Reinemachfrau.[1163] Diese Vorgaben wurden im Staatsarchiv eingehalten: Hoffmann und Carstens waren noch als Beamte des höheren Dienstes im Archiv beschäftigt, Reimers erledigte als Beamter des mittleren Dienstes die Büroarbeiten, Fritz Ahlers (1882–?) stand ihm als Angestellter der Kanzlei zur Seite. Reinhard Liebmann (1877–1964) war für die Arbeiten des Magazindienstes zuständig, und das Ehepaar Kassubeck (?–?) erledigte die anfallenden Arbeiten der Hausverwaltung und die Instandhaltung des Archivgebäudes. Alle anderen Mitarbeiter waren entweder kurz vor oder nach Kriegsbeginn versetzt worden, wie Schaffner, Weber und Crusius, oder waren bereits zum Kriegsdienst eingezogen, wie Hector, Behre und ein weiterer Hilfsarbeiter (Heinrich Drewes, 1903–?).

Während in anderen Bereichen des Arbeitslebens ein Mangel an Arbeitskräften herrschte und auf die Mitarbeit von Frauen zurückgegriffen wurde, wiesen die Archivare dies noch von sich. Die einzige Frau in der Belegschaft des Staatsarchivs Kiel, die 26-jährige Gretel Herrmann (1915–?), hatte zum April 1942 auf eigenen Wunsch in die Verwaltung der Luftwaffe gewechselt.[1164] Sie war für Schreibarbeiten zuständig gewesen, nicht für archivarische Aufgaben. Zwar hatte Zipfel bereits vor Kriegsbeginn in der Dienstplanung für den Kriegsfall auf die Möglichkeit hingewiesen, weibliche Hilfskräfte für

1161 LASH Abt. 811 Nr. 20347, Bd. 2, Hoffmann an Generaldirektor Zipfel vom 25.3.1941.

1162 LASH Abt. 399.92 Nr. 68, Postkarte von Reimers an Hector aus Westerland/Sylt vom 20.9.1942.

1163 LASH Abt. 304 Nr. 945, Verfügung von Zipfel an die Archivdirektoren vom 22.2.1943.

1164 LASH Abt. 304 Nr. 904, Hoffmann an den Generaldirektor vom 10.3.1942.

archivarische Tätigkeiten einzustellen,[1165] auf einer Besprechung in Weimar im Oktober 1942 hielt Hoffmann in seinen Notizen jedoch fest: „Aufnahme von weibl. Archivaren nur in dringendem Fall und beschränkter Zahl."[1166] Dazu kam es im Staatsarchiv Kiel nicht.

Im Laufe des Jahres 1943 hatten die Luftangriffe weiter an Intensität und Häufigkeit zugenommen. Daraufhin wurden auch die Sicherungsmaßnahmen der Archivalien vorangetrieben. Zu diesem Zeitpunkt waren die Archivare bereits dazu übergegangen, die Dokumente auszulagern, also an vermeintlich sichere Orte zu bringen. Ab August 1943 begann die Auslagerung von schleswig-holsteinischen Archivalien in das Bergwerk Mariaglück nahe Celle, da man sie dort am sichersten untergebracht sah. Der Personalmangel verhinderte jedoch eine Fortführung, und bereits einen Monat später, nach den ersten beiden Transporten, musste dies vorerst eingestellt werden, da Hoffmann und Carstens innerhalb kurzer Zeit zum Kriegsdienst eingezogen worden waren.

Zu Beginn wurde noch auf die „UK-Stellung" Hoffmanns spekuliert, wie sie vorher bestanden hatte.[1167] Nachdem dieser Antrag jedoch abgelehnt worden war, mussten die vorbereiteten Maßnahmen ergriffen werden: Stephan, der bereits vor Kriegsbeginn gefragt worden war, ob er im Notfall die Direktorenstelle vertreten würde, übernahm am 16. Oktober 1943 die Vertretung Hoffmanns, und die Auslagerungen konnten fortgesetzt werden.

Die Hauptlast der Arbeit blieb jedoch bei Reimers, der genauestens mit den Vorgängen vertraut war. Dies wurde zum Problem, als Reimers Ende 1943 für drei Monate wegen Krankheit ausfiel. Seine Arbeit war so wichtig, dass eigens ein Archivar aus Koblenz, Paul Hübinger (1911–1987), nach Kiel abbestellt wurde, um ihn zu vertreten. Es zeigte sich, welchen Strapazen Archivmitarbeiter ausgesetzt sein konnten und welche Auswirkungen dies auf ihre Gesundheit haben konnte: Nachdem Reimers im Februar 1944 in den Dienst zurückgekehrt war, ging auch Hübinger wieder zurück nach Koblenz, wo er nach der großen Anstrengung wegen „körperlicher und psychischer Erschöpfung" zur Erholung mehrere Wochen beurlaubt werden musste.[1168]

1165 LASH Abt. 304 Nr. 868, Bl. 18–19, Generaldirektor Zipfel an die Archivdirektoren vom 18.7.1938.

1166 LASH Abt. 304 Nr. 867, Bl. 106, Notizen von Hoffmann zum Protokoll der Besprechung in Weimar 22.–23.10.1942.

1167 LASH Abt. 304 Nr. 889, i. V. Reimers an die Betriebsleitung der Bergbaugesellschaft Mariaglück vom 21.9.1943.

1168 LASH Abt. 304 Nr. 30, Abschrift: ärztliches Zeugnis von Paul Krauß, Arzt der Privatklinik Christophsbad in Göppingen vom 12.2.1944.

Vor allem setzten die andauernden Luftangriffe den Menschen zu. Die Angriffe, gepaart mit den vielen Luftschutzalarmen und Aufenthalten in Luftschutzräumen, führten zu einer großen Belastung. Dazu kamen die materiellen Folgen der Bombardierung. Carstens musste beispielsweise den Verlust seines gesamten Hausrats, inklusive seiner Privatbibliothek, hinnehmen. Stephan und seine Frau kamen knapp mit dem Leben davon, als bei einem Luftangriff im Juli 1944 ihr Haus über dem Keller zusammenstürzte und sie im Luftschutzkeller verschüttet wurden. Daraufhin legte er die Vertretung als Archivdirektor nieder.

Die Angriffe führten auch dazu, dass der Hass auf die Alliierten zunahm. Nach den verheerenden Angriffen auf Hamburg im Juli und August 1943, der Operation Gomorrha, ließ sich Reimers gegenüber Hoffmann in einem Brief aus:

> „Wenn es uns auch so gehen soll wie Hamburg, und das fürchte ich, dann wird es in den nächsten Tagen auch hier in Kiel furchtbar hergehen. Der Tommy will eben ganze Arbeit machen und wie der Churchill die Italiener ‚in ihrem eigenen Saft kochen lassen will‘, so wird er uns in Kiel wohl auch im eigenen Fett braten lassen wollen. Der verdammte Teufelsmensch! Ich habe eine Wut und möchte gerade diese Kreatur vor mir haben.“[1169]

Hinzu kam die Sorge um die an der Front stehenden Männer und die Trauer um deren Verlust. Reimers’ ältester Sohn kam im April 1943 an der Ostfront ums Leben, sein jüngerer Sohn geriet im August 1944 in amerikanische Kriegsgefangenschaft, galt jedoch bis Kriegsende als vermisst. Reimers schrieb an Hoffmann:

> „Von meinem Sohn oder über ihn haben wir immer noch nichts Näheres erfahren. Hoffentlich lebt er noch. Wenn nicht, dann wäre das für uns ein Schlag, der uns vollends zusammenbrechen ließe. […] Es geht mir ja leider auch immer noch so, daß ich unseren [ältesten, Schm.] Jungen nicht vergessen kann und mich immer wieder dabei ertappe, daß ich mich mit ihm unterhalte. Nun kommt die Sorge über den Jüngsten noch dazu. Aber man darf sich nicht gehen lassen. Ich raffe mich immer wieder auf. Viel Hoffnung habe ich nicht, daß unser Jüngster noch lebt. Es hätte schon lange Nachricht von ihm vorliegen müssen, wenn er in Gefangenschaft geraten ist.“[1170]

1169 LASH Abt. 304 Nr. 885, Reimers an Hoffmann vom 29.7.1943.

1170 LASH Abt. 304 Nr. 946, Reimers an Hoffmann vom 4.12.1944.

Für Hoffmann galt das Umgekehrte, und er musste sich als Soldat Sorgen um seine Frau und die fünf Kindern machen, das jüngste war gerade 1941 geboren. Bereits ein Jahr vor Kriegsbeginn war eines der Kinder im Alter von drei Monaten gestorben, 1943 starb die sechsjährige Tochter an einer Lungenentzündung. „Meiner Frau geht es leider nicht recht gut. Der Tod unseres lieben Kindes hat sie zu sehr getroffen",[1171] berichtete Hoffmann an Hector. Die zunehmenden Angriffe vor allem auf Kiel führten dazu, dass er seine Familie in Sicherheit brachte. Seine Frau war mit den beiden jüngsten Kindern bei den Schwiegereltern in Dresden, während eines der Kinder nach Nordschleswig gebracht wurde und das andere mit der Kinderlandverschickung in Timmendorfer Strand unterkam. Die Kieler Schulen waren seit Mitte 1943 geschlossen. Nüchtern kommentierte Hoffmann gegenüber Hector: „Meine Familie ist auch ganz verteilt, fast könnte man ebenfalls von Ausweichstellen sprechen",[1172] verglich er seine private Situation mit der des Staatsarchivs.

Doch selbst angesichts der persönlichen Probleme und Schicksalsschläge ist die Korrespondenz der Archivmitarbeiter bis weit in das Jahr 1944 von der Gewissheit geprägt, dass das Deutsche Reich siegreich aus dem Krieg hervorgehen werde. Trotz der Verzweiflung Reimers' über die Unkenntnis des Verbleibs seines jüngsten Sohnes endete er sein Schreiben an Hoffmann mit: „Wieviele Opfer wird der Krieg noch von uns verlangen? Aber ohne Opfer werden wir nicht siegen! Ich glaube trotz allem an unseren Sieg!"[1173]

Um die Jahreswende 1944/45 kippte diese Einstellung langsam beziehungsweise scheinen zum Beispiel in der semiprivaten Korrespondenz zwischen Archivdirektor und Archivobersekretär Zweifel durch. Reimers meinte am 11. Januar 1945, dass er ein letztes Aufbäumen wahrnehmen würde und nun doch wieder ein Abschluss des Krieges, zum Vorteil für das Deutsche Reich, erreichbar wäre. Soweit entsprach dies der Rhetorik der vorangegangenen Schreiben. Er fügte aber hinzu: „Wäre das nicht der Fall, dann wäre es ein Jammer um all die vielen Opfer, die im Laufe der fast sechs Jahre schon gebracht werden mußten und noch zu bringen sind."[1174]

Die Korrespondenz ist auch vor dem Hintergrund der Anforderungen der Zeit zu sehen. Die Post unterlag einer offiziellen Zensur, auch wenn diese

1171 LASH Abt. 399.92 Nr. 68, Hoffmann an Hector vom 11.6.1943.

1172 Ebd., Hoffmann an Hector vom 16.8.1943.

1173 LASH Abt. 304 Nr. 946, Reimers an Hoffmann vom 11.10.1944.

1174 Ebd., Reimers an Hoffmann vom 11.1.1945.

oft überschätzt wird.[1175] Es war vielmehr die Selbstzensur, die sich die Schreiber auferlegten, um den Empfänger des Schreibens vor schlechten Nachrichten zu schonen oder um nicht als Defätist dazustehen.[1176] Zudem wurde sich von offizieller Seite immer mehr darum bemüht, im Sinne der Aufrechterhaltung der Moral nicht zu viele Nachrichten über die Auswirkungen des Krieges zu verbreiten. So legte Zipfel im Mitteilungsblatt vom 9. Juni 1944 fest, dass keine Nachrichten mehr über die Schäden der Archive durch Luftangriffe veröffentlicht werden sollten.[1177] Alle Schadensfälle galten von da an als Geheimsache. Zwar gab Zipfel an, dies geschehe, damit der Feind nichts über die Auswirkungen seiner Maßnahmen erfahre, letztendlich ging es jedoch darum zu verhindern, dass zu viele solcher Nachrichten die Archivmitarbeiter demoralisierten. Trotzdem zeigt die geringe überlieferte Korrespondenz der Kieler Archivmitarbeiter, wie tief die NS-Propaganda mit ihren Durchhalteparolen und ihrem Willen zum Sieg verankert war.

Nachdem Stephan in seinem Haus verschüttet worden war und er anschließend Mitte 1944 aus dem Amt als stellvertretender Archivdirektor zurückgetreten war, lag die gesamte Verantwortung für die Archivalien und deren Sicherung in den Händen von Reimers. Neben ihm waren zu diesem Zeitpunkt noch der Angestellte Ahlers und die Hilfskraft Liebmann, 62 und 67 Jahre alt, beschäftigt. Ahlers wurde Ende September 1944 „dienstverpflichtet“ und zur Arbeit in der Germaniawerft abgestellt, sodass nur Reimers und Liebmann verblieben.[1178] Dass Reimers de facto die Leitung innehatte, sorgte kaum für Schwierigkeiten, da er mit der Arbeit vertraut war. Hoffmann bescheinigte ihm dieses Vertrauen: „Ich nehme an, daß der Herr Gen[eral] Dir[ektor] Ihnen die Leitung anvertrauen wird. In diesem Sinne habe ich ihm geschrieben.“[1179] Zudem bezweifelte Hoffmann, dass noch geeignete Archivbeamte des höheren Dienstes dafür entbehrt werden könnten.[1180] Auch Reimers selbst sah, wenig verwunderlich, keine Notwendigkeit für einen neuen Vorgesetzten. In seinen Augen war der Weggang Stephans keine Zäsur. An dem zur Wehrmacht einge-

---

1175 Sven Oliver Müller: Deutsche Soldaten und ihre Feinde. Nationalismus an Front und Heimatfront im Zweiten Weltkrieg. Frankfurt/Main 2007, 124.

1176 Ebd., 125.

1177 LASH Abt. 304 Nr. 885, Mitteilungsblatt Nr. 5, übersandt vom Generaldirektor vom 9.6.1944.

1178 LASH Abt. 304 Nr. 31, Bd. 3, Bl. 19, Reimers an Stephan vom 5.10.1944.

1179 LASH Abt. 304 Nr. 946, Hoffmann an Reimers vom 22.10.1944.

1180 Ebd., Hoffmann an Reimers vom 5.9.1944.

zogenen Angestellten Behre schrieb er, dass Stephan „nie etwas getan hat [...], denn ich habe alles allein gemacht", nur seine Unterschrift musste er geben.[1181]

Stephan hatte während seiner Vertretung nur wenig Initiative entwickelt und stützte sich in der Tat stark auf Reimers. So hatte er unter anderem bemängelt, dass aufgrund der fehlenden Findbücher, die bereits im Bergwerk Mariaglück gesichert waren, die Übersicht über die Bestände fehlen würde, die als nächstes für einen Transport ausgewählt werden müssten.[1182] Von einem ehemaligen Leiter, der immerhin insgesamt knapp achtzehn Jahre im Archiv tätig gewesen war, sieben davon in der Funktion als leitender Direktor, hätte man eine bessere Kenntnis der Bestände erwarten können.

Nachdem Stephans Weggang klar war, meldete Reimers an Generaldirektor Zipfel: „Ich habe [...] die Leitung des Staatsarchiv [!] übernommen. Die Entsendung eines anderen wissenschaftlichen Beamten halte ich nicht für erforderlich."[1183]Zipfel war mit dieser eigenständigen Entscheidung Reimers' keineswegs einverstanden und plante die Versetzung eines Archivbeamten des höheren Dienstes nach Kiel. Der Grund dafür war vor allem Zipfels Sorge um die Eigenständigkeit des Staatsarchivs gegenüber der Provinz. Er befürchtete, dass diese die nicht staatlichen Archivalien unter ihre Verfügungsgewalt bringen wollte. Der erste Schritt dafür war auf provinzieller Ebene schon getan: Hoffmann hatte bis zu seiner Einberufung die Leitung der Archivberatungsstelle innegehabt, die die nicht staatlichen Archivalien betreute. Nachdem Stephan seine Vertretung übernommen hatte, war die Leitung der Archivberatungsstelle nicht an ihn übergangen, sondern vom Landeshauptmann an den Kirchenarchivar Wilhelm Hahn (1898–1982) übergeben worden.[1184] Zipfel war nun der Meinung, dass es eines wissenschaftlichen Archivars des höheren Dienstes bedurfte, um das Staatsarchiv nach außen zu vertreten und die Führung der Archivberatungsstelle erneut an das Staatsarchiv zu binden. Gleichzeitig musste er aber auch einsehen, dass Reimers sein Amt mit viel Energie ausübe und an seine Eigenständigkeit gewöhnt sei. So schrieb Zipfel an Hoffmann: „Es würde nicht leicht sein, jetzt einen Beamten des höheren Archivdienstes zu finden, der ihm die Geschäftsführung wieder abzunehmen hätte."[1185]

1181 LASH Abt. 304 Nr. 28, Reimers an Behre vom 26.11.1944.

1182 LASH Abt. 304 Nr. 880, i. V. Stephan an Generaldirektor Zipfel vom 10.1.1944.

1183 LASH Abt. 304 Nr. 946, Hoffmann an Reimers vom 22.10.1944.

1184 Weiterführend Kapitel 4.2.2.

1185 GStA PK, I. HA Rep. 178, 2380, Zipfel an Hoffmann vom 26.10.1944.

Diese Eigenständigkeit Reimers' ging Zipfel in vielen Fällen zu weit. Zwei Mal musste er Reimers ermahnen, dass dieser die Hierarchie der preußischen Verwaltung einhalten solle. In einem Fall berichtete Reimers zuerst dem Oberpräsidenten über einen Luftangriff und nicht dem Generaldirektor, wie es richtig gewesen wäre.[1186] In dem anderen Fall meldete Reimers nach einem Luftangriff Ende August 1944, bei dem das Verwaltungsgebäude fast vollkommen zerstört worden war, er habe „die Absicht, die Dienststelle aus Kiel zu verlegen“, entweder nach Dorotheental oder Quarnbek, wozu er um Zustimmung bat.[1187] Ein solcher Schritt war an sich nicht ungewöhnlich, da ähnlich wie die Archivalien auch die Geschäftsstellen aus den Städten heraus verlegt wurden. Bereits im August 1943 war beispielsweise für die preußische Archivverwaltung eine Außenstelle in Elsterwerda, rund 130 Kilometer südlich von Berlin, eingerichtet worden. Mit der eigenständigen Entscheidung Reimers' für diesen Schritt war Zipfel jedoch nicht einverstanden. Er ermahnte, er sei „grundsätzlich“ mit einer Verlegung der Dienststelle einverstanden, und es sollten ihm Vorschläge unterbreitet werden, die Entscheidung über eine Verlegung treffe aber „allein“ der Ministerpräsident: „Ich ersuche dies zu beachten. Ich ersuche überhaupt darauf zu achten, daß die dortigen Berichte zwar Vorschläge enthalten sollen, die Entscheidung über ihre Annahme aber stets bei den vorgesetzten Dienststellen liegt.“[1188]

Schließlich wurde die Verlegung genehmigt und die Geschäftsstelle des Staatsarchivs aufgrund der Schäden am Magazin- und Verwaltungsgebäude nach Gut Quarnbek verlegt, rund zehn Kilometer westlich von Kiel. Die Organisation dieser Unterbringung war nicht leicht, da immer weniger Platz zur Verfügung stand. Kiel war zu einem großen Teil zerstört, immer mehr Menschen flohen aus den östlichen Gebieten vor der heranrückenden Roten Armee und kamen über die Ostsee nach Schleswig-Holstein. Reimers hatte seine Kontakte zu ehemaligen SA-Kameraden nutzen können, um eine Unterkunft auf Gut Quarnbek zu bekommen. Auch hier herrschte Platzmangel, und zur selben Zeit waren dort bereits Marineoffiziere und Kaufleute mit ihren Familien sowie Teile der Marinestation der Ostsee untergebracht.[1189] Reimers wurde das Zimmer des Gutssekretariats für die Dienstgeschäfte des Staatsarchivs zur Verfügung gestellt. Gleichzeitig konnte er auch Wohnraum für sich und seine Frau sichern, wenn auch sehr beengt. Er

1186 LASH Abt. 304 Nr. 880, Zipfel an das Staatsarchiv Kiel vom 19.8.1944.

1187 Ebd., Reimers an Zipfel vom 29.8.1944.

1188 Ebd., Zipfel an das Staatsarchiv Kiel vom 8.9.1944.

1189 Ebd., Reimers an das preußische Staatsministerium – Archivabteilung in Elsterwerda vom 30.10.1944.

schrieb an Behre: „Meine Frau und ich hausen hier [auf Gut Quarnbek, Schm.] in einem Zimmer, in dem wir wohnen, schlafen und auch kochen.“[1190]

Trotz der Eigenständigkeit Reimers' versuchte Zipfel weiter, einen wissenschaftlichen Archivar nach Kiel zu versetzen. Georg Sante (1896–1984) vom Staatsarchiv Wiesbaden sollte die Stelle des Direktors in Kiel ab Dezember 1944 vertreten, die Versetzung scheiterte jedoch vorerst am dortigen Wohnungsmangel. Als Reimers zwei Monate später Räume für Sante sichern konnte, war dieser zur Wehrmacht eingezogen worden.[1191]

Die Personalverhältnisse der preußischen Archivverwaltung um die Jahreswende 1944/45 waren schlecht. In Kiel arbeiteten noch Reimers und der Hilfsarbeiter Liebmann, die weiterhin mit den Auslagerungen beschäftigt waren. In anderen Archiven ähnelte sich die personelle Situation, und auch dort waren Archivare und Archivmitarbeiter zur Wehrmacht eingezogen oder an andere, „kriegswichtige“ Stellen versetzt worden. Im Staatsarchiv Düsseldorf waren ebenfalls alle Archivare für Kriegszwecke eingespannt, an anderen Archiven verblieben nur vereinzelt wissenschaftliche Beamte, weil sie überwiegend zu alt für den Kriegsdienst waren.[1192] Hinzu kam, dass die Archive kaum mehr funktionsfähig waren. Meist war mehr als die Hälfte der Bestände ausgelagert,[1193] und die in den Magazinen verbleibenden Archivalien waren oft ohne Rücksicht auf die Ordnung in die besser gesicherten Untergeschosse oder Kellerräume verbracht worden. Die Findmittel waren auf besonderen Hinweis Zipfels ebenfalls ausgelagert worden. Die Archive entgingen mit der Verkündung des „verstärkten totalen Kriegseinsatzes“ Mitte 1944 nur knapp der Schließung.[1194]

Zipfel versuchte in seinem Neujahrsgruß für 1945 noch einmal zu motivieren:

> „Mögen auch die Zeiten noch so ernst sein, wir lassen die Hoffnung auf den Endsieg nicht sinken. Im Gegenteil: Nun erst recht! Wir wollen es halten mit den Worten des Führers: Ich glaube an Deutschland und kämpfe dafür, heute und morgen und in der Zukunft, bis unser der Sieg ist.“[1195]

1190 LASH Abt. 304 Nr. 28, Reimers an Behre vom 26.11.1944.

1191 LASH Abt. 304 Nr. 902, der Generaldirektor an das Staatsarchiv Kiel vom 22.1.1945.

1192 Schmidt: Staatsarchiv (Anm. 26), 105, 123.

1193 LASH Abt. 304 Nr. 867, Bl. 144–167, Abschrift: Niederschrift über die Besprechung in Wien am 11. und 12.5.1944.

1194 Weiser (Anm. 15), 198; Erlass des Führers über den totalen Kriegseinsatz vom 25.7.1944, RGBl. I, 1944, 161.

1195 LASH Abt. 304 Nr. 866, Neujahrswünsche für 1945 von Zipfel, o. D.

Die Möglichkeit eines Sieges war jedoch schon lange nicht mehr gegeben. Bereits im Oktober 1944 war im Westen Aachen als erste deutsche Stadt von den Alliierten erobert worden, im Osten rückte die Rote Armee weiter vor. Im Januar 1945 war Ostpreußen eingekesselt, und die Überquerung über die Ostsee wurde zu einem der letzten Fluchtwege.

Unter den Flüchtlingen, die auf diese Weise nach Schleswig-Holstein kamen, befand sich auch der Direktor des Staatsarchivs Königsberg Max Hein (1885–1949). Dieser hatte Ende Januar 1945 seine Wirkungsstätte verlassen müssen und war wie viele andere über Danzig zum Auswandererlager Gotenhafen (Gdynia) und dann nach Kopenhagen gelangt, von wo er weiter nach Schleswig-Holstein kam. Von Zipfel erhielt er die Anweisung, sich beim Staatsarchiv Kiel zu melden. Am Ende bekam Reimers in den letzten Kriegsmonaten also doch noch einen Vorgesetzten, als Hein im März 1945 mit der Vertretung des Archivdirektors betraut wurde.

Wie für Hein wurde auch für Millionen anderer Menschen Schleswig-Holstein zur Ziel- oder Durchgangsstation, nachdem sie über die Ostsee geflohen waren. Sie fanden jedoch kaum Unterkünfte, da Wohnraum knapp war. Kiel war noch im April 1945 durch schwere Luftangriffe getroffen worden und war stark zerstört. Auch das Gut Quarnbek blieb von den Ereignissen nicht verschont, und dort kamen ebenfalls zahlreiche Flüchtlinge an. Im Einverständnis mit dem Pächter wurde am 3. April 1945 der Mietvertrag über die Mitbenutzung des Gutssekretariats durch das Staatsarchiv aufgelöst, da die Räumlichkeiten mit Flüchtlingen belegt waren.[1196] Hein berichtete an den Generaldirektor: „Die Dienststelle des Staatsarchivs, ein Tisch und ein Aktengestell mit den ständig erforderlichen Teilen der Dienstregistratur, ist in das Wohnzimmer von Obersekretär Reimers verlegt worden.“[1197]

Dies ist eine der letzten Mitteilungen des Staatsarchivs Kiel an die preußische Archivverwaltung, da die Kommunikation besonders in den letzten beiden Kriegsmonaten durch die vorrückenden alliierten Armeen stark erschwert wurde, teilweise völlig zusammenbrach.[1198]

Es kamen nicht nur Flüchtlinge nach Schleswig-Holstein, auch die Reste der Reichsregierung retteten sich dorthin. Am 21. April 1945 wurde Zipfel dem Arbeitsstab zur Aufrechterhaltung einer Notverwaltung zugeteilt, der

1196 LASH Abt. 304 Nr. 880, Hein an Generaldirektor Zipfel vom 3.4.1945.

1197 Ebd., Hein an Generaldirektor Zipfel vom 11.4.1945.

1198 GStA PK, I. HA Rep. 178, 37, Bl. 100–101, „Abschließender Bericht über die Zweigstelle der Archivabteilung in Elsterwerda und ihre Verlegung nach Groß-Ilsede“ von Haase vom 20.7.1945.

sich zusammen mit der Reichsregierung nach Schleswig-Holstein absetzte. Zipfel kam über Eutin nach Lübeck, wo er das Kriegsende im Stadtarchiv erlebte. Noch am 19. April 1945 hatte Zipfel dafür gesorgt, dass einer seiner Mitarbeiter, Wilhelm Suhr (1909–1989), nach Kiel versetzt wurde. Am 3. Mai 1945 wurde Kiel kampflos den Briten übergeben.

Als wenige Tage später der Krieg offiziell endete, waren von den wissenschaftlichen Archivaren der preußischen Archivverwaltung mindestens 35 Männer im Krieg gefallen, zwei bei Bombenangriffen ums Leben gekommen und sieben in Kriegsgefangenschaft gestorben.[1199] Von den Mitarbeitern des Staatsarchivs Kiel kehrte der Angestellte Behre nicht zurück, da er Ende April 1945 wahrscheinlich bei der Schlacht um Königsberg ums Leben gekommen war. Carstens wurde im Frühjahr 1946 aus amerikanischer Kriegsgefangenschaft entlassen und starb nur zwei Jahre danach an den Spätfolgen. Alle weiteren Archivmitarbeiter – Hoffmann, Hector, Hein, Suhr, Reimers, Liebmann und Ahlers – hatten den Krieg überlebt und mussten sich nun mit den Problemen der Nachkriegszeit auseinandersetzen.[1200]

4.2.2 Das Ringen um Kontrolle: Veränderungen der Kernarbeit

Mit dem Beginn des Zweiten Weltkrieges veränderte sich die Kernarbeit der Archivare. Lag der Fokus besonders während der Zeit des Nationalsozialismus auf der Betreuung der Nutzer und der Bearbeitung von Anfragen, galt er nun vor allem der Sicherung der Archivalien in Form von Auslagerungen (s. Kapitel 4.2.4). Doch auch die anderen Bereiche, wie eben die Nutzung oder die Übernahme von Archivalien, wurden durch den Krieg fundamental gestört.

Die Benutzung der Archive machte nach Kriegsbeginn nahezu eine Kehrtwende. Hatten sich die Archive seit 1933 einer zunehmenden Beliebtheit erfreut, verursacht durch den Aufschwung in der Familienforschung, brach diese Entwicklung nun ein. In Kiel waren vor dem 1. September 1939 noch durchschnittlich 56 Nutzer pro Monat im Archiv tätig, womit sich der Trend der Vorjahre fortsetzte; 1937 hatte das Staatsarchiv mit durchschnittlich 67 Nutzern monatlich seinen Rekord erreicht. Nach dem 1. September 1939

1199 Weiser (Anm. 15), 210.

1200 Weiterführend Kapitel 4.3, besonders Kapitel 4.3.2.

sank diese Zahl auf rund 27, im Jahr 1940 besuchten nur noch rund 12 Nutzer den Lesesaal pro Monat. 1943 gab es für das ganze Jahr insgesamt 56 Nutzer.

Die Gründe für diesen Rückgang waren vielfältig und lagen vor allem darin, dass die Nutzer andere Aufgaben oder Prioritäten hatten. Zu Kriegsbeginn fielen die jüngeren Nutzer weg, da sie zur Wehrmacht einberufen wurden. Im Laufe des Krieges wurde das Alter für den Kriegsdienst immer weiter heraufgesetzt, sodass immer mehr Männer eingezogen wurden. Die älteren Menschen wiederum verließen häufig Kiel, da die Stadt vermehrt zum Ziel von Luftangriffen wurde. Als besondere Berufsgruppe gehörten die Lehrer zu den häufigen Nutzern des Staatsarchivs. Diese Gruppe fiel fort, weil die Schulklassen an der Kinderlandverschickung teilnahmen und auf Lager außerhalb der Städte verteilt wurden, begleitet von ihren Lehrern.[1201]

Die Nutzung wurde außerdem durch Schäden an den Archivgebäuden beeinträchtigt. So musste der Lesesaal 1942 für einige Zeit geschlossen werden, nachdem das Verwaltungsgebäude durch Bomben getroffen worden war und man die Decke des Lesesaals hatte einschlagen müssen, um an den Brandherd zu gelangen.[1202] Mit Fortschreiten des Krieges wurden zudem immer mehr Archivalien außerhalb des Archivs gesichert, die Zugänglichkeit für die Nutzung war damit nicht mehr gegeben. Nachdem im Oktober 1943 die Findmittel ausgelagert worden waren, war das Archiv insgesamt nur noch schwer nutzbar. Zu den letzten beiden Kriegsjahren liegen keine Angaben mehr vor, es ist aber anzunehmen, dass der Lesesaal spätestens Mitte 1944, nachdem das Verwaltungsgebäude mehrere Bombentreffer erlitten hatte, geschlossen wurde. Andere Archive hatten diesen Schritt bis dahin schon längst vollzogen, das GStA schloss seinen Lesesaal Mitte 1942.[1203]

Während die persönliche Nutzung nach Kriegsbeginn abnahm, stieg die Anzahl der schriftlichen Anfragen. Dies lag unter anderem an einem erneuten Aufschwung der „Ariernachweise“. Das Wehrgesetz vom 21. Mai 1935 legte fest, dass für den Dienst in der Wehrmacht die „arische“ Abstammung Voraussetzung sei.[1204] Mit Beginn des Krieges wurden nun Männer zum Kriegsdienst eingezogen, und sie mussten vorher den entsprechenden Nachweis erbringen.

1201 GStA PK, I. HA Rep. 178, 2370, Bl. 222, Jahresbericht für 1941, o. D.

1202 LASH Abt. 304 Nr. 880, Hoffmann an den Oberpräsidenten Lohse vom 16.10.1942.

1203 Staatsarchiv Hamburg, 133–1 II, Nr. 61: 443/1942, ein Nutzer an das Staatsarchiv Hamburg vom 10.7.1942. – Hoffmann berichtet, im Staatsarchiv Kiel habe es nach 1943 noch „zwei, drei unentwegte Besucher“ gegeben; vgl. Hoffmann: Aufbau (Anm. 46), 213.

1204 RGBl. I, 1935, 611, Paragraf 15.

Die Quellenbasis für die Bearbeitung der Nachweise hatte sich im Staatsarchiv Kiel währenddessen verbessert, da die Behörden aus Platzmangel und in Übereinstimmung mit den Luftschutzbestimmungen Akten an die Archive abgaben. Darunter waren in Kiel Vormundschafts- und Pflegschaftsakten, die besonders Informationen über uneheliche Geburten enthielten, die bei der Ausstellung der „Ariernachweise" hilfreich waren.

Der übliche Vorgang bei der Übernahme von Behördenakten sah vor, dass das Material den Staatsarchiven angeboten wurde, wenn es bei den Behörden nicht mehr benötigt wurde. Infolge des Luftschutzgesetzes war es bereits vermehrt zu Abgaben gekommen, und dies setzte sich auch in den Kriegsjahren fort. Gerade die Behörden in den Städten stellten keine sicheren Orte dar, um laufendes Schrift- und potenzielles Archivgut zu lagern. Die Anbietung wurde beschleunigt, um gefährdetes Material schneller ins Archiv zu überführen.

Gleichzeitig litt das Staatsarchiv Kiel, wie auch andere Staatsarchive, unter Platzmangel und konnte aufgrund der baulichen Voraussetzungen und der Lage kaum als sichere Unterbringung gelten. Angebotene Akten konnten zum Teil nicht übernommen werden.[1205] Im März 1944 machte Zipfel angesichts dieser Umstände Zugeständnisse, als von ihm die Weisung an das Staatsarchiv Kiel erging, Akten seien nur zu übernehmen, wenn sie durch den Verbleib in den Behörden gefährdet seien. Gerade bei Behörden außerhalb von Kiel wären sie vor Ort sicherer untergebracht als im Archivgebäude.[1206]

Dies führte dazu, dass Dokumente von den Behörden nicht abgegeben wurden. Dort lagen also große Massen an Papier, die häufig in den Augen der dortigen Mitarbeiter unwichtig waren. Es zeigten sich die Auswirkungen der Einberufungen auch hier: Die Beamten waren zum Teil durch Hilfskräfte ersetzt, die jedoch nicht mit den Akten vertraut waren und ihren Wert häufig geringer schätzten. Parallel dazu wurde am 2. April 1943 vom preußischen Ministerpräsidenten per Erlass dazu aufgefordert, Altpapier abzugeben, da dieses als Rohstoff für die Kriegsanstrengungen benötigt wurde. In Zeitungsannoncen wurde dazu aufgerufen, alte Akten und auch Archivmaterial an die entsprechenden Stellen zur Weiterverarbeitung abzugeben.[1207]

Die Archivare sahen klar die Gefahr, dass dadurch wertvolle und archivwürdige Dokumente zerstört werden könnten. Zipfel veröffentlichte

1205 LASH Abt. 304 Nr. 923, Hoffmann an die Wasserstraßendirektion in Kiel vom 17.6.1942.

1206 GStA PK, I. HA Rep. 178, 2370, Bl. 255, Generaldirektor Zipfel an das Staatsarchiv Kiel vom 15.3.1944.

1207 Beispielsweise LASH Abt. 304 Nr. 920, Zeitungswerbung aus der Kieler Zeitung vom 10./11.4.1943.

im *Völkischen Beobachter*, der Parteizeitung der NSDAP, einen Artikel, um auf diese Problematik aufmerksam zu machen.[1208] Er plante, die Staatsarchive zum Träger der Altpapieraktion zu machen, damit es nicht zu unkontrollierten Kassationen kam. Dieser Plan scheiterte jedoch am Personalmangel.[1209]

Zipfel regte stattdessen bei den Staatsarchiven eine Erleichterung der Kassation für die Behörden an. Sie sollten Listen über die Aktengruppen erstellen, die ohne Weiteres kassiert werden könnten.[1210] Aus diesen Ergebnissen wurden von der Archivverwaltung die „Richtlinien für die Erfassung von Altpapier bei Behörden" erstellt und am 6. Oktober 1944 an die Archive versandt.[1211] Erst zwei Wochen zuvor, am 21. September 1944, war vom Reichsminister des Innern der Grundsatz gelockert worden, dass Akten nur unter Beteiligung des zuständigen Staatsarchivs vernichtet werden dürften. In den Richtlinien wurde nun genau aufgeführt, welche Aktenzeichen unter welcher Aktengruppe und bei welcher Behördenart entbehrlich seien, wobei das Verzeichnis nur für moderne Akten seit dem Ende des 19. Jahrhunderts galt. Unter anderem wurde festgelegt, dass bei den Gesundheitsämtern alle Akten unter der Rubrik Q über Tuberkulosebekämpfung und -fürsorge vernichtet werden könnten sowie diejenigen unter S über „Fürsorge für Krüppel, Sieche, Süchtige, Geisteskranke". Die vorher angelegte „Gesundheitskartei" würde zusammen mit dem „Sippenbuch" dafür sorgen, dass der „gesamte erbbiologisch erfaßte Stoff" nicht verloren ginge. Auch hier wurde also der „rassische" Aspekt mitgedacht. Für die Entscheidung über die Aufbewahrung von Personalakten war Zipfel eigens mit dem Reichssippenamt in Kontakt getreten, um zu besprechen, welche Stücke entbehrlich seien, wie beispielsweise die von Angestellten niederer Tarifgruppen.[1212]

Das Vorgehen, bei der Bewertung nach dem Registraturplan ganze Aktengruppen generell zu kassieren, wurde 1957 auf dem Archivtag in Koblenz wieder aufgegriffen. Sante und Wilhelm Rohr (1898–1968) präsentierten es als einen neuen Vorschlag, der seitdem als Sante-Rohr-Modell bekannt ist.[1213] Dieses Vorgehen hat jedoch seine Ursprünge in der Notsituation des Zweiten

1208 BArch R 1506/1022, Artikel „Altpapier – Akten – Archive" von Ernst Zipfel, Völkischer Beobachter Nr. 224 vom 11.8.1944, 3.

1209 LASH Abt. 304 Nr. 920, Generaldirektor Zipfel an die Archivdirektoren vom 6.10.1944.

1210 Ebd., Generaldirektor Zipfel an die Archivdirektoren vom 20.4.1943.

1211 Ebd., Richtlinien für die Erfassung von Altpapier bei Behörden, von Zipfel, o. D.

1212 Ebd., Generaldirektor Zipfel an die Archivdirektoren vom 20.4.1943.

1213 Uhl (Anm. 19): Geschichte, 23.

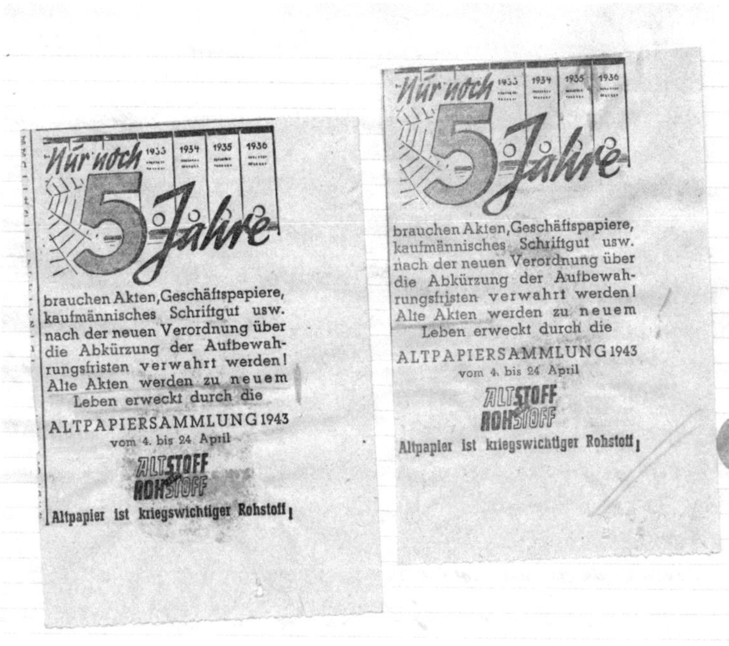

Abb. 4: Aufruf zur Altpapierverwertung aus der Kieler Zeitung vom 11. April 1943 (LASH Abt. 304 Nr. 920)

Weltkrieges, als es dazu diente, wichtiges Schriftgut vor der Vernichtung zu bewahren, aber trotzdem genügend Altpapier für die Rohstoffbeschaffung freizugeben. Zum selben Zweck legte man sich auch auf eine Verkürzung der Aufbewahrungsfristen fest, also des Zeitraums für die Aufbewahrung wertloser Unterlagen wie Rechnungsbelege.[1214]

Eine weitere Veränderung in der Übernahme von Archivmaterial bestand darin, dass auch aktuelle Dokumente ins Archiv kamen, was nicht der vorherigen Norm entsprach. Im Juli 1944 wurden vom Oberpräsidenten Ereignismeldungen und Lageberichte des Höheren SS- und Polizeiführers sowie des Polizeipräsidenten in Kiel, außerdem abgeworfene Flugblätter und Meldungen zu den Luftangriffen an das Staatsarchiv übergeben.[1215] Stephan

1214 Schmidt: Staatsarchiv (Anm. 26), 95.

1215 LASH Abt. 304 Nr. 923, Oberpräsident Lohse an das Staatsarchiv Kiel vom 8.6.1944.

verfügte als Stellvertreter für Hoffmann, diese Dokumente seien als so wichtig einzustufen, dass sie gleich mit dem nächsten Transport in ein Bergwerk ausgelagert wurden.[1216] Zudem machte Hoffmann intern die Vorgabe, dass keine Akten betreffend Nordschleswig vernichtet werden sollten, um Material für einen möglichen Austausch mit Dänemark zu haben und so den besonderen Besatzungszustand des Nachbarlandes optimal zu nutzen.[1217]

Die gesamte Zeit des Nationalsozialismus ist für die Staatsarchive geprägt von einem Ringen um Zuständigkeiten. Dies traf besonders in Bezug auf die Quellen zur Ausstellung der „Ariernachweise" zu,[1218] aber auch auf andere Akten. So war bereits im Januar 1934 das Hauptarchiv der NSDAP als Parteiarchiv gegründet worden, dessen Ziel es war, die wichtigen Dokumente zur Parteigeschichte zu sammeln.[1219] Seit 1936 unterstand es direkt dem Stellvertreter des Führers Rudolf Heß (1894–1987) und verfügte über enge Verbindungen zum Propagandaministerium. Das Material des Hauptarchivs wurde für Zwecke der Propaganda und der Informierung der Öffentlichkeit eingesetzt, indem es für Ausstellungen, Schulen, die Presse oder für Vorlesungen an den Universitäten zur Verfügung gestellt wurde.[1220] Im Hauptarchiv arbeiteten zu Spitzenzeiten bis zu sechzig Mitarbeiter. Darunter befand sich nie ein wissenschaftlicher Archivar, weswegen das Hauptarchiv auch nie über den Stand einer Sammlung hinauskam.[1221] Der thematische Fokus für die Übernahme durch das Hauptarchiv lag auf der „Kampfzeit der nationalsozialistischen Bewegung" und der NS-Bewegung allgemein. Der Begriff wurde dabei im weitesten Sinne und zum Teil bis 1848 zurück verstanden.

Um dieses Material sammeln zu können, erging bereits Ende Januar 1934 ein Aufruf an diverse leitende Stellen der Partei und deren Gliederungen wie Gauleitungen und Gruppenführer von SA und SS, entsprechende Dokumente an das Hauptarchiv abzugeben.[1222] Kurze Zeit später gab es eine ähnliche Auf-

---

[1216] Ebd., Verfügung von Stephan, o. D.

[1217] Ebd., Hoffmann an den Generaldirektor vom 11.2.1943.

[1218] Weiterführend Kapitel 4.1.1.

[1219] BArch NS 26/2588, Artikel „5 Jahre Hauptarchiv der NSDAP" von F. Kallenberger, Völkischer Beobachter Nr. 14 vom 14.1.1939, 5.

[1220] TNA PRO 30/90/1, Bericht der Evaluation and Dissemination Section, Counter Intelligence Sub-Division bei SHAEF (Supreme Headquarters, Allied Expeditionary Forces) vom 5.5.1945.

[1221] BArch NS 26/2588, Kopie: Bericht von Dr. A. Hoch über „Das Hauptarchiv der NSDAP/Eine vorläufige Zusammenstellung" vom 15.12.1953.

[1222] Ebd., Kopie: Aufruf vom Hauptarchiv der NSDAP, unterzeichnet von Reichschulungsleiter Gohdes vom 30.1.1934.

forderung an die staatlichen Archive. Dies führte dazu, dass sich Brackmann im September 1935, kurz vor seiner Pensionierung als Generaldirektor, gegen eine Aktenabgabe stellen musste. Er betonte, dass dies „bestimmungsmäßig nicht angängig, auch archivtechnisch in vielen Fällen nicht möglich ist".[1223]

Das Hauptarchiv bekam vonseiten des Innenministers Unterstützung. Im Runderlass vom 4. September 1936 wurden die Staatsarchive dazu aufgerufen, bei der Bewertung besonders auf die Geschichte der nationalsozialistischen Bewegung „während ihrer Kampfzeit" zu achten.[1224] Zipfel ergänzte dazu den preußischen Staatsarchiven gegenüber, sie sollten besondere Verzeichnisse über diese Akten anlegen, außerhalb der gewöhnlichen Verzeichnung der übrigen Abgabe.

Damit war aber noch nicht in die Zuständigkeit der staatlichen Archive eingegriffen worden, da noch keine archivwürdigen staatlichen Akten an das Hauptarchiv abgegeben waren. Dies änderte sich jedoch knapp zwei Monate später mit dem Runderlass des Reichsführers SS und Chefs der Deutschen Polizei, in dem besonders die Dienststellen der Polizei dazu aufgerufen wurden, relevantes Material der „Kampfzeit" an das Hauptarchiv oder das Gestapo-Amt in Berlin zu übersenden.[1225] Ähnliche Bestrebungen gab es auch im Justizressort.[1226] Zipfel wandte sich an den Ministerpräsidenten und beklagte, dass dies allen archivalischen Grundsätzen widersprechen und es letzten Endes „die staatliche Archivverwaltung aushöhlen" würde.[1227] Er bat darum, klarzustellen, dass die Akten höchstens leihweise an das Hauptarchiv übersandt werden sollten, ihr rechtmäßiger letzter Standort sei danach das Staatsarchiv. Obwohl der Reichsführer-SS dem zustimmte,[1228] kam es anschließend zu unrechtmäßigen Ablieferungen an das Hauptarchiv und sogar zu Kassationen vonseiten der Gestapo.[1229]

Zu einer endgültigen Einigung in dieser Kompetenzstreitigkeit kam es vor dem Krieg nicht. 1943 erarbeiteten Zipfel und Arnold Brügmann (1912–

1223 LASH Abt. 304 Nr. 1825, Abschrift: Brackmann an das Hauptarchiv der NSDAP vom 13.9.1935.

1224 GStA PK, I. HA Rep. 178, 1161, Bl. 4, Auszug aus dem Ministerialblatt für das Reichs- und Preußische Ministerium des Innern Nr. 40 vom 16.9.1936, 1209.

1225 Ebd., Bl. 5, Abschrift aus dem Reichsministerialblatt der inneren Verwaltung 1936, Nr. 52, 1609, Runderlass des Reichsführer-SS und Chef der deutschen Polizei vom 2.12.1936.

1226 Ebd., Bl. 10–11, Zipfel an den preußischen Ministerpräsidenten vom 21.12.1936.

1227 Ebd.

1228 Ebd., Bl. 56, Abschrift: der Minister des Innern an den Direktor des Reichsarchivs Zipfel vom 27.2.1937.

1229 Ebd., Bl. 53–54, Diestelkamp vom Staatsarchiv Stettin an Generaldirektor Zipfel vom 7.3.1937.

1995), der in jenem Jahr die Leitung des Hauptarchivs übernommen hatte, den Entwurf einer Regelung, um die staatlichen Archive von denen der NSDAP abzugrenzen.[1230] In dem Entwurf wurde genau festgelegt, welches Archiv für die Übernahme welcher Materialien zuständig sei.[1231] Die Archive der NSDAP sollten für das Schriftgut verantwortlich sein, das bei der Partei und deren Gliederungen entstand, aber auch für das Archivgut der „politischen Gegner der NSDAP“. Brügmann versicherte jedoch, dass damit nur Bestände nach 1914 gemeint seien und die älteren Archivalien wie die der jüdischen Gemeinden, die teilweise bis ins Mittelalter zurückreichten, nicht dazu gehörten. Dies war besonders wichtig, da die staatlichen Archivare ein großes Interesse daran hatten, die für die „Ariernachweise“ so wertvollen Archivalien zu vereinen. Darin mussten sie schon mit diversen anderen Stellen wie dem Reichssippenamt oder der Gestapo konkurrieren, sodass mit den Parteiarchiven nun ein Konkurrent wegfiel. Außerdem wurde festgelegt, dass die Staatsarchive die Parteiarchive in ihrem Ziel, die Geschichte der NS-Bewegung zu dokumentieren, unterstützen sollten, indem zum Beispiel das relevante staatliche Material wie bisher in gesonderten Verzeichnissen aufgeführt wurde. Eine besondere Regel besagte außerdem, dass die staatlichen Archive – mit Ausnahme des Reichsarchivs – keine zeitgeschichtlichen Sammlungen anlegen, also etwa Plakate oder Flugblätter aufnehmen dürften, obwohl dies bereits in vielen Staatsarchiven gängig war.

Es bleibt unklar, ob es zu einer offiziellen Annahme dieses Entwurfes kam. Zipfel und Brügmann hielten die Angelegenheit damit jedenfalls für erledigt. Zipfel hatte seinen Archivdirektoren den Inhalt mitgeteilt, obwohl die endgültige Anerkennung durch die vorgesetzten Stellen ausstand, damit sie einen Leitfaden hätten, wie sie sich gegenüber den Parteiarchiven zu verhalten hatten.

Interessant ist der Entwurf auch hinsichtlich der Umgangsregelung mit nicht staatlichen Archivalien. So einigten sich Zipfel und Brügmann, dass die staatlichen Archive für das nicht staatliche Archivgut zuständig seien, soweit es nicht die Partei oder die NS-Bewegung betreffe. Dies war der preußischen Archivverwaltung besonders wichtig, nachdem sie sich bereits seit Jahrzehnten um die nicht staatlichen Archivalien bemühte.

[1230] Zu dem Hauptarchiv waren auch auf Gau- und Kreisebene Parteiarchive aufgebaut worden, die oft über einen kleinen Ausstellungsbereich verfügten; vgl. TNA PRO 30/90/1, Bericht der Evaluation and Dissemination Section, Counter Intelligence Sub-Division bei SHAEF vom 5.5.1945.

[1231] Hier und im Folgenden: GStA PK, I. HA Rep. 178, 1161, Bl. 17–18, Abschrift: Zipfel an die Archivdirektoren vom 6.12.1943.

Unter diese Bemühungen fielen auch die Archivalien nicht staatlicher Herkunft, die seit Beginn der NS-Zeit beschlagnahmt worden waren. Zipfel hatte die Direktoren der preußischen Staatsarchive bereits im Januar 1934 darauf aufmerksam gemacht, dass sie sich um die Dokumente kümmern sollten, die von den verbotenen und aufgelösten Parteien und Organisationen stammten und von Stellen wie der Polizei, der Gestapo oder Ähnlichem übernommen worden waren.[1232] Nach entsprechenden Erkundigungen vonseiten des Staatsarchivs Kiel wurden diesem zum Beispiel Bücher von SPD-Mitgliedern mit kommunistischem Inhalt und Protokollbücher der SPD angeboten.[1233] Einige dieser Bände fanden ihren Weg ins Archiv, andere konnten trotz der entsprechenden Bitte nicht überführt werden, da sie bereits in den Behörden vernichtet worden waren.[1234] Wieder andere Stücke hatten in den Augen der Archivare keinen Wert, wurden aber trotzdem übernommen. Als dem Staatsarchiv vom Sicherheitsdienst des Reichsführers SS 1941 Papiere des Kommunalpolitikers Willy Christiansen (1878–1951) aus Schleswig angeboten wurden, vermerkte Hoffmann, dass sie übernommen worden waren, obwohl sie eigentlich kassiert werden könnten, „weil vielleicht auf diese einst beschlagnahmten Papiere wieder zurückgegriffen werden könnte“.[1235] Für welche Zwecke dies geschehen sollte, geht aus den gesichteten Quellen nicht hervor.

Die Aufgabe, sich mit den nicht staatlichen Archivalien zu befassen, war in vielen Provinzen von den Archivberatungsstellen übernommen worden. Deren Errichtung war in einem Erlass des Innenministers vorgesehen worden,[1236] dem im Frühjahr 1938 auch in Schleswig-Holstein entsprochen wurde. Es wurde solch eine Stelle eingerichtet und ein Mitarbeiter namens Albert Fister dort beschäftigt; die Leitung hatte der Direktor des Staatsarchivs inne.

In der Provinzialverwaltung gab es nun starke Bestrebungen, die Betreuung der nicht staatlichen Archivalien vom Staatsarchiv zu emanzipieren. Deswegen ging 1939 die Verwaltung der Archivberatungsstelle auf die Provinzialverwaltung über. Hoffmann hatte jedoch weiterhin die Leitung inne und unterstand in

---

1232 LASH Abt. 304 Nr. 125, Bl. 1, Verfügung vom Generaldirektor an die Staatsarchive vom 3.1.1934.

1233 Ebd., Bl. 8, Gendarmerieposten Schellhorn, Wachtmeister Bähr, an das Staatsarchiv Kiel vom 7.6.1934, Bl. 15, der Bürgermeister der Stadt Husum an das Staatsarchiv Kiel vom 12.4.1934.

1234 Ebd., Bl. 21, Polizeiverwaltung in Wilster an das Staatsarchiv Kiel vom 31.5.1934.

1235 LASH Abt. 304 Nr. 1921 II, Aktenvermerk von Hoffmann vom 21. April 1941; s. weiterführend außerdem Bettina Dioum: „Vielleicht könnte auf diese einst beschlagnahmten Papiere wieder zurückgegriffen werden“ – Vom NS-Raubgut zum Schenkungsvertrag. In: Auskunft – Zeitschrift für Bibliothek, Archiv und Information in Norddeutschland 36.2 (2016), 333–336.

1236 Weiser (Anm. 15), 129.

dieser Funktion dem Landeshauptmann, während er gleichzeitig Direktor des Staatsarchivs war.

Diese Regelung war so lange erfolgreich, bis Hoffmann im September 1943 zum Kriegsdienst eingezogen wurde. Dies nahm der Landeshauptmann zum Anlass, einen neuen Leiter zu ernennen. Obwohl mit Stephan ein Ersatz für Hoffmann greifbar war, wurde gerade einmal zwei Tage, nachdem Carstens als letzter wissenschaftliche Archivar Kiel verlassen hatte, Hahn zum neuen Leiter ernannt.[1237] Stephan wurde übergangen mit dem Hinweis auf sein hohes Alter und darauf, dass die durchzuführenden Sicherungsmaßnahmen der nicht staatlichen Archivalien eine jüngere Kraft benötigten. Stephan berichtete an den Generaldirektor, dass er gar nicht gefragt worden sei, und fügte hinzu: Ob bei der Übertragung der Leitung an Hahn „die Rücksicht auf mein Alter maßgebend gewesen ist, lass' ich dahingestellt".[1238] Viel wahrscheinlicher ist Stephans Vermutung, dass dies der erste Schritt war, um den Direktor des Staatsarchivs dauerhaft aus der Leitung der Archivberatungsstelle zu verdrängen.[1239]

Hahn, 1898 geboren in Emden, war vor allem journalistisch tätig, unter anderem ab 1930 als Direktor des Evangelischen Presseverbandes, bevor er 1937 zum Kirchenarchivrat ernannt wurde. Seit dem 1. April 1943 war er im neu gegründeten Landessippenamt beschäftigt, das jedoch nie ganz funktionsfähig wurde.[1240] In dieser Position war er auch mit dem Aufbau eines Archivs für die Provinzialverwaltung beauftragt.[1241] Hahn war ein Anhänger des Nationalsozialismus und dessen antisemitischer Grundlagen. 1941 wurde in der ZSHG sein Aufsatz „Judentaufen in Schleswig-Holstein" veröffentlicht. Darin bezeichnete er das Judentum unter anderem als „etwas Rassefremdes" und lobte, dass durch die Politik des Nationalsozialismus und durch Adolf Hitler „die Judenfrage praktisch gelöst" werde.[1242]

Die Position als Leiter der Archivberatungsstelle ab September 1943 ergab sich für die Provinzialverwaltung als logische Schlussfolgerung, da Hahn bereits die Aufsicht über einen gewissen Teil der nicht staatlichen Archivalien durch das Sippenamt und das einzurichtende Provinzialarchiv innehatte. Der

---

1237 GStA PK, I. HA Rep. 178, 1071, Abschrift: der Oberpräsident, i. V. Landeshauptmann Schow, an den Minister des Innern vom 22.9.1943.

1238 Ebd., Stephan an den Generaldirektor vom 1.11.1943.

1239 Ebd.

1240 Linck (Anm. 31), 38.

1241 LASH Abt. 304 Nr. 877, Abschrift: der Direktor des Reichssippenamtes Mayer an den Generaldirektor Zipfel vom 7.6.1943.

1242 Wilhelm Hahn: Judentaufen in Schleswig-Holstein. In: ZSHG 69 (1941), 110–131, 110.

Kriegsverlauf verhinderte jedoch, dass die Pläne wirklich greifen konnten. Die Archivberatungsstelle war immer stärker in die Sicherung der nicht staatlichen Archivalien vor dem Luftkrieg involviert und organisierte 1944 Auslagerungen in ein Bergwerk in Heilbronn. Dabei entwickelte Hahn nur wenig Initiative und überließ die Arbeit vor allem Fister.[1243]

Die Ernennung Hahns anstelle von Stephan war Zipfel jedoch ein großer Dorn im Auge. Er verwies gegenüber dem Innenminister auf dessen Runderlass vom August 1937, in dem formuliert war, dass die Archivdirektoren den Archivberatungsstellen vorstünden. Er betonte, dass Hahn nicht die fachliche Voraussetzung habe und höchstens ergänzend in seiner Funktion als Leiter des Landessippenamtes zu Arbeiten herangezogen werden könne.[1244] Hinzu komme, so Zipfel, dass er die Ernennung der Archivdirektoren zu Luftschutzbeauftragten für das gesamte Archivgut in ihrem Gebiet einschließlich des nicht staatlichen durchgebracht habe. Damit würde sich die Aufgabe der Sicherung der Archivalien von dieser Seite und vonseiten der Archivberatungsstelle überschneiden.[1245]

Letztendlich entschied der Reichsminister des Innern, dass der Regelung wie von der Kieler Provinzialverwaltung vorgesehen nicht zugestimmt werden konnte. Die Einwürfe Zipfels wurden also als gerechtfertigt angesehen, vor allem durch die Rolle der Archivdirektoren als Luftschutzbeauftragte.[1246] Zwar wurde Hahn daraufhin aus seinem Amt entlassen, zu einer Umsetzung dieses Beschlusses kam es jedoch nicht, und das Problem wurde wegen fehlender Kriegswichtigkeit ab September 1944 nicht weiter verfolgt.[1247]

Diese Episode lässt erkennen, dass es Zipfel vor allem darum ging, die Kontrolle über die nicht staatlichen Archivalien zu erlangen, auch gegen die Provinzialverwaltungen. Schon vorher hatte er bemängelt, dass Provinzial-

---

1243 GStA PK, I. HA Rep. 178, 1071, Vermerk von Suhr vom 28.2.1944.

1244 Ebd., Zipfel an Reichsminister des Innern vom 30.10.1943.

1245 Ebd.

1246 Ebd., Abschrift: das Reichsministerium des Innern an den Oberpräsidenten Lohse vom 7.2.1944.

1247 Ebd., Vermerk von Suhr vom 19.9.1944. Hahn wurde nach Kriegsende von der britischen Militärregierung entlassen und interniert. Nach seiner Freilassung fand er ab 1948 über Arbeit im Statistischen Landesamt wieder Eintritt in den Staatsdienst. Ab 1951 leitete er die Pressestelle der Landesregierung, bevor er zum 1. April 1957 an das Landesarchiv Schleswig-Holstein versetzt wurde. Frühere Anfragen Hahns in diesem Sinne waren unter anderem daran gescheitert, dass sich Hoffmann gegen die Beschäftigung Hahns ausgesprochen hatte, da ihm die nötige Fachausbildung für die Stelle eines wissenschaftlichen Archivbeamten fehlen würde. Trotzdem kam es zu der Versetzung, und nachdem es bereits während des Krieges Streitigkeiten um seinen Titel „Landesarchivrat" gegeben hatte, wurde er 1959 vom „Regierungsrat" zum „Archivrat" ernannt. Hahn trat 1963 in den Ruhestand und starb am 18. Februar 1982; s. weiterführend LASH Abt. 811 Nr. 20354.

archive entstünden und bei den Kreisen die Bildung von Kreisarchiven geplant sei. In einer Denkschrift über den Zustand des deutschen Archivwesens warnte er, dass die Selbstverwaltung das staatliche Archivwesen bedrohe.[1248] Die staatliche Überlieferung sei außerdem gefährdet durch die Entstehung von Ressortarchiven in einzelnen Behörden wie bei der Reichspost oder der Reichsbahn. Er warf der Landeskulturverwaltung vor, dass sie „Landeskulturarchive“ unterhielte, statt das Material an die Staatsarchive abzugeben. Zudem würden andere Regierungsstellen nicht staatliches Archivgut in eigenen Archiven sammeln, wie das Reichssicherheitshauptamt die beschlagnahmten Dokumente der verbotenen und aufgelösten politischen Parteien. In Berlin sei so bereits ein „Logenarchiv“ aus den beschlagnahmten Archivalien der Freimaurer-Logen aufgebaut worden, und auch aus dem geraubten jüdischen Archivgut sollte eine eigene Sammlung jüdischer Archivalien entstehen. In Zipfels Augen waren dies „Zersetzungserscheinungen“, die Staatsarchive böten ein „Bild ärgster Zersplitterung“. Er forderte die Einrichtung einer einheitlichen Reichsarchivverwaltung für das ganze Deutsche Reich, die direkt dem Staatschef unterstehen sollte.

Seine eigenen Ambitionen werden dabei schnell klar. So sollte nicht etwa nur eine neue Reichsarchivverwaltung geschaffen werden, sondern diese sollte aus der preußischen Archivverwaltung hervorgehen. Zipfel als Leiter der preußischen Archivverwaltung würde somit an der Spitze aller Staatsarchive im Deutschen Reich stehen. Inwiefern diese Pläne vorgebracht und rezipiert wurden, ging aus den gesichteten Quellen nicht hervor; mit dem fortschreitenden Krieg wurde eine Realisierung nicht mehr möglich.

Zum Ende des Krieges kam ein neuer Aufgabenbereich für die Archivare dazu, der dem eigentlichen Wesen der Archive widersprach: die „Sicherung des Aktenguts vor feindlichem Zugriff“, wie es euphemistisch hieß. Darunter verstand man die vorsätzliche Vernichtung von belastenden Dokumenten. Bereits im September 1944 wurde mit einer Verfügung auf das Thema aufmerksam gemacht. Reimers antwortete aus Kiel darauf, dass die Findbücher in der Auslagerungsstätte unzugänglich seien, da aber die Akten der fraglichen Behörden seit 1928 durch seine Hände gegangen seien, könne er sagen, dass keine zu vernichten seien.[1249]

[1248] Hier und im Folgenden: BArch R 1506/1022, „Denkschrift über den gegenwärtigen Zustand und die künftige Gestaltung des deutschen Archivwesens“, o. D. [1943].

[1249] GStA PK, I. HA Rep. 178, 2379, Reimers an den Generaldirektor vom 8.10.1944.

Der genaue Inhalt der Verfügung ist nicht bekannt, da sie in den ausgewerteten Quellen nicht überliefert ist. Es ist jedoch davon auszugehen, dass damit nicht die tatsächliche Vernichtung von Akten angeordnet wurde, sondern zunächst deren Kennzeichnung beziehungsweise Aussonderung. Es sollte wohl vor allem angegeben werden, welche dieser Akten in den Archiven vorhanden waren, damit im Ernstfall die notwendigen Maßnahmen ergriffen werden könnten.

Im GStA war relevantes Material, auf das die Verfügung zutraf, bereits in einem Bergwerk ausgelagert. Es handelte sich dabei hauptsächlich um die Akten der Ostabteilung im Innenministerium, die Auskunft „über die Polenpolitik der früheren Provinz Westpreußen" gaben.[1250] Diese Akten waren noch nicht geordnet, sondern ohne nähere Sichtung ausgelagert worden; welche belastenden Informationen sie enthielten, war also nicht bekannt. Statt nun aber die komplette Vernichtung des Bestandes in Kauf zu nehmen, plante die preußische Archivverwaltung, einen Archivar abzustellen, um die Ablieferungen durchzusehen und die belastenden Stücke auszusortieren. Für diese Arbeit wurden mehrere Wochen angesetzt.[1251]

Im März 1945 wurden dann systematische Überlegungen angestellt. Erich Randt (1887–1948) führte als Vertreter Zipfels grundsätzliche Thematiken auf, die für eine Vernichtung aus dem Bestand des Innenministeriums in Betracht kämen. Darunter fielen Akten, die Auskünfte gaben über die

> „Bekämpfung der weltanschaulichen und politischen Gegner des Nationalsozialismus seit 1933 […], also etwa Akten betr. die katholische und evangelische Kirche, die Judenfrage, die Parteien und sonstige aufgelöste Verbände und Vereine, die Freimaurerlogen usw.".[1252]

Außerdem müsste dies auch auf ältere Akten zutreffen, in denen es um die Rüstungsmaßnahmen ging, die gegen den Versailler Vertrag verstießen. Zipfel selbst ging noch den Schritt weiter und fragte beim Innenministerium nach, ob dort Wünsche über die Beseitigung von bestimmten abgelieferten Aktengruppen bestünden.[1253]

Ob es jedoch zu einer Vernichtung der gekennzeichneten Akten im GStA kam und inwiefern sonstige Zerstörungen auch in den anderen preußischen

---

[1250] GStA PK, I. HA Rep. 178, 54, Bl. 6, Randt an den Generaldirektor vom 5.2.1945.

[1251] Ebd., Bl. 18, Randt an den Generaldirektor vom 16.2.1945.

[1252] Ebd., Bl. 26, Aktenvermerk von Randt vom 14.3.1945.

[1253] Ebd., Bl. 27, Zipfel an den Ministerpräsidenten vom 16.3.1945.

Staatsarchiven passierten, bleibt unklar. Sicher ist aber, dass Pläne dafür vorlagen, die von den Archivaren umgesetzt worden wären, wenn notwendig. Im Reichsarchiv Danzig wurden nicht nur die bedeutenden Archivalien ausgesondert, um sie im Notfall zu vernichten, sondern auch „alle irgendwie aufschlußreichen Stücke" der laufenden Archivregistratur, damit diese im Ernstfall vor der Übernahme durch den Feind vernichtet werden könnten. In Groß Ilsede, wo die Archivabteilung des Staatsministeriums bei Kriegsende untergebracht war, wurden die Personalakten der Archivare vernichtet.[1254]

Es ist kein Geheimnis, dass zum Ende des Krieges vor allem in den Reichsbehörden vorsätzlich Aktenmaterial vernichtet wurde.[1255] Diese Möglichkeit hatten bereits 1944 die Briten ins Auge gefasst, als sie meldeten, „that the indications are that the Germans are destroying or removing all Official records".[1256] Erich Weise (1895–1972), der das Reichsarchiv in Posen geleitet hatte, berichtete am 26. März 1945 an das Reichsarchiv in Potsdam, dass das Innenministerium seine wichtigsten neueren Akten 1943 nach Küstrin ausgelagert habe. Nachdem sich der Frontverlauf zunehmend zuungunsten der Deutschen geändert hatte, war ein Beamter dorthin geschickt worden, der die Akten aufgrund der Unmöglichkeit eines Abtransports vernichtete. Weise machte darauf aufmerksam, dass die Prämisse, dass alle diese Akten „kompromittierend" gewesen seien, nicht zutreffe und ihre komplette Vernichtung „sehr zu beklagen ist". Er plante die weitere Räumung der Auslagerungsstelle und teilte die Akten in drei Gruppen ein: vertrauliche beziehungsweise kompromittierende Akten, nicht kompromittierende Akten mit historischem Wert und vertrauliche beziehungsweise kompromittierende Akten aus der laufenden Verwaltung. Für Letztere bestimmte er, dass sie gesondert aufbewahrt werden sollten, um „im äußersten Fall vernichtet zu werden".[1257]

Die Auswirkungen des Krieges und der nationalsozialistischen Herrschaft fanden also schlussendlich ihren Höhepunkt darin, dass die grundlegende Aufgabe der Archivare umgekehrt wurde: Anstatt relevantes Material aufzubewahren, sollte es nun vernichtet werden. Statt ein Abbild der Vorgänge der gegenwärtigen Verwaltung festzuhalten, sollten nun genau diese Vor-

1254 Sven Kriese: Albert Brackmann und Ernst Zipfel. Die Generaldirektoren im Vergleich. In: Ders. (Anm. 27), 17–94, 92.

1255 Weiterführend dazu Hans-Stephan Brather: Aktenvernichtung durch deutsche Dienststellen beim Zusammenbruch des Faschismus. In: Archivmitteilungen 8 (1958) 4, 115–117.

1256 TNA PRO 30/90/11, Abschrift: SHAEF, MFA&A (Monuments, Fine Arts, and Archives Section), Captain Marvin C. Ross, an die Control Group (U.S.), z. Hd. Major Hammond vom 10.10.1944.

1257 GStA PK, I. HA Rep. 178, 37, Bl. 63, Weise an den Direktor des Reichsarchivs Potsdam vom 26.3.1945.

gänge durch die Vernichtung der Beweise verschleiert werden. Auch in dieser Hinsicht ließen die Archivare sich, wie schon bei den „Ariernachweisen", zu Instrumenten der NS-Herrschaft machen.

4.2.3 Beziehungen zu besetzten Ländern mit Schwerpunkt Dänemark

Bereits einen Monat nach Beginn des Zweiten Weltkrieges wurde Polen als Generalgouvernement unter deutsche Verwaltung gestellt. Dem folgten weitere Gebiete, die durch den Krieg unter deutsche Besatzung kamen. Der Umgang mit der Bevölkerung in den westlichen Ländern unterschied sich dabei von dem in den östlichen Gebieten entsprechend der NS-Ideologie: Bei den Franzosen und Dänen handelte es sich um „artverwandte" Völker, sie gehörten ebenfalls zu den „Ariern", während die Slawen in Osteuropa laut Nationalsozialisten zu den „Untermenschen" gehörten. Der Fokus soll im Folgenden auf den westlichen Ländern, vor allem auf Dänemark liegen.[1258]

Die Archivverwaltungen nutzten den Besatzungszustand der verschiedenen Länder, indem sie Archivare als „Einsatzgruppenleiter für den Archivschutz" dorthin entsandten, um nach eigener Aussage verschiedene Maßnahmen zur Sicherung und Auswertung des ausländischen Archivmaterials durchzuführen. Als nützlich erwies sich dabei, dass die Archivare zur Wehrmacht eingezogen wurden. In seiner Autobiografie bezeichnete Zipfel die „Abordnung eines Zivilarchivars im militärischen Gewande" als ursächlich für die späteren Erfolge der preußischen Archivverwaltung.[1259] Erleichtert wurde diese Aufgabe nach der Besetzung der Niederlande und Belgiens dadurch, dass Zipfel zum „Kommissar für den Archivschutz im gesamten westlichen Operationsgebiet" ernannt wurde. Ein Jahr später wurde das Aufgabengebiet auf alle besetzten und zu besetzenden Gebiete ausgeweitet.

Gerade am Osten hatten die Archivare schon lange ein wissenschaftliches Interesse. Bereits auf dem ersten Archivtag nach dem Ersten Weltkrieg war, unter antislawischer Ausrichtung, über die Ostforschung gesprochen worden.[1260] Nachdem Brackmann das Amt des Generaldirektors übernommen

1258 Weiterführend für das Vorgehen im Osten besonders Stefan Lehr: Ein fast vergessener „Osteinsatz". Deutsche Archivare im Generalgouvernement und im Reichskommissariat Ukraine (Schriften des Bundesarchivs 68). Düsseldorf 2007.

1259 BArch R 1506/1020, „Erinnerungen eines Archivars" von Ernst Zipfel, abgeschlossen am 28.2.1956.

1260 Winter (Anm. 20), 84.

hatte, war diese Ausrichtung noch intensiviert und 1931 ein Ostprogramm ausgearbeitet worden.[1261] Unter anderem wurde nun auch bei der Ausbildung ein besonderer Wert darauf gelegt, dass die Archivare Polnisch lernten.[1262]

In Schleswig-Holstein spielte die östliche Ausrichtung der Forschung eine geringere Rolle. Es kam lediglich zu Berührungspunkten in Form der Nord- und Ostdeutschen Forschungsgesellschaft (NOFG), die 1933 gegründet worden war.[1263] Sie war eine der ersten „Volksdeutschen Forschungsgemeinschaften", die unabhängig von Behörden eine volkszentrierte Forschung fördern wollten und mit denen die Regionalforschung eine politische Dimension erhielt.[1264] Die NOFG stand unter der Leitung von Generaldirektor Brackmann, und ihr Ziel war es, „die Erforschung der landes- und volksgeschichtlichen und landes- und volkskundlichen Fragen in den deutschen Grenzlanden zu fördern".[1265] Brackmann verknüpfte dies eng mit seinem Ostprogramm.

Nachdem Brackmann mit Erreichen der Altersgrenze aus dem Amt des Generaldirektors ausgeschieden war, blieb er weiter der Ostforschung und der NOFG verbunden. Bereits 1935 hatte er angeregt, dass eine „Nordabteilung" innerhalb der NOFG entstehen sollte, die sich mit Schleswig-Holstein und Dänemark befassen würde.[1266] Die Umsetzung scheiterte aber an der fehlenden Unterstützung durch die GSHG, mit der es zu Unstimmigkeiten um deren Rolle innerhalb der NOFG sowie bei der Drucklegung eines Werks über Ortsnamen gekommen war.[1267]

Es konnten aber enge Verbindungen von der NOFG mit dem 1937 gegründeten IVL aufgenommen werden, in dem Hoffmann wie erwähnt die Leitung der „Abteilung für Rasse- und Sippenkunde" innehatte.

1261 Abgedruckt bei Musial (Anm. 24), 182.

1262 Winter (Anm. 20), 174.

1263 Gegründet wurde die NOFG unter dem Namen Nordostdeutsche Forschungsgemeinschaft; vgl. Irmgard Eder-Stein (Bearb.): Publikationsstelle Berlin-Dahlem 1931–1945. Bestand R 153 (Findbücher zu Beständen des Bundesarchivs 92). Koblenz 2003, VII.

1264 Michael Fahlbusch: Wissenschaft im Dienst der nationalsozialistischen Politik? Die „Volksdeutschen Forschungsgemeinschaften" von 1931–1945. Baden-Baden 1999, 66f; Cornelißen (Anm. 30), 249.

1265 Eder-Stein (Anm. 1263), VII.

1266 BArch R 153/1328, Abschrift: Brackmann an die Vorstandsmitglieder der NOFG vom 7.10.1935; LASH Abt. 399.96 (Nachlass Gottfried Ernst Hoffmann) Nr. 147, Protokoll der Kommissionssitzung am 12.5.1936 in Flensburg.

1267 LASH Abt. 304 Nr. 867, Bl. 26, Hoffmann an Zipfel vom 22.7.1940; BArch R 153/1328, Abschrift: Schow an den Generaldirektor vom 8.9.1936.

In der NOFG besetzte Hoffmann keine Position, Schleswig-Holstein wurde dort von Scheel und Pauls vertreten. Generaldirektor Zipfel war mit diesem Umstand alles andere als zufrieden. An Hoffmann schrieb er:

> „Ich verkenne die hohe Bedeutung der ‚Rassen- und Sippenforschung' keineswegs und begrüße es, daß Sie dieser Abteilung [im IVL, Schm.] vorstehen. Im Rahmen der Aufgaben des Staatsarchivs hat aber die Landesgeschichtsforschung den Vorrang."[1268]

Hoffmann müsse die Position von Pauls als Vertreter der schleswig-holsteinischen Interessen in der NOFG für sich beanspruchen und die nötigen Schritte einleiten, dessen Stelle einzunehmen. Zipfel argumentierte, dass Pauls als Landesbibliothekar dafür nicht geeignet sei und ein historisch gebildeter Archivar auf diese Stelle gehöre. Er verkannte dabei, dass Pauls nicht nur Sekretär der GSHG, sondern auch Honorarprofessor für Landesgeschichte an der CAU war.[1269] Scheel hatte seit 1924 den neu begründeten Lehrstuhl für schleswig-holsteinische Landesgeschichte an der CAU inne und stand dem Staatsarchiv Kiel nahe, da er in den 1920er-Jahren als Sachverständiger zu den Austauschverhandlungen mit Dänemark hinzugezogen worden war.

Zipfel versuchte insgesamt nach Kriegsbeginn die Tätigkeiten der Forschungsgemeinschaften näher an sich und die Archivverwaltung zu binden. Er stellte ein neues Ostprogramm auf und wollte nach Kriegsende, welches den Zeitgenossen im Juli 1940 nahe schien, ein Westprogramm vorstellen.[1270] Daran angelehnt, erkundigte er sich bei Hoffmann nach der Möglichkeit eines Nordprogramms. Hoffmann hielt die Einbeziehung des Staatsarchivs Kiel in ein Nord- und Ostprogramm der Archivverwaltung für „das Gegebene"[1271] und legte Vorschläge für ein wissenschaftliches Nordprogramm vor.[1272] Als wichtigste Aufgabe eines solchen Programms sah er an, dass die deutschen Einwirkungen auf die skandinavischen Länder „in ihren biologisch-bevölkerungsmäßigen Grundlagen wie in ihren Leistungen" aufgezeigt werden müssten. Ein besonderer Schwerpunkt müsse auf die Einflüsse von Ein- und Auswanderung gelegt werden, worüber die Bürgerbücher im Kopenhagener Reichsarchiv Auskunft geben könnten. Ferner müssten die erfolgreichen Ein-

1268 LASH Abt. 304 Nr. 867, Bl. 27, Zipfel an Hoffmann vom 25.7.1940.

1269 Ebd., Bl. 29–30, Hoffmann an Zipfel vom 23.8.1940.

1270 Ebd., Bl. 25, Zipfel an den Hoffmann vom 12.7.1940.

1271 Ebd., Bl. 26, Hoffmann an Zipfel vom 22.7.1940.

1272 Hier und im Folgenden: ebd., Bl. 31–32, Hoffmann an Zipfel vom 30.8.1940.

flüsse, die Deutsche auf wirtschaftliche und staatliche Bereiche in Schweden und Dänemark gehabt hätten, aufgearbeitet werden.

Hoffmann schlug vor, diverse Archivalien aus dem Kopenhagener Reichsarchiv zu kopieren. Norwegische Archive würden zudem Quellen zur deutschen Wirtschaftsgeschichte und für die „deutsch-nordische [...] Bevölkerungsforschung" enthalten, über die ein Inventar anzulegen sei.[1273] Diese Idee fand bei Zipfel viel Anklang, und auch für die dänischen Archive sollte ein Inventar über diejenigen Quellen erstellt werden, die dort vorhanden und für die deutsche Geschichte relevant waren. Die Anlegung ähnlicher Inventare war auch für Archive in Frankreich, Belgien und den Niederlanden in Planung.

Die Situation in den verschiedenen besetzten Ländern unterschied sich jedoch stark voneinander, und der politische Umgang gerade mit Dänemark stellte eine Besonderheit dar. Das Land war am 9. April 1940 nahezu kampflos besetzt worden, es war aber weder eine deutsche Zivil- noch eine Militärverwaltung eingesetzt worden, wie beispielsweise in den Niederlanden oder Frankreich. Die inneren Verhältnisse blieben prinzipiell unberührt.[1274] Dänemark wurde weiterhin im Ausland als souveräner Staat betrachtet, und dementsprechend war hier als einziges der besetzten Gebiete das Auswärtige Amt zuständig. Der dänische Historiker Henning Poulsen bezeichnete diesen Zustand, verglichen mit den anderen Ländern, als eine „Abnormität".[1275]

Dieses besondere Verhältnis gegenüber Dänemark wurde auch im Staatsarchiv Kiel wahrgenommen. Wie Hoffmann an den Generaldirektor berichtete, sollte vor dem Beginn jeglicher Aktionen in Dänemark das Auswärtige Amt konsultiert werden: „Dänemark wird von deutscher Seite mit größter Rücksicht behandelt, und es wird alles getan, um die dänische Empfindlichkeit nicht zu reizen."[1276] Anders als in Norwegen, wo eine deutsche Zivilverwaltung eingesetzt worden war, würde dies das weitere Vorgehen erschweren.

Das unterschiedliche Vorgehen der NS-Regierung in den besetzten Ländern sorgte auch für ein entsprechend unterschiedliches Vorgehen der Archi-

---

1273 GStA PK, I. HA Rep. 178, 2349, Hoffmann an Zipfel vom 20.9.1940.

1274 Hier und im Folgenden: Karl Christian Lammers: Die deutsche Besatzungspolitik und ihre dänischen Partner. Eine Forschungsbilanz. In: Robert Bohn (Hrsg.): Die deutsche Herrschaft in den „germanischen" Ländern 1940–1945 (Historische Mitteilungen, Beiheft 26). Stuttgart 1997, 135–144, 136, 139.

1275 Henning Poulsen: Die deutsche Besatzungspolitik in Dänemark. In: Robert Bohn (Hrsg.): Neutralität und totalitäre Aggression. Nordeuropa und die Großmächte im Zweiten Weltkrieg (Historische Mitteilungen, Beiheft 1). Stuttgart 1991, 369–380, 372.

1276 LASH Abt. 304 Nr. 867, Bl. 50–51, Hoffmann an Zipfel vom 20.9.1940.

vare. Vielerorts gab es Planungen, die ausländischen Archivalien zu untersuchen, wie durch die Anlegung eines Inventars, jedoch gab es auch Aktionen, um sich widerrechtlich Archivalien anzueignen, gerade in den östlichen Gebieten. Das Vorhaben, Archivalien aus anderen Archiven zu übernehmen, bestand auch bei Hoffmann in Bezug auf Dänemark. Bereits wenige Monate nach der Besetzung Dänemarks legte Hoffmann dem Generaldirektor konkrete Pläne vor, um an die dort befindlichen Archivalien zu gelangen.[1277] Ganz im Sinne seiner Zeit ging er von einem schnellen Kriegsende aus und nahm außerdem an, dass es einen Friedensvertrag mit Dänemark geben würde. In einem solchen Vertrag, so Hoffmanns Annahme, würde eine neue Grenzziehung Nordschleswigs vorgeschrieben werden, die die Grenzen von 1920 revidierte. Dies wiederum würde erneute Austauschverhandlungen notwendig machen, in deren Rahmen dann auch weitere „Wünsche" gegenüber dänischen Archiven und Bibliotheken geäußert werden könnten. Er wies Zipfel explizit auf das Wort „Wünsche" hin, da Rechtsansprüche nicht mehr bestünden. Diese waren im Artikel 5 des Archivabkommens von 1933 aufgegeben worden. Zeitgleich beharrte er aber auch entgegen dieser Aussage darauf, dass man die Auslieferung der restlichen Urkunden des Gemeinschaftlichen Archivs fordern müsse. Seine größte Kritik am Abkommen lag darin, dass nicht nach dem Provenienzprinzip vorgegangen worden war, sondern nach den Bedürfnissen der Forschung, und es dadurch zur Zerreißung von Beständen gekommen war.

Zipfel schien von diesen Überlegungen überrascht und hielt sie für verfrüht, da noch keine Gespräche über eine neue Grenzziehung stattgefunden hätten. Er ermunterte aber die Überlegungen.[1278] Zipfel empfand die Aufteilung der Archivalien nicht nur als unbefriedigend, sondern er schrieb an den Reichsminister des Innern, dass es sich um einen „völlig unhaltbaren Zustand […]" handele.[1279] Bei Hoffmanns Plänen hielt er das Provenienzprinzip für ausschlaggebend, er begrüßte es aber, wenn zusätzlich eine Liste mit Archivalien erstellt werde, auf die man keinen Rechtsanspruch hätte, deren Übernahme aber „wünschenswert" erscheine.[1280]

Der Zwiespalt in der Anwendung des Provenienzprinzips einerseits und der Auflistung von „Wünschen" – also der Planung für die widerrechtlichen Übernahme von Archivalien entgegen diesem Prinzip – andererseits wurde

1277 Hier und im Folgenden: LASH Abt. 304 Nr. 928, Hoffmann an Zipfel vom 8.7.1940.

1278 Ebd., Zipfel an Hoffmann vom 12.7.1940.

1279 Ebd., Zipfel an Reichsminister des Innern vom 7.3.1941.

1280 Ebd., Zipfel an Hoffmann vom 12.7.1940.

zu einer allgemeinen Vorgabe. Dies zeigte sich deutlich auf der Konferenz der Einsatzgruppenleiter des Archivschutzes vom 2. und 3. Oktober 1941. Dort betonte Zipfel zwar, dass auch in den besetzten Ländern die archivischen Standards eingehalten werden würden, nahezu im selben Atemzug negierte er dieses Vorgehen jedoch, indem er einschränkte, dass die Ausnahmen die Regel bestätigten und man abweichen müsse in den Fällen, „in denen praktische oder politische Bedürfnisse des Reichs den Vorrang haben müssen vor den rein fachlichen Gesichtspunkten“.[1281] Damit stattete er die Archivare der preußischen Archivverwaltung mit einer Carte blanche aus, alle relevanten Archivalien entgegen jeglichen Prinzipien nach Deutschland zu überführen und damit zu rauben. Als oberste Entscheidungsinstanz sah er sich selbst in seiner Funktion als Kommissar für den Archivschutz. Bereits im Vorfeld hatte Zipfel in einem Schreiben an Hoffmann geschrieben, dass „die für das Reich so günstige politische Konstellation“ genutzt werden müsse, da es diese ermöglichte, „an fremde Archivbestände leichter als bisher heranzukommen“.[1282]

In Bezug auf Dänemark spielte erneut dessen Sonderstellung eine Rolle. Anfang 1941 schob das Auswärtige Amt weiteren Überlegungen der Archivverwaltung einen Riegel vor, da ihm das Verlangen um Herausgabe weiterer Archivalien „aus politischen und rechtlichen Gründen nicht tragbar“ erscheine.[1283] Außerdem lehnte man es ab, einen deutschen Archivar als ständigen Bevollmächtigten in Dänemark zu haben. Die Anknüpfung an und Verbesserung von Beziehungen zwischen den Archiven beziehungsweise Archivaren wurden jedoch begrüßt.

In den anderen westlichen Gebieten konnte der Besatzungszustand stärker genutzt werden. Mit den Niederlanden war der Weg eines Austauschs gewählt worden, auf dem man 1941 bereits weit vorangeschritten war.[1284] Der für diese Angelegenheit zuständige Direktor des Staatsarchivs Düsseldorf Bernhard Vollmer (1886–1958) konnte sich damit rühmen, dass das Staatsarchiv Düsseldorf nach neun Monaten Verhandlung insgesamt nahezu das Zehnfa-

[1281] Hier und im Folgenden: GStA PK, I. HA Rep. 178, 35, Bl. 2–14, Abschrift: Protokoll der Konferenz der „Einsatzgruppenleiter des Archivschutzes in den besetzten Gebieten“ am 2. und 3.10.1941 im Staatsarchiv Marburg.

[1282] LASH Abt. 304 Nr. 867, Bl. 44, Zipfel an Hoffmann vom 10.9.1940.

[1283] GStA PK, I. HA Rep. 178, 2349, Abschrift: das Auswärtige Amt an das Reichsministerium des Innern vom 2.1.1941.

[1284] Bereits in den 1920ern hatte es einen Austausch gegeben; vgl. Bernhard Vollmer: Archivalienaustausch zwischen dem Staatsarchiv Düsseldorf und den Niederlanden. In: Archivalische Zeitschrift 39 (1930), 309–313.

che von dem erhalten hatte, was abgegeben worden war, darunter wertvolle mittelalterliche Handschriften.[1285]

Mit Frankreich wurden keine Austauschverhandlungen durchgeführt, sondern es wurde auf eine Regelung im Friedensvertrag gewartet. Hier war der Leiter des Staatsarchivs Hannover Georg Schnath (1898–1989) zuständig. Er bereitete unter anderem eine Liste vor, in der diejenigen Archivalien aufgeführt wurden, die nach dem Krieg in einem Friedensvertrag zu fordern wären.[1286] In diesem Zusammenhang verschob sich auch die Wahrnehmung des Provenienzprinzips. Wie Wolfgang Hans Stein feststellte, dominierte bei den Forderungen vor allem das politische Interesse, und es wurden Archivalien mit aufgenommen, weil sie von Deutschen in Frankreich handelten. Es wurden Archive deutscher Herkunft gefordert, „aber dieser Herkunftsbegriff ist nicht archivwissenschaftliche Provenienz, sondern volkstumsmäßige und kulturelle Identität".[1287] Da sich der Krieg weiter hinzog und die Regelung durch einen Friedensvertrag immer weiter in die Ferne rückte, konzentrierte sich Schnath auf zwei andere Aktionen, die auch in weiteren Ländern durchgeführt wurden: die Fotokopierung relevanter Quellen aus französischen Archiven für die deutsche Geschichte sowie die Erstellung eines Inventars darüber.

Nach dem französischen Beispiel richtete man sich auch in Kiel beim Umgang mit Dänemark. Da das Auswärtige Amt schon früh Hoffmanns Pläne zur Vorbereitung eines Friedensvertrages mit Dänemark abgelehnt hatte, wurde auch hier auf die Kernideen fokussiert und die Anlegung eines Inventars über die Quellen zur deutschen Geschichte in den dänischen Archiven sowie eine Fotokopierung der relevanten Quellen vorbereitet.

In einer ersten Reise nach Kopenhagen im Juni 1941 sollte Hoffmann an die versiegten Beziehungen nach 1937 anknüpfen – dem Abschluss der Ablieferungen infolge des Archivabkommens – und diese Pläne in Dänemark vertreten und umsetzen. Zudem sollte er trotz aller Einwände des Auswärtigen

---

1285 GStA PK, I. HA Rep. 178, 35, Bl. 2–14, Abschrift: Protokoll der Konferenz der „Einsatzgruppenleiter des Archivschutzes in den besetzten Gebieten" am 2. und 3.10.1941 im Staatsarchiv Marburg; wobei Gerhard Menk und Sierk F. M. Plantinga aufzeigen, dass es viel größere Pläne für solch einen Austausch gab, die nicht zum Tragen gekommen sind; s. weiterführend Gerhard Menk/Sierk F. M. Plantinga: „Die Ehre der deutschen Staatsarchivare und Historiker zu wahren." Bernhard Vollmer und seine Tätigkeit in den Niederlanden. In: Kretzschmar (Anm. 25), 217–271.

1286 Wolfgang Hans Stein: Archive als Objekt von Kulturimperialismen. Französische Archive in Deutschland – deutsche Archive in Frankreich. In: Michel Espagne/Katharina Middell/Matthias Middell (Hrsg.): Archiv und Gedächtnis. Studien zur interkulturellen Überlieferung. Leipzig 2000, 89–121, 103.

1287 Ebd., 133.

Amtes bei den Archivaren sondieren, wie dort die Einstellung zu einer etwaigen „archivischen Flurbereinigung“ sei.[1288]

Die Gespräche zwischen Hoffmann und dem Leiter des Reichsarchivs in Kopenhagen Linvald kamen dabei nicht über eine distanzierte, aber höfliche Unterhaltung hinaus, bei der vor allem über die Forschungsbereiche des jeweils anderen gesprochen wurde. Linvald stand wie die meisten Dänen dem Nationalsozialismus ablehnend gegenüber. In seinem Bericht an Zipfel über die Reise charakterisierte Hoffmann:

> „Reichsarchivar Linvald, dem Kreis H. P. Hanssens, des Führers der dänischen Bewegung in Nordschleswig, angehörend, mit einer sehr vermögenden Jüdin verheiratet und mit Hilfe der Linksparteien in sein Amt gekommen, ist dadurch in seinem Verhältnis zum nationalsozialistischen Deutschland bestimmt.“[1289]

Hans Peter Hanssen (1862–1936) war maßgeblich an der Ablösung Nordschleswigs infolge des Versailler Vertrages beteiligt gewesen.[1290] Auch andere dänische Archivare, mit denen Hoffmann sich unterhielt, bewertete er nach diesem klar nationalsozialistischen Muster. Über den Archivar Harald Jørgensen (1907–2009), einem Enkel von Adolf D. Jørgensen, der dem Reichsarchiv von 1883 bis 1897 vorgestanden hatte, fügte er hinzu, dass dieser „Halb- oder Vierteljude“ sei.[1291]

Als wichtigste Quelle für diese Aussagen berief er sich auf Flemming Dahl (1896–1976), den Leiter des Stadtarchivs in Kopenhagen (bis 1936 Rådstuearkivet). Hoffmann beschrieb ihn als einen „aufrichtige[n] Bewunderer des nationalsozialistischen Deutschlands“. Sie unterhielten sich unter anderem „über die starke Verjüdung der dänischen Intelligenz“[1292] und über die antideutsche Stimmung in Dänemark. So beklagte Dahl, dass er seiner Bewunderung für die Deutschen nicht offen Ausdruck verleihen könne, da er sich sonst gesellschaftlich exponieren würde.[1293] Auch eine Einladung zu sich nach Hause konnte Dahl Hoffmann gegenüber nicht aussprechen: „In seinem Fa-

---

1288 LASH Abt. 304 Nr. 928, Abschrift: Zipfel an den Reichsminister des Innern vom 7.3.1941.

1289 Ebd., Hoffmann an Zipfel, o. D., über die Reise nach Kopenhagen vom 5. bis 16.6.1941.

1290 Weiterführend Hans Schultz Hansen: H. P. Hanssens historische Bedeutung. Zum 150. Geburtstag des Minderheitenpolitikers. In: Grenzfriedenshefte 2 (2012), 75–86.

1291 LASH Abt. 304 Nr. 928, Hoffmann an Zipfel, o. D., über die Reise nach Kopenhagen vom 5. bis 16.6.1941.

1292 Ebd., Hoffmann an Zipfel vom 26.9.1941.

1293 Ebd., Hoffmann an Zipfel, o. D., über die Reise nach Kopenhagen vom 5. bis 16.6.1941.

milienkreise würde es ihm keiner vergeben, wenn er einen Deutschen [...] aufnehmen würde."[1294] Dahl rechnete jedoch langfristig damit, von dem Sieg der Nationalsozialisten zu profitieren und zum Reichsarchivar aufzusteigen.[1295]

Bei einer zweiten Reise nach Kopenhagen im September 1941 gelang es Hoffmann im Gespräch mit Linvald, vorsichtig einen möglichen Austausch einzelner Archivalien anzusprechen. Linvald lehnte dies jedoch bestimmt mit dem Verweis darauf ab, dass Dänemark beim Abkommen von 1933 so schlecht abgeschnitten habe.[1296] Dem Beginn einer Fotokopierung von relevantem Material stand er aber durchaus offen gegenüber und bot Hoffmann die Nutzung der entsprechenden Räumlichkeiten im Reichsarchiv an.

Die Erwartungen, die an diese Fotokopieraktion gestellt wurden, waren groß, und Zipfel bat andere Archive, ihre „etwaige[n] Fotokopierwünsche" an dänischen Archivalien zu melden.[1297] Auch die Erstellung eines Inventars sollte weiter vorangetrieben werden, immer mit dem Hintergedanken, dass es später zu einem erneuten Austausch kommen könnte. Das Inventar sollte nämlich auch dazu dienen, sich bereits eine genauere Kenntnis über die Archivalien zu verschaffen, die man dann fordern könnte.[1298]

Hoffmann unternahm im November/Dezember 1941 erneut eine Reise nach Kopenhagen, konnte aber kaum etwas erreichen, da die Kopien, die mit dem neuen Kopiergerät des Reichsarchivs erstellt worden waren, noch zu schlecht waren.[1299] Überschattet wurde sein Besuch außerdem dadurch, dass die Dänen am 23. November 1941 gezwungen worden waren, dem Antikominternpakt beizutreten. Dies sahen sie als Bruch ihrer Neutralität, was zur Bildung eines stärkeren dänischen Widerstandes führte.[1300] Infolge der Unterzeichnung kam es in der dänischen Öffentlichkeit zu Protesten. Die Menschen beschäftigte die Frage, so Hoffmann, „ob und wann ein Regierungswechsel eintreten und die – immer noch sehr kleine – nationalsozialistische Partei an

1294 Ebd., Hoffmann an den Bevollmächtigten des Deutschen Reichs, o. D., über die Reise nach Kopenhagen vom 5. bis 16.6.1941.

1295 GStA PK, I. HA Rep. 178, 2349, Aktenvermerk von Zipfel vom 28.7.1941.

1296 LASH Abt. 304 Nr. 928, Hoffmann an Zipfel vom 26.9.1941.

1297 Siehe beispielsweise das Archiv in Hamburg, aber auch die Staatsarchive Königsberg, Stettin, Hannover, Magdeburg und das GStA PK; vgl. ebd., Zipfel an Hoffmann vom 2.3.1942; Schmidt: Staatsarchiv (Anm. 26), 101.

1298 GStA PK, I. HA Rep. 178, 2349, Aktenvermerk von Zipfel vom 28.7.1941.

1299 LASH Abt. 304 Nr. 928, Hoffmann an Zipfel vom 20.12.1941.

1300 Fritz Petrick: Dänemark, das Musterprotektorat? In: Robert Bohn (Hrsg.): Die deutsche Herrschaft in den „germanischen" Ländern 1940–1945 (Historische Mitteilungen, Beiheft 26). Stuttgart 1997, 121–134, 125f.

die Macht gelangen werden, und in welcher Form die Aufrollung des Juden- und Freimaurerproblems nun erfolgen werde“.[1301] Hoffmann selbst hielt Vorträge und leitete Tagungen für die NSDAP-Nordschleswig, wo er unter anderem „über die jüdische Versippung der dänischen Oberschicht“ sprach.[1302]

Letztendlich konnten die Pläne nicht einmal ansatzweise umgesetzt werden. Für das Jahr 1942 plante Hoffmann abwechselnd vier Wochen in Kiel und in Kopenhagen zu sein, um die Kopieraktion und die Arbeit an dem Inventar voranzutreiben. Eine erste Reise im März scheiterte jedoch daran, dass der Große Belt wegen Packeises nicht zu überqueren war. Ein Monat später kam dann das erzwungene Ende: Der Reichswirtschaftsminister beschloss, dass Hoffmanns Reisen eingestellt werden müssten, da nicht genügend Devisen verfügbar seien. Die dänischen Kronen, die in der Reichsbank vorrätig waren, würden für „kriegs- und lebenswichtige Zwecke“ benötigt, unter die Hoffmanns Auftrag nicht falle.[1303] Einwände Zipfels, dass damit alle Vorarbeiten hinfällig würden, änderten diesen Beschluss nicht.[1304]

Vonseiten der Archivverwaltung wurde der Versuch gemacht, anderweitig Gelder zu bekommen. Ein wichtiger Partner der Initiative Hoffmanns in Dänemark war bis dahin das Deutsche Wissenschaftliche Institut in Kopenhagen, das 1941 nach dem Vorbild anderer Städte gegründet worden war, um die deutsch-dänischen kulturellen Beziehungen auszubauen und über die dänischen wissenschaftlichen Leistungen informiert zu sein.[1305] Bis 1943 stand es unter der Leitung von Scheel. Es herrschte ein gutes Verhältnis zwischen Scheel und Hoffmann, das dazu führte, dass es auch in der Umsetzung der Pläne in Bezug auf Dänemark zur Zusammenarbeit kam.

Scheel war wie Hoffmann dem Nationalsozialismus zugetan und vertrat vor allem zu Kriegszeiten immer wieder NS-Gedankengut.[1306] Die Gründung des Instituts war unter den dänischen Wissenschaftlern sehr skeptisch aufgefasst worden, und Scheel war der Meinung, es könnte davon profitieren, mit Hoffmanns Projekt in Verbindung gebracht zu werden, da aus Personal-

---

[1301] LASH Abt. 304 Nr. 928, Hoffmann an Zipfel vom 20.12.1941.

[1302] Ebd., Hoffmann an Zipfel vom 26.9.1941.

[1303] Ebd., Abschrift: Reichswirtschaftsministerium an den preußischen Ministerpräsidenten vom 24.4.1942.

[1304] GStA PK, I. HA Rep. 178, 2349, Zipfel an den Reichswirtschaftsminister vom 16.4.1942.

[1305] Hausmann: Krieg (Anm. 695), 185.

[1306] Cornelißen (Anm. 30), 244.

mangel kaum eigene große Beiträge geleistet werden konnten.[1307] Hoffmann wurde zum außerordentlichen Mitglied des Instituts erklärt, und es wurden ihm in Kopenhagen eine Übernachtungsmöglichkeit und eine Schreibkraft zur Verfügung gestellt.[1308] Zipfel sah dies als vorbildlich an und forderte auch in den anderen westlichen Gebieten, dass die führenden Archivare dort ebenfalls außerordentliche Mitglieder wurden, beispielsweise Sante am Deutschen Wissenschaftlichen Institut in Brüssel und Schnath am Deutschen Institut in Paris.

Der Versuch, die in Dänemark fehlenden finanziellen Mittel vom Wissenschaftlichen Institut in Kopenhagen zu erlangen, scheiterte jedoch.[1309] Die Situation wurde dadurch erschwert, dass auch die Einreiseerlaubnis zum Problem wurde. Aufgrund der steigenden Schulden des Deutschen Reichs gegenüber Dänemark – 1942 beliefen sie sich auf zwei Milliarden Kronen – wurde Hoffmann die Einreise nach Nordschleswig verweigert, wo er Vorträge hatte halten wollen.[1310]

Die geplanten Aktionen in Hinblick auf Dänemark wurden vorerst pausiert und konnten nicht wieder aufgegriffen werden. Immer mehr Personal wurde eingezogen, und andere Aufgaben, wie die Durchführung der Sicherungsmaßnahmen, bekamen Vorrang. Im April 1943 gab es eine letzte Anfrage von Linvald an das Staatsarchiv Kiel; für die Dauer des Krieges bestand kein weiterer Kontakt mehr.

Im März 1943 waren Reichstagswahlen in Dänemark abgehalten worden, deren Existenz für sich bereits bemerkenswert ist, und die dänische NSDAP konnte gerade eben ihre drei Mandate verteidigen.[1311] Der Widerstand in Dänemark wuchs immer weiter. Es kam zu einem Generalstreik in Kopenhagen, und den Dänen gelang in einer einmaligen Aktion die Rettung von über 7.000 dänischen Juden nach Norwegen.[1312] Von deutscher Seite wurde mehrfach der Ausnahmezustand verhängt, um Sabotageakte einzudämmen. Als zuletzt von den Deutschen gefordert wurde, dass Militärgerichte eingerichtet und Saboteure mit dem Tod bestraft werden sollten, wollte die Regierung diese Forderungen nicht umsetzen

---

1307 LASH Abt. 304 Nr. 928, Bericht von Hoffmann an Zipfel, o. D., über die Reise nach Kopenhagen vom 5. bis 16.6.1941.

1308 LASH Abt. 304 Nr. 867, Bl. 95, Hoffmann an Zipfel vom 24.9.1942.

1309 LASH Abt. 304 Nr. 928, Zipfel an das Staatsarchiv Kiel vom 8.5.1942.

1310 GStA PK, I. HA Rep. 178, 2349, Hoffmann an Zipfel vom 10.5.1942.

1311 Petrick (Anm. 1300), 129.

1312 Weiterführend Bo Lidegaard: Die Ausnahme. Oktober 1943: Wie die dänischen Juden mithilfe ihrer Mitbürger der Vernichtung entkamen. München 2013; Therkel Stræde: Die Menschenmauer. Dänemark im Oktober 1943. Die Rettung der Juden vor der Vernichtung. Kopenhagen 1997.

und trat geschlossen zurück. Im Oktober 1944 wurde die Polizeigewalt auf die Deutschen übertragen, und Dänemark wurde damit im Grunde zu einem Reichskommissariat, die Regierung wurde de facto aber von den dänischen Staatssekretären (Departements–chefstyret) bis Kriegsende fortgesetzt.[1313]

In Dänemark war die Initiative der preußischen Archivare also zu keinem Ergebnis gekommen, in den anderen westlichen Gebieten dagegen vereinzelt schon. Besonders in Frankreich konnten Erfolge erzielt werden, wo gerade die Fotokopierung der für Deutschland interessanten Archivalien weit vorangeschritten war. Der dafür zuständige Schnath hatte es bis Mai 1944 geschafft, unter hohem personellem Aufwand nahezu eine halbe Million Kopien zu erstellen. Erkundigungen bei anderen Staatsarchiven hatten außerdem dazu geführt, dass es eine Liste mit deutschen Forderungen an Archivalien aus französischen Archiven gab, die sich auf fast 21.000 Stücke belief.[1314] Das Auswärtige Amt hatte jedoch von der Umsetzung dieser Forderung abgeraten und auf einen günstigeren Zeitpunkt verwiesen. Dazu kam es nicht, und Schnath musste sich mit den deutschen Truppen vor dem Vorstoß der alliierten Kräfte 1944 zurückziehen.[1315]

In den Niederlanden konnte ein Austausch durchgeführt werden, und der dort zuständige Vollmer arbeitete ebenfalls an einem Inventar über die in den Niederlanden vorhandenen deutschen Quellen,[1316] bevor er im August 1944 zurück nach Düsseldorf berufen wurde.[1317] In Belgien wurde nach einem Austausch von Archivalien die Möglichkeit des Fotokopierens zu einem Ausgleich für die Übernahme der Originale. Der dafür zuständige Sante berichtete auf einer Besprechung der größeren deutschen Archivverwaltung in Wien am 11. und 12. Mai 1944, dass von allen Stücken, die der Provenienz nach in Belgien verbleiben müssten, aber für die deutsche Geschichte wertvoll seien, eine Kopie für das Staatsarchiv Düsseldorf angefertigt würde. Auch für Sante verhinderte die heranrückenden Alliierten ein weiteres Vorgehen.[1318]

Alle diese Pläne hatten jedoch gemeinsam, dass sie von Zipfel viel größer angelegt waren und trotz einiger Ergebnisse nur ein kleiner Teil hatte erfüllt werden können. Wie weit Zipfels Planungen gingen, zeigt sich weiter in den

1313 Lammers (Anm. 1274), 137.

1314 Stein (Anm. 1286), 111.

1315 Musial (Anm. 24), 150.

1316 Hier und im Folgenden: LASH Abt. 304 Nr. 867, Bl. 144–167, Abschrift: Niederschrift über die Besprechung in Wien am 11. und 12.5.1944.

1317 Musial (Anm. 24), 157.

1318 Ebd., 154.

Vorbereitungen für den Umgang mit Großbritannien. Im März 1941 erbat er von allen preußischen Staatsarchiven eine Meldung darüber, ob dort „rechtlich begründete Ansprüche auf Archivgut" aus England oder andere Interessen des Reichs aus archivischer Sicht bestünden.[1319] Zu diesem Zeitpunkt lagen der Marine nach dem erfolgreich durchgeführten Westfeldzug bereits ausführliche Pläne für eine mögliche Eroberung Englands vor, durch den Beginn der Operation Barbarossa gegen die Sowjetunion und den verschärften Luftkrieg traten diese Pläne jedoch in den Hintergrund und wurden nicht durchgeführt.[1320]

Zum Ende des Jahres 1944 hatte sich der Krieg für alle sichtlich gewendet. Im Juni waren die Alliierten in Frankreich gelandet, und es wurden nach und nach die besetzten westlichen Gebiete befreit. Die Archivare, soweit sie dort noch tätig waren, flohen zurück nach Deutschland, während die Front immer weiter in Richtung Deutsches Reich rückte.

Im Verhältnis zu Dänemark zeigte sich im März 1945, wie sehr sich die Machtposition gewandelt hatte. Der dänische Konsul in Düsseldorf wandte sich an den Leiter des dortigen Staatsarchivs Vollmer um die Möglichkeit einer Rückgabe des Idstedt-Löwens zu erörtern.[1321] Diese Skulptur war schon länger ein Zeichen für die Schwierigkeiten in den dänisch-deutschen Beziehungen. 1862 war sie von den Dänen in Auftrag gegeben worden, um an ihren Sieg bei der Schlacht von Idstedt während der schleswig-holsteinischen Erhebung zu erinnern. Sie war dann, zum Ärger der Bevölkerung, in Flensburg aufgestellt worden. Nachdem Schleswig und Holstein nach dem Deutsch-Dänischen Krieg aus dem dänischen Machtgebiet herausgelöst waren, wurde der Löwe nach Berlin gebracht, was auf dänischer Seite als Kränkung aufgefasst wurde. Es gab große Bemühungen, den Löwen zurück nach Dänemark zu überführen, unter anderem auch infolge des Versailler Vertrages.[1322]

Ernst Sauermann (1880–1956) als Leiter des Landesmuseums und in seiner Rolle als Provinzialkonservator riet Vollmer im März 1945 dazu, den Dänen eine Absage zu erteilen. Der Löwe gelte als preußische Kriegsbeute, und es würde in Schleswig-Holstein „einen Sturm der Entrüstung entfesseln, wenn jemals der

1319 LASH Abt. 304 Nr. 932, Bl. 1, Generaldirektor Zipfel an die Archivdirektoren vom 6.3.1941.

1320 Weiterführend Egbert Kieser: „Unternehmen Seelöwe". Die geplante Invasion in England 1940. Esslingen 1987.

1321 GStA PK, I. HA Rep. 178, 54, Bl. 119, Abschrift: das Staatsarchiv Düsseldorf, gez. Vollmer, an das Staatsarchiv Kiel vom 16.2.1945.

1322 Weiterführend Lars N. Henningsen: Der Idstedt-Löwe – Geschichte und Politik. Vom Misstrauen zur Freundschaft. In: Grenzfriedenshefte 2 (2010), 109–126, und Greßhake (Anm. 136).

Flensburger Löwe auf heimatlichem Grund und Boden zur Aufstellung gelangen sollte".[1323] Dass sich die Dänen dieser Tatsache bewusst seien, ließe sich schon daran erkennen, dass die Anfrage an das Staatsarchiv Düsseldorf und nicht an das in Kiel gegangen sei. Letztlich sei Dänemark in Verfolg der Neureglungen nach dem Versailler Vertrag nicht auf den Austausch von Kulturgütern eingegangen, es bestehe jetzt nicht, so Sauermann, die Veranlassung zu einem Entgegenkommen von deutscher Seite. Vom Staatsarchiv Kiel erinnerte Reimers gegenüber dem Generaldirektor noch an die weitere „Entführung" von Kulturgütern durch die Dänen, „die leider mit jüdischer Hilfe gelungen ist".[1324] Die Angelegenheit wurde in den letzten Kriegstagen nicht weiter verfolgt.[1325]

Schlussendlich war das Engagement der Archivare in den besetzten Gebieten zur Zeit des Zweiten Weltkrieges kein rühmliches Kapitel der deutschen Archivgeschichte. Es wurden ohne Rücksicht auf archivische Standards Archivalien geraubt oder deren Raub geplant, und vor allem im Osten wurden viele Archivalien vernichtet. Noch in seinen Memoiren lobte Zipfel die Erfolge der „Zivilarchivare" in den besetzten Gebieten, die sogar schneller vor Ort waren als die Mitarbeiter der Heeresarchive.[1326]

Das Beispiel Dänemark ist ein besonderer Fall, geprägt durch den rücksichtsvollen Umgang der deutschen Regierung mit dem Land. Nach dem Krieg konnte erneut ein gutes Verhältnis zwischen dem Reichsarchiv Kopenhagen und dem Nachfolger des preußischen Staatsarchivs in Schleswig-Holstein, dem Landesarchiv Schleswig-Holstein, aufgebaut werden. Mit Wirkung vom 1. Dezember 1954 wurde auch das Archivabkommen erneuert und angewandt, womit die seit 1948 bestehende Praxis bestätigt wurde. Bis heute stehen die Archive in Schleswig-Holstein und Dänemark in einer engen Verbindung.[1327]

1323 Hier und im Folgenden: GStA PK, I. HA Rep. 178, 54, Bl.121, Abschrift: Bericht vom Provinzialkonservator von Schleswig-Holstein Sauermann an das Staatsarchiv Kiel vom 12.3.1945.

1324 Ebd., Bl. 118, Reimers an den Generaldirektor Zipfel vom 16.3.1945.

1325 Unter der folgenden britischen Besatzung konnte die Rückkehr des Denkmals nach Dänemark durchgeführt werden. Schlussendlich kehrte es 2011 an seinen ursprünglichen Platz in Flensburg zurück, wo es heute als Symbol für das gute Verhältnis zwischen Deutschen und Dänen steht; vgl. Henningsen (Anm. 1322), 123f, auch wenn die Rückholung unter den geschichtswissenschaftlich interessierten Schleswig-Holsteinern zu Spannungen führte; vgl. Jan Schlürmann: Der „Idstedt-Löwe". Anmerkungen zur Geschichtspolitik in Flensburg. In: Mitteilungen der Gesellschaft für Schleswig-Holsteinische Geschichte 79 (2010), 43–57, die abgedruckten Reaktionen darauf in den Mitteilungen der Gesellschaft für Schleswig-Holsteinische Geschichte 80 (2011), 38–75.

1326 BArch R 1506/1020, „Erinnerungen eines Archivars" von Ernst Zipfel, abgeschlossen am 28.2.1956.

1327 Besonders eng sind die Verbindungen zwischen dem Landesarchiv Schleswig-Holstein und dem Lesesaal des Reichsarchivs in Apenrade. So wurden verschiedene gemeinsame Veranstaltungen

4.2.4 Die Auslagerungen

Während des Zweiten Weltkrieges wurde die Archivarbeit besonders von einer neuen Aufgabe bestimmt: der Sicherung von Archivgut. Im Laufe des Krieges nahm diese Aufgabe an Wichtigkeit zu und war die einzige, die bis Kriegsende durchgeführt wurde. Nach und nach setzte sich als beste Lösung die Durchführung von Auslagerungen durch, die Archivalien wurden also von ihrem angestammten Platz in eine vermeintlich sichere Unterkunft gebracht.

Erfahrungen mit Auslagerungen lagen in eingeschränktem Maße vor. Schon während der Franzosenzeit waren vereinzelt Archivalien nach Königsberg ausgelagert worden, und im Deutschen Krieg zwischen Preußen und Österreich hatte es erneut Überlegungen dazu gegeben.[1328] Seit dem Ersten Weltkrieg kam mit dem Luftkrieg eine weitere Gefahr hinzu, sodass schon zu Beginn der NS-Herrschaft notwendige Luftschutzmaßnahmen für Archive diskutiert wurden. Die Möglichkeit der Evakuierung von Archivalien wurde dabei eher widerwillig in Betracht gezogen. Die vorsichtige Formulierung von Burkard in seinem Vortrag über Luftschutz bei Archiven auf dem Archivtag 1934 beschreibt die Einstellung zu dieser Zeit: „Gefährdete Archive müssten vielleicht im Ernstfalle doch einen Teil ihrer Archivalien an sichere Orte flüchten."[1329] Voraussetzungen waren hier also, dass das Archiv gefährdet war und ein Ernstfall vorlag, und es wird lediglich die Verlagerung eines Teils der Archivalien erwogen, nicht eine komplette Auslagerung. Dieser Standpunkt wurde in den ersten Kriegsjahren von vielen Archivaren geteilt.

Das hieß jedoch nicht, dass Auslagerungen nicht schon vor Kriegsbeginn geplant oder durchgeführt wurden. Bereits im September 1938 nahm das Hauptarchiv der NSDAP, das sich in zentraler Lage in München befand, erste Auslagerungen vor. Das Hauptarchiv war keine wissenschaftliche Einrichtung und hatte vor allem das Interesse, die Geschichte der Partei darzustellen, es war also gelöst von den staatlichen Archivverwaltungen. Ein Jahr vor Kriegsbeginn wurden auf Geheiß des Leiters des Hauptarchivs Erich Uetrecht (1879–1960) wertvolle Teile des Hauptarchivs verlagert. Sie kamen in die Privatvilla eines frühen Anhängers der Nationalsozialisten in Weßling, dreißig Kilometer

besonders unter der Leitung von Hans Schultz Hansen begangen. Beispielhaft sei hier die Begehung des 75-jährigen Jubiläums des Archivabkommens genannt, unter anderem mit einem Sammelband: Hering/Noack/Ousager/Schultz Hansen (Anm. 34).

1328 Johannes Kistenich-Zerfaß: Auslagerung von Archivgut im Zweiten Weltkrieg. In: Kriese (Anm. 27), 408–476, 410.

1329 Burkard (Anm. 1103), 99.

westlich von München.[1330] Ausgelagert wurden 150 Filme, die vorher unter großem finanziellem Aufwand angekauft worden waren, sowie 6.000 Negative von Fotografien, die vor allem aus der Anfangszeit der NSDAP, der sogenannten Kampfzeit, stammten.

Bei der preußischen Archivverwaltung änderte sich auch mit Kriegsbeginn nur wenig an der skeptischen Einstellung zum Thema Auslagerungen. Als einziges Archiv reagierte das Staatsarchiv Stettin, das infolge des Überfalls auf Polen Dokumente auslagerte, die jedoch schon wenige Monate später wieder zurückgeholt wurden, da man die Gefahr als gebannt ansah.[1331]

Die organisatorische Führung für die Luftschutzmaßnahmen der Archive lag ab 1940 beim Generaldirektor der preußischen Archivverwaltung Zipfel. Er war am 22. Mai 1940 zum „Kommissar für Archivschutz in Deutschland und den westlichen Gebieten“ ernannt worden, ein Titel, der mit steigender Siegesgewissheit knapp ein Jahr später zum 21. April 1941 ausgeweitet wurde auf „Kommissar für den Archivschutz für sämtliche besetzte und zu besetzende Gebiete“. Er nahm seine Aufgabe vor allem dergestalt wahr, die Diskussion um die Sicherungsmaßnahmen zu leiten, indem er Empfehlungen gab und den Anspruch hatte, über alles informiert zu werden. Als Medium stand ihm dafür das *Mitteilungsblatt der preußischen Archivverwaltung* zur Verfügung. Hier wurden außerdem Erfahrungsberichte veröffentlicht und es wurde sich über notwendige Maßnahmen ausgetauscht. Die eigentliche Verantwortung lag jedoch bei den Archivdirektoren.[1332] Daraus resultierte ein sehr unterschiedliches Vorgehen der einzelnen Staatsarchive.

Zipfel stand Auslagerungen zunächst äußerst kritisch gegenüber. Er war der Meinung, dass die Archivalien in den Archivgebäuden am sichersten aufbewahrt seien. Im Oktober 1940 äußerte er den Direktoren der preußischen Staatsarchive gegenüber, da kein Ende der Bombardierungen in Sicht sei, sollten sie erwägen, „einzelne Archivalien von besonders hoher Bedeutung“ an das Staatsarchiv Königsberg zu verschicken. Zipfel folgte hier der alten Tradition aus der Franzosenzeit. Das Deutsche Reich befand sich im Krieg mit dem Westen, wohingegen mit der Sowjetunion ein Nichtangriffspakt geschlossen worden war, der einen Zweifrontenkrieg vorerst ausschloss. Königsberg als das am östlichsten gelegene Staatsarchiv musste demnach als am sichersten

1330 BArch NS 26/2588, Kopie: Aktenvermerk von Dr. Remmler vom 28.9.1938, und Kopie: Uetrecht an den Hauptamtsleiter Dr. Ruoff vom 27.9.1938.

1331 Kistenich-Zerfaß (Anm. 1328), 418f.

1332 Ebd., 426f: „Die Kernverantwortung wurde unmissverständlich auf die Staatsarchive delegiert.“

angesehen werden. Dies geschah jedoch noch weiterhin in Übereinstimmung mit Zipfels Ansicht, dass Archivgebäude die zuverlässigste Unterbringungsmöglichkeit für die Archivalien seien.

Ähnlich war dies auch mit dem Ausbau der Festung Ehrenbreitstein in Koblenz. Diese wurde im Laufe des Krieges zu einem Sammelort verschiedenster Archivbestände. Der Ausbau begann aber nicht erst – wie von Zipfel angegeben – nach der Sudetenkrise für die Aufnahme von Archivalien an der Westgrenze, sondern war schon vorher geplant worden, um ein Nebenmagazin für das Staatsarchiv Koblenz zu schaffen.[1333] Die Festung war also eine Verlängerung des Staatsarchivs Koblenz, die Evakuierung hierhin war die Verlagerung von einem Archiv in ein anderes.

Der Aufforderung Zipfels, Dokumente nach Königsberg zu versenden, kam nur das Staatsarchiv Kiel nach und schickte drei Kisten mit Kopiaren und Handschriften in den vermeintlich sicheren Osten. Gegen eine Überführung der Urkunden sprach sich Hoffmann zu diesem Zeitpunkt noch aus, mit Rücksicht auf das brüchige Pergament und die Gefährdung der Siegel.[1334]

Zur selben Zeit, als das Staatsarchiv Kiel Archivalien nach Königsberg auslagerte, ließ Zipfel per Rundschreiben vom 17. März 1941 verlauten, was an wichtigsten Luftschutzmaßnahmen umgesetzt werden sollte. Es sollten beispielsweise in allen Archivgebäuden die wertvollsten Bestände in den Kellern oder den untersten Magazingeschossen untergebracht sein. „Eine Versendung von Archivalien nach außerhalb dürfte nicht infrage kommen."[1335]

Da die Auslagerungen kritisch gesehen wurden, konzentrierten sich die Maßnahmen der Archivare bis Anfang 1941 also darauf, die Archivgebäude sicherer zu machen. In Kiel wurden in den oberen Geschossen des Magazins Wassertonnen und Kisten mit Sand aufgestellt und in den Büroräumen und Treppenhäusern Schaufel, Eimer und Ähnliches bereitgehalten. In anderen Archiven wurden die Fenster durch Sandsäcke oder Holz vor Splittern geschützt, Fußböden und Dächer wurden mit Sand bestreut und Regale gegen Brandgefahr imprägniert.[1336] Eine zusätzliche Sicherungsmöglichkeit bot auch die neue Technik des Fotokopierens beziehungsweise des Fotografierens. In

1333 BArch R 1506/1020, „Erinnerungen eines Archivars" von Ernst Zipfel, abgeschlossen am 28.2.1956; Kistenich-Zerfaß (Anm. 1328), 442.

1334 GStA PK, I. HA Rep. 178, 2379, Hoffmann an Zipfel vom 21.11.1940.

1335 Ebd., Generaldirektor Zipfel an die Archivdirektoren vom 17.3.1941.

1336 Schmidt: Staatsarchiv (Anm. 26), 127; LASH Abt. 304 Nr. 888, Hoffmann an den Generaldirektor vom 29.6.1939.

Kiel wurde von allen Urkunden bis zum Jahr 1200 eine Kopie hergestellt, um so eine weitere Sicherung zu haben, die im Luftschutzraum der Universitätsbibliothek untergebracht wurde.[1337]

Im Laufe des Jahres 1941 kam es zu einer Verschärfung des Luftkrieges über Deutschland, und gerade in Kiel wurde eine zunehmende Nervosität und eine weitere Öffnung gegenüber dem Thema Auslagerung deutlich. Nach dem ersten Großangriff auf Kiel im April 1941 wurden die Archivgebäude bei Angriffen Ende Juni 1941 das erste Mal beschädigt. Durch den Luftdruck der Explosionen waren nahezu alle Fenster im Verwaltungs- und Magazingebäude zerstört, außerdem war eine Wand des Magazins von herumfliegenden Steinen durchschlagen und Archivalien von Regalen geworfen worden.[1338] Häuser in der Umgebung des Archivs waren vollständig zerstört worden.

Am 7./8. Juli 1941 wurde mit dem Staatsarchiv Münster dann zum ersten Mal ein Gebäude der preußischen Archivverwaltung direkt getroffen und stark zerstört, auch wenn es kaum zu Verlust an Archivmaterial kam. Nach einer Besprechung mit Zipfel nur wenige Tage später vermerkte Hoffmann: „Münster will Bestände aus der Stadt wegbringen. Es gibt Ähnliches für Kiel zur Erwägung."[1339]

Hoffmann erkundigte sich daraufhin innerhalb Schleswig-Holsteins nach passenden Unterbringungsmöglichkeiten. Zunächst fasste er das Amtsgericht Bordesholm ins Auge, das bereits als Auslagerungsort für mehrere Hundert Kisten des Museums vorgeschichtlicher Altertümer[1340] und der Kunsthalle diente. Vom Amtsrichter wurde er auf die Kirche des Bordesholmer Klosters und die darin befindliche Russische Kapelle aufmerksam gemacht. Da bei den Räumen im Amtsgericht Bedenken hinsichtlich der Belastung der Decken durch das hohe Gewicht des Auslagerungsguts bestanden, wurde auf diese Alternative zurückgegriffen. Am 26. August 1941 meldete Hoffmann an Zipfel, dass der gesamte Urkundenbestand in 38 Kisten verpackt und nach Bordesholm überführt sei.[1341] Damit war das Staatsarchiv Kiel das einzige

---

1337 GStA PK, I. HA Rep. 178, 2379, Hoffmann an Zipfel vom 21.11.1940.

1338 LASH Abt. 304 Nr. 880, Hoffmann an Generaldirektor Zipfel vom 30.6.1941.

1339 LASH Abt. 304 Nr. 898, Aktenvermerk von Hoffmann vom 12.7.1941; dazu auch: Hans-Joachim Behr: Provinzialarchiv und Preußisches Staatsarchiv – von der Errichtung bis 1945. In: Nordrhein-Westfälisches Staatsarchiv Münster (Hrsg.): Das Staatsarchiv Münster 1879–1979 (Veröffentlichungen der staatlichen Archive des Landes Nordrhein-Westfalen 7). Münster 1979, 9–39, 23.

1340 Teile der Sammlung sind heute Teil der Stiftung Schleswig-Holsteinische Landesmuseen Schloss Gottorf.

1341 LASH Abt. 304 Nr. 887, Hoffmann an Zipfel vom 26.8.1941.

der preußischen Archive, das auf den Treffer in Münster reagierte.[1342] Dieses Zögern im Umgang mit der Bestände-Evakuierung war ein preußisches Phänomen: Die bayerische Archivverwaltung hatte bereits im Sommer 1941 mit systematischen Auslagerungen begonnen.[1343]

Die Russische Kapelle in Bordesholm bot optimale Bedingungen, die zu diesem Zeitpunkt von den Archivaren an einen Auslagerungsort gestellt wurden. Das Gebäude war stabil, und die Stadt Bordesholm lag außerhalb des Fokus der britischen Bomben, war aber von Kiel aus gut zu erreichen. So konnten regelmäßig Besuche durch die Archivmitarbeiter vorgenommen werden, um den Zustand und die Sicherheit der Archivalien zu überprüfen. Gleichzeitig war die Kirche nicht zu abgelegen und wurde regelmäßig genutzt, sodass eine gewisse Überwachung gewährleistet war für den Fall, dass ein Feuer ausbrechen sollte. Die Kapelle war jedoch immer verschlossen, sodass auch das Risiko von Diebstählen gering war.[1344] Der Bischof Eduard Völkel (1878–1957), der seit 1934 die Pfarrstelle an der Klosterkirche innehatte, galt als Ansprechpartner.[1345]

Viele der Bedenken gegen Auslagerungen waren damit entschärft. Als Hauptproblem galt zu dieser Zeit vor allem die geringe Überwachung, die Diebstähle erleichtern oder im Brandfall zu schweren Verlusten führen konnte. Auch der Transport selbst stellte eine Gefahr dar, da die Archivalien dabei beschädigt oder auch hier ohne Überwachung der Archivare gestohlen werden konnten. Zudem bestand die Sorge, dass Dokumente verloren gingen. In Kiel profitierte man von der Erfahrung aus dem Umzug von Schleswig und aus dem erst wenige Jahre zuvor durchgeführten Austausch von Archivalien mit Dänemark. Der Transport wurde von derselben Spedition durchgeführt, mit der auch bereits die Überführung der Archivalien nach Dänemark abgewickelt worden war.[1346] Bei den Archivaren und der Spedition waren also Kenntnisse über den Umgang mit der Bewegung großer Massen an Archivalien vorhanden.

1342 Kistenich-Zerfaß (Anm. 1328), 420.

1343 Ebd., 421.

1344 GStA PK, I. HA Rep. 178, 2379, Bericht von Hoffmann an den Generaldirektor Zipfel vom 25.8.1941.

1345 Völkel hatte den Deutschen Christen ablehnend gegenübergestanden und war auf der sogenannten Braunen Synode vom 12.9.1933 als Bischof abgesetzt worden, bevor er die Pfarrstelle in Bordesholm übernahm; vgl. Johann Schmidt: [Art.] Eduard Völkel. In: Schleswig-Holsteinisches Biographisches Lexikon. Bd. 3. Neumünster 1974, 271–272.

1346 LASH Abt. 304 Nr. 887, Hoffmann an den Generaldirektor vom 26.8.1941; LASH Abt. 304 Nr. 136, Bl. 195, Rechnung der Firma J. Tischendorf vom 6.5.1936 für Transport nach Kopenhagen und Apenrade.

Hoffmann beließ es nicht dabei, die Urkunden auszulagern. Noch im November 1941, wenige Monate nach der Auslagerung nach Bordesholm, plante er bereits die nächste und suchte dafür Platz. Durch einen langjährigen Archivbenutzer und Archivpfleger wurden ihm unbenutzte Räume in einer Schule in Böken im Kreis Rendsburg, rund fünfzig Kilometer südwestlich von Kiel, angeboten. Auch dort wären die Archivalien durch die Nähe des Archivpflegers überwacht, würden aber gleichzeitig auch noch von Kiel aus gut zugänglich sein. Wegen des harten Winters 1941/42 und der stark vereisten Straßen zog sich die Auslagerung bis Ende April 1942 hin, schließlich gelangten insgesamt 1.522 Fach Archivalien dorthin, das entspricht rund 380 Regalmetern. Darunter befanden sich die Dokumente des Schauenburger Archivs (Abt. 3) und des Gottorfer Archivs (Abt. 7), also einige der wertvollsten Archivalien des Staatsarchivs, insgesamt waren es knapp sechs Prozent des Gesamtbestandes.[1347]

Damit war für Hoffmann, so seine Meinung Ende 1941, vorerst ein Abschluss der Auslagerungen gefunden. Carstens meldete im Auftrag Hoffmanns an den Generaldirektor, ein „restloser Abtransport […] erscheint unter den derzeitigen Umständen weder möglich noch erforderlich“.[1348] Möglich war es deswegen nicht, da es an Arbeitskräften mangelte sowie auch an Transportmöglichkeiten, die für den Krieg gebraucht wurden. Zudem fehlte es an Bindfaden, mit dem die Archivmitarbeiter die Archivalien für eine leichtere Handhabung zu Paketen schnürten.[1349] Die Einstellung, dass die Notwendigkeit für weitere Auslagerungen nicht gegeben war, änderte sich aber schon bald, da sich der Bombenkrieg 1942 weiter verschärfte.

Besonders ausschlaggebend für ein Umdenken war der Angriff auf Lübeck am 28./29. März 1942. Bei diesem Angriff wurde zum ersten Mal die deutsche Zivilbevölkerung direkt anvisiert gemäß der Area Bombing Directive vom 14. Februar 1942. Das Deutsche Reich erlebte ein erstes Flächenbombardement. Es starben mehr als 300 Menschen, über 15.000 Menschen wurden obdachlos und ein großer Teil Lübecks, besonders die Altstadt, wurde zerstört.

Hoffmann berichtete daraufhin an Zipfel privat von einem Telefonat, das er mit Mayer, dem Leiter des Reichssippenamtes, geführt hatte. Mayer vertrat die Auffassung, dass die Archivalien komplett aus den gefährdeten Gebieten verlagert werden müssten, und berichtete, dass er dabei auch das Ohr des

1347 GStA PK, I. HA Rep. 178, 652, i. V. Stephan an den Generaldirektor Zipfel vom 10.3.1944.

1348 LASH Abt. 304 Nr. 887, i. V. Carstens an den Generaldirektor Zipfel vom 1.12.1941.

1349 LASH Abt. 304 Nr. 867, Bl. 88–92, Ausführungen zur Besprechung von Zipfel mit Hoffmann am 30.1.1942 in Berlin, o. D.

Staatssekretärs habe.[1350] Der Druck auf Zipfel, die nötigen Maßnahmen anzuordnen, wuchs also, doch er blieb auch nach diesen Angriffen bei seiner Einstellung. Zuletzt hatte er auf der Direktorenkonferenz in Marburg im Oktober 1941 über das Thema gesprochen und gesagt, es sollten keine größeren Auslagerungen stattfinden und kleinere nur, wenn geeignete Räume zur Aufnahme der Dokumente zur Verfügung stünden. Nach dem Angriff auf Lübeck wiederholte er seine Aussage zu den Gefahren, die in den Auslagerungsorten durch Feuchtigkeit, Feuer und Ungeziefer bestanden. Die bisherigen Auslagerungen, wie sie in Münster, Kiel und Osnabrück durchgeführt worden waren, seien nur geschehen, um „der Kritik von Sachverständigen und Nichtsachverständigen zu begegnen", eine Formulierung, die er sinngemäß schon vorher häufiger benutzt hatte.[1351]

Nicht einmal einen Monat später, am 1. Mai 1942, machte Zipfel jedoch eine Kehrtwende und teilte den Archivleitern mit, sie müssten „nunmehr doch" vermehrt Auslagerungen ins Auge fassen und die Archivalien auseinanderziehen.[1352] Für diese Änderung gab er zwei Gründe an. Zum einen müsse dies aufgrund des veränderten Luftkrieges und der zunehmenden Angriffe auf bewohntes Gebiet geschehen. Zum anderen nannte Zipfel die gebannte Gefahr eines Krieges auf deutschem Boden mit der damit verbundenen Beschädigung von Archivalien durch „feindliche Erdstreitkräfte" in den Auslagerungsorten.

Der Luftkrieg hatte in der Tat eine Wendung genommen. Auf den Angriff auf Lübeck und die damit erstmals umgesetzte neue Direktive hatte es vom 24. bis 27. April 1942 Angriffe auf Rostock gegeben, durch die Rostock zur am stärksten zerstörten Stadt Deutschlands wurde. Die deutsche Luftwaffe reagierte mit dem sogenannten Baedeker-Blitz.[1353] Diese vor allem in Großbritannien gebrauchte Bezeichnung resultierte aus einer Aussage des Legationsrats Gustaf Braun von Stumm im Auswärtigen Amt, dass man in England nun alle Ziele angreifen würde, die drei Sterne im Baedeker-Reiseführer hätten. Diese Aussage basierte wahrscheinlich auf einem Führerbefehl, in dem Hitler den Luftkrieg unter der vermehrten Anvisierung ziviler Ziele gefordert hatte. Im Auswärtigen Amt wurde dieser so aufgefasst, als sollten vorrangig Kul-

1350 GStA PK, I. HA Rep. 178, 2379, Hoffmann an Generaldirektor Zipfel vom 2.4.1942.

1351 LASH Abt. 304 Nr. 887, Generaldirektor Zipfel an alle preußischen Archivdirektoren vom 7.4.1942; Kistenich-Zerfaß (Anm. 1328), 421.

1352 Hier und im Folgenden: LASH Abt. 304 Nr. 885, Generaldirektor Zipfel an alle preußischen Archivdirektoren vom 1.5.1942.

1353 Hier und im Folgenden: Anthony C. Grayling: Among the Dead Cities. The History and Moral Legacy of the WWII Bombing of Civilians in Germany and Japan. New York 2006, 51f.

turgüter angegriffen werden. In Erwartung von Vergeltungsmaßnahmen der Briten könnte Zipfel die vermehrte Auslagerung der deutschen Archivalien, die ebenfalls Kulturgüter waren, gefordert haben.

Die Ansicht Zipfels, dass die Gefahr von Kämpfen auf deutschem Boden gebannt war, war für jene Zeit und die absehbare Zukunft durchaus berechtigt. In den westlichen Gebieten war der Krieg seit zwei Jahren beendet, und auch in dem seit knapp einem Jahr laufenden Angriff auf die Sowjetunion befand sich das deutsche Heer noch auf dem Vormarsch. Die deutsche Siegesgewissheit wurde weiter durch Propaganda gefördert.

In dem Rundschreiben vom Mai 1942 gab Zipfel auch offiziell erste Bedingungen an, die mögliche Ausweichstellen erfüllen müssten. Sie sollten außerhalb von geschlossenen Siedlungen liegen und von Wohnräumen getrennt sein – aufgrund der Brand- und Bombardierungsgefahr –, aber doch nahe am Archiv und in der Nähe von Menschen, die im Brandfall löschen und eine tägliche Betreuung gewährleisten könnten. Bei der Unterbringung selbst sollte es sich um einen festen Bau handeln, der über eine Heizung verfügte und frei von Ungeziefer sei.[1354] Erstmals wurde auch eine Menge vorgegeben, und Zipfel empfahl, dass die mittelgroßen Archive im Westen und in der Mitte Deutschlands bis zu zwanzig Prozent ihrer Bestände auslagern sollten.

Der Druck auf die Archivdirektoren, zu handeln, um die Archivalien zu schützen, wuchs und kam von verschiedener Seite. Von Martin Bormann in seiner Funktion als Leiter der Parteikanzlei wurden die Gauleiter aufgefordert, dafür zu sorgen, dass „sämtliche Kulturwerte ihrer Gaue bomben- und brandsicher untergebracht werden".[1355] In Schleswig-Holstein führte das dazu, dass das Staatsarchiv nun auch an den Gauleiter berichten musste.[1356]

Dem folgten am 23. Juli 1942 erste konkrete Vorgaben mit der Verfügung des Reichsministers des Innern, in der „Richtlinien zur Durchführung des Luftschutzes in Archiven" formuliert wurden, nachdem es vorher nur die allgemeinen Luftschutzrichtlinien gegeben hatte.[1357] Viele dieser Maßnahmen überschnitten sich. So wurde auch in den speziellen Richtlinien die Einrich-

---

1354 LASH Abt. 304 Nr. 885, Generaldirektor Zipfel an alle preußischen Archivdirektoren vom 1.5.1942.

1355 Rundschreiben von Martin Bormann an alle Gauleiter vom 5.5.1942, zitiert nach: Christhard Schrenk: Schatzkammer Salzbergwerk. Kulturgüter überdauern in Heilbronn und Kochendorf den Zweiten Weltkrieg (Quellen und Forschungen zur Geschichte der Stadt Heilbronn 8). Heilbronn 1997, 28.

1356 LASH Abt. 304 Nr. 887, Hoffmann an den Kommandanten der Stadt Kiel vom 14.7.1942.

1357 Hier und im Folgenden: LASH Abt. 309 Nr. 35739, Verfügung des Reichsministers des Innern vom 23.7.1942 mit „Richtlinien zur Durchführung des Luftschutzes in Archiven".

tung einer Brandwache und die Anschaffung von Luftschutzgeräten festgesetzt. Zudem wurde nun die Räumung der oberen Magazingeschosse vorgeschrieben – eine Maßnahme, die bereits seit Kriegsbeginn empfohlen worden war. Neu waren die baulichen Schritte, die ergriffen werden sollten. Es wurde das Zumauern von Fenstern nahegelegt, um vor schräg einfallenden Bomben und Splittern zu schützen, darüber hinaus sollten noch Splitterschutzwände errichtet werden. Regale in der Nähe von Fenstern sollten geräumt werden, auch um sie vor Löschwasser zu schützen.

Der Wert der Archivalien wurde in der Verfügung in drei Kategorien eingeteilt. Es gab die Archivalien ersten Ranges, deren „Verlust als ein schwerer nationaler Verlust anzusehen wäre", wie Dokumente Friedrichs des Großen oder Bismarcks. In der zweiten Kategorie folgten die Archivalien von besonderer wissenschaftlicher Bedeutung. Unter Kategorie drei fielen alle übrigen Archivalien wie die modernen Verwaltungsakten. Erst wenn die Dokumente der ersten beiden Kategorie sicher seien, sollte man sich um die Letzteren kümmern. Der Schutz der Archivalien wurde dabei ihrer Benutzbarkeit vorangestellt.

Eine Auslagerung von Archivalien wurde aber nur bei „erhebliche[r] Gefahr" vorgesehen und wenn das Archivgebäude nicht stabil genug sei. Von der Evakuierung größerer Mengen wurde weiterhin abgeraten, gleichzeitig wurde aber der zunehmende Luftkrieg berücksichtigt und eine Auseinanderziehung der Archivalien und deren alternative Unterbringung in Klöstern, Schlössern oder Ähnlichem empfohlen. Die „Dezentralisierung" war zum hauptsächlichen Konzept für die Sicherung des Archivguts geworden, es wurde aber weiter betont, dass „die unbedingte Gewähr" bestehen müsse, dass eine tägliche Überwachung der Archivalien erfolgen könne.

Die Umsetzung der Richtlinien für den besonderen Luftschutz in Archiven wurde durch die vermehrten Luftangriffe dringender, teilweise auch vorweggenommen. In Kiel waren bereits infolge des Angriffs vom 28. April 1942 ähnliche Maßnahmen wie drei Monate später in den Richtlinien empfohlen ergriffen worden. Es wurde mit dem Bau einer Splitterschutzwand vor den Fenstern des Magazinkellers begonnen, und sämtliche Fenster des Magazingeschosses wurden zugemauert.[1358] Bei dem Angriff war außerdem deutlich geworden, dass mit der Hilfe der Feuerwehr bei einem Großangriff nicht gerechnet werden konnte, weswegen die Anlage eines Hydranten auf dem Hof

1358 LASH Abt. 304 Nr. 887, Hoffmann an den Generaldirektor vom 8.6.1942.

des Archivs beantragt wurde. Aufgrund des herrschenden Mangels an Eisen konnte dieser Plan jedoch nicht umgesetzt werden, und man musste sich vorerst mit dem Anschluss an den städtischen Hydranten begnügen.[1359]

Zudem wurden weitere Archivalien ausgelagert, und im August 1942 gab es drei Transporte an drei verschiedene Orte. Unter anderem kamen die Akten, die das Staatsarchiv Kiel im Rahmen des Groß-Hamburgs-Gesetzes vier Jahre zuvor erhalten hatte, in Kellerräume in Lütjenburg, und die Akten der Deutschen Kanzlei, die man 1936 aus Kopenhagen bekommen hatte, nach Maasleben bei Holzdorf und in Kellerräume des Gutes Dobersdorf bei Schönkirchen. Diese Auslagerungsstätten befanden sich alle in einem Umkreis von nicht mehr als fünfzig Kilometern um Kiel.

An der Auslagerungsstätte in Lütjenburg lassen sich die Probleme erkennen, die es geben konnte. Es handelte sich um zwei Kellerräume im Vogelsberg unter dem Bismarckturm, die nur durch ein Wohnhaus und über eine schmale Kellertreppe erreicht werden konnten. Es sollten dort 9.000 Kilogramm Archivalien eingelagert werden. Schon die Anfahrt zu den Räumen bot einige Schwierigkeiten, da der Anstieg dorthin zu steil für die großen Lastwagen war, sodass kleinere für den Transport genutzt werden mussten. Die Archivalien konnten dann nicht über die Treppe in die Räume gebracht werden, sondern mussten durch einen Lüftungsschacht mithilfe einer Rutschvorrichtung heruntergelassen werden.[1360] Zudem machte es das Kopfsteinpflaster des Kellers notwendig, den Boden mit Holzbrettern auszulegen. Die Archivalien selbst wurden auf Lattenrosten gelagert.[1361] Trotzdem hatten die Archivare im folgenden Jahr mit Feuchtigkeit zu kämpfen und mussten die Ausweichstelle räumen.

Problematisch war auch, dass sich die Kellerräume entgegen anfänglichen Informationen nicht in staatlichem Besitz befanden, sondern nur privat an das Staatsarchiv vermietet werden konnten. Auch für das Gutshaus in Dobersdorf und die Scheune in Kreuzfeld musste Miete gezahlt werden.[1362]

Durch diese zusätzlichen Auslagerungen konnte Platz im Magazin geschaffen werden. Ziel war es, das Nebenmagazin, das seit 1936 nur wenige

---

1359 LASH Abt. 304 Nr. 885, Staatshochbauamt I in Kiel an das Staatsarchiv Kiel vom 22.9.1942.

1360 Es handelte sich dabei um die Rutschvorrichtung, die auch schon beim Umzug des Staatsarchivs 1922/23 eingesetzt worden war; vgl. LASH Abt. 304 Nr. 887, Bericht von Reimers (ohne Empfänger) vom 8.6.1942.

1361 Ebd., Bericht für die Akten von i. V. Carstens vom 30.7.1943.

1362 GStA PK, I. HA Rep. 178, 2379, „Nachweisung über die bestehenden Mietverhältnisse des Staatsarchivs und die zu zahlenden Mietbeträge“ vom 23.3.1943 von i. V. Carstens.

Häuser entfernt angemietet worden war, zu räumen. Dann konnte ein Anfang gemacht und das Material aus dem ersten Obergeschoss des Nebenmagazins ins Hauptmagazin überführt werden. Dabei handelte es sich hauptsächlich um Akten der preußischen Zentralbehörden (2.250 Fach bzw. rund 563 Regalmeter Akten).[1363]

Das Vorantreiben der Auslagerungen erwies sich als richtige Entscheidung. Vom 13. auf den 14. Oktober 1942 wurde erneut das Gebiet um das Staatsarchiv Kiel angegriffen, wobei eine Brandbombe in das Verwaltungsgebäude einschlug und zwei Dienstzimmer beschädigte. Um den Brandherd zu löschen, musste die Decke des Nutzersaals eingeschlagen werden.[1364] Viel schlimmer traf es aber das Nebenmagazin. Das erste Obergeschoss, das noch bis August mit Archivalien belegt gewesen war, brannte völlig aus – durch die rechtzeitigen Auslagerungen gab es jedoch keinen Schaden am Archivgut. Dort lagerten lediglich Archivregale, die nun verbrannten. Das darunter liegende Erdgeschoss und die dort verbliebenen Archivalien überstanden das Feuer unversehrt, wurden aber durch Löschwasser in Mitleidenschaft gezogen.[1365] Insgesamt entstand ein Schaden von über 7.300 Reichsmark, das Nebenmagazin musste aufgegeben und die Archivalien mussten aus dem Erdgeschoss umgelagert werden.[1366]

Die Sachschäden im Verwaltungsgebäude waren eher gering, da wichtiges Mobiliar schon vorher geräumt worden war.[1367] Aufgrund der Beschädigung des Lesesaals musste das Archiv für die Benutzung vorerst geschlossen werden, aber man war bemüht, es wieder für die Öffentlichkeit zugänglich zu machen.[1368] Die Beseitigung der Schäden zog sich wegen des Mangels an Handwerkern jedoch hin.[1369]

Für die Archivare war die Zerstörung des Nebenmagazins ohne größere Verluste an Archivmaterial vor allem eine Bestätigung ihres bisherigen Handelns. Die Archivalien aus dem Erdgeschoss des Nebenmagazins wurden ebenfalls ausgelagert und kamen auf Angebot des Herzogs von Schleswig-Holstein-Glücksburg in das Schloss Glücksburg. Obwohl das Schloss von

1363 LASH Abt. 304 Nr. 887, Hoffmann an den Generaldirektor Zipfel vom 8.6.1942.

1364 LASH Abt. 304 Nr. 880, Hoffmann an den Generaldirektor Zipfel vom 17.10.1942.

1365 Ebd., Hoffmann an den Generaldirektor Zipfel vom 16.10.1942.

1366 Ebd.

1367 Ebd., Hoffmann an den Generaldirektor Zipfel vom 17.10.1942.

1368 Ebd., Hoffmann an den Regierungspräsidenten vom 16.10.1942.

1369 Ebd., Hoffmann an den Generaldirektor Zipfel vom 17.10.1942.

Wasser umgeben ist, wurde den Räumen Trockenheit bescheinigt, und die Nachtwache sorgte für einen gewissen Schutz vor einem Brand.[1370] Andere Archivalien unter anderem aus dem Nebenmagazin und einige der Regale kamen im Februar 1943 in eine Scheune in Kreuzfeld bei Plön. Damit war Anfang 1943 rund ein Viertel der Bestände in acht verschiedenen Orten ausgelagert, das meiste (acht Prozent) nach Glücksburg.[1371]

Das Staatsarchiv Kiel war damit Vorreiter in Sachen Auslagerungen. Zur selben Zeit musste Zipfel den Direktor des Staatsarchivs Königsberg Hein darum bitten, die Auslagerungen voranzutreiben, da dort erst fünf Prozent des Gesamtbestandes ausgelagert waren.[1372] In Königsberg war es bis zu diesem Zeitpunkt kaum zu Luftangriffen gekommen, die setzten erst ab 1944 ein. Zudem drohte gerade im Osten bei einer frühzeitigen Auslagerung der Vorwurf des Defätismus.[1373]

Insgesamt war jedoch zu Beginn des Jahres 1943 die endgültige Wende in der Einstellung zum Thema Auslagerungen vollzogen. Zipfels Bitte an Hein zeigte schon seine veränderte Haltung. Hatte er vorher eher zurückhaltend und vorsichtig zu Auslagerungen und immer nur zur Verbringung eines Teils des Archivbestandes geraten – vor allem um sich in seiner Position weniger angreifbar zu machen –, änderte sich dies aufgrund des forcierten Luftkriegs. Im März 1943 hob Zipfel seine Bestimmung vom Mai 1942 auf, in der er erstmals Auslagerungen empfohlen hatte, jedoch einen Richtwert von zwanzig Prozent angegeben hatte. Nun empfahl er die „[w]eitestgehende Räumung der Staatsarchive [...] ohne sich an eine prozentuale Grenze zu halten".[1374] Hein in Königsberg reagierte, und im Juni 1943 wurden unter anderem die 1941 nach Königsberg überführten Kisten mit wichtigen Archivalien aus dem Staatsarchiv Kiel in eine Ausweichstelle nahe Königsberg, und zwar nach Lochstädt gebracht.[1375]

In Kiel wurde die Sicherung des Archivgebäudes vorangetrieben. Die Archivalien wurden weiter in die unteren Magazingeschosse verlagert, und es wurden vermehrt Wasservorräte aufgestellt. Die Erfahrung vorheriger An-

---

1370 LASH Abt. 304 Nr. 887, Hoffmann an den Generaldirektor vom 23.10.1942.

1371 Die Archivalien waren verteilt auf Königsberg, Bordesholm, Böken, Lütjenburg, Maasleben, Dobersdorf, Glücksburg und Kreuzfeld.

1372 Kistenich-Zerfaß (Anm. 1328), 435.

1373 Ebd., 436f.

1374 LASH Abt. 304 Nr. 885, Mitteilungsblatt der preußischen Archivverwaltung Nr. 3/1943, 46–48, vom Generaldirektor am 22.3.1943 übersandt.

1375 LASH Abt. 304 Nr. 888, Generaldirektor an das Staatsarchiv Kiel vom 6.12.1944.

griffe hatte gezeigt, dass die Wasserversorgung durch die städtische Leitung ausfallen konnte. Es war also so viel Wasser vorhanden, dass eine Löschung ohne Hilfe von außerhalb möglich war.[1376]

Um die Archivalien im Angriffsfall schnell bergen zu können, wurde in Kiel auf die Anschaffung von Körben, Kisten und Ähnlichem verzichtet und stattdessen erneut auf die Erfahrungen aus dem Umzug des Archivs von Schleswig nach Kiel zurückgegriffen: An der Fensterfront des Magazingebäudes wurde eine Rutschvorrichtung angebracht, die im Notfall eine schnelle Räumung ermöglichen sollte. Eine ähnliche Gleitbahn war schon beim Umzug und auch bei der Räumung des Nebenmagazins benutzt worden.[1377] Die Regale wurden farblich markiert, um die zuerst zu rettenden Dokumente deutlich erkennbar zu machen.

In logischer Konsequenz traf Hoffmann für den Fall einer Zerstörung des Magazingebäudes Vorkehrungen für die provisorische Unterbringung der so geretteten Archivalien. Neben Lagerhäusern und einer Scheune wurde auch die Lagerung im Freien eine reelle Option.[1378] Hoffmann forderte die Lieferung von Brettern und Dachpappe zum Schutz der Archivalien für diesen Zweck.[1379]

Damit es zu so einem Fall nicht kommen müsste, lag die beste Sicherung der Archivalien gerade für Hoffmann in den Auslagerungen. Das Jahr 1943 hatte eine weitere Verschärfung der Luftangriffe gebracht, und es wurden nun auch kleinere Städte als Ziele angeflogen. Im April 1943 war Dobersdorf bombardiert worden, wobei das Gut Dobersdorf, wohin die Archivalien des Staatsarchivs ausgelagert waren, einen Treffer erhielt. Während die Scheunen und Ställe des Guts abbrannten, hatte das Gutshaus, in dessen Keller die Archivalien lagerten, jedoch nur Fensterschäden zu verzeichnen.[1380] Bei demselben Angriff stürzte ein englisches Flugzeug in Bordesholm ab, wo der gesamte Urkundenbestand des Archivs untergebracht war.[1381] Dies machte anschaulich deutlich, dass auch die Auslagerungsorte immer unsicherer wurden.

Hoffmann fasste den Entschluss, die Urkunden aus Bordesholm an einen geschützteren Ort zu bringen, und zog dafür die Festung Ehrenbreitstein in

1376 LASH Abt. 304 Nr. 885, Hoffmann an den Generaldirektor Zipfel vom 5.3.1943.

1377 Ebd., Hoffmann an den Generaldirektor Zipfel vom 6.8.1943.

1378 Ebd., Hoffmann an den Generaldirektor Zipfel vom 5.3.1943.

1379 Ebd., Hoffmann an das Staatshochbauamt I in Kiel vom 26.3.1943.; GStA PK, I. HA Rep. 178, 2379, Auszug aus der Niederschrift über Besprechungen mit Hoffmann in Lübeck am 2. und 3.6.1943, von Zipfel vom 11.6.1943.

1380 LASH Abt. 304 Nr. 887, Hoffmann an den Generaldirektor Zipfel vom 15.4.1943.

1381 LASH Abt. 304 Nr. 888, Hoffmann an den Generaldirektor Zipfel vom 19.4.1943.

Koblenz in Erwägung. In einem persönlichen Gespräch mit Zipfel in Lübeck am 2. und 3. Juni 1943 erhielt Hoffmann die Erlaubnis für die Überführung, und es wurden fünfzig Kisten mit Urkunden und mittelalterlichen Handschriften aus Bordesholm sowie einige Amtsrechnungen aus dem 16. Jahrhundert aus dem Magazin mit dem Zug nach Koblenz gebracht.[1382]

Bei demselben Treffen in Lübeck besprachen Hoffmann und Zipfel auch eine bessere zukünftige Alternative: die Einlagerung von Archivalien in Bergwerken. Der Ort Lübeck war hierbei geradezu symbolisch, da das Stadtarchiv Lübeck eines der ersten Archive war, das während des Zweiten Weltkrieges seine Archivalien in ein Bergwerk nach Bernburg südlich von Magdeburg ausgelagert hatte. Dies war bereits infolge des großen Angriffs im März 1942 geschehen. Im September 1942 hatte Zipfel diese alternative Unterbringung in einem Rundschreiben an die preußischen Archive empfohlen.[1383] Die Staatsarchive Hannover, Münster und Magdeburg waren die ersten preußischen Staatsarchive, die dieser Empfehlung folgten, und auch mehrere andere Stadtarchive hatten diese Möglichkeit bereits in Anspruch genommen.[1384]

Hoffmann und Zipfel einigten sich darauf, dass Hoffmann Erkundigungen zu möglichem freiem Platz in Bergwerken einholen sollte. Durch das Staatsarchiv Hannover wurde er auf das Steinsalzbergwerk Mariaglück in Höfer in der Nähe von Celle aufmerksam gemacht. Bei einer Besichtigung stellte sich heraus, dass dort in 600 Metern Tiefe Raum von 120 Metern Länge für Auslagerungen zur Verfügung stand, in dem Archivalien bei gleichbleibender Temperatur (zwanzig Grad Celsius) und trockener Luft weitestgehend sicher gelagert werden konnten.[1385] Für Anfang August 1943 wurde dementsprechend der erste Transport von 1.200 Fach beziehungsweise 300 Regalmetern Archivalien nach Mariaglück geplant.

Die Probleme einer Einlagerung in Bergwerke waren dabei jedoch ebenfalls erheblich. Im Archiv selbst musste alles für den Transport vorbereitet werden, indem beispielsweise alle Archivalien zu Paketen geschnürt wurden. Dann mussten die Waggons von der Bahn und der Transport vom Archiv zum Bahnhof sowie vom Bahnhof zum Bergwerk organisiert werden. Es brauchte Arbeitskräfte, die die Ladearbeiten übernahmen. Zudem musste Holz be-

---

1382 Ebd., Hoffmann an den Generaldirektor Zipfel vom 15.6.1943.

1383 LASH Abt. 304 Nr. 887, Generaldirektor Zipfel an das Staatsarchiv Kiel vom 2.9.1942.

1384 Kistenich-Zerfaß (Anm. 1328), 259f, sowie LASH Abt. 304 Nr. 889, Hoffmann an das Oberbergamt Clausthal-Zellerfeld vom 23.6.1943.

1385 LASH Abt. 304 Nr. 889, Hoffmann an Generaldirektor Zipfel vom 19.7.1943.

schafft werden, das im Bergwerk auf der Sohle als Unterlage diente, damit die Archivalien nicht auf dem Boden lagen. Teilweise musste dieses Holz im Zug mitgeführt werden.[1386] Im Idealfall begleitete einer der Archivmitarbeiter den Transport und überwachte die Ausladung und Einlagerung ins Bergwerk. Für ihn musste eine eigene Transportmöglichkeit geschaffen und eine Unterkunft besorgt werden.

Die Probleme bei der Bewältigung jedes einzelnen dieser Schritte waren zum Teil enorm. Es fehlte wie bereits vorher Bindfaden zum Schnüren der Aktenpakete, Güterwaggons konnten nur kurzfristig organisiert werden, sodass häufig nicht rechtzeitig genügend Arbeitskräfte mobilisiert werden konnten. Die Einlagerung der Archivalien in das Bergwerk konnte meist nur zu bestimmten Uhrzeiten geschehen, um den normalen Arbeitsablauf beim Abbau des Steinsalzes nicht zu behindern.[1387] Zudem waren auch die Bahnverbindungen von den Folgen des Luftkrieges betroffen. Der erste Archivalientransport von Kiel nach Mariaglück musste um fast einen Monat verschoben werden, weil durch die Angriffe auf Hamburg im Rahmen der Operation Gomorrha vom 24. Juli bis zum 3. August 1943 der Verkehr im gesamten Norden gestört war. Außerdem gingen Archivalien verloren oder gelangten über Umwege zurück an das Archiv, da sie aus den Waggons fielen.[1388]

Anfang 1944 wurde dann die Grube Mariaglück „aus kriegsbedingten Gründen" für die Einlagerung von Kulturgütern gesperrt, da sie unter anderem für die Rüstungsindustrie benötigt wurde.[1389] Auch das Kalibergwerk Grasleben, auf das das Staatsarchiv auswich, war zeitweise aus diesen Gründen gesperrt, und es drohte gar die Räumung der Kulturgüter aus Bergwerken, um sie für die sichere Unterbringung der Rüstung frei zu machen.[1390]

Eine erneute Erinnerung daran, wie unsicher der Verbleib der Archivalien im Archivgebäude sein konnte – soweit es einer solchen Erinnerung überhaupt bedurfte – kam im Oktober 1943. Bei einem Angriff auf Hannover vom 8. auf den 9. Oktober 1943 wurde das dortige Staatsarchiv getroffen, und anders als in Münster kam es dieses Mal trotz Betonmauern zu gravieren-

1386 LASH Abt. 304 Nr. 887, Reimers an Generaldirektor Zipfel vom 21.1.1945.

1387 LASH Abt. 304 Nr. 889, die Bergbaugesellschaft mbH Mariaglück an das Staatsarchiv Kiel vom 30.6.1943.

1388 LASH Abt. 304 Nr. 923, Gendarmerie Eben vom Einzelposten Hörnerkirchen an das Staatsarchiv vom 26.11.1943.

1389 LASH Abt. 304 Nr. 888, i. V. Stephan an das Staatsarchiv Koblenz vom 1.3.1944.

1390 LASH Abt. 304 Nr. 859, Bericht von Fister [ohne Empfänger] vom 5.3.1944 über seine Dienstreisen vom 20.2.–5.3.1944.

den Verlusten an Archivmaterial. Rund ein Viertel der historisch wertvollen Bestände und eine Vielzahl der Findbücher wurden vernichtet.[1391] Zipfel reagierte darauf, indem er gegenüber den preußischen Staatsarchiven die beschleunigte Räumung der Archive anordnete.[1392] Hinzu kamen noch weitere Schäden an anderen Archiven, wie der große Verlust des Brandenburg-Preußischen Hausarchivs.[1393] Zipfel musste im Oktober 1943 einsehen, dass nicht nur die Archivgebäude nicht mehr als sicher gelten konnten, sondern auch die Unterbringungen in den Städten zu gefährlich sei: „Die letzten Terrorangriffe auf Großstädte haben gezeigt, daß es in dichtbesiedelten Stadtteilen sichere Gebäude, in denen Archivbestände unbedenklich aufbewahrt bleiben können, nicht mehr gibt.“[1394]

Zipfel nahm die Archivdirektoren in die Pflicht. Er kritisierte in einem Rundschreiben scharf das Handeln des Direktors des hannoverschen Staatsarchivs. Es sei bereits 1942 im *Mitteilungsblatt der preußischen Archivverwaltung* als Richtlinie angegeben worden, dass die ältesten und wertvollsten Bestände ausgelagert werden sollten. „Ich mache die Archivleiter dafür verantwortlich, daß derartige Verluste in Zukunft ausgeschlossen sind.“[1395]

Die hannoverschen Verluste mahnten, die Auslagerungen weiter voranzutreiben. In Kiel wurde dies wiederum dadurch erschwert, dass die wissenschaftlichen Archivare Hoffmann und Carstens zum 9. beziehungsweise 20. September 1943 zum Kriegsdienst eingezogen worden waren.[1396] Wie schon vor Kriegsbeginn besprochen, übernahm Stephan die Vertretung Hoffmanns, offiziell zum 16. Oktober 1943. Erst dann konnten die Auslagerungen nach Mariaglück fortgesetzt werden. Die bisherige Begleitung durch Archivobersekretär Reimers musste nun aufgrund der gestiegenen Arbeitslast wegfallen.

1391 Manfred Hamann: Geschichte des Niedersächsischen Hauptstaatsarchivs in Hannover. 2. Teil. In: Hannoversche Geschichtsblätter 42 (1988), 35–119, 81.

1392 LASH Abt. 304 Nr. 887, Generaldirektor Zipfel an alle preußischen Archivdirektoren vom 23.10.1943.

1393 Joachim Lehmann: Von Staßfurt und Schönebeck nach Merseburg. Nachkriegsschicksale eines deutschen Archivs. In: Jürgen Kloosterhuis (Hrsg.): Aus der Arbeit des Geheimen Staatsarchivs Preußischer Kulturbesitz (Veröffentlichungen aus den Archiven Preußischer Kulturbesitz, Arbeitsberichte 1). Berlin 1996, 131–154.

1394 Staatsarchiv Hamburg, 133–1 II Staatsarchiv II, Nr. 62: 896/1942, Rundschreiben von Ernst Zipfel vom 27.10.1943; s. weiterführend auch Sarah Schmidt: Der Weg der Archive im Zweiten Weltkrieg. In: Archivar 70 (2017), 396–401, 398.

1395 LASH Abt. 304 Nr. 887, Generaldirektor Zipfel an alle preußischen Archivdirektoren vom 20.10.1943.

1396 LASH Abt. 304 Nr. 32, Bd. 3, Bl. 3, Hoffmann an Stephan vom 8.9.1943.

Es erfolgten bis Februar 1944 insgesamt neun Transporte ins Bergwerk Mariaglück, das damit für das Staatsarchiv Kiel zur größten Auslagerungsstätte mit 75 Prozent der Bestände wurde.[1397] Darunter befanden sich auch die Archivalien, die vorher in Lütjenburg gewesen waren. Bei einer Kontrolle der Ausweichstelle hatten Reimers und Carstens feststellen müssen, dass sich die Luft im Keller zwar trocken angefühlt, sich aber auf den Akten Feuchtigkeit gebildet hatte.[1398] Weitere Auslagerungen folgten in das Bergwerk nach Grasleben in der Nähe von Wolfsburg. Im April 1944 ging der letzte Transport nach Grasleben, womit neunzig Prozent des Gesamtbestandes ausgelagert waren.[1399] Dem sollten nur noch die Bibliotheksbestände folgen, die nach den schweren Verlusten, die die Kieler Universitätsbibliothek bei einem vorherigen Angriff erlitten hatte, einen höheren Stellenwert erlangt hatten.[1400] Die im Magazin verbleibenden Akten, bei denen es sich vor allem um neuere Akten aus preußischer Zeit handelte, sollten aus dem ersten Obergeschoss in den Keller verlagert werden. Damit sah Stephan die Sicherungsmaßnahmen als abgeschlossen an.[1401]

Zu diesem Zeitpunkt hatten bereits einige Archive, wie das Staatsarchiv Hannover und mehrere Stadtarchive, ihre Bestände vollständig ausgelagert, andere Staatsarchive hatten wie das Kieler achtzig bis neunzig Prozent ihrer Bestände auswärts gesichert. Zipfel berichtete auf einer Besprechung in Wien im Mai 1944, dass von 96 Archiven, von denen er Meldung bekommen habe, 51 mindestens die Hälfte der Bestände ausgelagert hätten.[1402] Das Material sei in 550 verschiedenen Ausweichstellen untergekommen, rund ein Viertel der Archive hätten in dreizehn verschiedene Bergwerke ausgelagert. Während das Staatsarchiv Kiel zu diesem Zeitpunkt neun Ausweichstellen besaß, hatten andere Archive – beispielsweise das Staatsarchiv Dresden – ihre Bestände auf bis zu 32 Orte verteilt. Weiter lobte Zipfel:

[1397] GStA PK, I. HA Rep. 178, 652, i. V. Stephan an den Generaldirektor vom 10.3.1944.

[1398] LASH Abt. 304 Nr. 887, i. V. Carstens [ohne Empfänger] vom 30.7.1943.

[1399] Ebd., Stephan an den Generaldirektor vom 16.4.1944.

[1400] Bei einem Bombenangriff am 29.4.1942 wurde die Universitätsbibliothek getroffen, dem darauf folgenden Brand fielen 250.000 Bände zum Opfer, nahezu die Hälfte des Gesamtbestandes; s. Else Maria Wischermann: Geschichte und Gegenwart der Universitätsbibliothek – 350 Jahre im Dienst der Universität. In: Oliver Auge (Hrsg.): Christian-Albrechts-Universität zu Kiel. 350 Jahre Wirken in Stadt, Land und Welt. Kiel 2015, 799–814, 804.

[1401] LASH Abt. 304 Nr. 887, Stephan an den Generaldirektor vom 16.4.1944.

[1402] LASH Abt. 304 Nr. 867, Abschrift: Niederschrift über die Besprechung in Wien am 11. und 12.5.1944, Bl. 144–167.

> „Die deutschen Archivbeamten haben, das kann ich zu ihrem Ruhme sagen, ein Maß von Organisationstalent, aber auch von Improvisationskunst entwickelt, wie wohl weder Eingeweihte noch Außenstehende ihnen jeweils zugetraut haben."

Im gesamten Reich machten den Archiven aber weiterhin die fortgesetzten Luftangriffe zu schaffen, so auch in Kiel. Bei einem Angriff am 4./5. Januar 1944 stürzte ein Nachbargebäude des Staatsarchivs zusammen, sodass die Zufahrt zum Hof des Archivs blockiert war.[1403] Das Archiv war ohne elektrisches Licht.[1404] Im Rahmen der Unterbringung von Behörden, deren Büros beschädigt oder zerstört waren, wurde nach den Angriffen im Lesesaal ein Schlafraum für eine Polizeiwache mit bis zu fünfzehn Mann eingerichtet, die Nutzung ging in den Dienstzimmern weiter.[1405]

Beim Angriff am 22. Mai 1944 wurde erneut das Gebiet um die Karlstraße zum Ziel, und auch das Staatsarchiv musste erhebliche Schäden hinnehmen. Der Dachstuhl des Verwaltungsgebäudes brannte aus und die Decke des darunter liegenden Stockwerks stürzte ein. Alle darunter liegenden Räume, auch die im Erdgeschoss befindlichen Wohnungen, wurden durch Löschwasser und das anschließende Regenwetter beschädigt. Das Geschäftszimmer des Archivs musste vorläufig in eine dieser Wohnungen, die von Reimers und seiner Frau bewohnt wurde, verlegt werden.[1406]

Vom 23. bis 24. Juli 1944 kam es zum bis dahin schwersten Angriff auf Kiel. Wieder wurde auch das Archiv getroffen, und Reimers musste dem Generaldirektor melden, das Verwaltungsgebäude sei „so stark beschädigt, daß es gesprengt werden muss". Das Magazingebäude wies so große Risse und Schäden an Fenstern und Türen auf, dass es nicht mehr verschließbar war. Das Archivgrundstück war von nun an ohne Stromversorgung und Reimers Wohnung unbewohnbar.

Als Nebenfolge führte der Angriff dazu, dass Stephan die stellvertretende Leitung des Archivs niederlegte. Sein Wohnhaus war von einer Bombe zerstört worden und auf dem Luftschutzkeller zusammengestürzt, in dem er sich mit seiner Frau aufgehalten hatte. Sie wurden aus den Trümmern befreit, nach dem Verlust ihres Hauses und Eigentums war für sie jedoch ein Verbleib

1403 LASH Abt. 304 Nr. 880, Stephan an den Generaldirektor vom 10.1.1944.

1404 LASH Abt. 304 Nr. 879, Stephan an das Wirtschaftsamt der Stadt Kiel vom 7.1.1944.

1405 LASH Abt. 304 Nr. 880, Stephan an den Generaldirektor vom 20.1.1944.

1406 Ebd., Stephan an den Generaldirektor vom 1.6.1944.

in Kiel nicht länger möglich. Schon zu Beginn seiner Vertretung hatte Stephan eingeschränkt, dass er nur vormittags dazu bereit wäre, und sobald er durch Bombenschaden oder Evakuierung Kiel verlassen müsse, würde er dies tun.[1407] Dementsprechend bat er darum, von seiner Tätigkeit entbunden zu werden und Reimers die weitere Durchführung zu überlassen, der „die volle Gewähr für eine tatkräftige und ordnungsgemäße Führung der Geschäfte bietet".[1408]

Knapp einen Monat später fielen über zwanzig Brandbomben direkt auf das Gelände des Staatsarchivs. Reimers hatte den Angriff mit seiner Ehefrau im Luftschutzkeller des Magazingebäudes erlebt und schrieb an den Generaldirektor: „Mehrere Male glaubten wir, das Gebäude sei über uns zusammengestürzt."[1409] Aus dem Bericht spricht seine Erschütterung über die Ereignisse. Es habe ein Feuersturm geherrscht, und das Magazingebäude sei trotz großer Schäden eines der wenigen erhaltenen Gebäude im Umkreis von fünf Minuten. „Kiel ist vollkommen zerstört."[1410]

Da in den stark beschädigten Gebäuden des Archivs keine Arbeit mehr möglich war, verlegte Reimers die Dienststelle auf das Gut Quarnbek. Der letzte Transport von Archivalien und Bibliotheksbeständen war noch kurz vor dem Angriff im Juli 1944 auf den Weg gebracht worden, das Magazingebäude bis auf wenige neuere Archivalien im Keller geräumt.[1411] Damit schienen für das Staatsarchiv alle möglichen Sicherungsmaßnahmen für Bestände und Personal ergriffen worden zu sein.

Dies war jedoch ein Fehlschluss. Zwar war ein Großteil der Bestände des Staatsarchivs Kiel in Bergwerken gesichert, einige Archivalien verblieben aber noch in oberirdischen Auslagerungsstätten, die weiterhin gefährdet waren. So hatte die Festung Ehrenbreitstein seit Beginn des Krieges als einer der sichersten Unterbringungsorte gegolten, im September 1944 ordnete Zipfel nun dessen Räumung an. Grund dafür waren die heftigen Luftangriffe, die zu diesem Zeitpunkt auf Koblenz geflogen wurden. Das Material sollte in ein Bergwerk gebracht werden, in dem jedoch nicht genügend Platz für dessen gesamte Aufnahme war. Es erging der Aufruf an alle Archive, die dorthin ausgelagert hatten, dass sie die Archivalien nennen sollten, die gesichert werden

1407 LASH Abt. 304 Nr. 32, Bd. 3, Bl. 4, Stephan an den Generaldirektor vom 22.9.1943.

1408 Ebd., Bd. 3, Bl. 15, Stephan an den Oberpräsidenten vom 3.8.1944.

1409 LASH Abt. 304 Nr. 880, Reimers an den Generaldirektor vom 29.8.1944.

1410 Ebd., Hervorhebungen im Original.

1411 LASH Abt. 304 Nr. 888, Stephan an den Generaldirektor vom 11.7.1944.

müssten.[1412] Reimers konnte nur an das Staatsarchiv Koblenz schreiben, dass alles nach Ehrenbreitstein Ausgelagerte wichtig sei. Wenn man eine Abstufung vornehmen müsse, sollten erst die schleswig-holsteinischen Urkunden, dann die oldenburgischen und dann die Amtsrechnungen gerettet werden.[1413] Im Februar 1945 kam die Meldung, dass sich die letzten sechs Kisten auf dem Weg in die Ausweichstelle befanden. Größere Verluste traten nicht ein, da die Festung kaum Schaden erlitt bei Angriffen, mit denen Koblenz in weiten Teilen zerstört wurde. Es zeigte sich, dass die Archivare nur wenig Kontrolle darüber hatten, was mit den Archivalien in den Auslagerungsstätten passierte.

Der Krieg hatte bis dahin schon längst seine Wendung genommen, und eine Niederlage des Deutschen Reichs war nicht mehr aufzuhalten. Kurz bevor die Räumung in Koblenz angeordnet wurde, schrieb Hoffmann an Reimers:

> „Ich denke oft an unsere evakuierten Bestände: an die Kisten in Ostpreußen und die Urkunden in Koblenz, obwohl ich die Zuversicht habe, daß wir die Feinde von unseren Grenzen werden abhalten können. Nur die Luftangriffe und Geschützfeuer sind zu fürchten."[1414]

Hier zeigte sich eine viel größere Sorge, die 1942 ad acta gelegt worden war: die Gefahr durch Kämpfe auf deutschem Boden. An allen Fronten musste die deutsche Wehrmacht Gebietsverluste bekanntgeben, die alliierten Truppen kamen immer näher.

Hoffmanns positive Einstellung erscheint hier eher gezwungen. Reimers antwortete am 15. September 1944 nach wie vor siegesgewiss, zumindest Hoffmann gegenüber, obwohl die Nachrichten von der Front „nicht gerade rosig sind, so glaube ich immer noch an eine Wendung zu unserm [!] Gunsten und an unseren endgültigen Sieg".[1415] Hoffmann befürchtete hingegen einen erneuten Angriff aus dem Norden aus Richtung Dänemark.[1416] Diese Befürchtung resultierte wohl vornehmlich aus seiner Stationierung, da er zu dieser Zeit in Kappeln Soldat war und dann in mögliche Kriegshandlungen direkt einbezogen gewesen wäre. Für Reimers entstand dadurch ein anderes Bedrohungspotenzial. Er wandte sich direkt an den Generaldirektor mit seinen Bedenken, dass die Akten in der Auslagerungsstelle in Glücksburg bei einer

---

1412 Ebd., Generaldirektor Zipfel an alle preußischen Archivdirektoren vom 22.9.1944.

1413 Ebd., Reimers an das Staatsarchiv Koblenz vom 25.9.1944.

1414 LASH Abt. 304 Nr. 946, Hoffmann an Reimers vom 5.9.1944.

1415 Ebd., Reimers an Hoffmann vom 15.9.1944.

1416 Ebd., Hoffmann an Reimers vom 5.9.1944.

Verlagerung des Krieges nach Norden gefährdet seien.[1417] Die Entscheidung darüber, ob diese Verlagerung aber überhaupt denkbar wäre und ob dagegen entsprechende Maßnahmen ergriffen werden müssten, überließ er dem Generaldirektor. Hoffmann, an den er seine Bedenken zeitgleich berichtete, sah keine Gefahr für die Bestände.[1418] Zipfel jedoch riet Reimers nicht nur, dass es angebracht sei, Glücksburg zu räumen, sondern auch die anderen Ausweichstellen in Schleswig-Holstein, und das Material soweit möglich nach Grasleben zu überführen.[1419] Einen Monat später, am 21. November 1944, erging an alle Staatsarchive die Weisung, wegen der „veränderten Kriegslage" die Archivalien aus den Archiven und Ausweichstellen weitestgehend ins Innere des Landes und möglichst in unterirdische Auslagerungsorte zu verlagern.[1420] Die Sicherungsmaßnahmen bekamen also im wahrsten Sinne des Wortes eine neue Richtung und waren bei Weitem nicht abgeschlossen.

Die Probleme bei solchen Transporten hatten sich durch die schwierige Lage im Deutschen Reich noch vergrößert. Vor allem die Bereitstellung von geeigneten Transportmitteln wurde zur Herausforderung. In Schleswig-Holstein verzögerte sich die Räumung der Ausweichstellen unter anderem aufgrund einer Waggonsperre. Dies bedeutete, dass Reimers eine Ausnahmegenehmigung erwirken musste, um überhaupt Waggons gestellt zu bekommen. Deren Verfügbarkeit wurde dann jedoch nur kurzfristig bekannt gegeben.[1421] Zu Beginn plante Reimers die gemeinsame Räumung von vier Ausweichstellen – Glücksburg, Dobersdorf, Maasleben und Böken –, die genau koordiniert werden musste. Erschwert wurde dies durch die bereits zerstörten Telefonanschlüsse.[1422] Vielfach waren außerdem die Gleise durch die Bombenangriffe beschädigt, und ein planmäßiger Zugverkehr war kaum mehr möglich.

Da die Auslagerungen mit Lastwagen vorgenommen worden waren und die wichtigsten Kriterien die Nähe zu Kiel und die ständige Überwachung durch andere Personen gewesen waren, führte dies dazu, dass die Auslagerungsorte zum Teil weit von den Bahnhöfen entfernt lagen. Der Mangel an Transportmitteln bezog sich auch auf die Lastwagen, mit denen die Archivalien in die Auslagerungsstätten gebracht worden waren, die ebenfalls

1417 LASH Abt. 304 Nr. 888, Reimers an den Generaldirektor vom 11.10.1944.

1418 LASH Abt. 304 Nr. 946, Hoffmann an Reimers vom 22.10.1944.

1419 LASH Abt. 304 Nr. 888, Zipfel an das Staatsarchiv Kiel vom 16.10.1944.

1420 LASH Abt. 304 Nr. 887, Zipfel an die staatlichen Archive in den Grenzgebieten vom 21.11.1944.

1421 GStA PK, I. HA Rep. 178, 2380, Reimers an den Generaldirektor vom 7.12.1944.

1422 LASH Abt. 304 Nr. 887, Reimers an den Bürgermeister von Dobersdorf von Bülow vom 18.12.1944.

für Kriegszwecke gebraucht wurden. Nun musste also auf Pferdegespanne zurückgegriffen werden, die mit Stroh gepolstert und abgedeckt wurden.[1423]

Zudem war der Mangel an jungen Arbeitskräften ein Problem. In Kiel arbeitete neben dem Archivobersekretär Reimers, der Ende 1944 bereits 61 Jahre alt war, noch der Hilfsarbeiter Liebmann, 67 Jahre alt. Sie mussten den Abtransport vor Ort organisieren, was bedeutete, dass sie häufig große Strecken zu Fuß zurücklegen mussten. Hotelzimmer für die Übernachtung vor Ort waren kaum zu erlangen.[1424] Dazu brauchte es Arbeitskräfte, die die Verladung übernahmen. Wie bereits 1942 wurde bei den entsprechenden Stellen angefragt, ob Soldaten, Jugendliche der Hitlerjugend oder auch Gefangenenkommandos abgestellt werden könnten.[1425] In Böken, wo die Archivalien in einem Schulgebäude untergebracht waren, wurden die älteren Schüler zur Mithilfe herangezogen,[1426] in Dobersdorf wurden russische Kriegsgefangene zu dieser Arbeit gezwungen.[1427]

Reimers musste seinen Plan, die vier Auslagerungsorte gleichzeitig zu räumen, aufgrund der Schwierigkeiten der Koordinierung aufgeben, und die Transporte sollten nacheinander stattfinden. Am 28. Dezember 1944 konnten die knapp 1.500 Fach beziehungsweise 375 Regalmeter Archivalien aus Böken abtransportiert werden, am 20. Januar 1945 folgte ein Transport aus Dobersdorf mit knapp 1.000 Fach beziehungsweise 250 Regalmetern. Dieser Transport war schon früher geplant gewesen, hatte aber aufgrund des Wetters verschoben werden müssen. Trotzdem mussten die Archivalien unter heftigem Schneefall verladen werden.[1428]

Weitere Transporte – auch der aus Glücksburg – konnten aufgrund der fortschreitenden Beschädigung der Gleise und der fehlenden Waggons nicht mehr stattfinden, und Reimers stellte die Bemühungen dazu im März 1945 offiziell ein.[1429] Bis dahin war ohnehin erkennbar, dass eine Offensive aus dem Norden keine Gefahr darstellte, da die Alliierten von Westen und Osten vorrückten.

Waren die Auslagerungen zum Ende des Krieges weiter notwendig, so waren sie gerade im Osten zu einem Problem geworden, wie das Beispiel Kö-

---

1423 Ebd., Reimers an von Bülow vom 3.12.1944.

1424 LASH Abt. 304 Nr. 888, Clausen an Reimers vom 21.12.1944.

1425 LASH Abt. 304 Nr. 887, Hoffmann an den Kommandanten der Stadt Kiel vom 14.7.1942 und Reimers an den Landrat in Flensburg vom 22.10.1944.

1426 Ebd., Reimers an Reimer in Böken vom 18.12.1944.

1427 Ebd., Reimers an den Generaldirektor vom 21.1.1945.

1428 Ebd.

1429 LASH Abt. 304 Nr. 888, Reimers an das Staatsarchiv Magdeburg vom 20.3.1945.

nigsberg zeigt. Die Bestände des Staatsarchivs Königsberg waren bereits seit März 1944 komplett auf mehrere Auslagerungsstellen verteilt, die meisten davon befanden sich in Ostpreußen. Zipfel erwähnte in einem seiner letzten Berichte an das Innenministerium am 6. April 1945, dass Hein „mit rühmenswerter Anstrengung noch sieben Waggons erstrangigen Archivgutes (Archiv des deutschen Ritterordens, des Ostpreußischen Etatministeriums usw.)"[1430] für deren Transport weiter ins Innere des Deutschen Reichs, ins Bergwerk nach Grasleben, hatte arrangieren können. In seinem Nachruf 1949 wurde Heins Beitrag gelobt, dass es ihm zu verdanken sei, dass „die wichtigsten Bestandteile des Königsberger Archivs hier im Westen liegen, auch äußerlich die umfangreichste Masse an Archivalien, die aus dem Osten hierher verbracht wurden".[1431] Einerseits handelte es sich dabei um die Verschleppung von Archivalien, die ihren rechtmäßige Platz in Königsberg hatten,[1432] andererseits wurden die Archivalien so wahrscheinlich vor den Zerstörungen des Krieges bewahrt. Ein Archivmitarbeiter des Staatsarchivs Kiel war bei der Schlacht um Königsberg dabei und berichtete am 18. März 1945 an Archivobersekretär Reimers über den Zustand des dortigen Staatsarchivs:

> „Infolge eines kürzlichen Stellungswechsels bot sich die Gelegenheit einen Blick ins hiesige Archiv zu tun. [...]. Im Benutzersaal und einigen anderen Räumen haben sich Landser [...] mehr oder weniger gemütlich eingenistet. Die Fensterscheiben entzwei, die Akten Schnee und Regen ausgesetzt. Die Urkunden scheinen geborgen zu sein. Trotz eingehender Erkundigungen konnte ich keinen der Namen ausfindig machen, wahrscheinlich schon alle evakuiert. Der Direktor, Dr. Hein, hatte in dem sonst recht modernen Archivbau eine Dienstwohnung, die jedoch verschlossen war. Wird das Arbeit geben nach dem Kriege!!"[1433]

1430 GStA PK, I. HA Rep. 178, 37, Bl. 66–70, Zipfel an den Reichsminister des Innern vom 6.4.1945.

1431 LASH Abt. 304 Nr. 902, Nachruf von Wilhelm Suhr, gesprochen bei der Trauerfeier am 17.11.1949.

1432 Die Königsberger Bestände waren zum großen Teil nach Grasleben ausgelagert worden, wo sie von der britischen Militärregierung nach Kriegsende beschlagnahmt wurden. Anschließend wurden sie im „Zonalen Archivlager" in Goslar zusammengeführt. Im Frühjahr 1947 wurden Teile der ehemals ostpreußischen Bestände durch die Briten an die polnischen Archive zurückgegeben; ein Drittel des Staatsarchivs Königsberg verblieb in Deutschland und ist heute Teil des GStA PK; vgl. Kurt Forstreuter: Das Preußische Staatsarchiv in Königsberg. Ein geschichtlicher Rückblick mit einer Übersicht über seine Bestände (Veröffentlichungen der Niedersächsischen Archivverwaltung 3). Göttingen 1955, 93f; zum Schicksal der zurückgegebenen Archivalien s. Bernhart Jähning: Amtsrechnungen und andere Akten der Kriegs- und Domänenkammern des Historischen Staatsarchivs Königsberg im Kaliningrader Gebietsarchiv. In: Preußenland 32 (1994), 16–29.

1433 LASH Abt. 304 Nr. 28, Behre an Reimers vom 18.3.1945.

Ähnlich erging es auch anderen Archiven im Osten. Das Reichsarchiv Danzig wurde im März 1945 aufgelöst und zum Stützpunkt für die innere Verteidigung der Stadt.[1434] Die Staatsarchive Breslau und Posen erlitten Verluste, da von dort die Archivalien nicht ins Innere Deutschlands „gerettet" worden waren.

Der letzte Kriegsmonat brachte für Kiel den fatalsten Luftangriff seit Kriegsbeginn. Am 3. April 1945 wurde die Stadt zum Ziel alliierter Angriffe, die wieder das Grundstück und die Gebäude des Staatsarchivs trafen. Das Magazingebäude stürzte in seiner ganzen Länge zusammen. Eine Bombe traf die Decke des Luftschutzkellers unter dem Magazin. Drei Menschen hatten dort Schutz gesucht, von denen zwei starben – Archivmitarbeiter befanden sich nicht darunter.[1435] Der restliche Keller, in dem sich noch einige Archivalien und laufende Geschäftsakten des Staatsarchivs befanden, blieb unversehrt, aus Mangel an Arbeitskräften konnten diese Sachen jedoch vorerst nicht geräumt werden. Nur die Leichen und einige Akten aus dem Erdgeschoss konnten geborgen werden.

Kiel wurde am 4. Mai 1945 kampflos der britischen Armee übergeben. Schleswig-Holstein war schon im Vorfeld von einer Flut an Flüchtlingen vor allem aus den Ostgebieten überschwemmt worden. Die Dienststelle des Staatsarchivs auf Gut Quarnbek war bei Kriegsende reduziert auf einen Tisch und ein Aktenregal mit der notwendigen Dienstregistratur in dem Zimmer, das Reimers und seine Frau bewohnten.[1436] Die hohe Anzahl an Flüchtlingen, gepaart mit der großen Zerstörung Kiels, sorgte dafür, dass lange keine alternative Unterbringung für das Staatsarchiv gefunden werden konnte. Es sollte bis 1949 dauern, bis alle Archivalien aus ihren letzten Auslagerungsstätten zurückgekehrt waren, und auch dann nur eine vorerst provisorische Unterkunft auf Schloss Gottorf fanden.[1437]

1434 GStA PK, I. HA Rep. 178, 40, Bl. 33, Bericht über die „Stillegung des Reichsarchivs Danzig" vom 3.4.1945.

1435 LASH Abt. 304 Nr. 880, Hein an Zipfel vom 5.4.1945. Es handelte sich dabei um Mitarbeiter der Firma W. Green Orthopädische Werkstätten, die seit Oktober 1944 in den Räumen des Magazins untergebracht war; vgl. LASH Abt. 304 Nr. 880, Reimers an die Archivabteilung des Staatsministeriums vom 7.10.1944.

1436 Ebd., Hein an Zipfel vom 11.4.1945.

1437 Weiterführend Kapitel 4.3.3.

4.3 Die Nachkriegszeit

Am 8. Mai 1945 endete der Zweite Weltkrieg mit der bedingungslosen Kapitulation der Wehrmacht, nachdem bereits am 4. Mai 1945 in Lüneburg die Teilkapitulation für die Streitkräfte in Norddeutschland unterzeichnet worden war. Damit waren die Kampfhandlungen in Europa weitestgehend beendet. Ebenfalls am 4. Mai war Kiel vom Oberbürgermeister Walter Behrens (1889–1977) ohne Widerstand an die britische Armee übergeben worden und Schleswig-Holstein wurde Teil der britischen Besatzungszone.[1438]

In Flensburg befanden sich noch die Reste der deutschen Regierung unter Karl Dönitz (1891–1980), der im politischen Testament von Hitler zum neuen Reichspräsidenten ernannt worden war. Bis zum 23. Mai 1945 wurde sie dort von den Briten geduldet, bis sie verhaftet wurde. Es wurde mit der Control Commission eine Verwaltung unter britischer Vorherrschaft eingerichtet,[1439] und mit der Berliner Erklärung legten die Alliierten fest, dass sie nun die oberste Regierungsgewalt übernehmen würden. Damit gingen alle Befugnisse über die Regierung und die Wehrmacht sowie über die Landesregierungen, -verwaltungen und -behörden auf sie über.[1440]

Die Alliierten, gerade in der britischen Besatzungszone, konnten diesen Anforderungen jedoch kaum gerecht werden. Mit 23 Millionen Einwohnerinnen und Einwohnern war die britische die größte der vier Zonen (gefolgt von der amerikanischen und sowjetischen Besatzungszone mit jeweils 17 Millionen Menschen).[1441] Pläne für die Zeit der Besatzung hatte es schon vor Kriegsende gegeben, sie stellten sich nun aber als unzureichend heraus.[1442] In diesen Pla-

---

1438 Die britische Zone richtete sich vorrangig nach den Grenzen der preußischen Provinzen. Lediglich die Rheinprovinz wurde zwischen Großbritannien und Frankreich aufgeteilt, und nur ihr nördlicher Teil wurde britisch. Insgesamt umfasste die britische Zone die Länder bzw. Städte Lippe, Schaumburg-Lippe, Braunschweig, Oldenburg und Hamburg sowie die Provinzen Westfalen, Nordrhein, Hannover und Schleswig-Holstein mit den Hauptstädten Münster, Düsseldorf, Hannover und Kiel.

1439 Der volle Name lautete „Control Commission for Germany (British Element)" und verweist auf das eigentliche Vorhaben der Alliierten, eine gemeinsame Kontrollkommission für ganz Deutschland einzurichten, bei der die Verwaltung für das ganze Land zentral zusammenlaufen sollte. Aufgrund französischer Einwände wurde dieser Plan nie umgesetzt und scheiterte zuletzt an der späteren Uneinigkeit unter den Alliierten; vgl. Christopher Knowles: Winning the Peace. The British in Occupied Germany, 1945–1948. London 2017, 201.

1440 Aus: Berliner Erklärung vom 5.6.1945. In: Amtsblatt des Kontrollrats in Deutschland, Ergänzungsblatt Nr. 1, 7–9.

1441 Alan Kramer: The West German Economy, 1945–1955 (German Studies Series 1). Oxford 1991, 12.

1442 Knowles (Anm. 1439), 17; s. weiterführend auch Lothar Kettenacker: Krieg zur Friedenssicherung. Die Deutschlandplanung der britischen Regierung während des Zweiten Weltkrieges (Veröf-

nungen war nämlich davon ausgegangen worden, dass eine zentrale deutsche Regierung bestehen bleiben würde, auf die man zurückgreifen könnte. Dies war nach dem Ende des Krieges nicht der Fall.

Die Vorgaben vom britischen War Office erwiesen sich als nicht ausreichend. Zwar war im Vorfeld geklärt worden, wie mit der Auflösung der Wehrmacht und der NS-Gesetze umgegangen werden sollte, jedoch mangelte es an Direktiven dafür, wie beispielsweise die Bevölkerung mit Nahrungsmitteln versorgt werden sollte.[1443] Auch war man nicht auf die großen Bevölkerungsbewegungen eingestellt, die vor allem durch die Flucht vor der Roten Armee ausgelöst worden waren, ob per Schiff aus den west- und ostpreußischen Gebieten oder zu Fuß aus der nun bestehenden sowjetischen Besatzungszone. Zudem waren sich die Alliierten im vornherein über das Ausmaß der Zerstörung deutscher Städte unklar gewesen und hatten nicht mit einer derartigen Beschädigung der Infrastruktur gerechnet. Es drohten neben Hungersnöten auch Krankheitsepidemien. Der Oberbefehlshaber der britischen Armee Bernard Montgomery (1887–1976) als Militärgouverneur und Leiter der Control Commission drückte es für die britische Besatzungszone so aus:

> “The population had to be fed, housed, and kept free of disease. It was going to be a race for time, whether this could be achieved before the winter began; if by that time the population was not fed, and housed, famine and disease would run riot through Germany.”[1444]

Dies waren die Zustände in Deutschland nach Ende des Krieges, von denen auch die Archivare in ihren persönlichen Schicksalen betroffen waren. In beruflicher Hinsicht war die Lage in der Anfangszeit vor allem geprägt durch den Wegfall der preußischen Archivverwaltung, deren Registratur im Juli 1945 geschlossen wurde. Den ehemals preußischen Staatsarchiven fehlte damit der Überbau, der vor allem für personelle Fragen wichtig war. Die Frage, wie es weitergehen sollte, beschäftigte über das Staatsarchiv in Schleswig-Holstein hinaus alle preußischen Staatsarchive. Die Hoffnung auf die Errichtung einer neuen zentralen Stelle und der Ersatz in Form der Vereinigung Deutscher Ar-

fentlichungen des Deutschen Historischen Instituts London 22). Göttingen 1989; Ders.: British Post-War Planning for Germany: Haunted by the Past. In: Ulrike Jordan (Hrsg.): Conditions of Surrender. Britons and Germans Witness the End of the War (International Library of Historical Studies 8). London 1997, 13–25.

1443 Ebd., 27f.

1444 Bernard Law Montgomery: The Memoirs of Field-Marshal the Viscount Montgomery of Alamein. London 1958, 356.

chivare (VdA) soll im Folgenden näher betrachtet werden, um den Kontext herzustellen, auch wenn das schleswig-holsteinische Staatsarchiv in dieser Hinsicht nur wenig in Erscheinung trat.

Ferner waren in dieser Zeit für die Archivare die Pläne zur Entnazifizierung maßgeblich. Die Alliierten hatten schon früh die Entfernung von allen nationalsozialistischen Einflüssen aus der Gesellschaft zu einem ihrer Ziele erklärt. Dies äußerte sich nun insbesondere in der Entlassung von belastetem Personal, wovon auch die Archivare betroffen waren. Gepaart mit dem Wegfall der preußischen Archivverwaltung und damit einer Regulierung der Personalverteilung, führte dies gerade für das schleswig-holsteinische Staatsarchiv zu einem Mangel an geeigneten Arbeitskräften.

Die Archivare Hoffmann und Hector sowie der Archivobersekretär Reimers mussten aufgrund ihrer hohen NS-Belastung vorerst aus ihrer Tätigkeit ausscheiden. Das wissenschaftliche Personal der ersten Nachkriegsjahre bestand lediglich aus dem Direktor Hein, der im März 1945 aus Königsberg nach Kiel geflohen war, und Suhr, der im Mai 1945 aus dem Stab des Generaldirektors nach Kiel versetzt worden war. Es fehlte also darüber hinaus wissenschaftliches Personal, das bereits vor Kriegsbeginn im Archiv tätig gewesen war. Hoffmann und Hector konnten jedoch wieder in ihren Beruf zurückkehren. Das Kapitel der Entnazifizierung war damit jedoch nicht ganz geschlossen, als die entsprechenden Akten bereits Anfang der 1950er-Jahre ihren Weg in die Archive fanden. Es stellt sich die Frage, wie die Belasteten selbst mit dem Material umgingen, das auch sie betraf.

In Schleswig-Holstein hatte die Entnazifizierung zur Folge, dass in der unmittelbaren Nachkriegszeit zwei mit der Provinz nicht vertraute Archivare die Aufgaben übernehmen mussten. Gerade angesichts der Archivalien, die zu ihrem Schutz an andere Orte ausgelagert worden waren, stellte dies ein großes Problem dar. Es fehlte die Kenntnis um die Bestände, und das erschwerte die Rückführung, die unter hohem organisatorischem und finanziellem Aufwand geplant und durchgeführt werden musste.

Die unmittelbare Nachkriegszeit war für die preußischen Archivare nahezu ausschließlich von den Ereignissen bestimmt, die durch die nationalsozialistische Herrschaft bedingt waren, weswegen sie in dieser Arbeit zu der Zeit des „Dritten Reiches“ gezählt wird.

4.3.1 Das Ende der preußischen Archivverwaltung

Am 12. Juli 1945 verfügte Georg Winter (1895–1961) in seiner Funktion als kommissarischer Leiter des GStA, dass die Registratur der preußischen Archivverwaltung mit Ende April 1945 im Grunde genommen als abgeschlossen zu betrachten sei.[1445] Sollte es in Zukunft eine andere Archivverwaltung geben, so müsse diese eine neue Registratur anlegen, so Winter. Damit war das Ende der preußischen Archivverwaltung offiziell bestätigt, die Aussichten für die Zukunft waren ungewiss.

Bei den Alliierten war bereits 1943 eine Stelle eingerichtet worden, die sich unter anderem mit Archivangelegenheiten befassen sollte. Unter dem alliierten Hauptkommando (SHAEF = Supreme Headquarters, Allied Expeditionary Forces) war die Abteilung „Monuments, Fine Arts, and Archives“ (MFA&A) eingerichtet worden. Es ging bei der Gründung unter anderem darum, hilfreiche Informationen aus Akten zu extrahieren, die für die kämpfenden Truppen im Kriegsverlauf von Nutzen sein könnten.[1446] Im Fokus stand die nachrichtendienstliche Auswertung. Nachdem die Alliierten nach Deutschland vorgerückt waren, wurden dort sogenannte Document Centres errichtet, in denen relevantes Material noch in Deutschland zusammengefasst und ausgewertet werden sollte. Damit sollte zusätzlich dessen Diebstahl oder sonstiges Abhandenkommen verhindert werden.

Britische und amerikanische Archivare setzten sich darüber hinaus für den Schutz von Archivalien ein, allen voran Ernst Posner (1892–1980), der als ehemals preußischer Archivbeamter 1936 aufgrund seiner jüdischen Herkunft in die USA geflohen war, und Hilary Jenkinson (1882–1961), Archivar am britischen Nationalarchiv. So entstand beispielsweise eine Liste der westdeutschen Archive mit Anweisungen, wie die Archive zu schützen seien, die vervielfältigt und bis auf Bataillonsebene verteilt wurde.[1447]

Nachdem im Laufe des Jahres 1945 klar wurde, dass Deutschland auch administrativ zusammenbrechen würde, erhielten Akten außerdem einen Wert für die Besatzungsverwaltung.[1448] Zudem begannen ab Sommer 1945 die Alliierten, Tribunale gegen die Nationalsozialisten zu führen, wozu dieses

---

1445 GStA PK, I. HA Rep. 178, 52, Bl. 34, Verfügung von Winter vom 12.7.1945.

1446 Astrid M. Eckert: Kampf um die Akten. Die Westalliierten und die Rückgabe von deutschem Archivgut nach dem Zweiten Weltkrieg (Transatlantische historische Studien 20). Stuttgart 2004, 31.

1447 Diese Schrift ist überliefert in: TNA PRO 30/90/5.

1448 Eckert (Anm. 1446), 22.

Material benötigt wurde. Akten wurden zur Auswertung nach London und von dort weiter nach Washington D. C. verschickt. Nun ging es weniger um nachrichtendienstliche Aspekte, sondern um Informationen zur Aufrechterhaltung der deutschen Verwaltung und der Vorbereitung der Prozesse gegen die Kriegsverbrecher.[1449] Personalakten bekamen außerdem einen Wert für die Entnazifizierungsprozesse.

Bald nach Kriegsende wurde das alliierte Hauptkommando aufgelöst, und es entstand die neue Abteilung MFA&A unter der britischen Militärregierung, der ab Juni 1945 alle Archivangelegenheiten in der britischen Zone unterstanden. Kurze Zeit später wandte sich Zipfel an die britische Militärregierung. Er befand sich zu dieser Zeit in Lübeck, da er bereits im April 1945 als Teil des Arbeitsstabs von Wilhelm Stuckart (1902–1953) für die Aufrechterhaltung der Notverwaltung nach Schleswig-Holstein versetzt worden war. Johanna Weiser schreibt in ihrer Geschichte der preußischen Archivverwaltung, dass Zipfel am 7. Mai 1945 in den Ruhestand getreten sei; dies ist jedoch eine im Nachhinein vorgenommen Datierung, die nicht Zipfels eigenen Plänen bei Kriegsende entsprach. An die Militärregierung schrieb er: "I would place myself at the disposal of the British Military Government, since I am a most important archivist and know all the archives and nearly all the archivists in Germany."[1450]

Die Briten hatten durchaus ein Interesse daran, sich Zipfels Expertise zunutze zu machen. Schon vor Kriegsende war über verschiedene Kanäle versucht worden, sich ein vollständiges Bild der Archivverhältnisse in Deutschland zu machen. Zipfel konnte nun genaue Aussagen über Personal und ergriffene Schutzmaßnahmen machen, die dringend notwendig waren.

Gleichzeitig hatte man intern keine hohe Meinung von Zipfel. In verschiedenen Berichten wird er als „intolerable man"[1451] und als „unprepossessing"[1452] bezeichnet. Eine erste Vernehmung Zipfels über die Situation des Archivwesens in Deutschland fand Anfang Juli 1945 statt. Abwertend wird er als „Pooh-Bah"[1453] betitelt, eine Bezeichnung für jemanden, der viele, zum Teil nutzlose Positionen innehat und sich durch ein übersteigertes Selbstwertge-

1449 Ebd., 31.

1450 TNA PRO 30/90/6, [Zipfel] an die britische Militärregierung vom 27.6.1945.

1451 TNA PRO 30/90/11, Abschrift: Bericht von Captain Willmot, o. D. [vor August 1946] mit Liste über das unbeschäftigte Personal.

1452 Ebd., Abschrift: Bericht von Captain Willmot, o. D. [vor August 1946].

1453 Hier und im Folgenden: TNA PRO 30/90/6, Bericht von Major R. H. Ellis vom 8.7.1945.

fühl auszeichnet. Sein Aufstieg wurde von den Briten allein seinem vor 1933 erfolgten Parteieintritt zugeschrieben. Weiter lautete die Beschreibung Zipfels:

> "He is not an attractive personality, and gives no impression of authority or of special intelligence. Like a number of Nazis, he appears to feel that a man becomes important, not from his own qualifications for the position he holds, but from the mere fact that he holds it. ‚I was the Leader'; he stated with wide dramatic gestures, ‚all these posts were held by me'."

Die Entscheidung über seine Nichtweiterbeschäftigung wurde lapidar dahingehend abgetan, dass es darüber überhaupt keine Zweifel gebe.

Während den Briten klar war, dass Zipfel nicht wieder eingesetzt würde, beabsichtigte er durch die persönliche Korrespondenz mit anderen Archivaren in der britischen Zone, nicht nur den ehemals preußischen, seine Machtposition wiederzuerlangen. Er versuchte, die Rückführungen der Archivalien zu koordinieren und Personalfragen zu regeln – ganz im Sinne seiner vorherigen Tätigkeit als Generaldirektor, auch wenn dies durch die Sperre der Kommunikationswege erschwert wurde. Zipfel wurde in dieser Korrespondenz nicht müde zu betonen, dass er sich der britischen Militärregierung zur Verfügung gestellt hatte.[1454] Gleichzeitig nutzte er dies als Gelegenheit, um seine Unschuld und die der Archivare zu betonen. Gegenüber dem Leiter des Staatsarchivs Hamburg, das nicht Teil der preußischen Archivverwaltung gewesen war, beteuerte er, dass die Archivare immer objektiv geblieben seien. In einem Schreiben an Hoffmann ging er noch weiter und präzisierte, sie hätten in den besetzten Gebieten „rein sachlich" gehandelt, außerdem habe er selbst „stets nur auf Charakter und Leistung gesehen […], die Tätigkeit in der Partei nie erfragt".[1455] Er verweist unter anderem auf Winter, der nicht in die Partei eingetreten war, den er aber dennoch zu seinem Referenten gemacht hatte.[1456] Der Grund für die Beteuerung seiner angeblichen Unparteilichkeit und Unschuld wird am Ende des Schreibens deutlich: „Dies alles muß zur Kenntnis der Briten kommen." [1457]

[1454] Siehe beispielsweise: LASH Abt. 304 Nr. 866, Postkarte von Zipfel an das Staatsarchiv Kiel vom 7.4.1945; LASH Abt. 304 Nr. 1120, Vollmer an Hein vom 24.7.1945; Staatsarchiv Hamburg, 133–1 II Staatsarchiv II, Nr. 53: 4849/1940, Zipfel an Reincke vom 8.7.1945.

[1455] LASH Abt. 304 Nr. 942, Zipfel an Hoffmann vom 25.8.1945.

[1456] Winter war zwar nicht der NSDAP beigetreten, hatte sich aber ohne Probleme an das neue Regime angepasst; vgl. Winter (Anm. 20), 189.

[1457] Hier und im Folgenden: LASH Abt. 304 Nr. 942, Zipfel an Hoffmann vom 25.8.1945, Hervorhebungen im Original.

Bereits vor Kriegsende hatte Zipfel Pläne für die Errichtung eines einheitlichen Archivwesens für ganz Deutschland gehabt, „mit dem Anspruch auf Totalität".[1458] Darunter wären nicht nur die staatlichen Archive gefallen, sondern auch Archive der Partei, der Wehrmacht sowie die nicht staatlichen Archive unter Missachtung des Eigentumsrechts. Diese Pläne verfolgte er auch nach der Änderung der Zustände unter britischer Besatzung. Er schrieb an Hoffmann, dass er „zunächst" eine Zusammenfassung innerhalb der britischen Zone anstrebe: „Alles hängt davon ab, dass ich die schwere Aufgabe anpacken kann, das Schicksal der deutschen AV. [Archivverwaltungen, Schm.] u. der deutschen Archivare hängt davon ab."[1459]

Unabhängig von der Ablehnung der Person Zipfel war für die Briten klar, dass solche Pläne nicht realisiert werden sollten. Schon die Neuerrichtung einer zentralen Archivverwaltung, wie sie in Preußen Bestand gehabt hatte, wurde als höchst unwahrscheinlich angesehen. Um diesen und weiteren Plänen wie denen für die reichsweite Archivverwaltung entgegenzuwirken, konzentrierten sie sich darauf, die Autonomie der Archive innerhalb der Provinzen zu fördern.[1460]

Zipfel wurde immer mehr an den Rand gedrängt, bis er schließlich 1948 in den Ruhestand trat. In seiner Autobiografie stellte Zipfel es so dar, als habe er aufgrund von gesundheitlichen Problemen seine Versetzung in den Ruhestand gefordert, was ihm „sehr, sehr schwer gefallen" sei.[1461] In der Realität geschah dies aber nicht aus seinem eigenen Entschluss, sondern vielmehr auf Initiative der Alliierten. Während die meisten Archivare trotz hoher NS-Belastung weiter ihre Ämter ausführen konnten, war Zipfel einer der wenigen, der nicht in seinen Beruf zurückkehren durfte und symbolisch für die Verfehlungen der Archivare während der Zeit des Nationalsozialismus stand.[1462]

Zipfel trat nach den ersten Nachkriegsmonaten kaum noch in Erscheinung. Die Frage nach der zukünftigen Unterstellung der Archive beschäftigte aber weiterhin die übrigen preußischen Staatsarchivare. Sie hofften größtenteils auf die Einrichtung einer neuen zentralen Archivverwaltung, da besonders hinsichtlich

---

1458 BArch R 1506/1022, „Denkschrift über den gegenwärtigen Zustand und die künftige Gestaltung des deutschen Archivwesens", o. D. [1943].

1459 LASH Abt. 304 Nr. 942, Postkarte von Zipfel an Hoffmann vom 28.7.1945, Hervorhebungen im Original.

1460 TNA PRO 30/90/3, Notizen [von Meekings] über „Duties of Archives Officer", o. D.

1461 BArch R 1506/1020, „Erinnerungen eines Archivars" von Ernst Zipfel, abgeschlossen am 28.2.1956.

1462 Kriese: Brackmann (Anm. 1254), 94.

der Personalsituation die einheitliche Regulierung durch eine übergeordnete Stelle fehlte. Überall gab es einen Mangel an Personal, weil Menschen einerseits noch nicht aus dem Krieg zurückgekehrt waren – und nicht klar war, wann und ob das geschehen würde – und andererseits die beginnende Entnazifizierung dazu führte, dass viele Archivare entlassen wurden.

Im Laufe des Jahres 1945 wurde jedoch immer deutlicher, dass es zu keinem schnellen Ersatz für die preußische Archivverwaltung kommen würde. Die Archivare mussten sich also damit auseinandersetzen, in welcher Form die Staatsarchive innerhalb der Provinzen gestellt und wem sie administrativ untergeordnet würden. Vor dem Krieg waren die preußischen Staatsarchive durch die zentrale Archivverwaltung direkt dem Ministerpräsidenten unterstellt. Dies sah Zipfel als die beste Lösung an, da die Archive so ihre notwendige „Durchschlagskraft" bekämen.[1463] Würden die Archive beispielsweise dem Außenministerium unterstellt sein, würden sie zum Mittel der Diplomatie, unter dem Innenministerium zu einem Organ der inneren Verwaltung und unter der Leitung des Kultusministeriums zu rein wissenschaftlichen Instituten werden.

Nach dem Zusammenbruch der preußischen Archivverwaltung war diese Einstellung, dass die Archive keinem besonderen Ressort, sondern der Allgemeinen Verwaltung untergeordnet werden müssten, unter den preußischen Archivaren sehr verbreitet. Dies mag einerseits an der Gewohnheit gelegen haben, andererseits führte es auch zu einer Aufwertung der Archive und damit zu mehr Spielraum. In der Praxis wurden für die einzelnen Archive der britischen Zone jedoch unterschiedliche Lösungen gewählt. Noch 1945 etablierten sich die Archive unter den verschiedensten Dienstaufsichten: In Düsseldorf wurde ein Archivdezernat eingerichtet, das für das Staatsarchiv und die nicht staatlichen Archive zuständig und der Allgemeinen Verwaltung unterstellt war.[1464] In Münster wurde das Archivwesen entgegen den Bestrebungen des Archivdirektors Johannes Bauermann (1900–1987) der Kultusabteilung zugeordnet. In Hannover wiederum wurde es Teil der Allgemeinen Verwaltung („Provinzialkanzlei").[1465]

In Schleswig-Holstein war das Staatsarchiv nach Kriegsende dem Amt für Inneres beim Oberpräsidium unterstellt, mit der Neuorganisation der Pro-

1463 BArch R 1506/1022, „Denkschrift über den gegenwärtigen Zustand und die künftige Gestaltung des deutschen Archivwesens", o. D. [1943], 13.

1464 LASH Abt. 304 Nr. 877, Bauermann an das Staatsarchiv Kiel vom 6.8.1945.

1465 Ebd., Bauermann an Hein vom 26.1.1946.

vinzialverwaltung mit Erlass vom 20. Dezember 1945 kam es zum Amt für Schulen und Erwachsenenbildung, aus dem später das Amt beziehungsweise Ministerium für Volksbildung und dann das Kultusministerium hervorging.[1466] Auch wenn die Leiter des Staatsarchivs Kiel, Hoffmann und Hein, prinzipiell gegen eine solche Zuordnung gewesen waren, hatte Hoffmann bereits Ende August 1945 an andere Archive geschrieben, dass er eine Unterstellung unter den Kultusbereich nicht ausschließen möchte, „da der Kulturdezernent die Archivfragen sehr einsichtsvoll behandelt".[1467]

Was die Archivare der ehemaligen preußischen Archivverwaltung vor allem beunruhigte, war die fehlende Einheitlichkeit. Im Juni 1946 entstand in der sowjetischen Besatzungszone ein „Zentralarchiv", mit dem die Hoffnung auf eine gesamtdeutsche einheitliche Lösung aufkam. Die Sonderentwicklung, die die sowjetische Zone nehmen würde, war zu diesem Zeitpunkt noch nicht absehbar; letztendlich wurde das Deutsche Zentralarchiv das zentrale Archiv der DDR.[1468] Diese Hoffnungen erfüllten sich also nicht.

In der britischen Besatzungszone waren in der unmittelbaren Nachkriegszeit vor allem zwei Hauptfiguren besonders aktiv und nahmen sich der Angelegenheiten der ehemals preußischen Staatsarchive an: Bauermann und Vollmer, Direktoren der Staatsarchive in Münster und Düsseldorf.[1469]

Bereits im Herbst 1945 hatte Bauermann bei der Militärregierung in Westfalen angeregt, dass eine Besprechung der Archivleiter der gesamten britischen Zone organisiert werden sollte.[1470] Zu Recht war dies als noch verfrüht von der Control Commission abgelehnt worden.[1471] Es gab wenige Kommunikationsmöglichkeiten zwischen den Archiven, und auch die Infrastruktur ließ eine Zusammenkunft der Archivare aus der gesamten britischen Zone nicht zu. Zudem waren die Archivare vielerorts noch mit der Organisation der Archivalienrückführung beschäftigt oder hatten im Rahmen der Entnazi-

---

[1466] Das Amt für Schulen und Erwachsenenbildung war am 15. Februar 1946 in Amt für Volksbildung umbenannt worden, das Kultusministerium gab es seit dem 15. Mai 1951. Nach der vollzogenen Umbildung der Ämter in Ministerien hatte das Staatsarchiv seit dem 12. Dezember 1946 zunächst der Abteilung Wissenschaft im Ministerium für Volksbildung unterstanden. Vgl. LASH Abt. 304 Nr. 942, Hoffmann an den schleswig-holsteinischen Kultusminister vom 15.2.1952.

[1467] LASH Abt. 304 Nr. 877, Hoffmann an das Staatsarchiv Münster vom 24.8.1945.

[1468] Friedrich Kahlenberg: Deutsche Archive in Ost und West. Zur Entwicklung des Staatlichen Archivwesens seit 1945 (Mannheimer Schriften zur Politik und Zeitgeschichte 4). Düsseldorf 1972, 33f.

[1469] Zu Vollmers Aktivitäten in der NS-Zeit s. Menk/Plantinga (Anm. 1285); zu Bauermann allgemein Wilhelm Kohl: Johannes Bauermann 1900–1987. In: Westfälische Forschungen 37 (1987), 236–238.

[1470] LASH Abt. 304 Nr. 1258, Bauermann an das Staatsarchiv Kiel vom 20.2.1946.

[1471] Ebd.

fizierung mit eigenen Problemen zu hadern. Nachdem die Konservatoren und Zuständigen des Kunstschutzes im Februar 1946 ein Treffen abhalten durften, wurde auch für die Archivleiter ein Zusammentreffen genehmigt.

Bauermann hatte im Vorfeld Erkundigungen bei den anderen Staatsarchiven der britischen Zone eingeholt, welche Themen besprochen werden müssten. Für Hein stand fest, das Wichtigste sei die „Schaffung einer Art Zentralstelle“, in der die Informationen vor allem zum Personal zusammenlaufen sollten. Der Personalbedarf sollte dadurch reguliert werden, dass dort entbehrliches Personal sowie arbeitslose Archivbeamte gemeldet würden.[1472] Diese Stelle sollte nebenamtlich von einem der Archivdirektoren geleitet werden. Hein schlug vor, nach dem Alter auszuwählen, und brachte sich damit als ältesten Archivdirektor selbst ins Gespräch.

Auch an anderer Stelle gab es Ideen für die Wiedererrichtung einer zentralen Stelle. Wilhelm Kisky (1881–1953), der seit 1928 die Archivberatungsstelle in der Rheinprovinz leitete, wandte sich im Vorfeld des Treffens mit einem „Vorschlag für eine einheitliche Archivverwaltung im ganzen britisch-besetzten Gebiet“ direkt an einen der Archivare im MFA&A, Cecil A. F. Meekings (1914–1977).[1473] Seiner Meinung nach war die Stelle des Generaldirektors dafür zuständig, die Staatsarchive „in sachlicher und personeller Beziehung einheitlich zu verwalten“. Dementsprechend hielt er auch die erneute Einsetzung eines Generaldirektors als „nicht nur erwünscht, sondern auch notwendig“. Dies befand er nicht nur für die ehemals preußischen Staatsarchive, sondern auch für die der Länder Oldenburg, Braunschweig, Lippe und der Hansestädte, die vorher keiner übergeordneten Archivverwaltung angehört hatten.

Von anderer Seite gab es Gegenstimmen. Die zuständigen Vorgesetzten des Staatsarchivs Kiel im Amt für Volksbildung teilten mit, dass dort kein Interesse an der Entstehung einer Sonderverwaltung für die gesamte britische Zone bestehe, da dies nur zu einer besonderen finanziellen Belastung führen würde.[1474] Auch die britische Militärregierung war nach wie vor gegen eine solche Einrichtung.

Am 25. Juni 1946 fand die erste Tagung der Archivleiter beziehungsweise derer Vertreter der britischen Zone nach dem Krieg in Bünde statt, für Schleswig-Holstein nahm Suhr daran teil. Sie wurde von Oberstleutnant Aeneas

1472 LASH Abt. 304 Nr. 1258, Hein an das Staatsarchiv Münster vom 6.3.1946.

1473 Überliefert in: TNA PRO 30/90/13, „Vorschlag für eine einheitliche Archivverwaltung im ganzen britisch-besetzten Gebiet“ von Kisky vom 19.5.1946.

1474 LASH Abt. 304 Nr. 1258, Aktenvermerk von Suhr vom 22.6.1946.

McDonnell (1904–1964) eröffnet.[1475] Er erinnerte daran, dass demnächst die Abteilung MFA&A zu bestehen aufhören würde und der deutschen Verwaltung immer mehr Verantwortung übergeben werden sollte. Das Treffen würde unter anderem dazu dienen, diesen Schritt vorzubereiten. Dass es der Wunsch war, den Deutschen wieder mehr Eigenständigkeit zu überlassen, ließ sich auch daran erkennen, dass ein Teil der Tagung ohne die Anwesenheit von McDonnell und Meekings als Vertreter der Militärregierung stattfand.[1476]

Im Hinblick auf die Wiedererrichtung einer zentralen Archivverwaltung fand McDonnell klare Worte: Es sei sehr unwahrscheinlich, dass Preußen in seiner bisherigen Form weiterbestehen werde, deswegen solle man auch nicht auf Basis der preußischen Staatsarchive bauen. Er empfahl vielmehr die „Bildung einer Art entwicklungsfähiger Organisation" für alle großen Archive in der britischen Zone, auch der nicht staatlichen Archive. „Es muß auf alle Fälle ein Zusammenschluß von Archiven und Archivaren und nicht nur von Staatsarchiven und Staatsarchivaren sein."

Damit schnitt McDonnell indirekt ein weiteres wichtiges Thema an, das die Archivare bewegte, nämlich den Umgang mit dem nicht staatlichen Archivgut. Bereits seit dem Ende des 19. Jahrhunderts hatten die staatlichen Archivare versucht, eine stärkere Kontrolle über das nicht staatliche Archivwesen ausüben zu können. Unter den Nationalsozialisten war dies noch intensiviert worden, um die Umsetzung der rassistischen NS-Ideologie zu unterstützen. Die Archivare standen vor der Frage, wie auch dieser Bereich nun geregelt werden sollte.

Neben diesen wichtigen Themen sprach McDonnell in seiner Eröffnungsrede einen weiteren heiklen Punkt an: die Personalsituation. Entnazifizierung und Kriegsverluste, genauso wie die Pensionierung von älteren Archivaren, führten zu einem akuten Mangel. Die Frage nach dem Nachwuchs war eine dringende, weswegen McDonnell die Einrichtung einer Schule zur Ausbildung von Archivaren empfahl.

Letztlich verkündete McDonnell noch, dass Bauermann zum Sekretär ernannt worden sei und entsprechend das Protokoll für die Tagung verfassen sollte, während Vollmer Vorsitzender des Treffens sei. Die Bestimmung eines ständigen Ausschusses überließ er den versammelten Archivaren.

1475 Hier und im Folgenden: ebd., Ansprache zur Eröffnung der Tagung der Archivleiter der britischen Zone am 25.6.1946 in Bünde von Lieutenant Colonel McDonnell.

1476 TNA PRO 30/90/13, Bericht von Meekings an diverse MFA&A-Abteilungen in der britischen Zone vom 28.6.1946.

Entsprechend dieser Vorrede war die Tagungsordnung in fünf Punkte unterteilt: die Bestellung des ständigen Ausschusses, die Errichtung eines Instituts für die Ausbildung von Archivaren, der Umgang mit den Archivberatungsstellen, und als vierter Punkt wurde die Möglichkeit gegeben, verschiedene andere Belange zu besprechen.[1477] Ein fünfter Punkt beschäftigte sich mit der Aufstellung von Haushaltsplänen.

Von Bauermann wurde zu Punkt eins sofort klargestellt, dass solch ein Ausschuss bedingt sei durch den Wegfall der preußischen Archivverwaltung, man jedoch keine Zentralisierung anstrebe, was auch nicht möglich sei. Ziel sei es vielmehr, ein Organ zu schaffen, das über wesentliche Fragen diskutierte und eine Übereinstimmung fand. Der Ausschuss solle die Archive gegenüber der Verwaltung vertreten und Ansprechpartner für die Archivare selbst sein. Er solle aus drei Mitgliedern bestehen, zwei Staatsarchivaren und einem Archivar aus dem nicht staatlichen Archivwesen.

Mit Bauermanns Position waren nicht alle einverstanden. So wandte der Leiter des Staatsarchivs Osnabrück Günther Wrede (1900–1977) ein, dass auch die Personalpolitik einheitlich gelenkt werden müsse, wohingegen Hermann Kownatzki (1899–1991) vom Kölner Stadtarchiv entgegenhielt, man wisse noch nicht, ob es in Zukunft nicht doch eine zentrale Stelle für kulturelle Angelegenheiten geben würde. Die Hoffnung auf eine wie auch immer geartete zentrale Verwaltung war also nach wie vor vorhanden.

Bauermann meinte außerdem, der Ausschuss solle dazu dienen, die fachliche Autorität für die neue Archivschule zu sein, die gegründet werden müsse. Doch auch in der Angelegenheit der Archivschule herrschte nicht nur Einigkeit. Zwar war deren Notwendigkeit unumstritten, über die Voraussetzungen für die Zulassung gab es jedoch unterschiedliche Auffassungen. Während sich beispielsweise Vollmer und Bauermann für relativ lockere Bedingungen aussprachen, war Spieß vom Stadtarchiv Braunschweig der Meinung, es müssten weiterhin Promotion und Staatsexamen die Voraussetzungen bleiben. Dabei wurde auch das Thema „Archivarinnen" angesprochen, und Erich Kittel (1902–1974) vom Detmolder Staatsarchiv bat darum, zu prüfen, ob nicht auch Frauen zur Ausbildung zugelassen werden sollten.[1478]

1477 Hier und im Folgenden: LASH Abt. 304 Nr. 1258, Protokoll der Tagung der Archivleiter der britischen Zone am 25.6.1946 in Bünde.

1478 Frauen hatten an den Ausbildungskursen in Dahlem teilnehmen dürfen, die Ablegung der Abschlussprüfung war ihnen jedoch untersagt; vgl. Henning: Archivare, 157.

Als nächster Punkt stand das Thema der Archivberatungsstellen auf der Tagesordnung. Schon in der Weimarer Republik hatte es Pläne für eine gesetzliche Regelung gegeben, und Zipfel hatte in der NS-Zeit mit einer geplanten reichsweiten Archivverwaltung dafür zu sorgen versucht, das nicht staatliche Material unmittelbar unter die Herrschaft der Staatsarchive zu bringen. Beide Pläne scheiterten, es wurden aber vielerorts Archivberatungsstellen errichtet, die sich mit dem nicht staatlichen Archivgut befassten. Motivation dafür war die Auswertung der nicht staatlichen Quellen für die Durchsetzung der rassistischen NS-Ideologie. Mit dem Ende des „Dritten Reiches" kam nun die Frage nach dem Fortbestand dieser Institutionen auf.

Bauermann hatte bereits im August 1945 an das Staatsarchiv Kiel berichtet, dass in Düsseldorf ein Archivdezernat eingerichtet worden sei, dem auch die Archivberatungsstelle und das Landessippenamt unterstellt worden waren. Von Hein findet sich neben dieser Stelle des Schreibens der kritische Vermerk: „Bleibt das bestehen??[!]"[1479] In Schleswig-Holstein war die Archivberatungsstelle nach Kriegsende an das Staatsarchiv zurückgegangen, und das Landessippenamt, 1943 gegründet, war genau wie die Sippenämter aufgelöst worden.[1480]

Auf der Tagung in Bünde wurden nun weder das heikle Wesen der Archivberatungsstellen noch die Motivation für deren Errichtung angesprochen, es wurde lediglich festgehalten, dass „über den staatlichen Charakter von Archivschutz und Archivpflege Einigkeit bestehe". Dies ist eine interessante Feststellung, wenn man bedenkt, dass unter den fünfzehn Teilnehmern der Tagung fünf aus Kommunalarchiven, zumeist Stadtarchiven, kamen.[1481] Zudem unterschied sich die Vorgehensweise beim Thema Archivpflege in jeder ehemals preußischen Provinz; während beispielsweise in Westfalen 1927 eine Archivberatungsstelle gegründet und 1937 Archivpfleger eingesetzt worden waren, war es in Schleswig-Holstein nahezu umgekehrt gewesen. Eine Vereinheitlichung, so die Feststellung, sei daher nur schwer zu erreichen. Bei der Wahl zum Beirat bestand jedoch laut Protokoll keine Unstimmigkeit darüber, dass auch die nicht staatlichen Archive vertreten sein sollten.

Unter dem Punkt „Verschiedenes" plädierte Ahasver von Brandt (1909–1977) vom Lübecker Stadtarchiv noch einmal für die organisatorische Unterstellung der Archive unter die Zentral- statt unter die Kulturverwaltung.

1479 LASH Abt. 304 Nr. 877, Bauermann an das Staatsarchiv Kiel vom 6.8.1945.

1480 Ebd., Hoffmann an das Staatsarchiv Münster vom 24.8.1945.

1481 Nämlich: von Brandt (Lübeck), Kisky (Archivberatungsstelle Düsseldorf), Kownatzki (Köln), Spieß (Braunschweig) und von Winterfeld (Dortmund).

Während Vollmer zustimmte, dass dies für die staatlichen Archive sinnvoll sei, wandten Spieß und Luise von Winterfeld (1882–1967) vom Dortmunder Stadtarchiv ein, dass eine Unterstellung unter die Kulturverwaltung für die Stadtarchive viel sinnvoller sei. Zu einer Einigung kam es naturgemäß nicht.

Ein weiteres Thema war die Wiederaufnahme beziehungsweise Vereinheitlichung der Nutzung der Archive. Unter anderem wurde über die Anhebung des Grenzjahres von 1888 auf 1918 gesprochen, sodass die Archivalien besser zugänglich gemacht würden. Zudem wurde über die Erhebung von Gebühren diskutiert. Ohne Unrechtsbewusstsein erwähnte Erich Meyer (?–?) als Vertreter des Staatsarchivs Wolfenbüttel, dass man dort 20.000 Reichsmark jährlich an Gebühren eingenommen hatte, die aus der Einsichtnahme in Kirchenbücher resultierten – eine Einsichtnahme, die zur Fertigung der „Ariernachweise" gedient hatte. Am Ende einigte man sich in dieser Angelegenheit, die Währungsreform abzuwarten, die erst am 20. Juni 1948 in Kraft trat.

Es war Suhr als Vertreter des Staatsarchivs Kiel, der den Verbleib der Archive der ehemaligen Ostgebiete ansprach. Die Kieler Archivare waren verstärkt mit diesem Thema befasst, weil seit März 1945 Hein das Archiv leitete, nachdem er aus Königsberg geflohen war. Vorher war es ihm gelungen, die Bestände des Königsberger Staatsarchivs auszulagern, und ein Teil befand sich im Bergwerk in Grasleben in den westlichen Zonen. Hein hatte sich bemüht, diese Bestände nach Kriegsende in das Staatsarchiv Kiel zu überführen, die fehlende Unterbringung hatte jedoch sehr schnell die Unmöglichkeit dieser Überlegungen klar gemacht.[1482] Zudem war es Hein gelungen, Akten der Stadt Gotenhafen und Teile des Universitätsarchivs Greifswald mit nach Kiel zu überführen. Sämtliche Ostarchive, die sich in den westlichen Zonen befanden, wurden ab Mitte 1946 im Kaiserhaus in Goslar, dem „Archival Repository", zusammengeführt.[1483]

Suhr stellte die Frage, ob nun für den Verbleib der Archivalien überhaupt das territoriale Zugehörigkeitsprinzip, also das Provenienzprinzip, Geltung haben könne. Kownatzki aus Köln lehnte dies rundheraus ab. Die Provinz Ostpreußen würde nicht mehr bestehen, und was dort nun entstehe, seien

> „völlige Neubildungen ohne bevölkerungsmässige oder institutionelle Verbindung mit früheren deutschen Einrichtungen. Die deutschen Archive

[1482] LASH Abt. 304 Nr. 1946, Aktenvermerk von Hein vom 19.5.1946.

[1483] Ebd., E. Keyser an Hein vom 3.6.1946; nach seiner Gründung 1952 wurde das Bundesarchiv zuständig für alle Archivalien aus den Gebieten östlich der Oder-Neiße-Grenze; vgl. LASH Abt. 304 Nr. 1941, Hoffmann an den Kultusminister vom 23.6.1953.

solcher Gebiete gehörten ebenso wenig noch dorthin, wie die Papiere der aufgelösten Filiale eines Handelshauses an dem Ort bleiben, wo die Filiale bestand."

Insgesamt waren sich die Archivvertreter jedoch darüber einig, dass eine weitere Klärung dazu notwendig sei. Es wurde der Vorschlag eines Austauschs favorisiert, bei dem weitere Bestände aus dem Osten zurückerlangt werden sollten. Es zeigte sich auch hier, dass kein Unrechtsbewusstsein für die Taten der Archivare im Osten bestand. Dies war auch der einzige Punkt, in dem sich Meekings als Vertreter der Control Commission zu Wort meldete. Er teilte mit, dass der Ausschuss für diese Frage nicht zuständig sei und die britische Militärregierung über die Archive der ehemaligen Ostgebiete verfügen würde. Nach diesem einer Ermahnung gleichkommenden Einwurf wurde zum nächsten Punkt übergegangen und über Haushaltsfragen gesprochen.

Am Ende blieb einer der wenigen Erfolge der Tagung, dass ein Beirat gewählt wurde, bestehend aus Bauermann, Vollmer und, als Vertreter der nicht staatlichen Archive, Spieß. Ansonsten diente die Tagung primär dazu, dass sich die Archivare nach langer Zeit wieder persönlich und über grundlegende Probleme und Pläne austauschen konnten. Wenig überraschend war dies keine Gelegenheit, sich über vergangene Fehler der Archivarszunft zu unterhalten. Außerdem bot die Zusammenkunft zumindest für Suhr die Möglichkeit, näher mit den zuständigen Offizieren der MFA&A über wichtige Themen zu sprechen, die nur das Staatsarchiv in Schleswig-Holstein betrafen.[1484]

Einige Wochen später, am 12. September 1946, trat der neu gewählte Beirat zum ersten Mal zusammen. Dort wurden die wichtigeren Beschlüsse gefasst, die durch die vorherige Tagung zum Teil bereits vorbereitet worden waren. Bauermann, Vollmer und Spieß einigten sich darauf, dass die Vereinigung Deutscher Archivare (VdA) gegründet werden sollte, „[z]ur Wahrung der Berufsinteressen und zur Förderung des kollegialen Zusammenhanges".[1485] Hauptaufgaben seien die Organisation des Deutschen Archivtages und die Herausgabe eines Mitteilungsblattes, dessen Schriftleitung dem Staatsarchiv Düsseldorf übertragen wurde.

1484 LASH Abt. 811 Nr. 6186, Entwurf eines Schreibens des Amtes für Volksbildung an Major Wilmot, o. D. [Juli 1946].

1485 Hier und im Folgenden: TNA PRO 30/90/13, Protokoll der Beiratssitzung des Beirats für das Archivwesen der Britischen Zone vom 12.9.1946.

Es zeigten sich auf der Sitzung jedoch auch die Grenzen des Beirats. So diskutierten die drei Mitglieder, anknüpfend an die Tagung, über die zukünftige Gebührenordnung, konnten danach aber nur Empfehlungen geben. Gegenüber den Forderungen einer einheitlichen Personalpolitik konnten sie als ersten Schritt lediglich von den hauptamtlich geführten Archiven eine Liste über ihre wissenschaftlichen Beamten erbitten. Andere Bereiche, wie die Versorgung mit Papier und Kohle, mussten den einzelnen Archiven überlassen werden.

Am 11. Dezember 1946 kamen erneut Leiter beziehungsweise Vertreter der größeren Archive der britischen Zone zusammen. Die Leitung vonseiten der britischen Militärregierung hatte Meekings inne, und Anlass war vor allem die unmittelbar bevorstehende Übergabe der Verwaltung der Archive an die Deutschen, die mit der Zusammenlegung der britischen und amerikanische Zone zur Bizone zum 1. Januar 1947 geschehen sollte.[1486]

Meekings stellte in seiner Eröffnungsrede die Leistungen der britischen Militärregierung seit dem letzten Treffen im Juni dar und hob besonders die Erfolge bei der Rückführung der Archivbestände aus den Auslagerungsorten hervor.[1487] Zu diesem Zeitpunkt waren beispielsweise die gesamten Bestände aus der amerikanischen und französischen Zone, die in die Archive der britischen Zone gehörten, zurückgeführt worden. Außerdem forderte er, dass der Beirat von drei auf neun Mitglieder ausgeweitet werde. Vor allem sollte der Beirat der MFA&A in Angelegenheiten der neuen Archivschule, des VdA oder der Verbesserung der internationalen und interzonalen Beziehungen zur Seite stehen. Erst auf diesem Treffen gewann der Beirat die Autonomie, selbst Treffen einzuberufen und über die Teilnahme der Briten daran zu entscheiden. In der Folge wurden sechs weitere Mitglieder für den erweiterten Beirat gewählt.[1488]

Die bisherigen Treffen hatten sich lediglich auf die britische Besatzungszone konzentriert, nun war Ende 1946 auch Major Lester K. Born (1903–1969) für die MFA&A-Abteilung der amerikanischen Besatzungszone anwesend. Es wurde angekündigt, dass ein Treffen der Archivare aus den drei westlichen Besatzungszonen geplant sei, das jedoch nicht umgesetzt werden konnte. Im April 1947 kam es zum Treffen der Archivare aus der britischen und amerika-

1486 Eckert (Anm. 1446), 124.

1487 Hier und im Folgenden: TNA PRO 30/90/13, Protokoll vom 15.1.1947 von der 2. bzw. 3. Sitzung des Archivbeirats in Bünde vom 11.12.1946.

1488 Dabei handelte es sich um: Wilhelm Kisky von der Archivberatungsstelle der nördlichen ehemaligen Rheinprovinz, Erich Kuphal vom Stadtarchiv Köln, Rudolf Grieser vom Staatsarchiv Hannover, Günther Wrede vom Staatsarchivs Osnabrück, Heinrich Reincke vom Staatsarchiv Hamburg und Ahasver von Brandt vom Stadtarchiv Lübeck; vgl. ebd.

nischen Zone in Bamberg. Der VdA wurde daraufhin auch auf die Archivare der amerikanischen Zone ausgeweitet und Wilhelm Winkler (1893–1958), Direktor der staatlichen Archive Bayerns, zum zweiten Vorsitzenden ernannt.[1489] Außerdem verkündete Vollmer, dass mit Übergang der Verwaltung der Archive von der Militärregierung auf die deutschen Behörden der Beirat der britischen Zone eingestellt worden sei.[1490] Damit waren nun alle Parallelen mit einer zentralen Archivverwaltung beseitigt. Es blieb einzig der VdA als überregionales Bindeglied, durch das sich die Archivare austauschen konnten.

Als Medium für den Austausch wurde im August 1947 die erste Ausgabe der Zeitschrift *Der Archivar* veröffentlicht, die in einer Auflage von 1.600 Stück und im Umfang von 46 Seiten erschien.[1491] Der Untertitel des Blattes lautete *Mitteilungsblatt für deutsches Archivwesen* und ließ die Verknüpfung zum *Mitteilungsblatt der preußischen Archivverwaltung* erkennen, das von 1936 bis 1945 herausgegeben worden war.[1492] Diese Anknüpfung bekräftigte Vollmer in seinen einleitenden Worten zu dieser ersten Ausgabe, mit der Erweiterung, dass nun sämtliche Archivsparten einbezogen werden sollten.[1493]

Als Ziel der ersten Ausgaben des *Archivars* stellte Vollmer heraus, dass ein Überblick über die Lage der einzelnen Archive und deren Verluste gegeben werden sollte. Es sollte darüber informiert werden, welche Maßnahmen in den verschiedenen Ländern getroffen worden seien, um „eine gewisse Einheitlichkeit auf den archivischen Verwaltungsgebieten zu erzielen".[1494] Die Zeitschrift sollte auch Personalnachrichten enthalten, ein Zugeständnis an die fehlende Personalregulierung der preußischen Archivverwaltung. Dazu wurde außerdem eine Zentralnachweisstelle eingerichtet, die vom Schriftführer des VdA geführt wurde, bei der alle Archivbeamten aller Stufen („Grade") aufgeführt werden sollten.[1495]

Die erste Ausgabe des *Archivars* enthielt fast ausschließlich Berichte über die Zusammenkünfte der Archivare sowie Meldungen der verschiedenen Archive – inklusive Stadt-, Kirchen- und Wirtschaftsarchive – über Gebäude, Bestände, Benutzbarkeit, Personalverhältnisse und Ähnliches. Die ausführliche

1489 LASH Abt. 304 Nr. 1258, Protokoll der Tagung vom 10. bis 11.4.1947.

1490 Ebd.

1491 TNA PRO 30/90/11, Notizen von Meekings zur Tagung in Detmold vom 3.9.1947.

1492 Dies änderte sich 2008 mit der Umbenennung der Zeitschrift in „Archivar. Zeitschrift für Archivwesen".

1493 Bernhard Vollmer: Geleitwort. In: Archivar 1.1 (August 1947), 1–2.

1494 Ebd.

1495 N. N.: Zentralnachweisstelle deutscher Archivare. In: Der Archivar 1.1 (1947), 46.

Behandlung inhaltlicher Themen wurde der *Archivalischen Zeitschrift* überlassen, die seit 1876 von der bayrischen Archivverwaltung herausgegeben wurde. Bis 1949 war jedoch der *Archivar* mit fünf Heften die einzige Zeitschrift, die erschien – die *Archivalische Zeitschrift* wurde 1950 zum ersten Mal seit 1939 wieder herausgegeben –, und während sich diese ersten Jahrgänge tatsächlich vor allem auf die Bestandsaufnahme der deutsche Archive konzentrierten, trat in den folgenden Jahrzehnten die Behandlung aktueller Fragen und Probleme der Archivarbeit hinzu.[1496]

Am 3. September 1947 fand erstmals eine Tagung der drei westlichen Besatzungszonen in Detmold statt, bei der sechzig Archivare zusammenkamen. Mit Kurt Forstreuter (1897–1979) war auch ein Vertreter des ehemaligen GStA[1497] aus dem Westen Berlins anwesend. Die vorherrschenden Themen auf der Tagung waren der Umgang mit den Folgen der NS-Herrschaft und des Krieges, und auch hier lassen sich keine Reflexionen über das aktuelle Interesse hinaus erkennen. Adolf Diestelkamp (1900–1955) vom Staatsarchiv Hannover hielt einen Vortrag über die „Behandlung der Personalakten und der bei den Gerichten erwachsenen Akten personen- und familienkundlichen wie erbbiologischen Inhalts", der im zweiten Heft des *Archivars* abgedruckt wurde. Dort wird noch einmal deutlich, dass die Archivare die Brisanz ihrer täglichen Arbeit unter den Nationalsozialisten nicht reflektierten. Diestelkamps Motivation für den Vortrag war es, herauszustellen, wie mit den Aktengruppen umzugehen sei, die durch NS-Bestimmungen einen besonderen Umgang erfahren hatten. Als Beispiel nahm er die Personalakten, die durch verschiedene Beschlüsse vor allem auf Wunsch der Justiz vollständig aufbewahrt und verkartet werden sollten. Nun gehe es darum, so Diestelkamp, die Rasseideologie des NS-Staates als Faktor auszuschalten. Dies würde nicht bedeuten, alle Quellen, die für „die Zwecke der erbbiologischen Forschung" und für die „Ariernachweise" aufbewahrt worden seien, gesamt zu kassieren. Er stellte vielmehr heraus, welchen Wert die Akten „mit erbbiologisch bedeutsamen In-

1496 Peter Dohms: Der Archivar. Werdegang und Profil einer wissenschaftlichen Fachzeitschrift. In: Archivalische Zeitschrift 87 (2005), 289–306, 293. Die Hefte erschienen im August 1947 (1.1.), Januar 1948 (1.2.), Mai 1948 (1.3), Januar 1949 (2.1.) und August 1949 (2.2.).

1497 Das GStA PK behielt bis 1946 seinen bisherigen Namen Preußisches Geheimes Staatsarchiv und firmierte dann bis 1950 unter dem Titel Hauptarchiv für Behördenakten, bis 1955 wechselte der Name von Berliner Hauptarchiv über Berliner Hauptarchiv ehem. Preußisches Geheimes Staatsarchiv zu Hauptarchiv ehem. Preußisches Geheimes Staatsarchiv. Seit 1963 trägt es seinen heutigen Namen Geheimes Staatsarchiv Preußischer Kulturbesitz; vgl. Henning/Wegeleben (Anm. 473), 155.

halt" für Jugendämter, Arbeitshäuser, „Blinden- und Taubstummenanstalten, Krüppelheime" und Ähnlichem hätten.[1498] Dabei kritisierte er keineswegs, dass diese Akten in so großer Zahl überhaupt aufbewahrt werden sollten, sondern dass dies zur Zeit der Nationalsozialisten zu unstrukturiert geschehen sei. Er schließt zur Vorgehensweise: „[E]s wäre sicherlich auch ohne den Zusammenbruch im Jahre 1945 nicht zu umgehen gewesen, die Frage [...] einer erneuten gründlichen Prüfung zu unterziehen."[1499]

Auch wenn er also die Rasseideologie anspricht, wird hier keineswegs ein Schuldbewusstsein oder Revisionismus angesprochen. Im restlichen Vortrag ließ er sich über ein mögliches Vorgehen bei der nachträglichen Kassation von Personalakten aus. Nicht umsonst bezeichnet die Historikerin Astrid Eckert in ihrem Buch über den Umgang mit Akten in der Nachkriegszeit Diestelkamps Aufsatz als „absurd".[1500]

Ein weiteres Thema, das die Archivare zu dieser Zeit erneut beschäftigte, war die Frage nach einem Archivalienschutzgesetz. Planungen dafür gingen zurück bis in die 1920er-Jahre. Im Anschluss an die Tagung in Detmold wandte sich Hein an Vollmer mit dem Wunsch, ein Archivgesetz herbeizuführen, damit nicht nur die Stellung der Staatsarchive gegenüber den Behörden gefestigt werde, sondern vor allem auch gegenüber den Privatarchiven.[1501] Bei der nächsten Zusammenkunft des Archivausschusses unter Vollmers Vorsitz am 6. Oktober 1948 wurde dies auf die Tagesordnung gesetzt und der Plan gefasst, Winter mit der Vorbereitung eines einheitlichen Vorgehens auf Länderbasis zu betreuen.[1502] Winter hatte bereits zu Beginn der NS-Zeit einen Entwurf ausgearbeitet.[1503]

Vollmers anschließende Anfrage an Winter wurde jedoch abgewiesen. Winter antwortete:

> „Sie erinnern sich gewiss noch, dass der Archivschutzgesetzentwurf in der höchsten Instanz, bei Hitler selbst, gescheitert war, weil er Anstoß an der Einschränkung des Eigentumsrechtes nahm, die sich mit dem geplanten Gesetz verbunden hätte. Wird man heute diktatorischer sein wollen?"[1504]

1498 Diestelkamp (Anm. 1075), 81f.

1499 Ebd.

1500 Eckert (Anm. 1446), 143.

1501 LASH Abt. 304 Nr. 942, Hein an Vollmer vom 20.10.1947.

1502 N. N.: Bericht über die Sitzung des Deutschen Archivausschusses in Düsseldorf vom 6. Oktober 1948. In: Der Archivar 2.1 (1949), 1–6, 3.

1503 Reimann: Kulturgutschutz (Anm. 971), 10–13.

1504 Zitiert nach: ebd., 25.

Winter riet daher dazu, dass man in dieser Angelegenheit erst einmal abwarten sollte.

Trotz dieses Ratschlags wurde das Thema der erste Punkt der Tagesordnung des 28. Archivtags in Wiesbaden vom 30. Mai bis 1. Juni 1949, der erste Archivtag seit 1937. Trotz aller vorher geäußerten Zurückhaltung präsentierte Winter einen Gesetzesentwurf.[1505] Es gab vielerorts Beschwerden darüber. Während die britische Militärregierung alle Versuche der Staatsarchive, ihre Befugnisse über den staatlichen Bereich hinaus zu erweitern, abwies, betonten auch die Archivare nicht staatlicher Archive ihre Eigenständigkeit.[1506] Posner beklagte die „Elfenbeinturm-Mentalität“ der deutschen Archivare, die sich wieder mit denselben Dingen befassen würden wie vor Kriegsende, anstatt zu überlegen, wie die Archive der Gesellschaft dienen könnten.[1507] Die Bemühungen um ein solches Gesetz verliefen jedoch im Sande, und ab Mitte der 1950er-Jahre wurden die Diskussionen um eine Archivalienschutzgesetzgebung nach und nach eingestellt.[1508]

Ein weiteres zentrales Thema des Archivtages beschäftigte die Archivare schon seit Kriegsende: Der Umgang mit den Akten, die für die Erforschung des Nationalsozialismus wichtig sein würden. Viele dieser Akten waren von den Alliierten noch während des Krieges oder nach Kriegsende beschlagnahmt und in Document Centres zusammengefasst worden, nicht zuletzt, um sie für nachrichtendienstliche Zwecke oder für die Verfolgung der nationalsozialistischen Straftäter zu nutzen.[1509] Mit dem Zusammenbruch des NS-Systems waren alle vorher kurrenten Akten auf einmal archivreif geworden, und die Staatsarchive erhoben einen Anspruch auf deren Ablieferung. Anderweitige Ansprüche auf diese Quellen wies Vollmer bereits auf der Ausschusssitzung im Oktober 1948 zurück: Gegenüber den Forschungsstellen zur Geschichte des „Dritten Reiches“ müsse man betonen, „daß der archivische Quellenstoff dieser Zeit allein in die Archive gehört“.[1510] Um die Zuständigkeit für diese Quellen zu sichern, wurde auf dem Archivtag 1949 angekündigt, dass Vorbereitungen für die Einrichtung eines Bundesarchivs getroffen würden.[1511]

1505 LASH Abt. 304 Nr. 1258, Vermerk von Suhr vom 29.6.1949.

1506 Reimann: Kulturgutschutz (Anm. 971), 25f.

1507 Eckert (Anm. 1446), 131.

1508 Reimann: Kulturgutschutz (Anm. 971), 26.

1509 Eckert (Anm. 1446), 66.

1510 Bericht über die Sitzung des Deutschen Archivausschusses in Düsseldorf vom 6. Oktober 1948. In: Der Archivar 2.1 (1949), 1–6, 4.

1511 LASH Abt. 304 Nr. 1258, Vermerk von Suhr vom 29.6.1949.

Die Frage des Nachwuchses schien hingegen weitestgehend geklärt. Nur einen Tag nach Ende des Archivtags konnte in Marburg die Archivschule eröffnet werden, und so war die Ausbildung geregelt.

Spätestens zum Zeitpunkt des Archivtages war für die ehemals preußischen Archivare klar, dass es keine neue zentrale Archivverwaltung geben würde. Mit dem Kontrollratsgesetz Nr. 46 der Alliierten vom 25. Februar 1947 war das Land Preußen aufgelöst worden, unter Verweis darauf, dass Preußen „seit jeher Träger des Militarismus und der Reaktion" gewesen sei.[1512]

Bereits vorher hatten die preußischen Staatsarchive begonnen, sich nicht mehr als „preußisch" zu bezeichnen, auch infolge der Umstellung innerhalb der Verwaltung. Schon am 16. Januar 1946 fragte Bauermann im Anschluss an die Neuordnung der Provinzialverwaltung das Staatsarchiv Kiel, ob es zu einer Umbenennung der alten Behördenbezeichnung gekommen war.[1513] Hein verneinte das, es sei auch keine Umbenennung geplant. Das Thema würde er erst ins Gespräch bringen, wenn klar sei, wie es mit der Eingliederung und Zentralisierung der früheren preußischen Provinzen aussähe.[1514] Noch bis mindestens Mai 1946 wurde das Archiv in Schleswig-Holstein unter der Bezeichnung „Preußisches Staatsarchiv" geführt.[1515]

Erst am 8. Oktober 1947 beschloss die schleswig-holsteinische Landesregierung die Umbenennung des Staatsarchivs in Landesarchiv – eine Umbenennung, die kaum eine andere Landesregierung der früheren preußischen Provinzen vollzog, dort blieben es „Staatsarchive".[1516] Die Bezeichnung Landesarchiv hatte in Schleswig-Holstein weiter zurückliegende Wurzeln. Bereits 1864 forderte der Historiker Junghans im Anschluss an den Wiener Vertrag die Rückgabe der ursprünglich aus Schleswig und Holstein stammenden älteren Urkunden und

---

1512 Kontrollratsgesetz Nr. 46 vom 25. Februar 1947 in: Amtsblatt des Kontrollrats in Deutschland, Ergänzungsblatt Nr. 14, 262.

1513 LASH Abt. 304 Nr. 942, Bauermann an das Staatsarchiv Kiel vom 16.1.1946.

1514 Ebd., Hein an das Staatsarchiv Münster vom 19.2.1946.

1515 So in einem Rundschreiben vom 22.5.1946, LASH Abt. 304 Nr. 977.

1516 LASH Abt. 811 Nr. 6167, Abschrift: Ministerium des Innern an das Ministerium für Volksbildung vom 8.10.1947; das Stadt- und Landesarchiv Berlin wurde 1948 im westlichen Teil der Stadt gegründet, aus ihm ging nach der Wiedervereinigung das heutige Landesarchiv Berlin hervor; auch das Staatsarchiv Magdeburg wurde in Landesarchiv Sachsen-Anhalt umbenannt, zusammen mit der Umwandlung des früheren anhaltinischen Staatsarchivs in Zerbst zur „Abteilung Oranienbaum", einer Zweigstelle in Merseburg und der Archivberatungsstelle; vgl. Archivar 2.2. (1949) 53. Zudem trugen auch andere Archive außerhalb der preußischen Archivverwaltung bereits vorher die Bezeichnung „Landesarchiv", wie zum Beispiel das Generallandesarchiv Karlsruhe.

Akten, die er die „alten historischen Landesarchive" nannte.[1517] Der Begriff wurde in diesem Rahmen auch von anderer Seite benutzt.[1518]

Zu Beginn der 1940er-Jahre hatte der Begriff in Schleswig-Holstein eine Wandlung erfahren. Zum 1. April 1943 war bei der Provinzialverwaltung vom „Landessippenamt" ein zentrales „Provinzialarchiv" für die nicht staatlichen Archivalien eingerichtet worden.[1519] Ziel war die bestmögliche Auswertung für die Familienforschung. Mit der Leitung wurde Hahn betraut, der die Bezeichnung „Landesarchivar" erhielt. Dies fand bei der preußischen Archivverwaltung keinen Anklang, unter anderem weil Zipfel plante, die Staatsarchive zu einer gemeinsamen Einrichtung von Staat und Provinz auszubauen mit der Verantwortung auch für das nicht staatliche Archivwesen, „was man dann Landesarchiv nenne könne".[1520] Der Begriff Landesarchiv war also vor allem mit dem nicht staatlichen Archivwesen verknüpft.

Dies waren die Hintergründe, vor denen es zu der Umbenennung des preußischen Staatsarchivs in Landesarchiv kam. Das Landessippenamt war – mit Verweis auf die schlechte finanzielle Lage – zum Oktober 1945 aufgelöst worden.[1521] Auf Heins Initiative waren dessen Dokumente und die des in den Anfängen befindlichen Provinzialarchivs an das Staatsarchiv übergegangen.[1522] Dementsprechend lautete die Begründung für die Umbenennung, dass es nun „das einzige allgemeine Archiv des Landes Schleswig-Holstein" sei und es kein Landesarchiv daneben geben würde.[1523] Mit dem Runderlass des schleswig-holsteinischen Ministers des Innern vom 28. Februar 1948 erhielt das Landesarchiv die Aufsicht über die kommunalen Archive.[1524]

1517 Junghans (Anm. 48), 1.

1518 Unter anderem GStA PK, I. HA Rep. 178, 2336, Bl. 441–442, Duncker an den Minister für auswärtige Angelegenheiten von Bismarck vom 5.10.1869.

1519 LASH Abt. 304 Nr. 877, Abschrift: der Direktor des Reichssippenamtes Mayer an Zipfel vom 7.6.1943.

1520 BArch R 1506/1022, „Denkschrift über den gegenwärtigen Zustand und die künftige Gestaltung des deutschen Archivwesens", o. D. [1943].

1521 LASH Abt. 811 Nr. 6176, Protokoll einer Besprechung zwischen Clasen und Brandt am 11.8.1945.

1522 Ebd., Abschrift: Ministerium des Innern an das Ministerium für Volksbildung vom 8.10.1947.

1523 Ebd., Verfügung von Fehling, Ministerium für Volksbildung, Abteilung Wissenschaft, an das Ministerium des Innern, z. Hd. Regierungsrat Rietdorf vom 23.9.1947.

1524 LASH Abt. 811 Nr. 6822, Vermerk von V 54 vom 15.10.1963; in den letzten beiden Jahrzehnten gab es vermehrt die Tendenz zur Zentralisierung der staatlichen Archive, und es kam zur Einrichtung von zentralen Archivverwaltungen innerhalb der Länder, die meist die Bezeichnung „Landesarchiv" bekamen; beispielsweise entstand 2004 das Landesarchiv Nordrhein-Westfalen, 2005 wurden die sieben niedersächsischen Staatsarchive zum Niedersächsischen Landesarchiv zusammengefügt, und 2013 entstand das Hessische Landesarchiv.

Nach Ende des Zweiten Weltkrieges hatten die Archivare der preußischen Staatsarchive langsam ihre Hoffnungen auf Wiedererrichtung einer zentralen Archivverwaltung aufgeben müssen, und mit dem VdA wurde ein neues Medium der Kommunikation unter den Archivaren gefunden. Ende 1948 kam die schlussendliche Bestätigung für das Landesarchiv Schleswig-Holstein, dass es bei der Unterstellung unter das Kultusressort bleiben werde,[1525] und auch die Umbenennung war ein wichtiger Schritt der Eingliederung in die neuen Strukturen der Bundesländer.

4.3.2 Die Entnazifizierung der Archivare

Kurz nachdem der Krieg im Mai 1945 mit der Kapitulation der Wehrmacht endete, trafen sich die Alliierten auf der Potsdamer Konferenz und einigten sich auf die „Four Ds" für Deutschland: *Demilitarization, Denazification, Deindustrialization* und *Democratization*.[1526] Es wurden also neben den Grundlagen für die Entmilitarisierung, den Industrieabbau und die Demokratisierung auch diejenige für die Entnazifizierung früh gelegt. Verschiedene Personengruppen mussten direkt nach Kriegsende einen Fragebogen ausfüllen und Angaben über ihre Tätigkeiten während der Zeit des Nationalsozialismus machen, inklusive solcher zu Mitgliedschaften in der NSDAP oder deren Gliederungen sowie anderen NS-Organisationen. Am 30. Oktober 1945 erfolgte im Kontrollratsgesetz Nr. 4 erstmals die Regelung, dass Personen, in diesem Fall Richter und Staatsanwälte, die der NSDAP angehört hatten und/oder das Regime in ihrer Arbeit unterstützt hatten, aus ihren Ämtern entlassen werden sollten. Wenig später wurde dies auf andere öffentliche und private Bereiche ausgeweitet, auch auf die Archivare.[1527]

Die genaue Umsetzung der Entnazifizierung unterschied sich sehr stark nicht nur zwischen den verschiedenen Zonen, sondern auch innerhalb der Zonen und veränderte sich durch verschiedene Regelungen, die das Ideal der Entnazifizierung nach und nach scheitern ließen.

1525 Ebd., Landeskanzlei des Ministerpräsidenten an das Ministerium für Volksbildung vom 20.12.1948.

1526 Knowles (Anm. 1439), 1.

1527 Mit der Kontrollratsdirektive Nr. 24 vom 12. Januar 1946, die die „Entfernung von Nationalsozialisten und Personen, die den Bestrebungen der Alliierten feindlich gegenüberstehen, aus Ämtern und verantwortlichen Stellungen" regelte. In: Amtsblatt des Kontrollrats in Deutschland Nr. 5, Berlin 1946, 98–115.

Im Staatsarchiv Kiel arbeiteten zur Zeit des Kriegsendes vier Männer: Hein hatte nach seiner Flucht aus Königsberg zum März 1945 die Leitung übernommen, und Suhr war zum 1. Mai 1945 nach Kiel versetzt worden, nachdem er bei der Generaldirektion der preußischen Archivverwaltung beschäftigt gewesen war. Als einzige Mitarbeiter, die vorher im Staatsarchiv tätig gewesen war, arbeiteten dort Archivobersekretär Reimers und der Hilfsarbeiter Liebmann. Reimers hatte das Archiv seit 1943 de facto alleine geführt und war maßgeblich für die Auslagerungen zuständig gewesen. Die Archivare Hector und Hoffmann kehrten Ende Juli beziehungsweise August 1945 aus der Wehrmacht in den Dienst des Staatsarchivs zurück. Der Archivar Carstens war in amerikanische Kriegsgefangenschaft geraten und konnte erst im April 1946, gesundheitlich angeschlagen, den Dienst wieder aufnehmen.

Ob als Soldat zurückgekehrt oder schon vorher im Archiv verblieben, mussten sich die Archivmitarbeiter dem Entnazifizierungsverfahren unterziehen. Hein und Reimers füllten den Fragebogen noch Ende Mai gemeinsam aus und dienten einander als Zeugen. Während Hein ohne jegliche Parteizugehörigkeit oder sonstige offizielle politische Beteiligung ein für die Briten reines Zeugnis ablegen konnte,[1528] sah die Angelegenheit bei Reimers anders aus. Er war nicht nur bereits am 1. Mai 1933 der NSDAP beigetreten, er war darüber hinaus von 1933 bis 1939 Mitglied der Reiter-SA gewesen, bei der er Führer eines Trupps war, und außerdem im Reichsbund Deutscher Beamter (RDB), der Nationalsozialistischen Volkswohlfahrt (NSV) und im NS-Reichskriegerbund, Letzteres von 1935 an als „Kameradschaftsführer". Zudem gab er an, als Kassenleiter in einer der NS-Organisationen tätig gewesen zu sein, gemeint war wohl das Institut für Volks- und Landesforschung (IVL).[1529]

Suhr, der seinen Fragebogen nahezu gleichzeitig abgab, galt weitestgehend als unbelastet. Schon die Briten hatten ihn in ihrer Voreinschätzung in der weißen Liste des Archivpersonals als „Trustworthy non-Nazi" geführt.[1530] In seinem Fragebogen gab er an, zum 1. August 1938 in die NSDAP eingetreten zu sein. Er und Hein behielten dementsprechend ihre Posten, Reimers wurde zum 6. Juni 1945 entlassen.[1531] Der Versuch, seine Wiedereinstellung zu errei-

1528 LASH Abt. 460.19 Nr. 486, K 3172, Fragebogen von Hein vom 24.5.1945.

1529 LASH Abt. 460 (Entnazifizierungsakten) Nr. 4179, 27515, Fragebogen von Reimers vom 24.5.1945.

1530 TNA PRO 30/90/1, „White" List of German Personnel, o. D.; die weiße Liste entstand aufgrund von Ernst Posners Einschätzungen; vgl. Eckert (Anm. 1446), 27.

1531 LASH Abt. 811 Nr. 6176, Aktennotiz „Personalübersicht des Staatsarchivs Kiel" vom 3.3.1946.

chen, scheiterte in den folgenden Jahren; es gelang ihm aber, seine Versetzung in den Ruhestand mit Anspruch auf die volle Pension zu erwirken.[1532]

Hoffmann und Hector füllten ihre Fragebögen nach der Rückkehr in den Dienst aus. Gerade Hoffmann war noch stärker belastet als Reimers. Er war ebenfalls zum 1. Mai 1933 in die NSDAP eingetreten, zudem war er von 1934 bis 1940 Mitglied der SA gewesen, zuletzt als Rottenführer.[1533] Daneben gehörte er noch weiteren betreuten NS-Organisationen wie dem Volksbund für das Deutschtum im Ausland (VDA) und dem Reichsbund Deutsche Familie (RDF) an. Am meisten jedoch wurde Hoffmann seine Tätigkeit als Referent für Sippenforschung vorgeworfen, die er 1938 bis 1942 im Rang eines politischen Leiters bei der Kreisleitung Kiel ausgeführt hatte. Auch seine wissenschaftlichen Veröffentlichungen ab 1935 behandeln ausschließlich die „Sippenkunde" und deren Quellen.[1534] Hector war vor allem dadurch belastet, dass er bereits im August 1926 in die NSDAP eingetreten, 1930 aber wieder ausgetreten war, um zum klassischen 1. Mai 1937, nach Aufhebung der Aufnahmesperre, wieder einzutreten. Zudem war er Mitglied im NS-Fliegerkorps (NSFK) gewesen.

Beide Archivare wurden daraufhin aus dem Dienst entlassen. Hector musste am 7. Dezember 1945 gehen, da ein Parteieintritt vor dem 1. Mai 1937 in der ersten Entnazifizierungsphase automatisch zur Amtsenthebung führte.[1535] Hoffmann war bereits zum 10. September entlassen und nicht einmal einen Monat später interniert worden. Dies geschah im Rahmen des *automatic arrest* für alle politischen Leiter.[1536] Er blieb sechzehn Monate in Gefangenschaft.

Abgesehen von den persönlichen Schicksalen, war dieser Zustand für das Archiv katastrophal. Es arbeiteten dort lediglich zwei Archivare und der Hilfsarbeiter Liebmann. Beide Archivare waren erst kurz vor Kriegsende an das Archiv gewechselt und kannten weder die Bestände noch die Region. Die Archivalien waren nach wie vor zu knapp neunzig Prozent ausgelagert, und es gab kein Gebäude, das die Rückführungen aufnehmen konnte. War die Geschäftsstelle des Staatsarchivs unter Reimers' Führung im Oktober 1944 aufgrund der Gefahr durch Luftangriffe und der Zerstörung des Verwaltungsgebäudes auf das Gut

---

1532 LASH Abt. 304 Nr. 34, Reimers an das Ministerium für Volksbildung vom 20.1.1948.

1533 Hier und im Folgenden: LASH Abt. 460.19 Nr. 434, K 552, Fragebogen von Hoffmann vom 26.7.1945.

1534 Eine Bibliografie von Hoffmanns Veröffentlichungen ist abgedruckt in seinem Nachruf: Hector (Anm. 1058), 14–19.

1535 Cornelia Rauh-Kühne: Entnazifizierung und die deutsche Gesellschaft. In: Archiv für Sozialgeschichte 35 (1995), 35–70, 39.

1536 Eckert (Anm. 1446), 125f.

Quarnbek nahe Kiel verlegt worden, zog es in der kurzen Zeit, in der Hoffmann die Leitung wieder innehatte, in einen Raum in der Nähe seiner Privatwohnung. Jegliche Anstrengungen, die Wiedereinsetzung von Hoffmann und Hector – auch mit Hinweis auf deren benötigte Expertise für die Rückführungen – zu erwirken, scheiterten. Auch die Wiederverwendung von Reimers, der den Großteil der Auslagerungen überwacht und durchgeführt hatte, konnte nicht durchgesetzt werden. Damit fehlte es außerdem an Büropersonal. Zu preußischer Zeit waren ähnliche Probleme von der übergeordneten Archivverwaltung gelöst worden, die für die Zuteilung von geeignetem Personal zuständig war. Nun musste sich Hein an die anderen Archive der britischen Zone wenden und fragen, ob dort entbehrliches Büropersonal vorhanden war.[1537] Die Entnazifizierung und die Verluste des Krieges hatten aber dafür gesorgt, dass die Verhältnisse in den anderen Archiven ähnlich waren.[1538]

Hector fand kurz nach seiner Entlassung Arbeit bei einem Bauunternehmer in Kiel, begann aber gleichzeitig seine Vergangenheit zu relativieren. Er wandte sich an die Militärregierung und versuchte gerade seinen frühen Eintritt in die NSDAP zu rechtfertigen.[1539] Er beschrieb den Parteieintritt 1926, den er als Schüler im Alter von siebzehn Jahren vollzogen hatte, als „Jugendtorheit, die ich schon damals selbst eingesehen habe". Sein Austritt 1930 sei erfolgt aus „innerster Überzeugung". Sein Ziel sei es immer gewesen, Archivar zu werden, und um eine finanziell sichere Anstellung zu bekommen, habe er 1937 in die NSDAP eintreten müssen, was damals als Voraussetzung gegolten habe, um in den preußischen Archivdienst einzutreten.

Allerdings merkt man diesem Schreiben an, dass Hector die Tragweite der Parteizugehörigkeit nicht wirklich erfasste. So betonte er, dass er durch seinen frühen Eintritt keine Vorteile gehabt habe. Bei seinem Wiedereintritt habe er „eine neue, dem Jahre 1937 entsprechende, hohe Mitgliedsnummer" erhalten, seine frühere Mitgliedschaft sei „für null und nichtig erklärt" worden. Es scheint die Entrüstung durch, die Hector 1937 empfunden haben muss, als seine alte Mitgliedsnummer 46.989 durch eine neue, nämlich 5.956.027, ersetzt wurde.[1540]

1537 LASH Abt. 304 Nr. 1145, Hein an die Staatsarchive Münster, Düsseldorf und Hannover vom 16.11.1945; LASH Abt. 304 Nr. 1120, Bauermann an Hein vom 18.1.1946.

1538 Ebd., Wrede, Staatsarchiv Osnabrück, an Hein vom 26.7.1945, und Meyer, Staatsarchiv Wolfenbüttel, vom 28.7.1945.

1539 Hier und im Folgenden: LASH Abt. 399.92 Nr. 50, Hector an die Militärregierung vom 20.12.1945.

1540 BArch R 9361 II, Nr. 377548, Kurt Hector E 0043, das Mitgliedschaftsamt in München an den Gauschatzmeister des Gaues Schleswig-Holstein der NSDAP Hermann Rüter vom 4.3.1938

Zudem entsprach dieses Schreiben nicht der Wahrheit. Hector beschrieb selbst, dass er zwischen 1927 und 1929 keine Beiträge gezahlt habe und meinte, dass er nur wenige Male an den Versammlungen der SA teilgenommen habe. Der Eindruck, den Hector erwecken wollte, dass es sich bei seinem Parteieintritt nur um einen kurzzeitigen Lapsus gehandelt habe, trügt jedoch. Hector war 1927 aus der Mitgliederkartei der NSDAP gestrichen worden, wohl in der Tat aufgrund fehlender Beteiligung, bei seinem Umzug nach Kiel war ihm die Parteizugehörigkeit jedoch so wichtig, dass er sich „wieder in Zugang gebracht" habe, so die Meldung des Mitgliedschaftsamts in München zum 1. Februar 1928.[1541] Erst zum 1. August 1930 wurde er von der Gauleitung Schleswig-Holstein als „ausgetreten" gemeldet. Die Aussage, dass Hector aufgrund seiner früheren Parteizugehörigkeit „grosse Schwierigkeiten"[1542] bei seinem Wiedereintritt gehabt habe, ließ sich in den einschlägigen Akten nicht nachvollziehen.

Ein Brief, den Hector im März 1933 über seinen Parteiaustritt an seinen Vater schrieb, lässt nicht den Schluss zu, dass er aufgrund einer Antipathie gegen die Partei und deren Ziele ausgetreten war. Zwar schrieb er, dass er diesen Schritt nicht bereue, als Grund dafür gab er jedoch vorrangig an: „Ich bin vor allem Historiker und als solcher leider[1543] so kritisch eingestellt, daß ich nicht zum Anhänger einer Partei tauge."[1544] Auch wenn er Freude an allem Kriegerischen habe und sich „im Tiefsten verbunden fühle mit der Jugend, die in diesen Tagen sich daran macht, einen neuen Staat zu schaffen", wolle er sich nun vorerst auf seine wissenschaftlichen Studien konzentrieren. Hector wird gerade zu diesem Zeitpunkt mit der Ausarbeitung seiner Doktorarbeit begonnen haben. Am selben Tag, an dem Hector den Brief an seinen Vater verfasste, wurde in Berlin das Ermächtigungsgesetz erlassen und damit die demokratische Verfassung außer Kraft gesetzt.

Zum Juni 1946 füllte Hector erneut einen Fragebogen aus, mit dem er außerdem sogenannte Persilscheine, also Entlastungsschreiben, einreichte. Darin bestätigten sein ehemaliger Vermieter Theodor Behrens, der Rektor seiner Schule Emil Gosch und Pastor Adolf Plath aus Kiel, dass sich Hector

und 30.11.1938.

1541 Ebd.

1542 LASH Abt. 460.12 (Entnazifizierungshauptausschuss des Kreises Schleswig) Nr. 223, Anlage über Mitgliedschaften vom Fragebogen von Hector vom 3.8.1945.

1543 Im Original durchgestrichen.

1544 LASH Abt. 399.92 Nr. 44, Brief von Hector an seinen Vater vom 24.3.1933.

niemals ihnen gegenüber über die Partei geäußert habe, höchstens im ablehnenden Sinne.[1545] Ein viertes Schreiben ist in Hectors persönlichem Nachlass erhalten. Der Bürgermeister seiner Heimatstadt Heide bescheinigte dort, dass die NSDAP dort von 1926 bis 1928 aufgestiegen sei, Hector aber wie auch die meisten Anhänger kaum eine genaue Vorstellung von deren Zielen gehabt habe. Diese durchaus verwertbare Aussage im Rahmen des Entnazifizierungsverfahren wurde dadurch zunichte gemacht, dass der Bürgermeister im Folgenden schrieb: „H[ector] war zunächst ein begeisterter Anhänger, bis die Ernüchterung kam. Soweit ermittelt werden konnte, hat Hector sich nicht aktiv betätigt. Allerdings soll er sich an der ‚Schlacht von Wöhrden‘ beteiligt haben. Hier hat H. sich eine Verletzung geholt.“[1546] Bei der „Blutnacht von Wöhrden“ handelte es sich um eine gewalttätige Auseinandersetzung am 7. März 1929 zwischen SA-Männern und Kommunisten mit drei Todesopfern. Sie wurde als „Schlacht von Wöhrden“ bezeichnet, in Anlehnung an die Schlacht von 1319, als die Dithmarscher Bevölkerung ein holsteinisches Invasionsheer zurückschlug. Die Nationalsozialisten wussten dieses Ereignis für ihre Zwecke propagandistisch auszunehmen.[1547] Inwiefern Hector wirklich daran beteiligt war, kann nicht nachvollzogen werden. Der Bürgermeister endete damit, dass er Hector in dem Sinne einen guten Leumund ausstellt, dass Hector sich nach Aussage eines früheren Lehrers nicht aktiv betätigt haben könne. „Gerade ein Archivar ist ein besonderer Mensch. Durch Grübeleien, Erforschungen und Ermittlungen wird dieser ein Einzelgänger“, lautete die Begründung.

Alles in allem belastete dieses Schreiben Hector sehr, weswegen er es auch nicht an den Entnazifizierungsausschuss weiterreichte. Die anderen Schreiben und der Fortgang der Entnazifizierung sorgten dafür, dass Hector zum 8. November 1946 den Bescheid von der Militärregierung erhielt, dass er wieder in seine Stellung als Staatsarchivar zurückkehren durfte. In der Stellungnahme begründete das German Review Board seine Entscheidung damit, dass Hector bei Parteieintritt in den 1920er-Jahren so jung war und der Eintritt in den NSFK aufgrund seiner Begeisterung für Sport geschah. Zudem wird festgehalten: “The fact that he has done clearance work in the town of Kiel for

---

1545 Siehe die drei Schreiben in: LASH Abt. 460.12 Nr. 223.

1546 LASH Abt. 399.92 Nr. 50, Zeugnis des Bürgermeisters von Heide vom 4.7.1946.

1547 Weiterführend Rolf Rietzler: „Die Blutnacht von Wöhrden“. Zur nationalsozialistischen Propaganda der Gewalt. In: Journal für Geschichte 1 (1983), 4–7, 58–59; Willy Schulz: Die Machtübertragung an die Nationalsozialisten in Meldorf (Dithmarscher Schriftenreihe zur Landeskunde). Heide 1986, 13–16.

8 months can be considered as a certain atonement."[1548] Dass diese Aufräumarbeiten eine bezahlte Tätigkeit darstellten und ihm damit ein Einkommen ermöglichten, wurde nicht berücksichtigt.

Hector konnte also in seine alte Stellung zurückkehren. Mit Bescheid vom 4. September 1948 wurde er in die Kategorie IV, also als „Anhänger" eingestuft.[1549] Er ging gegen diesen Entscheid in Berufung und wurde im April 1949 als entlastet in die Kategorie V eingestuft. Dies geschah wiederum mit Verweis auf sein junges Alter bei Parteieintritt und außerdem aufgrund eines Schreibens von 1942. Im Spruchentscheid des Entnazifizierungsausschusses heißt es, dass mit diesem Schreiben Hectors Abneigung gegen Hitler bezeugt werde.[1550] Davon ist das Schreiben aber sehr weit entfernt. Hector hatte lediglich bemängelt, dass er, obwohl er nach seiner Beförderung zum Feldwebel den Befehl über einen Zug bekommen hatte, doch noch immer nicht selbstständig agieren könne. Er schrieb: „Man ist allerdings noch weit davon entfernt sein eigener Herr zu sein, aber das kann man in dieser Hierarchie ja auch nicht erwarten, wenn man nicht gerade Hitler heißt."[1551]

Im April 1946 hatte der aus der Kriegsgefangenschaft zurückgekehrte Carstens seinen Dienst wieder aufgenommen. Er war jedoch gesundheitlich stark angeschlagen und musste mehrere Monate krankheitsbedingt beurlaubt werden. Er arbeitete die meiste Zeit von Ratzeburg aus, wo er sich auch weiterhin für die schleswig-holsteinische Geschichtsforschung engagierte. So trat er noch 1947 in den Vorstand der GSHG ein. Während seiner Kriegsgefangenschaft hatte er sich jedoch eine Nierenerkrankung zugezogen, der er am 25. Mai 1948 erlag.[1552] Nur wenige Tage vorher war der seit einem knappen halben Jahr im Staatsarchiv beschäftigte Magazinverwalter Karl Büttner (1890–1948) infolge eines Schlaganfalls gestorben.

[1548] LASH Abt. 460.12 Nr. 225, „Appendix ‚B' to German Denazification Directive 312/PS 465/11/96 Appeal Against Dismissal/Exclusion" vom Regional Commissioner vom 31.10.1946.

[1549] In den verschiedenen Zonen gab es unterschiedliche Bezeichnungen für die Einteilung der Kategorien: Während in der britischen Zone die in Kategorie IV Eingestuften als „Anhänger" bezeichnet wurden, galten sie in der amerikanischen Zone als „Mitläufer". Die Einteilung in Kategorien war jedoch bereits mit der Kontrollratsdirektive Nr. 24 festgelegt worden; vgl. Rauh-Kühne (Anm. 1535), 59.

[1550] LASH Abt. 399.92 Nr. 50, Spruchentscheidung des Entnazifizierungs-Ausschusses für Schleswig vom 5.4.1949.

[1551] LASH Abt. 304 Nr. 37, Bl. 89, Hector an Hoffmann vom 6.11.1942.

[1552] Eberhard Crusius: [Nachruf] Werner Carstens. In: Der Archivar 2 (1949), 37f.

Im Staatsarchiv waren Ende 1948 inzwischen sechs Mitarbeiter beschäftigt: Neben den drei Archivaren Hein, Suhr und Hector waren Willi Wolke (1911–1993) für den verstorbenen Magazinverwalter sowie Otto Meißner (1907–1978) für den Hilfsarbeiter Liebmann eingesetzt. Erst am 1. Juli 1948 wurde als Ersatz für Reimers der Archivobersekretär Willi Ollesch (1901–?) eingestellt. Damit hatte das Archiv den Personalbestand erreicht, den es die nächsten Jahre halten sollte.

Mitte 1948 war das Büro endgültig von Kiel nach Schleswig in das Schloss Gottorf verlegt worden, das nun vorerst provisorisch als Unterkunft für das frisch umbenannte Landesarchiv diente. Damit waren die größten Probleme des Archivs gelöst: Es verfügte nun wieder über ausreichend Personal und hatte eine mehr oder weniger geeignete Unterbringung gefunden. Aufgrund der Währungsreform vom Juli 1948 fehlten noch die Gelder, um die Rückführungen der letzten Archivalien durchzuführen und um genügend Mobiliar, vor allem Regale, anzuschaffen.[1553]

Es stand jedoch nach wie vor noch die Entnazifizierung des ehemaligen Direktors Hoffmann aus. Nachdem dieser im Februar 1947 aus der Internierungshaft entlassen worden war, war er vor allem in einer wirtschaftlichen Notlage. Er übernahm auf Vermittlung von Winter, der nach Kriegsende am Stadtarchiv Lüneburg tätig war, eine Übersetzungsarbeit für Gottlieb Graf von Bernstorff, der die von Friis verfasste Geschichte der Familie von 1919 aus dem Dänischen übersetzt haben wollte.[1554]

Bei dieser Arbeit profitierte Hoffmann enorm davon, dass das Büro des Staatsarchivs in der benachbarten Wohnung seiner Vermieterin untergebracht war.[1555] Die Tatsache an sich widersprach allen Vorgaben der Entnazifizierung. Die Belasteten sollten vollständig von ihrem Beruf ferngehalten werden, was bei den Angelegenheiten des Staatsarchivs somit nicht der Fall war. Für seine Übersetzungstätigkeit nutzte Hoffmann die Ressourcen des Archivs. Papier war zum Beispiel Mangelware, und gutes Papier war nur durch die Abgabe von Altpapier zu erlangen. Hoffmann schlug Bernstorff vor, dass er dafür Altpapier des Staatsarchivs nutzen könne.[1556]

1553 LASH Abt. 811 Nr. 6185, Hein an MFA&A Hamburg vom 23.11.1948.

1554 LASH Abt. 399.96 Nr. 177, Winter an Hoffmann vom 11.9.1947.

1555 LASH Abt. 304 Nr. 891, Hein an Niemeyer vom 21.9.1945.

1556 LASH Abt. 399.96 Nr. 177, Hoffmann an von Bernstorff vom 31.10.1947.

Seine Konten waren nach wie vor gesperrt, sodass das Geld seiner Arbeit an seine Frau überwiesen werden musste.[1557] Zum Winter verzögerten sich die Arbeiten weiter, da er Heizmaterial besorgen musste und dafür selbst Torf stechen ging. Nachdem das Büro des Staatsarchivs Mitte 1948 nach Schloss Gottorf verlegt worden war, fehlte Hoffmann außerdem eine Schreibmaschine, da er keine besaß. Die Arbeiten zogen sich hin.

Ein Teil des durch diese Tätigkeit verdienten Geldes verlor durch die Währungsreform ihren Wert, sodass Hoffmann noch eine weitere Beschäftigung aufnehmen musste. Für den Verlag Otto Meissner übernahm er das Verfassen von Texten über verschiedene Regionen Schleswig-Holsteins. Erst zum Dezember 1949 konnte er die Übersetzung für Bernstorff abliefern, sehr zu dessen Missfallen aufgrund der großen Verspätung.

Bereits im Mai 1947 hatte Hoffmann erneut einen Fragebogen ausgefüllt mit dem Wunsch einer Wiedereinstellung in den Archivdienst. Sein Hauptargument gegen eine mögliche Schuld war religiöser Natur. Er sei trotz angeblicher Aufforderung nicht aus der Kirche ausgetreten und habe seine Kinder taufen und konfirmieren lassen, was zu einer Entfremdung geführt habe. In mehreren „Persilscheinen" wird dies belegt und Hoffmanns angeblich kritische Einstellung gegenüber der Partei betont. In einem Schreiben heißt es: „Die sippenkundliche Arbeiten wurden ihm von Amtswegen übertragen. Er konnte sich ihnen nicht versagen."[1558] Weiter wird ausgeführt, dass Hoffmann nie Werbung für die Partei oder ihre Gliederungen gemacht habe; dass seine Sympathien aber sehr wohl dort lagen, blieb unerwähnt.

Es folgte eine persönliche Anhörung vor dem Entnazifizierungsausschuss. Dort wurde beschlossen, Hoffmann in die Kategorie IV einzustufen, vorher war er provisorisch als ehemals Internierter in die Kategorie III als „Geringer Übeltäter" eingestuft worden. Die Argumentation lautete, dass Hoffmann „ein harmloser, weltfremder Gelehrter" sei und seine Sippenforschung keine rassenkundlichen Elemente enthalten habe. Laut Bescheid vom 12. März 1948 sollte er zum Staatsarchivrat degradiert werden und seinen Posten als Archivdirektor nicht mehr bekleiden dürfen.[1559] Er konnte dadurch aber in den Archivdienst zurückkehren.

[1557] Ebd., Hoffmann an von Bernstorff vom 14.11.1947.

[1558] LASH Abt. 460.19 Nr. 2350, Bl. 9, „Persilschein" des städtischen Obervermessungsrats Reinke, o. D.

[1559] LASH Abt. 304 Nr. 35, Abschrift: Einreihungsbescheid von der Militärregierung Deutschland (Britisches Kontrollgebiet) – Entnazifizierungsausschuss an Hoffmann vom 12.3.1948.

Im Anschluss daran beantragte Hoffmann seine Wiedereinstellung auf die Angestelltenstelle im Archiv, da keine Archivratsstelle frei war.[1560] Kurz darauf wurde die Angestelltenstelle im Etat gestrichen, und auch Pläne von Hein, Hoffmann auf der Stelle des Archivinspektors unterzubringen, waren nicht erfolgreich, denn Hoffmanns Antrag auf Wiedereinstellung wurde vom Innenminister abgelehnt.[1561] Obwohl also Hoffmanns Berufsverbot durch den Entnazifizierungsausschuss aufgehoben worden war, wurde er nicht eingestellt. Als Grund dafür gab der Innenminister an, dass Hoffmann „politisch in besonderer Weise belastet“ sei.[1562]

Hoffmann verfügte jedoch über gute Kontakte innerhalb der Regierung, und der Erste Landesdirektor beziehungsweise Staatssekretär Hans Müthling (1901–1976)[1563] verwandte sich für ihn, auch wenn er von Hoffmanns Schuld überzeugt war. An den Innenminister schrieb er:

> „Der dortigen Auffassung, daß Dr. Hoffmann durch seine Tätigkeit als Reichsredner und in der Wehrmachtsbetreuung, durch die Wahrnehmung eines Amtes als Gaustellenleiter für die Sippenforschung sowie durch seine Zugehörigkeit zur früheren NSDAP seit 1933 und zur SA seit 1934 politisch in besonderer Weise belastet ist, trete ich bei.“

Es seien sich jedoch die deutschen wie auch die britischen Stellen über Hoffmanns Wiederverwendung einig. Zur Entscheidung, ihn nicht wieder zu beschäftigen, meint Müthling: „Man wird aber bei solchen Entscheidungen die Kirche im Dorfe lassen müssen und sich m.E. – auch um des eigenen Ansehens vor der Besatzungsmacht willen – davor hüten müssen, päpstlicher zu sein als der Papst.“[1564] Es sei niemand für die Stelle besser geeignet als Hoffmann.

Hoffmann hatte gegen den Bescheid vom März 1948 durch einen Anwalt Berufung einlegen lassen. Seine Argumentation verschob sich nun im Gegensatz zum Fragebogen weg von seinem christlichen Engagement dahin, dass seine For-

---

1560 LASH Abt. 811 Nr. 20358, das Ministerium für Volksbildung, Abteilung Wissenschaft, an den Ersten Landesdirektor Müthling vom 16.7.1948.

1561 LASH Abt. 304 Nr. 902, Hein an Carstens vom 17.4.1948.

1562 LASH Abt. 811 Nr. 20358, Müthling an das Ministerium des Innern vom 28.9.1948.

1563 Müthling war von 1955 bis 1965 Oberbürgermeister von Kiel und zog danach als Abgeordneter für den Wahlkreis Kiel in den Bundestag ein; s. weiterführend Walter Paatsch: Vom Arbeiterkind zum verdienten Kommunalpolitiker. Leben und Wirken des Dr. Hans Müthling (1901–1976). In: Jahrbuch für den Kreis Stormarn 4 (1986), 139–147.

1564 LASH Abt. 811 Nr. 20358, Müthling an das Ministerium des Innern vom 28.9.1948.

schung keine NS-ideologischen Hintergründe gehabt habe.[1565] Er habe sich nur auf die genealogischen Aspekte beschränkt und weder biologische noch Rassefragen behandelt. Er beteuerte, dass die Archivarbeit nichts mit „Rassefragen im Sinne der NSDAP" zu tun gehabt habe, und auch er bestärkte das Bild des Archivars, der fernab der Öffentlichkeit im Stillen seine Arbeit vollzieht. Er stellte sich als Opfer dar und bekräftigte: „Die Partei hat sich meiner bedient."[1566]

Auch diese Angaben entsprachen nicht der Wahrheit. Die „Sippenkunde", wie sie von Hoffmann gelehrt und erforscht wurde, benutzte zwar die Methoden der Genealogie, ihr Zweck hatte aber ideologische Hintergründe. Allein die Tatsache, dass er seine Vorlesungen über „Sippenkunde" ab 1936 an der CAU in der Rechts- und Staatswissenschaftlichen und nicht der Philosophischen Fakultät hielt, ist aussagekräftig.[1567] Im IVL hatte Hoffmann die Leitung der „Abteilung Rassen- und Sippenkunde" inne.[1568] Er behielt Quellen vor der Auslieferung nach Dänemark zurück aufgrund ihres Wertes nicht nur für die deutsche Geschichtsforschung, sondern für die Rassenpolitik der Regierung und ihre Aussagen über Juden in Schleswig-Holstein.[1569] Hoffmann arbeitete aktiv daran mit, die Ideologie der Nationalsozialisten umzusetzen.

In der Sitzung des Berufungsausschusses vom 17. Februar 1949 wurde Hoffmann dennoch in die Kategorie V als entlastet eingestuft. Als Gründe wurden angegeben, dass sich Hoffmann niemals für nationalsozialistisches Gedankengut eingesetzt habe und allgemein eine zuverlässige Person sei, deren Forschung rein wissenschaftlich gewesen sei.[1570]

Interessanterweise lehnte das sozialdemokratische Innenministerium Hoffmanns Wiedereinstellung, selbst auf die freie Angestelltenstelle, erneut ab. Es hieß von dort: „Es wäre unverantwortlich, diese Stelle mit einem zweifellos besonders aktiven Anhänger des Nat. Soz. zu besetzen," und es müsse doch ein nicht oder weniger belasteter Bewerber zu finden sein.[1571] Es bedurfte erst der Anweisung des Ministerpräsidenten, der entschied, dass Hoffmanns Einstellung nicht weiter zurückgewiesen werden könne und der auf Hoff-

1565 LASH Abt. 460.19 Nr. 2350, Bl. 32, Anwalt Emcke an den öffentlichen Kläger beim Berufungsausschuss vom 17.8.1948.

1566 Ebd., Bl. 39, Anwalt Emcke an den Entnazifizierungs-Berufungsausschuss für Kiel vom 3.2.1949.

1567 BArch R 153/1328, Hoffmann an Brackmann vom 6.1.1936.

1568 GStA PK, I. HA Rep. 178, 2370, Jahresbericht für 1938 von Hoffmann, o. D.

1569 LASH Abt. 304 Nr. 936, Hoffmann an Brackmann vom 22.1.1936.

1570 LASH Abt. 460.12 Nr. 2350, Bl. 41–42, Niederschrift über die öffentliche Sitzung vom 17.2.1949.

1571 LASH Abt. 811 Nr. 20358, das Ministerium des Innern an das Ministerium für Volksbildung vom 26.3.1949.

manns Nutzen für das Land hinwies.[1572] Hoffmann wurde mit sofortiger Wirkung in das Angestelltenverhältnis übernommen und trat zum 1. Juli 1949 seinen Dienst im Landesarchiv an.[1573]

Nur wenige Monate später, am 13. November 1949, starb Hein. Die kommissarische Leitung wurde automatisch Suhr übertragen. Jens Nydahl (1883–1967) als Landesbeauftragter für den Landesteil Schleswig beim Ministerium für Volksbildung setzte sich dafür ein, dass Hoffmann sein Nachfolger wurde, und da Hoffmann in die Kategorie V eingestuft worden war und damit als unbelastet galt, konnte ihm seine alte Position nicht länger versagt werden. Schließlich wurde er zum 1. Oktober 1950 erneut Archivdirektor.

Damit waren die personellen Folgen nach Ende der NS-Herrschaft beseitigt. Alle Archivmitarbeiter waren wieder auf ihren vorherigen Posten eingesetzt beziehungsweise in den Ruhestand getreten und das Kapitel Entnazifizierung für die Archivare persönlich abgeschlossen. Nahezu als Spiegelbild zu diesen Ereignissen regierte ab 6. September 1950 das neue Kabinett unter Ministerpräsident Walter Bartram (1893–1971) von der CDU. Wie sehr die Entnazifizierung gescheitert war, lässt sich daran erkennen, dass nur ein einziges Mitglied der Regierung, der Minister für Volksbildung und für Inneres Paul Pagel (1894–1955), kein ehemaliges Mitglied der NSDAP war.

Seit längerer Zeit war die Entnazifizierung der Politik und der Bevölkerung ein Dorn im Auge.[1574] So kündigte Bartram noch in einer Regierungserklärung im September 1950 die Beendigung der Entnazifizierung an. Nachdem ein Entwurf ausgearbeitet worden war, trat das Gesetz am 17. März 1951 in Kraft – als erstes westliches Bundesland. Es wurden dadurch nicht nur alle Entnazifizierungsverfahren eingestellt, sondern außerdem die Kategorien III und IV automatisch in die Kategorie V überführt.

Zur umstrittenen Frage wurde nun, was mit den Entnazifizierungsakten geschehen sollte. Im Gesetz war beschlossen worden, dass sie verschlossen werden sollten, für Privatpersonen wie auch für Behörden.[1575] Allein in Schleswig-Holstein waren bereits über 406.000 Entnazifizierungsfälle bearbei-

---

1572 Ebd., Vermerk des Ministerpräsidenten vom 9.6.1949.

1573 Ebd., der Ministerpräsident an Hoffmann durch das Ministerium für Volksbildung vom 9.6.1949 sowie das Landesarchiv, i. V. Suhr, an das Ministerium für Volksbildung vom 5.7.1949.

1574 Rauh-Kühne (Anm. 1535), 59; Smiatacz (Anm. 32), 279, 310.

1575 Gesetz zur Beendigung der Entnazifizierung vom 17.3.1951. In: Gesetz- und Verordnungsblatt für Schleswig-Holstein 12 (1951), 85ff; 1. Durchführungserlass zum Gesetz zur Beendigung der Entnazifizierung vom 7.4.1951. In: Amtsblatt für Schleswig-Holstein 14 (1951), 172ff, zitiert nach: Smiatacz (Anm. 32), 326.

tet worden, davon waren 2.217 Personen in Kategorie III, 66.500 Personen in Kategorie IV und 206.076 Personen in Kategorie V eingeordnet worden.[1576] Aus der Tatsache, dass keine Personen in Kategorie I und II – also Verbrecher und Übeltäter – eingestuft worden waren, schloss der spätere Ministerpräsident und Innenminister Helmut Lemke (1907–1990), dass in den Akten kein belastendes Material vorhanden sei.[1577] Schon bei der zweiten Lesung des Entwurfs hatte der Landtagsabgeordneter Alfred Gille (1901–1971, BHE[1578]) die Vernichtung der Entnazifizierungsakten gefordert, mit der Einschränkung, dass der Innenminister einige wichtige zur Erhaltung für wissenschaftliche Zwecke auswählen könne.[1579]

Ende Mai 1952 verkündete der schleswig-holsteinische Innenminister Pagel, dass die Entnazifizierung nun offiziell abgeschlossen und alle Verfahren rechtskräftig beendet seien. Ab Herbst desselben Jahres mussten die Entnazifizierungsakten auf Kreisebene auf Erlass des Innenministers an das Landesarchiv abgeliefert werden.[1580] Dies geschah auch aufgrund des Vorschlags Hoffmanns, der mit Verweis auf Rheinland-Pfalz, Baden-Württemberg und Bremen empfahl, die Akten nach dem Vorbild in diesen Ländern im Landesarchiv oder im Innenministerium zusammenzuziehen.[1581] Damit waren die Akten jedoch noch nicht an das Archiv abgegeben, der Vorgang diente zur „Sicherung gegen Verwahrlosung und unbefugte Einsichtnahme".[1582]

Bei der Ablieferung der Akten an das Landesarchiv zeigte sich die unterschiedliche Wahrnehmung des Wertes dieser Akten. So bestand das Landesarchiv zum Beispiel gegenüber dem Landrat von Stormarn darauf, dass die Akten geordnet abgeliefert werden sollten. Der Landrat lehnte dies ab aufgrund „der geringen Bedeutung, die den Akten heute zukommt". Auch

---

1576 Die restlichen Personen waren nicht vom Gesetz betroffen; vgl. Christoph Kucklick: Entnazifizierung. Ein Volk vor Gericht. In: Arno Surminski (Hrsg.): Der Neubeginn. Deutschland zwischen 1945 und 1949. Hamburg 2005, 120–137, 133, Zusammenstellung des Bundesinnenministeriums.

1577 Smiatacz (Anm. 32), 333.

1578 Der BHE, der Bund der Heimatvertriebenen und Entrechteten, hatte sich 1950 in Schleswig-Holstein gegründet und setzte sich, wie der Name schon sagt, vor allem aus Heimatvertriebenen zusammen und vertrat deren Anliegen; s. weiterführend Thomas Schäfer: Die Schleswig-Holsteinische Gemeinschaft 1950–1958. Mit einem Beitrag zur Entstehung des „Blocks der Heimatvertriebenen und Entrechteten" (Quellen und Forschungen zur Geschichte Schleswig-Holsteins 92). Neumünster 1987.

1579 Smiatacz (Anm. 32), 324.

1580 LASH Abt. 304 Nr. 1357, Suhr an das Archiv der Hansestadt Lübeck vom 17.6.1953.

1581 Ebd., Hoffmann an das Kultusministerium vom 15.10.1951.

1582 Ebd., Suhr an das Archiv der Hansestadt Lübeck vom 17.6.1953.

der Innenminister stützte diese Einstellung, „da die Anforderung von Entnazifizierungsakten immer geringer und in absehbarer Zeit fast ganz nachlassen wird", sodass es den Aufwand einer inneren alphabetischen Ordnung nicht lohne.[1583]

Auf der anderen Seite standen die Archivare, die den Wert der Akten bereits im Vorfeld erkannt hatten. Bald nach dem Ende des Zweiten Weltkrieges war bei ihnen ein Bewusstsein für die Überlieferungsbildung der Geschichte des „Dritten Reiches" vorhanden. Schon im März 1946 hatte Bauermann vom Staatsarchiv Münster darauf aufmerksam gemacht, dass die Briten planen würden, das gesamte Schriftgut zur Erforschung des Nationalsozialismus zusammenzufassen, wogegen man vorgehen müsse, da dies ein Eingriff in die Zuständigkeit der Archive darstellen würde.[1584] Auf der ersten Zusammenkunft der Archivare der britischen Zone in Bünde am 25. Juni 1946 wurde nach dem Umgang mit Archivgut von Partei und Wehrmacht gefragt, wozu jedoch noch keine Erfahrungswerte vorlagen.[1585]

Was konkret die Entnazifizierungsakten anging, hatten die Archivare schon auf dem Archivtag in Marburg am 12. September 1951 deren Wert offiziell anerkannt. Sie waren sich einig, dass diese Akten als wertvoller Ersatz für die gerade zum Ende des Krieges zerstörten Akten der NS-Dienststellen dienen könnten.[1586] Es bestand jedoch darüber Uneinigkeit, in welchem Rahmen die Akten aufbewahrt werden sollten. Hoffmann plädierte beispielsweise für eine teilweise Kassation, da es sich bei dem Gros um Akten „ohne allgemeinere geschichtliche Bedeutung" handeln würde.[1587] Auch Weise vom Staatsarchiv Hannover meinte, es bestehe kein Zweifel daran, dass ein Teil kassiert werden würde, dass jedoch das restliche Material Ergebnisse bringen würde, die „keinesfalls immer erfreulicher Art, in jedem Fall aber dem Verständnis der Zeit förderlich" seien.[1588] Es spiegelt sich hier die paradoxe Situation wieder, dass die belasteten Archivare – Weise war beispielsweise seit 1933 Mitglied der NSDAP gewesen und hatte 1942 die Leitung des neu gegründeten Staats-

1583 Ebd., der Innenminister an das Landesarchiv vom 17.12.1954.

1584 LASH Abt. 304 Nr. 1251, Bauermann an das Staatsarchiv Kiel vom 2.3.1946.

1585 LASH Abt. 304 Nr. 1258, Protokoll der Tagung der Archivleiter der britischen Zone in Bünde am 25.6.1946.

1586 LASH Abt. 304 Nr. 1357, Hoffmann an das Kultusministerium 15.10.1951.

1587 LASH Abt. 304 Nr. 1002, Jahresbericht von Hoffmann für 1952, o. D.

1588 Erich Weise: Übernahme und Verwaltung der Entnazifizierungsakten im Lande Niedersachsen. In: Archivalische Zeitschrift 49 (1954), 151–162, 161.

archivs Posen übernommen – mit der Frage nach der Aufbewahrung von Material befasst waren, welches sie selbst belasten konnte.

In Schleswig-Holstein hatte das Landesarchiv jedoch nicht die Befugnis, über Aufbewahrung oder Kassation der Entnazifizierungsakten zu entscheiden, diese lag gemäß Gesetz zur Beendigung der Entnazifizierung entgegen der sonstigen Regelung allein beim Innenminister. Außerdem wurde im Gesetz festgelegt, dass die Akten nicht vorgelegt und keine Auskunft daraus gegeben werden dürften.[1589] Während die Staatsarchive in Niedersachsen beispielsweise damit beschäftigt waren, die Entnazifizierungsakten in versorgungs- und gehaltsrechtlichen Fragen an die Verwaltungsbehörden auszuleihen,[1590] wies der Innenminister Schleswig-Holsteins immer wieder darauf hin, dass die Akten für jegliche Einsichtnahme unzugänglich seien und nur dem Innenministerium zur Verfügung stehen dürften.[1591]

Schleswig-Holstein war damit das einzige Land, das keine Auskunft aus den Entnazifizierungsakten erteilte. Dies änderte sich auch nicht, als die Akten für juristische Strafverfolgung der NS-Täter herangezogen werden sollten. 1958 wurde vor dem Ulmer Schwurgericht der Prozess gegen Teile des Einsatzkommandos Tilsit geführt als erster großer Prozess gegen NS-Täter vor einem deutschen Gericht. Im Fokus stand die Erschießung von mehreren Tausend jüdischen Männern, Frauen und Kindern im litauischen Gargždai (deutsch: Garsden) und Umgebung von Juni bis September 1941.[1592] Einer der Angeklagten, Werner Kreuzmann (1909–?), hatte nach Kriegsende in Hohenlockstedt im Kreis Steinburg in Holstein gewohnt. Da die Entnazifizierung am Wohnort stattfand, befanden sich die Akten dazu folgerichtig in der Obhut des schleswig-holsteinischen Innenministeriums. Dies verwies jedoch auf Paragraf 15 des Gesetzes zur Beendigung der Entnazifizierung, nach dem keine Einsichtnahme erlaubt wurde. Es ließ verlauten, eine Ausgabe der betreffenden Akte würde „das Wohl des Landes Schleswig-Holstein" gefähr-

1589 LASH Abt. 811 Nr. 6172, Hoffmann an den Kultusminister vom 24.10.1955.

1590 Weise (Anm. 1588), 151.

1591 Beispielsweise LASH Abt. 304 Nr. 1357, der Innenminister an das Landesarchiv vom 20.3.1953 und 10.6.1953.

1592 Das Urteil ist abgedruckt in: Irene Sagel-Grande/H. H. Fuchs/Christiaan F. Rüter (Hrsg.): Justiz und NS-Verbrechen. Sammlung deutscher Strafurteile wegen nationalsozialistischer Tötungsverbrechen 1945–1966. Bd. 15: Die vom 4.7.1958 bis zum 8.7.1959 ergangenen Strafurteile, lfd. Nr. 465–480. Amsterdam 1975, 1–274.

den.[1593] Auch wenn sich das Innenministerium später für diese Formulierung entschuldigte, blieb es dabei, die Ausgabe unter Verweis auf das Gesetz zu verweigern. Ein Kieler Regierungssprecher ließ lediglich verkünden, dass in der Akte „nichts Interessantes für den Prozeßverlauf enthalten" sei.[1594] Der Vorsitzende des Ulmer Schwurgerichts warf dem Innenministerium vor, dass es versucht habe, die Urteilsfindung zu verhindern.[1595]

Der Prozess endete letztendlich damit, dass die zehn Angeklagten wegen Beihilfe zum gemeinschaftlichen Mord zu Gefängnisstrafen in Höhe von drei bis fünfzehn Jahren verurteilt wurden, Kreuzmann wurde wegen Beihilfe in 415 Fällen zu fünf Jahren Haft verurteilt.[1596]

Der Prozess hatte ein großes öffentliches Interesse gefunden und führte am 1. Dezember 1958 – aus der Erkenntnis heraus, wie viele NS-Verbrechen noch nicht geahndet waren – zur Einrichtung der Zentralen Stelle der Landesjustizverwaltungen zur Aufklärung nationalsozialistischer Verbrechen in Ludwigsburg unter Erwin Schüle (1913–1993). Der schleswig-holsteinische Innenminister Lemke hatte 1958 verkündet, dass der umstrittene Paragraf 15 wohl nach den Neuwahlen des Kieler Landtags geändert werden würde. Er meinte, vor dem Ulmer Vorfall habe das Bedürfnis dafür nicht bestanden,[1597] was vor dem Hintergrund der Nutzung der Akten in anderen Ländern durchaus anzuzweifeln ist. Nahezu zeitgleich erging ein vertrauliches Schreiben an das Landesarchiv, dass die Entnazifizierungsakten nach wie vor „unter völligem Verschluß" bleiben und eine Herausgabe nur mit schriftlicher Genehmigung des Innenministers oder seines Vertreters erfolgen dürfe.[1598]

Zu einer Änderung kam es nicht. Im Jahr 1962 wurden auch die restlichen Entnazifizierungsakten an das Landesarchiv abgeliefert. Sie wurden im sogenannten Schlachterturm von Schloss Gottorf gelagert, einem schlecht isoliertem, nur unzureichend vor der Witterung geschützten Raum. Die Masse an Papier war enorm und bedeutete für jedes Archiv eine große Belastung hinsichtlich der Raumkapazitäten. Die Archivare dachten daher in den 1970er-Jahren noch immer über Kassationen nach, auch wenn Suhr für das Landesarchiv Schleswig-Holstein

1593 Zitiert nach LASH Abt. 304 Nr. 1357, Artikel „Kiel bedauert", Frankfurter Allgemeine Zeitung vom 18.9.1958.

1594 Ebd., Artikel „Der Kieler Zwist mit Ulm geht weiter", Frankfurter Allgemeine Zeitung vom 11.9.1958.

1595 Ebd.

1596 Sagel-Grande/Fuchs/Rüter (Anm. 1592), 11.

1597 LASH Abt. 304 Nr. 1357, Artikel „Kiel bedauert" (Anm. 1593).

1598 Ebd., Innenminister an das Landesarchiv, z. Hd. Hoffmann vom 17.9.1958.

Abb. 5: Unterbringung der Entnazifizierungsakten auf Schloss Gottorf (LASH Abt. 399.92 Nr. 81)

einschränkte, dass dies, wenn es überhaupt in der Hand des Landesarchivs liegen würde, noch nicht ratsam sei, um den Verdacht zu entkräften, dass Entnazifizierungsakten zur Vertuschung von Straftaten vernichtet worden seien.[1599]

Der damalige Direktor des Landesarchivs Wolfgang Prange (1932–2018) wandte sich 1976 an das Innenministerium, um die Frage nach der Zugänglichkeit der Entnazifizierungsakten zu klären.[1600] Paragraf 15 war noch immer in Kraft. Wenn das Gesetz für ungültig erklärt würde, würden diese Akten damit unter die Benutzungsordnung des Landesarchivs fallen. Prange konnte die Zuständigen beruhigen, dass die Akten damit noch immer nicht zugänglich seien. Die Benutzungsordnung sah vor, dass für die Einsicht in Akten, die nach 1945 entstanden waren, die Erlaubnis des Fachministers, in diesem Fall also des Innenministers vorliegen müsse. Eine in Planung befindliche neue Benutzungsordnung sah die Abschaffung von solchen Grenzjahren und die Einfüh-

1599 LASH Abt. 304 Nr. 1357, Suhr an die Staatskanzlei des Niedersächsischen Ministerpräsidenten vom 26.9.1972.

1600 Hier und im Folgenden: ebd., Prange an den Innenminister vom 24.2.1976.

rung von beweglichen Schutzfristen vor. Personenbezogene Akten sollten für sechzig Jahre gesperrt werden, eine Freigabe der Entnazifizierungsakten wäre also erst ab 2012 vorgesehen. Wie wenig sich die Einstellung trotz wechselnder Innenminister im Ministerium geändert hatte, zeigte sich an der Antwort: Der Innenminister hielt eine Frist von sechzig Jahren „unbedingt für erforderlich". Zu diesen Änderungen kam es aber vorerst nicht, und Paragraf 15 blieb bestehen. Die Entnazifizierungsakten waren also weiterhin nicht zugänglich, es durfte keine Auskunft daraus erteilt werden, und die Anfragen mussten an das Innenministerium weitergeleitet werden.[1601]

In den 1980er-Jahren kam es erneut zu einem Skandal um die Aufarbeitung von NS-Verbrechen, dieses Mal nicht von rechtlicher, sondern von geschichtswissenschaftlicher Seite. Im Fokus stand nun das Landesarchiv selbst, da entsprechende Archivalien nur widerwillig vorgelegt oder die Vorlage ganz verweigert wurde. Die Archivare beriefen sich auf den Schutz der Persönlichkeitsrechte der in den Archivalien erwähnten Personen, während die Historiker auf die Forschungsfreiheit pochten. Letztlich wurde der Konflikt mit der Verabschiedung des schleswig-holsteinischen Landesarchivgesetzes 1992 gelöst, das auch aus dem Wandel des politischen Klimas in Schleswig-Holstein mit dem Wechsel der Regierungsparteien von der CDU zur SPD resultierte. Damit wurde die Einsichtnahme in die Archivalien mit beweglichen Schutzfristen geregelt, und erst jetzt wurden die Entnazifizierungsakten allgemein zugänglich und der Paragraf 15 endgültig abgeschafft. Durch die Möglichkeit der Schutzfristenverkürzung sind Archivalien für wissenschaftliche Zwecke oder bei Wahrnehmung von Belangen Dritter auch vor Ablauf der Fristen einsehbar. Das Kapitel der Entnazifizierung hatte für die Archivare nicht nur eine unmittelbare Bedeutung für die Zeitgenossen, sondern prägte noch über Jahrzehnte hinaus die Arbeit im Landesarchiv.

4.3.3 Die Rückführung des Archivguts

Bei Kriegsende war das preußische Staatsarchiv in Schleswig-Holstein reduziert auf einen Schreibtisch im Zimmer des Gutes Quarnbek knapp zehn Kilometer westlich von Kiel. Die Archivbestände waren innerhalb Schleswig-Holsteins und Norddeutschlands auf sieben Ausweichstellen verteilt, Reste moderner Akten und Archivalien waren unter den Trümmern des Archi-

[1601] Ebd., Verfügung von Prange vom 29.3.1976.

vgebäudes, das nach einem Bombentreffer im April 1945 zusammengestürzt war, begraben. Bereits am 24. Mai 1945 bat Direktor Hein um die Erlaubnis, die Bestände des Staatsarchivs aus den Ausweichstellen zusammenzuführen, Ausgrabungen an der vorherigen Stelle des Staatsarchivs zu beginnen und außerdem die unter der Führung der Archivberatungsstelle ausgelagerten nicht staatlichen Archivalien zurückzuholen.[1602] Bis all diese Schritte umgesetzt werden konnten, verging jedoch einige Zeit.

Besonders dringlich war die Rettung der Archivalien aus den Trümmern des alten Archivgebäudes, bei denen das Risiko bestand, dass sie besonders im Winter und Frühjahr durch die eindringende Nässe beschädigt oder gar zerstört werden würden.[1603] Es war zudem eine schnelle Durchführung der Rückführungen notwendig, da die Archivalien in den Ausweichstellen mehreren Gefahren ausgesetzt waren. So hatten die Alliierten bereits in der Endphase des Krieges ein großes Interesse an den Auslagerungsorten, besonders den Bergwerken, und dem dort vorhandenen Material gehabt. Sie hatten vielfach Kisten aufgestemmt, Akten entnommen und die restlichen Archivalien in Unordnung zurückgelassen. Zudem war in der Nähe der Sohle im Bergwerk Grasleben, auf der die Kieler Archivalien lagerten, das Reichsfilmarchiv untergebracht. Wohl aufgrund der hochentzündlichen Zelluloidfilme war es dort zu einem Brand gekommen, der nicht nur diese Bestände zum großen Teil zerstörte, sondern auch die Kieler Archivalien in Mitleidenschaft zog.[1604] Es wurden wieder die Bedenken wach, die bereits zu Beginn des Krieges geäußert worden waren, dass die Archivalien ohne konstante Aufsicht der Archivare nicht sicher seien. Unabhängig davon pochten die Bergwerke selbst auf Räumung der Stollen, da sie ihre Arbeit wieder aufnehmen wollten, die sonst nicht oder nur eingeschränkt möglich war.[1605]

Verschiedene Faktoren behinderten jedoch die Rückholung der Archivalien. Nicht nur in Schleswig-Holstein wurde der Mangel an Personal zum großen Problem. Besonders fehlten in Kiel die Personen, die bereits vor und während des Krieges am Staatsarchiv tätig waren und damit nicht nur die Bestände, sondern auch die damals ergriffenen Maßnahmen zur Sicherung kannten. Reimers und Hoffmann waren im Rahmen der Entnazifizierung entlassen worden. Carstens, der ebenfalls über wichtiges Wissen verfügte, war erst 1946

1602 LASH Abt. 304 Nr. 1038, Hein an den Oberpräsidenten 24.5.1945.

1603 Ebd., Suhr an die Marineintendantur vom 7.1.1946.

1604 Ebd., Weise an Hein vom 2.8.1945.

1605 Beispielsweise zu Salzdethfurt s. ebd., i. V. Schmidt vom Staatsarchiv Hannover an das Staatsarchiv Kiel vom 1.8.1945.

aus der Kriegsgefangenschaft in den Dienst zurückgekehrt, aufgrund seines gesundheitlichen Zustands war er jedoch kaum belastbar und verbrachte die meiste Zeit zu Hause in Ratzeburg.

Hinzu kamen die Verhältnisse unter der alliierten Besatzung. Unmittelbar nach Kriegsende war die Kommunikation stark eingeschränkt, da entsprechende Verbote galten. Dies erschwerte nicht nur die Verständigung unter den Archiven, sondern auch mit den Auslagerungsstätten. Zudem brauchten die Archivare für die Rückführung die Erlaubnis der T-Force (Target-Force), die für die Sicherung von wissenschaftlichen Projekten zuständig war und ihren Sitz in Goslar hatte. Ein Hindernis wurde die Einteilung in die verschiedenen Zonen. Die Auslagerungsstätten des Staatsarchivs Kiel befanden sich alle innerhalb der britischen Zone, die nicht staatlichen Archivalien Schleswig-Holsteins waren aber in ein Bergwerk nach Heilbronn ausgelagert worden. Sie befanden sich damit in der amerikanischen Besatzungszone und waren vorerst unerreichbar.

Das größte Problem der Archivare in Kiel war jedoch die fehlende Unterkunft. Kiel war zu knapp drei Vierteln durch die Bombenangriffe zerstört.[1606] Dazu kamen vor und nach Kriegsende die Flüchtlingsströme nach Schleswig-Holstein, die auf den vorhandenen Wohnraum in den Städten und Landkreisen verteilt wurden.[1607] Die Einwohnerzahl Schleswig-Holsteins hatte sich nach Kriegsende fast verdoppelt, es war kaum genügend Platz vorhanden. Die Aussicht, ein Archiv in Kiel unterzubringen, war angesichts dieser Umstände gering.

Im August 1945, nachdem die Kommunikationssperren gelockert worden waren, erkundigte sich Hein bei den verschiedenen Auslagerungsstätten nach dem Zustand der Archivalien. Sie waren nahezu alle unbeschädigt. Mit Ausnahme des Bergwerks Mariaglück waren sich zudem alle Stellen, auch die privaten, einig, dass eine zeitnahe Rückholung wünschenswert sei. Dies war vonseiten des Archivs aber nicht möglich, bevor nicht Raum zur Wiedervereinigung der Bestände gefunden war. Mithilfe des Oberpräsidenten und anderer Stellen begann die Suche danach. Die Anforderungen waren enorm, da genug Platz vorhanden sein musste, um die rund 35.000 Fach, also 8.750 Regalmeter, mit einem Gewicht von 500 Tonnen und einem ungefähren Flächenerfordernis von 3.200 Quadratmetern, mindestens aber 2.300 Quadratmetern, unterzubringen.[1608]

1606 Helmut Grieser: Wiederaufstieg aus Trümmern (1945 bis in die Gegenwart). In: Jürgen Jensen/ Peter Wulf (Hrsg.): Geschichte der Stadt Kiel. Neumünster 1991, 401–456, 410.

1607 Schäfer (Anm. 1578), 16.

1608 LASH Abt. 304 Nr. 1038, Raumerfordernis für das Staatsarchiv [Mai/Juni 1945], und Hein an die Marine-Intendantur vom 31.10.1945.

Es wurden verschiedene Räumlichkeiten ins Auge gefasst, aber die Notlage des Landes machte deren Akquirierung schwierig. Die Möglichkeit, die Archivalien in einem der zahlreichen Bunker der Stadt Kiel zu sammeln, konnte nicht umgesetzt werden, da diese für andere Zwecke gebraucht wurden. In einen Bunker kamen beispielsweise Teile der Frauenklinik und in einen anderen, den Knorrbunker, das Juristische Seminar der CAU.[1609] Zudem stellte dies in den Augen der Zeitgenossen keine dauerhafte Lösung dar, da es den Plan gab, alle Bunker 1946 zu sprengen.[1610] Das Vorhaben, wie nach dem Ende des Ersten Weltkrieges ehemalige Marinegebäude zu benutzen, scheiterte ebenfalls am Vorrang der Benutzung für andere, in diesem Fall schulische Zwecke.[1611] Auch Anfragen außerhalb Kiels hatten kein positives Ergebnis zur Folge. Aus Lübeck antwortete der Oberbürgermeister, aufgrund der Überbevölkerung habe man schon Probleme, Platz für einzelne Büros zu finden, geschweige denn für mehrere Tausend Quadratmeter Fläche.[1612] Es wurde ersichtlich, dass sich auf die Schnelle kein Gebäude finden ließ, das den gesamten Bestand aufnehmen konnte. Es wurde über Teillösungen nachgedacht, wie die Belegung von Räumen in der Universitätsbibliothek, auf Gut Quarnbek oder auf Schloss Glücksburg, damit wenigstens einige der Bestände zurückgeführt werden konnten. Doch auch diese Ideen scheiterten an anderen Prioritäten, zum Beispiel wurde auf Gut Quarnbek ein Säuglings- und Mütterheim eingerichtet.[1613]

Zu Beginn des Jahres 1946 waren noch keine Räumlichkeiten für das Staatsarchiv in Schleswig-Holstein gefunden, während alle anderen Staatsarchive der britischen Zone bereits ihren Dienst wieder aufgenommen hatten.[1614] Die Abteilung MFA&A der britischen Militärregierung plante nun, bis Februar 1946 die Ausweichstelle Grasleben komplett geräumt zu haben. Aufgrund der fehlenden Unterbringung war dies für das Staatsarchiv Kiel nicht durchführbar, und so musste dieser Zeitplan entsprechend nach hinten verschoben werden. Der Druck, eine geeignete Unterkunft für die Bestände zu finden, stieg.

Im August 1946 konnte dann letztendlich das ehemalige Lazarettgebäude der Marine in Kronshagen am westlichen Stadtrand von Kiel als Unterbringung gesichert werden. Auch diese Unterkunft hätte das Staatsarchiv beinahe

1609 Ebd., Hein an das Amt für Volksbildung vom 3.5.1946.

1610 Ebd., Hein an den Oberpräsidenten vom 15.10.1945.

1611 Ebd., Hein an den Oberpräsidenten vom 13.12.1945.

1612 Ebd., der Oberbürgermeister von Lübeck an das Staatsarchiv Kiel vom 12.11.1945.

1613 Ebd., Fehling an Hein vom 15.3.1946.

1614 Ebd., Hein an den Oberpräsidenten vom 13.12.1945.

nicht erhalten, da andere Institutionen wie das so bezeichnete Museum für Vorgeschichte Interesse daran angemeldet hatten. Hätte das Museum dieses Ziel weiterverfolgt, so hätte das Staatsarchiv seine Ansprüche hintanstellen müssen. Im vorgesetzten Amt für Volksbildung vermerkte der Zuständige:

> „Falls das Museum für Vorgeschichte tatsächlich sich für das Gebäude in Kronshagen entscheiden muss, würde das Archiv nur auf zwei Stockwerke im Bunker angewiesen sein; es müsste versuchen, die Graslebener Aktion zu verschieben."[1615]

Die Briten pochten aber auf die endgültige Räumung von Grasleben und weigerten sich, diese noch weiter zu verschieben. Sie drohten damit, die schleswig-holsteinischen Bestände dort zu räumen und auf Kosten der Landesregierung in Hamburg zwischenzulagern.[1616] Auch aus diesem Grund konnte für die Zeit ab dem 1. August 1946 ein Mietvertrag für das Staatsarchiv ausgehandelt werden, der vom vorgesetzten Ministerium trotz der hohen Miete genehmigt wurde.

Am Zustand des Marinelazaretts zeigte sich, wie gering die Ansprüche der Archivare wirklich waren. Es handelte sich dabei um einen Rohbau, der 1939 begonnen worden war und aufgrund des Krieges nicht hatte fertiggestellt werden können. Dementsprechend war der Innenraum nicht ausgebaut, das Gebäude war unbeheizt und verfügte weder über elektrisches Licht noch fließend Wasser. Besonders fatal war, dass der Bau aufgrund fehlender Türen und Fenster nicht sicher verschlossen werden konnte.[1617] Er bot aber zumindest Platz, und so konnten die Rückführungen schlussendlich beginnen.

Als erstes wurden die Archivalien aus Grasleben zurückgeführt, wobei es sich um fast dreißig Prozent des Gesamtbestandes handelte.[1618] Bei deren Rückführung wurden einige Probleme offensichtlich, mit denen vorher nicht gerechnet worden war. So wurde zusätzlicher Bindfaden benötigt, um die Aktenpakete neu zu schnüren, die sich gelöst hatten. Dies war unbedingt notwendig, und Suhr riet, man solle sorgfältig arbeiten und den Transport besser verzögern anstatt „fliegende Blätter [zu] verladen, denn dann fürchte ich schwere Verluste".[1619] Probleme machte außerdem die Lage Graslebens an der Grenze zur sowjetischen Be-

---

1615 Ebd., Vermerk von Fehling vom 3.7.1946.

1616 LASH Abt. 811 Nr. 6186, Fehling an das Ministerium für Finanzen vom 17.2.1947.

1617 LASH Abt. 304 Nr. 1038, Suhr an Major Wilmot, MFA&A Hamburg, o. D.

1618 Ebd., „Raumerfordernis für das Staatsarchiv" [Mai/Juni 1945].

1619 Ebd., Suhr an Max Töpper in Grasleben vom 26.7.1946.

satzungszone. Bei der Räumung der Archivalien aus Schleswig-Holstein wurde ein Arbeiter von einem sowjetischen Soldaten angeschossen.[1620]

Nahezu zeitgleich wurden auch die nicht staatlichen Archivalien, die unter der Ägide der Archivberatungsstelle ausgelagert worden waren, nach Kronshagen gebracht. Die Archivberatungsstelle war nach dem Krieg aufgelöst und ihre Aufgaben dem Staatsarchiv übertragen worden. Aus diesem Grund kümmerte es sich um die Rückführung.

Bei den ausgelagerten nicht staatlichen Archivalien handelte es sich unter anderem um Material aus den Stadtarchiven Flensburg, Neumünster und Schleswig sowie der Klöster Preetz und Uetersen.[1621] Diese waren 1944 und 1945 nach Heilbronn ausgelagert worden, das sich nun innerhalb der amerikanischen Besatzungszone befand. Zwischen Briten und Amerikanern hatte es Mitte 1946 eine Einigung gegeben, die Auslagerungsstellen von den Archivalien der jeweils anderen Besatzungszone zu räumen.[1622] Für Schleswig-Holstein handelte es sich insgesamt um fünf Bahnwaggons mit etwa sechzig Tonnen Archivalien, ungefähr 1.000 Regalmeter.[1623] Da diese an verschiedene Stellen in Schleswig-Holstein zurückkehren mussten, einigte man sich darauf, sie aus Gründen der Praktikabilität zunächst geschlossen nach Kronshagen zu überführen, um sie dort zu ordnen und weiterzuverteilen.[1624] Dieser Vorgang verlief keineswegs ohne Probleme. So konnte und durfte das Staatsarchiv keinen Archivar nach Heilbronn entsenden, sodass lange Zeit Unklarheit herrschte, ob nun alle nicht staatlichen Archivalien tatsächlich zurückgekehrt waren.[1625] Auch hier waren Kisten von den Alliierten aufgebrochen worden und Archivalien durcheinandergeraten.[1626] Bei der Aufteilung der Archivalien in Kronshagen mussten daher immer wieder Akten als verloren gemeldet wer-

1620 Ebd., Kopie: Wöchentlicher Bericht aus Grasleben von Captain F. Garner an MFA&A Braunschweig vom 12.8.1946.

1621 LASH Abt. 304 Nr. 926, das Staatsarchiv Kiel an diverse nicht staatliche Archive vom 18.9.1946.

1622 LASH Abt. 811 Nr. 6186, Entwurf eines Schreibens des Amtes für Volksbildung an Major Willmot, MFA&A, o. D. [Juni/Juli 1946].

1623 Ebd., Telegramm vom 30.8.1946 und LASH Abt. 304 Nr. 926, Hein an das Salzwerk Heilbronn vom 18.10.1945.

1624 LASH Abt. 304 Nr. 926, Hein an den Oberpräsidenten, Abteilung für landschaftliche Kulturpflege, vom 14.5.1946.

1625 Ebd., Hein an das Amt für Volksbildung vom 24.9.1946.

1626 Ebd., das Salzwerk Heilbronn an das Staatsarchiv Kiel vom 16.11.1945.

den, die später doch wieder aufgefunden wurden.[1627] Bis Ende 1946 konnte die Verteilung der nicht staatlichen Archivalien abgeschlossen werden.[1628]

Nun war wieder Platz geschaffen, um die weiteren Rückführungen durchzuführen. Die Räumung der Auslagerungsstelle in Maasleben war bereits lange überfällig. Die Archivalien waren dort 1942 in einem Gut untergebracht worden, und schon nachdem sich Hein kurz nach Kriegsende nach deren Zustand erkundigt hatte, hatte der Besitzer Kellinghusen geantwortet, dass er die Archivalien hatte umlagern müssen, da das Gut voller Flüchtlinge sei.[1629] Ein Jahr später war dieser Zustand unhaltbar geworden. Kellinghusen schrieb an das Staatsarchiv:

> „Da mein Haus mit 60 Personen belegt ist, mussten Ihre Acten aus den ursprünglichen Räumen heraus, sie stehen überall im Wege und ich kann nicht mehr für dieselben aufkommen. Besonders, wenn der Winter kommt und geheitzt [!] wird, werden sie wohl in den Oefen verschwinden. Wenn Ihnen noch etwas an den wohl ziemlich unbedeutenden Acten liegt, bitte ich sie abzuholen."[1630]

Bei den Archivalien, die in Maasleben untergebracht waren, handelte es sich vor allem um solche aus dem Bestand der Deutschen Kanzlei. Hille hatte sie in den 1870er-Jahren als den wertvollsten Bestand des jungen Staatsarchivs bezeichnet,[1631] und sie waren in den Austauschverhandlungen mit dem dänischen Reichsarchiv in den 1920er-Jahren hart umkämpft gewesen. Es handelte sich hierbei also keineswegs um unbedeutende Archivalien. Zudem machten die dort vorhandenen Dokumente knapp vier Prozent des Gesamtbestandes aus. Sie konnten im November 1946 und Februar 1947 nach Kronshagen gebracht werden.

Zusammen mit den Beständen aus Grasleben war damit knapp ein Drittel der Archivalien im Marinelazarett in Kronshagen zusammengeführt. Nun wurden die Nachteile der Unterbringung auf das Erschreckendste deutlich. Die Archivare hatten sich zwar darum bemüht, das Gebäude gegen Diebstahl zu sichern, der Rohbau ließ dies aber nur in eingeschränktem Maße zu. So wurde das vom Archiv genutzte zweite Geschoss von innen verriegelt, der mit

1627 Ebd., diverse Schreiben.

1628 Ebd., Suhr an das Ministerium für Volksbildung vom 24.2.1947.

1629 LASH Abt. 304 Nr. 1038, Postkarte von H. Kellinghusen aus Maasleben vom 9.8.1945.

1630 Ebd., Postkarte von H. Kellinghusen aus Maasleben vom 30.9.1946.

1631 GStA PK, I. HA Rep. 178, 2351, Jahresbericht für 1875 von Hille an Camphausen vom 1.1.1876.

Archivalien belegte Südwestflügel des dritten Geschosses war hingegen über die Haupttreppe zugänglich.[1632] Das gesamte Gelände war von einem Stacheldrahtzaun umgeben, und bis zum Frühjahr 1947 wurde der Eingang von der Polizei überwacht. Die Archivare versuchten darüber hinaus, den Zugang zu erschweren, indem sie die Treppe zum Magazin mit Regalen verstellten und durch Planken abschotteten, aber erst im Oktober 1947 wurde eine verschließbare Tür eingebaut.

Mitte 1948 mussten die Archivare dann feststellen, dass bis zu 1.000 Kilogramm (oder hundert Regalmeter) Archivalien gestohlen worden waren. Hein meldete der Polizei, dass die Archivalien dabei wahllos herausgegriffen worden seien und es sich nicht um einen gezielten Raub der wertvollsten Stücke handelte. Als Motiv käme, so Hein, nur „die Absicht in Frage, die Akten als Altpapier zu verwerten, entweder zum Heizen […] oder zur Veräußerung oder zur Abgabe beim Ankauf von Schreibpapier, Schulschreibheften, Dachpappe, Ranzen, Koffern usw." In Deutschland herrschte nach dem Krieg ein großer Mangel, und gerade der Hungerwinter 1946/47 prägte die Menschen.

Nun fragten die Archivare bei verschiedenen Altpapierhändlern in der Umgebung an, ob dort Teile der gestohlenen Archivalien aufgetaucht wären, und äußerten die Bitte, bei der Aussortierung verstärkt darauf zu achten.[1633] Einige Stücke konnten auf diese Weise sichergestellt werden, der Großteil blieb jedoch vermisst. Besonders von Verlusten betroffen war der Bestand der Herzöge von Schleswig-Holstein-Gottorf aus dem 16. bis 18. Jahrhundert, heute Abt. 7.[1634]

Der Verkauf von „Altpapier" war sehr lukrativ, und gepaart mit einer geringen Wertschätzung der Archivalien führte dies auch andernorts in Schleswig-Holstein zu Verlusten. In Neumünster war der Raum, in dem die städtischen Archivalien lagen, beschlagnahmt worden, und die Dokumente kamen in den Keller. Dort wurden sie wenig später als Altpapier verkauft und zu 95 Prozent vernichtet. 1950 wurde das Stadtarchiv Neumünster gegründet,

---

1632 Hier und im Folgenden: LASH Abt. 304 Nr. 1038, Hein an die Polizeiabteilung Kronshagen vom 15.6.1948.

1633 LASH Abt. 304 Nr. 1237, beispielsweise Suhr an die Papierfabrik Peter Temming in Glückstadt vom 5.7.1948.

1634 Hector führt diese Verluste, bezugnehmend auf die Verzeichnung de Boors, im Vorwort des folgenden veröffentlichten Findbuchs auf: Findbuch des Bestandes Abt. 7: Herzöge von Schleswig-Holstein-Gottorf 1544–1713. 1. Bd. (Veröffentlichungen des Landesarchivs Schleswig-Holstein 4). Schleswig 1977.

dem dieser sich auf immerhin 1.000 Archiveinheiten belaufende Bestand nun fehlte.[1635]

Ein ähnliches Schicksal erlitten auch einige der Archivalien, die beim Einsturz des Verwaltungsgebäudes des Staatsarchivs unter den Trümmern begraben worden waren. Noch kurz nach Kriegsende hatte die Hoffnung bestanden, dass ein völliger Abbruch des zerstörten Gebäudes nicht notwendig sei.[1636] Diese Meinung war jedoch schnell überholt. Es dauerte noch bis Anfang 1947, bis die Archivalien geborgen und nach Kronshagen überführt werden konnten.[1637] Dieser Vorgang hatte sich so lange verzögert, da die statische Sicherheit des zum Teil eingestürzten Kellers nicht gewährleistet werden konnte. Das Hochbauamt hatte diese Bergungsarbeit wegen ihrer Gefährlichkeit abgelehnt, sodass die Mitarbeiter des Staatsarchivs diese Arbeit erledigen mussten, die sich ein Jahr lang hinzog.[1638] Eine Übersicht, welches Material im Keller vorhanden sein musste, gab es nicht, weswegen mögliche Verluste nicht mehr nachvollzogen werden können.

Im Juni 1950 erhielt das Landesarchiv von dem Kieler Ingenieur Werner Georgi (?–?) ein Heft über die Elbschifffahrt, das von Suhr als aus der Dienstbibliothek des Archivs stammend erkannt wurde.[1639] Auf die Nachfrage, wo er dieses Stück her habe, antwortete Georgi:

> „Nach Kriegsende arbeitete ich als Tiefbauarbeiter in Kiel bei der Baufirma Hans Conrad. Im Winter 1946 wurde ich zu einer Baukolonne dieser Firma am Blücherplatz, Eingang Blücherstr., versetzt. Es war der sehr kalte Winter. Heizmaterial mußte für die Bauwagen selbst besorgt werden. So fand ich in einer Ecke des Wagens einen ganzen Berg alter [!] Papiers, der allmählich in den Ofen wanderte. Ich kann mich noch schwach entsinnen, daß es größten Teils alte Akten und Schriften waren, z.B. alte Grundstücksverträge von Bauern und Schiedsgerichtsurteile usw. Dazwischen muß Ihre Akte gewesen sein. Ich habe sie sicher interesserhalber [!] mit nach Haus genommen.

1635 LASH Abt. 304 Nr. 1002, Tätigkeitsbericht von Hoffmann an das Ministerium für Volksbildung [Februar 1951], außerdem: Archivführer Schleswig-Holstein. Archive und ihre Bestände. Hrsg. vom Landesarchiv Schleswig-Holstein, dem Verband schleswig-holsteinischer Kommunalarchivarinnen und -archivare e. V. (VKA) und dem Nordelbischen Kirchenarchiv (Veröffentlichungen des Landesarchivs Schleswig-Holstein 100). Schleswig 2011, 75.

1636 LASH Abt. 304 Nr. 880, Hoffmann an das Staatsbauhochamt I in Kiel vom 27.8.1945.

1637 LASH Abt. 304 Nr. 1038, Aktenvermerk von Hein, o. D.

1638 LASH Abt. 811 Nr. 6167, Staatsarchiv Kiel, i. V. Suhr, an MFA&A vom 7.3.1947.

1639 LASH Abt. 304 Nr. 1237, Suhr an Georgi vom 21.6.1950.

> Zum Glück, sonst wäre sie auch verbrannt worden Ich kann mich noch schwach entsinnen, daß die Arbeiter von einem Bunker o.ä. erzählten, wo diese alten Papiere her seien, ich glaube in der Gegend der Tirpitzstraße, wo noch viel mehr davon lagen. Ich weiß ja auch nicht, was vor meiner Versetzung zu dieser Kolonne alles verbrannt wurde."[1640]

Suhr schloss aus dieser Beschreibung, dass es sich bei dem verbrannten Papier um Material aus den Trümmern des Staatsarchivs gehandelt habe, und erklärte weitere Nachforschungen angesichts dieses Berichts für aussichtslos.[1641]

Zum Jahreswechsel 1947/48 kamen die ausgelagerten Archivalien aus Kreuzfeld und vom Schloss Glücksburg nach Kronshagen. Damit waren alle Auslagerungsstätten bis auf eine geräumt: Der größte Teil der Bestände war im Bergwerk Mariaglück bei Celle untergebracht und fehlte noch immer.

Während die Archivare vornehmlich mit der Organisation der Rückführung beschäftigt waren, wurden auch gleichzeitig Pläne für eine neue Unterbringung entworfen. Die Aussicht, eine Unterkunft in Kiel zu finden, erschien immer unwahrscheinlicher, und schon früh waren Überlegungen angestellt worden, das Archiv woandershin zu verlegen. So war direkt nach Kriegsende von Hein die Einrichtung des Staatsarchivs in Schleswig im Schloss Gottorf oder in der Moltke-Kaserne ins Auge gefasst worden.[1642] Beide Unterbringungen waren zu diesem Zeitpunkt jedoch nicht frei. Immer mehr kristallisierte sich im Laufe des Jahres 1946 eine Zukunft des Archivs auf Schloss Gottorf heraus. Der Ministerpräsident hatte den Wunsch, einen „geistigen Mittelpunkt des Landes" mit der Vereinigung von Thaulow-Museum, Museum vorgeschichtlicher Altertümer, Landesbibliothek und Staatsarchiv zu schaffen.[1643] Die Räumung des Schlosses musste aber immer wieder verschoben werden und zog sich weiter hin. Das Schloss war wie viele andere Gebäude auch mit sogenannten Displaced Persons belegt. Bis zu 900 Menschen, die vor allem aus Lettland geflohen waren, waren dort untergebracht, und es waren eigens Schul- und Krankenabteilung und entsprechende Sanitärräume eingebaut worden.[1644]

Einer der wenigen Vorteile, die das Schloss Gottorf bot, war das Vorhandensein von Wohnungen für die Archivare. In ganz Schleswig-Holstein

1640 Ebd., Georgi an das Landesarchiv vom 29.6.1950.

1641 Ebd., Suhr an Georgi vom 4.7.1950.

1642 LASH Abt. 304 Nr. 1038, Hein an den Oberpräsidenten vom 24.5.1945.

1643 LASH Abt. 811 Nr. 6165, Aktenvermerk von Kersten vom 1.11.1946.

1644 Ebd., Erläuterungsbericht zum Kostenvoranschlag für die Umbau- und Instandsetzungsmaßnahmen am Schloss Gottorf [ohne weitere Angaben].

herrschte starker Wohnungsmangel, auf dem Schlossgelände standen aber Unterbringungsmöglichkeiten zur Verfügung.

Die Verlegung nach Schleswig hatte für das Staatsarchiv aber vor allem Nachteile. Wieder wurden dieselben Argumente vorgebracht, wie sie bereits bei der Verlegung von Schleswig nach Kiel 1922/23 geäußert worden waren. Hein berichtete gegenüber einem Kollegen vom ehemaligen GStA, Reinhard Lüdicke (1878–1947), dass die Verlegung in eine andere Stadt „wegen Trennung von Universität und Bibliothek ein bitterer Schluss" wäre. Wobei er gleich einschränkte, dass die geschichtlichen Abteilungen der entsprechenden Bibliotheken fast vollständig zerstört seien.[1645] Besonders bitter wurde diese Entfernung, als Ende 1947 entschieden wurde, dass die Landesbibliothek in Kiel bleiben würde.[1646]

Auch die Zusammenlegung mit den Museen war keineswegs günstig für das Archiv. Dies zeigte sich besonders bei der Raumverteilung innerhalb des Schlosses. Im Oktober 1946 wurde festgelegt, dass dem Staatsarchiv Büroräume im ersten Geschoss zugeteilt und das Magazin im Kreuzstall untergebracht werden sollte[1647] – eine Planung, die bei Weitem nicht genug Raum für die Bestände bot. Dieser Entwurf wurde im April 1947 revidiert, und das Staatsarchiv erhielt nun das gesamte dritte Obergeschoss des Schlosses, während die anderen drei Institutionen auf die unteren Stockwerke verteilt wurden. Interessanterweise wurden die Kellerräume des Schlosses, die als Geburtsstätte des Staatsarchivs bezeichnet werden können, schon zu Beginn als zu feucht erklärt worden, als dass dort Papier aufbewahrt werden könnte.[1648]

Die Probleme mit einer Unterbringung des Archivs im dritten Obergeschoss waren den Archivaren klar. Das Archiv war die Institution mit dem meisten Gewicht. Ein Paket Akten wiegt durchschnittlich zehn bis fünfzehn Kilogramm, und die Bestände des Archivs umfassten zum damaligen Zeitpunkt knapp 30.000 Aktenpakete, wozu noch mehrere Tausend Urkunden, Karten und Bücher der Bibliothek kamen.[1649] Zudem wachsen Archive beständig weiter und be-

---

1645 GStA PK, I. HA Rep. 178, Nr. 1021, Abschrift: Auszug aus einem Privatbrief von Hein an Lüdicke vom 19.3.1947.

1646 LASH Abt. 304 Nr. 1038, von Moltke, Ministerium für Volksbildung, Abteilung Allgemeine Kulturpflege, an Hein vom 27.11.1947.

1647 Ebd., Abschrift: Protokoll zur Besprechung zur Verteilung von Schloss Gottorf zwischen Pauls, Kersten, Fehling und Hein, Landesbaurat Brodersen vom 4.11.1946.

1648 LASH Abt. 811 Nr. 6165, das Landesamt für Denkmalpflege an das Amt für Volksbildung vom 22.10.1946.

1649 LASH Abt. 304 Nr. 994, Entwurf: „Bericht über die Aufgaben und die gegenwärtige Lage des Landesarchivs" von Hector vom 7.10.1948.

kommen dadurch immer mehr Gewicht. Dass dies zu Problemen mit der Statik führen könnte, sprach Hein gegenüber dem Landesbaurat Richard Brodersen (1880–1968)[1650] vom Bauleitungsausschuss Schloss Gottorf des Landesamtes für Aufbau an. Hein musste feststellen, dass „über die Belastungsfähigkeit der künftigen Archivräume noch keine volle Klarheit besteht."[1651] 1917 waren der Süd- und Westflügel abgebrannt, teilweise bis zum dritten Stock, und der Turm war eingestürzt.[1652] Brodersen meinte, dass die danach wiederhergestellten Gebäudeteile eine höhere Tragfähigkeit hätten als die übrigen.[1653]

Gerade in der Person Brodersen zeigten sich die Nachteile der Unterbringung zusammen mit den Museen. Er sah nämlich die Priorität ganz klar bei Letzteren. Er hatte gefordert, dass das Staatsarchiv zunächst nur die Dachbodenräume, also die nicht ausgebauten Räume über dem dritten Obergeschoss, belegen sollte. Hein bemängelte auf das Schärfste:

> „Es ist aus Sicherheitsgründen schon schlimm genug, dass es nicht tiefer gelagert werden kann. Aber es wäre geradezu unverantwortlich, [...] die wichtigsten Quellen zur Erforschung der Geschichte Schleswig-Holsteins, seiner Arbeit und seines Kampfes, in den Bodenräumen unterzubringen."[1654]

Brodersen sah darin jedoch kein Problem und stellte die Bedürfnisse der Museen über die des Archivs. Er antwortete an Hein:

> „Ich bitte davon Kenntnis nehmen zu wollen, daß man Schau- und Sammlungsräume für ein Landesmuseum nicht in abgelegenen, weniger gut belichteten Dachgeschoßräumen unterbringen kann. Dagegen sind diese Räume für Depot- und Archivräume geeignet."[1655]

[1650] Brodersen wurde vor allem dadurch bekannt, dass er die Pläne für die Neulandhalle im Dieksanderkoog entwarf, die als Musterprojekt der Nationalsozialisten zum Versammlungsort der neu angesiedelten nationalsozialistischen Landwirte werden sollte; s. weiterführend Uwe Danker: Volksgemeinschaft und Lebensraum: Die Neulandhalle als historischer Lernort (Beiträge zur Zeit- und Regionalgeschichte 3). Neumünster–Hamburg 2014; Brodersen selbst stand dem Nationalsozialismus durchaus offen gegenüber; s. weiterführend Peter Genz: Bauen über die Region hinaus. Architekten aus der Baugewerkschule Eckernförde 1868–1968. Neumünster 2006.

[1651] LASH Abt. 304 Nr. 1038, Hein an das Ministerium für Volksbildung, Abteilung Kulturpflege, vom 9.8.1947.

[1652] Marvin Jobs: Das Schloss Gottorf in der Garnisonszeit. [Schleswig] 2014.

[1653] LASH Abt. 304 Nr. 1038, Hein an das Ministerium für Volksbildung, Abteilung Kulturpflege, vom 9.8.1947.

[1654] Ebd., Hein an Brodersen vom 18.11.1947.

[1655] Hier und im Folgenden: ebd., Brodersen an Hein vom 24.11.1947.

Diese „Depoträume" sollte sich das Archiv dann mit den Museen teilen. Das größte Problem in den Augen Brodersens waren die Regale des Archivs:

> „Selbstverständlich ist es nicht zu verantworten, die nunmehr wiederhergestellten schönen großen Säle des 3. Obergeschoß mit den von Ihnen mitgebrachten alten Regalen ausstatten zu wollen; ganz abgesehen davon, daß in diesen schweren, klobigen, in ihren Abmessungen sehr verschiedenen ‚Regalen' verhältnismäßig wenig Material unterzubringen ist. Ich empfehle Ihnen nochmals, aus diesem Regal-Material Büromöbel fertigen zu lassen."

Dieser Vorschlag kam einem Affront gegen das Archiv gleich. Dem Staatsarchiv war es zu Kriegszeiten gelungen, einen Teil seiner Regale auszulagern, der größte Teil wurde bei dem Zusammensturz des Magazingebäudes jedoch zerstört. Der Bedarf war nach Kriegsende so groß, dass man plante, die Regale aus dem Keller des zerstörten Gebäudes zu nehmen, die seit mehr als einem Jahr Feuchtigkeit und Kälte ausgesetzt waren.[1656] Bevor dieser Plan umgesetzt werden konnte, waren die Regale aus dem Keller gestohlen worden.[1657] Auf den noch vorhandenen Regalen, an denen Brodersen Anstoß genommen hatte, hatte lediglich ein Fünftel der Bestände des Staatsarchivs Platz. Die Zuteilung von Eisen, um daraus Regale fertigen zu lassen, die auch Brodersens ästhetischem Anspruch genügt hätten, wurde nicht bewilligt.[1658]

Der Mangel an Regalen führte dazu, dass das Archiv noch mehr Raum benötigte. Hein berechnete, dass das dritte Obergeschoss, das dem Archiv zugewiesen worden war, eine Grundfläche von 3.300 Quadratmetern hätte, wovon jedoch 1.000 Quadratmeter nicht ausgebaut wären. Dazu hätte man noch im Turm auf dem vierten und fünften Geschoss 150 Quadratmeter, insgesamt also 2.450 Quadratmeter nutzbare Fläche. Könnten alle Archivalien in Regalen gelagert werden, bräuchte man lediglich 2.100 Quadratmeter. Würden diese aber fehlen, müsste man die Archivalien auf dem Boden stapeln. Diese Stapel dürften nicht höher als drei Pakete sein, fast einen Meter hoch, da sonst die Benutzbarkeit nicht gewährleistet wäre.[1659] Der Raumbedarf würde dann um fast 1.000 Quadratmeter steigern. So viel Platz stand dem Staatsarchiv im Schloss jedoch nicht zur Verfügung.

1656 LASH Abt. 304 Nr. 880, Aktenvermerk von Suhr vom 26.7.1946.

1657 LASH Abt. 304 Nr. 1038, Aktenvermerk von Hein, o. D. [Januar 1947].

1658 LASH Abt. 811 Nr. 6176, Bericht vom Staatsarchiv Kiel für September 1947 von Hein an MFA&A Hamburg vom 1.10.1947.

1659 LASH Abt. 304 Nr. 1038, Hein an das Ministerium für Volksbildung vom 19.5.1947.

Eine Abgabe von Räumen der Museen wurde abgelehnt. Die Bevorzugung der Museen ging sogar noch weiter: Nachdem die Entscheidung gefallen war, die Landesbibliothek in Kiel zu belassen, wurde dem Archiv mitgeteilt, dass die dafür vorgesehenen Räume für das Landesmuseum benötigt würden, das bei der Verteilung zu kurz gekommen sei. Das Archiv solle sich keine Hoffnungen machen.[1660]

Ende des Jahre 1947 begann der Umzug der Archivalien vom Rohbau in Kronshagen nach Schloss Gottorf. Den Archivaren blieb nichts anderes übrig, als ihre Bestände zum größten Teil auf dem Boden zu lagern und auch den nicht ausgebauten Raum, den sogenannten Nordboden, zu belegen. Die Anbringung eines Lastenaufzugs war vorerst nicht genehmigt worden, sodass die Archivalien mit einem „Bau-Aufzug mit Handwinde" transportiert werden mussten.[1661]

Am 3. Juni 1948 konnte das Archiv, nun in Landesarchiv umbenannt, endlich seine Verwaltung aus dem Privathaus, in dem auch Hoffmann lebte, nach Schloss Gottorf verlegen. Ab dem 13. Juni 1948 war das Archiv wieder – wenn auch nur äußerst eingeschränkt – nutzbar. Zur vollständigen Nutzbarkeit fehlte noch die Rückführung des größten Teils der Bestände, die noch immer in Mariaglück untergebracht waren.

Die Rückführung aus Mariaglück war zwar ungefähr zeitgleich mit der aus Grasleben und Heilbronn im August 1946 von der britischen Militärregierung genehmigt worden, die Durchführung scheiterte jedoch aus verschiedenen Gründen. Nachdem der nötige Raum vorhanden war, um die Archivalien in Schleswig-Holstein unterzubringen, wurde zu einem der größten Faktoren für das Scheitern die Währungsreform vom 21. Juni 1948, mit der die Deutsche Mark eingeführt wurde. Während die Museen von ihrem Rückführungsfonds, der sich vor der Reform auf 20.000 Reichsmark belaufen hatte, 19.000 Deutsche Mark erhielten, nutzte das Land die Gelegenheit, um im selben Fonds die Mittel für das Archiv zu kürzen. Von den vorher angedachten 8.000 Reichsmark erhielt es nun lediglich 200 Deutsche Mark, was nicht ausreichte.[1662]

Hatte die Bergwerksgesellschaft Mariaglück dem Landesarchiv kurz nach Kriegsende versichert, dass eine sofortige Abholung der Archivalien

---

1660 Ebd., von Moltke, Ministerium für Volksbildung, Abteilung Allgemeine Kulturpflege, an Hein vom 27.11.1947.

1661 Ebd., Spediteur Dehn an das Staatsarchiv Kiel vom 17.12.1947.

1662 LASH Abt. 304 Nr. 1067, Notizen von Suhr vom 28.5.1949, „Gesichtspunkte für einen Brief an Fehling".

nicht erforderlich sei,[1663] hatte sich diese Meinung mehr als drei Jahre später geändert. Bei einem Besuch im Dezember 1948 musste Suhr feststellen, dass neben den Archivalien des Landesarchivs lediglich einige Kisten der Landesbibliothek Hannover noch in dem Bergwerk verblieben waren, alle anderen dorthin ausgelagerten Kulturgüter waren bereits wieder zurückgeführt worden. Ein Vertreter des Bergwerks habe, so Suhr, „den dringenden Wunsch“ geäußert, dass die schleswig-holsteinischen Archivalien bald ebenfalls zurückgenommen würden.[1664]

Aufgrund der fehlenden Bereitstellung von Geldern konnte diesem Wunsch jedoch vorerst nicht Folge geleistet werden. Den Archivaren lag aber daran, die Bestände in Mariaglück regelmäßig zu überprüfen. Auf Anfrage des Landesarchivs und um die Reisekosten niedrig zu halten, erklärte sich Winter bereit, regelmäßig nach Mariaglück zu fahren und nach den Archivalien zu sehen. Winter, ehemals Zuarbeiter für Zipfel, war zu dieser Zeit Leiter des Stadtarchivs in Lüneburg. Während die Entfernung von dort nur etwa achtzig Kilometer betrug, waren es aus Schleswig knapp 280 Kilometer. Winters erster Bericht vom Februar 1949 beklagte vor allem die Ablagerung von Salzstaub auf den Akten, da in der Nähe der Archivalien mit dem Abbau begonnen worden war. Salzstaub war schon von anderen Archiven als Gefährdung für das Archivgut identifiziert worden, vor allem, da veränderte Luftfeuchtigkeit oder Regen beim Abtransport dazu führen konnte, dass dieser zu einer klebrigen bis harten und damit schwer zu lösenden Beschichtung wurde.[1665] Im Mai berichtete Winter, wie der Salzstaub bereits in die Ritzen („Schnittflächen“) der Bücher und Akten eindringe. Auch die Bergwerksgesellschaft erhöhte den Druck. Sie forderte ab Mai 1949 eine Lagermiete von mindestens 1.000 Deutsche Mark pro Jahr und behielt sich vor, die Archivalien auf eine andere Sohle umzulagern. Die Kosten dafür wären beinahe ebenso hoch wie für die Rückführung.

Erst mit der Drohung der hohen Kosten änderte sich etwas. Für das Rechnungsjahr 1948 waren keine Mittel für die Rückführung genehmigt worden, erst Mitte Juli 1949 erhielt das Landesarchiv Gelder dafür. Diese Gelder reichten jedoch nicht, aber da sich noch immer Archivalien im Bergwerk befanden, zog die Bergwerksgesellschaft einen Schlussstrich: Sie teilte mit, dass Mitte

[1663] LASH Abt. 304 Nr. 1038, die Bergwerksgesellschaft Mariaglück an das Staatsarchiv Kiel vom 9.8.1945.

[1664] Ebd., Suhr an das Ministerium für Volksbildung vom 7.1.1949.

[1665] Ebd., Winter an das Landesarchiv vom 15.2.1949.

Dezember 1949 mit dem Abbau in der Nähe des Lagerraums begonnen werde, der bisher aufgeschoben worden sei. „Wir bemerken hierzu, dass wir in diesem Falle jegliche Verantwortung für die Sicherheit und evtl. Beschädigung durch Salzstaubeinwirkung ablehnen müssen." Die Kosten für den Transport der Akten an die Oberfläche würden sich wegen des laufenden Betriebs um fünfzig Prozent erhöhen.[1666]

Weitere Gelder für die Rückführung wurden vom Land nicht zur Verfügung gestellt. Besonders bitter war dies für die Archivare angesichts der offiziellen Eröffnung des Schlosses und der darin befindlichen Kultureinrichtungen. Für die Herrichtung des Schlosses waren für diesen Zweck vom Landtag 120.000 Deutsche Mark bewilligt worden. Dem Archiv fehlten für die Rückführung 10.000 Deutsche Mark. Hein gab in einem Schreiben an das vorgesetzte Ministerium zu bedenken:

> „Im Falle einer Ablehnung des vorstehenden Betrages [10.000 DM, Schm.], wird um eine Entscheidung der Frage gebeten, ob das L.A. an der Eröffnung im September [1949, Schm.] überhaupt teilnehmen soll, denn die jetzigen Pläne haben so gut wie ausschließlich nur die beiden Museen im Auge."[1667]

Es zeigte sich wie bereits bei der Raumvergabe im Schloss erneut die geringe Wertschätzung, die dem Archiv und dessen Bedürfnissen entgegengebracht wurde. Ein Grund dafür war auch der fehlende Nutzen für die Verwaltung in der Nachkriegszeit. Da noch nicht alle Archivalien wieder zurückgekehrt waren, konnte nur bedingt Auskunft für die Verwaltung erteilt werden. Das Archiv stellte für manche in den Worten Heins nur „einen nutzlosen Haufen Altpapier" dar.[1668] Es war ein Teufelskreis, da das Archiv ohne die Rückführung nicht arbeiten konnte, wenn es aber seine Arbeit nicht erledigte, bekam es keine Gelder.

Die Rückführung der Archivalien aus Mariaglück gelang letztendlich nur auf Kosten der Archivausstattung, indem Mittel, die für die Beschaffung von Inventar vorgesehen waren, für die Rückführung umgeleitet wurden.[1669] Dies verstärkte das Platzproblem nur weiter, da damit die Beschaffung von Regalen weiter verzögert wurde. Die letzten ausgelagerten Archivalien konnten jedoch

---

1666 Ebd., die Bergwerksgesellschaft Mariaglück an das Landesarchiv vom 15.11.1949.

1667 Ebd., Hein an das Ministerium für Volksbildung vom 12.7.1949.

1668 LASH Abt. 304 Nr. 1067, Notizen von Suhr vom 28.5.1949, „Gesichtspunkte für einen Brief an Fehling".

1669 LASH Abt. 811 Nr. 6186, das Ministerium für Volksbildung, i. A. Fehling, an das Landesarchiv vom 4.11.1949.

zumindest zurückgeführt werden; der letzte Waggon traf am 15. Dezember 1949 in Schleswig ein.

Damit waren die Probleme des Landesarchivs aber bei Weitem noch nicht gelöst. Zwar waren nun alle Bestände wieder vereint, die Räume, in denen sie untergebracht waren, waren aber kaum geeignet. Bereits Mitte 1949 hatte das Landesarchiv gegenüber dem Landesbauamt zur Kenntnis gegeben, was noch für Maßnahmen ergriffen werden müssten, um nicht nur die Arbeitsfähigkeit des Archivs voll wiederherzustellen, sondern auch den Schutz der Archivalien zu gewährleisten. In der Aufzählung finden sich Punkte wie die Imprägnierung der hölzernen Wände gegen Feuer, die Verlegung von elektrischen Leitungen für Licht und das Abdichten der Decken gegen Regenwasser.[1670] Außerdem fehlten noch Regale für 28.000 Pakete Archivalien, was zirka 9.300 Regalmetern entspricht.[1671] Auch die Statik spielte nach wie vor eine Rolle. Bevor etwa neue Regale aufgestellt werden könnten, müsse erneut die Tragfähigkeit der Decken überprüft werden.

Mitte 1949 hatte eine Besichtigung des Schlosses mit wichtigen politischen Vertretern stattgefunden. Die Archivare waren spürbar entsetzt von der Geringschätzung, die dem Archiv erwiesen wurde. Suhr notierte:

> „Die während der Besichtigung am 25. d. M. zutage getretenen Haltung maßgebender Herren gegenüber den Interessen des L.A. erfüllt mich mit großer Sorge für die Zukunft des Archivs. Wenn nicht einmal die primitive Ausstattung der Verwaltungsräume, die ihnen als nicht geeignet für eine repräsentative Eröffnungsfeierlichkeit erschienen, wenn selbst die höchst bedenkliche Unterbringung eines großen Teiles der Archivalien, die dem Herrn Landesdirektor nach bloßem Hörensagen den Ausruf entlockte: ‚So bringt man doch kein Staatsarchiv unter'!, den Herrn Haushaltreferenten im Ministerium für Volksbildung von seiner Ansicht, daß für das Archiv im Vergleich mit den Museen viel zu viel geschehen sei, nicht abbringen konnte, dann sehe ich auf absehbare Zeit keine Hoffnung auf Besserung unserer Lage."[1672]

1670 LASH Abt. 304 Nr. 1050, Hein und Suhr an das Landesbauamt in Schleswig vom 30.5.1949.

1671 Errechnet nach dem Gewicht, da ein Paket mit durchschnittlich zehn Kilogramm Gewicht angegeben wird und ein Regalmeter Akten durchschnittlich dreißig Kilogramm schwer ist; vgl. LASH Abt. 304 Nr. 994, Entwurf: „Bericht über die Aufgaben und die gegenwärtige Lage des Landesarchivs" von Hector vom 7.10.1948.

1672 LASH Abt. 304 Nr. 1067, Notizen von Suhr vom 28.5.1949, „Gesichtspunkte für einen Brief an Fehling".

Als Ergebnis der Besichtigung kam lediglich die Anweisung vom Ministerium für Volksbildung, dass das Landesarchiv den Nordboden räumen müsse, der nicht ausgebaut war. Dies verschlechterte jedoch nur dessen Situation, da die in den restlichen Räumen auf dem Boden lagernden Archivalien noch höher gestapelt werden mussten.[1673]

Die Geringschätzung gegenüber dem Archiv und der Vorzug der Museen, gerade in finanzieller Hinsicht, änderten sich auch in den folgenden Jahren nicht. Für 1950 wurden erneut Gelder für die feierliche Eröffnung von Schloss Gottorf bewilligt, die sich verschoben hatte, womit sich diese auf insgesamt 139.000 Deutsche Mark beliefen. Das Landesarchiv erhielt davon 9.000 Deutsche Mark. Dies ist nur wenig verwunderlich angesichts der Äußerung eines Sachbearbeiters für den Haushalt vom Ministerium für Volksbildung, der bei der Begehung des Schlosses meinte, man hätte alles dem Museum geben sollen und nichts dem Archiv.

Auch 1952 erhielt das Landesarchiv 1.500 Deutsche Mark, das Museum für Vor- und Frühgeschichte aber 53.000 Deutsche Mark.[1674] Der nur unzureichenden Bewilligung von Mitteln entsprechend konnte das Landesarchiv erst Ende 1956 melden, dass die Hauptmagazinräume mit Regalen ausgestattet seien.[1675]

Zu einem weiteren Problem wurde der Platzmangel – eine Konstante in der Archivgeschichte. Durch die Aufstellung der Regale war dies ein zu Beginn zu vernachlässigendes Problem. Der Bestand des Archivs wuchs aber weiter und bekam enorme Zugänge, unter anderen durch die Volkszählungslisten von 1950 und die Entnazifizierungsakten. Weiterer Platzmangel konnte dadurch verhindert werden, dass die Wohnungen der Archivare nach und nach geräumt wurden. Hein, Hector und Hoffmann hatten Wohnungen im dritten Geschoss des Archivs bezogen. Zuletzt gab 1963 Hoffmann seine Wohnung auf. Wohnzimmer und Küchen wurden zu Büros und Restaurierungswerkstätten umfunktioniert, Badezimmer wurden zu Nutzer-WCs.[1676]

Die Unterbringung blieb weiterhin provisorisch. Der Umzug nach Kiel, wie er schon seit Gründung des Archivs vorrangiges Ziel gewesen war, wurde wieder zu einem zukünftigen Vorhaben der Archivare. Bereits im Juni 1949 hatte der Zuständige für das Landesarchiv im Ministerium langfristige Plä-

1673 LASH Abt. 304 Nr. 1038, Suhr an das Ministerium für Volksbildung vom 1.6.1949.

1674 LASH Abt. 304 Nr. 1050, Protokoll von Fehling vom 9.8.1954.

1675 Ebd., Hoffmann an das Landesbauamt vom 18.10.1956.

1676 Ebd., i. V. Suhr an das Landesbauamt vom 21.9.1957; zudem danke ich Hartmut und Marion Haase für die Auskunft über das frühere Aussehen der Büros auf Schloss Gottorf.

ne gehabt, um das Archiv nach Kiel zurückzuführen, indem es im Gebäude der Universitätsbibliothek untergebracht werde. Schon da hatte er aber eingeschränkt: „Allerdings werde sich dieser Plan in absehbarer Zeit nicht verwirklichen lassen; das L.A. müsse sich daher auf einen längeren Aufenthalt in Schleswig einrichten."[1677]

Hoffmann ging 1963 in den Ruhestand, und sein Nachfolger auf dem Posten des Archivdirektors wurde Hector. Hector verfolgte das Ziel der Rückverlegung aktiv, mit Rückendeckung der Universität und der GSHG, und er verhandelte mehrere Unterbringungsoptionen in Kiel, unter anderem wieder im Gebäude der Universitätsbibliothek.[1678] Er argumentierte gegenüber dem Kultusminister, dass es lange überfällig sei, dass das Landesarchiv ausreichende Zuwendung erhielt. So bekämen Universitätsbibliothek, Landesbibliothek und Landesamt für Denkmalpflege neue Gebäude, und die Museen würden im Schloss in den sogenannten dritten Bauplan gehen, während das Landesarchiv nicht einmal eine erste Phase gehabt habe.[1679] Außerdem drängte sich der Vergleich zu anderen Archiven auf. In vielen anderen westdeutschen Ländern waren zu diesem Zeitpunkt Neubauten für die Staatsarchive entstanden, ebenso in Dänemark. Zum größten Problem wurde, dass das Archiv über keinen eigenen Haushaltsplan und keine eigenständige Verwaltung verfügte, sondern dies alles für das gesamte Schloss Gottorf galt.[1680]

Besonderen Wert legte Hector bei einer neuen Unterkunft darauf, dass ein Keller vorhanden war. Ein Neubau würde dadurch erschwert werden, dass man „tief in die Erde gehen müßte", was die Angelegenheit teurer machen würde. Er wünschte die Unterbringung in der alten Pädagogischen Hochschule, da in der benachbarten Kinderklinik, die umziehen sollte, ein Bunker vorhanden war, den man nutzen könne.[1681]

Diese Einstellung war der Status quo der Archivare. Schon Hoffmann hatte Ende der 1950er-Jahre geplant, nördlich vom Schloss einen „bunkerähnlichen Schutzraum[...]" bauen zu lassen.[1682] Winter war für das 1952 gegründete Bundesarchiv noch einen Schritt weiter gegangen: Nicht nur empfahl er,

1677 LASH Abt. 304 Nr. 1038, Aktenvermerk von Suhr vom 21.6.1949.

1678 LASH Abt. 304 Nr. 1067, Artikel „Kommt das Landesarchiv nach Kiel?", Kieler Nachrichten Nr. 78 vom 2.4.1963, 13.

1679 Ebd., Hector an den Kultusminister vom 18.11.1963.

1680 Aussage von Reimer Witt im Gespräch mit der Autorin vom 18.10.2017.

1681 LASH Abt. 304 Nr. 1068, Stellungnahme Hectors zur Brauchbarkeit der Pädagogischen Hochschule für das Landesarchiv vom 23.7.1965.

1682 LASH Abt. 304 Nr. 1067, Hoffmann an den Kultusminister vom 27.10.1959.

Archivmagazine als Bunker zu bauen, er sah sie auch am Rande der Stadt außerhalb von Wohngebieten, um dafür zu sorgen, dass die Archive „im Ernstfall nicht von der Bevölkerung gestürmt und die Kulturgüter nicht auf die Straße geworfen werden".[1683] Es wurde versucht, die Erfahrungen aus dem Krieg zu nutzen und sich vor den Folgen eines nächsten Krieges zu schützen.

Am 14. Mai 1954 war von verschiedenen Staaten, auch der Bundesrepublik Deutschland, die Haager Konvention zum Schutz von Kulturgut bei bewaffneten Konflikten unterzeichnet worden. Mit der Unterzeichnung und Ratifizierung verpflichteten sich die Staaten, das Kulturgut bei einer kriegerischen Auseinandersetzung nicht zu beschlagnahmen, mitzunehmen oder zu zerstören. Die Haager Konvention wurde jedoch aufgrund mehrerer Umstände äußerst kritisch betrachtet. Artikel 4 Absatz 1 besagt, dass die Vertragsparteien Kulturgut zu respektieren hätten und es unterlassen sollten, es der Gefahr der Vernichtung oder Beschädigung auszusetzen. Absatz 2 negierte jedoch diese Verpflichtungen, da diese nicht eingehalten werden müssten, wenn „die militärische Notwendigkeit dies zwingend erforderte".[1684]

Ein zweiter Grund, der den Schutz von Archivalien und sonstigen Kulturgütern auf eine völlig neue Basis stellte, war die Bedrohung durch einen Atomkrieg. Ein Referent für Zivilschutz vom schleswig-holsteinischen Innenministerium vermerkte resigniert, dass eine Tagung zu dem Thema mit dem Vortrag eines Majors der Bundeswehr über das Bild zukünftiger Kriege begann. „Das führte naturgemäß zu einer Vernebelung der Gemüter und endete zum Teil in Resignation, da im Falle eines atomaren Krieges (Einsatz strategischer Atomwaffen) keine Maßnahmen Erfolg haben würden."[1685]

Schon 1955 setzten sich die Archivvertreter zusammen und besprachen notwendige Schutzmaßnahmen – zu ihrem eigenen Unbehagen so kurz nach Ende des Zweiten Weltkrieges.[1686] Es wurde davon ausgegangen, dass durch die neuen Möglichkeiten, unter anderem durch ferngelenkte Waffen, ein

---

1683 LASH Abt. 304 Nr. 1068, Kopie: Winter an das Bundesinnenministerium vom 28.12.1956.

1684 Text der Konventionen in: Bundesamt für Bevölkerungsschutz und Katastrophenhilfe (Hrsg.): Schutz von Kulturgut bei bewaffneten Konflikten. 7. Aufl. Köln 2012, 34; zur Meinung der Archivare: LASH Abt. 304 Nr. 1334, Kopie: Winter an das Bundesinnenministerium vom 28.12.1956; LASH Abt. 304 Nr. 1263, Protokoll der Dokumentationstagung „Sozialwissenschaften", Unterabschnitt „Sicherung der Dokumente" in Bad Honnef vom 18. bis 19.3.1955.

1685 LASH Abt. 304 Nr. 1336, Abschrift: Vermerk vom Referenten für Zivilschutz bei Innenminister vom 14.2.1972.

1686 Hier und im Folgenden: LASH Abt. 304 Nr. 1263, Protokoll der Dokumentationstagung „Sozialwissenschaften", Unterabschnitt „Sicherung der Dokumente" in Bad Honnef vom 18. bis 19.3.1955.

schnellerer Verlauf eines Krieges zu erwarten sei, sodass weder Transportmittel und Personal noch die Zeit vorhanden seien, Auslagerungen in großem Stil, wie sie im vergangenen Krieg stattgefunden hatten, durchzuführen. Als Fazit hielten sie fest, dass solche Auslagerungen der Vergangenheit angehörten und allgemein jede Form der Sicherung der Originale nur unzureichend sein könne. Man einigte sich darauf, dass man vorzeitig Maßnahmen zur Duplizierung der Originale durch Fotografie oder sonstige Reproduktion ergreifen müsse, welche dann geschützt werden würden. So wurde in großem Maßstab die Herstellung von Sicherungsfilmen geplant.

Im Jahr 1961 begann auch im Schleswiger Landesarchiv die Herstellung solcher Sicherungsfilme, stark finanziert durch Bundesmittel.[1687] Doch wieder zeigte sich die anhaltende Vernachlässigung des Landesarchivs vonseiten des Landes: Es wurden keine Gelder bereitgestellt, um die Sicherungsfilme geschützt unterzubringen. Noch fünf Jahre nach Beginn der Verfilmung lagerten die Filme an demselben Ort wie die Archivalien, was sie überflüssig machte. Erst Ende 1966 wurden sie in das Stadtarchiv Flensburg ausgelagert,[1688] was auch keinen wirklichen Fortschritt in der Sicherung darstellte, da Flensburg als größere Stadt ebenfalls zum Ziel eines Angriffs werden könnte.

Während also die wichtigsten Archivalien verfilmt wurden, ließ jedoch auch die Sicherung der Originale zu wünschen übrig. Vom Stadtarchiv Kiel gefragt nach dem Stand der Durchführung der Haager Konvention, antwortete Hector 1971: „Das Land Schleswig-Holstein hat 26 Jahre nach dem Kriege noch nicht einmal Anstalten getroffen, sein Archiv in Friedenszeiten vor den Unbilden der Witterung und vor Feuersgefahr zu schützen."[1689]

Auf die Frage, ob das Schloss Gottorf den Grundanforderungen für einen Schutz entspreche, zeigte sich Hectors Verbitterung ebenfalls:

> „Der ganze Komplex kann nur im Zusammenhang mit der allgemeinen Lage des Archivs gesehen werden. Als einziges Land der Welt hat Schleswig-Holstein sein Staatsarchiv auf den Dachböden eines alten Schlosses untergebracht, als einziges Land der Bundesrepublik hält es einen Archiv-Neubau nicht für vordringlich."[1690]

[1687] Bis 1971 waren knapp 520.000 Deutsche Mark bewilligt worden, zwei Drittel davon stammten aus dem Bundeshaushalt; vgl. LASH Abt. 304 Nr. 1336, Hector an den Innenminister vom 12.4.1972.

[1688] LASH Abt. 304 Nr. 1647, Hector an Kohte vom 15.11.1966.

[1689] LASH Abt. 304 Nr. 1335, Hector an das Stadtarchiv Kiel, Sievert, vom 27.5.1971.

[1690] LASH Abt. 304 Nr. 1336, Hector an den Kultusminister vom 14.3.1972.

Dies änderte sich auch in den nächsten Jahren nicht. 1973 ging Hector in den Ruhestand, ohne seinen Wunsch nach Verlegung des Landesarchivs nach Kiel umgesetzt zu haben. Und ihm folgte der Mediävist Prange. Prange versuchte anfänglich, in Sachen neue Unterkunft in die Fußstapfen Hectors zu treten. So forderte auch er die Rückverlegung nach Kiel, um die „kriegsbedingte provisorische Unterbringung" des Archivs auf dem Schloss zu beenden. Einen Verbleib in Schleswig, selbst in einem Neubau, bezeichnete er als „Fehlentscheidung".[1691] Als zwei wichtige Grundanforderungen formulierte er, dass das Archiv sicher sein müsse, unter anderem, indem mindestens zwei Magazingeschosse unter der Erde liegen und mit verstärkten Decken versehen sein müsse, und es müsse genügend Fassungsvermögen haben.[1692]

Am 10. Januar 1978 wurde jedoch vom Landtag der Beschluss gefasst, mit einem Neubau für das Landesarchiv in Schleswig zu beginnen. Ein Jahr später wurde für diesen Zweck das verfallene Prinzenpalais gekauft, neben dem ein moderner Magazinbau entstehen sollte. Hintergrund dafür waren politische Gefälligkeiten. Heinz Bartheidel (1938–2006) von der CDU war zum Bürgermeister gewählt worden, und die Stadt Schleswig litt stark unter der Abwanderung der Landesbehörden, die nach Kiel zogen. Um den Wegzug des Landesarchivs nach Kiel zu verhindern, wurde dafür gesorgt, dass es mit dem Versprechen einer neuen Unterbringung an Schleswig gebunden wurde. „Den Letzten beißen die Hunde", formulierte der Nachfolger von Prange im Amt des Leitenden Archivdirektors, Reimer Witt (1941–2018), der maßgeblich an der Umsetzung der Pläne für den Neubau beteiligt war.[1693] Spätestens mit Witt war eine neue Ära angebrochen, auch in Sachen Luftschutzmaßnahmen. Die Pläne für eine Unterkellerung wurden fallen gelassen, da der Boden zu feucht war und aufgrund des Hochwasserschutzes darauf verzichtet werden musste.[1694]

Dass der Neubau längst überfällig war, zeigte sich eindrucksvoll im Mai 1980. Statiker hatten die Archivräume vermessen und Bohrkernproben genommen. Die Ergebnisse waren erschreckend. Schon seit dem Einzug in die oben gelegenen Räume des Schlosses hatten sich die Archivare um die Tragfähigkeit der Decken des zweiten Obergeschosses, also der Böden, auf denen das Archiv stand, gesorgt. Die Untersuchung ergab nun, dass der Beton

[1691] LASH Abt. 304 Nr. 1072, Prange an den Kultusminister vom 23.3.1974.

[1692] Ebd., Prange an den Kultusminister vom 26.4.1974.

[1693] Aussage von Reimer Witt im Gespräch mit der Autorin vom 18.10.2017.

[1694] LASH Abt. 304 Nr. 1978, baufachliches Gutachten vom Landesbauamt Schleswig (Haberland) vom 3.11.1978.

Abb. 6: Bau eines behelfsmäßigen Archivlagers hinter Schloss Gottorf (LASH Abt. 304 Nr. 5002)

nicht die Festigkeit hatte wie angenommen, sondern eher der Konsistenz eines „besseren Mörtels" entsprach. Das Urteil der Statiker lautete:

> „Die Tragfähigkeit sei nicht nachweisbar; nach den Rechenergebnissen dürfte die Tragkonstruktion nicht mehr halten; daß sie dennoch hält, ist, ohne daß es rechnerisch nachweisbar ist, wahrscheinlich darauf zurückzuführen, daß sich die verschiedenen Kräfte jetzt in einem gewissen Gleichgewicht stabilisieren, das etwa durch ein umfallendes Regal gestört werden kann und ein Einsturz der Decken ausgelöst werden könnte."[1695]

Im Kultusministerium wurde die Sperrung der Räume diskutiert, sodass diese nicht mehr zugänglich wären. Vor allem beinhaltete dies die Sperrung der Räume darunter, die zum Museum gehörten und in denen sich regelmäßig Besucher befanden: „Eine solche Maßnahme hätte naturgemäß spektakulären Charakter. Tut man diesen Schritt für eine Übergangszeit nicht, so bleibt ein erhebliches Risiko bestehen, und die Hoffnung, daß am Ende alles gut geht."

Fünf Tage später wurden die Räume gesperrt, nur ein Jahr später wurden sie im Archiv geräumt und die Archivalien in ein behelfsmäßiges Lager verbracht, das hinter dem Schloss erbaut worden war.

1695 LASH Abt. 811 Nr. 19783, Vermerk von X 740 vom 5.9.1980.

Am 17. September 1991 konnte nach langjähriger Bauzeit der Neubau eröffnet werden.[1696] Der Direktor des dänischen Landesarchivs in Apenrade Hans H. Worsøe (*1932) äußerte sich bei der Feier folgendermaßen:

> „Wenn die Papiere in der Administration nicht weiterleben, wenn sie administrativ ‚tot' sind, kommen sie in die Archive. Die Archive sind sozusagen der ‚Himmel' der Papiere. So müssen sie sich jedenfalls hier fühlen, wenn sie in das neue schleswig-holsteinische Landesarchiv kommen."[1697]

Nach mehr als 120 Jahren hatte das staatliche Archiv des Landes Schleswig-Holstein endlich eine würdige Unterkunft gefunden.

1696 Elke Imberger: Einweihung des Neubaus für das Landesarchiv Schleswig-Holstein. Ein Exodus ist abgeschlossen. In: Der Archivar 45.2 (1992), 258–261, 258.

1697 Zitiert nach: ebd., 261.

5 Zusammenfassung

In dieser Studie konnte gezeigt werden, dass die verschiedenen Aufgaben der Archivare im Staatsarchiv in Schleswig-Holstein einem Wandel unterlagen. Durch das Agieren der verschiedenen Individuen, aber auch durch die Zeitumstände kam es immer wieder zu Veränderungen in den archivischen Aufgabenfeldern und den institutionellen wie personellen Rahmenbedingungen.

Die Nutzung ist einer der klaren Indikatoren, die zeigen, wie stark die Archive Veränderungsprozessen ausgesetzt waren. Seit der Gründung des Staatsarchivs in Schleswig-Holstein nahm die Nutzung stetig zu, wenn auch im 19. Jahrhundert zunächst nur langsam. Nach der Unterbrechung durch den Ersten Weltkrieg stiegen die Nutzerzahlen massiv an und wurden erst mit dem Beginn des Zweiten Weltkrieges ausgebremst. Spielte in Schleswig zu Beginn der Nutzen für die Verwaltung noch eine verhältnismäßig große Rolle, war ab 1890 die historische Forschung zahlenmäßig überlegen und gehörte spätestens im 20. Jahrhundert selbstverständlich ins Archiv. Die Steigerung der Nutzerzahlen nach 1918 wurde begünstigt durch ein Aufleben der regionalen Geschichtsforschung und ein verstärktes Nationalbewusstsein.

Diese Entwicklung verschärfte sich noch durch den Aufstieg der Nationalsozialisten. Für einen schlagartigen Anstieg der Archivnutzung sorgte die Einführung der sogenannten Ariernachweise, mit denen die Bevölkerung ihre Herkunft nachweisen musste. Alle Bereiche der Archivarbeit wurden darauf ausgerichtet. Der Schwerpunkt lag bis Kriegsende auf der Förderung der Familienforschung unter nationalsozialistischen Vorzeichen, der sogenannten Sippenforschung. Dies äußerte sich nicht allein in der gesteigerten genealogischen Forschung, sondern auch in der Erschließung der Archivalien. So wurden vermehrt Personalakten übernommen, daneben sollte zusätzlich ihre „Verkartung" stattfinden. Damit wurde die Art und Weise geändert, wie diese Akten von den Archivaren erschlossen wurden.

Auch in der Nutzung durch die Archivare selbst lässt sich ein Wandel feststellen. Bereits im 19. Jahrhundert war es gängig, dass Archivare mit den eigenen Quellen forschten und zu Themen vor allem der Landesgeschichte publizierten oder die Quellen selbst in einer Edition, meist in Form von Urkundenbüchern, veröffentlichten. Die Leiter des preußischen Staatsarchivs in Schleswig-Holstein bildeten in dieser Hinsicht lange Zeit Ausnahmen, und auch die Bearbeitung der SHRU lag nicht in den Händen von Staatsarchivaren. Es fand nur vereinzelt eigene Forschung statt, was sich erst mit Hoffmann änderte. Er begann in verstärktem Maße zu publizieren, wobei auch zu erwähnen ist, dass er seine Forschung extrem nach der damals herrschenden NS-Ideologie ausrichtete, ähnlich wie es andere Archivare und Historiker taten.

Den Wandel in der Überlieferungsbildung zu erfassen, ist schon schwieriger. Bewertungsentscheidungen, also die Antwort auf die Frage, warum welche Archivalien übernommen wurden, lassen sich bis auf wenige Ausnahmen nur schwer rekonstruieren. Besonders markant sind die vereinzelten Nachweise, die auf eine Veränderung der Bewertung für die NS-Zeit schließen lassen. Akten wurden nach einem klar nationalsozialistischen Muster übernommen, und die Übernahme diente der Umsetzung der NS-Ideologie.

Aussagekräftig sind daneben die Umstände, wie Dokumente in das Archiv gelangten. Sie waren zum einen von archivfachlichen Neuerungen geprägt. In der zweiten Hälfte des 19. Jahrhunderts hielt das Provenienzprinzip Einzug in die Archive, und die Gründung des Staatsarchivs in Schleswig-Holstein fiel genau in den Zeitraum, in dem die Notwendigkeit dieses neuen Ordnungssystems erkannt wurde. Dies führte dazu, dass das Schleswiger Archiv das erste preußische Staatsarchiv wurde, das dieses heute allgemein anerkannte Prinzip umsetzte. Zum Ende des 19. Jahrhunderts setzte dann eine Diskussion über die Grundlagen ein, nach denen Dokumente nicht in den Archiven aufbewahrt werden sollten, die Kassationsgrundsätze. Aufgrund des Mangels an historischer Überlieferung und erzwungener Konzentration auf neueres Aktenmaterial war auch hier das Staatsarchiv Schleswig unter Hille Vorreiter.

Darüber hinaus war ein wichtiger Faktor in Schleswig-Holstein die Beziehung zu Dänemark, die von der engen historischen Verzahnung der Gebiete geprägt war. Dänemark befand sich dabei in der stärkeren Position: Die wichtigen historischen Archivalien, die Schleswig-Holstein betrafen, befanden sich bei der Gründung des preußischen Staatsarchivs fast vollständig in Kopenhagen. Das Verhältnis der Archive war dementsprechend durch dieses Ungleichgewicht bestimmt. Das dänische Reichsarchiv versuchte seine Bestände in Kopenhagen zu bewahren, während das schleswig-holsteinische Staatsarchiv und die preußische Archivverwaltung auf deren Auslieferung hinarbeiteten. Dieser Konflikt äußerte sich besonders in Form von zwei langwierigen Verhandlungen, die jeweils mit beiderseitiger Unzufriedenheit endeten.

Während der NS-Zeit wurden außerdem Versuche unternommen, die besondere politische Lage auszunutzen und wichtige Archivalien zu überführen. Während dies im Hinblick auf Dänemark während des Zweiten Weltkrieges scheiterte, war man an anderer Stelle erfolgreich. So wurden Akten der SPD, die von der Gestapo beschlagnahmt worden waren, an das Staatsarchiv abgegeben – ohne dass dieser Vorgang hinterfragt wurde.

Der Wandel der Archivarbeit lässt sich stark an den Individuen festmachen, die im Staatsarchiv gearbeitet und es geleitet haben. Schon bei Hille als erstem und langjährigem Archivleiter zeigen sich die Einflüsse, die ein Einzelner auf die Archivarbeit haben konnte. So fokussierte er sich auf die Ordnung des neuen Archivs, aus der die bereits erwähnte Vorreiterrolle resultierte, obwohl die historische Forschung für die Archivare an anderen preußischen Staatsarchiven einen höheren Stellenwert hatte. Diese wie auch die Verbindungen zum regionalen Geschichtsverein, der GSHG, vernachlässigte Hille völlig. Auch sein Nachfolger de Boor trat in diese Fußstapfen und musste während des Ersten Weltkrieges feststellen, dass seine Auffassung von Archivarbeit derjenigen der übergeordneten Archivverwaltung widersprach. Ihm wurde kein weiteres Personal genehmigt, weil keine historische Forschung stattfand, obwohl genügend Ordnungsarbeit zu erledigen gewesen wäre.

Ein weiteres Beispiel für individuelle Einflüsse ist Hoffmann. Nach der „Machtergreifung" der Nationalsozialisten wandte er sich der von ihnen geförderten „Sippenkunde" zu. Er hielt Vorträge, unterstützte mit der Errichtung einer Arbeitsgemeinschaft die bestmögliche Auswertung der Quellen und übernahm das Amt des Gaustellenleiters für Sippenforschung bei der Gauleitung Schleswig-Holstein. In dem neu gegründeten IVL übernahm er die Leitung der „Abteilung für Rasse- und Sippenkunde". Dies waren freiwillige Aufgaben, die er im Rahmen seiner Tätigkeit als Archivar ausübte und die dem NS-Regime bei der Verfolgung von Juden und anderen Minderheiten halfen. Zudem erstellte er frühzeitig Pläne für die Rückführung von Archivalien aus Kopenhagen, bei denen er von einer Niederlage Dänemarks im Krieg und einem aufgezwungenen Friedensvertrag zugunsten Deutschlands ausging. Seine dänischen Kollegen bewertete er gemäß nationalsozialistischen Kategorien als „Halbjuden" oder „Vierteljuden".

Gleichzeitig kümmerte sich Hoffmann in besonderem Maße um die Aufbewahrung der Archivalien. Diese auf den ersten Blick leichte Aufgabe der Archivare wird gerade in Krisen- und Kriegszeiten zur besonderen Herausforderung. Während des Zweiten Weltkrieges konnte durch rechtzeitige Maßnahmen von Hoffmann und Reimers verhindert werden, dass die schleswig-holsteinischen Archivalien den Bombardierungen zum Opfer fielen. Kiel war als Stützpunkt der Marine besonders gefährdet, und die Archivgebäude boten nur ungenügenden Schutz. Durch Hoffmanns und Reimers' Initiative wurde das Staatsarchiv Kiel eines der ersten preußischen Staatsarchive, das – entgegen den Empfehlungen des Generaldirektors – schon sehr früh große Mengen an Archivalien nach außerhalb verlagerte. Bis Kriegsende konnten fast 95 Prozent der Bestände außerhalb Kiels, zu einem großen Teil in Bergwerken, gesichert werden. Als das Magazin und das Verwaltungsgebäude bei Kriegsende zerstört wurden, wurden dadurch größere Verluste verhindert.

Insgesamt war die Aufgabe der Bewahrung für das Staatsarchiv in Schleswig-Holstein geprägt von dem Wunsch des Umzugs nach beziehungsweise des Verbleibs in Kiel. Nicht nur, dass in Schleswig der Anschluss an die Geschichtswissenschaft und Bibliotheken fehlte, die Unterbringung war außerdem unzureichend. Der Hattensche Hof, in dem das Archiv seine erste wirklich dauerhafte Unterkunft fand, war zu Beginn nicht gegen Diebstahl gesichert und voller Feuchtigkeit. Wie damals üblich waren die Magazinräume nicht beheizt, und unter demselben Dach waren Wohnungen für die Archivmitarbeiter untergebracht. Am meisten jedoch litt das Staatsarchiv unter dem chronischen Problem aller Archive: Platzmangel. Der ersehnte Umzug nach Kiel 1922/23 brachte in dieser Hinsicht nur wenig Besserung. Durch die Übernahme von Archivalien, die vorher aufgrund von Platzproblemen nicht überführt worden waren, war auch das ehemalige Sanitätsdepot in der Kieler Karlstraße schon nach wenigen Jahren überfüllt und bot nicht denselben Schutz wie andere Archivmagazine, die beispielsweise über ein Kellergewölbe verfügten. Nach der Zerstörung kurz vor Kriegsende musste der Wunsch nach einem Verbleib in Kiel letztendlich wegen des großen Platzanspruchs aufgegeben werde. Das Archiv bekam eine neue Unterkunft auf Schloss Gottorf, abermals in Schleswig. Wieder musste ein sehr unzureichendes Provisorium – wie bereits der Hattensche Hof und auch das Sanitätsdepot in der Karlstraße – für mehrere Jahrzehnte ausreichen.

Angesichts der defizitären Unterbringung des Archivs lässt sich die Frage nach dessen Wertschätzung stellen. Wie wurde das Archiv innerhalb der

Provinz wahrgenommen? Bei seiner Gründung wurde die neue preußische Einrichtung vor allem von der Verwaltung mit Skepsis gesehen. Nur widerwillig wurden Akten gemäß den Anordnungen des Oberpräsidenten abgegeben. Hille wählte den Weg persönlicher Begegnungen, um diesen Umstand zu verbessern. Im Laufe der Zeit etablierte sich die Institution langsam, gerade die Zeit des Nationalsozialismus zeigt aber, dass die Wertschätzung des Archivs innerhalb der Verwaltung noch immer stark von der Initiative Einzelner abhängig war. So wurden beispielsweise archivwürdige Unterlagen in den Behörden vernichtet in dem Vorhaben, den Luftschutzbestimmungen zu entsprechen und die Dachböden und Kellerräume von brennbarem Material zu räumen, oder bei der Sammlung von Altpapier für die Kriegsanstrengungen.

Vonseiten der Provinzialregierung gab es zu Beginn kaum Scheu vor der neuen Institution, und der amtierende Oberpräsident von Scheel-Plessen und der Regierungsvizepräsident von Ende förderten den Aufbau des Staatsarchivs. Aber dies war ebenfalls an die Individuen gekoppelt und die Unterstützung war nicht konstant. Hille monierte 1888 den fehlenden Rückhalt durch den Oberpräsidenten von Steinmann, und im Ersten Weltkrieg plädierte der Regierungspräsident Schneider gar für die Schließung des Archivs, um die Brennstoffe für die Beheizung der Büroräume und des Nutzerzimmers zu sparen. Eine nennenswerte Ausnahme, die bei der Förderung vonseiten der Provinzialregierung geleistet wurde, war die Archivpflege. Bei der Einrichtung eines Netzes an ehrenamtlichen Archivpflegern beteiligte sie sich an den Kosten und erteilte die Genehmigung. Alle Archivpfleger erhielten einen Ausweis, der auch im Namen des Regierungspräsidenten ausgestellt war; immerhin handelte es sich bei den betreuten Archivalien auch um diejenigen der Provinzialregierung.

Während die genannte Unterstützung innerhalb der Provinz sehr unbeständig und eher schlecht war, erhielt das Staatsarchiv Rückendeckung von den schleswig-holsteinischen Historikern, namentlich von der GSHG. Schon bei der Gründung und Errichtung des Archivs waren Mitglieder der GSHG stark involviert, und es war nur ihnen – in Verbindung mit dem Kieler Magistrat – zu verdanken, dass der lang ersehnte Umzug von Schleswig nach Kiel umgesetzt werden konnte.

Wie aber war die Stellung des Staatsarchivs in Schleswig-Holstein innerhalb der preußischen Archivverwaltung? Hier spielen die Besonderheiten des Archivs eine Rolle. Ein spezielles Charakteristikum ist die enge Verflechtung mit Dänemark, die die Entwicklung des Archivs geprägt hat. Bei der Gründung befanden sich die wichtigsten und wertvollsten Archivalien in dänischen

Archiven, und die Hoffnung auf Rückgabe musste noch in den 1870er-Jahren vorerst aufgegeben werden. In Schleswig war vor allem neueres Verwaltungsgut archiviert, und von den Archivaren kamen keine Impulse für die Erforschung der Landesgeschichte. Dies waren beides Umstände, die das Archiv in den Augen der Generaldirektoren und der anderen preußischen Staatsarchive wenig in Erscheinung treten ließen. In der Zeit der Weimarer Republik und des Nationalsozialismus änderte sich dies langsam. Das System der Archivpfleger in Schleswig-Holstein bekam eine Vorbildfunktion, und durch Hoffmanns bereits erwähnte Forschungstätigkeit im Sinne der NS-Ideologie kam es zu einer Aufwertung des Archivs innerhalb der preußischen Archivverwaltung.

Das Staatsarchiv in Schleswig-Holstein blieb in dieser Hinsicht jedoch immer in einer untergeordneten Position. Dies lässt sich abermals anhand seiner Unterbringung erkennen. Bei der Gründung konnten nicht genügend Gelder von der Archivverwaltung aufgebracht werden, um das neue Archiv in Kiel anzusiedeln. Ein Umzug oder Neubau vor Beginn des Ersten Weltkrieges musste trotz des akuten Bedarfs hinter den Neubauten anderer preußischer Staatsarchive – wie Berlin und Osnabrück – anstehen. Der Umzug nach Kiel gelang dann, wie geschildert, auf Initiative aus Schleswig-Holstein heraus und aufgrund des Umstandes, dass Deutschland den Ersten Weltkrieg verloren hatte, somit Gebäude der Marine in Kiel frei waren. Erneute Überlegungen zu einem Neubau in den 1930er-Jahren wurden durch den Beginn des Zweiten Weltkrieges beendet.

Auch bei der Betrachtung der Personalpolitik der preußischen Archivverwaltung ergibt sich der Eindruck einer stiefmütterlichen Behandlung. Im 19. Jahrhundert war diese von vielen Versetzungen geprägt, mit Hille als einziger Konstante. Aus verschiedenen Aussagen von Archivaren wie Kochendörffer und Richter lässt sich rekonstruieren, dass sie nur sehr widerwillig nach Schleswig gingen. Die Anzahl der vielen Problemfälle mit Archivaren wie Martin Meyer, Kochendörffer und Graber lässt vermuten, dass diese nach Schleswig versetzt wurden, um sie überhaupt untergebracht zu haben.

Die Frage nach der Stellung des Archivs in Schleswig im Kontrast zu den anderen preußischen Staatsarchiven zu beantworten, ist schwierig, denn die Aufarbeitung der gesamten Archivgeschichte in Preußen wurde bisher weitgehend vernachlässigt. Es fehlt an geeigneten Forschungsgrundlagen, um informiert einen Vergleich ziehen zu können. Die vielen regionalen Unterschiede erschweren es zudem stark, eine übergeordnete Archivgeschichte zu verfassen sowie einen regulären Wandel der Archivarbeit nachzuvollziehen.

Dieser Mangel wirkt sich zum Nachteil der gesamten Geschichtswissenschaft aus. Die Archivgeschichte, ähnlich wie die Historiografiegeschichte, untersucht auf einer Metaebene die Umstände, die die Forschung geprägt haben und prägen. Ebenso wie das Verständnis der Vorgänge um die Entwicklung der eigenen Wissenschaft sollte aber auch die Kenntnis der Vergangenheit der einzelnen Archive zum Handwerkszeug der Historikerzunft gehören. Das Wissen darum kann Fragen nach der Zugänglichkeit von Archiven und Archivalien klären, danach, wo sich die Überlieferung zu verschiedenen Themen befindet, und auch beantworten, welches Schriftgut sich nicht im Archiv befinden, welche Informationen verloren gegangen sind oder absichtlich zerstört wurden. Denn es ist nicht die Vergangenheit selbst, die Ausgangspunkt für die Geschichte ist, es ist die Überlieferung in den Archiven.

Quellen- und Literaturverzeichnis

Ungedruckte Quellen

Bundesarchiv, Berlin-Lichterfelde (BArch)

NS 26	Hauptarchiv der NSDAP
R 1506	Reichsarchiv
R 153	Publikationsstelle Berlin-Dahlem

Geheimes Staatsarchiv Preußischer Kulturbesitz (GStA PK)

I. HA Rep. 178	Generaldirektion der Staatsarchive
VI. HA, Nl Duncker,	M. Nachlass von Max Duncker
VI. HA, Nl Lüdicke,	R. Nachlass von Reinhard Lüdicke

Landesarchiv Schleswig-Holstein (LASH)

Abt. 59.1	Österreichischer Statthalter für das Herzogtum Holstein
Abt. 59.2	Preußischer Gouverneur für das Herzogtum Schleswig
Abt. 59.3	Oberpräsident für die Herzogtümer Schleswig und Holstein (von Scheel-Plessen) in Kiel
Abt. 60	Holsteinische Landesregierung in Kiel 1864–1866
Abt. 301	Oberpräsidium
Abt. 304	Landesarchiv/Staatsarchiv
Abt. 309	Regierung zu Schleswig
Abt. 397	Gesellschaft für Schleswig-Holsteinische Geschichte
Abt. 399.19	Nachlass Helene Höhnk
Abt. 399.92	Nachlass Kurt Hector
Abt. 399.96	Nachlass Gottfried Ernst Hoffmann
Abt. 399.1062	Nachlass Georg Hille
Abt. 460	Entnazifizierungsakten
Abt. 460.12	Entnazifizierungshauptausschuss des Kreises Schleswig
Abt. 460.19	Entnazifizierungshauptausschuss der Stadt Kiel
Abt. 811	Kultusministerium

Niedersächsisches Landesarchiv (NLA) Abteilung Osnabrück

Rep. 400	Staatsarchiv Osnabrück

Rigsarkivet

714	Papirer vedr. aflevering af slesvig-holstenske arkivalier

Staatsarchiv Hamburg

133-1 II	Staatsarchiv II

Stadtarchiv (StadtA) Kiel
36058 (Magistrat)
36010, 4551 (Stadtarchiv)
70184 (Personalamt)

The National Archives (TNA), Kew/UK
PRO (Public Record Office) 30/90 Cecil Anthony Francis Meekings: Papers

Gedruckte Quellen

Amtsblatt des Kontrollrats in Deutschland Nr. 5. Berlin 1946.

Amtsblatt des Kontrollrats in Deutschland, Ergänzungsblatt Nr. 1. Berlin 1945.

Amtsblatt des Kontrollrats in Deutschland, Ergänzungsblatt Nr. 14. Berlin 1947.

Bär, Max/Philippi, Friedrich: Osnabrücker Urkundenbuch. Osnabrück Bd. 2: 1896, Bd. 3: 1899, Bd. 4: 1904.

Biernatzki, Hermann/Schröder, Johannes von: Topographie der Herzogthümer Holstein und Lauenburg, des Fürstenthums Lübeck und des Gebiets der freien und Hanse-Städte Hamburg und Lübeck. Oldenburg/Holstein 1855.

Boelck, Detlef: Kiel im Luftkrieg 1939–1945. Tagebuch des Alarmpostens Detlef Boelck, eingeleitet von Jürgen Plöger (Sonderveröffentlichungen der Gesellschaft für Kieler Stadtgeschichte 13). Kiel 1980.

Boor, Albert de: Zur Geschichte der Großfürstlichen Archive in Holstein. In: ZSHG 26 (1896), 315–411.

Boor, Albert de: Verzeichnisse großfürstlicher Beamten in Holstein. In: ZSHG 32 (1902), 137–176.

Brackmann, Albert: Eröffnungsansprache zum 25. Deutschen Archivtag in Wiesbaden vom 3.9.1934. In: Korrespondenzblatt des Gesamtvereins der deutschen Geschichts- und Altertumsvereine 82 (1934), 83–88; außerdem in: Archivalische Zeitschrift 44 (1936), 1–5.

Burkard, Hans: Die Frage des Luftschutzes in Archiven und Akteien. In: Korrespondenzblatt des Gesamtvereins der deutschen Geschichts- und Altertumsvereine 82 (1934), 98–99.

Carstens, Werner: Die Landesherrschaft der Schauenburger und die Entstehung der landständischen Verfassung in Schleswig-Holstein. In: ZSHG 55 (1926), 288–401.

Carstens, Werner: Schleswig-Holsteinische Regesten und Urkunden. Bd. 6.1. Neumünster–Hamburg 1971.

Diestelkamp, Adolf: Die künftige Behandlung der Personalakten und der bei den Gerichten erwachsenen Akten personengeschichtlichen und erbbiologischen Inhalts. In: Der Archivar 1 (1947/1948), 79–91.

Erhard, Heinrich August: Ideen zur wissenschaftlichen Begründung und Gestaltung des Archivwesens. In: Zeitschrift für Archivkunde, Diplomatik und Geschichte 1 (1834), 183–247.

Feldscher, Werner: Rassen- und Erbpflege im deutschen Recht (Rechtspflege und Verwaltung 3). Berlin–Leipzig–Wien 1943.

Gercke, Achim: Das Sippenamt als Träger des Familiengedankens. In: Korrespondenzblatt des Gesamtvereins der deutschen Geschichts- und Altertumsvereine 82 (1934), 107–110.

Grimm, Julius: Zur Kenntniss der preussischen Archiv-Verwaltung. Wiesbaden 1879.

Grotefend, Otto: Die Inventarisation der nicht-staatlichen Archive. In: Korrespondenzblatt des Gesamtvereins der deutschen Geschichts- und Altertumsvereine 68 (1920), 225–236.

Hahn, Wilhelm: Judentaufen in Schleswig-Holstein. In: ZSHG 69 (1941), 110–131.

Hasse, Paul: Kieler Stadtbuch aus den Jahren 1264–1289. Kiel 1875.

Hasse, Paul: Schleswig-Holstein-Lauenburgische Regesten und Urkunden. Bd. 1. Hamburg–Leipzig 1886.

Hasse, Paul: Schleswig-Holstein-Lauenburgische Regesten und Urkunden. Bd. 3. Neumünster–Hamburg 1896.

Hector, Kurt: Findbuch des Bestandes Abt. 7: Herzöge von Schleswig-Holstein-Gottorf 1544–1713. 1. Bd. (Veröffentlichungen des Landesarchivs Schleswig-Holstein 4). Schleswig 1977.

Hille, Georg: Chronologisches Verzeichnis der im Ratsarchive zu Luckau in der Niederlausitz befindlichen Urkunden. In: Neues Lausitzisches Magazin 46 (1869), 63–141.

Hille, Georg: Actenstücke zur Geschichte des Südertheils von Dithmarschen. In: ZSHG 3 (1873), 307–327.

Hille, Georg (Hrsg.): Registrum König Christian des Ersten. Urkundensammlung der Gesellschaft für Schleswig-Holstein-Lauenburgische Geschichte. Bd. 4. Kiel 1875.

Hille, Georg: Übersicht über die Bestände des Königlichen Staatsarchivs zu Schleswig (Mitteilungen der Preussischen Archivverwaltung 4). Leipzig 1900.

Hille, Georg: Die Ansprüche der Stadt Kiel an den Kieler Hafen. In: ZSHG 31 (1901) 89–114.

Hille, Georg: Die Grundsätze bei Aktenkassationen. In: Korrespondenzblatt des Gesammtvereins der deutschen Geschichts- und Alterthumsvereine 49 (1901), 26–31.

Hoffmann, Gottfried Ernst: Die Siegel der Bischöfe von Schleswig und Lübeck, der Domkapitel und Kollegiatstifter von Schleswig, Hadersleben, Lübeck, Eutin und Hamburg sowie ihrer Dignitare. Neumünster 1933.

Hoffmann, Gottfried Ernst: Jahresbericht des Instituts für Volks- und Landesforschung an der Universität Kiel für das Jahr 1938. In: N. N.: Festgabe zur ersten Jahrestagung des Instituts für Volks- und Landesforschung an der Universität Kiel. Neumünster 1939, 86–96.

Hoffmann, Gottfried Ernst: Zum Gedenken an das 75jährige Bestehen des Staatsarchivs Kiel. In: Mitteilungsblatt der preußischen Archivverwaltung 7 (1944), 10–13.

Hoffmann, Gottfried Ernst: Archivgutschutz und Archivpflege in Schleswig-Holstein. Ein Rückblick. Schleswig 1955.

Hoffmann, Gottfried Ernst: Aufbau und Ausbau des Schleswig-Holsteinischen Landesarchivs. Ein Bericht über die Jahre 1948 bis 1962. In: ZSHG 89 (1964), 195–222.

Isenburg, Wilhelm Karl Prinz von: Sippen- und Familienforschung. Heidelberg 1943.

Junghans, Wilhelm: Die älteren Landesarchive und deren Rücklieferung von Seiten Dänemarks. Eine Denkschrift. Kiel 1865.

Junghans, Wilhelm: Die älteren Landesarchive Schleswig-Holsteins und deren Rücklieferung von Seiten Dänemarks. In: Jahrbücher für Landeskunde der Herzogtümer Schleswig, Holstein und Lauenburg 8 (1866), 1–23.

Kehr, Paul: Ein Jahrhundert preußischer Archivverwaltung. Rede, gehalten gelegentlich der Wiedereröffnung des Geheimen Staatsarchivs in Berlin-Dahlem am 26. März 1924. In: Archivalische Zeitschrift 35 (1925), 3–21.

Klemperer, Victor: Ich will Zeugnis ablegen bis zum letzten. Tagebücher 1933–1941. 2 Aufl. Berlin 1995.

Knöpfler, Josef Franz: Die deutschen Archive und die Familienforschung im neuen Reich. In: Blätter für deutsche Landesgeschichte 83 (1937), 180–195.

Kochendörffer, Heinrich: Das Archivwesen Schleswig-Holsteins. In: Nordelbingen 2 (1923), 168–207.

Koppel, Elise/Friis, Aage/Munch, P. (Hrsg.): Andreas Frederik Kriegers dagbøger. Bd. 4. Kopenhagen 1921.

Krühne, Max: Untersuchungen zur älteren Verfassungsgeschichte der Stadt Magdeburg. Erster Theil: Die Grundlagen der städtischen Entwicklung. Halle/Saale 1880.

Lacomblet, Theodor Joseph: Urkundenbuch für die Geschichte des Niederrheins oder des Erzstifts Cöln, der Fürstenthümer Jülich und Berg, Geldern, Meurs, Cleve und Mark, und der Reichsstifte Elten, Essen und Werden, aus den Quellen in dem Königlichen Provinzial-Archiv zu Düsseldorf und in den Kirchen- und Stadt-Archiven der Provinz. Düsseldorf Bd. 2: 1846, Bd. 3: 1853, Bd. 4: 1857.

Lancizolle, Carl Wilhelm von: Geschichte der Bildung des preußischen Staats. Erster Theil. Erste (und zweite) Abtheilung. Berlin–Stettin 1828.

Lancizolle, Carl Wilhelm von: Die Bedeutung der römisch-deutschen Kaiserwürde nach den Rechtsanschauungen des Mittelalters. Berlin 1856.

Lorenz, Ottokar: Lehrbuch der gesammten wissenschaftlichen Genealogie. Stammbaum und Ahnentafel in ihrer geschichtlichen, sociologischen und naturwissenschaftlichen Bedeutung. Berlin 1898.

Meisner, Heinrich Otto: Schutz und Pflege des staatlichen Archivgutes mit besonderer Berücksichtigung des Kassationsproblems. In: Archivalische Zeitschrift 45 (1939), 34–51.

Michelsen, Andreas Ludwig Jacob: Urkundenbuch zur Geschichte des Landes Dithmarschen. Altona 1834.

Michelsen, Andreas Ludwig Jacob: Urkundensammlung der Schleswig-Holstein-Lauenburgischen Gesellschaft für Vaterländische Geschichte. Kiel 1839.

Montgomery, Bernard: The Memoirs of Field-Marshal the Viscount Montgomery of Alamein. London 1958.

Müller, Franz Carl: Handbuch der Neurasthenie. Leipzig 1893.

N. N.: Loi concernant l'organisation des archives établies auprès de la représentation nationale du 7 messidor an 11. In: N. N.: Rapport au roi sur les archives départementales et communales, Paris 1841, 25–30.

N. N.: Instruction pour la mise en ordre et le classement des archives départementales et communales, 24. April 1841. In: N. N.: Rapport au roi sur les archives départementales et communales. Paris 1841, 39–50.

N. N.: Rapport au roi sur les archives départementales et communales. Paris 1841.

N. N.: Denkschrift über die Schleswig-Holstein-Lauenburgische Gesellschaft für vaterländische Geschichte. In: ZSHG 1 (1870), 1–16.

N. N.: Generalversammlung des Gesamtvereins in Landshut. These für die IV. (Archiv-)Section. In: Beilage zu Nr. 9 des Correspondenzblattes des Gesamtvereins der deutschen Geschichts- und Altertumsvereine 27 (1879), 1.

N. N.: Generalversammlung des Gesamtvereins in Straßburg (Elsaß). In: Korrespondenzblatt des Gesammtvereins der deutschen Geschichts- und Alterthumsvereine 47 (1899), 69.

N. N.: Nachrichten über die Gesellschaft. In: ZSHG 44 (1914), 339–343.
N. N.: Mitgliederverzeichnis der GSHG im Anhang der ZSHG 51 (1922).
N. N.: Festgabe zur ersten Jahrestagung des Instituts für Volks- und Landesforschung an der Universität Kiel. Neumünster 1939.
N. N.: Zentralnachweisstelle deutscher Archivare. In: Der Archivar 1.1 (1947), 46.
N. N.: Bericht über die Sitzung des Deutschen Archivausschusses in Düsseldorf vom 6. Oktober 1948. In: Der Archivar 2.1 (1949), 1–6.
Overmann, Alfred: Die Benutzung der Archive durch die genealogische Forschung. In: Korrespondenzblatt des Gesammtvereins der deutschen Geschichts- und Alterthumsvereine 53 (1905), 451–456.
Pauls, Volquart: Nachrichten über die Gesellschaft. In: ZSHG 51 (1922), 299–304.
Pauls, Volquart u. a.: An die Mitglieder der Gesellschaft für Schleswig-Holsteinische Geschichte. In: ZSHG 53 (1923), 1–8.
Pauls, Volquart: Nachrichten über die Gesellschaft, ZSHG 53 (1923), 386–390.
Pauls, Volquart: Schleswig-Holsteinische Regesten und Urkunden. Bd. 4. Neumünster–Hamburg 1924.
Pauls, Volquart: Hundert Jahre Gesellschaft für Schleswig-Holsteinische Geschichte. 1833 – 13. März – 1933. Neumünster 1933.
Ranke, Leopold von: Das Briefwerk. Hrsg. von Walther Peter Fuchs. Hamburg 1949.
Raumer, Georg Wilhelm von (Hrsg): Codex Diplomaticus Brandenburgensis Continuatus. Berlin–Stettin–Elbing 1831–1833.
Raumer, Georg Wilhelm von: Geschichte des Geheimen Staats- und Cabinetts-Archivs zu Berlin bis zum Jahre 1820. Hrsg. von Eckart Henning. In: Archivalische Zeitschrift 72 (1976), 30–75.
Reichsgesetzblatt Teil I (RGBl. I), 1919, 1933, 1935, 1937 und 1944.
Richter, Paul: Literaturbericht. II. Dänemark. In: Archivalische Zeitschrift 35 (1925), 246–253.
Richter, Paul: Die Entwicklung des Kieler Staatsarchivs und seine Bestände. In: Korrespondenzblatt des Gesamtvereins der deutschen Geschichts- und Altertumsvereine 75 (1926), 251–263.
Richter, Paul: Archivpflege in Schleswig-Holstein. In: Archivalische Zeitschrift 38 (1929), 108–134.
Roepell, Richard: Bericht über die Vereins-Etatszeit von October 1854 bis October 1856. In: Zeitschrift des Vereins für Geschichte und Alterthum Schlesien 1 (1856), 323f.
Rosenberg, Alfred (Hrsg.): Das Parteiprogramm. Wesen, Grundsätze und Ziele der NSDAP. München 1934.

Ruppersberg, Otto: Archive und Familienforschung. In: Korrespondenzblatt des Gesamtvereins der deutschen Geschichts- und Altertumsvereine 82 (1934), 110–121.

Schröder, Johannes von: Topographie des Herzogthums Schleswig. 2. Aufl. Oldenburg/Holstein 1854.

Secher, Vilhelm Adolf: Ordnungsprinzipien im dänischen Archivwesen. In: Korrespondenzblatt des Gesamtvereins der deutschen Geschichts- und Altertumsvereine 54 (1906), 515–528.

Stephan, Walther: Das deutsch-dänische Abkommen über den Austausch historischer Archivalien. In: Archivalische Zeitschrift 42/43 (1934), 338–343.

Ulmenstein, Christian Ulrich Freiherr von: Der Abstammungsnachweis. Berlin 1937.

Usinger, Rudolf: Jahresbericht im Namen des Vorstandes der Schleswig-Holstein-Lauenburgischen Gesellschaft für vaterländische Geschichte. In: Jahrbücher für Landeskunde der Herzogtümer Schleswig, Holstein und Lauenburg 10 (1869), 388–393.

Usinger, Rudolf: Jahresbericht. In: Zeitschrift der Gesellschaft für die Geschichte der Herzogthümer Schleswig, Holstein und Lauenburg 2 (1872), 411–413.

Vollmer, Bernhard: Archivalienaustausch zwischen dem Staatsarchiv Düsseldorf und den Niederlanden. In: Archivalische Zeitschrift 39 (1930), 309–313.

Vollmer, Bernhard: Geleitwort. In: Archivar 1.1 (August 1947), 1–2.

Waitz, Georg: Aus dem Jahresbericht von 1845/46. In: Nordalbingische Studien. Neues Archiv der Schleswig-Holstein-Lauenburgischen Gesellschaft für vaterländische Geschichte 3 (1858), III–XXIV.

Warschauer, Adolf: Zur Geschichte des preußischen Staatsarchivs zu Posen. In: Korrespondenzblatt des Gesamtvereins der deutschen Geschichts- und Altertumsvereine 67, 9/10 (1919), 177–206.

Weibull, Carl Gustav: Archivordnungsprinzipien. Geschichtlicher Überblick und Neuorientierung. In: Archivalische Zeitschrift 42/43 (1934), 52–72.

Weise, Erich: Übernahme und Verwaltung der Entnazifizierungsakten im Lande Niedersachsen. In: Archivalische Zeitschrift 49 (1954), 151–162.

Literatur

Auge, Oliver (Hrsg.): Christian-Albrechts-Universität zu Kiel. 350 Jahre Wirken in Stadt, Land und Welt. Kiel 2015.

Auswärtiges Amt (Hrsg.): Biographisches Handbuch des deutschen Auswärtigen Dienstes 1871–1945. Bd. 2. Paderborn 2005.

Ayaß, Wolfgang: „Asoziale“ im Nationalsozialismus. Überblick über die Breite der Maßnahmen gegen soziale Außenseiter und die hieran beteiligten Stellen. In: Dietmar Sedlaczek/Thomas Lutz/Ulrike Puvogel/Ingrid Tomkowiak (Hrsg.): „Minderwertig“ und „asozial“. Stationen der Verfolgung gesellschaftlicher Außenseiter. Zürich 2005, 51–88.

Bailleu, Paul: Das Provenienzprinzip und dessen Anwendung im Berliner Geheimen Staatsarchiv. In: Korrespondenzblatt des Gesammtvereins der deutschen Geschichts- und Alterthumsvereine 50 (1902), 193–195.

Baumgart, Peter (Hrsg.): Expansion und Integration. Zur Eingliederung neugewonnener Gebiete in den preußischen Staat (Neue Forschungen zur brandenburg-preußischen Geschichte 5). Köln 1984.

Behr, Hans-Joachim: Provinzialarchiv und Preußisches Staatsarchiv – von der Errichtung bis 1945. In: Nordrhein-Westfälisches Staatsarchiv Münster (Hrsg.): Das Staatsarchiv Münster 1879–1979 (Veröffentlichungen der staatlichen Archive des Landes Nordrhein-Westfalen 7). Münster 1979, 9–39.

Beschorner, Hans (Hrsg.): Archivstudien. Zum 70. Geburtstag von Woldemar Lippert. Dresden 1931.

Bille, C. St. A.: [Art.] Bluhme, Christian Albrecht. In: Carl Frederik Bricka (Hrsg.): Dansk bibliografisk Lexikon. Bd. 2. Kopenhagen 1888, 433–439.

Bischoff, Frank M.: Professionalisierung des Archivars – Anforderungen und Bildungswege vom Ancien Régime bis zur Gegenwart. In: Sächsisches Staatsarchiv (Hrsg.): Archivische Facharbeit in historischer Perspektive. Dresden 2010, 47–54.

Blaich, Fritz: Der Schwarze Freitag. Inflation und Wirtschaftskrise. München 1985.

Bohn, Robert: Geschichte Schleswig-Holsteins. München 2006.

Bohn, Robert (Hrsg.): Neutralität und totalitäre Aggression. Nordeuropa und die Großmächte im Zweiten Weltkrieg (Historische Mitteilungen, Beiheft 1). Stuttgart 1991.

Bohn, Robert (Hrsg.): Die deutsche Herrschaft in den „germanischen“ Ländern 1940–1945 (Historische Mitteilungen, Beiheft 26). Stuttgart 1997.

Brather, Hans-Stephan: Aktenvernichtung durch deutsche Dienststellen beim Zusammenbruch des Faschismus. In: Archivmitteilungen 8 (1958) 4, 115–117.

Brenneke, Adolf: Archivkunde. Ein Beitrag zur Theorie und Geschichte des europäischen Archivwesens. Leipzig 1953.

Bundesamt für Bevölkerungsschutz und Katastrophenhilfe (Hrsg.): Schutz von Kulturgut bei bewaffneten Konflikten. 7. Aufl. Köln 2012.

Carstens, Carsten Erich: [Art.] Ravit, Johann Christian. In: Allgemeine Deutsche Biographie. Bd. 27. Leipzig 1888, 474.

Christensen, Christen: [Art.] v. Rosen, Sophus Anthon Gottlieb Carl. In: Dansk Biografisk Lexikon. Bd. 14. Kopenhagen 1900, 168f.

Christiansen, Theo: Schleswig 1836–1945. Eine Stadt und ihre Bürger in 110 Jahren des Wandels aller Lebensbedingungen. Schleswig 1973.

Conze, Eckart: Die große Illusion. Versailles 1919 und die Neuordnung der Welt. München 2018.

Cordes, Lena: Regionalgeschichte im Zeichen politischen Wandels. Die Gesellschaft für schleswig-holsteinische Geschichte 1918–1945 (Kieler Werkstücke, Reihe H 1). Frankfurt/Main 2011.

Cornelißen, Christoph: Das Kieler Historische Seminar in den NS-Jahren. In: Christoph Cornelißen/Carsten Mish (Hrsg.): Wissenschaft an der Grenze. Die Universität im Nationalsozialismus (Zeit + Geschichte 14). Essen 2009, 229–252.

Cornelißen, Christoph/Mish, Carsten (Hrsg.): Wissenschaft an der Grenze. Die Universität im Nationalsozialismus (Zeit + Geschichte 14). Essen 2009.

Crusius, Eberhard: [Nachruf] Werner Carstens. In: Der Archivar 2 (1949), 37f.

Danker, Uwe: Volksgemeinschaft und Lebensraum. Die Neulandhalle als historischer Lernort (Beiträge zur Zeit- und Regionalgeschichte 3). Neumünster–Hamburg 2014.

Dioum, Bettina: „Vielleicht könnte auf diese einst beschlagnahmten Papiere wieder zurückgegriffen werden" – Vom NS-Raubgut zum Schenkungsvertrag. In: Auskunft – Zeitschrift für Bibliothek, Archiv und Information in Norddeutschland 36.2 (2016), 333–336.

Dohms, Peter: Der Archivar. Werdegang und Profil einer wissenschaftlichen Fachzeitschrift. In: Archivalische Zeitschrift 87 (2005), 289–306.

Eckert, Astrid M.: Kampf um die Akten. Die Westalliierten und die Rückgabe von deutschem Archivgut nach dem Zweiten Weltkrieg (Transatlantische historische Studien 20). Stuttgart 2004.

Eder-Stein, Irmgard (Bearb.): Publikationsstelle Berlin-Dahlem 1931–1945. Bestand R 153 (Findbücher zu Beständen des Bundesarchivs 92). Koblenz 2003.

Ehrenreich, Eric: The Nazi Ancestral Proof. Genealogy, Racial Science, and the Final Solution. Bloomington (IN) 2007.

Enders, Gerhard: Probleme der Archivgeschichte und der Archivgeschichtsschreibung. Ein historischer Überblick. In: Archivmitteilungen 37 (1987), 63–67.

Ernst, Wolfgang: Archivische Technologien im Nationalsozialismus als Instrumente der Täter und Gedächtnis der Opfer. In: Robert Kretzschmar (Hrsg.): Das deutsche Archivwesen und der Nationalsozialismus. 75. Deutscher Archivtag 2005 in Stuttgart (Tagungsdokumentation zum Deutschen Archivtag 10). Essen 2007, 22–33.

E[rslev], Kr[istian]: [Art.] Friis, Aage. In: Salmonsens Konversationsleksikon. Bd. 9. Kopenhagen 1920, 22f.

Espagne, Michel/Middell, Katharina/Middell, Matthias (Hrsg.): Archiv und Gedächtnis. Studien zur interkulturellen Überlieferung. Leipzig 2000.

Fahlbusch, Michael: Wissenschaft im Dienst der nationalsozialistischen Politik? Die „Volksdeutschen Forschungsgemeinschaften" von 1931–1945. Baden-Baden 1999.

Fasse, Norbert: Vom Adelsarchiv zur NS-Propaganda. Der symptomatische Lebenslauf des Reichsrundfunkintendanten Heinrich Glasmeier (1892–1945) (Schriftenreihe des Jüdischen Museums Westfalens 2). Bielefeld 2001.

Flamme, Paul/Gabrielsson, Peter/Lorenzen-Schmidt, Klaus-Joachim (Hrsg.): Kommentierte Übersicht über die Bestände des Staatsarchivs der Freien und Hansestadt Hamburg (Veröffentlichungen aus dem Staatsarchiv der Freien und Hansestadt Hamburg 14). 2. erw. Aufl. Hamburg 1999.

Flöter, Jonas/Diesener, Gerald (Hrsg.): Karl Lamprecht (1856–1915). Durchbruch in der Geschichtswissenschaft. Leipzig 2015.

Forstreuter, Kurt: Das Preußische Staatsarchiv in Königsberg. Ein geschichtlicher Rückblick mit einer Übersicht über seine Bestände (Veröffentlichungen der Niedersächsischen Archivverwaltung 3). Göttingen 1955.

Foucault, Michel: Archäologie des Wissens. Frankfurt/Main 1973.

Franz, Werner: Einführung und erste Jahre der preußischen Verwaltung in Schleswig-Holstein Teil 2. In: ZSHG 83 (1959), 117–242.

Friedrich, Markus: Die Geburt des Archivs. Eine Wissensgeschichte. München 2013.

Gahde, Robert: Im Dienst der nationalsozialistischen Rassenpolitik. Das Lippische Landesarchiv in Detmold 1933–1945. In: Lippische Mitteilungen 75 (2006), 37–71.

Gailus, Manfred (Hrsg.): Kirchliche Amtshilfe. Die Kirche und die Judenverfolgung im „Dritten Reich". Göttingen 2008.

Gailus, Manfred: Kirchenbücher, Ariernachweise und kirchliche Beihilfe zur Judenverfolgung. Einführung. In: Ders. (Hrsg.): Kirchliche Amtshilfe. Die Kirche und die Judenverfolgung im „Dritten Reich". Göttingen 2008, 7–26.

Genz, Peter: Bauen über die Region hinaus. Architekten aus der Baugewerkschule Eckernförde 1868–1968. Neumünster 2006.

Goetz, Hans-Werner: Geschichtswissenschaft in Hamburg im „Dritten Reich". In: Rainer Nicolaysen/Axel Schildt (Hrsg.): 100 Jahre Geschichtswissenschaft in Hamburg (Hamburger Beiträge zur Wissenschaftsgeschichte 18). Berlin–Hamburg 2011, 103–160.

Grayling, Anthony C.: Among the Dead Cities. The History and Moral Legacy of the WWII Bombing of Civilians in Germany and Japan. New York 2006.

Greßhake, Florian: Deutschland als Problem Dänemarks. Das materielle Kulturerbe der Grenzregion Sønderjylland – Schleswig seit 1864 (Formen der Erinnerung 51). Göttingen 2013.

Grieser, Helmut: Wiederaufstieg aus Trümmern (1945 bis in die Gegenwart). In: Jürgen Jensen/Peter Wulf (Hrsg.): Geschichte der Stadt Kiel. Neumünster 1991, 401–456.

Grupp, Peter/Jardin, Pierre: Une tentative de renouvellement de la diplomatie traditionelle. La „Geschäftsstelle für die Friedensverhandlungen" (1919). In: Francia 13 (1987), 447–473.

Grypa, Dietmar: Der Diplomatische Dienst des Königreichs Preußen (1815–1866). Institutioneller Aufbau und soziale Zusammensetzung (Quellen und Forschungen zur brandenburgischen und preußischen Geschichte 37). Berlin 2008.

Haas, Philip: „Organisches Wachstum" und Provenienzprinzip. Grundlage oder Altlast der Archivwissenschaft? In: Archivalische Zeitschrift, erscheint demnächst.

Hamann, Manfred: Geschichte des Niedersächsischen Hauptstaatsarchivs in Hannover. 1. Teil. In: Hannoversche Geschichtsblätter 41 (1987), 40–87.

Hamann, Manfred: Geschichte des Niedersächsischen Hauptstaatsarchivs in Hannover. 2. Teil. In: Hannoversche Geschichtsblätter 42 (1988), 35–119.

Hausmann, Frank-Rutger: „Auch im Krieg schweigen die Musen nicht". Die Deutschen Wissenschaftlichen Institute im Zweiten Weltkrieg (Veröffentlichungen des Max-Planck-Instituts für Geschichte 169). Göttingen 2001.

Hausmann, Frank-Rutger: „Deutsche Geisteswissenschaft" im Zweiten Weltkrieg. Die „Aktion Ritterbusch" (1940–1945) (Studien zur Wissenschafts- und Universitätsgeschichte 12). 3. erw. Aufl. Heidelberg 2007.

Hector, Kurt: [Nachruf] Gottfried Ernst Hoffmann. In: ZSHG 104 (1979), 9–19.

Heinemann, Isabel: „Rasse, Siedlung, deutsches Blut". Das Rasse- und Siedlungshauptamt der SS und die rassenpolitische Neuordnung Europas (Moderne Zeit 2). Göttingen 2003.

Henning, Eckart: 50 Jahre Geheimes Staatsarchiv in Berlin-Dahlem – 100 Jahre seit seiner Vereinigung mit dem Ministerialarchiv. In: Jahrbuch für brandenburgische Landesgeschichte 25 (1974) 154–174.

Henning, Eckart/Wegeleben, Christel: Archivare beim Geheimen Staatsarchiv Berlin-Dahlem 1924–1974. In: Jahrbuch für Brandenburgische Landesgeschichte 27 (1976), 155–178.

Henning, Friedrich-Wilhelm: Das industrialisierte Deutschland 1914 bis 1978. 5. Aufl. Paderborn–München–Wien–Zürich 1979.

Hennings, Hans Harald: [Art.] Francke, Karl. In: Neue Deutsche Biographie. Bd. 5. Berlin 1961, 326–327.

Henningsen, Lars N.: Der Idstedt-Löwe – Geschichte und Politik. Vom Misstrauen zur Freundschaft. In: Grenzfriedenshefte 2 (2010), 109–126.

Hering, Rainer/Noack, Johan Peter/Ousager, Steen/Schultz Hansen, Hans (Hrsg.): Archive zwischen Konflikt und Kooperation. 75 Jahre deutsch-dänisches Archivabkommen von 1933 (Veröffentlichungen des Landesarchivs Schleswig-Holstein 95). Hamburg 2008.

Hering, Rainer/Schenk, Dietmar (Hrsg.): Wie mächtig sind Archive? Perspektiven der Archivwissenschaft (Veröffentlichungen des Landesarchivs Schleswig-Holstein 104). Hamburg 2013.

Herrmann, Matthias: Archiv(gut)schutz im Deutschen Reich in der ersten Hälfte des 20. Jahrhunderts. In: Archivmitteilungen 42 (1993), 169–182.

Herrmann, Matthias: Das Reichsarchiv (1919–1945). Eine archivische Institution im Spannungsfeld der deutschen Politik. Bd. 2. Berlin 1994.

Hetzer, Gerhard: Gedanken zur Geschichte der Schriftgutbewertung – Abgabebehörden und Archive in Bayern 1840–1890. In: Der Archivar 45 (1992), 31–35.

Heydenreuther, Reinhard: Archive zwischen Staatsräson und Geschichtswissenschaft. Zur bayerischen Archivgeschichte zwischen 1799 und 1824. In: Mitteilungen für die Archivpflege in Bayern, Sonderheft 9 (1992), 20–54.

Hiort-Lorenzen, H. R.: [Art.] Springer, Hinrich August. In: Dansk Biografisk Lexikon. Bd. 16. Kopenhagen 1902, 246f.

Hjelholt, Holger: A. Regenburg (1815–1895). En dansk embedsmand (Skrifter 48). Apenrade 1978.

Hoffmann, Gottfried Ernst: Albert de Boor zum Gedächtnis. In: Der Archivar 6 (1953), 60f.

Hoffmann, Gottfried Ernst: Vorbemerkungen. In: Werner Carstens: Schleswig-Holsteinische Regesten und Urkunden. Bd. 6.1. Neumünster–Hamburg 1971, Vf.

Hoppe, Willy: Einhundert Jahre Gesamtverein. In: Blätter für deutschen Landesgeschichte 89 (1952), 1–38.

Husen, Sebastian: [Art.] Koppmann, Karl. In: Franklin Kopitzsch/Dirk Brietzke (Hrsg.): Hamburgische Biographie. Personenlexikon. Bd. 2. Hamburg 2003, 228f.

Iggers, Georg G.: Geschichtswissenschaft im 20. Jahrhundert. Ein kritischer Überblick im internationalen Zusammenhang. Göttingen 1993.

Imberger, Elke: Einweihung des Neubaus für das Landesarchiv Schleswig-Holstein. Ein Exodus ist abgeschlossen. In: Der Archivar 45.2 (1992), 258–261.

Jähning, Bernhart: Amtsrechnungen und andere Akten der Kriegs- und Domänenkammern des Historischen Staatsarchivs Königsberg im Kaliningrader Gebietsarchiv. In: Preußenland 32 (1994), 16–29.

Jensen, Jürgen/Wulf, Peter (Hrsg.): Geschichte der Stadt Kiel. Neumünster 1991.

Jeserich, Kurt G. A./Pohl, Hans/Unruh, Georg-Christoph (Hrsg.): Deutsche Verwaltungsgeschichte. Bd. 3: Das Deutsche Reich bis zum Ende der Monarchie. Stuttgart 1984.

Jobs, Marvin: Das Schloss Gottorf in der Garnisonszeit. [Schleswig] 2014.

Jordan, Stefan: [Art.] Rachfahl, Felix Carl. In: Neue Deutsche Biographie. Bd. 21. Berlin 2003, 77–78.

Jordan, Ulrike (Hrsg.): Conditions of Surrender. Britons and Germans Witness the End of the War (International Library of Historical Studies 8). London 1997.

Juhasz, Lajos: Arkivkonvensjonen av 1851. In: Arkiv 7 (1978), 1–38.

Jürgensen, Kurt: Die Eingliederung der Herzogtümer Schleswig, Holstein und Lauenburg in das preußische Königreich. In: Peter Baumgart (Hrsg.): Expansion und Integration. Zur Eingliederung neugewonnener Gebiete in den preußischen Staat (Neue Forschungen zur brandenburg-preußischen Geschichte, 5). Köln 1984, 327–356.

Kahlenberg, Friedrich: Deutsche Archive in Ost und West. Zur Entwicklung des Staatlichen Archivwesens seit 1945 (Mannheimer Schriften zur Politik und Zeitgeschichte 4). Düsseldorf 1972.

Kaiser, Hans: Das Provenienzprinzip im französischen Archivwesen. In: Hans Beschorner (Hrsg.): Archivstudien. Zum 70. Geburtstag von Woldemar Lippert. Dresden 1931, 125–130.

Kargaard Thomsen, Hans: Arkivforhandlingerne med Preussen 1864–75. De danske synspunkter. In: ARKIV 11 (1987), 167–200.

Kargaard Thomsen, Hans: Das Archivabkommen mit Deutschland 1933 und seine Vorgeschichte. In: Rainer Hering/Johan Peter Noack/Steen Ousager/Hans Schultz Hansen (Hrsg.): Archive zwischen Konflikt und Kooperation. 75 Jahre deutsch-dänisches Archivabkommen von 1933 (Veröffentlichungen des Landesarchivs Schleswig-Holstein 95). Hamburg 2008, 59–100.

Kargaard Thomsen, Hans: Oprettelsen af Landsarkivet for de sønderjyske Landsdele. In: Hans Schultz Hansen/Leif Hansen Nielsen/Steen Ousager (Hrsg.): „Et centralsted for udforskning af Sønderjyllands historie“. Landsarkivet for Sønderjylland gennem 75 år 1933–2008. Apenrade 2008, 32–53.

Kenéz, Csaba János/Neubach, Helmut/Rogall, Joachim (Hrsg.): Beiträge zur deutsch-polnischen Nachbarschaft. Festschrift für Richard Breyer zum 75. Geburtstag. Berlin–Bonn 1992.

Kershaw, Ian: Höllensturz. Europa 1914 bis 1949. München 2016.

Kettenacker, Lothar: Krieg zur Friedenssicherung. Die Deutschlandplanung der britischen Regierung während des Zweiten Weltkrieges (Veröffentlichungen des Deutschen Historischen Instituts London 22). Göttingen 1989.

Kettenacker, Lothar: British Post-War Planning for Germany. In: Ulrike Jordan (Hrsg.): Conditions of Surrender. Britons and Germans Witness the End of the War (International Library of Historical Studies 8). London 1997, 13–25.

Kieser, Egbert: „Unternehmen Seelöwe“. Die geplante Invasion in England 1940. Esslingen 1987.

Kistenich-Zerfaß, Johannes: Auslagerung von Archivgut im Zweiten Weltkrieg. In: Sven Kriese (Hrsg.): Archivarbeit im und für den Nationalsozialismus. Die preußischen Staatsarchive vor und nach dem Machtwechsel von 1933 (Veröffentlichungen aus den Archiven Preußischer Kulturbesitz, Forschungen 12). Berlin 2015, 408–476.

Klein, Christian (Hrsg.): Handbuch Biographie. Methoden, Traditionen, Theorien. Stuttgart 2009.

Kloosterhuis, Jürgen (Hrsg.): Aus der Arbeit des Geheimen Staatsarchivs Preußischer Kulturbesitz (Veröffentlichungen aus den Archiven Preußischer Kulturbesitz, Arbeitsberichte 1). Berlin 1996.

Knortz, Heike: Wirtschaftsgeschichte der Weimarer Republik. Eine Einführung in Ökonomie und Gesellschaft der ersten Deutschen Republik. Göttingen 2010.

Knowles, Christopher: Winning the Peace. The British in Occupied Germany, 1945–1948. London 2017.

Kocka, Jürgen: Sozialgeschichte – gestern und heute. In: Ilko-Sascha Kowalczuk (Hrsg.): Paradigmen deutscher Geschichtswissenschaft. Berlin 1994, 15–31.

Kohl, Wilhelm: Johannes Bauermann 1900–1987. In: Westfälische Forschungen 37 (1987), 236–238.

Kohnke, Meta: Die Ordnung der Bestände im Geheimen Staatsarchiv zu Berlin vor und nach Einführung des Provenienzprinzips. In: Archivmitteilungen 11 (1961), 111–116.

Kowalczuk, Ilko-Sascha (Hrsg.): Paradigmen deutscher Geschichtswissenschaft. Berlin 1994.

Kramer, Alan: The West German Economy, 1945–1955 (German Studies Series 1). Oxford 1991.

Kretzschmar, Robert: Positionen des Arbeitskreises Archivische Bewertung im VdA –Verband deutscher Archivarinnen und Archivare zur archivischen Überlieferungsbildung. In: Der Archivar 58 (2005), 88–94.

Kretzschmar, Robert (Hrsg.): Das deutsche Archivwesen und der Nationalsozialismus. 75. Deutscher Archivtag 2005 in Stuttgart (Tagungsdokumentation zum Deutschen Archivtag 10). Essen 2007.

Kretzschmar, Robert: Überlieferungsbildung vom ausgehenden 18. Jahrhundert bis in die Gegenwart. In: Sächsisches Staatsarchiv (Hrsg.): Archivische Facharbeit in historischer Perspektive. Dresden 2010, 72–79.

Kriese, Sven: Der Bestand „I. HA Rep. 178 Generaldirektion der Staatsarchive" im Geheimen Staatsarchiv Preußischer Kulturbesitz als Quelle für die Deutsche Archivgeschichte. In: Archivar 66 (2013), 447–451.

Kriese, Sven: Albert Brackmann und Ernst Zipfel. Die Generaldirektoren im Vergleich. In: Ders. (Hrsg.): Archivarbeit im und für den Nationalsozialismus. Die preußischen Staatsarchive vor und nach dem Machtwechsel von 1933 (Veröffentlichungen aus den Archiven Preußischer Kulturbesitz, Forschungen 12). Berlin 2015, 17–94.

Kriese, Sven (Hrsg.): Archivarbeit im und für den Nationalsozialismus. Die preußischen Staatsarchive vor und nach dem Machtwechsel von 1933 (Veröffentlichungen aus den Archiven Preußischer Kulturbesitz, Forschungen 12). Berlin 2015.

Kroker, Evelyn/Köhne-Lindenlaub, Renate/Reininghaus, Wilfried/Soénius, Ulrich S. (Hrsg.): Handbuch für Wirtschaftsarchive. Theorie und Praxis. München 2005.

Kroll, Ingo: Bunker und Stollen in Kiel. Organisation und Baugeschichte des Luftschutzes 1933–1945. Marburg 2007.

Kucklick, Christoph: Entnazifizierung. Ein Volk vor Gericht. In: Arno Surminski (Hrsg.): Der Neubeginn. Deutschland zwischen 1945 und 1949. Hamburg 2005, 120–137.

Lamar, Cecil: The German Diplomatic Service, 1871–1914. Princeton (New Jersey) 1976.

Lammers, Karl Christian: Die deutsche Besatzungspolitik und ihre dänischen Partner. Eine Forschungsbilanz. In: Robert Bohn (Hrsg.): Die deutsche Herrschaft in den „germanischen" Ländern 1940–1945 (Historische Mitteilungen, Beiheft 26). Stuttgart 1997, 135–144.

Landesarchiv Schleswig-Holstein, Verband schleswig-holsteinischer Kommunalarchivarinnen und -archivare e. V. (VKA) und Nordelbisches Kirchenarchiv (Hrsg.): Archivführer Schleswig-Holstein. Archive und ihre Bestände (Veröffentlichungen des Landesarchivs Schleswig-Holstein 100). Schleswig 2011.

Landschaftsverband Rheinland (Hrsg.): 50 Jahre Archivberatungsstelle Rhein 1929–1979 (Archivheft 13). Köln 1979.

Lauer, Marion: Epilepsie zur Zeit der Romantik im Spiegel eines Laienberichts aus dem Umfeld Justinus Kerners. Heidelberg 1998.

Lebensaft, E./Martischnig, M.: Schottky, Julius Max(imilian). In: Österreichisches Biographisches Lexikon 1815–1950. Bd. 11. Wien 1999, 153f.

Leesch, Wolfgang: Methodik, Gliederung und Bedeutung der Archivwissenschaft. In: Staatliche Archivverwaltung (Hrsg.): Archivar und Historiker. Studien zur Archiv- und Geschichtswissenschaft (Schriftenreihe der Staatlichen Archivverwaltung 7). Berlin 1956, 13–26.

Leesch, Wolfang: Die deutschen Archivare 1500–1945. Bd. 1: Verzeichnis nach ihren Wirkungsstätten. München 1985.

Leesch, Wolfgang: Zur Geschichte der Archivarsausbildung. In: Der Archivar 39 (1986), 149–156.

Leesch, Wolfgang: Die deutschen Archivare 1500–1945. Bd. 2: Biographisches Lexikon. München–New York–London–Paris 1992.

Lehmann, Joachim: Von Staßfurt und Schönebeck nach Merseburg. Nachkriegsschicksale eines deutschen Archivs. In: Jürgen Kloosterhuis (Hrsg.): Aus der Arbeit des Geheimen Staatsarchivs Preußischer Kulturbesitz (Veröffentlichungen aus den Archiven Preußischer Kulturbesitz, Arbeitsberichte 1). Berlin 1996, 131–154.

Lehr, Stefan: Ein fast vergessener „Osteinsatz". Deutsche Archivare im Generalgouvernement und im Reichskommissariat Ukraine (Schriften des Bundesarchivs 68). Düsseldorf 2007.

Leonhard, Jörn: Der überforderte Frieden. Versailles und die Welt 1918–1923. München 2018.

Lepper, Marcel/Raulff, Ulrich (Hrsg.): Handbuch Archiv. Geschichte, Aufgaben, Perspektiven. Stuttgart 2016.

Levi, Giovanni: The Uses of Biography. In: Hans Renders/Binne de Haan (Hrsg.): Theoretical Discussions of Biography. Approaches from History, Microhistory, and Life Writing (Egodocuments and History Series 7). Leiden 2014, 61–74.

Lidegaard, Bo: Die Ausnahme. Oktober 1943: Wie die dänischen Juden mithilfe ihrer Mitbürger der Vernichtung entkamen. München 2013.

Lilienthal, Georg: Arier oder Jude? Die Geschichte des erb- und rassenkundlichen Abstammungsgutachtens. In: Peter Propping/Heinz Schott (Hrsg.): Wissenschaft auf Irrwegen. Biologismus – Rassenhygiene – Eugenik (Studium universale 17). Bonn–Berlin 1992, 66–84.

Linck, Stephan: „... restlose Ausscheidung dieses Fremdkörpers". Das schleswig-holsteinische Kirchenbuchwesen und die „Judenfragen". In: Manfred Gailus (Hrsg.): Kirchliche Amtshilfe. Die Kirchen und die Judenverfolgung im „Dritten Reich". Göttingen 2008, 27–47.

Linvald, Axel: Das Archivwesen Dänemarks. In: Archivalische Zeitschrift 41 (1932), 238–281.

Lütteken, Anett: Aufklärung und Historismus. In: Marcel Lepper/Ulrich Raulff (Hrsg.): Handbuch Archiv. Geschichte, Aufgaben, Perspektiven. Stuttgart 2016, 45–56.

Malek, Regina: Bewertung und Kassation im sächsischen Archivwesen seit der Mitte des 19. Jahrhunderts. In: Archivmitteilungen 36 (1986), 198–200.

Manegold, Bartholomäus: Archivrecht. Die Archivierungspflicht öffentlicher Stellen und das Archivzugangsrecht des historischen Forschers im Licht der Forschungsfreiheitsverbürgung des Art. 5 Abs. 3 Generalgouvernement (Schriften zum öffentlichen Recht 874). Berlin 2002.

Meiners, Werner: Familienforschung in Zeiten von „Abstammungsnachweis" und „Judenkartei". Zum Gedenken an den am 2. September 2010 verstorbenen ehemaligen oldenburgischen Landesrabbiner Leo Trepp. In: Oldenburgische Familienkunde 52 (2010), 89–126.

Meisner, Heinrich Otto: [Art.] Bülow, Bernhard von. In: Neue Deutsche Biographie. Bd. 2. Berlin 1955, 728f.

Menk, Gerhard/Plantinga, Sierk F. M.: „Die Ehre der deutschen Staatsarchivare und Historiker zu wahren." Bernhard Vollmer und seine Tätigkeit in den Niederlanden. In: Robert Kretzschmar (Hrsg.): Das deutsche Archivwesen und der Nationalsozialismus. 75. Deutscher Archivtag 2005 in Stuttgart (Tagungsdokumentation zum Deutschen Archivtag 10). Essen 2007, 217–273.

Menne-Haritz, Angelika: Schlüsselbegriffe der Archivterminologie. Lehrmaterialien für das Fach Archivwissenschaft (Veröffentlichungen der Archivschule Marburg 20). 3. Aufl. Marburg 2011.

Merzbacher, Friedrich: Ius Archivi. Zum geschichtlichen Archivrecht. In: Archivalische Zeitschrift 75 (1979), 135–147.

Metzger, Franziska: Geschichtsschreibung und Geschichtsdenken im 19. und 20. Jahrhundert. Bern 2011.

Möhlmann, Günther/König, Joseph: Geschichte und Bestände des Niedersächsischen Staatsarchivs in Aurich (Veröffentlichungen der Niedersächsischen Archivverwaltung 5). Göttingen 1955.

Möller, Helmut: Ottokar Lorenz. 13. Mai – 100. Todestag. In: Mitteldeutsches Jahrbuch für Kultur und Geschichte 11 (2004), 248–249.

Müller, Philipp: Using the Archives. Exclusive Clues about the Past and the Politics of the Archive in Nineteenth Century Bavaria. In: Storia della Storiografia 62 (2012), 27–53.

Müller, Philipp: Die neue Geschichte aus dem alten Archiv. Geschichtsforschung und Arkanpolitik in Mitteleuropa ca. 1800 – ca. 1850. In: Historische Zeitschrift 299 (2014), 36–69.

Müller, Philipp: Geschichte machen. Historisches Forschen und die Politik der Archive. Göttingen 2019.

Müller, Sven Oliver: Deutsche Soldaten und ihre Feinde. Nationalismus an Front und Heimatfront im Zweiten Weltkrieg. Frankfurt/Main 2007.

Müsebeck, Ernst: [Nachruf] Georg Hille. In: ZSHG 41 (1911), 188–208.

Musial, Torsten: Staatsarchive im Dritten Reich. Zur Geschichte des staatlichen Archivwesens in Deutschland 1933–1945 (Potsdamer Studien 2). Potsdam 1996.

Klaus Neitmann: Ein unbekannter Entwurf Max Lehmanns von 1884 zur Einführung des Provenienzprinzips in den preußischen Staatsarchiven. In: Archivalische Zeitschrift 91 (2009), 58–109.

Nicolaysen, Rainer/Schildt, Axel (Hrsg.): 100 Jahre Geschichtswissenschaft in Hamburg (Hamburger Beiträge zur Wissenschaftsgeschichte 18). Berlin–Hamburg 2011.

Nordrhein-Westfälisches Staatsarchiv Münster (Hrsg.): Das Staatsarchiv Münster 1879–1979 (Veröffentlichungen der staatlichen Archive des Landes Nordrhein-Westfalen 7) Münster 1979.

Omland, Frank: „Warum wählt der Schleswig-Holsteiner nationalsozialistisch?" Wahlen, Wählerherkünfte und Wählerwanderungen in Schleswig-Holstein 1928–1933. In: ZSHG 133 (2008), 125–168.

Paatsch, Walter: Vom Arbeiterkind zum verdienten Kommunalpolitiker. Leben und Wirken des Dr. Hans Müthling (1901–1976). In: Jahrbuch für den Kreis Stormarn 4 (1986), 139–147.

Paetau, Rainer/Spenkuch, Hartwin (Bearb.): Die Protokolle des Preußischen Staatsministeriums 1817–1934/38. Bd. 6: 3. Januar 1867 bis 20. Dezember 1878. Hildesheim–Zürich–New York 2004.

Pauls, Volquart: Nachruf auf Werner Carstens. In: ZSHG 73 (1949), V–VIII.

Payk, Marcus M.: Frieden durch Recht? Der Aufstieg des modernen Völkerrechts und der Friedensschluss nach dem Ersten Weltkrieg (Studien zur internationalen Geschichte 42). Berlin–Boston 2018.

Petrick, Fritz: Dänemark, das Musterprotektorat? In: Robert Bohn (Hrsg.): Die deutsche Herrschaft in den „germanischen" Ländern 1940–1945 (Historische Mitteilungen, Beiheft 26). Stuttgart 1997, 121–134.

Pohl, Hans: Wirtschaft und Gesellschaft 1871–1918. In: Kurt G. A. Jeserich/Hans Pohl/Georg-Christoph Unruh (Hrsg.): Deutsche Verwaltungsgeschichte. Bd 3: Das Deutsche Reich bis zum Ende der Monarchie. Stuttgart 1984, 16–70.

Joachim Porchno: Zur Archivgeschichtsschreibung. In: Archiv für Kulturgeschichte 32 (1944), 288–293.

Porskrog Rasmussen, Carsten/Imberger, Elke/Lohmeier, Dieter/Momsen, Ingwer (Hrsg.): Die Fürsten des Landes. Herzöge und Grafen von Schleswig, Holstein und Lauenburg. Neumünster 2008.

Poulsen, Henning: Die deutsche Besatzungspolitik in Dänemark. In: Robert Bohn (Hrsg.): Neutralität und totalitäre Aggression. Nordeuropa und die Großmächte im Zweiten Weltkrieg (Historische Mitteilungen, Beiheft 1). Stuttgart 1991, 369–380.

Propping, Peter/Schott, Heinz (Hrsg.): Wissenschaft auf Irrwegen. Biologismus – Rassenhygiene – Eugenik (Studium universale 17). Bonn–Berlin 1992.

Przyrembel, Alexandra: „Rassenschande". Reinheitsmythos und Vernichtungslegitimation im Nationalsozialismus (Veröffentlichungen des Max-Planck-Instituts für Geschichte 190). Göttingen 2003.

Puppel, Pauline: Die „Heranziehung und Ausbildung des archivalischen Nachwuchses". Die Ausbildung am Institut für Archivwissenschaft und geschichtswissenschaftliche Fortbildung in Berlin-Dahlem (1930–1945). In: Sven Kriese (Hrsg.): Archivarbeit im und für den Nationalsozialismus. Die preußischen Staatsarchive vor und nach dem Machtwechsel von 1933 (Veröffentlichungen aus den Archiven Preußischer Kulturbesitz, Forschungen 12). Berlin 2015, 335–370.

Rauh-Kühne, Cornelia: Entnazifizierung und die deutsche Gesellschaft. In: Archiv für Sozialgeschichte 35 (1995), 35–70.

Rebenich, Stephan: Altertum. In: Marcel Lepper/Ulrich Raulff (Hrsg.): Handbuch Archiv. Geschichte, Aufgaben, Perspektiven. Stuttgart 2016, 29–40.

Reimann, Norbert: Kulturgutschutz und Hegemonie. Die Bemühung der staatlichen Archive um ein Archivalienschutzgesetz in Deutschland 1921 bis 1972. Münster 2003.

Reimann, Norbert: Archivgesetzgebung im Nationalsozialismus. Ein gescheiterter Versuch. In: Robert Kretzschmar (Hrsg.): Das deutsche Archivwesen und der Nationalsozialismus. 75. Deutscher Archivtag 2005 in Stuttgart (Tagungsdokumentation zum Deutschen Archivtag 10). Essen 2007, 45–56.

Reininghaus, Wilfried: Archivgeschichte. Umrisse einer untergründigen Subdisziplin. In: Der Archivar 61 (2008), 352–360.

R., H. v.: [Art.] Reitzenstein, Karl Heinrich Friedrich Chlodwig Freiherr von. In: Allgemeine Deutsche Biographie. Bd. 28. Leipzig 1889, 175–177.

Renders, Hans/Haan, Binne de (Hrsg.): Theoretical Discussions of Biography. Approaches from History, Microhistory, and Life Writing (Egodocuments and History Series 7). Leiden 2014.

Rhode, Gotthold: Die Historische Gesellschaft für die Provinz Posen bzw. für Posen 1885–1945. In: Csaba János Kenéz/Helmut Neubach/Joachim Rogall (Hrsg.): Beiträge zur deutsch-polnischen Nachbarschaft. Festschrift für Richard Breyer zum 75. Geburtstag. Berlin–Bonn 1992, 41–48.

Riedner, Otto: Archivwesen und Weltkrieg. In: Korrespondenzblatt des Gesamtvereins der deutschen Geschichts- und Altertumsvereine 73 (1925), 204–226.

Rietzler, Rolf: „Die Blutnacht von Wöhrden“. Zur Nationalsozialistischen Propaganda der Gewalt. In: Journal für Geschichte 1 (1983), 4–7, 58–59.

Sächsisches Staatsarchiv (Hrsg.): Archivische Facharbeit in historischer Perspektive. Dresden 2010.

Sagel-Grande, Irene/Fuchs, H. H./Rüter, Christiaan F. (Hrsg.): Justiz und NS-Verbrechen. Sammlung deutscher Strafurteile wegen nationalsozialistischer Tötungsverbrechen 1945–1966. Bd. 15: Die vom 4.7.1958 bis zum 8.7.1959 ergangenen Strafurteile, lfd. Nr. 465–480. Amsterdam 1975, 1–274.

Sattler, Dorothee: Die Archivarsausbildung in Deutschland vor 1945. In: Forum 12 [ohne Datum] unter: https://www.archivschule.de/DE/publikation/forum-hefte/forum-heft-12-teil-2-50-jahre-archivschule-marburg.html#21 (13.4.2021).

Schäfer, Thomas: Die Schleswig-Holsteinische Gemeinschaft 1950–1958. Mit einem Beitrag zur Entstehung des „Blocks der Heimatvertriebenen und Entrechteten“ (Quellen und Forschungen zur Geschichte Schleswig-Holsteins 92). Neumünster 1987.

Scharff, Alexander: [Nachruf] Otto Scheel. In: ZSGH 80 (1956), 11–16.

Schenk, Dietmar: „Aufheben, was nicht vergessen werden darf“. Archive vom alten Europa bis zur digitalen Welt. Stuttgart 2013.

Schenk, Dietmar: Kleine Theorie des Archivs. 2. überarb. Aufl. Stuttgart 2014.

Schenk, Dietmar (Hrsg.): Gestalten des Archivs. Nachgelassene Schriften zur Archivwissenschaft (Veröffentlichungen des Landesarchivs Schleswig-Holstein 113). Hamburg 2018.

Schenk, Dietmar: Das „neue" Archivdenken und die geisteswissenschaftlichen Grundlagen der Archivwissenschaft. In: Elisabeth Schöggl-Ernst/Thomas Stockinger/Jakob Wührer (Hrsg.): Die Zukunft der Vergangenheit in der Gegenwart. Archive als Leuchtfeuer im Informationszeitalter (Veröffentlichungen des Instituts für Österreichische Geschichtsforschung 71). Wien 2019, 225–246.

Scheyhing, Robert: [Art.] Hänel, Albert. In: Neue Deutsche Biographie. Bd. 7. Berlin 1966, 441.

Schlürmann, Jan: Der „Idstedt-Löwe". Anmerkungen zur Geschichtspolitik in Flensburg. In: Mitteilungen der Gesellschaft für Schleswig-Holsteinische Geschichte 79 (2010), 43–57.

Schmidt, Johann: [Art.] Eduard Völkel. In: Schleswig-Holsteinisches Biographisches Lexikon. Bd. 3. Neumünster 1974, 271–272.

Schmidt, Sarah: Das Staatsarchiv Hamburg im Nationalsozialismus (Veröffentlichungen aus dem Staatsarchiv der Freien und Hansestadt Hamburg 24). Hamburg 2016.

Schmidt, Sarah: Der Weg der Archive im Zweiten Weltkrieg. In: Archivar 70 (2017), 396–401.

Schmitz, Kurt: 50 Jahre Archivberatungsstelle Rheinland. Nichtstaatliche Archivpflege im Rheinland. In: Landschaftsverband Rheinland (Hrsg.): 50 Jahre Archivberatungsstelle Rhein 1929–1979 (Archivheft 13). Köln 1979, 9–28.

Schöggl-Ernst, Elisabeth/Stockinger, Thomas/Wührer, Jakob (Hrsg.): Die Zukunft der Vergangenheit in der Gegenwart. Archive als Leuchtfeuer im Informationszeitalter (Veröffentlichungen des Instituts für Österreichische Geschichtsforschung 71). Wien 2019.

Scholz, Michael: Die Öffnung der Archive für jedermann – Zur Geschichte der öffentlichen Benutzung. In: Brandenburgische Archive – Mitteilungen aus dem Archivwesen des Landes Brandenburg 10 (1997), 4–8.

Schrenk, Christhard: Schatzkammer Salzbergwerk. Kulturgüter überdauern in Heilbronn und Kochendorf den Zweiten Weltkrieg (Quellen und Forschungen zur Geschichte der Stadt Heilbronn 8). Heilbronn 1997.

Schulle, Diana: Das Reichssippenamt. Eine Institution nationalsozialistischer Rassenpolitik. Berlin 2001.

Schultz Hansen, Hans/Hansen Nielsen, Leif/Ousager, Steen (Hrsg.): „Et centralsted for udforskning af Sønderjyllands historie“. Landsarkivet for Sønderjylland gennem 75 år 1933–2008. Apenrade 2008.

Schultz Hansen, Hans: H. P. Hanssens historische Bedeutung. Zum 150. Geburtstag des Minderheitenpolitikers. In: Grenzfriedenshefte 2 (2012), 75–86.

Schultze, Johannes: Gedanken zum Provenienzgrundsatz. In: Hans Beschorner (Hrsg.): Archivstudien. Zum 70. Geburtstag von Woldemar Lippert. Dresden 1931, 225–236.

Schulz, Willy: Die Machtübertragung an die Nationalsozialisten in Meldorf (Dithmarscher Schriftenreihe zur Landeskunde). Heide 1986.

Schwineköper, Berent: Zur Geschichte des Provenienzprinzips. In: Forschungen aus mitteldeutschen Archiven. Zum 60. Geburtstag von Hellmut Kretzschmar (Schriftenreihe der Staatlichen Archivverwaltung 3). Hrsg. von der Staatlichen Archivverwaltung [DDR]. Berlin 1953, 48–65

Sedlaczek, Dietmar/Lutz, Thomas/Puvogel, Ulrike/Tomkowiak, Ingrid (Hrsg.): „Minderwertig“ und „asozial“. Stationen der Verfolgung gesellschaftlicher Außenseiter. Zürich 2005.

Skierka, Joachim: Die Domschule Schleswig und ihre Direktoren 1864–1964. Ein Jahrhundert Domschulgeschichte (Beiträge zur Schleswiger Stadtgeschichte 32). Schleswig 1987.

Smiatacz, Carmen: Ein gesetzlicher „Schlussstrich“? Der juristische Umgang mit der nationalsozialistischen Vergangenheit in Hamburg und Schleswig-Holstein 1945–1960. Hamburg 2015.

Staatliche Archivverwaltung [DDR] (Hrsg.): Forschungen aus mitteldeutschen Archiven. Zum 60. Geburtstag von Hellmut Kretzschmar (Schriftenreihe der Staatlichen Archivverwaltung 3). Berlin 1953.

Staub, Martial: Mittelalter und Frühe Neuzeit. In: Marcel Lepper/Ulrich Raulff (Hrsg.): Handbuch Archiv. Geschichte, Aufgaben, Perspektiven. Stuttgart 2016, 40–44.

Steenstrup, Johannes C. H. R.: [Art.] Wegener, Caspar Frederik. In: Dansk Biografisk Lexikon. Bd. 13. Kopenhagen 1904, 342–348.

Stein, Wolfgang Hans: Archive als Objekt von Kulturimperialismen. Französische Archive in Deutschland – deutsche Archive in Frankreich. In: Michel Espagne/Katharina Middell/Matthias Middell (Hrsg.): Archiv und Gedächtnis. Studien zur interkulturellen Überlieferung, Leipzig 2000, 89–121.

Steiner, Andreas: „Das nervöse Zeitalter“. Der Begriff der Nervosität bei Laien und Ärzten in Deutschland und Österreich um 1900 (Zürcher medizingeschichtliche Abhandlungen 21). Zürich 1964.

Stræde, Therkel: Die Menschenmauer. Dänemark im Oktober 1943. Die Rettung der Juden vor der Vernichtung. Kopenhagen 1997.

Süle, Tibor: Preußische Bürokratietradition. Zur Entwicklung von Verwaltung und Beamtenschaft in Deutschland 1871–1918 (Kritische Studien zur Geschichtswissenschaft 81). Göttingen 1988.

Surminski, Arno (Hrsg.): Der Neubeginn. Deutschland zwischen 1945 und 1949. Hamburg 2005.

Tarrab-Maslaton, Martin: Rechtliche Strukturen der Diskriminierung der Juden im 3. Reich (Schriften zur Rechtsgeschichte 61). Berlin 1993.

Temkin, Owsei: The Falling Sickness. A History of Epilepsy from the Greeks to the Beginnings of Modern Neurology. Baltimore–London 1971.

Tomkowiak, Ingrid: „Asozialer Nachwuchs ist für die Volksgemeinschaft vollkommen unerwünscht." Eugenik und Rassenhygiene als Wegbereiter der Verfolgung gesellschaftlicher Außenseiter. In: Dietmar Sedlaczek/Thomas Lutz/Ulrike Puvogel/Ingrid Tomkowiak (Hrsg.): „Minderwertig" und „asozial". Stationen der Verfolgung gesellschaftlicher Außenseiter. Zürich 2005, 33–50.

Toussaint, Angela: Entwicklung und Typologie der Wirtschaftsarchive. In: Evelyn Kroker/Renate Köhne-Lindenlaub/Wilfried Reininghaus/Ulrich S. Soénius (Hrsg.): Handbuch für Wirtschaftsarchive. Theorie und Praxis. München 2005, 9–23.

Uhl, Bodo: Die Geschichte der Bewertungsdiskussion: Wann gab es neue Fragestellungen und warum? In: Andrea Wettmann (Hrsg.): Bilanz und Perspektiven archivischer Bewertung. Beiträge eines Archivwissenschaftlichen Kolloquiums (Veröffentlichungen der Archivschule Marburg 21). Marburg 1994, 11–35.

Uhl, Bodo: Die Bedeutung des Provenienzprinzips für Archivwissenschaft und Geschichtsforschung. In: Zeitschrift für Bayerische Landesgeschichte 61 (1998), 97–121.

Venborg Pedersen, Mikkel: Die Herzöge von Augustenburg. In: Carsten Porskrog Rasmussen/Elke Imberger/Dieter Lohmeier/Ingwer Momsen (Hrsg.): Die Fürsten des Landes. Herzöge und Grafen von Schleswig, Holstein und Lauenburg, Neumünster 2008. 311–341.

Vismann, Cornelia: Akten. Medientechnik und Recht. Frankfurt/Main 2011.

Voigt, Rüdiger: Einleitung. In: Ders. (Hrsg.): Staatsgeheimnisse. Arkanpolitik im Wandel der Zeit. Wiesbaden 2017, 1–5.

Voigt, Rüdiger (Hrsg): Staatsgeheimnisse. Arkanpolitik im Wandel der Zeit. Wiesbaden 2017.

Volbehr, Friedrich/Weyl, Richard: Professoren und Dozenten der Christian-Albrechts-Universität zu Kiel 1665–1956. Mit Angaben über die sonstigen Lehrkräfte und die Universitäts-Bibliothekare und einem Verzeichnis der Rektoren (Veröffentlichungen der Schleswig-Holsteinischen Universitätsgesellschaft zu Kiel 7). 4. überarb. Aufl. Kiel 1956.

Wegener, Bernhard: Der geheime Staat. Arkantradition und Informationsfreiheitsrecht. Stuttgart 2006.

Weiser, Johanna: Geschichte der preußischen Archivverwaltung und ihrer Leiter. Von den Anfängen unter Staatskanzler von Hardenberg bis zur Auflösung im Jahre 1945 (Veröffentlichungen aus den Archiven Preußischer Kulturbesitz, Beihefte 7). Köln 2000.

Wendehorst, Alfred: 150 Jahre Gesamtverein der deutschen Geschichts- und Altertumsvereine. In: Blätter für deutsche Landesgeschichte 138 (2002), 1–65.

Wettmann, Andrea (Hrsg.): Bilanz und Perspektiven archivischer Bewertung. Beiträge eines Archivwissenschaftlichen Kolloquiums (Veröffentlichungen der Archivschule Marburg 21). Marburg 1994.

Wiegand, Peter: Auf dem Weg zum „Jedermannsrecht" – Zur normativen Entwicklung der wissenschaftlichen Archivbenutzung in Deutschland bis 1945. In: Sächsisches Staatsarchiv (Hrsg.): Archivische Facharbeit in historischer Perspektive. Dresden 2010, 103–112.

Wimmer, Mario: Archivkörper. Eine Geschichte historischer Einbildungskraft. Konstanz 2012.

Winkle, Stefan: Johann Friedrich Struensee. Arzt, Aufklärer und Staatsmann. Beitrag zur Kultur-, Medizin- und Seuchengeschichte der Aufklärungszeit. Stuttgart 1983.

Winter, Tobias: Die deutsche Archivwissenschaft und das „Dritte Reich". Disziplingeschichtliche Betrachtungen von den 1920ern bis in die 1950er Jahre (Veröffentlichungen aus den Archiven Preußischer Kulturbesitz, Forschungen 17). Berlin 2018.

Wischermann, Else Maria: Geschichte und Gegenwart der Universitätsbibliothek – 350 Jahre im Dienst der Universität. In: Oliver Auge (Hrsg.): Christian-Albrechts-Universität zu Kiel. 350 Jahre Wirken in Stadt, Land und Welt. Kiel 2015, 799–814.

Wulf, Peter: Die Stadt auf der Suche nach ihrer neuen Bestimmung (1918–1933). In: Jürgen Jensen/Peter Wulf (Hrsg.): Geschichte der Stadt Kiel. Neumünster 1991, 303–358.

Anhang

Kurzbiografien der wissenschaftlichen Archivare[1698]

Zimmermann, Th.,

Über den ersten wissenschaftlichen Beamten des Staatsarchivs Schleswig, Th. Zimmermann, ist nur sehr wenig bekannt. Er war bereits seit Längerem bei der Regierung in Schleswig tätig und arbeitete spätestens ab 1865 im Archivbüro der Regierung, sozusagen der Altregistratur, auf Schloss Gottorf. Er fungierte dabei zeitweise als interimistischer Vorstand des Archivbüros. Aufgrund dieser Funktion wurde er 1870 in den Dienst des neu gegründeten preußischen Staatsarchivs übernommen, da dorthin auch die Bestände des Archivbüros überführt wurden. Er übernahm als Archivsekretär die kommissarische Leitung des Staatsarchivs. Wegen Zimmermanns mangelnder archivarischer Bildung und seiner fehlenden Führungspersönlichkeit wurde er durch Georg Hille ersetzt, der bereits Erfahrung in der preußischen Archivverwaltung gemacht hatte. Aufgrund der zu starken Bindung an die Regierung wurden die Bestände des Archivbüros außerdem wieder zu einem eigenen Regierungsarchiv zusammengefasst, wie es vorher bestand. Am 2. Januar 1871 übergab Zimmermann das Archiv an Hille und trat, anscheinend erkrankt, am 22. Februar 1871 in den Ruhestand. Er starb 1872.

GStA PK, I. HA Rep. 178, Nr. 2336; LASH Abt. 304 Nr. 3.

Hille, Georg Heinrich Wilhelm

Georg Hille wurde am 17. November 1841 in Liepe in der Mark Brandenburg, zirka siebzig Kilometer nordöstlich von Berlin, geboren. Er besuchte das Joachimsthalsche Gymnasium in Berlin und begann 1862 sein Studium der geschichtlichen und philosophischen Studien in Berlin. Unter anderem studierte er bei namhaften Historikern seiner Zeit wie Philipp Jaffé, Johann Gustav Droysen und Theodor Mommsen. 1866 schloss er sein Studium mit einer Dissertation über die „Prosperi Aquitani Chronici continuator Havniensis" beziehungsweise „De continuatore Prosperi A. 641 Havniensi" ab. Danach betätigte er sich

[1698] In chronologischer Reihenfolge des Beginns ihrer Tätigkeit am Staatsarchiv Schleswig/Kiel, siehe auch tabellarische Übersicht Seite 452f.

als Vorleser des Oberburggrafen Magnus von Brünneck (1786–1866), bevor er im Deutschen Krieg auf preußischer Seite mitkämpfte und unter anderem an der Schlacht bei Königgrätz teilnahm. Aus dem Kriegsdienst zurückgekehrt, legte Hille sein Staatsexamen für Lehramt (pro facultate docendi) ab, das als Einstellungskriterium für Archivare im preußischen Staatsdienst galt. Eine erste Bewerbung Hilles bei der preußischen Archivverwaltung wurde aufgrund fehlender Stellen abgelehnt. Hille trat, seiner ursprünglichen Ausbildung entsprechend, daraufhin in den Schuldienst ein und absolvierte vom 29. September 1867 an sein Probejahr am Friedrichsgymnasium in Frankfurt an der Oder und arbeitete danach als Lehrer. Nachdem er sich im Sommer 1868 bei der Ordnung und Verzeichnung von Urkunden des Luckauer Stadtarchivs bewiesen hatte, wurde er letztendlich zum 1. Oktober 1869 doch als Hilfsarbeiter in den Archivdienst am Geheimen Staatsarchiv in Berlin übernommen. Im März 1870 wechselte er an das Staatsarchiv Magdeburg, noch immer als Hilfsarbeiter, bevor er in den Deutsch-Französischen Krieg einberufen wurde. Nachdem er bereits zu Beginn des Krieges verwundet worden war, kam er zu seinem Ersatzbataillon nach Kiel, wo er vom damaligen Direktor der preußischen Staatsarchive Maximilian Duncker mit dem Aufbau des neuen preußischen Staatsarchivs in Schleswig beauftragt wurde. Im Januar 1871 übernahm er die Vertretung seines erkrankten Vorgängers Zimmermann und wurde einen Monat später etatmäßig als Archivsekretär übernommen. Ein Jahr später erhielt er den Titel Archivar und wurde zum Januar 1874 zum Staatsarchivar. Nachdem er im Dezember 1879 zum wirklichen Archivrat befördert worden war, erreichte er im Dezember 1889 den höchsten Rang eines Geheimen Archivrats. Hille machte sich vor allem im Aufbau und in der ersten Ordnung des Staatsarchivs verdient. Aufgrund seines sich verschlechternden Gesundheitszustandes ging er zum 1. April 1911 in Ruhestand und verstarb zwei Monate später am 8. Juni 1911.

LASH Abt. 304 Nr. 2; LASH Abt. 399.1062 Nr. 1–2.

Großmann, Karl Julius Franz

Julius Großmann wurde am 2. März 1845 in Chmiellowitz, Oberschlesien (im heutigen Polen), geboren. Er studierte an der Universität Breslau, wo er 1869 mit einer Arbeit über „Ernst von Mansfeld und die Schlacht an der Dessauer Brücke (1626)" promoviert wurde. Daraufhin trat er in den Dienst der preußischen Archivverwaltung und war ab dem 1. Mai 1872 als Hilfsarbeiter im

Staatsarchiv Schleswig beschäftigt. Dort arbeitete er vor allem an der Verzeichnung der Urkunden. Im April 1873 wechselte er zum Brandenburg-Preußischen Hausarchiv nach Charlottenburg, das seit 1852 abgetrennt vom Geheimen Staatsarchiv bestand. Dort stieg er bis zum Geheimen Archivrat und Ersten Königlichen Hausarchivar auf, bevor er 1901 in Ruhestand ging. Nebenbei war er außerdem an der Bearbeitung der *Allgemeinen Deutschen Biographie* beteiligt und veröffentlichte zur Geschichte der Hohenzollern. Bis zu seinem Tod am 28. September 1910 stand er weiterhin im Kontakt mit seinem ehemaligen Vorgesetzten Georg Hille.

GStA PK, I. HA Rep. 178, Nr. 1420; LASH Abt. 304 Nr. 6.

Palm, Georg Konrad

Konrad Palm wurde am 21. November 1849 in Breslau geboren und studierte dort und in Göttingen, unterbrochen von seinem Militärdienst 1870–1871. Er wurde 1873 in Göttingen mit einer Arbeit über das Verhältnis Karls IV. (1316–1378) zu Italien promoviert. Palm begann Anfang 1875 in Breslau seine Tätigkeit als Hilfsarbeiter am dortigen Staatsarchiv und wurde nach seiner offiziellen Übernahme in den preußischen Archivdienst zum 1. Mai 1874 nach Schleswig versetzt. Bereits im September 1874 wechselte er an das Staatsarchiv Magdeburg, wo er 1875 zum Archivsekretär ernannt wurde. Zum 1. Oktober 1877 erfolgte seine Versetzung nach Hannover, wo er wiederum zum Archivar aufstieg. Dort verrichtete er aber nur zwei Monate seine Arbeit, bevor er aufgrund einer psychischen Erkrankung ausfiel. Ihm wurde von damaligen Ärzten eine Melancholie attestiert, einhergehend mit Wahnvorstellungen und Halluzinationen, die als heilbar eingestuft wurden, deren Krankheitsverlauf sich jedoch weiter hinzog. Zum 1. März 1880 wurde Palm in den vorzeitigen Ruhestand versetzt, und noch im selben Jahr starb er am 19. Dezember in der „Provinzial-Irrenanstalt" in Kreuzburg (Kluczbork) in Oberschlesien (im heutigen Polen).

GStA PK, I. HA Rep. 178, Nr. 1607; LASH Abt. 304 Nr. 7.

Pfotenhauer, Paul Friedrich

Paul Pfotenhauer wurde am 30. Juli 1842 in Glauchau im damaligen Königreich Sachsen geboren. Sein Vater war von 1853 bis 1877 erster Oberbürgermeister der Stadt Dresden. Pfotenhauer studierte in Leipzig, Heidelberg und Berlin Rechtswissenschaften und Geschichte. 1866 wurde er mit einer Arbeit über den Kaisereid Otto I. promoviert und arbeitete mit an der Herausgabe des Codex diplomaticus Saxoniae. Er trat am 1. März 1876 als Hilfsarbeiter am Staatsarchiv Schleswig in den Archivdienst ein, wo er bereits seit einem halben Jahr unbezahlt tätig gewesen war. Schon im September 1876 wurde er an das Staatsarchiv Breslau versetzt, wo er den Titel eines Archivars erreichte. Er hatte sich an der schleswig-holsteinischen Geschichtsforschung beteiligt, außerdem in seiner Zeit in Breslau zur Geschichte Schlesiens gearbeitet. Unter anderem gab er den zehnten Band des *Schlesischen Urkundenbuches* heraus. Er starb am 8. August 1897 infolge eines wiederholten Schlaganfalls.

GStA PK, I. HA Rep. 178, Nr. 1611; LASH Abt. 301 Nr. 25.

Meyer, Christian

Christian Meyer wurde am 21. August 1842 in Lichtenau in Mittelfranken geboren. Nach einem Studium der Rechts- und Geschichtswissenschaft in München und Berlin wurde er 1868 in München mit einer Arbeit über Erzbischof Konrad I. von Salzburg promoviert. Anschließend trat er in den Dienst des Reichsarchivs in München und war ab 1871 im Stadtarchiv in Augsburg beschäftigt. Dort kam es anscheinend zu Streitigkeiten mit dem Magistrat, weswegen er zum Februar 1876 als Hilfsarbeiter in den Dienst des Geheimen Staatsarchivs in Berlin wechselte. Zwei Monate später wurde er als Archivsekretär an das Staatsarchiv Schleswig versetzt. Von dort kam er zum 1. Oktober 1877 an das Staatsarchiv Idstein und 1880 weiter an das Staatsarchiv Posen, dessen Leitung er übernahm. Aufgrund eines drohenden Disziplinarverfahrens durch den Posener Oberpräsidenten wegen Dienstversäumnissen wurde er 1884 an das Staatsarchiv Breslau versetzt. Auch dort kam es zu Konflikten, und er entzweite sich mit dem Archivleiter in Breslau Colmar Grünhagen. Es wurden mehrere Gutachten vorgelegt, die Meyer des Plagiats bezichtigten, unter anderem auch von Reinhold Koser, dem späteren Generaldirektor der preußischen Archivverwaltung (1896–1914). Letztendlich beantragte Meyer zum 1. April 1893 seine vorzeitige Pensionierung, angeblich wegen Herzkrankheit. Er starb am 13. Oktober 1916.

GStA PK, I. HA Rep. 178, Nr. 1572–1575.

Weißenbach, Hanns Adolf Freiherr von

Hanns Adolf Freiherr von Weißenbach wurde am 23. Mai 1847 in Dresden geboren und entstammte einer alten sächsischen Adelsfamilie. Er legte im Sommer 1871 sein juristisches Staatsexamen in Leipzig ab und begann im selben Jahr seinen Dienst beim Gerichtsamt in Dresden. Nebenberuflich widmete er sich der Kunstgeschichte und wurde im April 1875 vom Justizministerium offiziell für seine Studien beurlaubt. Er war unter anderem an den Vorarbeiten zu möglichen Glasmalereien in dem damals neuen Kieler Universitätsgebäude beteiligt, die historische und heraldische Anspielungen enthalten sollten, außerdem an den Entwürfen von Wappen für Städte, Stifte und Ähnliches in Schleswig-Holstein. Um sich weiterbilden zu können, erbat er von der preußischen Archivverwaltung, als Hilfsarbeiter beschäftigt zu werden, ohne jedoch eine Karriere im Archivdienst anzustreben. Im April 1876 begann er seine Arbeit im Staatsarchiv Schleswig und sollte vor allem mit der Verzeichnung der neu aus Dänemark überführten Urkunden beschäftigt werden. Aufgrund einer Anstellung am Germanischen Nationalmuseum in Nürnberg gab er seine Arbeit bereits zum 10. Juni 1876 auf. Von Weißenbach starb 1912.

LASH Abt. 304 Nr. 8.

Kohlmann, Karl Johann Friedrich Alfred

Karl Kohlmann wurde am 11. September 1850 in Stralsund geboren. Er studierte ab 1869 in Berlin und Kiel Germanistik und Geschichte, unterbrochen durch seinen Militärdienst im Deutsch-Französischen Krieg. Während seines Kieler Studiums arbeitete er an der Edition des vierten Bandes der Quellensammlung der Gesellschaft für Schleswig-Holsteinische Geschichte unter Rudolf Usinger mit. Letzterer brachte ihn auch zu dem Thema seiner Dissertation, „Die Braunschweiger Reinchronik auf ihre Quellen geprüft“, mit der er 1876 an der Christian-Albrechts-Universität zu Kiel promoviert wurde. Daran anschließend trat er 1877 beim Staatsarchiv Schleswig in den Dienst der preußischen Archivverwaltung. Dort stieg er bis zum Archivsekretär auf und wurde zum 1. Juli 1884 nach Königsberg versetzt. Über das Staatsarchiv Hannover kam er an das Staatsarchiv Münster, dessen Leitung er 1895 übernahm. Er wechselte 1897 auf eigenen Wunsch an das Geheime Staatsarchiv in Berlin. Kohlmann stand auch in seinem weiteren Lebenslauf in Kontakt mit Georg Hille und bekam auf dessen Initiative vorgeschlagen, die Bearbeitung des dritten Bandes der Schleswig-Holsteinischen Regesten und Urkunden zu übernehmen, was er jedoch ablehnte. Er ging zum März 1918 als Geheimer Staatsarchivar in Ruhestand und starb am 26. Oktober 1928 in Berlin.

GStA PK, I. HA Rep. 178, Nr. 1517.

Goecke, Karl Albert Hermann Wilhelm Rudolf

Rudolf Goecke wurde am 29. Juni 1852 in Emmerich im Kreis Rees nahe der niederländischen Grenze geboren. Er wurde 1874 in Göttingen mit einer Arbeit über „Die Anfänge der Landfriedensaufrichtungen in Deutschland" promoviert und trat im Jahr darauf am Staatsarchiv Düsseldorf in den Dienst der preußischen Archivverwaltung. Von dort wurde er als Archivsekretär zum Oktober 1877 an das Staatsarchiv Schleswig versetzt. Die kleine Stadt Schleswig und die auf die Ordnung von Archivalien fokussierte Arbeit, zusammengenommen mit dem geringen Altersunterschied von nur elf Jahren zu Direktor Hille führten zu keinem guten Arbeitsverhältnis. Im Jahr 1880 wurde Goecke auf eigenen Wunsch versetzt und kehrte zurück nach Düsseldorf. Er wurde 1885 mit der kommissarischen Leitung des Staatsarchivs Wetzlar betraut und stieg zum Staatsarchivar auf. Goecke sollte zum 1. Juli 1886 an das Staatsarchiv Stettin versetzt werden, das größer war und bedeutendere Bestände beinhaltete. Goecke sah diese Versetzung aus leitender Position in eine untergeordnete Stelle als eine Kränkung an. Wohl auch aufgrund schon vorher bestehender psychischer Probleme nahm sich Goecke am 23. Juni 1886 das Leben.

GStA PK, I. HA Rep. 178, Nr. 1465.

Finke, Heinrich

Heinrich Finke wurde am 13. Juni 1855 in Krechting bei Bocholt geboren. Er studierte in Münster und Tübingen und wurde 1879 mit einer Arbeit über König Sigismunds reichsständische Politik 1414–1418 promoviert. Daran schloss er ein Studium der Germanistik in Göttingen an. Zum 15. Januar 1882 trat Finke in den Dienst der preußischen Archivverwaltung, und zwar als Probearbeiter am Staatsarchiv Schleswig. Bereits knapp zwei Jahre später bat er aus persönlichen Gründen um seine Entlassung. Er gab an, dass dies aufgrund der geringen Aussichten geschehe, die der Archivdienst biete, sowie aufgrund der Tatsache, dass er sich um seine Eltern kümmern müsse. Später wurde vonseiten der Archivverwaltung vermutet, dass dies eher mit seinen Sympathien für den Ultramontanismus, dem politischen Katholizismus, zusammenhing. Eine Wiedereinstellung Finkes wurde 1886 vom Direktor der Staatsarchive abgelehnt. Finke widmete sich seiner akademischen Karriere und habilitierte sich 1887 an der Universität Münster zur Geschichte des Konstanzer Konzils. 1891 wurde er Privatdozent für Geschichte in Münster, wo er 1897 ordentlicher Professor wurde, bevor er ein Jahr später dem Ruf an die Universität Freiburg folgte. Er leistete wichtige Beiträge zur spanischen Forschung und deutsch-spanischen Zusammenarbeit und half, das Historische Institut in Madrid aufzubauen. Finke starb am 19. Dezember 1938 in Freiburg.

LASH Abt. 304 Nr. 11; Heimpel, Heinrich: Heinrich Finke. Ein Nachruf. In: Historische Zeitschrift 160 (1939), 534–545; Spörl, Johannes: Finke, Heinrich. In: Neue Deutsche Biographie 5 (1961), 162.

Boor, Albert de

Albert de Boor wurde am 17. August 1852 in Hamburg geboren, wo er auch die Schule besuchte. Er studierte in Bonn, Freiburg und Straßburg Rechtswissenschaften. Kurz nach seiner Promotion 1878 zum Reichstag in Speyer im Jahr 1544 trat de Boor als Probearbeiter in den Dienst des Staatsarchivs Münster. Geholfen haben ihm dabei seine – wenn auch entfernte – Verwandtschaft zu Theodor Mommsen sowie Empfehlungen von hoher Stelle. In Münster wurde er 1882 zum Archivsekretär befördert und im Juli 1884 überraschend nach Schleswig versetzt. Dort stieg er vom Archivsekretär bis zum Geheimen Archivrat auf und übernahm 1911 die Leitung von Georg Hille. Von seiner Führung gingen nur wenig Impulse aus, ganz nach dem Vorbild Hilles konzentrierte er sich in seiner Arbeit vor allem auf die Ordnung des Archivs. Hatte er in Münster noch wissenschaftliche Forschung betrieben, beschränkte diese sich jetzt auf die Veröffentlichung von Aufsätzen mit Ergebnissen aus der Ordnungsarbeit. Unter de Boors

Leitung stand das Archiv vielen Problemen gegenüber. Zum Beispiel zeigten sich immer mehr Mängel am Archivgebäude, nicht zuletzt war kaum Platz mehr für neue Archivalien. Die schwierigste Herausforderung war die Zeit des Ersten Weltkriegs, in dem das Staatsarchiv Schleswig unter einem Mangel an Personal und der schlechten Versorgungslage litt. De Boor kapitulierte letzten Endes vor dieser Situation und bat zum Oktober 1918 um seine vorzeitige Pensionierung. De Boor war während seines Lebens häufiger von gesundheitlichen Problemen geplagt, erreichte aber das 93. Lebensjahr und starb am 11. August 1945.

LASH Abt. 304 Nr. 14; Hoffmann, Gottfried Ernst: Albert de Boor zum Gedächtnis. In: Der Archivar 6 (1953), 60f.

Krühne, Maximilian

Maximilian Krühne wurde am 5. Juli 1857 in Magdeburg geboren und studierte in Halle/Saale, wo er 1880 mit einer Arbeit über die Verfassungsgeschichte der Stadt Magdeburg promoviert wurde. Für diese Arbeit benutzte er ungedruckte Quellen des Staatsarchivs Magdeburg und wurde aufgrund positiver Fürsprache des Archivleiters zum 1. April 1881 als Volontär im Staatsarchiv Magdeburg eingestellt. Er sollte zum Juli 1884 als Archivassistent nach Schleswig versetzt werden, wozu es jedoch krankheitsbedingt nicht kam, da Krühne an Epilepsie litt. Die Begründung für die lange Verzögerung lautete, dass ihn die Trennung von seiner Heimatstadt zu sehr belasten würde. Ein Jahr später wurde er für stabil genug erklärt, um nach Schleswig versetzt zu werden. Nachdem Krühne 1886 in der Öffentlichkeit einen erneuten epileptischen Anfall erlitt, wurde seine Beförderung zum Archivar 2. Klasse verschoben. Letztendlich kam es auch später nicht zu dieser Beförderung, da Krühne auf eigenen Wunsch und überraschend zum Februar 1887 aus dem Dienst der preußischen Archivverwaltung austrat. Grund dafür war wohl die schlechte Vergütung. Anfang 1888 wurde das Urkundenbuch der Klöster der Grafschaft Mansfeld, herausgegeben von der Historischen Kommission der Provinz Sachsen, veröffentlicht, das Krühne bearbeitet hatte. Über seinen weiteren Werdegang ist nichts bekannt.

GStA PK, I. HA Rep. 178, Nr. 1519; LASH Abt. 304 Nr. 15.

Müsebeck, Ernst Friedrich Christian

Ernst Müsebeck wurde am 4. April 1870 in Konerow in der Nähe von Greifswald geboren. Nach einem Studium der Geschichte und der Germanistik in Greifswald, Halle/Saale und Marburg wurde er 1896 mit einer Arbeit über „Die Feldzüge des Großen Kurfürsten in Pommern und Rügen 1675–77" an der Universität Marburg promoviert. Bereits seit 1894 war er Volontär am Staatsarchiv Marburg und trat dort 1898 als Hilfsarbeiter in den Dienst der preußischen Archivverwaltung. Nachdem er einige Monate am Staatsarchiv Breslau tätig gewesen war, wurde er im April 1900 an das Staatsarchiv Schleswig versetzt. Hier war er nur wenige Monate beschäftigt, in denen er unter anderem das Stadtarchiv Wilster ordnete. Außerdem baute er ein enges Verhältnis zu Direktor Georg Hille auf, dessen Nachruf er elf Jahre nach seinem Weggang aus Schleswig für die ZSHG verfasste. Anschließend wurde Müsebeck vom Dienst in der preußischen Archivverwaltung beurlaubt und begann am Kaiserlichen Bezirksarchiv in Metz zu arbeiten. 1906 kehrte er zurück und fand über das Staatsarchiv Marburg und das Geheime Staatsarchiv in Berlin im Oktober 1919 seinen Platz in dem neu gegründeten Reichsarchiv. Dort übernahm er ab 1920 die Leitung der Archivabteilung und wurde 1933 dessen kommissarischer Leiter. Unter ihm lernte unter anderem Ernst Zipfel, sein Nachfolger im Reichsarchiv und späterer Generaldirektor, sein Handwerk und bezeichnete ihn als seinen „hochverehrten Lehrer".[1699] Im Juli 1935 trat er, bereits gesundheitlich angegriffen, in den Ruhestand und starb am 19. November 1939 in Kassel.

LASH Abt. 304 Nr. 17; Herrmann, Matthias: Müsebeck, Ernst. In: Neue Deutsche Biographie 18 (1997), 560f.

Eggers, Johann Albert

Albert Eggers wurde am 16. August 1867 in Heiligenbruch (heute ein Ortsteil der Gemeinde Riede) in der Nähe von Bremen geboren. Nach seinem Studium in Marburg, Berlin und Göttingen legte er an der Universität Marburg seine Doktorarbeit über das Steuerwesen der Grafschaft Hoya vor und wurde 1899 dort promoviert. Anschließend war er als Hilfsarbeiter bei der Badischen His-

[1699] BA Berlin-Lichterfelde, R 1506/1020, Nachlass Zipfel – Autobiographie, 1955–56, „Erinnerungen eines Archivars" von Ernst Zipfel, abgeschlossen am 28. Februar 1956.

torischen Commission und Volontär am Generallandesarchiv in Karlsruhe tätig. Zum 1. April 1901 trat Eggers als Probearbeiter am Staatsarchiv Wiesbaden in den Dienst der preußischen Archivverwaltung und wechselte zum 1. Juni 1902 als Hilfsarbeiter zum Staatsarchiv Schleswig. Nach nur drei Monaten dort erfolgte seine Versetzung nach Königsberg. Im November 1905 kehrte er nach Wiesbaden zurück und arbeitete kurze Zeit später erneut in Wiesbaden, in Sigmaringen, in Posen und in Hannover, bevor er im April 1921 im Staatsarchiv Aurich die Leitung übernahm. Eggers ging 1932 in Ruhestand und starb zehn Jahre später am 21. Oktober 1942.

GStA PK, I. HA Rep. 178, Nr. 1437; LASH Abt. 304 Nr. 1.

Meyer, Martin Wilhelm Gustav

Martin Meyer wurde am 5. März 1870 in Düsseldorf geboren. Er machte in Münster sein Abitur und studierte anschließend in Tübingen, Berlin und Münster. 1893 wurde er in Münster mit einer Arbeit über die ältere Geschichte Corveys und Höxters promoviert. Anschließend war Meyer mit der Arbeit an den MGH (Monumenta Germaniae Historica) beteiligt, bevor er 1898 probeweise als Hilfsarbeiter am Staatsarchiv Münster anfing. Von dort wurde er nach Übertritt in die preußische Archivverwaltung im Juli 1899 nach Magdeburg versetzt, dann weiter nach Koblenz, Düsseldorf und Breslau, bis er am 1. Oktober 1909, inzwischen zum Archivar aufgestiegen, an das Staatsarchiv Schleswig kam. Dort fiel Meyer vor allem durch sein unangebrachtes außerdienstliches Verhalten auf, das die anderen Schleswiger Archivare mit seinem Junggesellenstatus begründeten. Auf eigenem Wunsch, letztendlich aber auch im Sinne der Archivverwaltung und deren Ansehen, wurde Meyer im Oktober 1910 zurück an das Staatsarchiv Münster versetzt, wo er bis zu seinem einstweiligen Ruhestand 1924 blieb. Er starb am 6. Mai 1933.

LASH Abt. 304 Nr. 428; LASH Abt. 399.1062 Nr. 3.

Kochendörffer, Heinrich

Heinrich Kochendörffer wurde am 6. Juni 1880 in Offenbach am Main geboren. Er studierte in Gießen, München und Berlin Geschichte, Germanistik und klassische Philologie und wurde 1903 in Berlin mit einer Arbeit über

Bonifatius IX. promoviert. Anschließend leistete er seinen Wehrdienst ab und trat 1905 in den Dienst des Geheimen Staatsarchivs in Berlin. Ein Jahr später wurde er nach Wiesbaden versetzt, 1907 nach Düsseldorf. Zum 1. Dezember 1910 kam Kochendörffer an das Staatsarchiv Schleswig. Hier war er vor allem für die Ordnung des Stadtarchivs Rendsburg zuständig, über die er einen Aufsatz in der ZSHG veröffentlichte. Zum 1. April 1910 wurde er an das Staatsarchiv Aurich versetzt und von dort weiter an das Staatsarchiv Breslau, bis er 1914 zum Kriegsdienst eingezogen wurde. Aus dem Krieg zurückgekehrt, kam er im Februar 1919 wieder an das Staatsarchiv Schleswig. Allgemein galt Kochendörffer in der preußischen Archivverwaltung als schwierig, und auch in Schleswig offenbarten sich Probleme zwischen ihm und dem Direktor Paul Richter, die vor allem aus der schwierigen Persönlichkeit Kochendörffers resultierten. Das Verhältnis zur Gesellschaft für Schleswig-Holsteinische Geschichte wurde durch seinen problematischen Charakter ebenfalls getrübt, da er bei der Bearbeitung des fünften Bandes des Urkundenbuches nicht die Erwartungen erfüllen konnte. Auf eigenen Wunsch und aufgrund vieler Beschwerden wurde er zum 1. Juli 1926 an das Staatsarchiv Münster versetzt und von dort weiter an das Staatsarchiv Aurich, wo er nach einem Jahr im Oktober 1932 die Leitung übernahm. Dort verstarb er am 16. Oktober 1936 im Amt.

GStA PK, I. HA Rep. 178, Nr. 1541f und Nr. 2350.

Kupke, Georg Friedrich Carl

Georg Kupke wurde am 5. September 1866 in Posen geboren. Er studierte in Breslau, Berlin und Halle/Saale und wurde 1891 mit einer Arbeit über „Das Reichsvicariat und die Stellung des Pfalzgrafen bei Rhein bis zu Sigmunds Zeit" promoviert. Er trat im Mai 1893 als Assistent am Königlichen Historischen Institut in Rom ein und wechselte von dort 1898 in die Archivverwaltung. Zum 1. April 1901 kam er an das Staatsarchiv Posen und stieg dort zum Archivar auf. Zehn Jahre später wechselte Kupke an das Staatsarchiv Schleswig, wo er neben dem neuen Direktor Albert de Boor als zweiter Archivar tätig war. Kupke bemühte sich vor allem um die Anlegung eines Inventars der nicht staatlichen Archivalien, besonders des Kreises Plön. Außerdem engagierte er sich für die landesgeschichtliche Forschung und wurde Mitglied im Vorstand der Gesellschaft für Schleswig-Holsteinische Geschichte. Dort wurde er mit der Bearbeitung des vierten Bandes des Urkundenbuches betraut, die er jedoch nicht zufriedenstellend ausführte. Nachdem Kupkes Nachlässigkeiten erst nach dem Probedruck festgestellt worden waren, entstand der Eindruck bei ihm selbst und beim Generaldirektor der preußischen Archivverwaltung, dass er nicht weiter in der Provinz belassen werden konnte. Kupke kehrte im Oktober 1918 zurück an das Staatsarchiv Posen, welches er, da es sich nach dem Ersten Weltkrieg auf polnischem Staatsgebiet befand, übergeben musste. Er kam an das Staatsarchiv Stettin, wo er 1931, ohne jemals ein Archiv geleitet zu haben, in den Ruhestand trat. Kupke starb am 22. Februar 1950.

GStA PK, I. HA Rep. 178, Nr. 1538f.

Richter, Johann Alexander Paul

Paul Richter wurde am 22. Juli 1866 in Insterburg in der damaligen Provinz Ostpreußen geboren. Er besuchte das Gymnasium in Memel und studierte ab 1886 in Königsberg und Berlin Geschichte und Germanistik. Am 18. Januar 1890 wurde er mit einer Arbeit über die Kreuzfahrerstaaten unter Friedrich II. in Berlin promoviert. Danach absolvierte er seinen Militärdienst, bevor er zum 15. Oktober 1892 am Staatsarchiv Koblenz in die Archivverwaltung eintrat. 1897 wurde er nach Wiesbaden versetzt, wo er ein Jahr später zum Archivar ernannt wurde. Ende 1900 wechselte er zurück nach Koblenz; anschließend übernahm er im April 1913 die Leitung des Staatsarchivs Wetzlar. Diese Tätigkeit war nur von kurzer Dauer, da er mit Beginn des Ersten Weltkriegs als Leutnant der Reserve einberufen wurde. Nach dem Krieg wurde Richter überraschend an das Staatsarchiv Kiel versetzt. Dort kam er im Oktober 1918 in die schwierige Situation, die Leitung eines Archivs zu übernehmen, ohne dass einer der vorherigen Mitarbeiter dort noch arbeitete. Zudem hatte Richter keinerlei vorherige Beziehungen zur Provinz Schleswig-Holstein. Unter ihm kam es jedoch zu einer Annäherung an die Gesellschaft für Schleswig-Holsteinische Geschichte und 1922/23 zur Umsetzung des langersehnten Umzugs des Staatsarchivs von Schleswig nach Kiel. Zudem musste Richter die Verhandlungen um den Austausch von Archivalien mit dem Reichsarchiv in Kopenhagen durchführen, die erst unter seinem Nachfolger Walther Stephan beendet wurden. Richter war 1931 in den Ruhestand gegangen und nach Koblenz zurückgekehrt, wo er am 28. Februar 1939 starb.

GStA PK, I. HA Rep. 178, Nr. 1640f; LASH Abt. 301 Nr. 3782.

Stephan, Walther

Walther Stephan wurde am 10. März 1873 in Berlin geboren. Er studierte in Freiburg, Leipzig, München, Berlin und Marburg und wurde 1902 in Marburg mit einer Arbeit über das Urkundenwesen im Bistum Osnabrück im 11. bis 13. Jahrhundert promoviert. Anschließend trat er im neu gegründeten Staatsarchiv Danzig als Archivvolontär in den Dienst der preußischen Archivverwaltung und war dort, abgesehen von einem Jahr Tätigkeit im Geheimen Staatsarchiv in Berlin, von 1903 bis 1914 tätig. Zu Beginn des Ersten Weltkriegs wurde er eingezogen und stand für die Dauer des Krieges an der Ostfront. Anschließend war er kommissarisch in Berlin tätig und erledigte im Auftrag des Finanzministeriums eine Arbeit über westpreußische Forste. Zum Januar 1921 wurde er an das Staatsarchiv Schleswig versetzt. Stephan engagierte sich in Schleswig vor allem in der Organisation der Betreuung der nicht staatlichen Archivalien (Archivpflege) und auch in der Verbesserung der Beziehungen zur Gesellschaft für Schleswig-Holsteinische Geschichte. 1931 wurde er als Direktor Nachfolger von Paul Richter. Unter seiner Leitung wurden sowohl das unter Richter bereits nahezu vollständig verhandelte Archivabkommen mit Dänemark abgeschlossen als auch die Ablieferungen im Rahmen der Gebietsveränderungen des Groß-Hamburg-Gesetzes durchgeführt. Gegenüber dem Nationalsozialismus hat sich Stephan keineswegs distanziert und die antisemitisch motivierte Sippenforschung unterstützt. Mit Erreichen der Altersgrenze ging Stephan zum April 1938 in den Ruhestand, er stimmte jedoch bereits 1939 zu, dass er im Kriegsfall die Vertretung des eingezogenen Archivleiters übernehmen könne. Dieser Fall trat im September 1943 ein. Stephan wurde erneut mit der Leitung des Staatsarchivs betraut, überließ die Initiative zur Arbeit jedoch vornehmlich dem Sekretär. Nachdem er in seinem Wohnhaus nach einem Bombenangriff auf Kiel verschüttet worden und nach Eutin übergesiedelt war, gab er die Vertretung 1944 offiziell auf. Es folgten noch einige Veröffentlichungen, bevor Stephan im Alter von 85 Jahren am 18. Februar 1959 nach kurzer Krankheit starb.

LASH, Abt. 304 Nr. 32.

Spieß, Werner

Werner Spieß wurde am 5. Februar 1891 in Düsseldorf geboren. Er studierte in München Freiburg, Berlin und Göttingen Jura, Geschichte und Germanistik und bestand im Herbst 1916 die juristische Doktorprüfung mit einer Arbeit über „Das Marktprivileg". Ab Oktober 1916 war er im Dienst des Geheimen Staatsarchivs in Berlin tätig, bis er im Juli 1917 zur Reichswehr eingezogen wurde. Aus dem Krieg zurückgekehrt, kam er als Hilfsarbeiter an das Staatsarchiv Marburg und wechselte von da zum 1. Juli 1921 an das Staatsarchiv Hannover, wo er wenig später zum Staatsarchivar ernannt wurde. Zum 1. November 1922 wurde Spieß an das Staatsarchiv nach Schleswig-Holstein versetzt, das sich gerade in den Anfängen seines Umzugs von Schleswig nach Kiel befand. Nebenher legte er an der Universität Marburg seine philosophische Doktorprüfung mit einer Arbeit über die „Verfassungsgeschichte der Stadt Frankenberg an der Eder im Mittelalter" vor. Spieß' Zeit in Schleswig-Holstein war von privaten Rückschlägen geprägt, da seine Frau 1924 starb. Wenig später wurde er seinem Wunsch gemäß zurück nach Hannover versetzt. Zum Januar 1928 trat Spieß aus der preußischen Archivverwaltung aus und ging an das Stadtarchiv Braunschweig. Ab 1934 übernahm er dort wie auch in der angeschlossenen Stadtbibliothek die kommissarische Leitung. Im November 1944 wurde er von den Nationalsozialisten seines Amtes enthoben, da er bei der Grabrede eines Kollegen zu offene Worte verwendet hatte. Nach dem Krieg wurde Spieß von der britischen Militärregierung wieder eingesetzt und konnte sein Amt weiter ausführen, bis er 1956 in Ruhestand ging. Nebenbei hatte er sich wissenschaftlich der Geschichte Braunschweig zugewandt, und 1943 war ihm aufgrund seiner Veröffentlichungen von der Universität Göttingen der Grad eines habilitierten Doktors (Dr. habil.) verliehen worden. Von 1947 bis zu seinem Ruhestand lehrte Spieß als Honorarprofessor Wirtschaftsgeschichte an der Technischen Hochschule beziehungsweise Technischen Universität Braunschweig. Er starb am 7. Dezember 1972 in Braunschweig.

GStA PK, I. HA Rep. 178, Nr. 1688; Moderhack, Richard: [Nachruf] Werner Spieß. In: Der Archivar 26 (1973), 352–354.

Hoffmann, Gottfried Ernst

Gottfried Ernst Hoffmann wurde am 19. Februar 1898 in Niedercunnersdorf, Kreis Bautzen, in der sächsische Oberlausitz geboren. 1917 begann er sein Studium, das er 1922 in Erlangen mit seiner Dissertation über Gregor von Tours abschloss. Vom 1923 bis 1925 war er als Assistent von Paul Kehr an der Erstellung der MGH (Monumenta Germaniae Historica) beschäftigt und nahm gleichzeitig an Ausbildungskursen in Berlin-Dahlem teil. Nach dem bestandenen Archivarsexamen kam er zum 1. April 1926 als Hilfsarbeiter an das Staatsarchiv Kiel. Dort war er zunächst vor allem in der Benutzerberatung tätig, aber ab den 1930er-Jahren zusätzlich für die Betreuung der nicht staatlichen Archivalien zuständig. Hoffmann engagierte sich auch in der wissenschaftlichen Erforschung der Landesgeschichte und gab unter anderem 1933 eine Edition geistlicher Siegel im Auftrag der Gesellschaft für Schleswig-Holsteinische Geschichte heraus. Mit der Machtübernahme der Nationalsozialisten änderten sich die Schwerpunkte von Hoffmanns Arbeit: Sein Fokus lag vermehrt auf der antisemitischen Ausrichtung der genealogischen Forschung, der „Sippenkunde". Er hielt Vorlesungen zu diesem Thema an der Christian-Albrechts-Universität zu Kiel und schuf eine Arbeitsgemeinschaft, um die Forschung zu erleichtern. Er war bereits zum 1. Mai 1933 in die NSDAP eingetreten und ein Jahr später in die SA, wo er zum Rottenführer aufstieg. Außerdem wurde er 1936 zum Gaustellenleiter für Sippenkunde ernannt. Nachdem der Direktor Walther Stephan in den Ruhestand gegangen war, folgte ihm Hoffmann zum 1. April 1938 auf diesem Posten. Im Zweiten Weltkrieg war Hoffmann unter anderem mit der Sicherung der Archivalien beschäftigt und trug durch frühzeitige Auslagerungen zu deren Rettung bei. Zum September 1943 wurde Hoffmann zur Wehrmacht eingezogen und diente bei der Luftabwehr in Kappeln in Schleswig-Holstein. Nach der Rückkehr aus dem Wehrdienst wurde er im September 1945 vom Dienst entlassen und in Internierungshaft genommen, aus der er erst im Februar 1947 entlassen wurde. Zum 1. Juli 1949 konnte er in den Dienst des Staatsarchivs zurückkehren. Seine vorherige Stellung als Archivdirektor erlangte er zum Oktober 1950, fast ein Jahr nach dem Tod des vorigen Direktors Max Hein, zurück und er blieb bis zu seinem Ruhestand 1963 auf dieser Position. Seine Hauptaufgabe nach dem Krieg bestand in der Neueinrichtung des Landesarchivs in dessen provisorischer Unterbringung auf Schloss Gottorf. 1953 erschien erstmals seit 1900 eine von Hoffmann herausgegebene Übersicht über die Bestände des Archivs. In seiner Forschung widmete er sich vor allem der Kirchengeschichte und der Geschichte Schleswig-Holsteins, war aber auch weiterhin der Familienforschung zugewandt und übernahm beispielsweise 1958 den Vorsitz der Arbeitsgemeinschaft für Landes- und Volkstumsforschung. Daneben war er auch langjähriges Mitglied der Gesellschaft für Schleswig-Holsteinische Geschichte und mehrere Jahre im Vorstand tätig. Hoffmann starb am 1. März 1978.

LASH Abt. 811 Nr. 20356–20358; Hector, Kurt: [Nachruf] Gottfried Ernst Hoffmann. In: ZSHG 104 (1979), 9–19.

Vehse, Otto

Otto Vehse wurde am 7. August 1901 in Hannover geboren. Er studierte in Marburg, Graz, Göttingen und Berlin und wurde 1924 beim späteren Generaldirektor der preußischen Archivverwaltung Albert Brackmann mit einer Arbeit über „Die politische Propaganda in der Staatskunst Kaiser Friedrichs II." promoviert. Anschließend war er ebenfalls unter Brackmann an der Bearbeitung der *Germania Pontificia* beschäftigt, bevor er 1926 an das Preußische Historische Institut in Rom wechselte, um sich dort weiter der Erforschung der Papsturkunden zu widmen. 1930 habilitierte Vehse sich in Kiel mit einer Arbeit über „Benevent als Territorium des Kirchenstaates der Avignonesischen Epoche". Ebenfalls 1930 wurde ihm die Venia Legendi der philosophischen Fakultät der Christian-Albrechts-Universität zu Kiel verliehen. Zeitgleich trat er den Archivlehrgang in Berlin an und wurde für den praktischen Teil dem Staatsarchiv Kiel überstellt. Seine Arbeit an der Universität wurde ihm jedoch wichtiger, und so schied er zum 1. April 1934 aus dem Archivdienst aus und hielt vertretungsweise Vorlesungen und Übungen in mittelalterlicher Geschichte. 1936 wechselte er an die Universität Hamburg und erhielt dort zwei Jahre später eine ordentliche Professur. Vehse war bereits 1933 der NSDAP und der SA beigetreten, deren Ideologien auch Eingang in seine Forschung fanden. Vehse kam bei der „Operation Gomorrha", einem mehrtätigen Bombenangriff auf Hamburg, am 28. Juli 1943 ums Leben.

GStA PK, I. HA Rep. 178, Nr. 1708; LASH Abt. 304 Nr. 21.

Rundnagel, Erwin

Erwin Rundnagel wurde am 4. Mai 1905 in Posen geboren. Er besuchte das Gymnasium in Halle/Saale, wo er auch studierte. 1929 legte er seine Doktorprüfung ab mit einer Chronik über den Petersberg bei Halle. Zwei Jahre später bestand er die Archivarsprüfung in Berlin und wurde 1932 als wissenschaftlicher Hilfsarbeiter an das Staatsarchiv Kiel versetzt. Nach nur einem Jahr wechselte er zum April 1933 an das Staatsarchiv Magdeburg. Dort erlitt er nur wenige Monate später einen Nervenzusammenbruch, nach dem er mehrere Monate in einem Sanatorium behandelt werden musste. Im Januar 1938 folgte ein zweiter Zusammenbruch, der ihn für nicht absehbare Zeit dienstunfähig machte. Rundnagel starb überraschend an nicht näher ausgeführten Ursachen am 1. Februar 1938 im Alter von nur 32 Jahren.

GStA PK, I. HA Rep. 178, Nr. 1651.

Graber, Erich Felix Kurt

Erich Graber wurde am 14. April 1881 in Berlin geboren. Er studierte in Berlin und Heidelberg und wurde 1905 mit einer Arbeit über die Urkunden Konrads III. (1093–1152) promoviert. Kurz darauf war er als Volontär am Geheimen Staatsarchiv in Berlin tätig und legte 1908 die neu eingeführte Prüfung zum Archivaspiranten ab. Ab Juli 1909 war er für ein Jahr als Hilfsarbeiter im Staatsarchiv Schleswig tätig. Hier war er vor allem mit der Ordnung des Flensburger Stadtarchivs beauftragt. 1909 wurde er nach Posen versetzt, von dort 1919 weiter nach Breslau. Zum 1. Oktober 1931 übernahm Graber die Leitung des Staatsarchivs in Osnabrück, von wo er auf eigenen Antrag 1934 an das Staatsarchiv Kiel in eine untergeordnete Position versetzt wurde. Als Grund dafür gab er den Wunsch an, wegen der Bildung seiner Kinder in eine Universitätsstadt versetzt zu werden. Tatsächlich jedoch hatte er sich von seiner Frau getrennt und lebte mit einer unverheirateten Frau zusammen: ein Skandal für die damalige Zeit. 1936 wurde ein Dienststrafverfahren wegen Unterschlagung in seiner Tätigkeit als Archivdirektor in Osnabrück gegen ihn eingeleitet. Zwar wurde er von dem Vorwurf freigesprochen, er wurde aber trotzdem in den vorzeitigen Ruhestand versetzt, da seine Weiterbeschäftigung aufgrund seines außerdienstlichen Verhaltens nicht mehr zulässig war. Selbst im und nach dem Zweiten Weltkrieg, als die preußische Archivverwaltung unter Personalmangel litt, wurde eine Wiedereinstellung Grabers abgelehnt. Er war nicht wieder in der preußischen Archivverwaltung tätig, forschte aber weiter vor allem zur Kieler Stadtgeschichte. Er starb am 17. Juni 1958.

GStA PK, I. HA Rep. 178, Nr. 2999 (Personalakte); LASH Abt. 304 Nr. 31.

Carstens, Werner

Werner Carstens wurde am 25. August 1899 in Harmsdorf in Holstein geboren. Er studierte Germanistik, Geschichte, Erdkunde und Philosophie in Kiel und Freiburg i. Br. und wurde 1925 mit einer Arbeit über „Die Landesherrschaft der Schauenburger und die Entstehung der landständischen Verfassungen in Schleswig-Holstein" promoviert. Anschließend begann er den Archivarslehrgang in Berlin-Dahlem, den er zwei Jahre später erfolgreich abschloss. Er wurde an das Staatsarchiv Breslau versetzt und 1930 aus dem Dienst der preußischen Archivverwaltung entlassen, um an das eigenständige Staatsarchiv der Freien Stadt Danzig zu wechseln. 1934 kehrte er zurück und wurde an das Staatsarchiv Kiel versetzt. Bereits während seiner Studienzeit war Carstens Mitglied in der Gesellschaft für Schleswig-Holsteinische Geschichte (GSHG) und hatte 1929 die Bearbeitung des fünften Bandes des Urkundenbuches übernommen. Die Versetzung von Carstens an das Staatsarchiv Kiel war von vielen Seiten erwünscht. Auch in seiner Amtszeit in Kiel beteiligte er sich in erhöhtem Maße an der Erforschung der Landesgeschichte, gerade auch in Verbindung mit der GSHG. Carstens wurde 1943 als Soldat zur Wehrmacht eingezogen und geriet ein Jahr später in amerikanische Gefangenschaft. Im Frühjahr 1946 kehrte er gesundheitlich angeschlagen aus dem Krieg zurück. Zwar nahm er seine Arbeit wieder auf und trat 1947 in den Vorstand der GSHG ein, seine Arbeit wurde aber unterbrochen von Aufenthalten in Sanatorien und Krankenhäusern. Carstens starb im Alter von 48 Jahren am 25. Mai 1948.

LASH Abt. 304 Nr. 33 und 902; Pauls, Volquart: Nachruf auf Werner Carstens. In: ZSHG 73 (1949), V–VIII.

Crusius, Eberhard

Eberhard Crusius wurde am 30. Juli 1907 in Perleberg in Brandenburg geboren und studierte in Marburg Geschichte, Deutsch und Latein. Er wurde dort mit einer bis heute unveröffentlichten Arbeit über den hessischen historischen Atlas promoviert. 1934 bis 1936 besuchte er den Archivlehrgang in Berlin-Dahlem, bevor er am 16. April 1936 als Hilfsarbeiter am Staatsarchiv Kiel begann. Hier stieg er zum Assessor auf, bevor er zum 1. Februar 1940 aufgrund seiner Polnischkenntnisse nach Danzig versetzt wurde. Bereits einen Monat später wurde er zum Wehrdienst eingezogen, den er mit Unterbrechungen bis Kriegsende ausführte. Zum 15. August 1945, nach Ende des Krieges und dem damit verbundenen Wegfall der preußischen Archivverwaltung, wurde Crusius als Archivrat im Staatsarchiv Osnabrück eingestellt. 1958 wurde er dann innerhalb der Niedersächsischen Archivverwaltung an das Staatsarchiv Oldenburg versetzt, wo er zum Archivdirektor aufstieg. Hier wandte er sich vor allem der Aufgabe eines Archivneubaus sowie der Heraldik und Sphragistik zu. Aufgrund seiner angeschlagenen Gesundheit ging er bereits 1969 in den vorzeitigen Ruhestand und starb am 11. Juli 1976 in Oldenburg.

Haase, Carl: Eberhard Crusius [Nachruf]. In: Der Archivar 30 (1977), 136–137.

Hector, Kurt Karl

Kurt Hector wurde am 20. Januar 1909 in Heide, Dithmarschen geboren. 1927 begann er sein Studium der Geschichte und Anglistik in Tübingen und in Kiel, und lernte unter anderem bei Otto Scheel und Carl Petersen. Bei Letzterem schrieb er seine Dissertation über politische Ideen und Parteibildung in den schleswigschen und holsteinischen Ständeversammlungen 1836 bis 1846. Anschließend trat er 1937, nach kurzer Tätigkeit am Institut für Weltwirtschaft in Kiel, in den preußischen Archivdienst ein. Er legte 1939 die Archivarsprüfung in Berlin-Dahlem ab und wurde an das Staatsarchiv Kiel versetzt. Nach Werner Carstens war Hector der zweite gebürtige Schleswig-Holsteiner, der dort arbeitete. Sein Dienst war jedoch nur von kurzer Dauer, weil er zum Mai 1940 zum Wehrdienst eingezogen wurde. Dort stieg er bis zum Leutnant auf und erhielt das Eiserne Kreuz zweiter Klasse. Er war hauptsächlich in Norwegen stationiert und kehrte erst nach Kriegsende nach Schleswig-Holstein zurück. Am 7. Dezember 1945 wurde er von der Militärregierung im Rahmen der Entnazifizierung aus dem Dienst entlassen und musste sich bei einem Bauunternehmen verdingen. Grund dafür war vor allem seine Zugehörigkeit zur NSDAP und anderen NS-Organisationen: Er war bereits 1926, im Alter von 17 Jahren, der NSDAP beigetreten, 1928 der SA. Aus beiden Organisationen war er 1930 ausgetreten, aus beruflichen Gründen aber 1937 in die NSDAP zurückgekehrt. Vom Entnazifizierungsausschuss wurde ihm diese frühe Zugehörigkeit als Jugendsünde ausgelegt, weswegen er ab 1946 wieder an das Staatsarchiv zurückkehren durfte, vorerst zurückgestuft als Archivhilfsarbeiter, ab 1949 wurde er wieder auf seiner vorherigen Stelle als Staatsarchivar eingesetzt. Hector war damit bis zur Wiedereinsetzung Hoffmanns 1949 beim Wiederaufbau der einzige Archivmitarbeiter, der schon vor 1945 im Archiv tätig gewesen war. Auch durch seine Mitarbeit war es möglich, das Landesarchiv 1950 für die Nutzung zu öffnen und drei Jahre später eine erste Beständeübersicht herauszugeben. 1963 ging Direktor Hoffmann in den Ruhestand, und Hector folgte ihm auf dem Posten. Als Leiter des Landesarchivs war es seine oberste Priorität, das Archiv zurück nach Kiel zu verlegen. Ansonsten widmete er sich vor allem der Archivarbeit und führte noch nach seinem Ruhestand 1974 die Verzeichnung des Bestandes der Herzöge von Schleswig-Holstein-Gottorf (Abt. 7) zu Ende. Zudem war er von 1960 bis 1973 Mitglied im Redaktionsausschuss der Gesellschaft für Schleswig-Holsteinische Geschichte und Träger des Bundesverdienstkreuzes. 1970 wurde ihm außerdem der Professorentitel verliehen. Hector starb am 11. April 1981.

LASH Abt. 811 Nr. 6618f; LASH Abt. 460.12 Nr. 225; Prange, Wolfgang: Kurt Hector [Nachruf]. In: ZSHG 107 (1982), 9–13.

Hübinger, Paul Egon

Paul Hübinger wurde am 4. Februar 1911 in Düsseldorf geboren. Nach einem Studium in Bonn, München und Paris wurde er in Bonn mit einer Arbeit über „Die weltlichen Beziehungen der Kirche von Verdun zu den Rheinlanden" promoviert. Von 1937 an absolvierte er den Archivarslehrgang in Berlin-Dahlem und kam 1939 an das Staatsarchiv Koblenz. 1943 erlangte er den Grad „Dr. habil". Im Dezember 1944 wurde Hübinger kurzfristig nach Kiel abgeordnet, um dort die Personalknappheit zu lindern. 1943 waren die beiden letzten wissenschaftliche Archivare zum Wehrdienst eingezogen worden. Der für den Direktor eingesprungene ehemalige Leiter Walther Stephan hatte seinen Dienst aufgrund des Krieges ebenfalls schon wieder gekündigt, und der Sekretär August Reimers, der die wichtigsten Aufgaben erledigte, war an Gelbsucht erkrankt. Zum Februar konnte Hübinger, nachdem Reimers' Gesundheit wiederhergestellt war, nach Koblenz zurückkehren. Er wurde anschließend zum Wehrdienst eingezogen, der aber durch das baldige Kriegsende beendet wurde. Hübinger wechselte als Referent ins Oberpräsidium des Rheinlandes und ging von dort an die Universität. Er lehrte an den Universitäten in Düsseldorf, Bonn und Münster und arbeitete nebenher für die Kulturabteilung des Bundesinnenministeriums. 1959 widmete er sich endgültig der Forschung und übernahm einen Lehrstuhl an der Bonner Universität und wurde 1979 emeritiert. Hübinger hatte sich unter anderem für die Gründung des Deutschen Historischen Instituts in Paris eingesetzt und wurde für seine Arbeit vielfach ausgezeichnet, unter anderem mit dem Ritterkreuz der französischen Ehrenlegion und dem Bundesverdienstkreuz. Er starb am 26. Juni 1987 in Bonn.

LASH Abt. 304 Nr. 30; Schieffer, Theodor: Paul Egon Hübinger [Nachruf]. In: Archivar 40 (1987), 637–639.

Hein, Max Hermann Meinhard

Max Hein wurde am 7. Oktober 1885 in Angerburg (Węgorzewo) in der Nähe von Königsberg geboren. Nachdem er das Gymnasium in Königsberg besucht hatte, schloss er sein Studium 1909 in Berlin mit einer Promotion über das Urkundenwesen der Erzbischöfe von Mainz im frühen Mittelalter ab. Danach trat er in den Dienst des Staatsarchivs Danzig, wo er zum Archivassistenten aufstieg. Es ist anzunehmen, dass Hein im Ersten Weltkrieg kämpfte, fest steht nur, dass er im Oktober 1918 an das Staatsarchiv Stettin versetzt wurde, wo er zum Archivar ernannt wurde, bevor er im April 1921 an das Staatsarchiv Königsberg wechselte. Hier wurde er im Oktober 1927 Leiter und befasste sich auch wissenschaftlich mit der Region, aus der er gebürtig stammte. Ebenfalls seit 1927 war er Vorsitzender der Historische Kommission für ost- und westpreußische Landesforschung und forschte außerdem zur Geschichte des preußischen Staates, namentlich vor allem zu Friedrich dem Großen. Mit dem Aufstieg der Nationalsozialisten trat er nicht in die NSDAP ein, wurde aber Mitglied der gängigen NS-Organisationen (Reichsbund Deutscher Beamten, NS-Volkswohlfahrt, Verein für deutsche Kulturbeziehungen im Ausland). Während des Zweiten Weltkriegs wurde er nicht zur Wehrmacht eingezogen, sondern war vor allem für die Sicherung des Königsberger Archivs zuständig. Er musste im Januar 1945 mit dem Heranrücken der sowjetischen Armee seinen Posten räumen. Über Dänemark floh er nach Schleswig-Holstein, wo er wohl auf den aus Berlin geflohenen Generaldirektor der preußischen Archivverwaltung traf. Dieser betraute ihn mit der Übernahme der vakanten Stelle des Archivleiters im Staatsarchiv Kiel, die er am 26. März 1945 antrat. Obwohl Hein weder Kenntnisse über das Archiv noch über die Region hatte, behielt er diese Stelle, unter anderem auch deswegen, weil durch die laufenden Entnazifizierungsverfahren der anderen schleswig-holsteinischen Archivare kein Ersatz vorhanden war. Er musste ohne Rückgriffsmöglichkeit auf die Erfahrung der vor dem Krieg im Staatsarchiv Kiel beschäftigten Archivare die Rückführungen aus den Auslagerungsstätten koordinieren und einen Ersatz für das in Kiel durch den Krieg zerstörte Archivgebäude finden. 1948 fand das nun in Landesarchiv umbenannte Archiv unter seiner Ägide eine neue Unterkunft in Schloss Gottorf. Schon 1945 war Hein gesundheitlich geschwächt. Er starb am 13. November 1949 im Alter von 64 Jahren.

LASH Abt. 460.19 Nr. 486, K 3172; Suhr, Wilhelm: Nachruf auf Max Hein. In: ZSHG 76 (1952), XVII–XIX.

Suhr, Wilhelm Christoph Hermann

Wilhelm Suhr wurde am 16. Februar 1909 in Kiel geboren. Er studierte in Kiel, Freiburg und München und wurde 1935 mit einer Arbeit über die Lübecker Kirche im Mittelalter und ihre Verfassung in Kiel promoviert. Anschließend begann er den Archivarslehrgang in Berlin-Dahlem. Nach erfolgreichem Abschluss arbeitete er an den Staatsarchiven in Düsseldorf und Münster, bevor er 1941 zum Wehrdienst eingezogen wurde. Verwundet am rechten Arm und an der Lunge, kehrte er in den Archivdienst zurück und arbeitete bis 1943 am Staatsarchiv Wiesbaden. Er wurde bald zur Arbeit für den Generaldirektor der preußischen Archivverwaltung abgeordnet. Zum 1. Mai 1945, kurz vor Kriegsende, wurde Suhr an das Staatsarchiv Kiel versetzt und folgte damit dem Generaldirektor und der Regierung Dönitz nach Schleswig-Holstein. Das Staatsarchiv Kiel hatte zu dieser Zeit de facto nicht mehr Bestand, weil die Archivalien zu 95 Prozent ausgelagert waren und das Archivgebäude zerstört war. Nach Kriegsende war Suhr mit dem Wiederaufbau des Staatsarchivs, das 1948 in Landesarchiv umbenannt worden war, beschäftigt. Nach dem Tod von Direktor Max Hein übernahm er für ein Jahr die Leitung des Landesarchivs, bevor Gottfried Ernst Hoffmann nach erfolgreicher Entnazifizierung diesen Posten wieder einnahm. Suhr blieb Stellvertreter des Direktors, obwohl nach Hoffmanns Pensionierung 1963 der gleichaltrige Kurt Hector als Nachfolger bevorzugt wurde. Suhr beschäftigte sich vor allem mit mittelalterlicher und Kirchengeschichte und galt besonders als Fachmann für Wappen- und Siegelkunde. Er trat 1973 in den Ruhestand und starb am 17. Dezember 1989 an den Spätfolgen seiner Kriegsverletzung.

LASH Abt. 811 Nr. 6620.

Name und Lebensdaten	Dauer der Anstellung	Titel
Zimmermann, Th. (?–1872)	1. Jan. 1870 – 1. Jan. 1871	Archivsekretär
Hille, Georg (1841–1911)	24. Dez. 1870 – 1. April 1911	Archivsekretär bis Archivdirektor
Großmann, Julius (1845–1910)	1. Mai 1872 – 28. Febr. 1873	Hilfsarbeiter
Palm, Konrad (1849–1880)	1. Mai 1874 – 29. Sept. 1874	Hilfsarbeiter
Pfotenhauer, Paul (1842–1897)	1. Sept. 1875 – 30. Aug. 1876	Probedienst bis Hilfsarbeiter
Meyer, Christian (1842–1916)	1. April 1876 – 1. Okt. 1877	Archivsekretär
Weißenbach, Hanns Freiherr v. (1847–1913)	12. April 1876 – 10. Juni 1876	Hilfsarbeiter
Kohlmann, Karl (1850–1928)	1. Juli 1877 – 30. Juni 1884	Archivaspirant bis Archivsekretär
Goecke, Rudolf (1852–1886)	1. Okt. 1877 – 1. Sept. 1880	Archivsekretär
Finke, Heinrich (1855–1938)	15. Jan. 1882 – 1. Dez. 1883	Probedienst bis Archivassistent
Boor, Albert de (1852–1945)	1. Juli 1884 – 1. Okt. 1918	Archivsekretär bis Archivdirektor
Krühne, Max (1857–?)	1. Okt. 1884 – 31. Jan. 1887	Archivassistent
Müsebeck, Ernst (1870–1939)	1. April – 31. Okt. 1900	Archivhilfsarbeiter bis Archivassistent
Eggers, Albert (1867–1942)	Juni – Nov. 1902	Hilfsarbeiter
Meyer, Martin (1870–1933)	Okt. 1909 – Sept. 1910	Archivar
Kochendörffer, Heinrich (1880–1936)	1. Dez. 1910 – 30. März 1912	Archivassistent

Name und Lebensdaten	Dauer der Anstellung	Titel
Kupke, Georg (1866–1950)	1. April 1911 – 30. Sept. 1918	Archivar
Richter, Paul (1866–1939)	1. Okt. 1918 – 1. Okt. 1931	Archivdirektor
Kochendörffer, Heinrich (1880–1936)	1. Febr. 1919 – 30. Juni 1926	Staatsarchivrat
Stephan, Walther (1873–1959)	1. Okt. 1920 – 30. März 1938 (Direktor ab 30. Sept. 1931)	Staatsarchivrat bis Staatsarchivdirektor
Spieß, Werner (1891–1972)	1. Nov. 1923 – 30. März 1924	Staatsarchivrat
Hoffmann, Gottfried Ernst (1898–1978)	12. April 1926 – 7. Sept. 1945; 1. Juli 1949 – 28. Febr. 1963 (Direktor ab 1. April 1938, erneut ab 1. Okt. 1950)	Hilfsarbeiter bis Staatsarchivdirektor
Vehse, Otto (1901–1943)	1930 – 30. März 1934	Hilfsarbeiter
Rundnagel, Erwin (1905–1938)	1. April 1932 – 30. März 1933	Hilfsarbeiter
Graber, Erich (1881–1958)	1. April 1934 – 1. Okt. 1937	Archivar (Erster Staatsarchivrat)
Carstens, Werner (1899–1948)	Juli 1934 – 25. Mai 1948 (†)	Staatsarchiv- bzw. Landesarchivrat
Crusius, Eberhard (1907–1976)	16. April 1936 – 1. Febr. 1940	Hilfsarbeiter bis Assessor
Hector, Kurt (1909–1981)	12. April 1939 – 6. Dez. 1945; 8. Nov. 1946 – 31. Jan. 1974 (Direktor ab 1. März 1963)	Hilfsarbeiter bis Leitender Archivdirektor
Stephan, Walther (1973–1959)	16. Okt. 1943 – Okt. 1944	komm. Leiter (Vertretung für Hoffmann)
Hübinger, Paul Egon (1911–1987)	18. Dez. 1943 – Febr. 1944	Staatsarchivrat
Hein, Max (1885–1949)	26. März 1945 – 13. Nov. 1949 (†)	Direktor
Suhr, Wilhelm (1909–1989)	1. Mai 1945 – 31. März 1973	Archivar

Abbildungsnachweis

Abbildung 1: Georg Hille, ca. 1873 (LASH Abt. 304 Nr. 5003).
Abbildung 2: Frontansicht des Archivs in der Karlstraße (LASH Abt. 399.92 Nr. 80).
Abbildung 3: Hoffmann im braunen Hemd der SA-Uniform (LASH Abt. 304 Nr. 5001, Zeitungsartikel aus der Nordischen Rundschau vom 1. November 1938).
Abbildung 4: Aufruf zur Altpapierverwertung (LASH Abt. 304 Nr. 920, Zeitungswerbung aus der Kieler Zeitung vom 10./11. April 1943).
Abbildung 5: Unterbringung der Entnazifizierungsakten (LASH Abt. 399.92 Nr. 81, Foto von Dr. Martin Reißmann).
Abbildung 6: Bau eines behelfsmäßigen Archivlagers hinter Schloss Gottorf (LASH Abt. 304 Nr. 5002).

Abkürzungsverzeichnis

Abt.	Abteilung
BArch	Bundesarchiv
CAU	Christian-Albrechts-Universität zu Kiel (auch Christiana Albertina genannt)
GStA PK	Geheimes Staatsarchiv Preußischer Kulturbesitz
GSHG	Gesellschaft für Schleswig-Holsteinische Geschichte
Hrsg.	Herausgeber/Herausgeberin/Herausgeberinnen
i. A.	im Auftrag
IfA	Institut für Archivwissenschaft und geschichtswissenschaftliche Fortbildung
i. V.	in Vertretung
IVL	Institut für Volks- und Landesforschung
LASH	Landesarchiv Schleswig-Holstein
MFA&A	Monuments, Fine Arts & Archives Section
NLA	Niedersächsisches Landesarchiv
NOFG	Nordostdeutsche Forschungsgemeinschaft (Nord- und Ostdeutsche Forschungsgemeinschaft)
NSFK	Nationalsozialistisches Fliegerkorps
NSV	Nationalsozialistische Volkswohlfahrt
o. D.	ohne Datum
PRO	Public Record Office
RDB	Reichsbund der Deutschen Beamten
RDF	Reichsbund Deutsche Familie

s. Zt.	seiner Zeit
StadtA	Stadtarchiv
SHRU	Schleswig-Holsteinische Regesten und Urkunden (Urkundenbuch)
TNA	The National Archives, Kew/UK
VdA	Verband deutscher Archivarinnen und Archivare (bis 2000: Verein deutscher Archivare)
VDA	Volksbund für das Deutschtum im Ausland
ZSHG	Zeitschrift der Gesellschaft für schleswig-holsteinische Geschichte

Ortsverzeichnis

Personenverzeichnis

Über die Autorin

Sarah Schmidt hat Geschichte und Französisch in Hamburg und Bordeaux studiert. Ihr Masterstudium schloss sie mit einer Arbeit über „Das Staatsarchiv Hamburg im Nationalsozialismus" ab, die 2016 in der Reihe der Veröffentlichungen des Staatsarchivs Hamburg (Band 24) erschien. Sie war als Guide im Museum für Hamburgische Geschichte und als Kuratorin der Ausstellung zum 150. Jubiläum des Landesarchivs Schleswig-Holstein tätig. 2021 trat sie in den schleswig-holsteinischen Archivdienst ein. Bei der vorliegenden Arbeit handelt es sich um ihre Doktorarbeit.

Veröffentlichungen des Landesarchivs Schleswig-Holstein

Band 1: Findbuch der Bestände Abt. 268 und 285: Lübecker Domkapitel mit Großvogtei und Vikarien sowie Amt Großvogtei, von Wolfgang Prange. 1975. XVII, 324 Seiten. ISBN 3-931292-01-0

Band 2: Findbuch des Bestandes Abt. 400.5: Von der Universitätsbibliothek Kiel übernommene Handschriften, von Wolfgang Prange. 1975. IV, 84 Seiten. ISBN 3-931292-02-9

Band 3: Findbuch des Bestandes Abt. 320 Eckernförde: Kreis Eckernförde, von Hans Wilhelm Schwarz. 1976. VIII, 89 Seiten. Vergriffen. Neuauflage siehe Band 44. ISBN 3-931292-03-7

Bände 4 und 5: Findbuch des Bestandes Abt. 7: Herzöge von Schleswig-Holstein-Gottorf 1544–1713. 1. und 2. Band, von Kurt Hector. 1977. XVI, XII, 852 Seiten. Nur zusammen zu beziehen. Auf die Nachträge und Indices, die als Band 11 erschienen sind, wird ausdrücklich verwiesen. ISBN 3-931292-04-5

Band 6: Findbuch des Bestandes Abt. 320 Eiderstedt: Kreis Eiderstedt 1867–1950, von Reimer Witt. 1978. VIII, 144 Seiten. Vergriffen. Neuauflage siehe Band 62. ISBN 3-931292-06-1

Band 7: Findbuch des Bestandes Abt. 218: Lauenburgisches Konsistorium zu Ratzeburg, von Wolfgang Prange. 1979. V, 148 Seiten. ISBN 3-931292-07-X

Band 8: Findbuch des Bestandes Abt. 320 Steinburg: Kreis Steinburg, von Robert Knull und Dagmar Unverhau. 1980. XVI, 215 Seiten. ISBN 3-931292-08-8

Band 9: Findbuch des Bestandes Abt. 65.1: Deutsche Kanzlei zu Kopenhagen bis 1730, von Konrad Wenn. 1981. VII, 171 Seiten. Vergriffen. ISBN 3-931292-09-6

Band 10: Findbuch des Bestandes Abt. 107: Ämter Cismar und Oldenburg, von Wolfgang Prange. 1982. VIII, 73 Seiten. Vergriffen. ISBN 3-931292-10-X

Band 11: Findbuch des Bestandes Abt. 7: Herzöge von Schleswig-Holstein-Gottorf 1544–1713. 3. Band, von Kurt Hector und Heinrich Frhr. von Hoyningen gen. Huene. 1983. Enthält Nachträge und Indices zu Band 4 und 5. XXIV, 422 Seiten. ISBN 3-931292-11-8

Band 12: Findbuch der Bestände Abt. 231, 232, 233 und 234: Ämter Lauenburg, Ratzeburg, Schwarzenbek und Steinhorst, von Wolfgang Prange und Konrad Wenn. 1984. XVII, 358 Seiten. ISBN 3-931292-12-6

Band 13: Findbuch des Bestandes Abt. 210: Lauenburgische Regierung zu Ratzeburg, von Wolfgang Prange und Konrad Wenn. 1985. XVII, 597 Seiten. ISBN 3-931292-13-4

Band 14: Findbuch des Bestandes Abt. 320 Segeberg: Kreis Segeberg, von Robert Knull und Dagmar Unverhau. 1985. XVIII, 140 Seiten. ISBN 3-931292-14-2

Band 15: Findbuch des Bestandes Abt. 320 Plön: Kreis Plön, von Hartmut Haase und Hans Wilhelm Schwarz. 1986. VIII, 262 Seiten. ISBN 3-931292-15-0

Bände 16 und 17: Findbuch der Reichskammergerichtsakten (Abt. 390 und andere), von Hans-Konrad Stein-Stegemann. 1986. 2 Bände: Titelaufnahmen und Indices. XIX, 734 Seiten. Nur zusammen zu beziehen. ISBN 3-931292-16-9

Bände 18 und 19: Findbuch der Reichskammergerichtsakten im Archiv der Hansestadt Lübeck, von Hans-Konrad Stein-Stegemann. 1987. 2 Bände: Titelaufnahmen und Indices. XXI, 1067 Seiten. Nur zusammen zu beziehen. ISBN 3-931292-18-5

Band 20: Schleswig-Holsteinische Archivtage 1985–1987 – Ansprachen und Vorträge –. Hrsg. von Angelika Menne-Haritz. 1987. 137 Seiten. ISBN 3-931292-20-7

Band 21: Schleswig-Holsteinische Regesten und Urkunden. Band 9: Herrschaft Breitenburg 1256–1598. Bearb. von Kurt Hector und Wolfgang Prange. Neumünster 1988. XI, 657 Seiten. Nur im Buchhandel erhältlich. ISBN 3-931292-21-5

Band 22: Landschaft und Siedlung im Wandel. Alte Flurkarten aus Schleswig-Holstein, Erdbücher, Urkunden, Vermessungsinstrumente. Eine Ausstellung im Landesarchiv Schleswig-Holstein 1989/1990, von Susanna Misgajski. 1989. 64 Seiten. ISBN 3-931292-22-3

Band 23: Schleswig-Holsteinische Regesten und Urkunden. Band 10: Kloster Ahrensbök 1328–1565. Bearb. von Wolfgang Prange. Neumünster 1989. 455 Seiten. Nur im Buchhandel erhältlich. ISBN 3-931292-23-1

Band 24: Findbuch des Bestandes Abt. 8.1: Schleswig-Holstein-Gottorfisches (Großfürstliches) Geheimes Regierungs-Conseil zu Kiel 1720–1773, von Wolfgang Prange und Konrad Wenn. 1989. X, 258 Seiten. ISBN 3-931292-24-X

Band 25: Findbuch des Bestandes Abt. 8.2: Schleswig-Holstein-Gottorfische (Großfürstliche) Rentekammer zu Kiel 1720–1778, von Wolfgang Prange. 1990. IX, 209 Seiten. ISBN 3-931292-25-8

Band 26: Schleswig-Holsteinische Regesten und Urkunden. Band 11: Die Protokolle des Lübecker Domkapitels 1535–1540. Bearb. von Wolfgang Prange. Neumünster 1990. 330 Seiten. Nur im Buchhandel erhältlich. ISBN 3-931292-26-6

Band 27: Durchs Objektiv gesehen. Aspekte der Filmgeschichte in Schleswig-Holstein. Eine Ausstellung im Landesarchiv Schleswig-Holstein 1992/1993, von Jutta Matz. 1992. 59 Seiten. ISBN 3-931292-27-4

Band 28: Historisches Ortsnamenlexikon von Schleswig-Holstein, von Wolfgang Laur. 2., völlig veränderte und erweiterte Auflage. Neumünster 1992. 755 Seiten. Vergriffen. ISBN 3-931292-28-2

Band 29: Findbuch der Bestände Abt. 216 und 217: Lauenburgische Gerichte, von Wolfgang Prange. 1992. 149 Seiten. ISBN 3-931292-29-0

Band 30: Schleswig-Holsteinische Regesten und Urkunden. Band 12: Die Protokolle des Lübecker Domkapitels 1522–1530. Bearb. von Wolfgang Prange. Neumünster 1992. 874 Seiten. Nur im Buchhandel erhältlich. ISBN 3-931292-30-4

Bände 31 bis 33: Findbuch des Bestandes Abt. 66: Rentekammer zu Kopenhagen, Schleswig-Holsteinische Kammer auf Gottorf, General-Landwesens-Kollegium, Steuerkommissionen, von Wolfgang Prange und Konrad Wenn. 1993. 3 Bände. 1077 Seiten. Nur zusammen zu beziehen. ISBN 3-931292-31-2

Band 34: Findbuch des Bestandes Abt. 320 Bordesholm: Kreis Bordesholm 1867–1932, von Veronika Eisermann und Hans Wilhelm Schwarz. 1993. V, 79 Seiten. ISBN 3-931292-34-7

Band 35: Urkundenbuch des Bisthums Lübeck. Teil 1. Hrsg. von Wilhelm Leverkus. Neudruck der Ausgabe von 1856. Neumünster 1994. XXXII, 901 Seiten. Nur im Buchhandel erhältlich. ISBN 3 931292 35 5

Band 36: Schleswig-Holsteinische Regesten und Urkunden. Band 13: Urkundenbuch des Bistums Lübeck. Band 2: Urkunden 1220–1439. Bearb. von Wolfgang Prange. Neumünster 1994. XIV, 656 Seiten. ISBN 3-931292-36-3

Band 37: Schleswig-Holsteinische Regesten und Urkunden. Band 8: Kloster Itzehoe 1256–1564. Bearb. von Hans Harald Hennings. Neumünster 1993. XIV, 569 Seiten. ISBN 3-931292-37-1

Band 38: Schienen zum Fortschritt. 150 Jahre Eisenbahn in Schleswig-Holstein. Ausstellungen zum Jubiläum der Eisenbahn in Schleswig-Holstein, von Christian Küster, Susanna Misgajski, Manfred Schulz und Günther Ungerbieler. 1994. 113 Seiten. Vergriffen. ISBN 3-931292-38-X

Band 39: „Der Stand der Frauen, wahrlich, ist ein harter Stand". Frauenleben im Spiegel der Landesgeschichte. Hrsg. von Elke Imberger. 1994. 231 Seiten. ISBN 3-931292-39-8

Band 40: Schleswig-Holsteins Lied und Farben im Wandel der Zeiten. Vorträge und Diskussionen eines wissenschaftlichen Symposiums: „150 Jahre Schleswig-Holstein-Lied". Hrsg. vom Schleswig-Holsteinischen Heimatbund und dem Landesarchiv Schleswig-Holstein. 1995. 112 Seiten. ISBN 3-931292-40-1

Band 41: Der 8. Mai als politische Zäsur. Ansprachen und Vorträge zum Symposium „Ende und Anfang im Mai 1945" in der Marineschule Mürwik am 17. Mai 1995 (Landeszentrale für Politische Bildung. Labskaus 4). 41 Seiten. ISBN 3-931292-41-X

Band 42: Der Kaiser, der Kanal und die Kinematographie. Begleitheft zur Ausstellung im Landesarchiv Schleswig-Holstein: Birt Acres – 100 Jahre Film in Schleswig-Holstein, von Hauke Lange-Fuchs. 1995. 71 Seiten. ISBN 3-931292-42-8

Band 43: Archive in Schleswig-Holstein. Bearb. von Veronika Eisermann und Hans Wilhelm Schwarz. 1996. 115 Seiten. ISBN 3-931292-43-6

Band 44: Findbuch des Bestandes Abt. 320.3: Kreis Eckernförde 1867–1950, von Veronika Eisermann und Hans Wilhelm Schwarz. 2., wesentlich erweiterte Auflage. 1996. VIII, 290 Seiten. ISBN 3-931292-44-4

Band 45: Schleswig-Holsteinische Regesten und Urkunden. Band 14: Urkundenbuch des Bistums Lübeck. Band 3: Urkunden 1439–1509. Bearb. von Wolfgang Prange. Neumünster 1995. 806 Seiten. ISBN 3-931292-45-2

Band 46: Schleswig-Holsteinische Regesten und Urkunden. Band 15: Urkundenbuch des Bistums Lübeck. Band 4: Urkunden 1510–1530 und andere Texte. Bearb. von Wolfgang Prange. Neumünster 1996. 839 Seiten. ISBN 3-931292-46-0

Band 47: Landgraf Carl von Hessen 1744–1836. Statthalter in den Herzogtümern Schleswig und Holstein. Eine Ausstellung im Landesarchiv Schleswig-Holstein, von Jens Ahlers, Jürgen Ostwald, Reimer Witt und Heyo Wulf. 1996. 215 Seiten. Vergriffen. ISBN 3-931292-47-9

Band 48: Findbuch des Bestandes Abt. 320.9: Kreis Husum 1867–1950, von Marion Dernehl und Reimer Witt. 1997. VII, 119 Seiten. ISBN 3-931292-48-7

Band 49: Die Wappen der Kreise, Ämter, Städte und Gemeinden in Schleswig-Holstein. Bearb. von Martin Reißmann unter Mitwirkung von Uta Hess, Jutta Matz und Hans Wilhelm Schwarz. Husum 1997. 415 Seiten. Vergriffen. ISBN 3-931292-49-5

Bände 50 bis 53: Findbuch des Bestandes Abt. 260: Regierung des Bistums, Fürstentums, Landesteils Lübeck zu Eutin, von Gertrud Nordmann, Wolfgang Prange und Konrad Wenn. 1997. 4 Bände. 1896 Seiten. Nur zusammen zu beziehen. ISBN 3-931292-50-9

Band 54: Die Anfänge des Landes Schleswig-Holstein. Vier Vorträge aus Anlaß des 50jährigen Landesjubiläums. Hrsg. vom Schleswig-Holsteinischen Heimatbund und dem Landesarchiv Schleswig-Holstein. 1997. 103 Seiten mit 10 Abb. ISBN 3-931292-51-7

Band 55: Landgraf Carl von Hessen 1744–1836. Vorträge zu einer Ausstellung. Hrsg. von Reimer Witt und Heyo Wulf. 1997. 163 Seiten. Vergriffen. ISBN 3-931292-52-5

Band 56: Der Hesterberg. 125 Jahre Kinder- und Jugendpsychiatrie und Heilpädagogik in Schleswig. Eine Ausstellung im Landesarchiv Schleswig-Holstein, von Susanna Misgajski. 1997. 157 Seiten. ISBN 3-931292-53-3

Band 57: Die Gottorfer auf dem Weg zum Zarenthron. Russisch-gottorfische Verbindungen im 18. Jahrhundert. Katalog zur Ausstellung im Landesarchiv Schleswig-Holstein, von Michail Lukitschev und Reimer Witt, unter Mitwirkung von Svetlana Dolgova, Jutta Matz, Marina Osekina und Sven Schoen. 1997. 203 Seiten. Vergriffen. ISBN 3-931292-54-1

Band 58: Schleswig-Holsteinische Regesten und Urkunden. Band 16: Urkundenbuch des Bistums Lübeck. Band 5: Siegelzeichnungen, Überlieferung, Indices. Bearb. von Wolfgang Prange. Neumünster 1997. 363 Seiten. ISBN 3-931292-32-0

Band 59: Schleswig-Holsteinische Beamte 1816–1848, von Gertrud Nordmann. 1997. VII, 445 Seiten. ISBN 3-931292-56-8

Band 60: Findbuch des Bestandes Abt. 170: Landschaft Stapelholm 1699–1867 (–1925), von Marion Dernehl. 1998. V, 52 Seiten. ISBN 3-931292-17-7

Band 61: Findbuch des Bestandes Kreis Herzogtum Lauenburg (Ratzeburg) 1873–1950, von Cordula Bornefeld und Hartmut Haase. 2001. 2 Bände. XIII, VIII, 687 Seiten. ISBN 3-931292-33-9

Band 62: Findbuch des Bestandes Abt. 320.4: Kreis Eiderstedt 1867–1950. Neu bearb. von Marion Dernehl und Reimer Witt. 1998. 2., erweiterte Auflage. IX, 167 Seiten. ISBN 3-931292-19-3

Band 63: Die Staatsgrundgesetze 1848/49 in Schleswig-Holstein und Lauenburg: Reprint zeitgenössischer Drucktexte. Hrsg. vom Verein zur Förderung des Landesarchivs Schleswig-Holstein e. V. 1998. 63 Seiten. ISBN 3-931292-55-X

Band 64: Heinrich Rantzau (1526–1598) – Statthalter in Schleswig und Holstein. Ein Humanist beschreibt sein Land. Katalog zur Ausstellung im Landesarchiv Schleswig-Holstein. Landesbeschreibung – Aufsätze – Katalog. Hrsg. von Marion Bejschowetz-Iserhoht, Hans Braunschweig, Reimer Witt und Heyo Wulf. 1999. 346 Seiten. ISBN 3-931292-57-6

Band 65: Arkivfortegnelse/Findbuch der Bestände Tønder kreds/Kreis Tondern 1867–1920 und/og Kreis Südtondern/Sydtønder kreds 1920–1950 i/im Landsarkivet for Sønderjylland und/og Landesarchiv Schleswig-Holstein. Redaktion Bettina Reichert und Hans Schultz Hansen. 1999. XIII, 353 Seiten. ISBN 3-931292-58-4

Band 66: Staatsgrundgesetze 1848/49 in Schleswig-Holstein und Lauenburg. Katalog zur Ausstellung im Haus Mecklenburg, Ratzeburg, 11. Mai bis 7. November 1999, von Hans Wilhelm Schwarz. 1999. 104 Seiten. ISBN 3-931292-61-4

Band 67: Findbuch des Bestandes Abt. 20: Herzöge von Schleswig-Holstein-Sonderburg-Plön, von Wolfgang Prange und Konrad Wenn. 1999. XVIII, 221 Seiten. ISBN 3-931292-62-2

Band 68: Findbuch des Bestandes Abt. 2002: Landesfilmarchiv, von Dirk Jachomowski. 1999. XVI, 258 Seiten mit 70 Abb. ISBN 3-931292-59-2

Band 69: Gilden in Schleswig-Holstein. Vorträge zur Ausstellung im Landesarchiv Schleswig-Holstein. Hrsg. von Marion Bejschowetz-Iserhoht, Reimer Witt und Heyo Wulf. 2000. 171 Seiten mit 17 Abb. ISBN 3-931292-63-0

Band 70: Findbuch Helgoländer Bestände: Abt. 174 Landschaft und britische Kronkolonie Helgoland, Abt. 131 Landgemeinde Helgoland, Abt. 320.22 Inselkreis Helgoland, von Malte Bischoff und Robert Knull. 2003. 70 Seiten. ISBN 3-931292-60-6

Band 71: Wappen – Zwischen Tradition und Fortschritt. Begleitheft zur Ausstellung im Landesarchiv Schleswig-Holstein, von Martin Reißmann. 2000. 35 Seiten mit 24 Abb. ISBN 3-931292-65-7

Band 72: Findbuch des Bestandes Abt. 3: Grafschaft Holstein-Schauenburg-Pinneberg. Bearb. von Malte Bischoff und Lars E. Worgull. 2002. 89 Seiten. ISBN 3-931292-66-5

Band 73: Arkivfortegnelse/Findbuch der Bestände Tønder amt til 1867/Amt Tondern bis 1867 i/im Landsarkivet for Sønderjylland og/und Landesarchiv Schleswig-Holstein. Bettina Reichert und Jesper Thomassen. 2001. XXX, 377 Seiten. ISBN 3-931292-67-3

Band 74: Im Spannungsfeld zwischen Regional- und Landesgeschichte. Vorträge eines Regionalsymposiums im Landesarchiv Schleswig-Holstein. Hrsg. von Reimer Witt. 2003. 115 Seiten. ISBN 3-931292-64-9

Band 75: Von Gottesfurcht und Kirchenzucht. Aspekte kirchlichen Lebens in Schleswig-Holstein im 17. Jahrhundert. Katalog zur Ausstellung im Landesarchiv Schleswig-Holstein. Hrsg. von Marion Bejschowetz-Iserhoht, Malte Bischoff und Reimer Witt. 2001. 71 Seiten mit 38 Abb. ISBN 3-931292-68-1

Band 76: Beiträge zur schleswig-holsteinischen Geschichte. Ausgewählte Aufsätze, von Wolfgang Prange. Neumünster 2002. XIV, 610 Seiten. ISBN 3-529-02212-8

Band 77: Archivalien zur Geschichte Schleswig-Holsteins im Niedersächsischen Staatsarchiv in Stade, von Robert Gahde. 2002. 91 Seiten. ISBN 3-931292-69-X

Band 78: Kirchliches Leben in Schleswig-Holstein im 17. Jahrhundert. Vorträge zu einer Ausstellung im Landesarchiv Schleswig-Holstein. Hrsg. von Marion Bejschowetz-Iserhoht und Reimer Witt. 2003. 215 Seiten. ISBN 3-931292-71-1

Band 79: Nicht erschienen.

Band 80: Schleswig-Holstein und die Niederlande – Aspekte einer historischen Verbundenheit. Katalog zur Ausstellung im Landesarchiv Schleswig-Holstein, Hrsg. von Ernst Joachim Fürsen und Reimer Witt. 2003. 183 Seiten. ISBN 3-931292-72-X

Band 81: Findbuch des Bestandes Abt. 320.12: Kreis Pinneberg, von Robert Knull. 2003. IX, 127 Seiten. ISBN 3-931292-73-8

Band 82: Das dritte Elbherzogtum. Der Kreis Herzogtum Lauenburg und seine Geschichte. Eine Ausstellung des Landesarchivs Schleswig-Holstein und des Kreises Herzogtum Lauenburg, von Eckardt Opitz und Martin Knauer. 2003. [34] Bl. Vergriffen. ISBN 3-931292-74-6

Band 83: Von ehrbaren Handwerkern und Böhnhasen – Handwerksämter in Schleswig-Holstein. Katalog zur Ausstellung im Landesarchiv Schleswig-Holstein. Hrsg. von Marion Bejschowetz-Iserhoht und Reimer Witt. 2004. 76 Seiten mit 36 Abb. ISBN 3-931292-75-4

Band 84: Findbuch des Bestandes Abt. 320.11: Kreis Oldenburg 1867–1950. Bearb. von Veronika Eisermann. 2004. VI, 46 Seiten. ISBN 3-931292-76-2

Band 85: Findbuch des Bestandes Abt. 314: Oberversicherungsamt, von Wulf Pingel. 2005. V, 51 Seiten. ISBN 3-931292-77-0

Band 86: Belli Dithmarsici vera descriptio – Wahre Beschreibung des Dithmarscher Krieges, von Heinrich Rantzau (Christianus Cilicius Cimber). Edition, Einleitung und Übersetzung von Fritz Felgentreu. 2009. 252 Seiten mit 12 Abb. ISBN 978-3-931292-78-2

Band 87: Findbuch des Bestandes Abt. 301: Oberpräsidium und Provinzialrat der Provinz Schleswig-Holstein, von Elke Imberger. 2005. XXVIII, 576 Seiten. ISBN 3-931292-79-7

Band 88: Findbuch des Bestandes Abt. 111: Ämter Reinbek, Trittau, Tremsbüttel, von Dirk Jachomowski und Wulf Pingel. 2006. XI, 261 Seiten. ISBN 3-931292-80-0

Band 89: Das Landesarchiv Schleswig-Holstein. Eine Betrachtung aus archivtechnischer Sicht, von Roland Lucht. 2., komplett überarb. Auflage. 2014. 95 Seiten mit 22 Abb. ISBN 978-3-943423-11-2

Band 90: Findbuch des Bestandes Abt. 47: Christian-Albrechts-Universität Kiel. Teil 1: 1665–1945, von Georg Asmussen. 2007. VI, 185 Seiten. ISBN 978-3-937816-43-2

Band 91: Findbuch des Bestandes Abt. 47.1: Kuratorium der Christian-Albrechts-Universität Kiel, von Georg Asmussen. 2007. VIII, 61 Seiten. ISBN 978-3-937816-44-9

Band 92: 99 Silbermünzen. Der Haselauer Münzfund aus der Zeit des Dreißigjährigen Krieges. Katalog zur Ausstellung im Landesarchiv Schleswig-Holstein. Hrsg. von Marion Bejschowetz-Iserhoht und Rainer Hering. 2008. 215 Seiten mit 151 Abb. ISBN 978-3-931292-82-9

Band 93: Die Ordnung der Natur. Historische Gärten und Parks in Schleswig-Holstein. Katalog zur Ausstellung des Landesarchivs Schleswig-Holstein in Zusammenarbeit mit dem Archiv für Architektur und Ingenieurbaukunst. Hrsg. von Marion Bejschowetz-Iserhoht und Rainer Hering. 2008. 215 Seiten mit 121 Abb. ISBN 3-931292-83-6

Band 94: Findbuch des Bestandes Abt. 79: Ministerium für das Herzogtum Schleswig zu Kopenhagen 1851–1864, von Jörg Rathjen. 2008. XI, 121 Seiten. ISBN 978-3-937816-48-7

Band 95: Archive zwischen Konflikt und Kooperation/Arkiver mellem konflikt og samarbejde. 75 Jahre deutsch-dänisches Archivabkommen von 1933/75 år dansk-tysk arkivoverenskomst af 1933. Hrsg. von/udgivet af Rainer Hering, Johan Peter Noack, Steen Ousager und/og Hans Schultz Hansen (Landesarchiv Schleswig-Holstein/Statens Arkiver i Danmark). 2008. 159 Seiten mit 1 Abb. ISBN 978-3-937816-59-3

Band 96: Die Ordnung der Natur. Vorträge zu historischen Gärten und Parks in Schleswig-Holstein. Hrsg. von Rainer Hering. 2009. 271 Seiten mit 119 Abb. ISBN978-3-937816-65-4

Band 97: Findbuch der Bestände Abt. 80 und 56: Ministerium für die Herzogtümer Holstein und Lauenburg zu Kopenhagen 1852–1864 sowie Holsteinische Regierung zu Kopenhagen bzw. Plön 1862–1864, von Jörg Rathjen. 2010. XXII, 620 Seiten. ISBN 978-3-937816-66-1

Band 98: Findbuch des Bestandes Abt. 109: Ämter Reinfeld, Rethwisch, Traventhal, von Wulf Pingel. 2010. VII, 116 Seiten. ISBN 978-3-937816-77-7

Band 99: Findbuch der Bestände Abt. 51 bis Abt. 55: Regierungen der Herzogtümer während der Erhebung 1848–1851, Dänische Immediatkommission zur gemeinsamen Regierung der Herzogtümer in Sonderburg 1848–1849, Landesverwaltung für das Herzogtum Schleswig 1849–1851 und Dänischer Regierungskommissar 1850–1851, Oberste Zivilbehörde für das Herzogtum Holstein in Kiel 1851–1852 sowie Militärische Behörden der Erhebungszeit 1848–1851, von Jörg Rathjen. 2010. XV, 606 Seiten. ISBN 978-3-937816-78-4

Band 100: Archivführer Schleswig-Holstein. Archive und ihre Bestände. Hrsg. vom Landesarchiv Schleswig-Holstein, dem Verband schleswig-holsteinischer Kommunalarchivarinnen und -archivare e. V. (VKA) und dem Nordelbischen Kirchenarchiv. 2011. 504 Seiten mit zahlreichen Abb. ISBN 978-3-937816-83-8

Band 101: Das Gedächtnis unseres Landes. Archive in Schleswig-Holstein. Begleitschrift zur Ausstellung. Hrsg. von Manfred von Essen, Rainer Hering, Anke Rannegger und Johannes Rosenplänter. 2011. 50 Seiten mit zahlreichen Abb. ISBN 978-3-931292-85-0

Band 102: Findbuch des Bestandes Abt. 22: Herzöge von Schleswig-Holstein-Sonderburg-Augustenburg, von Jörg Rathjen. 2012. X, 213 Seiten. ISBN 978-3-937816-89-0

Band 103: Findbuch der Bestände Abt. 57 bis Abt. 62: Bundeskommissare für die Herzogtümer Holstein und Lauenburg 1863–1864, Österreichisch-preußische Oberste Zivilbehörde für das Herzogtum Schleswig 1864, Österreichisch-preußische Oberste Zivilbehörde für die Herzogtümer Schleswig, Holstein und Lauenburg 1864–1865, Österreichischer Statthalter für das Herzogtum Holstein, Preußischer Gouverneur für das Herzogtum Schleswig, Oberpräsident für die Herzogtümer Schleswig und Holstein (von Scheel-Plessen) in Kiel, Holsteinische Landesregierung in Kiel 1864–1866, Schleswig-Holsteinische Landesregierung in Schleswig 1865, Schleswigsche Regierung zu Schleswig 1865–1868, Zivilverwaltung/Regierung für Holstein 1866–1868, von Jörg Rathjen. 2012. XIII, 262 Seiten. ISBN 978-3-937816-90-6

Band 104: Wie mächtig sind Archive? Perspektiven der Archivwissenschaft. Hrsg. von Rainer Hering und Dietmar Schenk. 2013. 204 Seiten mit 18 Abb. ISBN 978-3-943423-03-7

Band 105: Prinz Heinrich von Preußen. Großadmiral, Kaiserbruder, Technikpionier. Hrsg. von Rainer Hering und Christina Schmidt. 2013. 256 Seiten mit zahlreichen Abb. ISBN 978-3-529-06100-4

Band 106: Findbuch der Bestände Abt. 18 und 19: Generalsuperintendent für Schleswig und Generalsuperintendent für Holstein, von Jörg Rathjen. 2016. X, 158 Seiten. ISBN 978-3-943423-14-3

Band 107: Schleswig-Holsteinische Regesten und Urkunden. Band 17: Das Protokoll des Lübecker Domkapitels 1544–1549 mit ergänzenden Texten. Bearb. von Wolfgang Prange. In Verbindung mit der Gesellschaft für Schleswig-Holsteinische Geschichte hrsg. vom Landesarchiv Schleswig-Holstein. 2016. 201 Seiten mit 4 Abb. ISBN 978-3-943423-26-6

Band 108: 1864 – Menschen zwischen den Mächten/1864 – Mennesker mellem magterne. Hrsg. von/udgivet af Rainer Hering und/og Hans Schultz Hansen unter Mitarbeit von/under medvirken af Elke Imberger. Übersetzungen/Oversættelser: Eckhard Bodenstein. 2015. 478 Seiten mit 54 Abb. ISBN 978-3-943423-24-2

Band 109: Die „Reichskristallnacht" in Schleswig-Holstein. Der Novemberpogrom im historischen Kontext. Hrsg. von Rainer Hering. 2016. 394 Seiten mit 41 Abb. ISBN 978-3-943423-30-3

Band 110: Findbuch des Bestandes Abt. 13: Obergericht zu Gottorf 1713–1834, von Jörg Rathjen. 2017. IX, 185 Seiten. ISBN 978-3-943423-17-4

Band 111: Findbuch des Bestandes Abt. 320.6: Kreis Flensburg-Land 1867–1968, von Hartmut Haase. 2017. VI, 163 Seiten. ISBN 978-3-943423-18-1

Band 112: Findbuch des Bestandes Abt. 49: Schleswig-Holsteinische Regierung auf Gottorf 1834-1851, von Jörg Rathjen. 2017. XIII, 573 Seiten.
ISBN 978-3-943423-32-7

Band 113: Gestalten des Archivs. Nachgelassene Schriften zur Archivwissenschaft. Hrsg. und mit einem Nachwort versehen von Dietmar Schenk. 2018. 270 Seiten mit 16 Abb. ISBN 978-3-943423-50-1

Band 114: Findbuch des Bestandes Abt. 77: Dänische Ministerien, von Jörg Rathjen. 2018. IX, 71 Seiten. ISBN 978-3-943423-55-3

Band 115: Findbuch des Bestandes Abt. 68: Oberste Zoll- und Kommerzbehörden in den Herzogtümern und in Kopenhagen bis 1867, von Jörg Rathjen. 2018. XIII, 147 Seiten. ISBN 978-3-943423-54-9

Band 116: Findbuch des Bestandes Abt. 8.3: Schleswig-Holstein-Gottorfisches (Großfürstliches) General-Landes- und Ökonomie-Verbesserungsdirektorium zu Kiel 1766–1807, von Jörg Rathjen. 2018. XVI, 370 Seiten.
ISBN 978-3-943423-56-3

Band 117: „Die Schleswig-Holsteiner sind fortan Preußen." Schleswig-Holstein als preußische Provinz. Hrsg. von Rainer Hering und Julia Liedtke. 2020. Ca. 530 Seiten. ISBN 978-3-898769-50-1

Band 118: Findbuch der Bestände Abt. 65.1 bis 65.3: Deutsche Kanzlei zu Kopenhagen bis 1730, Deutsche Kanzlei zu Kopenhagen ab 1730, Deutsche Kanzlei zu Kopenhagen für das Herzogtum Lauenburg, von Jörg Rathjen. 2019. XXXII, 860 Seiten. ISBN 978-3-943423-57-0

Band 119: Findbuch des Bestandes Abt. 11: Regierungskanzlei (Obergericht) zu Glückstadt, von Jörg Rathjen. 2020. XXIII, 1029 Seiten
ISBN 978-3-943423-51-8

Band 120: Kommentierte Beständeübersicht des Landesarchivs Schleswig-Holstein. Bestandsaufnahme zum 150-jährigen Bestehen. Hrsg. von Rainer Hering. 2020. XVII, 642 Seiten. ISBN 978-3-943423-74-7

Band 121: Archivarbeit im Wandel. Das Beispiel des preußischen Staatsarchivs in Schleswig-Holstein 1870–1947. Sarah Schmidt, 2021. VI, 480 Seiten.
ISBN 978-3-943423-82-2

Die Ausstellungskataloge, der Band 117 sowie vor Band 89 erschienene Werke sind direkt über das Landesarchiv zu beziehen. Die Preise dieser Bände beinhalten die Versandkosten.

Landesarchiv Schleswig-Holstein
Prinzenpalais
24837 Schleswig
Telefon 04621 8618-00
Fax 04621 8618-01
landesarchiv@la.landsh.de
https://www.schleswig-holstein.de/landesarchiv

Ab Band 89 stehen die Bände, die bei Hamburg University Press veröffentlicht werden (ISSN 1864-9912), zum kostenlosen Lesen und Herunterladen sowie als hochwertige Printversion zur Verfügung. Die Printversion kann über den Buchhandel oder direkt beim Verlag bezogen werden:

Hamburg University Press
Verlag der Staats- und Universitätsbibliothek Hamburg Carl von Ossietzky
Von-Melle-Park 3
20146 Hamburg
Telefon 040 42838-7146
Fax 040 42838-3352
order.hup@sub.uni-hamburg.de
https://hup.sub.uni-hamburg.de